사회·문화편
전시체제기 여론통제(1)
기본 구상과 방향

사회·문화편

일제침탈사
자료총서 57

전시체제기 여론통제(1)
- 기본 구상과 방향

동북아역사재단 일제침탈사 편찬위원회 기획
변은진·장순순 편역

동북아역사재단
NORTHEAST ASIAN HISTORY FOUNDATION

발간사

　일본이 한국을 침탈한 지 100년이 지나고 한국이 일본의 지배로부터 벗어난 지 70년이 넘었건만, 식민 지배에 대한 청산은 이루어지지 못하고 있다. 일본의 독도영유권 주장은 도를 넘어섰다. 일본은 일본군'위안부', 강제동원 등 인적 수탈의 강제성도 인정하지 않고 있다. 일본군'위안부'와 강제동원의 피해를 해결하는 방안을 놓고 한·일 간의 갈등은 최고조에 이르고 있다. 역사문제를 벗어나 무역분쟁, 안보위기 등 현실문제가 위기국면을 맞고 있다.

　한·일 간의 갈등은 식민 지배의 역사를 어떻게 볼 것인가 하는 역사인식에서 기인한다. 역사는 현재와 과거의 대화이며 이를 기반으로 미래로 나아갈 수 있다. 과거 침략의 역사를 미화하면서 평화로운 미래를 말하는 것은 불가능하다. 식민 지배와 전쟁발발의 책임을 인정하지 않고 반성하지 않으면 다시 군국주의가 부활할 수 있고 전쟁이 일어날 위험성도 배제할 수 없다. 미래지향적 한일관계를 형성하고 나아가 동아시아의 평화와 번영의 기틀을 조성하기 위해 일본은 식민 지배의 책임을 인정하고 그 청산을 위해 노력해야 할 것이다.

　식민 지배의 역사를 청산하기 위해서는 식민 지배는 어떻게 이루어졌는지 그 실상을 명확하게 규명하는 일이 긴요하다. 그동안 일본제국주의에 맞서 조국의 독립을 위해 헌신한 독립운동가들의 활동을 찾아내고 역사적으로 평가하는 일에는 상당한 성과를 거두었다. 반면 일제 식민침탈의 구체적인 실상을 규명하는 일에는 충분한 노력을 기울이지 못했다. 제국주의가 식민지를 침탈했다는 것은 너무나 당연한 사실로 여겨졌기 때문에, 굳이 식민 지배에서 비롯된 수탈과 억압, 인권유린을 낱낱이 확인할 필요가 없었는지도 모른다. 그러는 사이 일본은 식민 지배가 오히려 한국에 은혜를 베푼 것이라고 미화하고, 참혹한 인권유린을 부인하는 역사부정의 인식을 보이는 데까지 이르고 있다. 일제의 통치와 침탈, 그리고 그 피해를 종합적으로 조사하고 편찬할 필요성이 여기에 있다.

　일제침탈사를 체계적으로 정리하는 일은 개인이 감당하기 어렵다. 이에 우리 재단은 한국학계의 힘을 모아 일제침탈사 편찬위원회를 꾸렸다. 편찬위원회가 중심이 되어 일제의 식민지 침탈사를 정치·경제·사회·문화 모든 방면에 걸쳐 체계적으로 집대성하기로 했다. 일제 식민침탈의 실체를 파악하기 위해 2020년부터 세 가지 방면으로 사업을 추진하고 있다. 하나는 일제침탈의 실상을 구체적이고 생생한 자료를 통해서 제공하는 일로서 〈일제침탈사 자료총서〉로 편찬한다. 다른 하나는 이들 자료들을 바탕으로 연구한 결과물을 〈일제침탈사 연구총서〉로 간행한다. 그리고 연구의 결과를 대중들이 이해하기 쉽게 〈일제침탈사 교양총서〉를 바로알기 시리즈로 간행한다. 자료총서 100권, 연구총서 50권, 교양총서 70권을 기본목표로 삼아 진행하고 있다.

〈일제침탈사 자료총서〉에서는 정치·경제·사회·문화 모든 방면에 걸쳐 침탈의 역사를 자료적 차원에서 종합했다. 침략과 수탈의 역사를 또렷하게 직시할 수 있도록 생생한 자료를 제공하는데 목표를 두었다. 그동안 관련 자료집도 여러 방면에서 편찬되었지만 원자료를 그대로 간행한 경우가 많았다. 이번에 발간되는 자료총서는 해당 주제에 대한 침탈의 실상을 체계적으로 이해할 수 있는 구성방식을 취했으며, 지배자의 언어로 기록되어 있는 자료들을 독자들이 쉽게 읽을 수 있도록 모두 번역했다. 자료총서를 통해 일제 식민 지배의 실체와 침탈의 실상을 있는 그대로 이해할 수 있게 되기를 기대한다.

2021년
동북아역사재단 이사장

편찬사

1945년 한국이 일제 지배로부터 해방된 지 76년의 세월이 지났다. 그럼에도 불구하고 일본 사회 일각에서는 여전히 일제의 한국 지배를 합리화하고 미화하는 주장이 나오고 있으며, 최근에는 한국 사회 일각에서도 일제 지배를 왜곡하고 옹호하는 주장이 나오고 있다. 이는 한국과 일본 사회, 한일 관계와 동아시아 국제관계의 미래를 위해서도 결코 바람직하지 않은 일이다.

이에 동북아역사재단은 일제의 한국 침략과 식민 지배에 대한 학계의 연구 성과를 총정리한 〈일제침탈사 연구총서〉를 발간하기로 하였다. 이에 따라 2019년 9월 학계의 전문가를 중심으로 편찬위원회를 구성하였으며, 편찬위원회는 학계의 연구 성과를 토대로 정치·경제·사회·문화 부문에서 일제의 침탈이 어떻게 이루어졌는지 정리하여 연구총서 50권을 발간하기로 하였다.

주지하듯이 1905년 일제는 러일전쟁에서 승리한 뒤, 한국에 군대를 주둔시키면서 한국의 외교권을 빼앗고 통감부를 두어 내정에 간섭하였다. 1910년 일제는 군사력으로 한국 정부를 강압하여 마침내 한국을 강제 병합하였다. 이후 35년간 한국은 일제의 식민 통치를 받았다.

일제는 한국의 영토와 주권을 침탈하였을 뿐만 아니라, 군사력과 경찰력으로 한국을 지배하면서, 정치·경제·사회·문화의 모든 부문에서 한국인의 권리와 자유, 기회와 이익을 박탈하거나 제한하였다. 정치적으로는 군사력과 경찰력, 각종 악법을 동원하여 독립운동을 탄압하고, 한국인의 정치활동을 억압하고 참정권을 박탈하였으며, 집회와 결사의 자유를 억압하였다. 경제적으로는 일본자본이 경제의 주도권을 장악하고, 일본인 위주의 경제정책을 수행했으며, 식량과 공업원료, 지하자원 등을 헐값으로 빼앗아 갔고, 농민과 노동자 등 대다수 한국인의 경제생활을 어렵게 하였다. 사회적으로는 한국인들을 차별적으로 대우하고, 한국인의 교육의 기회를 제한하고, 한국인으로서의 정체성을 박탈하여 결국은 일본의 2등 국민으로 만들고자 하였다. 문화적으로는 표현과 창작의 자유, 종교와 사상의 자유를 억압하고,

한글 대신 일본어를 주로 가르치고, 언론과 대중문화를 통제하였다. 중일전쟁, 아시아태평양전쟁을 도발한 뒤에는 인적·물적 자원을 전쟁에 강제동원하고, 많은 이들을 전장에 징집하여 생명까지 희생시켰다.

〈일제침탈사 연구총서〉는 침탈, 억압, 차별, 동화, 수탈, 통제, 동원 등의 단어로 요약되는 일제의 침략과 식민 지배의 실상과 그 기제를 명확히 밝히고자 하였다. 이를 통해 일제의 강제 병합을 정당화하거나 식민 지배를 미화하는 논리들을 비판 극복하고, 더 나아가 일제 식민 지배의 특성이 무엇이었는지, 식민 통치의 부정적 유산이 해방 이후에 어떤 영향을 미쳤는지를 밝히고자 하였다.

편찬위원회는 연구총서와 함께 침탈사와 관련된 중요한 주제들에 관하여 각종 법령과 신문·잡지 기사 등 자료들을 정리하여 〈일제침탈사 자료총서〉도 발간하기로 하였다. 아울러 일반인과 학생들이 보다 쉽게 읽을 수 있는 〈일제침탈사 교양총서〉를 바로알기 시리즈로 발간하기로 하였다.

일제의 한국 침략과 식민 지배의 역사는 광복 후 서둘러 정리해냈어야 했지만, 학계의 연구가 미흡하여 엄두를 내기 어려웠다. 이제 학계의 연구가 어느 정도 축적되어 광복 80주년을 맞기 전에 이와 같은 작업을 할 수 있게 된 것을 다행으로 생각한다. 한일 양국 국민이 과거사에 대한 올바른 역사인식을 갖고 성찰을 통해 미래를 향해 함께 나아갈 수 있기를 기대하면서 삼가 이 책들을 펴낸다.

2021년
동북아역사재단 일제침탈사편찬위원회

차례

발간사	04
편찬사	06
편역자 서문	11

I 중일전쟁기 사상·선전전과 외국의 논조 … 23

    \<해제\> … 24

    \<자료 01\> 『일지사변에 대한 해외 논평』 제4집(1937) … 28

    \<자료 02\> 『지나사변에서 지나군의 모략·선전 문서』(1938) … 42

    \<자료 03\> 『전쟁과 사상선전전』 제5편(1939) … 105

    \<자료 04\> 『최근의 외국 신문·잡지에 나타난 대일 논조』(1941) … 142

II 태평양전쟁기 사상·선전전의 강화와 유언비어 … 157

    \<해제\> … 158

    \<자료 05\> 『대동아전쟁의 사상전략』(1942) … 161

    \<자료 06\> 『유언의 해부』(1942) … 300

III 내선일체론 등 일제 여론·선전 지도의 기본 방향 … 453

    \<해제\> … 454

<자료 07> 『내선일체의 이념 및 구현방책 요강』(1941) ……… 458

<자료 08> 『내선일체의 구현』(1941) ……… 467

<자료 09> 「조선에서 정보 선전의 목표」(1943) ……… 515

<자료 10> 「결전하 조선 사상정세의 한 단면」(1943) ……… 529

Ⅳ 일본 각의의 여론·선전 정책 관련 주요 결정사항 ……… 537

<해제> ……… 538

<자료 11> 「지나사변에 대한 선전 방책」(1937) ……… 541

<자료 12> 「대 영·미 문제에 관한 여론지도 방침」(1941) ……… 553

<자료 13> 「일·영·미 전쟁에 대한 정보선전방책 대강」(1941) ……… 554

<자료 14> 「대동아전쟁에 대한 정보선전방책 대강」(1941) ……… 563

<자료 15> 「전시 국민사상 확립에 관한 기본방책 요강」(1943) ……… 575

<자료 16> 「결전 여론 지도방책 요강」(1944) ……… 579

<자료 17> 「대동아전쟁의 현 단계에 즉응하는 여론지도 방침」(1945) ……… 583

자료목록 ……… 586
참고문헌 ……… 588
찾아보기 ……… 590

일러두기

1. 일제침탈사 자료총서는 가급적 일반 시민들이 읽고 이해할 수 있는 현대적인 문장과 내용으로 구성했다.
2. 인명 및 지명 등 고유명사는 처음 등장할 때 원어를 병기하고 이후에는 한글만 표기했다. 한글 표기는 국립국어원 외래어표기법에 따랐다. 일본 인명이나 지명 등 고유명사는 현지어로(고유명사 뒤에 붙은 보통명사는 독음 표기), 중국 인명이나 지명 등 고유명사는 한글 독음을 원칙으로 했다.
3. 연도는 서력 표기를 원칙으로 하고 관련 연호는 병기했다. 날짜는 원문 그대로 하고 음력과 양력 여부를 알 수 있는 경우에만 '(음)', 또는 '(양)'으로 기재했다.
4. 숫자는 천 단위까지 아라비아 숫자로 표기하고 만 단위 이상은 '만'자를 넣어 표기했다. 도표 안의 숫자는 가급적 그대로 표기했다.
5. 국한문혼용체와 같이 탈초만으로 문장을 이해하기 힘든 경우 가급적 현대어에 가깝게 윤문했다. 단 풀어쓰기 어려운 낱말이나 문구는 원문을 병기하거나 편역자 주를 이용했다.
6. 용어 및 한자 표기에 있어서 조선 또는 한국은 시기에 관계없이 원문에 나온 대로 표기했다. 또한 일본해(日本海), 지나(支那), 만주사변(滿洲事變), 대동아전쟁(大東亞戰爭) 등 역사적으로 부적절한 용어도 일단 원문을 준용했다. 일본식 간자(簡字)는 가급적 정자(正字)로 바꾸어 표기했다.
7. 낱말이나 문구에 대한 설명이 필요한 경우, 또는 편찬사업의 취지에 따라 자료 해설이 필요한 경우 편역자 주를 적극 활용했다. 단, 편역자 주는 1), 2) 등으로 표기하고, 원 자료의 주석이 있는 경우는 *, ** 등으로 표현했다.
8. 원 자료에 수록된 표는 가급적 그대로 수록하되, 지면상 수정이 필요할 경우 가로쓰기로 수정했다.
9. 판독이 불가한 글자의 경우 □로 표기했다. 그 밖의 부호, 예컨대 -, ○, × 등은 원문에 있는 그대로 살려두었다.

| 편역자 서문

 본서는 『전시체제기 여론통제』 관계 자료집 시리즈의 제1권으로서, 이에 대한 일제 당국의 기본 구상 및 방향과 관련된 자료를 기본 내용으로 하고 있다. 식민지 조선사회의 유언비어 만연 현상을 이해하기 위한 기본적 토대와 그 배경을 근저에서 파악해보기 위한 자료들을 중심으로 구성하였다. 이를 통해 전시체제기 일제 당국의 '대(對) 국민' 여론·사상·선전 정책의 목적과 배경, 이것과 유언비어 등 조선인 '불온언동'과의 관계, 조선인 여론 지도를 위한 기본 방향과 강조점, 일본 각의(閣議)에서 결정된 여론·선전 정책의 기본 방침 등을 이해하고자 한다. 본서는 다음과 같이 크게 네 부분으로 구성하였다.

Ⅰ. 중일전쟁기 사상·선전전과 외국의 논조
Ⅱ. 태평양전쟁기 사상·선전전 강화와 유언비어
Ⅲ. 내선일체론 등 일제 여론·선전 지도의 기본 방향
Ⅳ. 일본 각의의 여론·선전 정책 관련 주요 결정사항

 각 장의 구성 배경과 상호 관계, 각 자료의 수록 이유와 내용 등에 대해서는 장별 해제에서 자세히 설명하기로 하고, 여기서는 먼저 이러한 방향으로 본서를 구성한 데 대한 배경적인 이해를 하고자 한다. 일제의 총력전(總力戰) 체제와 일본식 동화주의의 한계, 1937년 7월 중일전쟁부터 1945년 8월 일제가 패망하고 조선이 해방될 때까지 일제 당국이 식민지 조선인 전체를 대상으로 줄곧 강화해갔던 여론 통제 정책과 사상전(思想戰)·선전전(宣傳戰)·문화전(文化戰)·생활전(生活戰) 등을 강조한 이유와 목적, 특히 일제 당국이 강조한 사상전의 내용과 조선인에 대한 선전 및 여론 정책의 본질, 그리고 이러한 정책과 전시체제기 유언비어 만연 현

상과의 관련성 등에 대해 살펴보도록 하겠다.[1]

일본제국주의는 서구의 제국주의 국가들과는 달리 경제적으로 독점자본주의 수준은 고사하고 산업자본주의조차 완성되지 않은 단계에서 서구 국가들의 지원을 등에 업고 정치적·군사적 목적을 앞세우면서 문화적 수준 차이가 거의 없는 인접국 조선을 강점하였다. 이 내용을 본 자료집 수록 자료들의 대상 시기인 전시체제기와 관련시켜 재정리해보면, 첫째로 일본 자본의 성장은 식민지 조선으로의 경제 진출과 조선인에 대한 경제적 수탈을 바탕으로 이루어졌고, 둘째로 서구 국가들로부터의 지원의 굴레를 벗어나기 위해 아시아 지역에 대한 침략전쟁을 일으켜 전시체제기를 형성했으며, 셋째로 침략전쟁과 대동아공영권의 완수를 위해서는 상대적으로 문화적 수준이 높은 조선인 전체를 총력전 체제 속으로 끌어들여야 했는데 이를 위해서는 이전보다 더 강하게 이른바 '일본주의(천황제 파시즘)', 즉 일본식 동화주의에 입각한 정책을 펼쳐야 했다는 것을 의미한다.

다시 말해서 일본은 자기 내부의 근대화 과정과 외부에 대한 식민지화 과정을 동시에 진행하면서 제국주의 국가로 성장해갔다는 특징이 있다. 따라서 조선을 식민지화하는 과정에서도 두 차례의 무리한 전쟁을 치르는 등 처음부터 군국주의에 기초한 적극적인 침략전쟁을 병행하였다. 이에 일제는 동화주의에 기반해 식민통치를 표방하면서도 조선을 '안정적'으로 지배하기는 어려웠고, 따라서 초기 단계부터 무력을 앞세운 강압적인 통치를 할 수밖에 없었다. 그런데 1929년 세계대공황과 잇따른 농업공황의 여파로 서구 제국주의 국가들이 위기를 맞이하자, 1920년대 후반 이후 자본의 독점화를 이루어간 일제는 '만주'와 중국대륙으로 활로를 모색하면서 1931년 9월 만주를 침략하고 이어서 '만주국'을 수립하였다. 1910~1920년대를 거치면서 조선의 정치·경제적 수탈구조가 어느 정도 체계화되었다고 판단한 일제 당국은 이 시기를 전후하여 이전의 '불안전'한 통치를 '영구적'으로 '안정화'시키는 방향 위에 구체적인 정책들을 수립하였다. 하지만 앞서도 지적했다시피 '식민지 안정화 전략'은 근본적으로 불가능했으며, 오히려 이 시기 조선의 민족운동과 사회운동은 더욱 '혁명적'인 방향으로 나아가고 있었다. 실제로 일본 사회 내의 다수도 식민지의 영구적 안정화는 매우 장기적으로

---

[1] 아래의 내용은 변은진의 『파시즘적 근대체험과 조선민중의 현실인식』(선인, 2013)의 1장을 중심으로 수정·보완했음을 밝혀둔다.

여러 단계를 거쳐야 가능하다고 생각하고 있었기 때문에 현실적으로는 최대한 그 '불안전성'의 폭을 좁히는 것이 목적이었다고도 볼 수 있다. 식민지 조선의 일본 파시즘은 공황과 민중의 혁명적 진출에 대한 대응으로 등장한 것으로서 일제가 대륙 침략이라는 형태로 그 돌파구를 찾음으로써 식민지 전시체제로 형성되어 갔다.

1930년대 일제의 정책들로 인해 한반도 북부지방에 공업시설이 들어섰고, 전통적인 지주 중심의 농촌사회구조를 전환시키기 위해 '농촌진흥운동'이나 '자작농 창정사업' 등 일부 개량적 농정이 시도되기도 했다. 또 일본어 보급 등 조선인에게도 보통교육이 확대되거나 각종 사회교화단체가 설치되었으며, 참정권이나 지방자치제, 의무교육제 등이 논의되기도 했다. 이러한 것들은 '통제와 수탈을 위한 일시적 개량화'의 측면도 지니고 있는, 일종의 당근과 채찍을 병행하는 통치 정책이었다. 조선인과 조선 문화를 자본주의적 인간형과 그 문화로 어느 정도 성숙시켜서 식민지화를 문화적·사상적으로 완성시킬 필요가 있다고 느끼고 그 방책으로 '일본으로의 동화'라는 방향을 구체화하였던 것이다. 하지만 이러한 것들은 매우 장기적이고 단계적인 과제였다. 일제 측은 궁극적으로는 이를 관철시키려는 의도도 있었겠으나, 실제 식민지 조선의 현실은 그들의 단계적 의도에 맞춰서 진행될 수 없는 상황이었다. 특히 1937년 7월 중일전쟁을 시작으로 본격적인 전시체제로 돌입하면서부터는 더욱 그러했다. 따라서 결과적으로 위의 정책들은 모두 일제의 침략전쟁 수행에 용이하도록 일정하게 조선 사회를 개조시키는 방향으로 귀착되었다.

1931년 만주 침략을 시작으로 준전시체제화했던 일본 내 상황은, 1937년 중일전쟁 이후 위로부터의 강력한 전시파시즘체제로 돌입하였다. 이러한 상황은 식민지 조선에도 절대적인 영향을 미칠 수밖에 없었다. 총독부와 각종 관제기구를 중심으로 전시파쇼적 정책들이 강행되어 전쟁이 끝날 때까지 전황(戰況)의 변화에 따라 줄곧 강화되어갔다. 만주 침략·중일전쟁·아시아-태평양전쟁이라는 전쟁의 확대과정 속에서 점차 군부, 특히 육군 내 강경파가 실권을 차지하게 되었고, 일제 당국은 '총력전(체제)'을 점차 강화해가야 한다고 주장했다. 총력전(체제)이라는 개념의 강조는 사회구조와 생활문화 전반에 전시파시즘을 강화해가는 것과 맞물려 있었다. 그런데 총력전(체제)을 원활하게 유지하기 위해서는 '강제적 동원'보다는 '자발적 동의에 기초한 동원'이 절실했고, 이를 위해서는 '2등 국민'인 식민지 조선인에게까지도 어느 정도의 '합리성·근대성'을 강조할 필요가 있었다.[2] 이 점에서 적극적인 동화주의에 기반해 '내선일체론'과 동화 정책, 즉 '황민화 정책'의 구체적 실시가 강조될 수밖에 없었다. 하지만 이는 실상 현실에 부딪혀 계속 모순과 갈등을 야기할 소지가 있었다.

일본 안에서 대규모 우익 군부 쿠데타인 '2·26사건'이[3] 일어난 1936년 들어 조선에서도 그때까지 식민지 개량화정책을 이끌던 총독 우가키 가즈시게(宇垣一成, 1931.6~1936.8)가 퇴임하고 미나미 지로(南次郞, 1936.8~1942.5)가 부임하였다. 일제는 기본적으로 조선인의 주체성을 전면 부정하는 방향에서 동화주의 입장을 취하고 있었는데, 미나미 총독 때부터는 이전의 '내선융화' 단계에서 보다 적극적인 동화 정책을 취하는 이른바 '내선일체' 단계로 전환하였다. 이는 논리적으로는 이전 시기 식민지 안정화 전략의 연장선상에서 주창된 것이었으며, 구체적인 정책들을 통해 이를 실현해가는 과정은 여전히 조심스럽고 단계적·장기적인 것이었다. 하지만 본격적인 전시체제로 전환하고 전쟁이 세계대전으로 확대되어가는 상황에 직면해서는 '내선일체'론에 바탕을 둔 단계적·장기적인 동화 정책의 실시는 현실적으로 어려워졌다. 여러 가지 내적 조건이 충분히 고려되지 않은 채 전황의 전개에 따라 무차별적이고 무계획적으로 실시될 소지가 많아졌던 것이다. 실제로 창씨개명·징병·징용 등 전시파시즘기에 조선에서 실시된 구체적인 정책들은 일제 측의 입장에서도 상당히 '무리하게' 추진된 것이었다.

일제의 동화주의와 동화 정책이 가지고 있는 이러한 현실적인 한계는 1938년 국가총동원법 등 각종 법령들이 제정·개정되면서부터 곧바로 드러나기 시작하였다. 그리고 1941년 12월 태평양전쟁이 일어난 전후 시기부터는 지배 정책상에서 많은 균열을 야기했고, 전쟁이 막바지로 몰리면서 패망의 '가능성'이 '현실성'으로 전화되는 시점인 1943년경부터는 더 이상 걷잡을 수 없는 상태로 치닫게 되었다. 전쟁이 장기화되고 패전 가능성이 높아져가자, 일제는 당초 계획과 달리 조선인이 미처 '황국신민화'되기 전에 모든 계획을 앞당겨 시행할 수밖에 없었고, 이를 통한 물적·인적 자원의 확보가 급선무였던 것이다. 특히 식민지의 징병제 실시는 평소 '황민화'를 위한 필수조건인 '의무교육제'와 연동해서만 추진될 수 있다고 여겼는

---

2 홍수경, 「'총력전체제'론의 이해를 위하여-야마노우치 야스시의 논의에 대한 검토를 중심으로」, 『學林』 제27집, 연세대 사학연구회, 2006, 101쪽.
3 1936년 2월 26일 일본의 현역군인 3,000여 명이 일으킨 대규모 우익 군부 쿠데타로서, 도쿄 시내의 각종 행정관서와 언론기관을 접수하려 한 사건이다(升味準之輔, 『日本政黨史論』 제6권, 東京大出版會, 1980, 269-392쪽).

데 영구적인 식민지화라는 목표와 현실 전쟁정세의 모순과 갈등 속에서 앞당겨 추진된 정책의 예이다. 조선인 징병 정책은 '동화'를 목표로 한 일제 식민 정책의 허구성과 한계를 적나라하게 보여주는 가장 대표적인 사례라 할 수 있다. 즉 비서구 국가 중 유일하게 제국주의 국가로 성장한 일본은 서구 제국주의 국가들의 일반적 모습과는 달리 자신의 침략전쟁에 식민지 민중을 징병하기까지 이른 것이다. 하지만 이러한 군사 동원은 절대 다수의 조선인이 근대적인 무력에 접하는 기회를 제공하는 것으로서, 거꾸로 식민통치를 근본적으로 위협할 가능성을 내포한 것이었다. 이러한 전반적인 상황은 일제의 '동화주의적' 식민통치에 대한 식민지 조선 민중의 근본적인 '이탈' 가능성을 의미하는 것이었다. 이것을 잘 보여주는 창구 가운데 하나가 바로 전시유언비어로 대표되는 '불온언동'이었다.

한편 일제는 일본에서와 마찬가지로 식민지에서의 수탈에도 '합법성'을 부여하기 위해 '식민지'라는 정치적·경제적 용어 대신 법적·행정적으로는 '외지(外地)'라는 용어를 사용했다. 외지란 "한 국가의 영토 중에서 그 나라 헌법에 규정된 전국적인 보통 통치방식의 주요한 부분에서 어느 정도 예외적 통치가 합법적으로 행해지는 지역"을 말하며, 이러한 예외적 통치 아래 있는 '인역(人域)', 즉 "외지에 본적을 둔 일련의 신민(臣民)"을 '외지인'이라 규정했다. "외지인도 조선·대만 등 지역적 특수성에 따라 신분상의 취급"을 달리했는데, "법률상 '조선인'이란 조선에 본적을 둔 제국신민"으로 규정했다.[4] 즉 '조선인'은 모두 '외지인'으로서 민족적 성향을 지니고 있는 존재로 파악하였다.

이 용어들이야말로 일본제국주의의 자기모순과 한계를 가장 잘 드러내고 있다. 일제는 '내선일체'라는 기치 아래 황민화 정책을 강하게 폈지만 현실적으로는 일원적 지배가 불가능하여 지역·인역(人域) 면에서 중층구조를 유지할 수밖에 없는 자기모순을 지니고 있었던 것이다. 그러므로 일본국민·일본민족이 아닌 조선인·조선민족이라는 감정과 의식을 지니고 있는 사람들을 전쟁에 협조하도록 하고 동원하기 위해서는, 적어도 그들의 인식을 '성전(聖戰)' 의식과 '전승(戰勝)'·'승전(勝戰)' 의식으로 무장시켜야만 했다. 그러나 일제 당국의 노력에도 전황이 무르익어 갈수록 조선인 사이에서는 오히려 이에 반하는 '패전(敗戰)'·'일제 패망' 의식이 고조되어갔다. 결국 '외지', '외지인' 규정에 기초하여 1930~1940년대에 줄곧 강화시켜

---

[4] 松岡修太郎, 『朝鮮行政法提要(總論)』, 東都書籍, 1944, 5-11쪽.

간 행정·법률체계의 정비 역시 조선인의 각종 노동력 동원과 군사 동원을 위한 전(前) 단계로 귀결되었던 것이다.

전시체제기에 줄곧 강조되었던 일본의 '생존권', '생명선' 등은 조선인의 입장에서는 아무런 의미를 가질 수 없는 것이었다. 이 점만으로도 '식민지 전시파시즘'의 자기모순과 한계, 이에 기초한 동화 정책의 허구성은 적나라하게 드러난다. 일제 당국은 일본의 대정익찬운동(大政翼贊運動)이 '정치운동'임과 달리, 조선의 국민총력운동(國民總力運動)은 '봉사적 실천운동'이어야 함을 누차 강조하였다. 하지만 '위로부터' 강압적으로 구축된 체제가 '아래로부터'의 자발적인 동의를 전면적으로 끌어내는 데는 한계가 있었다. 이러한 측면은 총력전 체제에서 매우 중시되었던 사상통제와 억압이라는 면에서는 극명하게 드러난다. 일제는 '위로부터의 파시즘 체제'라는 한계를 극복하기 위해 식민 정책에서 더 강한 통제와 억압을 강행하였다. 일제의 파시즘은 '천황제 이데올로기'라는 독특한 군국주의·침략주의 논리에 기반하고 있었는데, 당시 일제는 이외에 다른 어떠한 논리나 사상도 허용하지 않았다. 하지만 대다수 일본인은 식민지 조선인이 자신들과는 다른 문화적 전통과 관습을 지니고 있는 다른 민족이라는 것을 알고 있었다. 따라서 조선인이 아무런 거리낌 없이 그들의 천황제 이데올로기를 받아들여 '일본신민'이 될 수 있다고는 믿지 않았다. 그래서 '친일 협력'을 표방하는 조선인조차 일단은 의구심을 가지고 관찰·조사하는 것이 통례였다. 조선인의 '황국신민화', '일본국민화'를 목표로 하기는 했으나, 실제로 조선인이 '황국신민'의 논리를 체득하는 것조차 두려워했던 것이다.

당시 일제의 정책들은 공통적으로 조선인의 국체(國體) 관념, '천황'에 대한 충성, 국가를 위한 개인의 자기희생 강요 등 파시즘적 이데올로기를 노렸다. 하지만 이를 '진정'으로 받아들이는 것은 일본의 전통적인 도덕·윤리를 체감하고 공통의 근대화 경험을 지니고 있던 자국민에게는 가능했을지 모르지만, 식민지하의 조선민중에게는 불가능한 일이었다. 단 몇 십 년간의 식민통치와 그것도 강한 저항 속에서 유지되어온 식민지배하의 조선인에게는 기본적으로 쉽게 동화되기 어려운 요소들이 있었다. 일본인과 달리 조선인에게는 오랜 기간 나름대로 형성해온 전통적인 도덕윤리와 생활방식, 또 개항 이후 근대화 과정에서 다른 경험이 존재하고 있었다. 따라서 일제의 정책과 주장은 허울뿐인 내선일체론(內鮮一體論)으로 비춰질 수밖에 없었다. 전통적으로 통합된 국가를 유지해왔고 또 비록 실패했다고는 하나 근대 국민국가로의 전환을 모색했던 경험을 가진 조선인의 입장에서 볼 때, '천황의 신민(臣民)', 즉 일본민족으로의 '동화'라는 것은 자신들의 역사와 전통, 미래를 총체적으로 '부정'하는 것으로 비춰졌다. 일제 말 전시체제기에 수많은 유언비어 등으로 대표되는 다수 조선인의 불만과 저항의 내적 동력은 바로 이러한 일제 지배논리의 자기 한계와 모순을 배경으로 필연적으로 형성되고 재생산된 것이었다.

일제 측에서는 조선인을 '완전한 일본국민'으로 만드는 것이 목표였고 이것이 제대로 되지 않은 상태의 조선인을 '비국민(非國民)'이라고 비난했지만, 조선인의 입장에서는 '비국민'이 심정적으로는 오히려 당연한 것이었다.[5] 몇몇 적극적인 친일론자를 제외한 절대다수의 민중이 논리적으로도 감정적으로도 '완전히 동화'될 수 없었던 점을 감안한다면, 결국 '외지인'인 조선인 대다수는 '비국민'이 되는 셈이었다. 그렇다면 절대다수의 비국민을 대상으로 하는 일제의 식민지배와 그 체제는 근본적으로 '불안정성'을 내포하고 있었던 것으로 볼 수 있다. 전시기로 접어들면서 일제 당국은 여러 기만적인 논리와 데마고기를 동원하여 이 불안정성을 '안정성'으로 포장하면서 당면 전쟁을 수행하려 했지만, 극히 일정 부분을 제외하고는 식민지 조선에서 이 불안정성을 완전히 없애는 것은 불가능했다. 앞서도 지적했다시피 근본적으로 '식민지'에서, 특히 일본과 조선처럼 인접 국가로서 오랫동안 큰 차이 없는 사회문화적 수준으로 지내온 상황에서, 그것은 더욱더 불가능했다.

전시파시즘기 들어 지원병·징병 등으로 대표되는 무리한 군사 동원 과정에서 일제는 이러한 불안정성을 좁히고 양적·질적으로 동화주의를 관철해보려 했으나, 오히려 식민통치의 한계와 자기모순은 더욱 부각되었다. 이 과정에서 결국 일본제국주의는 자기 모순적 갈등을 겪으면서 분열·해체되어갔다. 일제가 내걸었던 이념과 사상으로서의 '동화주의'와 현실의 구체적인 '동화 정책'들 간에는 늘 상당한 간극이 있었던 것이다. 일제 식민통치의 이러한 한계는, 후발 자본주의국가로 출발하여 서구제국의 지원 속에서 정치·문화적 수준이 엇비슷한 주변국 조선을 강제로 식민지화하면서 제국주의 국가로 성장해간 일본제국주의 자체의 한계에서

---

[5] 한 예로, 강원도 양양에서 농사를 짓는 김종완(金鍾完)은 1942년 2월 당국의 전과(戰果)에 대한 선전이 다 거짓이라고 주장하다가 '비국민(非國民)'이라는 질책을 받자, 도리어 "왜, 비국민이 당연하지 않은가"라고 응수하였다(咸興地法, 「昭和17年刑公 第152號 判決」, 1942.7.13).

기인하는 것이었다. 이러한 한계가 식민 정책을 시행하는 과정에서는 강한 '폭력성'으로 발현되었으며, 전시체제기 각종 강제적인 동원과 강압적인 수탈에서 그 극한을 드러냈다.

일본제국주의는 초기 근대화 과정에서 군국주의에 기반을 둔 적극적인 침략전쟁을 병행해왔다. 그런데 일본의 경제력·군사력은 이 전쟁들을 제대로 수행하기에는 매우 부족한 상황이었고, 따라서 그 상당부분을 미·영 등 외세에 의존하면서 '국민'의 정신무장을 통해 최대한의 전력(戰力)을 뽑아낼 수밖에 없었다. 즉 전쟁 수행에서 일찍부터 사상전이 중시되었던 것이다. 1929년 세계대공황으로 미·영 자본주의국가가 위기에 봉착하자, 만주 침략에 성공한 일제는 '아시아먼로주의'나 이후 '대동아공영권' 등 침략논리를 만들고 본격적으로 전쟁을 하였다. 하지만 일본이 서구국가들을 상대하기에는 여전히 역부족이었고 실제 전쟁에서 어려움에 봉착할수록 '사상전·선전전·문화전·생활전' 등을 한층 더 강조하였다. 중일전쟁 이후 본격적인 전시체제로 접어들면서 일본 관료들은 "사상체계 없는 물자동원의 실패"라든가 "사상·선전전 없는 경제전은 성립할 수 없다"고 주장하였다.[6] 즉 총력전 체제 속에서 사상전은 아주 중요하다고 인식하였다.

조선인에 대한 사상통제는 식민 당국자의 내부모순을 잘 보여준다. 민족주의·사회주의·공산주의 등 각종 사상에 대한 탄압, 이른바 '사상범'으로 지칭되는 민족운동가에 대한 '전향(轉向)'의 강요, 나아가 전체 조선인을 '황국신민화'의 기치 아래 '천황제 이데올로기'라는 하나의 사상으로 묶어서 전시정책의 기반으로 삼으려 했으나, 일제 측의 의도와 정반대되는 현상이 계속 나타났다. 일본 내와는 달리 '사상범'에 대한 '전향'도 조선인에게는 '진정한 의미의 전향'이 되지 못하여 이른바 '위장 전향'하는 이가 많았으며, 민족운동 등으로 검거되는 자도 일제 패망 때까지 끊임없이 속출하였다.

미나미 총독이 부임한 이후 몇 차례의 도지사회의를 통해 발표한 식민 정책의 기조를 보면, 최대 방침으로서 "내선일체의 철저한 구현" 아래 '국체명징(國體明徵), 선만일여(鮮滿一如), 교학진작(敎學振作), 농공병진(農工竝進), 서정쇄신(庶政刷新)'의 5대 강령을 내걸고 있었다.[7] 이러한 방침은 기본적으로는 일제 패망 때까지 지속되었으며, 중일전쟁 이후에는 국외의 전황

---

6   水野正次, 『大東亞戰爭の思想戰略 - 思想戰要綱』, 霞ヶ關書房, 1942, 47쪽.
7   朝鮮總督府, 『施政30年史』, 1940, 409-410쪽.

에 따라 더욱 강화해갔다. 당시 일제는 조선인에 대한 경계를 강화해가면서 동시에 "민중에게 정확히 시국을 인식시켜 불안한 기분을 일소하고 중대 시국에 대한 국민적 자각을 촉진하는 일은, 유독 치안유지상 필요할 뿐만 아니라 사변하 제반 국책(國策) 수행상 긴요한 일"에[8] 속한다고 보고, 여론 및 사상 통제 정책을 구체화하였다.

다시 말해서 일제 당국은 민족주의자나 사회주의자 등에 대한 사상 탄압만이 아니라 조선민중 일반에 대한 사상·여론 정책도 매우 중시하였다. 이 시기 일제 파쇼통치의 기반이 되는 이데올로기 작업은 '황국신민화'로 대표되는 '대(對) 국민 사상정화 작업'이 핵심이었다. 여기에는 이른바 '주의자'들에 대한 '전향' 문제와 일반 민중에 대한 이들의 영향력 차단, 그리고 대다수 조선인을 별 무리 없이 당면한 전쟁 수행의 주체로 양성하여 장기적으로 이들을 '진정한 일본국민'으로 '황민화'시키는 일 등이 모두 포함되었다. 일제 측의 입장에서 '조선인'은 모두 외지인으로서 대부분 민족적 성향을 강하게 지니고 있었고, 따라서 넓은 의미에서 그들이 파악하는 보통의 '일반인'과는 구분되는 존재였다. 당시 일본 고등경찰은 이른바 '요주의 인물'을 크게 4가지, 지식인·종교인·조선인·일반인으로 구분한 바 있다. 이 가운데 앞의 셋은 '전향'의 대상이며 일반인은 '선도'의 대상으로 삼았다. 그 이유는, 전자는 유언비어를 만들고 전파하는 능력과 동기를 가진 주체적 계층이고 후자는 전자에 따라 오염되기 쉬운, 따라서 보호하고 지도해야 할 대상으로 파악했기 때문이다.[9]

이러한 설정에서 보면 조선인은 모두 전향의 대상이 되는 셈이다. 조선인은 대부분 내적으로 민족적 정서와 감정을 지니고 있으므로 이를 '일본정신'으로 바꾸어야 했던 것이다. 이러한 취지에서 민족말살 정책으로 지칭되는 각종 정책들이 전체 조선인을 대상으로 적극 실시되었던 것이다. 이처럼 실질적으로는 전체 조선인에 대해 '전향'에 버금가는 정책들을 실시해야 했지만, 형식적으로는 마치 '선도'와 '계몽', 또 '연성(鍊成)'에[10] 따라 조선인을 '진정한 일본

---

8 위의 책, 489-491쪽.
9 朴用夏,「日帝末期 流言蜚語現象에 對한 一考察」, 고려대 석사논문, 42쪽.
10 '연성(鍊成)'이라는 말은 원래 1935년 11월 일본 문부성에서 교학쇄신(敎學刷新)을 목표로 창출한 조어(造語)였는데, 본격적으로는 1941년 3월 일본 내 '국민학교령'에서 규정된 이후 종전 때까지 줄곧 전시하 교육의 최고 목표로 사용되었다. 이 말은 "황국신민으로서의 자질을 연마 육성"한다는 뜻으로서, 사회의 모든 부문에서 '총력전체제'하의 모범적인 '인간형'을 양성하기 위해 줄곧 사용되었다(寺崎昌男·戰時下敎育硏究會 編『總力戰體制と敎育 - 皇國民'鍊成'の理念と實踐』, 東京大出版會, 1987, 2-20쪽 참조). '외지인'이자 '비국민'의 성격이 강했던 조선인의 경우, 이 말

국민'으로 '동화'시키는 듯 선전하였다. 이는 실제로 조선인 전체의 고유한 민족감정을 없애고 '순수한 일본정신'으로 교화시키는 일이 '사상범'의 '전향'만큼이나 어려웠음을 보여준다. 본 자료집을 기획하면서 대상으로 삼은 각종 일제 당국의 자료들을 보면, 대체로 중일전쟁 이후 조선의 민심이 점차 호전(好轉)되어가는 경향이라고 서술하면서도 늘 뒤따라 등장하는 것은 그러한 '호전'의 경향에 부합하지 못하는, 즉 그들의 '내선일체' 논리와 '황민화' 정책에 동화되지 않는 조선인 측의 경향도 여전히 존재한다는 지적을 빠뜨리지 않고 있다.

이상에서 알 수 있듯이, 조선인에 대한 사상·여론·선전 정책은 기본적으로 조선인을 '진정한 황국신민'으로 양성하여 침략전쟁에 효율적으로 동원하기 위한 기재로서의 성격만을 허용했고 또 실제로 그것만이 가능했던 것이다. 다시 말해서 전시체제기 조선인에 대한 여론·사상 정책의 목표는, 내선일체라는 명분에도 '조선인의 수준[그들이 표현하는 민도(民度)]'을 자신들이 필요로 하는 일정한 범위 내로 '제한'하는 것이었다. 따라서 이 정책들은 일반적인 근대국가의 문화 정책 방향과는 거리가 멀었다. 그것은 오히려 '천황제 파시즘'을 모토로 한 극단적인 사상통제와 강력한 대민(對民) 선전 및 여론 조성 등 군국주의 파시즘 이데올로기의 세뇌 작업으로만 나타났다. 이를 위해 여러 가지 기재들이 동원되었지만, 실제로 조선인이 받아들일 때에는 오히려 역으로 '조선인의 문화 수준 향상'이라는 요구와 그렇지 못한 현실에 대한 불만으로 나타났다.

식민지 조선의 총력전 체제, 정신·물자·인력 등 모든 면에서 조선 민중의 총동원을 목표로 했던 총력전 수행을 위한 논리적 기초인 '사상전 체제', 그리고 일제가 이를 지탱하는 기둥으로 강요했던 천황제 이데올로기, 이 모든 것은 적어도 조선을 대상으로 했을 때에는 일종의 사상누각(沙上樓閣)이었다. 사상전이 성공하려면 당면 전쟁에 목숨을 걸고 싸워 이기려는 일치단결된 '국민적 결의'가 전제되어야만 했기 때문이다. 그리고 '국민'이 그러한 심리상태·의식상태를 가지기 위해서는 오랜 문화적·관습적·정서적 전통을 바탕으로 한 민족적·국민적 정체성이 전제되어야 했기 때문이다. 이러한 것이 없는 상태에서 최소한에서나마 그 여지를 마련하려 한다면 조선민중 전체의 의식을 개량화시킬 수 있는 물적인 토대, 다시 말해서 안정적인 생활이 가능한 일정한 물적 기반이라도 확보되어 있어야만 했다. 하지만 전시체제

은 더 자주 중요한 의미를 띠면서 사용되었다. 이 말은 본서에 수록된 자료들 속에도 자주 등장한다.

기 조선의 민중들이 그러한 생활을 영유하지 못했음은 익히 잘 알려진 대로이다. 오히려 이에 대한 반발과 저항의 심리로서, 하나의 사회현상으로서 표출된 것이 바로 전시체제기에 엄청나게 많은 사례가 확인되는 '유언비어, 불온낙서, 불온투서' 등 각종 '불온언동'이었다고 할 수 있다.

편역자를 대표하여
변은진

I

중일전쟁기 사상·선전전과 외국의 논조

해제

　전시체제기 일제 당국의 '대(對) 국민' 여론·사상·선전 정책의 목적과 배경을 이해하기 위해 먼저 중일전쟁이 일어나면서 부각되는 사상·선전전의 내용과 중국을 비롯한 서양 각국의 대일(對日) 논조에 대해 살펴보고자 한다. 중·일 간의 전쟁이 일본·독일·이탈리아 등 삼국을 중심으로 한 추축국(樞軸國) 대 미국·영국·중국·러시아 등 연합국(聯合國)의 대립으로 진행되어간 상황에서 중국 등 일본과 반대 측에 있는 국가들의 대일 논조와 대외 선전의 내용을 먼저 파악해볼 필요가 있다는 점에서 본서의 1장을 구성하였다.

　특히 중국 등 외국의 일제에 비판적인 대일 논조는 일제 당국이 강조하는 '승전 사상 강화와 황국신민 만들기'라는 사상·선전·여론전의 목표와 달리 식민지 조선사회에서 이와 반대되는 내용의 유언비어 등 '불온언동'이 만연하게 되는 데 일정한 영향을 미쳤다고 할 수 있다. 이러한 상황과 내용을 이해하기 위해, 여기서는 당시 조선총독부에서 조사하여 출간한 해외 각국의 일본에 대한 언론보도나 논평 등을 담은 아래 자료들을 번역 수록하였다.

1. 『일지사변에 대한 해외 논평』 제4집(1937)

    〈자료 01〉 朝鮮總督府, 『日支事變に對する海外論評』 제4집(1937.8)

2. 『지나사변에서 지나군의 모략·선전 문서』(1938)

    〈자료 02〉 刑事局 第5課, 『支那事變に於ける支那軍の謀略宣傳文書』(1938.7)

3. 『전쟁과 사상선전전』 제5편(1939)

    〈자료 03〉 小松孝彰, 『戰爭と思想宣傳戰』, 제5편(春秋社, 1939)

4. 『최근의 외국 신문·잡지에 나타난 대일 논조』(1941)

    〈자료 04〉 朝鮮總督府 警務局, 『最近に於ける外國新聞雜紙に現はわたる'對日論調'』(1941)

전시 상황이었던 만큼 '적국'인 중국과 서방 국가들의 언론 보도와 관련된 위의 자료들, 즉 〈자료 01〉, 〈자료 02〉, 〈자료 04〉는 모두 소수의 관계기관과 관계자들에게만 참고용으로 배포되는 대외비(對外秘) 자료였다. 〈자료 03〉만 관변학자인 고마쓰 다카아키(小松孝彰) 이름으로 출판된 것이다. 하지만 일제 당국이 아무리 언론을 통제하고 전쟁 상황을 왜곡했다 해도 실제 일어나고 있는 팩트는 풍문 등 비공식 언로를 통해 조금씩 알려질 수밖에 없었다. 이에 일제 당국은 민간에 대한 여론 지도를 위해 해당기관과 기타 각 기관들 사이에 항상 밀접한 연락을 취하게 했으며, 일반 기관이 그 직무를 수행할 때는 여론 지도상 미칠 영향을 아울러 고려해야 한다고 여러 차례 강조하였다.

전황(戰況)의 변화를 중심으로 국내외 정세가 형성되고 변화되어간 전시체제기에 일제 당국은 공개적인 매체를 통해서는 늘 자신들이 승전(勝戰)을 거듭하고 있다고만 선전하였다. 하지만 시간이 흐를수록 중국 현지에 다녀온 인물들의 전언(傳言), 중국이나 미국에 있던 국외 독립운동세력에 대한 관심과 소식, 외국 측 첩보·모략 활동의 영향 등 여러 다양한 경로를 통해, 조선인 사회에서는 일제 당국의 보도와 선전만을 믿지 못하는 현상이 생겨났다. 다시 말해서 일제 당국의 공식 입장과 반대되는 경향, 즉 일본이 패전(敗戰)하고 있는 상황, 특히 중일전쟁이 장기전으로 들어가면서 결국 경제력·군사력에서 일제가 패망할 것이라는[1] 인식

---

1   실제로 중일전쟁이 장기전이 되면서 일본 측의 인적·물적 피해는 막대한 지경에 이르렀음을 본서 수록 자료들은 보여주고 있다. 특히 1940년 1월 미·일 통상조약 기간이 종료된 이후 일제의 전쟁 수행 능력은 점점 더 어려워갔고, 이로 인해 일본 군대 내 반전 분위기도 고조되어갔다. 1941년경 중국군 측이 작성한 통계에 따르면, "일본은 중국과의 전쟁 3개월간 140만 명을 잃었고 해군·육전대·비행대의 손해가 9만 명, 전사자 대 부상자의 비율은 1:4"에 육박했다고 한다. 또한 외국의 군사전문가들은 미일통상조약 기간이 종료됨으로써 "일본군은 중국군에 대해 결정적 공격을 할 수 없는 상태"에 이르렀다고 전망했다. 일본군 내에서는, 예를 들어 '남중국 일본군 반전연맹' 서명하에 "일본 국민을 구하는 유일한 길은 일본 군국주의의 폐기이다. 단결하자! 그리고 반침략투쟁을 하자!"는 내용의 반전 전단지·책자 등이 배포되거나 공개적인 반전운동으로 장교나 병사들이 처벌되는 횟수도 많아졌다(〈자료 04〉, 1941, 99-107쪽 참조).

과 희망을 갖게 되었다. 식민지 조선 사회 내의 이러한 현상은 유언비어 등으로 대표되는 조선 민중의 '불온언동'과 밀접한 관련을 갖고 있다. 이러한 부분을 이해하기 위한 가장 기초적인 자료로서 중일전쟁에 대한 해외의 논평을 수록한 것이다.

위의 자료들 속에는 특히 중일전쟁 당시 중국 측의 선전전과 첩보·모략 활동에 대한 내용이 많이 등장한다. 그 대부분은 당면한 전쟁은 일본의 군벌들만 살찌우는 침략전쟁이며, 따라서 대부분 노동자·농민 출신인 일본인 병사는 중국인 병사들과 마찬가지로 아무 죄가 없는 벗이라는 것, 그러니 중국 진영으로 투항해오라고 독려하는 내용이 많이 있다.[2] 이러한 사실이 유포되는 것은 실제로 전쟁을 수행하고 있는 일제 당국에게는 치명적이라 할 수 있다. 또한 실제로 당시 조선 청년들 사이에서는 지원병(志願兵)으로 입대하여 일본의 반대 측으로 넘어가 항일투쟁을 전개하자는 입장을 가진 경우도 상당히 많았음을 생각해보면, 이는 일본의 전력(戰力)에 큰 손실을 가져다준 것임이 분명했다.

위의 자료들 가운데 조선총독부 당국이 아닌 개인의 이름으로 나온 것은 〈자료 03〉이 유일하다. 이 자료는 고마쓰 다카아키가 1939년에 출판한 『전쟁과 사상선전전』의 제5편(지나사변과 선전전)을 번역한 것이다. 고마쓰는 일본에서 근대전(近代戰)과 사상전·선전전 연구의 선구자라 할 수 있다. 이 책은 중일전쟁이 일어나기 전인 1937년 3월에 그가 출판한 『근대전과

---

2 이러한 내용의 자료는 본서에 수록하는 자료들 외에도 많이 있다. 대표적인 하나를 소개해보면, "지금 그대들이 일본 군벌에 강요되어 침략전쟁의 선두에 참가하고 있는 것은 군들 자신도 무의미하다고 생각할 것이다. / 특히 군들의 사회적 지위는 내지(內地)의 일본인보다 낮음에도 유독 병역의 의무는 군들 쪽이 그들보다 도리어 무거운 책임을 부과받고 있지 않은가! / 잘 생각해보라!! 역사적으로는 군들은 중국인과는 同文同種인데 지금은 중국을 침략하는 도구로 상해에 온 것은 부득이하니 우리도 동정하지만 이때 오히려 한걸음 나아가 민족 독립을 위해 과감히 우리와 벗하기를 간절히 바란다. / 군들이여!! 빨리 도망하여 우리 중국군 진지로 와서 함께 손을 맞잡고 횡포한 일본군벌을 타도하지 않겠는가?!! / 그러면 진정한 동양평화는 반드시 유지될 것이다"는 것이었다(「朝鮮人·臺灣人兵隊さんに告する」, 司法省 刑事局, 『思想研究資料』 특집 제44호, 1938.7, 32-33쪽).

프로파간다』라는 책을, 1939년에 제목을 『전쟁과 사상선전전』으로 바꾸어 다시 출판한 것이다. 1937년 3월 처음 출판할 당시 총리 아베 노부유키(阿部信行)를 비롯해 도도로키 모리조(等 等力森藏), 고바야시 준이치로(小林順一郎) 등의 육군 장성들이 서문을 실었으며, 저자 서문에서는 이들을 비롯해 이시와라 간지(石原莞爾) 등 다수의 관료와 군인들에게 감사를 표하고 있는 점에서 관변학자로서 그의 위치를 짐작할 수 있다.

<자료 01>

『일지사변에 대한 해외 논평』 제4집[3]

(조선총독부, 1937년 8월)

1. 영국

▷ 《런던 타임스》지 (8월 4일)

런던 시장에서 지나 공채(公債)는 폭락하고 있기 때문에 남경(南京) 정부가 철도차관주(鐵道借款株)를 모집하는 것은 문제가 되지 않는다. 결국 지나의 철도차관 계획에 관한 보도는 남경정부가 장래에 성공시키고자 하는 희망에 불과하다.

▷ 영국 《뉴스 크로니클》지 사설 (8월 16일, 런던발)

오늘까지 전 서구의 동정(同情)은 지나 편이었지만, 전쟁과 전혀 상관없는 서양인이 폭탄으로 살해된다면 이러한 동정은 지속되지 않을 것이다. 폭탄이 과실이었다고 하는 것은 아무런 위로가 되지 않는다.

▷ 영국 《데일리 엑스프레스》지 (8월 16일, 런던발)

상해(上海)에서 발생한 맹목적인 폭격은 단지 지나의 비행술이 졸렬하다는 이유로 설명할 수 있는 외에는 달리 설명할 방도가 없다. 지나의 비행기는 일본의 군함을 폭격하려다가 1마

---

[3] 『日支事變に對する海外論評』第4輯, 朝鮮總督府, 1937.8

일이나 떨어져 있는 자신들의 시가지를 폭격해 버렸는데, 고사포(高射砲)의 사격에 깜짝 놀라 제대로 겨냥하지도 못하고 무턱대고 폭탄을 떨어뜨려 버린 것이다.

2. 미국

▷ **미국의 태도**   (8월 5일, 워싱턴발)

지나 측은 자신들의 장점인 과장된 날조 선전과 '싸움에 패배한 개'에 대한 자연스런 동정에 호소하며 미국 정부의 북지(北支) 시국 조정 추진을 집요하게 촉구하고 있는데, 미국 정부 당국은 여전히 요지부동 상태로 사태의 추이를 관망 중이다. 미국 정부로서는 자국의 이익이 침해되지 않는 범위에서 가능한 한 극동의 분쟁에 휘말리는 것을 피하려는 방침을 견지하고 있으나, 그렇다고 각국이 적극적으로 나서지 않는 이상 단독으로 중립법(中立法)을 발동시키는 것도 시기상조여서 형세를 관망하고 있는 모양이다.

▷ **미국인의 지나 종군 단속**   (8월 6일, 워싱턴발)

모험적 심리 또는 돈벌이를 위해 계속해서 수많은 미국인 비행가가 지나군 참가를 지원하고 있지만, 헤르 국무장관은 중립유지법이 미국인이 외국 전투에 참가하는 것을 엄금하고 있으며 스페인 내란에 대해서도 그렇게 하도록 애쓰고 있다. 일·지 분쟁의 경우에도 엄중하게 적용되어야 하며, 미국 정부는 미국인의 지나군 참가를 엄중히 단속할 것이라고 발표하였다. 이에 따라 미국인의 지나 종군 계약은 위법이 되어 결과적으로 지원자의 여행권 발행은 거부되고, 금지 사항을 위반하면서까지 종군하는 자는 시민권을 박탈당하게 되어 있다. 하지만 엄중한 감시에도 불구하고 다수의 미국인이 스페인전에 참가하고 있는 것을 고려하면, 약간의 미국인 비행가는 여행자로 여권을 발행받아 지나에 가서 중앙군(中央軍)에 참가할 것으로 예상된다.

▷ **영국의 동행을 경계하는 미국**   (8월 10일, 워싱턴발)

일·지 분쟁의 재앙에 휘말리고 싶지 않다는 이유로 지나에 주둔하는 미국 육해군이 이제 철수해야 한다고 주장하는 의견이 상당히 유력한 것은 주목할 만하다. 그러나 이에 대해 매사추세츠주 선출 하원의원 틴컴 씨는 의회에 결의안을 제출하였다. 즉 미국의 지나 주둔군 철수는 민간의 의견일 뿐만 아니라 미국 참모본부에서도 이미 건의되었다고 한다. 그리고 루스벨트 대통령이 이를 받아들이지 않는 것은 지난 1월 미국을 방문한 영국의 랑시만 전 상공부 장관과의 사이에 어떠한 합의가 있었기 때문이라고 전해지고 있다. 따라서 외교위원회로서 그간의 소식을 분명히 밝히고자 하는데, 틴컴 씨는 이번 달 8일 다음과 같이 언급하였다.

1901년 이후 영국은 극동에서 미국을 참여시키려 했다. 자국의 이익을 위해서라면 영국이라는 나라는 미국을 미끼로 사용하는 것도 그만두지 않는다. 이번 일·지 분쟁에서 미국 병사가 한 명이라도 살해될 경우 영국의 선전기관이나 신문은 미국의 여론을 부각시켜 일본과 싸우게 만들 것이다. 이런 사건에 직면하면서 왜 대통령은 주둔군 철수를 시도하지 않는가. 미국 시민은 그 이유를 알 권리가 있다.

▷ 미국 각 신문의 태도 (8월 14일, 뉴욕발)

상해의 형세가 급박함을 알리자 뉴욕의 각 신문들은 모두 앞으로의 진행에 대해 심각한 우려를 피력하고, 어느새 일본으로서는 지나와의 전면적인 일전(一戰)이 불가피하다는 관측이 일치하기에 이르렀다. 《뉴욕 타임스》는 14일 사설을 통해 상해에서 일어난 일·지 충돌에 대하여 다음과 같이 논하였다.

이번 사태는 1932년의 상해사변(上海事變) 당시와 달리 지나 측이 적극적으로 진격하는 모양이다. 지나 측은 정전협정의 보류 조항을 이유로 일본군에 저항해야 한다고 결심하고 있다. 만약 남경정부가 오늘의 강경 태도를 유지할 결심이라면 일본으로서는 상해에서 철병하거나 또는 철저하게 전투하는 두 가지 중에 하나를 선택해야 할 것이다. 전자는 굴욕을 의미하며 후자는 많은 희생을 뜻한다. 만약 상해에서 일지군(日支軍)이 정면충돌한다면 그 다음은 일·지 간의 전면적인 충돌일 것이다.

다음으로 《뉴욕 트리뷴》지는 이르기를,

지나 측은 왜 상해에 군을 집결시켜 일본 측에 도전하는가. 지나 측이 홍구(虹口) 방면으로 일본의 해군력을 오도록 하는 이유는 무엇인가. 우리는 그 이유를 알기 어렵다.

▷ 미국의 태도는 지극히 신중 (8월 17일, 워싱턴발)

미국 정부는 다년간 국무성 극동부장으로 부임한 스탠리 혼베크 박사를 17일 갑자기 파면하여 워싱턴 외교계에 적지 않은 반향을 일으키고 있다. 혼베크 박사의 부장 교체의 이유는 루스벨트·헤르의 선린평화 정책을 극동지역에서 유감없이 수행하기 위해서는 다분히 스팀슨주의를[4] 지지하는 혼베크 박사를 제일선에서 끌어내릴 필요가 있었기 때문이다. 교체 결과, 향후 미 정부의 극동 정책은 실제 상황에 맞게 지극히 신중할 것으로 예상한다. 한편 일부 국내 여론으로는 여전히 상해 사건 이후의 강경한 반일적인 독단이 있으며 정부에 대한 일본의 행동을 즉시 정지시키라고 요구하고 있지만, 루스벨트 대통령은 다음과 같은 이유로 단호한 소신에 매진할 결심으로 해석되고 있다. 다시 말해서,

일본의 행동 억제는 각국과 함께하지 않으면 아무런 성과를 기대하기 어렵다. 그런데 각국과 함께하는 것은 미국의 중립 방침과 배치된다. 또 중립법의 발동은 일본만 이익이 있으며 진실로 중립을 유지하는 이유가 아니다. 또 지나 공군이 무차별적으로 상해를 폭격한 것은 열국(列國)의 간섭을 초래하지 않으려는 의도에서 나온 것이다. 일본에 대하여 어떤 행동을 취하는 것은 잘못이다.

더욱이 미국 정부로서는 재지(在支) 미국인의 생명과 재산의 보호에만 전념함과 동시에 헤르 장관의 평화 성명을 기초로 세계의 여론을 환기시켜 사태가 신속하게 평정을 되찾기를 희망하고 있다.

---

4   스팀슨주의(Stimson Doctrine): 1932년 1월 7일 미국 국무장관 스팀슨(Henry Lewis Stimson, 1867~1950)이 중·일 양국에 보낸 각서를 통해 '부전조약(不戰條約)에 위반하는 방법으로 발생한 어떠한 사태, 조약, 협정도 승인하지 않는다'는 취지의 불승인 정책을 통보하였다. 스팀슨주의는 불승인주의(Doctrine of Non-Recognition)의 최초 사례로 꼽힌다. 당시의 대통령 후버(Herbert Clark Hoover, 1874~1964)의 이름을 붙여 '후버주의'라고도 한다.

▷ 미국 신문기자가 본 북지사변(北支事變)과 상해의 전황(戰況)

(8월 17일, 북미신문동맹 도쿄 특파원 프랑크 H. 헤체스 씨의 국제방송 강연 요지)

극동은 지금 수십 년간 본 적이 없을 정도로 매우 중대한 위기에 직면해 있다. 만약 극동이 한번 전쟁의 불길에 타오르면 전쟁은 세계로 확산되지 않는다고 장담할 수 없다. 일본이 오늘날 가장 바라고 있는 것은 인접 국가인 지나가 평화적·우호적이 되어서 일본과의 사이에 정상적인 상거래 관계를 지속하는 것이다.

도쿄에서 알 수 있는 것은 장개석(蔣介石)이 지나군에 대한 완전한 통제력이 없고 지나군 중에 공산당 활동이 심각하다는 점이다. 그리고 일본의 진정한 적은 이러한 공산당원이라는 것이다. 만약 지나에서 이러한 공산당원을 억제하지 않는다면, 1900년 의화단(義和團) 사건[5]과 같이 모든 외국인을 적으로 여기는 반란이 발발하지 않는다는 법이 없다. 일본 정부의 종국적인 목표는 남경정부의 괴멸도 아니요, 지나 영토의 획득도 아니다. 실로 이들 지나 공산당원의 억압과 공산당의 동조자[6] 수가 증대하는 것을 제어하는 데 있다.

만약 청취자 여러분이 지금 일본에 있으며 눈앞에 일본 국민의 열광과 진지함을 접할 수 있다면, 전국의 일본 국민이 어떻게 일체가 되었는지 한눈에 알 수 있다. 만세 소리, 곳곳에 휘날리는 히노마루(日の丸)[7]의 깃발, 그리고 천인침(千人針)[8]-과거 수십 년간 만주는 일본·지나·러시아 사이에 가로놓인 위험지대였다. 그 위험지대는 지금 북지(北支)로 옮겨졌다. 만약 공고하게 우호적인 지나가 존재한다면 북지는 일본이나 만주국(滿洲國)에도 위협이 되지 않을 것이다. 최근 지나는 반일·항일의 기세에 불타고 있으며, 더욱이 공산당 활동에 선동되어 바로 불난 들판의 불길을 드러내고 있다.

더군다나 소비에트 러시아에 대해 말하자면, 일본을 목표로 적이 되어 러시아 국민이 아니라 국제공산당 그 자체이다. 북지는 공산당의 선동 및 공작에 있어 소비에트 러시아와 지나

---

5 의화단 사건(義和團事件): 중국 청나라 말기에 일어난 외세 배척 운동. 1900년 6월 베이징에서 교회를 습격하고 외국인을 박해한 의화단을 청나라 정부가 지지하고 대외 선전 포고를 하자 미국을 비롯한 8개국의 연합군이 베이징을 점령·진압하고 중국인이 이를 배척한 사건이다.
6 원문은 심파(シンパ)인데, 심파사이저(sympathizer)의 줄임말이다.
7 히노마루(日の丸): 태양을 본뜬 붉은 동그라미를 그린 일본 국기. 일장기(日章旗).
8 천인침(千人針, 센닌바리): 출정 병사의 무운(武運)을 빌기 위해 천 명의 여자가 한 땀씩, 붉은 실로 천에 매듭을 놓아서 보낸 복대. 총탄을 피한다는 일종의 부적.

사이를 잇는 정규적인 경로가 된다. 또한 북지는 아시아 대륙부에서 만주국 및 일본의 직접적인 입구이기도 하다. 그래서 일본 정부는 이 양 제국의 안전을 위협하는 격렬한 반일·항일 분자를 북지에서 쫓아내지 않으면 안 된다고 생각하고 있다. 이렇게 하여 수많은 생령(生靈)과 국탕(國帑)을[9] 희생하더라도 북지를 공산당의 위협으로부터 안전하게 해야 한다고 일본 정부는 결의하고 있다.

북지에 대한 일본의 이러한 목적과 소망에 대해서 남경정부는 시기의 눈길을 보내고 있다. 그리고 도리어 지나공산당에 귀를 기울여 일본을 북지에서 쫓아내버리고, 끝내는 다른 지역에서 정당한, 조약상으로 부여된 일본의 권익마저 손상시키려고 도전해왔다. 일본은 이 기회에 격렬한 무력 충돌까지 일어나는 것을 좋아하지는 않지만, 만약 필요하다면 어떠한 희생을 치르더라도 자위를 위해서는 단호히 일어날 준비가 되어 있다. 이리하여 상해에서도 일본은 지나로부터의 공격에 대해 부득이하게 자위의 길을 강구하지 않으면 안 되었다. 그렇다면, 일·지 분쟁의 장래는 어떻게 될까? 그것은 어떠한 예언자라도 정확하게 대답할 수 없을 것이다. 그러나 이것만은 지극히 명료하다. 그것은 일본이 자국 및 만주국의 안전과 모순되지 않는 방법으로, 게다가 일본의 위엄을 손상시키는 일 없이 전쟁을 피할 수 있는 한, 일본은 적어도 진짜 전쟁이라는 이름이 붙을 만한 전쟁은 단호하게 피할 것이라는 점이다. 만약 이것이 평화적인 방법으로 실행되지 않는다면, 일본은 다른 방법으로라도 달성하기 위해 끝까지 갈 것으로 생각한다.

▷ **미국 육전대(陸戰隊) 증파**　　　　　　　　　　　　　　　　　(8월 18일, 워싱턴발)

8월 18일 뉴욕주 선출 하원의원으로서 하원 외교위원회 위원인 피쉬 씨는 성명서를 발표하여 다음과 같이 언급하였다.

미국 육전대 1,200명을 상해에 증파하는 것은 미국을 극동의 전쟁 소용돌이에 빠지게 할 가능성이 있으므로 중대한 실책이라고 하지 않을 수 없다.

9　국탕(國帑): 나라의 재화.

국무성 당국은 이를 반박하여 다음과 같이 언급하였다.

미국의 상해 주둔 병사는 조약상 의무도 아무것도 책임질 것이 없다. 재류민 보호 외에 달리 아무런 목적이 없다. 정부는 노인, 어린이, 부녀자의 철수를 권고하였으며 최근에는 재류가 필요 없는 미국인의 철수를 명령하였다. 미국인조차 현지에서 다른 곳으로 피난하면 주둔 병사는 곧바로 철수하게 될 것이다.

▷ **중립법 발동에 반대** (8월 19일, 뉴욕발)

《뉴욕 타임스》는 8월 19일 사설에서 미국 정부의 중립유지법 발동 반대를 설명하면서 다음과 같이 언급하였다.

대통령 및 국무장관은 일·지 분쟁에 대하여 중립유지법을 당분간 발동하지 않는다고 발표하였다. 하지만 이 법의 발동은 일·지 충돌의 기간을 연장시킬 뿐으로 충돌한 현지에서 미국의 지위는 더욱 어렵게 되기 때문에, 우리는 미국 정부가 일·지 간에 전쟁 상태가 존재한다는 내용을 발표하지 않을 방침이다. 다시 말해서 중립유지법의 발동을 당분간 보류하는 방침에 진정 찬성한다는 뜻을 표한 것이다. 중립유지법의 발동은 극동에서 미국의 권리를 증진시키지 못하고 극동의 평화에 아무런 공헌도 하지 못한다고 확신한다.

▷ **재지(在支) 미국인 비행사 철수(引揚)** (8월 21일, 뉴욕발)

《뉴욕 타임스》 및 AP통신사 상해에서 온 전화에 의하면, 중국항공공사(中國航空公司)의 5할 5푼 주식을 갖고 있는 범미항공회사(汎美航空會社)에 소속된 15명의 미국인 조종사 및 기관사는 지나에서 철수하여 귀국하게 되었다. 뉴욕의 범미항공회사 본사에서는 아직 보고가 오지 않았지만 전해지는 바로는, 현지 미국 관헌과 협의한 결과 일·지 분쟁에 휘말리지 않겠다는 미국 정부의 의향을 헤아려 이 기회에 지나에서 철수하게 되었다. 위 15명은 범미항공회사의 조종 관계자 전부이지만 그 가운데 1명은 이미 지나 공군에 참가했다고 한다. 또 지나 각지 비행학교의 교관인 미국인도 철수하게 되었다고 전해지고 있다.

▷ **일본 민족 예찬**　　　　　　　　　　　　　(8월 23일, 《시카고 데일리 뉴스》 사설)

일본 국민은 때때로 내부적인 마찰을 야기하는 일이 있지만, 일단 국난(國難)에 처하면 위아래가 일치단결하는 국민성을 갖고 있다. 그러한 애국적 단결력은 세계의 어떤 민족보다 공고하다. 일본의 민족의식은 일본이 아무리 근대화했다고 하더라도 결코 변화하는 일이 없을 것이다.

▷ **지나치게 흥분한 지나 공군**

(8월 26일, 미국 동양시찰단원 캘리포니아대학 교수 윌리엄 캠벨 박사 방송)

너무 흥분해서 이성을 잃은 지나 공군의 맹공격으로 14일 팔레스호텔에서 친구인 라이샤워 박사를 잃은 미국 동양시찰단원이자 캘리포니아대학 교수인 윌리엄 캠벨 박사는 26일 오전 7시 45분부터 15분간 AK에서 아메리카 콜롬비아 방송회사의 전파를 통해 호소하였다. 이것은 일지사변(日支事變) 이래 두 번째의 대(對) 미국 국제방송이다.

포악한 지나 공군의 폭격 상황에 대한 생생한 기억을 되살린, 친구를 잃은 박사의 비통한 보고는 미국 국민에게 깊은 감명을 주었다고 한다. 특히 팔레스호텔의 참사에 대해서 박사는 다음과 같이 지나군의 공중 폭격으로 입은 참화를 상세하게 이야기했다.

겨우 지나 비행기가 지나갔기 때문에 저는 호텔 앞까지 나왔습니다. 그때 내 생애에서 가장 전율하는 광경을 보았습니다. 공중 폭격으로 무고한 사람들의 시체는 층을 이루어 호텔 앞에 쌓여 있었습니다. 부상자의 신음 소리가 들리고 전복한 자동차에서 활활 타오르는 불꽃이 보였습니다. 이미 숨이 끊어진 어머니에게 매달려 울부짖는 아이들의 모습 … 나는 중상을 입은 라이샤워 박사를 안고 사이드카에 태워 병원으로 옮겼습니다. 부근 도로는 폭탄으로 사방에 유리 파편이 4~5촌 정도 쌓여 있었고, 1척이나 쌓여 있는 곳도 있었습니다. 내 마음은 지금도 친구를 잃은 슬픔으로 가득 차 있습니다.

▷ **황군(皇軍)에 대한 감사 메시지**　　　　　(8월 26일, 백인 선교사 존슨 씨 이야기)

일본군이 교회당 주위에 수십 발의 포탄을 쏟아 부으면서도 가톨릭 선교사임을 감안하여 이곳을 포격하지 않은 것에 대해 정해(靜海) 일대의 가톨릭교도는 신의 이름으로 일본군에게 감사의 뜻을 표한다.

정해에서 지나군의 포악한 상황은 극심하여 혹자는 가톨릭교도를 끌고 가서 폭행을 가하거나 참살하는 등 완전히 인도상의 적이었다. 하지만 일본군이 일단 입성(入城)하자 그 군규(軍規)가 엄해서 민중은 일제히 이를 환영하였다. 특히 가톨릭의 위신을 지킨 것은 실로 일본군 덕분으로서 진정으로 감사할 따름이다.

3. 독일

▷ 독일·지나 접근 공작　　　　　　　　　　　　　　　　　　(8월 10일, 베를린발)

국민정부[10] 재정부장 공상희(孔祥熙)는[11] 8월 10일 오후 베를린 근교의 뷰토 별장에서 독일 경제장관 샤흐트[12] 박사를 방문하여 수 시간에 걸쳐 협의를 거듭하였다. 이 자리에서 공상희는 극동의 정세를 설명한 뒤 독·지 간 경제 제휴의 재시도, 상호 무역 증진, 1936년 독·지 간 무기차관 확충을 요구하였다. 한편 샤흐트 박사는 국민정부의 용공(容共) 정책, 대일(對日) 전쟁 등에 관해 신랄한 질문을 퍼부은 모양이다. 공상희는 11일 다시 독일 외무성을 방문, 외무차관 폰 마켄젠[13] 씨 또는 폰 노이라트[14] 외무장관이 피서지에서 돌아오는 것을 기다려 외무장관과 회견하였다. 게다가 12일에는 국방장관 폰 블롬베르크[15] 원수(元帥)의 오찬회에 참석하였으

---

10 국민정부: 중국 본토에서 1925~1949년까지, 본토가 공산화된 이후에는 대만에서 국민당이 집권한 정부. 중국 국민당이 1925년 광주(廣州)에 수립하였다.
11 공상희(孔祥熙, 1881~1967): 중국의 자본가. 손문(孫文)의 혁명운동에 협력하였으며, 중앙은행·중국은행의 총재를 지냈다. 장개석 정권의 지주적인 역할을 한 전형적인 관료자본가.
12 할마르 샤흐트(Horace Greely Hjalmar Schacht, 1877~1970): 독일의 재정가, 은행가, 경제장관. 국립 은행 총재로서 제1차 세계대전 후의 인플레이션을 수습하였다. 나치스 정권 초기에 경제장관을 지내다가 나치스의 군비확장 우선에 반대하여 사임하였다.
13 아우구스트 폰 마켄젠(August von Mackensen, 1849~1945): 독일의 군인이자 원수(元帥). 제1차 세계대전에서 군사령관으로 활약하였다. 아들 에버하르트 폰 마켄젠도 군인으로서 제2차 세계대전에 참전하여 종전 후 전범(戰犯)으로 지목되어 형을 받았다.
14 콘스탄틴 폰 노이라트(Konstantin von Neurath, 1873~1956): 독일의 외교관. 법률보좌관, 런던 총영사, 터키·이탈리아·영국 대사를 역임하였다. 나치스가 정권을 장악한 뒤에도 외무장관의 자리에 남아 히틀러의 외교정책을 은폐시키는 역할을 하였다.
15 베르너 폰 블롬베르크(Werner Eduard Fritz von Blomberg, 1878~1946): 독일의 군인이자 원수(元帥). 전쟁성 장관을 역임했다.

며, 마지막으로 13일은 샤흐트 박사와 오찬을 함께하면서 회담하는 등 그 사이에 공상희는 힘을 다해 독·지 접근 공작을 수행하는 데 분주했던 것으로 보인다. 독일 정부는 영국·미국·프랑스 삼국의 지나에 대한 태도를 주시하고 특히 북지사변(北支事變)에 대해 엄정 중립의 방침을 견지해온 관계상 이제 무기 차관 교섭에는 반대할 것으로 보인다.

▷ **시종 냉정한 독일의 태도**   (8월 16일, 베를린발)

일지사변(日支事變)이 상해로 파급된 것은 독일에서도 센세이션을 일으키고 있지만, 일반적인 논조는 시종 냉정하여 어디까지나 '극동의 일은 극동에게'라는 태도를 지니고 있다. 특히 일지사변 발발 당시부터 객관적인 정세로 보아 영국·미국·러시아를 비롯해 그 밖의 여러 나라의 간섭을 부정해온《알게마이네 차이퉁》지의 주필 질렉스 씨는 16일 다시 일본·만주·지나 공동의 극동 평화를 목표로 하는 일본의 태도를 해설하고, 지나의 항일운동이 멸종되지 않을 것임을 분명히 하면서 거듭 다음과 같이 논하고 있다.

각국은 모두 거주자를 상해에서 철수하라고 명하고 있는 것으로 보아도 간섭의 의사가 없는 것이 분명하다.

▷ **독일《베를리나 타게블라트》지**   (8월 22일, 루돌프 피셔 씨 논설)

지나의 정신적 갱생운동과 볼셰비즘의 유사성은 크다. 국민당과 공산당은 동일하지는 않지만 평행선의 양단이라고 할 수 있다. 특히 송경령(宋慶齡)의[16] 존재는 기이해서 최근 모스크바에서 귀국한 장개석의 첫째 부인의 장남과 함께 국민·공산 양 당의 중개를 하는 인물로 보인다. 노산회의(蘆山會議)에 공산당의 영수 2명이 참석하고 있다는 일본 측의 보도도 사실일 것이다. 이상의 사실에서도 대륙 세력을 둘러싼 일본의 근심이 어디에 있는지 이해가 된다. 그럼에도 불구하고 영토 없이도 지나에 가장 쉽게 발판을 얻을 수 있는 러시아를 일본의 견제 세력으로 지원한 것은 영국과 미국이다. 오늘날 일본의 입장에 대해서 시대에 뒤떨어진 기준으로 비난하더라도 전혀 맞지 않는다. 일본의 중대 결심의 이면에는 엄중한 필요성이 존재

---

16   송경령(宋慶齡, 1893~1981): 중국의 정치가. 손문의 부인.

했음을 인식하지 않으면 안 된다. 한순간의 생각으로 일본의 결심에 대항한다면 점점 더 곤란해질 것이다. 천손(天孫)의 위업을 계승한 동아(東亞)의 해 뜨는 나라의 세력권이 확대된 새벽은 영국의 체면에 관계되는 문제로서, 일찍이 영국 특사 마크 아트니 경이 열하(熱河)에서 건륭(乾隆) 황제에게 당한 모욕에 응답한 것처럼 간단하게 생각하면 큰 오산이다.

▷ **독일 관변(官邊)의 의향** (8월 23일, 베를린발)

독일 정부 당국은 일·지 분쟁이 발발하자 엄정 중립의 태도를 견지하면서 사태를 관망하고 있었지만, 이제 일·지 분쟁이 전면적으로 확대될 조짐이 보이게 되자 확실하게 일본을 지지하는 태도를 표명하기에 이르렀다. 독일 정부의 이러한 태도는 물론 일독방공협정(日獨防共協定)의[17] 취지에 따라 볼셰비즘 배격 의도를 반영한 것인데, 독일 관변의 의향을 종합하면 다음과 같다.

일본의 진의는 만주국의 남쪽과 접속하고 있는 북지 5성(省)을 그 세력 아래 두고 만주국에 대한 볼셰비즘 침략의 위험을 일소하여 종국에는 지나와의 긴밀한 협력 관계를 확립하려는 데 있다. 이로써 러시아 및 동아에 대해 패권을 잡으려는 그 밖의 열국에 대항하여 일본과 지나 양국의 공동 방위진(防衛陣)을 강화하려는 것이다.

▷ **베를린《앙그리프》지** (8월 24일 자)

《앙그리프》[18] 지는 24일 「지나를 가리고 있는 모스크바의 그림자」라는 제목의 논설을 내걸고 소비에트연방의 대 지나 간섭 사실을 다음과 같이 열거하고 있다.

- 소비에트연방은 찰합이(察哈爾)에 50여 명의 장교를 파견, 5천의 지나 적군(赤軍) 혹은 반적군(半赤軍)을 지휘하고 있다.

---

17 일독방공협정(日獨防共協定): 1936년 11월 25일 베를린에서 일본과 독일 간에 체결된 협정. 유효기간은 총5년 간으로, 「코민테른에 대한 일독 협정」과 「비밀 부속 협정」을 총칭한다. 1937년 11월에 이탈리아가 참가함으로써 일독이(日獨伊) 방공협정이 되었고, 1940년 9월 일독이 삼국동맹으로 강화되었다.
18 데어 앙그리프(Der Angriff): 1927년 독일 베를린에서 창간된 신문. 1945년 4월까지 발행되었다. 'Der Angriff'란 독일어로 '공격'을 뜻한다.

- 산동·몽골에 소비에트 공군을 집결하고 극동군 사령관 블류헤르[19] 장군은 외몽골 수도인 울란바토르에 대기하고 있다.
- 지나 전체의 13만 적군(赤軍)의 사령관인 모택동(毛澤東)은 8월 14일 향월(香月) 사령관에게 북평(北平) 퇴각의 최후통첩을 발표했지만, 회답을 받지 못한 채 선전(宣戰)을 포고하였다.
- 상해의 소비에트 총영사관은 지나군과 연락·발화(發火) 신호를 행하였다.
- 장개석은 관련 사실을 모른다고 하지만, 국민정부의 일부 정치가는 소련에서 무기구입 계약을 확인, 공산당과 연계하여 '민족전선'을 주창하고 있는데, 입법원장 손과(孫科)와 같은 자는 소련·지나 동맹의 주창자이다.
- 국민정부는 진과부(陳果夫),[20] 송경령, 풍옥상(馮玉祥)[21] 등의 적색 인민전선을 지도하고 있다.

이 신문은 다시 다음과 같이 기술하고 있다.

이렇게 본다면 모스크바가 극동 분쟁에 개입하기 위해 군인이나 기자, 그 외 다수의 앞잡이를 충분히 보유하고 있는 것은 확실하다. 영·미 양국은 볼셰비즘의 극동 공세를 충분히 고려하지 않으면 안 된다. 현재 지나 적군(赤軍)의 공진(功進) 구역인 북지에만 해도 영국은 2억 파운드를 투자하고 있다. 하지만 화염에 휩싸인 상해에는 그 몇 배나 될 것이다. 소비에트연방이 때가 되면 불길이 타오르기를 바라고 있는 현 상황에서 영국과 미국은 자신들의 권익이 안전하다고 생각해서는 안 된다. 왜냐하면 사주를 당한 쿨리[22]나 농민의 눈에는 영국·미국인도 프랑스인도 결국은 백색의 오랑캐에 불과하니까.

---

19 블류헤르(Vasilii Konstantinovich Blyukher, 1890~1938): 소비에트연방의 군사지도자. 극동공화국 총사령관 겸 육군대신, 극동군사령관. 1917년 10월혁명 당시 제51사단을 이끌었으며, 1938년 대숙청으로 사망하였다.
20 진과부(陳果夫, 1892~1951): 중국의 정치가. 이름은 조도(祖燾)이며, 과부는 자(字)이다. 동생 진입부(陳立夫)와 함께 국민당 조직의 실권을 장악했으며, 장개석의 가장 중요한 막료 중 한 사람이었다.
21 풍옥상(馮玉祥, 1882~1948): 중국의 군벌(軍閥), 정치가. 북양(北洋) 군벌 직례파(直隷波)의 거두였으나 국민당에 입당하여 북벌(北伐)에 참가하였다. 뒤에 반(反) 장개석 운동을 벌였으며, 항일전쟁에서 활약하다가 종전 후 내전(內戰) 반대를 주장하였다. 1946년에 미국으로 건너갔다.
22 쿨리(coolie, 苦力): 19세기 말에서 20세기 초의 이민자 내지 이민 노동자. 주로 육체노동에 종사하는 하층의 중국인이나 인도인 노동자를 가리키는데, 이들은 아프리카·인도·아시아의 식민지에서 혹사당하였다.

4. 프랑스

▷ 각 신문의 태도   (8월 16일, 파리발)

지나 측의 상해 공동조계(共同租界) 폭격으로 일지사변에 대한 프랑스의 관심이 높아져 일반 여론은 일본 측에 유리해졌다. 프랑스는 국내의 재정 문제, 유럽 자체의 문제 등 당면한 여러 중대한 문제가 놓여있어서 일지사변 때문에 국제적 분규에 휘말리는 것을 절대로 피하려는 방침인데, 여러 신문의 논조는 다음과 같다.

《탄》지

일부에서는 일본이 선전포고를 한다는 설도 있지만 일본은 북지에서 응징하는 행동을 취하는 데 그쳐, 기꺼이 부전조약(不戰條約),[23] 9개국 조약[24] 파기에 대해 책임지는 것을 좋아할 리 없다. 상해 폭격은 지나의 중대 실책이며 국제 여론이 일본에게 유리하도록 발판을 마련해주었다. 열국은 상해에서 조약상의 권리를 존중하게 하여 재류민의 생명·재산을 유효하게 보호시켜야 하지만, 각국의 지위가 직접적으로 위협받지 않는 한 세계의 전반적인 평화 유지가 선결 문제이다. 불필요한 소지를 넘어 문제에 휘말리는 일은 없을 것이다.

《에코 드 파리》지

지나가 사건을 연맹에 제소하더라도 만주사변 당시 이상으로 유리한 해결을 얻을 수 없을 것은 분명하다.

---

23 부전조약(不戰條約): 미국 국무장관 켈로그와 프랑스 외무장관 브리앙이 제안하여 1928년에 파리에서 맺은 전쟁 포기에 관한 조약. 미국·프랑스·영국·독일·이탈리아·일본 등 15개국이 조인하였고, 이후 소련 등 63개국이 가입하였으나 별로 실효성이 없었다.

24 9개국 조약(Nine-Power Treat): 1922년 중국 문제에 관하여 미국·영국·프랑스 등 9개국 간에 조인된 조약. 정식 명칭은 '중국에 관한 9개국 조약'이다. 1922년 2월 6일 워싱턴회의에서 중국 문제에 관하여 미국·영국·프랑스·벨기에·포르투갈·네덜란드·일본·이탈리아·중국 등 9개국 간에 조인된 조약을 말하는데, 중국의 주권 존중, 영토보전, 문호개방, 기회균등 등을 주요 내용으로 한다.

《피가로》지

공동조계는 지나가 치안을 유지할 능력이 없기 때문에 각국이 각각 재류민 보호에 나서고 있으며, 오늘날 지나는 이를 유린하고 일본은 이를 위협하는 지경에 이르렀다. 그러나 유럽은 당면한 문제에 바빠서 기껏해야 독도 약도 되지 않는 항의를 제출하는 정도가 고작이다.

《쁘띠 주르날》지

상해 폭격의 재발을 방지하는 방법은 일본과 지나 양국이 상해에서 전투를 벌이지 않기로 약속하게 하는 것 외에 달리 방법이 없다.

《악숑 프랑세즈》지

좌익 선동자들은 스페인 문제와 마찬가지로 일본에도 국제적 간섭을 해야 한다고 하지만, 이는 국제전쟁을 유발할 것이다.

5. 지나

▷ 지나 신문 (7월 30일, 《남경중앙일보(南京中央日報)》 논설)

(1) 장개석은 일본에 대한 승리의 계산이 없는 개전을 바라지는 않지만, 국내의 주전론자(主戰論者)를 제어할 수 없는 상태가 되어 거취를 망설이고 있다.
(2) 장개석은 일본으로부터의 위험보다도 그 대책에 대한 국내의 맹렬한 반대의 위험에 직면할지도 모르겠다.

<자료 02>

『지나사변에서 지나군의 모략·선전 문서』[25]

(형사국 제5과, 1938년 7월)

머리말

　　1937년(昭和 12) 7월 7일 지나사변이 발발한 이래 지나군이 살포한 반전(反戰) 등을 내용으로 하는 모략·선전 문서 가운데 사법성(司法省) 형사국(刑事局)에 보고된 것은 올해 6월 20일 현재 74종에 이른다. 그 자세한 것은 별항(別項)에 기재된 바와 같다. 그런데 지난 5월 20일 새벽녘에 구마모토(熊本), 미야자키(宮崎) 두 현에서 발견된 다섯 종류의 반전 문서 외에는 모두 북지(北支) 혹은 중지(中支) 방면의 전선에서 지나군이 살포한 것으로써 이를 입수한 사람들에 의해 내지(內地)로[26] 우송 또는 휴대된 것이다.

　　말하자면 오늘날의 전쟁은 단순한 무력전이 아니라 이른바 사상전(思想戰)을 중요한 요소로 한 국력전(國力戰)이며, 국내 정세 여부가 곧 전국(戰局)에 중대한 영향을 미치는 것이다. 따라서 선전·모략은 근대전(近代戰)의 유력한 무기가 된다. 이에 대처하는 방법을 수립하는 것은 전쟁터에서는 물론 국내 치안을 확보하기 위해서도 매우 중요한 업무라고 하지 않을 수

25　『支那事變に於ける支那軍の謀略宣傳文書』, 刑事局 第5課, 1938.7. 이 소책자는 『昭和十三年六月思想實務家會同議事錄(社會問題資料叢書 第1輯)』(東京: 東洋文化社, 1977)에도 수록되어 있다.

26　내지(內地): 일본 본토를 말함. 당시 일본은 행정법상으로 일본 본토를 '내지', 그 외의 식민지 지역 등을 '외지(外地)'로 구분하여 사용하였으며, 이에 준하여 '내지인', '외지인'이라고 불렀다. 이는 공식적으로 또 법적으로 자신들은 서양의 '식민지'와는 다르다는 것을 표방하면서, 내부적으로 차별을 두는 것이라 할 수 있다.

없다. 따라서 이에 다음의 문서를 수록하여 사상전을 최후의 무기로 하는 국민정부[27]가 황당무계(荒唐無稽)한 사실로 선전·모략에 광분하고 있는 실상을 밝혀, 장기전 체제하 국내의 사상 대책 수립에 참고로 제공하는 바이다.

1938년(昭和 13) 7월, 형사국 제5과

목차

1. 제8로군 명의 「일본 사병 여러분께 고하는 글」
2. 일본평화동맹 해외지부 명의 「전선의 용사 여러분」
3. 일본평화동맹 명의 「전선의 병사 여러분」
4. 세계평화협회 중화지부(中華支部) 명의 「일본 국민에게 고함」
5. 일본평화동맹 명의의 전단지 20종
6. 산조(産組), 일무(日無), 사대(社大), 민정(民政) 청년부, 향군유지단 명의 「출정 병사 여러분께」
7. 현역장교와 유지 명의의 전단지
8. 국민혁명군 명의 「일본 병졸 여러분께 고함」
9. 제18집단군 명의 「일본의 포로병을 우대하는 령(令)」
10. 출정 군인에게 보내는 일본 부인의 편지(사진)
11. 「일본의 병대 분들께 고함」 외의 전단지 6종
12. 대중화민국군 명의 「일본 병사 여러분」
13. 국민정부 군사위원회 명의 「일본 거류민 여러분께 고함」
14. 중일친선촉진회 명의 「일본 병사 여러분께 고함」
15. 국민정부 군사위원회 명의 「사병 여러분」
16. 중국공산당이 일본의 육·해·공 병사 형제들에게 고함
17. 재지(在支) 일본병 여러분께 드리는 일본공산당의 메시지
18. 제8로군 명의의 전단지
19. 제8로군 총지휘부 명령
20. 조선인, 대만인의 병대 분들께 고함

---

[27] 국민정부: 중국 본토에서 1925~1949년까지, 본토가 공산화된 이후에는 대만(臺灣)에서 국민당이 집권한 정부. 중국 국민당이 1925년 광주(廣州)에서 수립하였다.

21. 일본군에 참가하고 있는 동아의 동향인에게 고하는 글
22. 일본 병사에게 드림
23. 국민혁명군 명의 「일본 병사여」
24. 일본 병사에 대한 만화 전단지 등 7종
25. 전적(前敵) 총사령 명의 「일본의 병대에게 고함」
26. 진찰기군구(晋察冀軍區) 정치부 명의 「위군(僞軍, 滿洲國軍)의 형제들이여」 외 2종
27. 국민혁명군 명의 「일본군 하급 사관과 병사 여러분께 고함」
28. 국민혁명군 명의 「관동군 안에서 병역을 복무하는 중국 동포에게 고함」
29. 중국인민홍군 정치부 명의 「친애하는 일본 병사 및 장관들이여」
30. 중화민국 총상회 명의 「일본 상공업자에게 고함」
31. 중화민국 국민외교협회 명의 「일본 각 정당 인사에게 고함」
32. 중화민국 농민협회 명의 「일본 농민 대중에게 고함」
33. 중화민국 총공회 명의 「일본 노동자 여러분께 고함」
34. 중일인민반침략대동맹 명의 「일본 인민에게 고함」
35. 진찰기군구 정치부 명의의 전단지
36. 사게하시 쇼조(提箸彰三) 명의 「일본 군벌에 반대하라」
37. 진찰기군구 정치부 명의 「최후의 승리는 누구에게 있을까」
38. 진찰기군구 정치부 명의 「무장을 해제하라」
39. 인민자위군 정치부 명의 「일본 병사에게 드린다」

1. 제8로군 명의 「일본 사병 여러분께 고하는 글」

> 살포 시기: 1937년(昭和 12) 월일 미상
> 살포 장소: 북지 산서성(山西省) 광령(廣靈) 부근
> 입수 경로: 산서성 광령 부근에서 패잔병을 소탕하던 중에 일본인 요시오카 사다오(吉岡貞夫)외 1명 및 조선인 4명이 적진에 참가하고 있었기에, 그들의 소지품 중에서 입수한 일본 군인으로부터 내지로 우송

중화민국 제8로군(홍군)

일본 사병 여러분께 고하는 글

일본 사병(士兵) 여러분!

그대들은 아마 '중국 홍군(紅軍)'이라는 이름을 들었을 것이다. 지금 우리 제8로군은 즉 원래 '적군(赤軍)'-말하자면 일본 신문이 잘 전하고 있는 '공산군'이다.

오늘날 우리와 그대들이 전쟁터에서 혈인(血刃)으로 상대해야만 하게 된 것은 매우 불행한 일이라 하지 않을 수 없다. 그대들도 우리와 마찬가지로 노동자나 농민 출신이지만, 그대들의 군벌에 압박받아 군복으로 갈아입고 그대들의 고향과 가정을 이별하고 중국의 전쟁터로 보내진 것이다. 우리도 노동자 출신으로 오늘날 전쟁터에 나선 것은 결연히 일본 군벌의 침략에 저항하여 중국의 영토를 보위하고 중국 인민의 이익을 옹호하기 위해서이다. 그러니까 우리가 반대하는 것은 결코 일본의 노동자·농민 형제 및 인민 대중이 아니다. 우리는 언제든지 기꺼이 일본의 노동자·농민들과 악수하기를 희망하며 준비하고 있는 것이다.

일본 사병 여러분!

잘 생각해보시오. 그대들이 이 중국의 전쟁터에서 전사하여 희생자가 된다면 그대들에게 어떤 이익이 있겠는가. 아무것도 없는 것은 일본의 병사와 일본의 노동자 농민뿐이다. 일본의 자본가와 지주, 비단을 감싼 귀족들은 모른 체하는 얼굴을 하고 별장에 들어앉아 즐기고 있다. 만약 일본이 이 전쟁에서 이긴다면, 일본의 부르주아 지주 계급의 통치 세력을 더욱 증

대시킬 것이고, 그놈들은 우리 노동자 농민에 대한 착취를 더욱 강화시킬 것이다. 그놈들은 당장이라도 고꾸라져가고 있는 생명을 유지시키면서 동시에 일본 군벌의 중국 인민에 대한 유린과 노역을 더욱 증대시킬 뿐이다.

만약 일본제국주의가 패배한다면 일본 군벌은 타도되고 일본 노동자·농민 대중의 혁명이 일어나 일본의 노농대중은 해방될 것이다. 그리고 그대들은 하루라도 빨리 내지로 돌아가 부모와 처자와 함께 살 수 있으며, 국내의 노동자·농민들과 손잡고 투쟁할 수도 있다.

일본의 사병 여러분!

일어나라! 총구를 돌려 그대들의 압박자이자 착취자인 일본 군벌에게로 향하라. 그리고 우리와 악수하고 팔짱을 끼고 일본 노동자·농민의 해방을 위해, 중국 인민의 해방을 위해 단결 투쟁하자!

오늘날 우리가 전쟁터에서 피투성이가 되어 서로 싸운 결과 희생되는 것은 일본과 중국의 노동자·농민·병사들이다. 우리는 서로 전쟁을 멈추어야 한다. 친밀하게 악수하고 함께 기쁨을 나누지 않겠는가!

일본의 사병 여러분!

그대들의 희생은 아무런 값어치도 없는 것이다. 그대들이 전사해도 뼈를 줍는 친척은 없으며, 그대들 국내의 노동자·농민들조차 그대들과 중국 인민 형제가 서로 죽이는 것을 결코 바라지 않는다. 전 세계의 노동자·농민도 그대들이 중국 인민과 서로 싸우기를 결코 원하지 않는다. 설령 그대들이 희생되어 쓰러진다 하더라도, 전 세계의 진보적인 노동자·농민은 그대들을 오히려 원망만 할 것이다. 그러니 잘 생각해보시오. 그리고 깨어나소서!

중국의 군대가 그대들과 싸우는 것은 중화민족의 해방을 위해, 일본의 파쇼적 침략을 반대하기 위해서이다. 그러므로 우리가 희생되더라도, 명예로운 전사(戰死)를 하더라도 그것은 진정한 광영이며 국제적 명성을 얻는 것이다. 그대들 국내의 노동자·농민도 우리의 이와 같은 행동에 찬성하고 있으며, 전 세계 인민도 우리의 행동을 지지 원조하고 있다.

일본의 사병 여러분!

우리 쪽으로 오시오. 우리는 그대들을 결코 학대하지 않을 것이며, 또한 결코 죽이지 않을 것이다. 만약 그대들이 자진해서 우리 쪽으로 온다면 이만큼 환영할 일은 없다. 그때는 우리와 같은 형제이고 같은 중국 인민의 친구니까, 만약 그대들이 우리 반일본제국주의적 군대

속에서 함께 투쟁하고 싶다면 대환영이다. 만약 내지로 돌아가고 싶다면 일본으로 돌아가는 편의를 마련할 것이다. 만약 그대들이 먼저 사격하지 않는다면 우리도 결단코 먼저 발포하지 않겠다. 우리는 결코 일본 병사의 형제를 한 명도 상처 입히고 싶지 않다는 것을 항상 명심해 주시오.

일본의 사병 여러분!

일본 군벌을 위해 전도유위(前途有爲)²⁸한 몸을 헛되게 개죽음하지 마라!

내지로 돌아가라. 그리고 국내의 노동자·농민과 함께 혁명을 일으켜라!

일본의 병사와 중국 사병은 단결하라! 전투를 중지하고 기쁨을 나누라!

일본의 병사는 중국 인민의 해방운동을 원조해야 한다.

그대들의 형제인 중국 인민을 죽이는 전쟁을 거절하라!

일본제국주의를 타도하라!

일본 노동자·농민·병사 해방 만세!

제8로군 총지휘 주덕(朱德),²⁹ 부지휘 팽덕회(彭德懷)³⁰ 및 전 군지휘원·전투원 일동 아룀

진찰기(晉察冀) 제1군분구(軍分區) 정치부 번인(翻印), 1월 14일

---

28 전도유위(前途有爲): 앞으로 잘될 희망이 있음.
29 주덕(朱德, 1886~1976): 중국의 군인. 1928년 모택동(毛澤東)과 홍군(紅軍)을 조직하고, 총사령을 지냈다. 항일전에서는 제8로군 총사령, 뒤에 인민군 총사령. 1959년부터 전국인민대표대회 상무위원장 십원수(十元帥) 가운데 한 사람이었다.
30 팽덕회(彭德懷, 1898~1974): 중국의 군인·정치가. 북벌의 혁명군 여단장으로 활약한 뒤, 1928년 공산당에 입당하여 홍군 제5군을 건설하였다. 1954년 이래 국무원 부총리 겸 국방부장 등을 지냈으나 당 내 투쟁에서 패하여 1965년에 모든 공직에서 추방되었다. 전국인민대표대회 상무위원장 십원수(十元帥) 가운데 한 사람이었다.

2. 일본평화동맹 해외지부 명의 「전선의 용사 여러분」

> 살포 시기: 1937년(昭和 12) 월일 미상
> 살포 장소: 북지 방면
> 입수 경로: 도쿄보호관찰소 나카무라(中村) 보도관 현지에서 입수

　전쟁은 지주, 재벌, 군부 때문이다! 촌(村)은 쌀 기근, 마을(町)의 물가는 3배다. 정부는 수백만 석을 1되 5전으로 외국에 내다판다. 전쟁은 군부 관리들의 속임수다! 출정 가족의 보조금은 모두 관리들의 월급과 연금으로 둔갑한다. 전사(戰死)하면 백 엔, 한쪽 다리를 잃고서도 무보수로 일한다. 군비(軍費) 70억은 재벌과 고급장교의 배만 채우기 때문에 인민은 굶어 개죽음을 당한다.

　전쟁은 황족 군벌, 귀족의 도락(道樂)이다. 황실의 수입은 1개월에 40만 엔, 토지는 500만 정보(町步). 정조(貞操)와 헌상금(獻上金) 수십만을 날치기하는 것이 황족의 민정(民情) 시찰이다. 정치는 방탕한 귀족의 도박이다. 삼천 년의 역사는 삼천 년의 인민 학대이다. 우리로서는 지나인에게 죄도 원망도 없다. 미워하고 또 미워하고 죽이고 또 죽여도 부족한 것이 군벌, 재벌, 귀족이다. 즉시 철병. 군벌, 재벌, 귀족 타도! 우리 손으로 인민정부를 만들자.

　침략전쟁을 국내혁명으로! 재벌, 군부, 귀족 타도!

　비상시-놈들의 잇속만 차리는 정치 때문이다.
　국방군비-놈들의 돈벌이를 위해서다.
　일본정신-대중 착취와 물가 인상이다.
　거국일치-소작지 탈취, 임금 인하이다.
　생활안정-아사(餓死)와 대중 증세(增稅)이다.

　전쟁은 인민의 절규를 무마하기 위해서다. 대중의 항의는 전쟁 반대와 정치혁명이다. 생활질서와 자유를 되찾아라! 인민대중 만세!

3. 일본평화동맹 명의 「전선의 병사 여러분」

살포 시기: 1938년(昭和 13) 월일 미상

살포 장소: 북지 방면

입수 경로: 도쿄보호관찰소 나카무라(中村) 보도관 현지에서 입수

2·26 사건[31]은 누가 지시했나?

미쓰이(三井)·미쓰비시(三菱)·스미토모(住友)·구하라(久原) 재벌이 간인(閑院)·지치부(秩父)·히가시쿠니(東久邇)·마사키(眞崎)·혼조(本莊)·아라키(荒木)·가와시마(川島) 대장에게 2천만 엔의 돈을 주고 사건을 일으킨 것이다.

10월 사건[32]은 누구의 음모인가?

미쓰이·미쓰비시·스미토모·구하라와 도쿠가와(德川)가 1,500만 엔을 내어 우가키(宇垣)·아라키·하마사키(浜崎)·하야시(林)에게 의회를 해산시켜 독재정부를 만들려 한 음모였다. 돈의 분배 문제로 내부 분열이 생겼다. 만주사변은 만철(滿鐵)과 오쿠라(大倉) 재벌이 아라키·마사키(眞崎)에게 돈을 내 벌인 사건이다. 5·15는[33] 사가(佐賀)·효고(兵庫)의 대 지주가 벌인 사건이다.

이번 사변은 누구의 음모인가?

미쓰이·미쓰비시·가네오(鐘紡)·고노에(近衛)가 스기야마(杉山)·데라우치(寺内)·우에다(植田)에게 시킨 사건이다. 돈을 중재한 것은 야마시타(山下) 해군 대장이다. 재벌과 군벌은 마음에 드는 가즈키(香月)를 보내 말을 듣지 않던 다시로(田代)를 암살하였다. 군부는 재벌 귀족의 개다! 군부는 민중의 자유와 생활을 빼앗아 재벌 귀족에게 봉사하는 강도이다!

전선의 병사 여러분!

---

31 2·26 사건: 1936년 2월 26일 일본 육군의 황도파 청년 장교들이 1,483명의 병력을 이끌고 일으킨 우익 반란 사건.
32 10월 사건: 1931년(昭和 6) 10월 만주사변에 호응하여 사쿠라카이(桜会)의 간부 장교인 하시모토 긴고로(橋本欣五郎)나 민간 우익인 오카와 슈메이(大川周明) 등이 기도한 쿠데타 미수 사건.
33 5·15 사건: 1932년 5월 15일 일본제국 해군 내 극우 청년 장교를 중심으로 일어난 반란 사건. 무장한 해군의 청년 장교들이 수상 관저에 난입하여, 당시 호헌운동의 중심인 이누카이 쓰요시(犬養毅) 수상을 암살하였다.

강도 군부의 앞잡이인가? 재벌 귀족의 개인가? 용사들이여! 생활과 질서와 자유를 지켜라. 용사들이여! 강도 군부를 정복하라! 전쟁을 즉시 중지하라! 강도 정치를 타도하라!

4. 세계평화협회 중화지부(中華支部) 명의 「일본 국민에게 고함」

살포 시기: 1938년(昭和 13) 월일 미상
살포 장소: 북지 방면
입수 경로: 도쿄보호관찰소 나카무라(中村) 보도관 현지에서 입수

7월 7일 발발한 노구교(蘆溝橋) 사건[34]은 북지 주둔군의 간책에 의한 사건이다. 주둔군이 당일 야간 연습 중이던 제9로군으로부터 불법 사격을 받았다고 성명을 발표한 것도 실은 일부 군벌의 일상적인 기만에 숨어 사실의 진상을 심히 왜곡한 악성 선전에 불과하다. 이웃나라와의 친교를 파괴하고 일반 민중의 평화로운 생활을 유린한 매우 위험한 불법 폭행이었음은 명백한 사실이다.

일본국민 여러분은 사실의 진상을 알려 해도 횡포한 언론의 압박과 위조된 보도 때문에 사욕에 사로잡힌 군벌의 맹목적인 정책에 미혹되게 되는데, 우리는 이러한 일본국민 여러분에 대해 깊이 동정하면서 여기서 일단 사건의 진상을 여러분께 전달할 기회를 얻은 것을 매우 기쁘게 생각한다.

7월 7일 밤 11시 40분 주둔군의 한 부대가 보안대(保安隊)에 대해서 원평(宛平)으로 인도하도록 강요하고 곧바로 포격을 개시하였다. 보안대가 무력 주둔을 승낙하지 않는 것은 그들의 당연한 의무이다. 이와 같이 발생 동기의 시비(是非) 및 사건의 책임이 어디에 있는지는 불

---

34 노구교(蘆溝橋) 사건: 1937년 7월 7일 노구교에서 일어난 중·일군 간의 충돌 사건으로서, 중일전쟁의 발단이 되었다. 노구교는 북경의 서남쪽 15km에 위치한 다리이다. '7·7 사변'이라고도 한다.

보듯 명백한 사실이다. 일본 군벌이 이러한 국면에 착안하여 일본 국가 백년의 대계를 돌아볼 배짱도 없어 오로지 개인의 야심과 사리사욕이라는 공리(功利)[35]에만 매달려 세계의 대세를 거스르고 이웃나라 4억 5천만 민중의 감정을 악화시키고 친애를 저주로 바꾼 것은 진실로 유감스러운 일이다.

현명한 일본국민 여러분! 중국은 엄연한 독립국가이며 불가침(不可侵)의 주권을 가지고 있음을 인식하자!

일부 군벌 야심가와 같이 이웃나라의 주권을 경시하고 이유 없이 폭력을 일삼는 것은 우리 4억여 민중에 대한 도전일 뿐 아니라, 일본 온 나라의 산업과 민중의 생명을 함부로 사리(私利)를 위해 희생시키려는 것이니, 얼마나 어리석은 일인가.

생각건대 귀국의 백년 대책은 '병(兵)'에 있는 게 아니라 오히려 '재(財)'에 있지 않은가. 해마다 군부의 강압적인 예산에 따라 악성 인플레이션과 국제 대차(貸借)가 입초(入超)가 되어 국가 파산의 위기에 처하게 되는 것은 이미 여러분도 명료하게 알고 있을 것이다. 군부가 지나 4억의 신용 있는 거래처와 수억이 넘는 대(對) 지나 무역을 일시에 소실시키는 것은 얼마나 천박한 망거(妄擧)인가.

지나 민족은 태고로부터 평화를 사랑하고 현재도 그러하며 미래도 또한 그러할진대, 국가의 주권과 자신의 생명을 지키기 위해 감히 정의롭지 못한 것에 항거하는 전쟁을 그만둘 수 없는 것 또한 분명하다.

현명한 일본 민중 및 정부 내의 이해자들이여!

새로운 국가 발전과 신흥사회 건설에 나날이 매진하고 있는 우리를 보라. 새로운 중국을 인식하고 신뢰하라. 이렇게 하여 악수하고 제휴해야 한다. 국제적 도덕과 질서를 확고히 지키고 허심탄회하게 서로 민중적인 일반경제의 발전을 도모하라. 이는 실로 동양평화와 세계질서를 위해, 나아가 일본 자신의 장래를 위해 감히 권고하는 바이다.

바라건대 일본 민중 여러분은 이러한 중대한 국면과 정세를 맞이하여 우리의 충정(衷情) 어린 주장을 생각하여 '의(義)'와 '신(信)'을 맺음과 동시에 저 사리사욕에 눈이 먼 무모하고 사악한 군벌의 반성을 촉구하는 '진(眞)'의 길에 함께 노력하자. 이에 우리 지나 4억여 민중의 의지

---

35 공리(功利): 공명과 이득.

를 알리고 아울러 일본 민중 여러분과 정부 내 이해자의 심심한 고려를 촉구하는 까닭이다.

5. 일본평화동맹 명의의 전단지 20종

살포 시기: 1938년(昭和13) 월일 미상

살포 장소: 북지 방면

입수 경로: 도쿄보호관찰소 나카무라(中村) 보도관 현지에서 입수

- 진짜 적인 군벌에게 당장 총을 겨누라.
- 전선의 여러분! 목숨을 헛되이 하지 마라. 고달픈 생활을 하고 있는 불쌍한 가족을 떠올려라. 누가 여러분을 구렁텅이에 빠뜨렸는가? 눈을 떠라! 친애하는 일본인 병사들이여.
- 일·지 양국의 형제여! 연합하여 침략자와 압박자를 타도하고 사이좋게 진정한 자유 해방으로 나아가자.
- 지나는 일본 군벌 재벌에 침략당하고, 우리는 일본 군벌 재벌에 압박 착취당하고 있다. 지나와 연합하여 일본 군벌 재벌을 쓰러뜨리자.
- 일본 인민의 고혈을 짜내거나 잔혹하게 지나 민중을 죽이는 일본 군벌을 쓰러뜨려라.
- 이번 전쟁은 천황 폐하의 명령도 아니며 일본 대중의 뜻도 아니다. 일본 군벌의 침략전쟁이다.
- 일본 군벌과 지배자야말로 우리의 적이다.
- 지나 인민의 적은 오직 횡포한 군벌뿐이다. 군벌에게 강압당하고 있는 일본 민중이여, 깊은 이해와 동정을 베풀어 주소서.
- 우리의 적은 지나 민중이 아니다. 일본 인민의 적은 재벌 군벌이다.
- 일·지의 친선은 평등과 평화의 공존공영으로부터.
- 일본 군벌이 설치게 하지 마라. 오늘은 타인의 처지, 내일은 너희들 차례다.

- 일본군의 패배는 일본 인민 해방의 유일한 길이다.
- 일본 군벌은 너희들에 대한 착취 강화와 국가의 파괴에 열중하고 있다.
- 제국주의 침략전쟁을 국내 혁명전쟁으로 돌려라!
- 침략자에게 타격으로 보복하라. 우리의 질서다! 피압박자 해방에 참가하라. 우리의 의무다.
- 침략자는 너희들의 혈육을 빨아먹고 있는 것이다. 친애하는 일본의 병사 여러분! 놈들은 자신의 잔혹함을 남에게 전가하려 하고 있다. 놈들의 속임수를 알아차려라!
- 우리는 국제주의 정신이다. 지나 형제와 친밀하게 손을 잡자.
- 쓸데없는 침략을 그만두자. 동문동종(同文同種)의 지나 형제와 싸우지 말자.
- 일본 군벌이 존재하는 한 여러분은 원하지 않는 전쟁을 하게 된다.
- 우리를 철저히 타도하려는 자는 뻔뻔스런 일본 군벌의 개다. 중·일(中日) 양국 민중의 친애 정신을 파괴한 것은 일본 군벌의 죄다.

6. 산조(産組), 일무(日無), 사대(社大),[36] 민정(民政) 청년부, 향군유지단 명의 「출정 병사 여러분께」

살포 시기: 1937년(昭和 12) 월일 미상
살포 장소: 북지 방면
입수 경로: 현지 파견 군인이 내지로 우송

출정 병사 여러분께

산업조합, 일본무선협회, 일본사회사업대학, 민정 청년부, 향군유지단(鄕軍有志團)

---

[36] 산조(産組)-산업조합, 일무(日無)-일본무선협회, 사대(社大)-일본사회사업대학.

아! 비참하다. 피를 흘리고 목숨을 잃어서 누구의 이익을 지키겠다는 것인가? 군부 재벌은 전쟁으로 마음껏 사리사욕을 채우고 있다. 향리의 처자식은 빈고(貧苦)와 병고(病苦)에 시달리고 있다.

만주 사건의 20만 사상자는 누구를 위해 희생되었는가? 군부의 야심, 재벌의 착취로 살해당한 것이다!

우리는 더 이상 군부 재벌의 달콤한 선전에 속지 않는다.

전쟁과 대중의 지옥 생활은 군부의 야심, 재벌의 착취가 계속되는 한 결코 끝나지 않는다.

지나인은 적인가? 아니다. 일본 군벌 재벌이 중국을 침략하려고 하는 한, 우리는 무리한 전쟁과 자본가의 착취 때문에 죽어나가야 한다.

전쟁이 반드시 애국은 아니다. 진정한 애국, 진정한 국가 관념은 대중의 생활 향상이다. 대중 생활을 짓밟고 있는 군부와 전쟁이야말로 민중의 적, 국적(國賊)이다.

즉시 평화!

군부여, 병사의 목숨을 돌려 달라!

7. 현역장교와 유지 명의의 전단지

> 살포 시기: 1937년(昭和 12) 월일 미상
> 살포 장소: 북지 방면
> 입수 경로: 현지 파견 군인이 내지로 우송

9월 4일 천황 폐하는 임시의회에 행차하여 다음과 같은 의미의 칙어를 발표하였다.

일본은 국제 평화를 위해서 전쟁을 일각이라도 빨리 멈추고 외국과 중정화협(中正和協)의 태도로 교제하여 동아 평화의 열매를 거둬라.

이 칙어에 놀란 군벌은 마침내 의회 부근의 교통을 금지하고 헌병의 특별경계로 의원들을 감금함으로써 자신들의 대죄(大罪) 폭로를 막고 있다.

여러분에게 응원부대를 파견하지 않은 것은 어쩌면 폐하가 전쟁에 반대하여 출병을 허락하지 않기 때문이다.

한편 군벌은 폐하의 허락 없이 마음대로 출병하고 있는 것이다.

지금 전쟁을 하고 있지만 아직 선전(宣戰)의 본루(本壘)로 들어가지 않은 것은 폐하가 즉시 평화를 명하셨기 때문이다. 그래서 이번 전쟁은 완전히 군벌의 사적인 전쟁이라 한다.

충성스럽고 용감한 황군이여!

군벌은 금상폐하를 폐하고, 군벌에게 편리한 지치부노미야(秩父宮)를 천황으로 즉위시키려고 하고 있다. 2·26 사건 때 가와시마(川島) 육군대신, 마사키(眞崎) 대장 등은 금상폐하를 추방하고 새로운 천황을 수립하기 위해 전국의 사단(師團)에 통전(通電)하여 반란을 일으키지 않았는가? 군벌은 폐하를 유명무실하게 하여 자신들이 일본의 독재자가 되려 하고 있는 것이다!

충성스럽고 용맹한 황군이여! 군벌은 진짜 쇼와(昭和)의 반역자이다. 충실하게 금상폐하를 잘 옹호하라.

폐하의 칙명을 받들어 즉시 철병하고, 즉시 평화를 결행하라!

총을 들어 군벌에게로 향하게 하라.

쇼와의 근왕(勤王)[37]에 참가하라!

지나와 중정화협(中正和協)하라!

현역장교와 유지

---

37 근왕(勤王): 여기서는 천황에게 충성을 다하는 군대를 뜻함.

8. 국민혁명군 명의 「일본 병졸 여러분께 고함」

살포 시기: 1937년(昭和 12) 월일 미상
살포 장소: 북지 취락보(聚樂堡) 부근
입수 경로: 사법성 바바(馬場) 사무관 현지에서 입수

　일본 파시스트 군벌은 여러분을 고향에서 몰아내 야만적인 침략전쟁터로 보냈다. 미친 지배계급의 덫에 빠지지 마라. 냉정하게 생각하시오. 생각해보면 조선과 만주를 정복한 것은 누구의 힘에 의한 것인가. 그것은 당신 선배들의 무수한 생명을 희생하며 쌓아올린 재벌들의 투자 시장이 아닌가.
　눈부신 젊은 생명들을 희생시켜 쌓아올린 이른바 '황도낙토(皇道樂土)'란 바로 미쓰이(三井)·미쓰비시(三菱)·야스다(安田)·스미토모(住友) 등의 지반인 셈이다. 반면 일본의 노동자·농민은 여전히 피투성이 생활을 계속하고 있는 것이 아닌가. 지금 일본의 지배계급 파시스트 군벌은 만주를 집어삼킨 것과 같은 수단으로 북지 및 전지(全支)를 삼키려고 군대를 일으켜 침략전쟁을 강행하였다.
　중국 정부는 6년 전과 다르다. 중국 정부는 지금 미증유의 국난을 맞아 마지막 피 한 방울까지 희생하며 일치단결하여 일본제국주의와 싸워왔다. 중국 민중은 여러분이 지배계급 파시스트 군벌 때문에 강제적으로 어쩔 수 없이 전쟁터로 향하였다는 것을 알고 있다. 친애하는 형제 여러분. 일본제국주의 파시스트 군벌은 중국 민중의 적일 뿐만 아니라 총을 메고 있는 형제 여러분의 적이기도 하며, 전 일본 피압박 민중의 적이기도 하다.
　친애하는 형제 여러분. 중국 민중과 협력하여 공동의 적, 즉 일본제국주의자와 싸워 무장해제시키자. 중국 민중과 친밀하게 단결하라. 지배계급인 군벌의 희생물이 되지 마라. 즉시 야만적이고 침략적인 전쟁터에서 물러나라. 그대들이 해방시킬 기회가 도래하였다. 즉시 무기를 버려라. 영광스런 내일이 여러분을 기다리고 있다. 대담해져라. 해방의 무기는 그대들 자신의 손에 있다.

- 분기하라. 파시스트 장관을 죽여라.
- 빨리 악마의 손에서 벗어나라.
- 영광스런 여러분이 나아갈 길로 걸어가라.
- 즉시 고향으로 돌아갈 것을 요구하라.
- 대 지나 침략전쟁을 절대로 반대하라.
- 세계 평화를 옹호하라.
- 일본제국주의를 타도하라.
- 일본 파시스트 군벌을 분쇄하라.
- 일본 노동자·농민의 해방을 위해 투쟁하라.
- 일·지 노동자 민중의 형제 단결 만세.

국민혁명군 정치부 인(印)

대 지나 침략 절대 반대하라!
일본제국주의를 타도하라!

국민혁명군 제8로군 정치부 인

총구를 파시스트 장관을 향해 난사(亂射)하라!
자유의 깃발 아래 단결하라!

국민혁명군 제8로군 정치부 인

침략전쟁을 반대하라!
동아 평화를 옹호하라!

국민혁명군 정치부 인

9. 제18집단군 명의 「일본의 포로병을 우대하는 령(令)」

> 살포 시기: 1937년(昭和 12) 월일 미상
> 살포 장소: 북지 태원(太原) 부근
> 입수 경로: 사법성 바바(馬場) 사무관 현지에서 입수

- 일본 포로병(浮虜兵)을 절대 죽이지 말 것.
- 일본 포로병의 재물을 몰수하지 말 것.
- 일본 포로병을 경멸 혹은 꾸짖지 말 것.
- 일본 포로병의 신앙을 간섭하지 말 것.
- 일본 포로병에게 귀국할 여비를 지불할 것.
- 충분한 음식을 지급할 것.
- 항복한 자에 대하여 특히 우대할 것.
- 항복한 자로서 귀국을 원하지 않는 자에게는 생활 보장과 일을 줄 것.

제18 집단군 사령부

10. 출정 군인에게 보내는 일본 부인의 편지(사진)

> 살포 시기: 1937년(昭和 12) 월일 미상
> 살포 장소: 북지 태원(太原) 부근
> 입수 경로: 사법성 바바(馬場) 사무관 현지에서 입수

〈오노다(斧田)와 도시코(敏子)〉

이 사진을 보라!

이 편지를 읽어라!

적인데도 나도 모르게 동정의 눈물이 뚝뚝 흘러넘치고 있다.

이별의 슬픔은 그의 가슴에 가득 차 있지 않은가?

그는 그리운 고향으로 돌아가고 싶다.

그는 가치 없는 희생자가 되고 싶지 않다.

하루라도 빨리 그리운 아내를 만나고 싶다.

양친은 저곳에서 자식의 안전을 기도하고, 이곳에서는 모친의 건강을 기원한다. 아아! 이런 슬픔은 모두 전쟁이 가져다준 것이다.

그러나 그들은 지금 포로가 되었는데, 우리 정부 당국이 관대한 태도로 손님처럼 취급하고 있다.

여러분, 광폭하고 잔학한 군벌을 타도하자.

하루빨리 과대망상에 광적(狂的)인 일본 군벌과 결별하고 고향으로 돌아가라.

하루라도 빨리 이루어지기를 바란다.[38]

---

38 원 자료에는 이 뒤에 편지 사진이 포함되어 있으나 상태가 좋지 않아 생략하였다.

11. 「일본의 병대 분들께 고함」외 전단지 6종

살포 시기: 1937년(昭和 12) 월일 미상

살포 장소: 중지(中支) 상해(上海) 방면

입수 경로: 지나 공군 살포, 현지 파견 군인이 내지로 우송

일본의 병대(兵隊) 분들께 고함

일본의 병대 분들이여! 동정의 말씀을 올립니다. 그대들은 군부의 압박을 받아 직장과 가족을 버리고 어렵게 지나로 출정(出征)하여 왔다. 그러나 그대들이 하고 있는 일은 무사도(武士道)와는 완전히 동떨어진 침략 행위이다.

그대들은 대개 일본의 농민·노동자이다. 우리와 마찬가지로 그대들의 군부에게 압박받아 온 사람들이다. 우리는 결코 서로 싸워서는 안 된다!

그대들은 군부를 위해 잘 싸워왔지만 어떤 이득이 있는가! 그대들은 타국에서 죽고 그대들 가족의 생활은? 일본 병대 분들이여! 나라에서는 지금 침략전쟁 때문에 물가는 폭등하고 세금은 급증하여 노동대중 여러분의 가족들은 모두 기아에 헤매고 있다. 그대들이 진정으로 나라와 가족을 위한다면 지금이라도 늦지 않았다. 곧바로 전쟁을 그만두고 군부(軍部)에 귀국을 요구하라! 그대들의 부모님은 물론 일본 전국의 노동 대중들도 가슴으로 기원하고 있다.

개죽음당하지 마라.

신속히 철포(鐵砲)를 군부로 향하게 하라!

우리와 손을 잡고 군부를 타도하자!

〈부전(附箋)〉[39]

일·지는 형제의 나라이다! 어째서 싸우는가!

황색지
지나의 인민을 죽이지 마라.

적색지
진정한 적은 그대들을 압박하는 일본의 군부이다.

적색지
일·지는 형제의 나라이다. 어째서 싸우는가.

청색지
전쟁은 그대들의 나라를 파괴할 뿐이다!

청색지
침략의 꿈에서 깨어나라. 무엇을 위해 싸우고 있나.

적색지
총을 잡기 전에 그대들의 가족을 생각해볼 필요가 있다.

---

39 부전(附箋): 어떤 서류에 간단한 의견을 적어서 덧붙이는 쪽지.

12. 대중화민국군 명의 「일본 병사 여러분」

살포 시기: 1937년(昭和 12) 월일 미상
살포 장소: 중지(中支) 방면
입수 경로: 현지 파견 군인이 내지로 우송

일본 병사 여러분. 중국은 일본을 적대시하지도 않으며 일본의 적도 아니다.

중국에 대한 일본의 전쟁은 일본의 앞날을 위험에 빠뜨리며 일본 국민의 생활을 파괴한다. 일본 군부가 그대들로 하여금 끝까지 공격하게 한다면, 우리는 국가와 민족이라는 이름으로 의연하게 저항하여 그대들을 쳐부술 것이다!!

일본 병사 여러분!!

모든 것을 인식하고 좀 더 생각해보라.

그대들의 이러한 희생은 전혀 무의미하다.

우리 중·일 공동의 적은 바로 일본 군부이다.

일본 군부를 신속히 타도하라.

일본 민중을 위해!!?

대중화민국군(大中華民國軍)

13. 국민정부 군사위원회 명의 「일본 거류민 여러분께 고함」

살포 시기: 1937년(昭和 12) 월일 미상
살포 장소: 중지(中支) 남경(南京) 방면
입수 경로: 현지 파견 군인이 내지로 우송

일본 거류민 여러분께 고함

거류민 여러분! 중·일 무역이 바르게 호전되려 할 즈음에 일본 군부 때문에 안거낙업(安居樂業)[40]을 영위하지 못하고 다년간의 사업과 생활의 근거를 포기하지 않을 수 없게 되었다. 그대들은 초연(悄然)하게 귀국하기를 바라지만 그대들이 지극히 고통스러움은 물론, 우리도 여러분에게 동정하지 않을 수 없다. 중국은 일본 군벌의 끊임없는 압박을 받아서, 이전에 우리는 일본 화폐의 배척으로 군벌의 반성을 촉구하고자 하여 여러분도 피해를 입은 바 있었다. 하지만 최근에야 비로소 군벌의 횡포에 대한 그대들의 불만을 알게 되어서, 우리도 종래의 태도를 바꾸어 그대들과 무역을 하게 되었다. 이것이 최근 들어 무역이 호전되고 있는 이유이다. 생각지도 않게 군벌은 또다시 침략전쟁을 발동하여 북평(北平)·천진(天津)을 점령하여 중국으로 하여금 응전하지 않을 수 없게 하고 있으며, 여러분도 귀국할 수 없게 하고 있으니, 서로를 위해 심히 유감스럽다.

우리는 여러분과 공동으로 일본 군벌의 횡포를 반대하고 각오를 촉구하여 침략전쟁을 포기하게 하여 중·일 양 국민의 진정한 경제 제휴라는 큰길로 매진할 것을 기원한다. 이렇게 함으로써 동아(東亞)는 비로소 안정되고 여러분의 사업도 발전하게 될 것이다. 이것이야말로 우리 양 대(大) 민족의 유일한 행복의 길이다.

중화민국 국민정부 군사위원회 정훈처(政訓處)

---

40 안거낙업(安居樂業): 편안하게 살며 즐겁게 직업에 종사함.

14. 중일친선촉진회 명의 「일본 병사 여러분께 고함」

살포 시기: 1937년(昭和 12) 월일 미상

살포 장소: 중지(中支) 남경성(南京城) 내

입수 경로: 일본군 남경 입성 때 우성(右城) 안에 부착된 것을 현지 파견 군인이 내지로 우송

일본 병사 여러분께 고함

일화전쟁(日華戰爭) 발발 이래 사상(死傷)을 당한 만 명에 가까운 그대들의 동포, 또 현재 죽음에 직면하면서 전투 중에 있는 병사 여러분에 대해 진정으로 만강(滿腔)의 동정을 금할 수 없는 바이다.

그대들은 모두 고국에서 가정을 꾸리고 직업에 종사하고 있었다. 그 가정과 직업을 버리고 타향의 전쟁터에서 총을 들게 한 것은 바로 일본의 군벌이다.

그대들의 상당수는 농촌 출신이다. 몇 년간 계속된 극도로 피폐한 일본 농촌은 일본 군벌의 군비 확장의 결과이다.

그대들은 전선에서 피를 흘리고 고국에서는 전비 부담에 시달리고 있다. 이는 군벌 자신의 명리(名利)를 위해서일 뿐, 그 밖에 아무것도 아니다. 군벌은 그대들에게 모든 희생을 강요하고 있다.

그대들은 조국을 위해 어떠한 희생을 치르도 상관없다고 생각할 것이다. 그러나 진정으로 조국을 사랑하고 조국의 부강을 바란다면, 더욱이 군벌을 타파하지 않으면 안 된다.

중국 전체에 대한 일본의 투자는 실로 막대한 것이다. 이 막대한 투자는 현재 군벌의 유린 아래 괴멸에 처해 있지 않은가?

일본은 항상 중국의 '항일'을 비난하고 있다. 병사 여러분! 그대들은 항일의 원인이 어디에 있는지를 생각해야만 한다. 일본 군벌이 무력 침략을 계속하는 한 중국의 항일은 더욱 왕성해질 것이다. 일본 군벌이 발호하는 한 그 피해를 입는 것은 중국 민족만이 아니다. 그대들의 생명과 재산도 함께 희생되는 셈이다.

병사 여러분! 속히 자각하라!

일어나라! 일본 군벌을 타도하고 진정한 중·일 친선을 위해 악수하지 않겠는가.

중일친선촉진회(中日親善促進會) 회(會) 상해민로(上海民路) 81호

전화 25489호

중화민 … 이하 종이 파손으로 문자 불상(不詳)(이 부분 원문대로임-역자)

15. 국민정부 군사위원회 명의 「사병 여러분」

살포 시기: 1937년(昭和 12) 월일 미상

살포 장소: 중지(中支) 상해 방면

입수 경로: 현지 파견 군인이 입수하여 내지로 우송

사병 여러분께 고함

일본 병사 여러분! 일본은 대륙정책을 실행한 이래 확대된 영토를 얻었을지 몰라도 그 이익을 얻은 자는 자본가와 고급장교뿐이다. 그리고 희생된 사람은 병사들이며 중세(重稅)를 부담하는 이는 병사의 부모 형제이다. 그래서 오늘날 일본국민이 부담하는 무거운 세금은 즉 우리 정책에 의한 영토 확장이 그 원인이다. 만주사변(滿洲事變)이 발생하고서 군부의 선전은 국민을 위해서 낙토(樂土)를 만든다고 하였지만, 그 결과는 다수의 사병을 희생시키고 인민에게 생활 고통을 증가시킨 데 불과하다. 물가 폭등과 수입 초과 증대를 구제하려는 방법이다. 하야시(林) 전 내각은 오히려 자본가와 결탁하여 자본가의 부담을 경감하고 농민의 부담을 가중시켰다. 생활의 곤란을 고려하지 않고 군부는 또 화북(華北)에서 전쟁을 일으켰고, 중국으로서는 자위(自衛)를 위해 응전(應戰)하지 않을 수 없게 되었다. 향후 희생될 자는 그대들이며, 전쟁 비용을 부담하는 이는 그대들의 부모 형제이다. 그대들에게는 백해(百害)는 있을

지언정 이익이라고는 하나도 없다. 중국 정부와 인민은 그대들의 고통을 깊이 이해하고 동정하지 않을 수 없다. 여러분! 만약 이를 납득하여 곧바로 무기를 버리고 우리 쪽으로 온다면 반드시 그대들을 우대할 것이다. 우리 쪽으로 와서 군부를 타도하여 그대들의 시대적 사명을 완성해야 한다.

중화민국 국민정부 군사위원회 정훈처

16. 중국공산당이 일본의 육·해·공 병사 형제들에게 고함

> 살포 시기: 1938년(昭和 13) 1월 30일
> 살포 장소: 북지 산서성(山西省) 대동현(大同縣)
> 입수 경로: 산서성 대동현에서 공산군 도망 시 살포한 것을 현지 파견 군인이 입수하여 내지로 우송

중국공산당
일본의 육·해·공 병사 형제들에게 고함

친애하는 일본의 병사 형제들이여!

그대들 일본의 노동자·농민 형제는 일본제국주의의 자본가·지주·군벌의 중국 약탈전쟁 때문에 강제로 억압되어 이국(異國) 영토의 전쟁터로 보내져서 불꽃과 재가 되어 사라진다. 희생된 그대들 형제는 날마다 몇천 몇 만이 희생되고 있다. 고향을 떠나 부모나 처자와 이별하여 타향에서 전사한 그대들의 시신은 햇빛에 내버려져도 아무도 돌보지 않는다. 이보다 더 비참한 일이 있을까?

친애하는 일본의 병사 형제들이여! 그대들은 모두 일본의 노동자·농민 출신이 아닌가? 그대들이 중국과 싸워서 무엇을 얻는단 말인가? 그대들이 국내에서는 공장에서 일하며 자본가

의 언어도단의 착취와 압박을 받으면서 얼마 안 되는 임금으로는 부모와 처자를 부양하기에도 모자란다. 그러나 일본의 자본가들은 공장·은행·상점 등 몇천만의 재산과 화려하고 높은 큰 누각·자동차·여자·술에 향락을 누리고 있다. 그대들의 수중에 없는 것들이 모두 자본가의 손에 있다. 농촌에서는 지주의 착취와 압박을 받는 농민의 1년 수확은 대부분 세금과 지주를 위해 빼앗기고 있지 않은가? 하지만 일본의 지주는 수천수만 정보의 토지와 대규모 농장과 창고를 가지고 있다. 그들도 자본가와 마찬가지로 모든 것을 농단하고 있지만 농민은 아무것도 없는 맨주먹이 아닌가!

그대들이 고향을 떠난 그날부터 그대들의 부모와 처자는 배고픔과 추위에 떨면서 한숨지으며 손을 이마에 대고 그대들의 귀향을 기도하고 있다. 그대들은 지나의 전쟁터에서 아무것도 벌지 못하며 남는 것은 희생뿐이다. 일본의 자본가·지주·군벌 등의 기생충들은 앉아서 행복을 누린다. 전쟁을 위해서 그대들 국내는 세금을 증가시켰다. 이러한 전쟁 비용은 모두 그대들 노동자·농민으로부터 착취한 것이다. 그대들 가정의 부담은 더욱 증가되었다. 노동자는 실직하고 농민은 기아에 허덕이고 있다. 물가는 팽창하여 그대들의 부모와 처자는 생활도 할 수 없다. 그대들의 시체는 지나의 황야에 버려진다. 이보다 불행한 일이 있을까?

친애하는 일본 병사 형제들이여! 우리는 알고 있다. 그대들은 지나에 오는 것을 결코 원하지 않았다. 그대들의 부모나 처자도 그대들과 헤어지고 싶지 않았다. 그대들은 전쟁을 원하지 않는다. 군벌의 강박에 동원되어 나왔음을 알고 있다. 그대들이 국내의 노동자·농민과 함께 일어나 일본 군벌의 침략전쟁에 반항하여 일본의 자본가·지주·군벌 정권을 타도하는 것이 그대들 자신의 해방의 길이다. 전선에서 그대들과 싸우는 지나 병사는 그대들과 마찬가지로 노동자·농민 출신이다. 지나의 국토를 지키기 위해, 자기의 향토를 지키기 위해, 일본 군벌의 약탈에 반대하기 위해, 부득이하게 신성한 정의를 지키기 위해 민족해방전쟁을 하는 것이다. 우리는 충심(衷心)으로 성명을 내린다. 그대들 일본 군대를 향한 우리 중국 군대의 전쟁은 결코 그대들 일본 노동자·농민·병사 계급을 반대하는 것이 아니라, 단지 일본 군벌을 반대하는 것이다. 게다가 우리 중국 병사와 일본 병사의 사이에는 어떤 원한도 있을 리가 없다. 그러므로 우리 중국 군대는 절규한다. 중국과 일본의 병사는 다정하게 악수하고 중국과 일본의 노동자·농민의 공동의 적인 일본제국주의를 향해서 싸우자! 친애하는 일본 병사 형제들이여! 그대들의 출로(出路) 혹은 귀국을 요구하고, 그대들 국내의 노동자·농민들과 함께 혹은 전선에서 중국 병사 형제와 서로 기쁨을 나누고, 함께 일본 군벌을 반대하자. 이것이야말로 그대들이 국내의 압박과 착취에서 해방되는 유일한 수단이다.

친애하는 일본의 병사 형제여! 그대들 장관의 기만적인 훈화(訓話)에 현혹되지 마라! 중국 군대는 결코 일본 병사를 한 사람도 죽이지 않을 것이다. 전선에서는 무장 해제뿐이다. 무기와 장비를 바친 일본 병사를 우대하며 사례할 것이다. 만약 그대들이 귀국을 원한다면 여비를 주고, 만약 중국의 혁명전쟁에 참가하고 싶다면 중국 본국 군대 이상의 대우로 환영할 것이다.

중국공산당은 일본의 혁명적 병사 대중에게 호소한다. 전선에서 중국 병사와 함께 기쁨을 나누고 굳게 악수하여 일본의 침략적 군벌을 타도하라!

중국공산당이 지도하는 중국의 적군(赤軍)은 이제 중국국민혁명군 제8로군으로 개칭하여 전선에 임한다. 그대들 일본 노동자·농민의 혁명적 병사는 중국의 적군에 참가하라!

친애하는 일본의 병사 형제들이여! 일어나라! 총 끝을 돌려 그대들을 압박 착취하는 일본 군벌을 향하여 싸워라! 그들 기생충을 타도하라! 중국의 노동자·농민·병사 형제와 단결하라!

귀국을 요구하라.
지나 군대와의 작전을 거절하라!
일본 병사는 중국 인민을 치지 마라!
일본 병사는 중국 사병을 치지 마라!
중·일의 노동자·농민은 계급적으로 단결하라!
일본 파시스트 군벌을 타도하라!
일본 병사는 중국 민족해방운동에 참가 원조하라!
고국으로 돌아가 일본 혁명에 참가하라!
일본 노동자·농민 해방 만세!
중화민족 해방 만세!
중·일 병사 형제의 단결 만세!

중국공산당, 9월 25일

17. 재지(在支) 일본 병사 여러분께 드리는 일본공산당의 메시지

살포 시기: 1938년(昭和 13) 1월 30일
살포 장소: 북지 산서성(山西省) 대동현(大同縣)
입수 경로: 산서성 대동현에서 공산군 도망 시 살포한 것을 현지 파견 군인이 입수하여 내지로 우송

재지 일본 병사 여러분께 드리는 일본공산당의 메시지

재지 일본 사병 여러분.

일본제국주의가 지나 인민을 약탈하기 위해 진행한 가장 잔혹한 전쟁은 지금 대규모로 확대되었다. 머나먼 북지(北支)의 천지(天地)로 보내져 강도 군벌의 희생양이 되려 하는 여러분과 마찬가지로, 수십만의 젊은 일본 노동자·농민은 무리지어 카키색 군복을 입고 총검의 압박 아래 지나의 전쟁터로 수송되고 있다.

천황의 반동정부(反動政府)는 지나 4억 만의 형제를 유린하기 위해 전후 60억에 가까운 살인적인 막대한 군비(軍費)를 통과시켰다. 15억을 웃도는 강도공채(強盜公債)도 발행하고 있다. 이리하여 여러분이 부르주아 지주 계급의 철 채찍 아래서 지나의 형제를 죽이기 위해, 그리고 잔혹하게 지나로 보내져온 뒤에 여러분의 가정은 곧바로 전대미문의 무거운 짐에 허덕이며 온갖 생활수단을 무참하게 빼앗긴 채 굶어죽고 얼어 죽는 운명에 처해 있다.

북지의 침략적인 강도전쟁이 폭발한 직후 내무성(內務省)은 즉시 일체의 파업, 모든 노동조합 회의를 무조건 금지하였다. 지극히 반동적인 사회대중당(社會大衆黨)의 모든 집회조차 금지되었다. 일본제국주의의 이와 같은 광적인 조치는 무엇을 말하고 있는 걸까. 명백하게 놈들은 우리 일본 노동자·농민의 반전운동과 우리가 일본제국주의 타도라는 공동투쟁의 목표 아래 지나 인민대중과의 국제적·계급적 악수를 하는 것을 죽을힘을 다해 막으려 하고 있기 때문이다. 그 이유는 일본의 전진적인 노동자·농민은 이와 같은 역사상 가장 어둡고 반동적인 약탈전쟁에 절대 반대하기 때문이다. 일본의 진보적인 노동자·농민이 진정으로 요구하는

것은 만주 전역, 북지 전역을 즉각 지나 인민에게 돌려주고, 모든 군대와 군함을 지나의 영토에서 철수시키고, 일본 노동자·농민의 피에서 70억의 살인적인 군비를 저주스럽게 착취하는 천황 정부를 분쇄하고, 전 인민의 민주적 정부 실현 아래 지나 인민대중과 악수하여 극동이 이처럼 올바른 평화를 쟁취하는 것에 있는 이상, 이러한 요구가 철저히 실현되는 조건하에서만 일본의 전체 노동 인민은 제국주의 착취의 지옥에서 해방될 수 있는 것이다.

바야흐로 전체 지나 민족과 대중은 분연히 일어나 일본제국주의의 군벌 강도와 용감한 항쟁을 전개하고 있는 것이다. 일본공산당은 전 일본의 진보적인 노동자와 농민을 대표하여 용감하고 장렬한 중화민족과 해방운동의 투사 여러분께 가장 열렬한 인사를 보낸다. 왜냐하면 중국 인민이 일본제국주의에 싸워 이기는 것은 동시에 반전적인 일본 인민의 승리를 의미하기 때문이다. 이와 마찬가지로 만약 일본의 군벌 강도들이 그들의 예정된 전략 목적을 실현시킨다면, 이는 곧바로 전 일본 인민에게는 가장 비참한 운명의 도래를 의미하는 것이기 때문이다. 따라서 진보적인 노동자·농민 출신인 병사 여러분의 계급적 임무는 모든 수단을 동원하여 이 전쟁에 대해 사보타주하지 않으면 안 된다. 그리고 무엇보다도 일본 군벌의 전략 계획을 신속하게 완전히 실패시키지 않으면 안 된다. 여러분은 여러분의 전우로 하여금 일본 군벌의 약탈 전쟁은 전 일본 7천만 인민을 교살하는 전쟁이며 이 전쟁은 전 일본 인민이 굶어죽는 말로(末路)로 전락시키는 함정이므로 일본 인민의 유일한 평화의 펜과 민주정부의 획득은 오직 일본제국주의의 완전한 패배하에서만 실현될 것이라고 이해시켜야만 한다.

여러분. 이 투쟁 앞에는 수많은 어려움이 가로놓여 있을 것이다. 그러나 우리는 이러한 곤란을 극복하지 않으면 안 된다. 국제적·계급적 책임이 있는 이 영광스러운 책임을 어깨에 짊어지고 실행 전선의 최전선에 서 있는 것은 여러분이다. 국제적 프롤레타리아와 반파쇼적인 인민 대중은 여러분의 장렬한 투쟁 모습을 주목하고 있다. 여러분은 일본 프롤레타리아와 국제 프롤레타리아의 요구를 만족시켜야만 한다!

즉시 전쟁터에서 지나의 형제와 함께 기뻐하라. 여러분은 총구를 돌려 일본 프롤레타리아의 공공의 적인 일본의 파쇼 군관(軍官)으로 향하게 하여 일제히 사격해야 한다. 그리고 즉시 지나 인민들과 빨치산에 합류하라. 여러분은 실제의 조직적 병변(兵變)[41]으로 지나 형제의 투

---

41 여기서 '병변(兵變)'은 군대 내부의 반란을 뜻함.

쟁에 서로 호응해야 한다. 여러분. 우리는 모든 힘으로 일본제국주의 군벌의 전반적인 전국(戰局)이 실패하도록 해야 한다!

우리 내지의 형제는 같은 슬로건 아래 투쟁하고 있다. 도쿄에서는 하룻밤 사이에 30만 매의 반전 전단이 용감하게 뿌려졌다.

항구와 운수선(運輸船), 철도 안에서 우리의 용감한 해원(海員)들과 철도의 형제들은 반전 스트라이크의 불을 지폈다. 여러분. 투쟁하고 있는 것은 결코 여러분만이 아니다. 우리 혁명적 노동자·농민은 일치단결하지 않으면 안 된다. 이 단결의 목적은 일본제국주의의 패배와 천황 정부의 완전히 멸망이어야만 한다!

일어나라! 일본제국주의의 패멸(敗滅)을 위해 투쟁하라. 적의 패배는 우리 측의 승리이다!

일어나라! 중국 인민이 일본제국주의에 반항하는 투쟁을 옹호하라! 중국 형제의 승리는 동시에 일본 노동자·농민의 승리를 의미하는 것이다!

부르주아 지주의 천황 정부를 타도하라! 노동 대중을 약탈전쟁에 강요하는 천황 정부를 타도하라! 일본 인민을 굶어 죽게 만드는 천황 정부를 타도하라! 중국의 형제를 유린하는 천황 정부를 타도하라.

여러분으로 하여금 중국의 형제들과 서로 죽이게 하는 천황 정부를 타도하라.

일본 인민과 중국 인민의 단결 만세!

모든 혁명적 힘을!

일본제국주의의 완전한 패배를 위해 동원하라!

일본공산당, 8월 15일

18. 제8로군 명의의 전단지

살포 시기: 1938년(昭和 13) 1월 30일
살포 장소: 북지 산서성(山西省) 대동현(大同縣)
입수 경로: 산서성 대동현에서 공산군 도망 시 살포한 것을 현지 파견 군인이 입수하여 내지로 우송

우리 제8로군[적군(赤軍)]은
일본 노농(勞農) 인민의 전우다!
우리는 포로를 죽이지 않는다!
또한 우대한다!
오라!
우리는 굳게 그대의 손을 잡을 것이다.

제8로군 전투원(戰鬪員)·지휘원(指揮員) 일동

19. 제8로군 총지휘부 명령

살포 시기: 1938년(昭和 13) 1월 30일
살포 장소: 북지 산서성(山西省) 대동현(大同縣)
입수 경로: 산서성 대동현에서 공산군 도망 시 살포한 것을 현지 파견 군인이 입수하여 내지로 우송

중국국민혁명군 제8로군 총지휘부 명령[42]

1. 포로가 된 일본군에 대해서는 죽이지 않으며 또한 우대할 것
2. 스스로 온 자에 대해서는 생명의 안전을 확보함
3. 전투의 최전선(火線)에서 부상을 입은 자에 대해서는 계급적 우애로 치료할 것
4. 고향으로 돌아가고자 하는 이에 대해서는 여비를 제공할 것

1937년 10월 25일
총지휘 주덕(朱德)
부지휘 팽덕회(彭德懷)

20. 조선인, 대만인 병대 분들께 고함

살포 시기: 1938년(昭和 13) 2월 27일
살포 장소: 중지(中支) 항현(杭縣) 견교진(筧橋鎭) 부근
입수 경로: 해군성(海軍省) 법무국 입수

조선인, 대만인 병대(兵隊) 분들께 고함(일문)

이번에 그대들이 일본 군벌의 강요로 침략전쟁의 선두에 참가해온 것에 대해서는 그대들 자신도 무의미한 일이라고 생각할 것이다.

특히 그대들의 사회적 지위는 내지의 일본인보다 낮은데도 유독 병역의 의무에 이르러서는 그들보다도 오히려 무거운 책임을 지고 있는 것이 아닌가!

잘 생각해보라! 역사적으로 그대들과 중국인은 동문동종(同文同種)인데, 그것이 지금에는

---

[42] 아래의 명령 문구는 일본어 본과 중국어 본이 따로 수록되어 있다. 내용은 동일하므로 한 종류만 번역한다.

중국을 침략하는 전쟁의 도구가 되어 상해(上海)에 온 것은 어쩔 수 없는 것이라서 우리도 동정하고 있다. 하지만 이 기회에 한 걸음 더 나아가 민족 독립을 위해 과감하게 우리의 친구가 되기를 간절히 바란다.

    그대들이여!! 하루빨리 도망하여 우리 중국군의 진지(陣地)로 와서 함께 손을 맞잡고 횡포한 일본 군벌을 타도하는 것이 어떠한가!

    그렇게 하면 진정한 동양 평화는 반드시 유지될 수 있을 것이다.

21. 일본 군대에 참가하고 있는 동아의 동향인에게 고하는 글

> 살포 시기: 1938년(昭和 13) 2월 27일
> 살포 장소: 중지(中支) 항현(杭縣) 견교진(筧橋鎭) 부근
> 입수 경로: 해군성 법무국 입수

일본 군대에 참가하고 있는
동아(東亞)의 동향인(同鄕人)에게 고하는 글(번역문)

    동향인(同鄕人)들이여! 중국인이 중국인을 친다는 것은 정말로 면목이 없고 또한 가슴 아픈 일이 아닌가! 그러나 그대들은 다른 데서 압박을 받아 피치 못해 이런 일을 하고 있는 것이다. 중국인은 잘 알고 있다. 현재의 대전(大戰)이 시작되어 우리 국군은 각지에서 승리를 거두고 동아(東亞)의 의용군(義勇軍)도 각지에서 활약하고 있다. 무장한 동포들은 흩어져 정반대로 싸우고 있다. 동아에 있는 일본의 상민(商民)들은 대부분 도망쳐 귀국하였다. 세계 각국은 모두 우리에게 동정하고 원조하고 있다. 덧붙이자면 실제 일본의 폭력에 대하여 제재를 가하고 있다. 우리의 국가(고향)에 대해 일본은 이미 견제할 힘이 없어졌다. 그대들은 더 이상 가족이 연루될 것을 두려워해서는 안 된다.

그대들은 적들의 포화(砲火)와 압박 아래서는 두 번 다시 고향(원래의 국가)으로 돌아가는 것은 불가능하다. 나아가도 죽음이며 물러나도 죽음이다. 단지 조국으로 복귀해야 비로소 그대의 활로도 있고 또 고향으로 돌아갈 날도 올 것이다. 동향인들이여. 시기가 도래했다. 신속히 곧바로 돌아오라. 국군의 군대로 돌아온 사람에게는 모두 일(一) 계급을 승진시키고 은봉(恩俸) 3개월 분을 지급한다. 게다가 훈공(勳功)이 있는 자에게는 각별히 상을 준다. 동향인들이여, 하루빨리 오라. 우리 다수의 동향인들은 이미 우리의 영수(領袖)인 장(蔣) 위원장의 지도 아래 수많은 대오를 갖추어 항전(抗戰)에 참가하고 있으며 고향으로 돌아갈 준비를 하고 있다. 우리 동아의 잃어버린 땅을 회수하라.

마점산(馬占山)·소병문(蘇炳文)·주경란(朱慶瀾)·이두(李杜)·황현성(黃顯聲)

22. 일본 병사에게 드림

> 살포 시기: 1938년 3월 6일
> 살포 장소: 북지 산서성(山西省) 낭자관(娘子關) 부근
> 입수 경로: 산서성 낭자관 부근의 전투에서 중국 공산군이 살포한 것을 현지 파견 군인이 입수하여 내지로 우송

일본 병사에게 드림

친애하는 일본 병대 여러분!

중일전쟁이 발발한 이래 벌써 7개월이 되었다. 우리나라는 지금 국부적으로 잠시 실패했음에도 끝까지 항전하였다. 일본 군벌 및 재벌은 우리 땅을 점령하고 중요한 성시(城市)를 파괴하고, 우리 4억 5천만 동포를 극도로 비참한 지옥에 몰아넣었다. 그렇지만 중국 정부와 인민은 조금도 동요하지 않고 한층 더 단결하여 항전을 거듭하고 있다. 일본제국주의를 중국의 영토

밖으로 몰아낼 때까지 전쟁을 그만두지 않을 것이다. 우리는 최후의 승리가 우리 것이라고 믿고 있다.

일본 군벌 및 재벌의 우리나라에 대한 폭행은 중국의 불행을 가져온 것만이 아니다. 일본 인민 및 여러분에 대해서도 크나큰 불행을 초래하였다. 7개월 동안 전쟁한 결과, 나라는 30억의 군비를 헛되이 썼다. 30만의 일본인이 희생되었다. 여러분은 지금 아홉 번째 증원(增員)으로 전쟁터에 보내졌다. 이것이 일본 군벌 및 재벌이 일본 인민 및 여러분께 준 대가인 것이다.

지금 일본 국민은 전쟁에 허덕이며 살고 있다. 여러분의 가정, 부모 및 처자는 그러한 고통을 당하고 있다. 여러분이 돌아오기를 기다리고 있다. 여러분! 여러분의 부모 및 처자를 기억하라! 그것은 일본제국주의의 죄악을 충분히 폭로하는 것이다.

우리는 적군(赤軍)이며 중국민족해방의 전위이다. 우리는 민족을 위해, 계급을 위해, 전 세계 피압박 인류를 위해 최후의 희생까지 항전한다. 우리와 여러분은 계급적 동지이며 같은 피압박 계급이 아닌가? 우리는 언제나 여러분을 적으로 인정하지 않을 것이다. 오히려 여러분을 계급의 벗으로 인정하고 있다.

여러분! 일어나라! 우리와 함께 제국주의를 타도하자. 중국민족혁명전쟁을 후원하라! 일본제국주의의 침략전쟁을 거부하라!

우리는 여러분을 우리의 항일부대! 정의의 군대 및 빨치산에 참가하는 것을 환영한다!

여러분! 우리와 손을 잡자!

일본제국주의를 타도하자!

23. 국민혁명군 명의 「일본 병사여」

> 살포 시기: 1938년 3월 6일
> 살포 장소: 북지 산서성(山西省) 낭자관(娘子關) 부근
> 입수 경로: 산서성 낭자관 부근의 전투에서 중국 공산군이 살포한 것을 현지 파견 군인이 입수하여 내지로 우송

일본 병사여!

우리 제8로군 및 빨치산은 일본 노농(勞農) 인민의 벗이다.

우리는 포로가 된 일본 병사를 죽이지 않는다!

또는 열성(熱誠)을 다해 우대한다!

돌아가고자 하는 분에게는 여비를 제공한다.

24. 일본 병사에 대한 만화 전단지 등 7종

> 살포 시기: 1938년 4월 7일
> 살포 장소: 중지(中支) 진포선(津浦線) 저현역(滁縣驛) 부근 철도 선로 위
> 입수 경로: 해군성(海軍省) 법무국(法務局) 입수

제1.

고향을 생각하면 눈물이 난다.
가족의 외로움과
생활난(生活難)
내일의 목숨은
없는 거나 마찬가지.
일본 병사 여러분
쓸데없는 희생이 되지 마라.
그대들을 죽이는 군벌을
무찌르자.

제2.

일본 병사의 해골은
일본 직업군인의 출세의 토대이다.
실로 일본이 외국의 위협을 받지 않는 한
외국과 싸울 필요가 없지 않은가!
병사 여러분, 이번 전쟁은 온전히 군벌의 사리사욕의 사전(私戰)이다.
단연코 반항하라.
'우향우' 그대들의 군벌을 숙정(肅正)하라.

제3.

일본 민중은 몇십 억 되는
군비의 무거운 짐에 허덕이고 있네.
출정 병사 여러분의 부모형제도
마찬가지로 고통받고 있네!

제4.
타인을 침략하는 것은 스스로 멸망을 택하는 것이다!
일본이 일찍이 명나라를 침략한 일이 있지만 그 결과는 일본의 대참패로 끝났다.
나폴레옹도 모스크바를 원정한 적이 있지만 그 결과 역시 전 군이 멸망하였다.

제5.
중·일 관계를 어떻게든 개선하고자 한다면 오로지 한 가지 길이 있다. 즉 일본 군대 전부가 무조건 중국의 영토에서 물러나 평화적인 태도로 중국과 담판 짓는 것밖에 없다.
일본 병사 여러분.
일본의 군벌과 정벌(政閥)을 물리쳐라.

제6.

중국은 오뚝이다.

중국은 망하지 않는 나라다. 그들 자신이 멸망을 바라지 않은 한 누구도 멸망시킬 수 없다.

과거에 그들은 잠자는 라이온이었지만 지금은 이미 눈을 뜨고 성나서 울부짖는 라이온이다.

제7.

우리 친애하는 일본 병사 여러분과 조선·대만·동북의 여러 동포여. 원래 중·일 양국은 동문동종(同文同種)의 나라로 밀접한 관계에 있었지만 불행히도 최근에 일본 군벌에게 무단으로 파괴되어 버렸다.

만주사변이 발발한 이래 일본 군부와 소장파 군인의 선전(宣傳)은 국민을 위해 행복을 도모하고 황도낙토(皇道樂土)를 만들어 앞으로 공존공영을 실행할 것이라고 했지만, 모두 거짓이다.

전쟁의 결과로 이익을 얻은 자는 단지 소수의 자본가와 고급장교뿐이고, 희생은 그대들의 것이며, 군비와 무거운 세금을 부담하는 것은 그대들의 부모와 형제이다. 그대들에게는 실로 백해(百害)하여 하나의 이익도 없다. 그러므로 그대들이 목숨을 바쳐 중국과 싸울 필요가 없지 않은가.

현재 일본의 위치는 매우 위험하다. 국내의 정쟁(政爭)이 격렬하고 실업 급증, 물가 폭등, 군비 팽창, 사회불안 및 국제적인 고립무원 등이 주요한 원인이다.

이제 중국의 완강한 저항에 시달리고 있는 오늘의 일본으로서는 어떻게 이 내재적(內在的)이고 외재적(外在的)인 위기를 극복할 수 있을까.

따라서 이러한 정세로 미루어볼 때 최후의 승리가 우리 편에 있음은 이미 결정적이고 절대적인 것이다. 동시에 일본의 실패도 역시 결정적이고 절대적인 것이다.

우리 정부와 인민은 그대들의 고통을 깊이 이해하고 동정하고 있다. 여러분. 만약 이를 납득하고 즉시 군벌을 해치워 무기 혹은 작전계획 등을 가지고 우리 쪽으로 온다면, 반드시 그대들에게 상을 주고 또 틀림없이 우대할 것이다. 만약 그대들 가운데 누군가가 부상을 당한다면, 우리는 반드시 최선을 다해 치료하는 데 아무런 망설임도 없을 것이다. 생각건대 이것이야말로 우리의 의무이기 때문이다. 이를 잘 믿어주기 바란다.

지금 우리는 오로지 그대들의 반성과 배신을 기다리고 있을 뿐이다. 중·일 양국의 신청년(新青年)들이여! 긴급히 손을 잡고 이 시대적 사명을 완성해야 한다.

중국항일구국군(中國抗日救國軍) 총사령부
대중화민국(大中華民國) 27년[43] 3월 일

25. 전적(前敵) 총사령 명의 「일본 병대에 고함」

살포 시기: 1938년(昭和 13) 4월 25일
살포 장소: 중지(中支) 구용현(句容縣) 천왕사(天王寺) 방면
입수 경로: 해군성 법무국 입수

일본 병대(兵隊)에 고함

지나의 민중과 일본의 부대는 자신들의 조국을 지키기 위해 죽음을 맹세하고 일본 군벌의 침략에 저항하고 있다. 일본의 군벌은 마지막에 반드시 궤멸한다.

지금 일본 부대의 위기는, 다시 말해서 오래 싸우면 반드시 패배한다. 또한 일본 병사의 위기는 오래 싸우면 반드시 전사한다.

일본의 병사 분들이여!

일본을 위태롭게 하는 너희들의 군부를 위해 희생해서는 안 된다!

총을 내려놓고 우리에게 항복하라!!

우리 장병(將兵)은 너희들 일본의 병대 분들에게 만강(滿腔)의 동정을 가지고 있으므로 우

---

[43] 중화민국 27년: 1938년

리에게 항복하면 너희들의 생명과 안전을 절대 보장한다.

전적(前敵) 총사령 설악고(薛岳告)

유격총부(遊擊總部) 조훈단(組訓團) 전발(転発)

26. 진찰기군구 정치부 명의 「위군(僞軍, 滿洲國軍)의 형제들이여」 외 2종

> 살포 시기: 1938년(昭和 13) 월일 미상
> 살포 장소: 북지 하북성(河北省) 고비점(高碑店) 부근
> 입수 경로: 하북성 고비점 부근에서 전투 당시 공산비(共産匪)가 살포한 것을 현지 파견 군인이 입수하여 내지로 우송

위군(僞軍, 만주국군 - 원문)의 형제들이여

우리는 모두 중국인이다. 신(神)·농(農)·황제(黃帝)의 자손이다. 우리는 모두 동일한 전선에 서서 우리 중국의 민족을 멸망시키려는 '일본 놈들(鬼子)'(일본에 대한 욕-원문)[44]을 쳐부숴야 한다. 그렇게 해야만 중국을 보위할 수 있고, 조상 대대로 항쟁해온 것이야말로 중화민족의 위대한 장부(丈夫)인 것이다.

총구를 일본을 향해 쏴라!

진찰기 제1군분구 정치부

---

[44] '귀자(鬼子)'는 ① 어머니를 닮지 않은 자식, ② 귀신을 닮은 못생긴 자식, ③ 날 때부터 이가 있는 자식 등을 뜻하는데, 중국어에서는 ① 놈, ② 외국의 침략자에 대한 욕설로 사용된다.

위군(僞軍)의 형제여

'일본 놈들(鬼子)'(주: 일본에 대한 욕-원문)은 우리 국가와 민족을 멸망시키려고 '이화제화(以華制華)'[45]라는 악랄한 수단으로 중국인을 공격하고 있다. 참으로 무시무시한 일이 아닌가! 우리 동포가 무자비한 일본 놈들에게 참살되어도 되는가. 진정으로 양심 있는 중국인이라면 자기 손으로 자기 목을 조르는 일을 왜 하는가. 여러분, 동지를 치는 것을 그만두고 우리와 함께 일본을 치지 않겠는가.

진찰기군구 정치부

1. 중국인은 중국인을 쏘지 마라.
2. 위군(만주국군) 형제의 반란을 환영한다.
3. 위군은 항일군과 연합하여 일본을 격퇴하고 중국을 구하라.
4. 여러분을 감시하는 일본의 장교와 한간(漢奸)을 살해하라.
5. 총구를 일본으로 향하게 하라.
6. 일관(日冠)의 중국 멸망에 반대하라.
7. 맹세코 망국노(亡國奴)가 되지 마라.
8. 우리는 모두 중국인이다. 일치 연합하여 짐승 같은 일본군을 물리치자.
9. 병변(兵變) 반란을 일으켜 항일군과 연합하여 일본을 격퇴하는 것은 가장 영광스런 일이다.
10. 조국 보위(保衛)를 위해 자신의 피를 흘리고 자신의 두개골을 내던져라.
11. 본분을 잊어버린 한간과 매국적(賣國賊)을 반대하라.
12. 일본을 타도하는 것이 우리의 유일한 출로이다.
13. 위군의 형제여, 일본 군벌을 위해 포화(砲火)가 되어 자기 동포를 학살하는 것을 멈추라.
14. 각 당 각파가 연합하여 통일전선 정부를 옹호하라.

진찰기군구 정치부

---

[45] 이화제화(以華制華): 중국으로써 중국을 제압하다.

27. 국민혁명군 명의 「일본군 하급 사관과 병사 여러분께 고함」

살포 시기: 1938년(昭和 13) 월일 미상
살포 장소: 북지 하북성(河北省) 고비점(高碑店) 부근
입수 경로: 하북성 고비점 부근의 전투 당시 공산비(共産匪)가 살포한 것을 현지 파견 군인이 입수하여 내지로 우송

일본군 하급 사관과 병사 여러분께 고함

일본의 하급 사관 및 병사 여러분! 여러분은 군대 안에서 압박을 받고 있는 대중 또는 공농(工農) 대중이다. 우리 중국은 피압박 민족이다. 우리는 모두 같은 일본제국주의의 압박을 받고 있다. 그러므로 일본제국주의는 우리의 공동 적이다. 여러분은 이상과 같은 입장에 있는데, 자신의 친구인 우리 중국의 피압박 대중을 죽인다는 것은 안타까운 일이다.

일본의 하급 사관 및 병사 여러분. 일본제국주의자가 중국을 침략할 목적으로 매일 5,400만 엔 이상의 군비를 사용하고 있다. 여러분도 생각해보라. 이 정도 되는 돈은 모두 어디에서 나온 것인가. 여러분이 잘 알다시피 모두 일본의 공농 대중의 피와 땀을 착취하여온 것이다. 이 기회에 관의 지위를 높이고 또 돈을 버는 놈들은 군벌의 재벌 및 군수품 공업자이다. 여러분도 생각해보라. 여러분 형제의 향리에서 계속해서 국가에 세금을 내고 또 사랑스러운 여러분을 먼 중국으로 보내어 생명을 희생시키는 이번 전쟁에서 그대들은 무엇을 얻었는가. 일본 군벌은 여러분을 속이고 항상 '중국을 침략한 뒤에 황국을 부유하게 하고 인민의 생활을 개선한다'라고 말하며 여러분을 유인한다. 여러분도 생각해보라. 일본의 군벌이 우리 동북 4성(만주)을 점령한 지 벌써 6년이 되었다. 혹여 일본 인민의 생활에서 뭔가 개선된 것이 보이는가.

일본의 하급 사관 및 병사 여러분. 중국과 일본은 원래 화목한 우방이었다. 우리는 일본 군벌의 침략에 항전하기 위해, 민족의 생존을 유지하고 세계의 평화를 보위하기 위해 자위(自衛)전쟁을 수행하고 있다. 이제 중국은 거국일치(擧國一致)하여 굳은 결심 아래 최후까지 항전

할 것이다. 다만 중국의 진정한 적[46]은 일본의 피압박 대중을 제외한 군벌 재벌 놈들이다.

일본의 하급 사관 및 병사 여러분. 우리는 다 같은 피압박 대중이기 때문에 모두 적이 되어 쫓기고 전선으로 보내져 불행히도 중국 인민의 눈앞의 적이 되었어도, 전선을 떠난 후에는 또 여전히 친밀한 계급의 벗이다. 그래서 우리 군은 이미 포로를 붙잡아 무장을 해제시켰으며, 일본제국주의자의 하급사관 및 병사를 결코 살해하지 않는다. 오히려 특별히 따뜻하게 대접한다.

일본의 하급 사관 및 병사 여러분. 여러분은 지금 전선에서 목숨을 걸고 있음에도 여러분의 가정에는 각종 국세(國稅)가 증가되고, 여러분의 부모와 처자는 진심으로 울며 여러분이 돌아오기를 바라고 있다.

일본의 하급 사관 및 병사 여러분. 침략전쟁이란 것은 기근과 죽음뿐이다. 우리는 평화와 빵 문제의 해결을 위해 오로지 이 제국주의 침략전쟁을 국내 전쟁으로 변화시켜 근본적으로 일본의 군벌·재벌의 폭정을 타도해야만 한다.

일본의 하급 사관 및 병사 여러분. 중국의 민족해방투쟁은 일본의 피압박 대중의 해방과 밀접한 관계를 맺고 있다. 여러분이 중국의 민족해방을 응원하는 것은 곧 자신의 자유와 해방을 위해서이다.

일본의 하급 사관 및 병사 여러분. 폭력으로 일어나 여러분을 압박하고 전선으로 쫓아낸 군벌을 쳐부수자. 중국 민족해방의 투쟁을 옹호하라. 일본의 피압박 대중과 중국 인민과 단결하라. 여러분은 우리를 압박하고 있는 일본 군벌을 타도하라. 일본의 피압박 대중 해방 만세. 중국 민족해방 만세.

중화민국 국민혁명군 18집단군 독립 제1지대 정치부 번인(翻印)

1938년 1월 24일

---

[46] 원문은 '고(故)'로 되어 있는데, '적(敵)'의 오기로 보여 수정하였다.

28. 국민혁명군 명의 「관동군 안에서 병역에 복무하는 중국 동포에게 고함」

> 살포 시기: 1937~1938년(昭和 12~13) 월일 미상
> 살포 장소
> 입수 경로

관동군(關東軍) 안에서 병역에 복무하는 중국 동포에게 고함

관동군의 압박 아래 복무하는 중국 동포 여러분! 일본제국주의자가 동북 4성을 점령한 지 이미 6년의 세월이 지났다. 이 6년 동안 동북 4성의 우리 동포는 날마다 압박과 살해에 시달려왔다. 여러분은 아직 청년의 한 시절임에도 일본제국주의 및 부의(溥儀)⁴⁷의 압박에 쫓겨 전쟁터를 따라 일본제국주의에 앞장서서 자신의 동포를 살육하는 것은 심히 원망스럽다.

일본주의(日本主義)가 여러분을 속이며 말하기를, '부의는 중국의 진명천자(眞命天子)이다'라고 한다. 그것은 새빨간 거짓말이다. 사실을 말하자면 부의는 일본의 괴뢰에 지나지 않는다.

지금 우리나라의 동북은 전부 일본제국주의자 놈들의 이익을 위해 민족을 죽이고 나라를 멸하였다. 여러분. 이제 동북 4성의 동포가 자유롭게 해방될 서광의 날이 비치고 있다. 우리나라는 거국일치로 단결하여 전국적으로 일본제국주의자에게 민족해방의 신성한 전쟁을 시작하였다. 일본제국주의자를 우리 영토에서 쫓아내고 동북 4성을 되찾기 전에는 결코 전쟁을 그만두지 않을 것이다.

여러분, 우리나라 정부의 예상대로 동북 4성을 되찾게 되면 모든 가혹한 징세를 취소할 것이다.

여러분! 일본제국주의자를 추출한 후에 우리는 올바르게 자유와 평화의 생활을 누릴

---

47 부의(溥儀, 1906~1967): 중국 청(淸)의 마지막 황제인 선통제(宣統帝). 1908년 3살의 나이로 12대 황제가 되었지만, 1912년 신해혁명(辛亥革命)으로 퇴위하였다. 1934년 일본의 의지로 '만주국(滿洲國)'의 황제가 되었다. 일본의 패전으로 소련에 체포되었다가 중국으로 송환되었다.

수 있다.

여러분! 여러분은 중국 국민이다. 여러분의 몸은 압박의 굴레에 속박되어 있어도 가슴속에 타오르는 애국심은 변함없을 것이다. 여러분은 반드시 자신의 조상과 조국을 기억하고 있을 것이다. 우리 군대는 포로가 된 일본제국주의자의 하급 사관 및 병사를 살해하지 않는 규율로서, 중국 동포인 여러분을 살해하는 것에 대해서는 참지 않겠다.

두려워하지 마라! 우리 민족의 힘으로 반드시 일본제국주의자 놈들을 때려눕힐 것이다.

여러분의 손에 쥐고 있는 총구로 여러분을 압박하고 있는 일본제국주의자를 향해 쏴라. 우리 자유 해방의 날이 왔다.

여러분은 어서 일어나 … 일본 군벌을 때려죽여라!

중국의 의용군(義勇軍)이 되라. 적의 철포(鐵砲)를 소지하고 우리 군대로 돌아오라. 일본제국주의자를 타도하라. 중화민족 해방 만세. 항일전쟁 승리 만세.

중화민국 국민혁명군 18집단군 독(獨) 제1지대 정치부 변인

1938년 1월 24일

29. 중국인민홍군 정치부 명의 「친애하는 일본 병사 및 장관들이여」

살포 시기: 1938년(昭和 13) 월일 미상
살포 장소: 북지 방면
입수 경로: 황군 위문단원이 현지에서 입수한 것을 내지로 휴대함

친애하는 일본 병사 및 장관들이여!

우리 모두 큰 소리로 외친다!

1. 제국주의적 침략전쟁에 반대하라!
2. 자본가·지주·군벌·파시스트에게 속아서 희생되지 마라!
3. 부모와 처자를 울리지 마라! 고향에 돌아가기 위해 항쟁하라!
4. 일본의 자본가·지주·군벌·파시스트는 일본 및 중국 노동자와 농민의 공동의 적이다!
5. 일본의 노동자·농민 대중 및 피압박 중국 민족은 단결하라!
6. 중국 홍군(국민 18집단군)은 세계 무산계급의 무장(武裝)이다.
7. 중국 홍군은 포로를 죽이지 않는다! 우대한다!
8. 중국 홍군은 일본 노동자·농민·인민의 전우(戰友)이다!
9. 일본 병사는 세계평화를 위해 싸우는 중국 홍군에 참가하라!
10. 마루(丸)는[48] 하늘로! 자기 형제! 중국 노동자·농민은 죽이지 마라!
11. 총구를 돌려 군벌과 파시스트에게 향하라!
12. 민주주의 일본을 위해 싸워라!
13. 일본 인민전선을 건설하라!
14. 만국의 무산계급 및 피압박 민족은 단결하라!
15. 일본 노동자·농민 대중과 중국 민족해방 만세!

중국인민홍군(中國人民紅軍, 국민혁명18집단군) 정치부

30. 중화민국 총상회 명의 「일본 상공업자에게 고함」

살포 시기: 1938년(昭和 13) 5월 20일
살포 장소: 구마모토현(熊本縣) 구마군(球磨郡) 지역 내
입수 경로: 비행기(소속 국적 등 미상)에 의해 살포된 것으로 보임

---

[48] 히노마루(日の丸)의 마루로서 일본을 뜻하는 것으로 보임.

일본 상공업자에게 고함

여러분! 일본 참모본부가 오랜 세월 계획한 중국침략전쟁(對華略戰爭)은 벌써 10개월이 되었다. 하지만 파시스트 군부가 여러분에게 약속한 언약은 무엇 하나 이행되지 않았다. 속결전(速決戰)이 실패하고 나서 일본 국민은 광기에 젖은 군부에 이끌려 점점 고통의 심연에 빠졌다. 군부와 재벌은 감히 일본 국민의 생명과 이익을 군사 모험에 낭비하고 있다!

전쟁은 어떤 이익을 여러분께 가져다주었는가! 다년간 여러분이 고심하며 경영한 상공업이 일거에 먼지가 되어버렸으며, 광대한 중국 시장이 파괴되었다. 게다가 일본·인도(日印), 일본·마카오(日澳), 일본·네덜란드(日荷) 등의 무역협정도 무용지물이 되었으며, 구미 각국의 시장 또한 상실하였다. 한편 점령지의 경영으로 실로 막대한 생명과 자금을 낭비해서 대양(大洋)의 한가운데에 매립지를 구축하는 것과 마찬가지다. 저들 군수(軍需) 상인들은 틀림없이 전쟁과 성금으로 벼락부자가 되었을 것이다. 하지만 전쟁은 중소 상공업자에게는 단지 파멸의 운명을 안겨다줄 뿐이었다.

우리는 전쟁을 원하지 않는다. 그러나 국가의 생존, 민족의 자유가 위협받고 평화에 절망했을 때 과감히 무기를 들지 않을 수 없었다. '지나는 적화(赤化)되었다'라고 일본 파시스트 군부는 선전한다. 무엇을 가리켜 적화라고 하는가? 단지 그들은 전쟁의 목적을 속일 뿐이다. 우리는 이 신성한 자위전쟁으로 국가의 통일을 완성하고, 군대는 질과 양에 있어서 옛 모습을 개선하고, 국민은 용감하게 전선에 참가하고, 장기 항전의 의지는 점점 더 견고해져왔다. 우리는 단연코 재난을 승리의 행복으로 전환시킬 것이다.

일본군은 현재 예상 외로 고전(苦戰)하고 있다. 전쟁이 길어질수록 어려움은 더욱 증가하고 있다. 일본은 이제 파멸의 길을 걸어가고 있다. 진정 나라를 사랑하는 사람이라면 그것을 저지해야 한다. 우리는 일본 민족에게 원수도 아니며 원망도 없다. 정상적인 친밀한 경제 관계를 간절히 희망하고 있다. 하지만 무력 침략에는 결단코 굴복할 수 없다. 경제적 제휴를 평화의 기초 위에 올려놓자! 동양의 영구적인 평화를 위해서 침략전쟁에 반대하라!

중화민국 총상회(總商會)

31. 중화민국 국민외교협회 명의 「일본 각 정당 인사에게 고한다」

살포 시기: 1938년(昭和 13) 5월 20일
살포 장소: 구마모토현(熊本縣) 구마군(球磨郡) 지역 내
입수 경로: 비행기(소속 국적 미상)에 의해 살포된 것으로 보임

일본 각 정당 인사에게 고한다

일본 각 정당 인사 여러분! 우리는 여러분을 일본 인민의 대표자로 보고 경고한다. 노구교(蘆溝橋) 사변 이후 10개월이 지났다. 대륙에는 차마 눈뜨고 볼 수 없는 양국 인민의 유혈이 계속되고 있다.

무엇을 위한 전쟁인가. 인민을 위한 것이라고 여러분은 감히 말할 수 있는가. 전사한 귀국 청년의 일기가 우리 군 손에 들어왔는데, 이러한 의문을 던지지 않는 자는 전혀 없다고 해도 좋다.

우리는 국가와 민족의 생존을 위협하는 이에 끝까지 싸울 것이다. 진정 어쩔 수 없는 일이다. 우리는 노예가 되는 것을 감수할 수 없다. '인민을 위해' 싸우지 않으면 안 된다.

물론 여러분의 말이 어떻든 관계없이 여러분의 본심은 군벌 등의 군사 모험에 찬성하지 않는다고 짐작한다. 하지만 한번 생각해보라. 100억의 군사비 부담에 인민을 도탄에 빠뜨리고 생산을 파멸시켜 국가를 쇠망으로 이끄는 것이 인민을 위한 무엇이 되겠는가? 군벌 등의 승리도 결코 인민을 구하지 못한다. 수많은 희생이 헛되이 시드는 것에 지나지 않는다. 여러분의 위대한 선배들이 시대의 흐름에 따른 쓰라린 고통을 겪으며 싸워서 얻은 헌정(憲政)은 오늘날 어떠한가. 5·15 사건, 신병대(神兵隊), 2·26[49] 등 일련의 군벌들의 폭거를 상기해보라. 근래에 의회정치의 여러 어리석은 폭도를 앞세워 정당 본부를 파괴하는 등, 확실히 저들은 인민의 권리의 토대를 잠식해 들어가고 있지 않은가. 인민의 괴로움을 보라. 자유는 어디에 있

---

49 5·15 사건, 신병대(神兵隊) 사건, 2·26 사건을 가리킴. 자세한 내용은 앞의 각주 참조 바람. '신병대 사건'은 1933년 애국근로당(愛國勤勞黨)의 우익세력과 육해군 장교들이 합세하여 일으킨 쿠데타 미수 사건.

는가. 이러한 사실들을 국외로 돌려보면 만주사변에서 오늘에 이르기까지의 일관된 침략 행동이다. 요컨대 저들은 국내의 폭력적 지배를 전 아시아의 폭력적 지배로 연장했을 뿐이다.

그렇다면 저들의 승리는 중국의 불행일 뿐만 아니라 일본 인민의 불행이라는 것이 확실하지 않은가.

일본 인민의 대표자 여러분! 여러분의 위대한 역사적 책무를 위해 떨쳐 일어나라! 여러분 선배들의 빛나는 헌정을 위한 투쟁을 욕되게 하지 마라. 때를 놓치지 마라! 이미 침략자 군벌들은 깊은 수렁에 발을 들여놓았다. 지금이야말로 동아의 양국을 오랜 암흑 생활에서 구할 때이다.

인민의 자유, 독립된 국가에 의해서만, 진정한 중·일 친선은 실현될 수 있다.

인민의 병사들을 돌려보내라! 그들을 희생시키지 마라! 군벌을 타도하라!

중화민국 국민외교협회

32. 중화민국 농민협회 명의 「일본 농민 대중에게 고함」

살포 시기: 1938년(昭和 13) 5월 20일
살포 장소: 구마모토현(熊本縣) 구마군(球磨郡) 지역 내
입수 경로: 비행기(소속 국적 미상)에 의해 살포된 것으로 보임

일본 농민 대중에게 고함

일본 농민 대중 여러분!

전쟁은 10개월이 되었다. 여러분 가운데 많은 병대(兵隊)가 꾸려져서 많은 사람이 죽고 부상을 입었을 것이다. 우리는 정말로 유감스럽게 생각한다. 우리는 결코 여러분 일본 인민의 적이 아니기 때문이다. 여러분의 가족 가운데 우리 군에 포로가 된 사람은 모두 이렇게 말한다.

모두의 밭작물을 짓밟아 망가뜨리며 전쟁을 치를 때 참으로 아까운 일이라 생각했습니다. 농민은 농민의 고통을 잘 알고 있습니다. 전쟁이란 정말 죄입니다.

여러분의 논밭은 일손을 잃고 황폐해지지 않았는가. 양잠은 썩지 않았는가. 모두 100억이라는 막대한 군비를 여러분은 어떻게 지불할 수 있는가.

무엇을 위한 전쟁인가. 여러분에게 무슨 이익이 있는가. 이 동양의 무서운 불행은 언제까지 계속되는가. 나라의 독립을 위협받고 있는 우리는 최후까지 싸움을 멈출 수 없다. 결코 노예가 될 수 없다. 최후의 피 한 방울도 아깝지 않다!

무엇을 위한 전쟁인가. 이 질문은 일본군 전사자의 일기 속에 많이 기록되어 있다. 일본 군부는 여러 가지 핑계를 대고 있지만, 요컨대 여러분에게 혈세와 육탄을 강제하고 우리 중국인을 노예로 만들고 착취하는 것만이 목적이다. 만주나 북지를 보라! 왕도낙토(王道樂土)라는 말 뒤에 있는 지옥의 실상을 보라. 농민들은 무장하여 침략자를 향해 항전하고 있다. 평화로운 농민이 마침내 참을 수 없어서 곡괭이를 버리고 칼을 잡은 것은 어쩔 수 없는 부득이한 일이었음을 헤아려줘야 한다.

양국 인민을 기근에 빠뜨리고 자유를 빼앗고 생명을 희생시키는 일본 군사정권을 타도하라! 인민과 인민이 서로 죽여서는 놈들에게 당할 뿐이다. '농민의 고통은 농민이 알고 있다'라고 한다. 진실한 일본 형제를 왜 우리가 무시하겠는가.

인민의 일본을 만들어 인민의 중국과 함께 평화로운 동양을 건설하자!

인류의 좀벌레 일본 인민을 참살하는 흉악한 놈을 쓰러뜨리자!

중화민국 농민협회

33. 중화민국 총공회 명의 「일본 노동자 여러분께 고함」

> 살포 시기: 1938년(昭和 13) 5월 20일
> 살포 장소: 구마모토현(熊本縣) 구마군(球磨郡) 지역 내
> 입수 경로: 비행기(소속 국적 미상)에 의해 살포된 것으로 보임

일본 노동자 여러분께 고함

일본 노동자 여러분. 친애하는 형제 여러분. 우리는 여러분에게 일본 노동자 출신인 어느 포로 병사의 피눈물에 젖은 말을 전하지 않으면 안 된다. 그는 말하였다.

우리는 군대 안에서 서로 자주 이야기하였다. 전쟁이라는 것, 이 참혹하고 부도덕한 것은 뼈에 사무친다. 앞으로 남자아이가 태어난다면 손가락이라도 잘라 장애인이 되게 할 것이다. 이것이 진정 아버지의 정이라는 것이다.

그는 눈물을 흘리며 또 이렇게 말했다.

우리는 어린애가 아니기 때문에 알고 있다. 2·26을 보아도 알 수 있다. 전쟁을 하고 싶어 하는 이는 저들이다. 높은 사람이 되고자 하는 이는 군인뿐이다. 인민은 언제 끌려갈지 전전긍긍하고 있다.

여러분. 이것은 진실한 말이다. 그는 고향의 가족사진을 안고 울었다. 굶주리고 있을 것이라며 울었다. 우리도 울면서 분노하였다. 도대체 이 전쟁은 일본 인민을 위해서는 무엇인가. 그저 인민을 100억의 전쟁 비용으로 기아에 빠뜨린다. 참혹한 피를 흘리고 게다가 여러분 노동자를 형제 살육을 위해, 군수무기 제조를 위해 밤낮으로 혹사하는 것이 아닌가.

친애하는 일본 형제여. 우리는 여러분에게 적의를 가지고 있지 않지만, 일본 군사파시스트

와는 최후의 피 한 방울까지 싸울 것이다.

첫째, 우리는 국가와 민족의 생존을 지키지 않으면 안 된다. 결코 노예가 되지 않는다.

둘째, 우리가 패배하면 우리 양국 인민은 영구히 고통의 지옥에 빠져야 한다. 이러한 사실을 이해한 일본군 포로들 가운데는 근래 속속 우리 전선에 참가하는 이가 있다. 여러분. 기다려도 해방은 오지 않는다. 지금이야말로 인민의 자유를 회복할 때이다. 생산을 장악한 자는 일본 군벌의 심장을 쥐고 있다. 노동자 형제여. 여러분의 위대한 힘을 자각하라. 동양의 운명이 여러분에게 달려있다. 일본 군벌을 타도하라. 양국 인민의 고뇌를 해결하기 위해 스트라이크로 싸워라.

중화민국 총공회(總工會)

34. 중일인민반침략대동맹 명의 「일본 인민에게 고함」

살포 시기: 1938년(昭和 13) 5월 20일
살포 장소: 구마모토현(熊本縣) 구마군(球磨郡) 지역 내
입수 경로: 비행기(소속 국적 미상)에 의해 살포된 것으로 보임

일본 인민에게 고함

친애하는 일본 인민 여러분!

노구교 사건이 발생한 이래 중국은 귀국(貴國) 군벌의 침략에 대해 항전을 계속해온 지 이제 10개월이 됩니다. 이 사이에 중국도 일본도 너무 많은 병사들의 생명을 희생하였고 거대한 물력(物力)과 재력(財力)을 소모하였습니다. 우리의 손실은 잠시 놔두고 귀국의 병사에 대해서 말하자면, 각 전쟁터의 사상자 수는 벌써 30만 명에 이르고 있습니다.

우리는 죽고 부상당한 여러분에 대하여 수난을 당한 우리나라 동포 및 사상(死傷) 병사와

마찬가지로 동정을 금할 수 없습니다. 또한 일본 국내에서 군벌의 착취 때문에 궁핍한 생활에 빠진 여러분에 대해서도 충분히 관심을 갖고 있습니다.

우리는 마땅히 이렇게 생각합니다. 우리는 항상 중·일 양국을 '동문동종(同文同種)'이라고 하며 '순치(脣齒)와 같은 밀접한 관계'라고 말해왔습니다. '그렇다면 왜 이번에 전쟁을 일으킨 것일까. 어째서 전쟁하지 않으면 양국 간의 분규를 해결할 수 없었던 것일까'라고. 이 문제에 대해서는 지금 전쟁터에 있는 귀국의 병사 여러분이 명료하게 답하고 있습니다. 우리는 전장에서 귀국 병사가 비밀리에 살포한 전단지를 발견했습니다. 내용은 "우리는 전쟁을 그만두자. 국내의 파시스트 군벌이 자신들의 야심을 채우기 위해, 자본가들이 자기 배를 불리기 위해 이 전쟁을 일으켜 우리를 사지(死地)로 보낸 것이다"라고. 이 답이 얼마나 정확하며 심각한 것입니까. 중국 병사와 일본 병사 사이는 애초에 어떠한 원한도 없고 원수도 아닙니다. 따라서 포화 속에서 서로가 마주 볼 필요가 털끝만큼도 없습니다.

역사적 사실로 보더라도 중국인은 세계에서 가장 평화를 사랑하는 민족입니다. 과거에 우리는 모든 방법을 동원하여 전쟁의 참혹함과 잔인함을 피했습니다. 만주사변 이후에도 우리 정부는 진력이 날 정도로 참고 용서하며 굴욕 속에서 나날을 보냈습니다. 특히 당고협정(塘沽協定)[50] 성립 후 정부는 최대한의 인내심을 가지고 귀국 군벌의 압박을 감수했습니다. 이와 같은 용인(容忍)은 어느 나라가 할 수 있는 일이 아닙니다. 하지만 우리 정부는 그렇게 했습니다. 귀국 군벌의 반성을 촉구할 목적으로 기다렸던 것입니다.

불행히도 우리 정부의 노력은 수포로 돌아갔고 귀국 군벌은 반성은커녕 오히려 날로 심한 횡포를 부려왔습니다. 작년 7월 갑자기 노구교(蘆溝橋)를 공격하고 옛 수도 북평(北平)을 함락시키고 다시 천진(天津)을 탈취했습니다. 귀국 군벌은 화북(華北) 지역 전부를 점령하고 이어서 중국 전체를 점령하지 않으면 그 야심을 만족시키지 못하는 듯이 보였습니다. 친애하는 일본 인민 여러분! 황하(黃河) 유역 북부는 우리 문화의 요람입니다. 전 중국은 말할 것도 없이 우리가 의식(衣食)하는 모국(母邦)입니다. 귀국 군벌이 이렇게 무리한 일을 계속한 끝에 가장 평화를 사랑하는 우리 중국 민중도 도저히 참을 수 없게 되었습니다. 그래서 우리는 어쩔

---

50 당고협정(塘沽協定): 1933년 5월 31일 일본제국과 중화민국 국민정부 사이에 체결된 정전협정. 외교부가 아닌 군부가 주도한 협정이었으며, 만주사변과 열하사변(熱河事變)이 이로 인해 일단락되었다.

수 없이 일어나 항전하며 침략자에게 타격으로 응답할 수밖에 없었습니다. 이것은 전적으로 우리 민족의 생존을 구하고 국가의 독립을 보위하며 또 동아의 평화와 세계의 정의를 옹호하기 위해서였습니다.

　귀국 군벌은 맹렬한 포격을 가하면 우리 중국을 정복할 수 있으리라고 몽상(夢想)하고 있습니다. 남경(南京)을 함락시키면 쉽게 우리 정부를 '무릎 꿇게' 할 수 있을 거라고 생각하고 있었습니다. 하지만 사실은 그들의 상상이 전혀 잘못이었음을 증명했습니다. 이번 중국의 항전은 전 중화민족의 생존을 위한 것입니다. 온 민족을 방패로 하고 있는 정부가 '무릎 꿇기'를 하겠는가. … 그래서 남경을 지키지 못하고 잃었다 해도 중국 정부는 굴복하지 않을 뿐만 아니라, 오히려 굳건한 의지를 지닌 민중을 이끌고 대규모 조국수호전쟁을 전개하고 있는 것입니다. 이 전쟁은 우리에게 정당하며 또 신성한 것입니다.

　그렇기 때문에 우리는 광대한 국제적 동정을 얻고 있는 것입니다. 여러분도 냉정하게 고려해본다면 반드시 우리의 정당함을 인정하고 동정할 것이라 믿습니다. 귀국의 정의감 많고 평화를 사랑하는 사람들은, 예를 들어 가지 와타루(鹿地亘)[51] 씨와 그의 부인은 이미 우리 편에 서 주었습니다. 또 귀국 내에도 다수의 진정한 애국자이자 세계평화의 친구들이 투옥되어 있다고 들었습니다. 하지만 귀국의 파시스트 군벌은 여전히 뉘우치지 않고 점령지역에서 소수의 부패 분자를 이용하여 괴뢰 조직을 만들어 우리 행정의 완전한 정비를 파괴하려고 시도하고 있습니다. 또한 각종 음모와 속임수를 써서 우리나라의 통일을 무너뜨리려 합니다. 하지만 이 모든 것은 소용없습니다. 단지 일본 군벌의 궁여지책이 졸렬하다는 것을 드러내는 데 지나지 않습니다. 일체의 음모와 속임수는 오로지 우리의 거국일치 항전의 결심을 굳건하게 하고 거국일치의 단결을 촉구할 뿐입니다. 남경 괴뢰 조직이 성립하자, 우리는 곧바로 군사상 진포선(津浦線)에서 일본의 소장파 군인이라고 칭하는 이타가키(板垣) 사단과 이소야(磯谷) 사단을 섬멸하여 항전 이래 공전(空前)의 승리를 거두었습니다. 한편 정부는 최근 개회한 중국국민당 임시전국대표대회의 결의에 따라 항전 건국의 구체적 강령을 발표하였습니다. 이

51　가지 와타루(鹿地亘, 1903~1982): 소설가. 본명은 세구치 미쓰기(瀨口貢). 프롤레타리아 문학운동에 참가했으며, 1932년에 일본공산당에 입당하였다. 1934년 치안유지법 위반으로 검거된 뒤 옥중에서 전향하여 출옥하였다. 1936년 중국으로 건너가 노신(魯迅) 등과 교류하였고, 중일전쟁 이후에는 중국국민당에서 일본군 포로 병사를 조직화하는 일을 했다.

것들은 충분히 이상의 사실을 설명하고 있지 않습니까. 우리 전 중화민국 국민은 이렇게 국난이 엄중한 오늘날, 과거에 없었던 진정한 통일을 완성하였습니다. 우리나라의 모든 역량을 장개석(蔣介石) 위원장의 지휘 아래 발휘하여 일본 파시스트 군벌을 분쇄할 것이라고 확신합니다.

우리는 감히 단언합니다. … 귀국의 군벌이 중국에서 행한 모험 행위는 반드시 귀국의 빛나는 앞날을 매장시킬 뿐이라고. 그들은 중국에서 괴뢰 조직을 만들어 문화기관을 파괴하고 민중을 참살하며 부녀자와 어린아이에게 능욕을 가하여, 일찍이 세계의 공정한 사람들에게 버림받고 있습니다. 게다가 그들은 귀국의 근로대중의 고혈(膏血)을 착취하고 이유도 없이 낭비하며 귀국의 우수한 청년 여러분을 속여 까닭 없이 희생시켰습니다. 그 죄는 실로 중대합니다. 지금 저들은 중국 침략(侵華)에서 군사상으로 이미 길이 막혀 신속한 진전은 어려우며, 여러 가지 사정을 종합해도 이미 막다른 골목에 다다랐습니다.

우리의 전사는 현재 용감하게 한층 굳건해진 의지를 가지고 평화 옹호를 위해, 조국의 보위를 위해 신성한 전쟁에 참가하고 있습니다. 우리는 끝까지 싸울 것입니다! 일본의 민중 및 병사 여러분은 결코 우리의 원수가 아닙니다. 오히려 여러분은 우리가 좋아하는 친구입니다. 동아 양대 민족의 공동이익을 위해 우리는 열렬한 악수를 여러분께 요청합니다.

친애하는 일본 인민 여러분! 귀국의 파시스트 군벌은 귀국 내의 민중을 착취하고 근로 대중을 선동하여 중국의 형제와 서로 죽이도록 했습니다. 이제 바야흐로 폭거에 항거할 때가 되었습니다. 우리 중·일 양국 인민은 굳게 손을 잡고 공동의 적인 난폭한 일본 파시스트 군벌을 타도합시다.

우리는 정말로 최선을 다하고 있습니다. 여러분의 노력을 희망합니다!

일본 민중 해방 만세!

중화민족 해방 만세!

중·일 양대 민족 만세!

중일인민반침략대동맹(中日人民反侵略大同盟)

35. 진찰기군구 정치부 명의의 전단지

살포 시기: 1938년(昭和 13) 월일 미상
살포 장소: 북지 방면
입수 경로: 현지 파견 군인이 입수하여 내지로 우송

1) 중국 군대는 자위를 위해서 항전하지만, 일본 군벌은 일본 병사를 압박한다. 그 때문에 목숨을 잃는다(中國軍隊爲自衛而抗戰日本軍閥壓迫日本士兵替地行送死).
2) 일본 군벌이 동아의 평화를 파괴하는 것에 반대하라(反對日本軍閥破壞東亞平和).
3) 일본 병사가 중국 군대와의 전쟁을 거절하는 것을 환영한다(歡迎日本兵士拒絶子中國作戰).
4) 일본 병사가 중국 군대와 제휴하여 일본 파시스트에 반대하는 것을 환영한다(歡迎日本弟兄與中國軍聯合起來反對日本法西斯).
5) 중국 군대는 중국을 지키는 것이지만, 일본이 중국을 침략하는 것은 일본 군벌의 무리함이다(中國軍隊在中國而日本侵略中國是日本軍閥無理).
6) 일본 장병으로서 포로가 된 자 가운데 중국에 영주하는 이는 특별히 환영한다. 본국으로 돌아가고자 하는 이에게는 여비를 준다(被俘的日本官兵留華者特別歡迎回國者給路費).
7) 중국은 포로가 된 일본군 가운데 상처를 입거나 병이 든 장병에 대해서는 치료한다(中國軍隊醫治日軍傷病官兵).
8) 일본군에서 온 장병을 환영한다(歡迎由日軍邁來的官兵).
9) 일본 병사와 중국 병사는 서로 연합하여 서로의 적인 일본 파시스트 및 군벌에 반대하라(日本弟兄和中國聯合起來反對共同的敵人-日本法西斯及軍閥).

진찰기군구 정치부 인(印)

36. 사게하시 쇼조(提箸彰三) 명의 「일본 군벌에 반대하라」

살포 시기: 1938년(昭和 13) 월일 미상
살포 장소: 북지 방면
입수 경로: 현지 파견 군인이 입수하여 내지로 우송

일본 군벌에 반대하라!

　소생은 중국 팔로군(八路軍)에 포로가 된 이래로 친애하는 동지 여러분으로부터 우대를 받았으며 또한 융숭한 대우를 매일 받고 있습니다. 전선에 있는 일본 병사 여러분! 여러분은 중국까지 출동해왔지만 어떤 목적으로 전선의 활동에 참가하고 있습니까? 일본 병사 여러분! 1932~1933년(昭和 7~8) 상해사변 및 만주사변 때를 생각해보세요. 어떤 이익이 있었습니까. 모두 일본 자본가와 군벌의 압박을 받고 있는 것이 아닙니까. 게다가 1937년(昭和 12) 상해사변 및 북지사변(北支事變)을 일으켜 두 번 부대를 출동시켜 서로 양국 인민을 괴롭히지 않았습니까. 일본 병사 여러분! 지금 제가 말씀드릴 터이니 그대로 지켜주세요! 나는 일본 병사로서 대동수비대(大同守備隊)에 복무하고 있었으나 장관에게 압박을 받았습니다. 그때 소생은 일본 군인으로서는 세계·동양·인류의 평화를 위해 진력하는 것이 불가능하다고 생각하게 된 것입니다. 여러분은 일본의 무산계급이 아닌가요? 저도 일본의 무산계급입니다. 저는 지금 팔로군 동지들과 노력하여 매일 세계·동양·인류 평화를 위해 일본 군벌을 타도하기 위해 노력하고 있습니다. 일본의 병사 여러분이 이것을 본다면, 일본의 군벌을 타도하여 끝장내게 될까요? 일본 병사 여러분! 여러분이 이곳에 오면 죽이지 않고 우대할 것입니다.
　일본 병사 여러분! 속히 지나군과 연합하여 일본 군벌을 죽여 끝장내지 않겠습니까?

이상, 사게하시 쇼조(提箸彰三) 씀

37. 진찰기군구 정치부 명의 「최후의 승리는 누구에게 있을까」

살포 시기: 1938년(昭和 13) 월일 미상
살포 장소: 북지 방면
입수 경로: 현지 파견 군인이 입수하여 내지로 우송

최후의 승리는 누구에게 있을까?

친애하는 일본 병사 여러분! 일본제국주의는 중국을 병탄하고 세계에서 용맹을 떨치는 것이 쉬운 일이라고 생각하여, 1937년 7월 7일 중국에서 침략전쟁을 일으켰습니다. 그러나 현재의 사실로 증명하자면 결코 그렇지 않습니다. 오히려 그와 반대로 중국을 병탄하는 일이 단지 쉽지 않을 뿐만 아니라, 일본제국주의는 점점 멸망의 길에 가까워져가고 있습니다. 일본제국은 '화(華)로써 화를 친다'는 정책으로 항상 한간(漢奸), 매국적(賣國賊), 트로츠키를 이용하여 도발하고 이간질의 수단으로 지나 각지에서 활동했던 것입니다. 또한 '신속히 싸워 신속히 이긴다'는 전략으로 비행기, 대포 등의 무기로 중국과 전쟁을 벌여 중국의 큰 성시(城市) 및 교통의 요지를 점령하였습니다. 중국은 처음에는 군사상으로 잠시 실패를 겪었지만, 국민당과 공산당이 나날이 친밀하게 합작하고 전국의 민중도 정성껏 단결하여 더욱 굳은 결심으로 항일의 길로 와서 중화민족통일전선이 공고해졌습니다. 일본제국주의의 '화(華)로써 화를 제압한다'와 '신속히 싸워 신속히 이긴다'는 정책을 완전히 분쇄하였습니다. 실례를 든다면, 일본 구루메(久留米) 사단 및 최근의 이타가키(板垣) 사단은 전부 중국군 때문에 소멸되었습니다. 사카이(酒井) 사단은 3분의 1밖에 남지 않았습니다. 그저께 진포선(津浦線)[52]에서 일본군의 포로는 1만 명 이상, 기관총은 1천 정, 소총은 2만 이상, 대포는 77문, 그 외에 자동차 및 탱크 등 전리품은 헤아릴 수 없습니다. 그 외에 중일전쟁 이래 일본 군대가 중국군 때문에 소멸된 것은 매우 많습니다. 계산해보면, 중국에 온 일본 군대는 50만 이상 있었지만 지금은

---

52 진포선(津浦線): 천진(天津)~포구(浦口).

20만밖에 남지 않았습니다. 비행기는 지나군에게 1천 대 이상 추락되었고, 그 밖에 대포, 군함, 기관총 등의 수는 헤아릴 수 없습니다. 국내에서는 경제가 파멸되어 민중은 반전운동을 일으키고 있습니다. 게다가 조선, 대만 및 만주의 인민들도 혁명을 일으키고 있습니다. 지나에 온 일본 병사가 (한 글자 불명-원문) 변한 자들도 많이 있습니다. 국제적으로 영국·미국·프랑스·소련 각국 및 세계의 약소민족은 모두 일본의 침략전쟁에 반대하여 경제적으로 단교하고 있는 것입니다. 요컨대 지금의 일본제국주의는 중·일의 세력 대비에 실패하였습니다. 국제적으로도 국내에서도 고립된 곤경에 빠져 있는 것입니다. 그러나 현재 중국은 국내에서는 민족통일전선이 (한 글자 불명-원문) 강해지고 있으며, 국제적으로도 각국으로부터 물자와 정신적 원조를 받고 있습니다. 이것을 보더라도 일본제국주의는 멸망의 길로 치닫고 있을 뿐입니다. 이에 반하여 중국은 날로 (한 글자 불명-원문) 강해지고 있을 뿐입니다. 최후에 중국이 승리할 것은 불 보듯 뻔한 일이 아닐까요. 일본 병사 여러분. 여러분은 오히려 일본 군벌 때문에 희생되기보다는 속히 총구를 돌려 일본 피압박 민중을 위해, 지금 세계 피압박 민족을 위해, 여러분을 압박하고 있는 일본 군벌을 한 사람도 남기지 말고 죽여 버립시다.

진찰기군구 정치부 인(印)

38. 진찰기군구 정치부 명의「무장을 해제하라」

> 살포 시기: 1938년(昭和 13) 월일 미상
> 살포 장소: 북지 방면
> 입수 경로: 현지 파견 군인이 입수하여 내지로 우송

무장을 해제하라!

지나 민중은 일본 병사 여러분과 악수를 희망하고 있다.

진찰기군구 정치부 인

지나군과 지나 민중은 무장해제한 일본군 장병을 절대로 죽이지 않는다!

진찰기군구 정치부 인

총구를 일본군 군(한 글자 불명-원문)을 향해 반란하라.
자유의 깃발 아래 단결하라.

진찰기군구 정치부 인

39. 인민자위군 정치부 명의 「일본 병사에게 드린다」

살포 시기: 1938년(昭和 13) 월일 미상
살포 장소: 북지 방면
입수 경로: 현지 파견 군인이 입수하여 내지로 우송

일본 병사에게 드린다

친절한 일본의 사관(士官) 및 병사들이여!

잔혹한 전쟁이 일어난 후 몇천만의 사관과 병사들이 이 전쟁으로 목숨을 희생하였는지를 생각해보라!

일본에서는 소수의 자본가와 군벌과 지주를 제외하고 모두 우리와 같은 무산계급이다. 지금 민국(民國)에서 작전하고 있는 일본 군대 중에 자본가와 군벌과 지주인 병사가 있을지 모르겠지만, 절대 소수임은 생각해보지 않아도 알 수 있을 것이다. 여러분은 모두 빈곤한 농공(農工)이다. 달리 말하자면 모두 노동자이다. 여러분! 그리운 고향을 떠나 보고 싶은 부모나 처자와 작별을 고하지 않으면 안 되었다. 피를 흘리고 목숨을 희생하여 민국(民國)의 민족자위군으로 되어가고 있지만, 저곳에서는 여러분의 부모와 처자가 슬픈 눈물을 샘처럼 흘리면서도 여러분의 자식을 전쟁터로 보내야 하는 것이 사실일 것이다. 이와 같이 제국주의의 압박을 받고 있는 여러분은 아직도 느끼지 못하는가? 빨리 각오하라!

여러분! 여러분이 아무리 피를 흘리며 싸워도 일본의 군벌과 자본가는 미인을 안고 춤을 추거나 극장에 가서 영화를 보며 매일 즐거운 생활을 하고 있을 것이다. 게다가 여러분의 유혈과 희생은 무의미하게도 전부 자본가와 군벌을 위해 싸우고 있다는 것을 빨리 각오하지 않으면 안 된다.

우리의 혁명군대는 일본의 자본가와 군벌에게 압박받고 있는 노동계의 여러분에 대항하여 싸우고 있지만, 실제로 우리의 적은 여러분이 아니라 침략을 일삼는 일본제국주의다. 우리 혁명군대는 민족해방을 위해 항전하지 않으면 안 된다.

여러분! 국제적으로 일본의 입장은 고립 상태에 빠졌다. 이른바 일본·독일·이탈리아의 삼국연맹은 지금 와해되었다. 국제 여론이 민국에 동정하고 있다. 일본 국내에서 인민전선이 상당히 활약하고 있다. 지금은 일본 군대가 이긴 듯하지만, 그저 근소한 교통노선을 점령한 것일 뿐이다. 민국의 군대는 어디든 많이 있기 때문에 최후의 승리는 민국의 것이다. 여러분! 속히 각오하고 인민전선에 참가하라! 여러분! 빨리 총구를 돌려 혁명군대에 참가하여 공동으로 일본제국주의의 정부를 무찌르자! 빨리 여러분의 부모와 처자를 자본가와 군벌의 압박을 받는 궁핍하고 슬픈 장소에서 구해내자. 구해내자. 빨리! 우리 혁명군대는 열정적으로 여러분의 참가를 열망하고 있다. 또 손을 내밀어 여러분과 악수하기를 기다리고 있다. 일본에 압박받고 있는 노농대중과 사병, 민국에서 압박받고 있는 노농대중은 민족해방을 위해 만세를 부르자! 만세! 만세!

1. 부모와 처자를 울리지 마라. 고향에 돌아가기 위해서 항전하라!
2. 제국주의적 침략전쟁에 반대하라!
3. 인민자위군은 포로를 죽이지 않으며 우대한다!

인민자위군(人民自衛軍) 정치부 인

<자료 03>

『전쟁과 사상선전전』 제5편[53]

(小松孝彰,[54] 春秋社, 1939)

제5편. 지나사변(支那事變)과 선전전(宣傳戰)

본서의 원본인 『근대전(近代戰)과 프로파간다』 제5편인 「무서운 배일(排日) 선동 교육을 어떻게 하나」라는 항목의 270쪽에서 나는 사변(事變) 이전 항일 선전의 놀랄 만한 잠재력을 지적하여,

지금이야말로 실력행사를 할 것인가, 무력적 해결을 할 것인가 하는 전율할 만한 사태로 들어가고 있다.
멈추지 않는다면 실력행사도 가능하고, 무력적 해결도 가능하다. 사태가 어떻게 확대된다 하더라도 우리 제국의 위신과 앞으로의 발전, 세계정책에 관한 것이다. 우리 국민은 각자가 자신의 직분을 지키고 본분을 다하며, 총을 잡을 때는 목숨을 버릴 각오를 할 것이다.

---

53 小松孝彰, 『戰爭と思想宣傳戰』, 春秋社, 1939, 269-319쪽.
54 고마쓰 다카아키(小松孝彰): 근대전과 사상전·선전전 연구의 선구자. 『전쟁과 사상·선전전(戰爭と思想宣傳戰)』(1939)을 저술하기에 앞서 1937년 3월에 『근대전과 프로파간다(近代戰とプロパガンダ)』를 출판하였다. 그런데 그해 7월에 중일전쟁이 일어나서, 2년 뒤에 『전쟁과 사상·선전전』으로 제목을 바꾸어 같은 출판사에서 다시 출간하였다. 1937년 3월 처음 출판될 때는, 중일전쟁 당시의 총리 아베 노부유키(阿部信行)를 비롯해 도도로키 모리조(等等力森藏), 고바야시 준이치로(小林順一郎) 등 육군 장성들이 서문을 실었으며, 저자 서문에서는 이들을 비롯해 이시와라 간지(石原莞爾) 등 다수의 관료와 군인들에게 감사를 표하고 있다.

라고 단언하였다.

다시 말해서 나는 당시 항일 선전을 검토하면서, 이미 그것에 대응할 제국의 길은 무력에 의한 응징 외에는 없다고 통감하였다.

그런데 얼마나 짓궂은 운명인가? 졸저(拙著)가 출판된 뒤 4개월이 지나 노구교(蘆溝橋)에서 전쟁이 일어나 성전(聖戰)은 이미 만 2년이 되었으며, 일찍이 없었던 사변이 되었다. 우리는 몸소 항일 선전의 집요함에 직면하여 국가의 총력을 모아 항일정권 타도의 전쟁을 수행하게 된 것이다.

많은 애국지사가 지나(支那)의 항일운동, 항일교육의 철저한 응징을 절규하기를 10년, 드디어 동아의 천지에서 항일 선전을 일소하는 성전을 수행할 때에 이르렀음을 생각할 때, 우리의 마음속에서는 그저 눈물이 넘쳐흐를 뿐이다.

지금이야말로 우리 일본 민족은 신동아 건설을 위해 미혹된 항일 사상의 절멸을 기하여 다시금 천세(千歲) 뒤에 후회를 남겨서는 안 되다.

이에 사변 발발 이후 항일 선전의 전모를 회고하면서, 우리 측의 신성한 황도(皇道) 선포의 싸움을 재인식하는 것은 뜻깊은 일이라고 생각한다.

1. 항일선전전의 전모

만주사변(滿洲事變) 이래 장개석(蔣介石)이 자신의 독재권을 강화함과 동시에 국내 통일의 수단으로서 취한 유일한 무기는 항일 선전이었다. 오늘날 패장(敗將) 장개석은 지난 날 지나의 유일한 영웅이고, 또한 근대정치가였다. 그가 봉건의 질곡하에 있는 지나를 통일하기 위해서 취한 경제, 군사정책과 마찬가지로 선전행정 또한 강력한 근대적 수단이었다. 그는 옛날 지나에 급속하게 또 광범위하게 걸쳐 근대적 선전조직을 둘러쳤다. 선전행정을 통일하여 그것을 장악한 것이다. 최근 10여 년간 저들은 그 공작을 마무리하고, 2개년간에 걸쳐 항일전투의 항전력(抗戰力)을 배양하였다. 특히 서안(西安) 사건 이래 이후 항일공작은 국공합작의 선을 따라 더욱 열기 가득하게 되었다.

장(개석)이 취한 근대적 선전정책의 하나는 신문, 통신사업의 통제이다. 특별히 관심을 기울인 것은 대내외 선전을 위한 통신방송 사업이다. 둘째는 각종 각 방면에 걸친 문화기관 단체의 통제이고, 셋째는 영화사업의 통제였다.

시험 삼아 사변 전에 장개석의 무전(無電) 정책을 살펴보면 다음과 같다. 그는 교통부를 통하여 지나 각 도시를 시작으로 몽골, 티베트(西藏), 청해(靑海)[55] 등의 변경까지 63개소에 분포하는 무전대(無電臺)를 총괄하도록 하고, 그 중심지를 상해에 두었다. 그리고 장개석이 있는 곳에 반드시 무전기가 있다고 하는 상황에서 남경의 군사위원회로부터 혹은 남창(南昌)의 행영(行營)에서의 장(蔣)의 명령은 휘하에 있는 출동부대에 곧바로 전달된다고 할 정도로, 무전망(無電網)이 지나사변에서 장 일당의 작전일 뿐 아니라 선전공작상에서 특별한 역할을 수행했다는 것은 언급할 필요도 없다. 해외 통신과 선전에 대해서는 마닐라·홍콩·자바(爪哇)·사이공(西貢)·도쿄(東京)·베를린(伯林)·파리·제네바(壽府)·모스크바·런던·로마·샌프란시스코(桑港) 등 20개소와 직접 통신하고, 상해의 진여(眞茹)와 풍림(楓林) 2개소에 설치되어 있는 국제 무전소(電臺)에서 발사한 전파는 세계 주요 도시에 직통하였다. 이 무전소들이 사변에서 어떠한 항일 선전의 바이러스를 세계에 퍼트렸는지에 대해서는 뒤에 기술하기로 한다.

다시 주목해야 할 대강은 지나에서 그 봉건적 특수성에 따라 만들어진 비합법의 무전 장치가 지나 전역에 걸쳐 광범위하게 존재하고, 사변이 발발하자 이것이 장개석의 통일하에서 활동하고, 영국·프랑스·소련의 암암리의 원조와 함께 집요한 항일 선전 공작에 광분한 것이다.

다음으로는 문화기관과 단체에 대한 통제이다. 이것은 대체로 다음과 같이 크게 구별된다. 첫째는 학생층에 대한 것인데, 이것은 각 대학·전문학교·중학·사범학교 심지어는 소학교에까지 항일구국회(抗日救國會)가 조직되었다. 이것들은 지방적으로 나열하면 북평학생구국연합회(北平學生救國聯合會)라는 것으로 통일되어, 상해(上海)·남경(南京)·한구(漢口) 등 전국 각지에 조직되었고, 마지막으로 총 중추기관으로 상해에 전국학생구국연합회(全國學生救國聯合會)가 조직되었다. 문화계에 대해서는 대학교수, 변호사, 기자 등이 중심이 되어 각지에 문화계 구국회가 조직되었다. 문예계는 중국문예협회(中國文藝協會)가 조직되어, 문학자·평론가·기

---

55 청해(靑海, 칭하이): 지나 북서부에 있는 성(省). 성도는 서녕(西寧). 청해성 동부에 있는 지나 최대의 함수호인 청해호(靑海湖)를 가리키기도 한다.

자·신극배우(新劇俳優)·영화인이 망라되어 있었다. 상공계의 공인구국연합회(工人救國聯合會), 부녀자 계통의 부녀구국회(婦女救國會), 정계에서 전국 각계의 구국연합회, 여기에 남의사(藍衣社),[56] C·C단 등 다종다양한 것으로, 지나사변 발발 당시 북지(北支)에서 동원된 항일단체만 해도 다음과 같은 것이 있었다.

즉, 화북각계국구연합회(華北各界救國聯合會), 하북농민구국연합회(河北農民救國聯合會), 민족해방선봉대(民族解放先鋒隊), 평진학생전지복무단(平津學生戰地服務團), 평진문화계구국회(平津文化界救國會), 북평부녀구국회(北平婦女救國會), 군사위원회(軍事委員會) 등등. 이것을 통해서도 장개석의 선전조직망의 광대함을 추측할 수 있을 것이다.

신문 방면에서 장개석이 후원한 보조금을 받은 것으로는 《중앙일보(中央日報)》,《무한일보(武漢日報)》,《화북일보(華北日報)》,《영문북평시사일보(英文北平時事日報)》,《동방일보(東方日報)》,《서경일보(西京日報)》가 있고, 남경·상해·북평·무한·천진·광동·홍콩·서안·일본의 도쿄에 분사(分社)를 가지고 있는 중앙통신사도 매월 3~4만 원의 보조금을 받았다.

이들 선전기관을 통제하고 운행한 기관은 국민당 중앙집행위원회 중앙선전부이다. 이 선전부는 전쟁 전에는 다음과 같이 과(課)를 나누고, 선전, 문화통제, 언론 통일에 항일 진영을 결성하고 있었다.

1) 부장실
2) 총무서-문서과-사무과
3) 보통선전처-지도과-편심과(編審科)-신문과
4) 특별선전처-지도과-편심과-문예과-해외선전과
5) 국제선전처-지도과-편번과(編翻科)-외사과
6) 전영사업처(電影事業處)-지도과-촬영과
7) 극본심사위원회(劇本審査委員會)
8) 중앙방송사업관리소(中央放送事業管理所)

---

56 남의사(藍衣社): 1932년에 결성된 중국국민당 정부의 비밀 조직. 정식 명칭은 부흥사(復興社)이지만 남색 옷을 입었기 때문에 남의사라고도 칭함. 황포군관학교 졸업생의 일부로 결성하여 군부의 정보와 모략을 담당하였다. C·C단에서 기원하였다.

지나사변 발발 이후에도 위의 선전부는 사변 전과 동일한 기구를 통하여 항일 선전에 광분했는데, 사변 후 이 조직에 국민당 훈련부와 군사위원회의 정치부가 참가하여 지나 측의 전시선전본부(戰時宣傳本部)가 결성되었다. 이것을 그림으로 표시하면 다음과 같다.

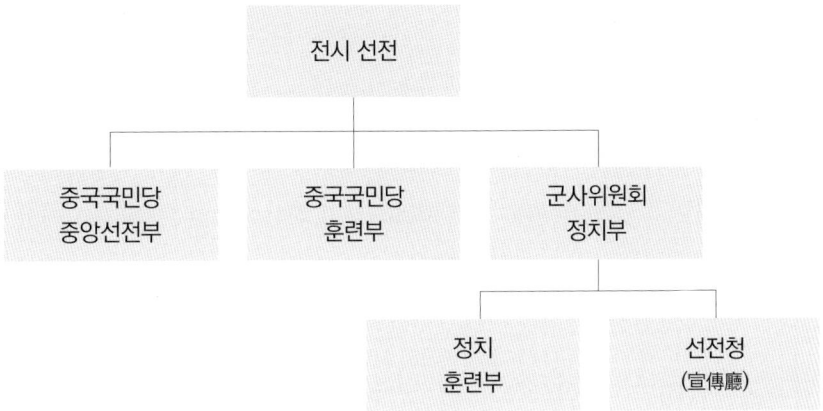

위와 같이 사변 이전의 선전공작을 확대·강화하면서 그 기구에 대해서도 대대적으로 동원을 시행하여 장기 항전의 항일 선전을 개시하였는데, 이 항일·항전 선전의 방향은 크게 세 부분으로 구별할 수 있다.

1) 국내 선전(화교에 대한 선전도 포함)
2) 대적 선전(대 일본군 및 대 일본국민)
3) 국제 선전(이른바 대외 선전)

구체적 공작의 전개는 남경 공략을 중심으로 하는 제1기 선전, 서주전(徐州戰)을 중심으로 하는 제2기 선전, 한구전(漢口戰) 및 그 후를 포함하는 제3기 선전으로 나뉘며, 그 방침 및 선전방법도 다소간의 변화가 있는데, 본서에서는 원칙적인 점에 대해서만 간략하게 기술하기로 한다.

지나 측이 선전전에서도 당초부터 장기전을 예측하고 각오하면서 그 실천 및 운행에서 많은 과오를 기록한 것은 그 실효(實效)에 의해 명확해졌다. 대체로 원칙상 다음과 같은 대강(大綱)을 통해 전시 선전을 수행한 것이다(다음에 제시하는 지나 측의 공작은 지나 측 선전 팸플릿에서 모아

I. 중일전쟁기 사상선전전과 외국의 논조

서 기록한 것이다.-원문).

먼저, 중국(中國) 민중에 대한 선전 공작으로는,

1) 항전의 앞길은 장기간에 걸친 고난의 분투를 요하는 일임을 민중에게 이해시킴과 동시에, 최후의 승리는 우리에게 있음을 인식시킬 것.

2) 국제정세는 전적으로 지나에 유리하고, 열국(列國)은 모두 지나에게 동정하여 적극적인 반일 지원의 태도가 있고, 일본을 경제 봉쇄하려고 하는 운동은 세계 도처에서 일어나고 있다. 국제정세가 유리해져도 어디까지나 '자력 항전'임을 선전할 것.

3) 적(일본)은 이미 수십 년 전부터 ×××××하려 하고 있다는 것, 이번 전쟁은 적국민보다 오히려 ×××의 야망이라는 것을 선전할 것. 적국에는 반전 분위기가 일어나고 경제는 공황으로 들어가 장기전은 불가능한 일임을 선전할 것.

4) 적군은 잔혹한 야만인으로서 병사뿐 아니라 피난민·부인·어린이까지 참살하고 폭행을 일삼는다는 것, 재산을 약탈하고 문화기관을 파괴하고 도시에 방화하고 무제한의 폭격을 행한다는 것. 요컨대 적은 민족의 적일 뿐 아니라 인도(人道)의 적이라는 점을 선전할 것.

5) 항전 선전

피해 동포의 복수 및 피해 구역 내의 동포 구제 및 자신과 자손, 동포의 생명 재산 보장 등을 위해, 또한 중화민족의 영구존속을 꾀하는 견지에서 국민은 모든 힘을 국가에 공헌할 것이며, 금전이 있는 사람은 돈을 내고, 힘이 있는 사람은 힘을 내어 함께 모아 분투하여, 이로써 최후의 승리를 위해 싸울 것이다. 다음 5항목의 운동을 적극적으로 선전할 것.

(1) 병역운동에 관한 선전

① 병역에 복종해야 할 원인의 선전

② 병역 의무와 그 영광의 선전

③ 병역 법규의 인식 철저

④ 병역의 징벌 및 장려[이것은 병역에 대리인을 차출하기도 하고, 명역의 추첨 및 소집을 거부하기도 하고, 매수를 통해 병역을 피하는 이를 위해 행하는 선전이고, 이를 위해서는 장려변법(獎勵辨法)을 규정하여 "종군(從軍)을 즐거워하며 날뛰어 출정에 응하여 역정(役政)의 완전을 기한다는 등 운운"이라는 선전의 목적을 밝히고 있는 점이 우스꽝스럽다]

⑤ 군인의 우대를 선전하는 일

(2) 공채운동(公債運動)의 선전

① 공채 구매의 원인 철저 보급

② 국방공채와 금공채의 선전(금공채는 화교에 대응하기 위해 화교 거류지. 정부의 돈으로 구입하는 채권이다)

③ 구매 의의 및 이익의 선전

(3) 위로금, 구제금 모집 선전 및 장병 위로, 총후 구제운동

(4) 항전 건국강령의 선전운동

항전의 승리를 보장하고, 건국의 기초를 확립하기 위해 다음 항목을 광범위하게 걸쳐 선전할 것

① 삼민주의(三民主義) 및 총리의 유훈(遺訓)을 확정함으로써 일반 항전 및 건국의 최고 표준을 삼도록 할 것

② 전국의 항전력을 본당(국민당) 및 장 위원장의 지도하로 전력을 집중하여, 마음과 기운을 가다듬어 매진에 힘쓰도록 계획할 것

③ 우리 측에 동정하는 세계 각국 및 민족과 연락하여 공동 분투를 기할 것

④ 일본제국주의 침략에 반대하는 일체의 세력과 연합하여 일본의 침략을 제지하고, 동아의 영구 평화를 보장할 것

⑤ 군대의 정치 훈련을 강화할 것

⑥ 각지의 인민을 무장시켜 적의 후방을 교란하도록 할 것

⑦ 부상으로 사망한 병사의 위무, 폐잔자의 조치, 항전 군인의 우대(優遇)를 기할 것

⑧ 민중의 자위조직을 개선하여 건전하게 할 것

⑨ 각급 정치기관의 개선을 논의할 것

⑩ 기강의 숙정을 논의할 것

⑪ 탐관오리를 징벌할 것

⑫ 경제 건설에 관해서는 군사(軍事)를 중심으로 하여 인민의 생활 개선에도 주의하고, 경제계획을 실행하여 해외 및 국내 인민의 투자를 장려하고, 전시의 생활 확장을 논의할 것

⑬ 농촌 경제를 발전시키는 합작을 장려할 것

⑭ 폭리(暴利)의 단속을 엄중하게 하여 물품평가제를 실시할 것

⑮ 모든 민중으로 하여금 농·공·상·학 각계의 직업 단체를 조직하게 할 것

⑯ 항전 기간 내에는 삼민주의의 최고 원칙 및 법령에 위반하지 않는 범위 안에서 언론·출판·집회·결사 등에 대하여 충분히 법적으로 보장할 것

⑰ 청년을 전구(戰區) 및 농촌의 복무에 나가길 수 있도록 훈련할 것

⑱ 여자를 사회사업에 복무할 수 있도록 훈련할 것

"우리는 민족 전체의 힘을 집중하여 장 위원장 지도하에 이들 강령을 한 조목 한 조목씩 실행하고, 각 가정에서도 모두 이를 다 알도록 광범위하게 걸쳐 선전한다"라는 것이다. 이 운동과 함께 사변 전부터 제창되었던 신생활 운동도 제5항목이 전시 생활운동으로서 우리나라에서 정신총동원운동과 같은 역할을 수행하였기 때문에, 계속해서 행해졌던 것이다. 사변 초기에는 이상과 같은 운동 개념이었지만 후기에는 장개석이 이것을 국민정신총동원운동이라고 불러 기세를 떨친 것이다. 아마도 우리나라에서 실효가 큰 것에 놀라 모방한 것으로 보인다.

이제 지나의 민중에 대한 선전의 원칙은 이상으로 그치고, 다음으로 우습기 짝이 없는 일본군에 대한, 일본국민에 대한 선전의 구성을 살펴보자. 저들이 무엇을 겨냥하고 있는가를 아는 것은 우리에게 가르쳐주는 바가 있을지도 모른다.

지나 측의 일본군에 대한 선전 원칙, 요컨대 전투 중인 일본 장병 또는 숙영(宿營) 중인 일본 장병, 각종 군사행동 중 일본군의 장병에 대하여 방송, 전단지, 포스터, 외침, 대자보(大字報) 등의 수단으로 무엇을 선전할 것인가 하는 여러 방책이다. 군사위원회 정치부의 지침은 다음과 같다.

(1) 일본 병사의 불평스런 마음과 고통스러워하는 점을 살펴 이것을 선동할 것
(2) 일본 병사에 대해 이번에 지나에 와서 전쟁에 참가한 것은 생존 해방을 위한 것이 아니므로 무엇 때문인지를 알릴 것
(3) 생명의 보전이 중요한 것임을 선전하고, 또한 투항은 전사(戰死)보다도 나은 일임을 분명히 밝힐 것을 요함
(4) 아군은 군벌이 적이고 저들 일본 병사는 적이 아니라는 것을 선언할 필요가 있으며, 또 여러 가지 방법을 이용하여 포로를 우대한 사실을 저들에게 보여줘서, 이를 통해 저들이 군벌 장관으로부터 평시에 청취한 "지나인은 일본인을 죽이는 것을 좋아한다"와 같은 역선전을 타파해야 할 것
(5) 9·18 이래의 일·지(日支) 전쟁은 대략 ××가 일으킨 것으로서 기회를 틈타 영진부귀(榮進富貴)를 바라며, 결과적으로 일본 병사는 어떠한 이익도 없이 도리어 고통을 증가시킬 뿐이라는 것을 진술해야 할 것
(6) 일본 종교의 언행을 이용하여 선전 자료로 삼아야 할 것. 일본 병사는 많게는 농민에 속하여 사상이 진부하고, 또 군벌이 이용하는 천인침(千人針), 호신부(護身符)는 저들을 기만하고 있는 일임을 폭로할 것
(7) 일본 ××가 평화의 파괴자임을 해설하여 우리는 평화를 애호하고 전쟁을 바라지 않으며, 일본 병사도 역시 이와 같을 것이다. 때문에 손을 들고 ××를 타도한다면 일·지 사이는 영구히 평화를 얻을 것이고, 더욱더 정신 제휴로 나아감으로써 공존공영을 실현할 수 있음

저들의 지침이 완전히 핀트가 어긋났다는 것은 한 번만 읽어도 판명된다. 다음으로 대외 선전 방책에 대해서 간단히 살펴보자.

(1) 각국 정부에 대해 정의의 원조를 요구하는 선전을 할 것
(2) 일본이 몇 년 동안 일으켜온 중국 침략을 선전할 것
(3) 일본의 이번 중국 멸망의 계획적인 각종 음모와 국제공법(國際公法) 파괴 사실과 일본군의 참혹한 사건을 선전할 것
(4) 일본의 야심을 강조하여 중국의 영토주권 침략 기도뿐 아니라 여러 나라의 권익 파괴

    의 의도를 선전할 것
　(5) 중국 정부와 인민 항전의 결심을 전 세계에 알릴 것
　(6) 일본인의 식민지에 대해서는 침략 반대를 위해서 일어선 것처럼 선전할 것

　이러한 목적들을 달성하기 위해서는 국내에서 단순히 외교기관 혹은 단체 또는 대외 선전의 민중조직이 각종 외교문자를 사용하여 전 세계를 향하여 보편적인 선전을 하는 것에만 그치지 않고, 각국에 주재하는 중국의 사절과 재류민 및 신문기자를 통해서 직접 선전을 하도록 하는 것 외에 저들에게 정론을 가지고 일본의 여러 가지 폭행을 분명히 각국에 전달하여 그것에 호소한다. 또 각국에 재주하는 중국의 학자와 유학생 또는 화교단체를 통해 연합하여 중국에 대한 동정적 조직을 만들게 하거나 혹은 저명한 학자를 통하여 선전 확대의 작용을 이루도록 하는 등 모든 방법으로 우리 항전의 효능 강화를 위해 국제 선전을 확대하지 않으면 안 된다고 되어 있다.
　대체로 이상의 방침에 기초하여 항전 선전은 개시된 것이다. 서주전(徐州戰), 한구전(漢口戰)과 함께 이 방침은 다소의 변화를 보이고 있지만, 근본적으로 변동은 없는 듯하다. 중경 정부가 최후의 몸부림으로서 앞으로 더욱더 소련·영국·미국의 원조를 얻어 선전전(宣傳戰)에 광분할 것임은 일반적으로 짐작되지만, 이상의 해설은 그 관찰에 직면하여 무엇인가 도움이 될 수 있을 것이라고 믿는 상황이다. 그러면 다음으로 항전 선전의 구체적인 전망을 해 보자.

2. 항일 문서 선전

　항일 선전에서 각광받는 것으로 들 수 있는 것 중의 하나는 문서 선전이다. 아마도 지나에서는 일찍이 없었던 출판율 고조를 보였을 것이다. 이것은 주로 민중 선전을 목표로 한 것이지만, 대 국제 선전의 역할도 지니고 있다.
　이 항전구망(抗戰救亡)의 문서 선전은 신문·잡지류인데, 모든 파별(派別) 계통을 기초로 하여

각각의 관점에서 출판된 것이다. 그리고 이러한 종류의 항전구망 선전은 전부 각 파별 대립을 초월하고, 특히 국공합작(國共合作) 이래 각 파의 이데올로기가 급격히 대립을 해소하여 항일선전전선으로 모두 모인 것이다.

특히 사변 2년째인 3월 이후 지나 측의 문서 선전은 서주전(徐州戰)을 앞두고 맹렬함이 한 층 더 극에 달하였다. 지금 신문을 제외한 문서 선전물을 들어보면 아래와 같다.

(1) 잡지[월간, 주간, 순간(旬間), 반월간]
(2) 총서
(3) 단행본
(4) 화보(주로 사진 및 만화 화보)
(5) 팸플릿 등

이것을 내용별로 보면 다음과 같다.

(1) 일반적 항전 이론을 선전하는 것
(2) 민중 공작을 지도하는 것
(3) 유격전을 지도하는 것
(4) 국공합작을 선전하는 것
(5) 공산군을 선전하는 것
(6) 장기전에 따른 승리를 선전하는 것
(7) 문예작품에 따라 항전을 고취하는 것
(8) 일본군을 비방하는 데마 선전
(9) 전쟁기록류
(10) 소년 부녀를 대상으로 하는 것

특히 사진 화보류는 일본군 특히 공군에 대한 비방, 왜곡선전, 침소봉대하는 소구(訴求), 날조에 의한 선전이 많아서 본서(本書)에서 발표하기 어려운 많은 소재에 매몰되어 있으며, 더구나 영문(英文)을 붙여서 대외 선전용으로 제공한 것이 많다는 점이 주목된다.

그리고 이 간행물들의 출판자의 각 계통을 추적해보면 대체로 다음과 같이 분류할 수 있다.

1) 공산당 계통
2) 국민당 계통
3) 좌익 자유주의 계통
4) 순(純) 민주주의 계통
5) 파쇼 계통
6) 구 인민전선파 계통
7) 국가주의파 계통
8) 상식파 계통

다소 이데올로기적 색채에 따른 경향의 차이점은 있어도 항일의 일선에서는 완전히 그 태도를 하나로 한 것이 역력하다. 다음으로 그 대표적인 것을 들어보자.

1) 종합적 선전잡지(약 200여 종 정도)

• 갱생평론(更生評論)	국민당계
• 단결(團結)	구 인민전선파
• 분투(奮鬪)	국민당계
• 대중생활(大衆生活)	인민전선파
• 항전삼일간(抗戰三日刊)	인민전선파
• 민족전선(民族戰線)	민족전선파
• 항전향도(抗戰向導)	국민당 C·C단
• 호남자(好男子)	공산당계
• 전투(戰鬪)	구 인민전선파
• 신전선(新戰線)	국민당 좌파

- 신민족(新民族)　　　　　　　　　　인민전선파
- 군상(群像)　　　　　　　　　　　　공산당계

2) 총서류(약 60세트, 1세트 평균 10책)
- 전시민중총서(戰時民衆叢書)　　　　국민당계
- 항전상식강화(抗戰常識强化)　　　　국민당계
- 전시대중지식총서(戰時大衆知識叢書)　구 인민전선파
- 구망소총서(救亡小叢書)　　　　　　공산당계 인민전선파
- 민족혁명전쟁총서(民族革命戰爭叢書)　공산당계
- 구망문총(救亡文叢)　　　　　　　　공산당계
- 전시종합총서(戰時綜合叢書)　　　　순 국민당
- 항전건국총서(抗戰建國叢書)　　　　국민당 좌파

3) 단행본(팸플릿 포함)(약 500책)
- 전민항전(全民抗戰)의 제 문제　　　　좌파　　　　빙화법(馮和法) 저
- 항전 건국강령의 연구　　　　　　　국민당　　　주불해(周佛海) 저
- 통일전선 중의 당파 문제　　　　　　공산당　　　모택동(毛澤東) 저
- 불망국구문답(不忘國仇問答)　　　　국민당 좌파　풍옥상(馮玉祥) 저
- 외모저어(外侮抵禦)의 민족부흥　　　국민당　　　장개석(蔣介石) 저
- 전국 총 항전과 항전의 승리　　　　　공산당　　　왕명(王明) 저
- 유격대 정치공작 개론　　　　　　　공산당　　　고설풍(鼓雪楓) 저
- 제8로군의 항전 경험과 교훈　　　　 공산당　　　융극(隆克) 편
- 항전 중의 농촌 문제　　　　　　　　인민전선파　풍화법(馮和法) 저
- 주덕전(朱德傳)　　　　　　　　　　공산당　　　진덕진(陳德眞) 저
- 전시문학론(戰時文學論)　　　　　　좌파　　　　왕평릉(王平陵) 저
- 전야(前夜)　　　　　　　　　　　　좌파　　　　양한생(陽翰生) 저

- 항전시가집(抗戰詩歌集)　　　　국민당　　　풍옥상(馮玉祥) 저
- 구관(舊關)의 전(戰)　　　　　　좌파　　　　송지적(宋之的) 저
- 일본 반전작가 가지 와타루(鹿地亘)　좌파　　　저자 불명

다음으로 간단하지만 문서 선전의 하나로서 항일일가일언(抗日一家一言)을 들어보기로 한다.

항일일가일언(抗日一家一言)

장개석

이번 항전은 죽음 속에서 삶을 구하는 일전(一戰)이다. 오로지 철저한 희생이 있기 시작하여 앞길에 광명이 있다. 이러한 때 우리의 성패(成敗)는 민족·세대·자손의 화복안위(禍福安危)에 관계된다. 우리는 마땅히 개인의 전부를 희생함으로써 국가 민족의 영구적 행복을 구해야 한다.

풍옥상

우리는 4억 5천만 인을 동원하여 저들의 수십 개 사단의 동원에 응답해야 한다. 우리는 정신·금전·물력(物力) 모두를 들어 항적(抗敵)의 전쟁에 공헌하고, 결사 전투하여 우리의 적인(敵人)에게 타격을 줘야 한다.

중공합작선언(中共合作宣言)

외적이 깊이 들어왔다. 동포여, 일어나라! 전국 4억의 동포여, 더욱 친밀하게 단결해서 일어나라. 우리의 위대하고 유구한 민족은 싸움에 승리할 수밖에 없다. 일어나라! 공고한 민족적 단결을 하고, 일본제국주의를 타도할 수 있도록 분투(奮鬪)하자. 승리는 우리 중화민족에게 있다. 항일전쟁 승리 만세! 독립, 자유, 행복한 신중국(新中國) 만세!

송경령(宋慶齡)

중국의 항전은 침략을 당한 가운데에서 민족해방과 자유를 쟁취하는 것이다. 중국의 현재는 중국뿐 아니라 세계 역사상 위대한 의의 있는 시기이다. 중국은 앞으로의 완벽한 토지와 독립을 위해 항전하는 것이다. 특히 민족의 생존을 위해서 항전하는 것이다.

곽말약(郭沫若)

우리는 무엇을 위해 항전하는가. 자기의 조국을 보위(保衛)하기 위함이다. 세계 문화를 보위하기 위함이다. 전 인류의 복지를 보위하기 위함이다.

풍옥상

전국의 인민에게 희망한다. 인민은 모두 정부의 통일지도하에서 견강지구(堅强持久)의 항일민족전쟁을 실행해야 할 것이다. 적인(敵人)은 겁낼 것이 없다. 한두 차례의 실패 또한 근심할 것 없다. 다만 우리 국민 전체는 더욱더 이것에 힘써야 한다. 최후의 승리는 우리에게 있다.

곽말약

우리는 여러 번 싸워서 거듭 패한다 해도 오히려 싸우는 적이 모두 붕괴하게 되는 그 날에 이르기까지 싸워야 한다. 이와 같이 각오해야 비로소 최후의 승리를 보증할 수 있다.

팽덕회(彭德懷)

민력(民力)이라는 것은 실패할 수 없는 것이다. 우리는 오로지 전국의 민력을 다 모아서 적이 대항할 방법이 없도록 해야 한다.

3. 항일 대미(對米) 선전

　지나사변에서 대미 선전의 히트는 송미령(宋美齡)이 사변 직후 9월 11일 밤 남경에서 행한 대미 방송일 것이다. 이 방송은 NBC 단파방송망을 통해서 구주 및 전 세계로 방출되어 미국 내에서는 CBS 방송망을 총동원하여 전 미국에 중계된 것이다. 약자에게 동정하는 미국 국민에 대해, 장개석의 부인이자 미국의 대학에서 교육을 받은 부인이 유창한 영어로 지나 일류의 정교한 호소를 행한 것이므로 그 효과는 백퍼센트였다. 그 내용은 여기에서 언급할 수 없지만, 마침 케세이호텔 맹폭사건 직후의 일이었으므로, 이 사건조차 일본 책임이라고 암시하는 어조로 민국인의 희생자에 대한 동정의 제스처를 적절히 섞어서 천천히 일본을 비방하는 독설을 제멋대로 강한 어조로 계속 말한 것이다. 이 방송은 다음 날 아침《뉴욕 타임스》에 다시 실렸으니 정말 참을 수 없다. 이날부터 대일 감정은 급격히 악화되었다.《뉴욕 타임스》는 다시 9월 19일 송미령을 여걸로 다룬 다음과 같은 기사를 게재하였다.

　지나 진지(陣地)의 용감한 병사들을 위문하기 위해 송미령 부인은 오늘 갑북(閘北)과 북(北) 정거장 부근의 최전선을 위문하고 스스로 시가렛과 과자 등을 주며 병사의 노고를 치하하고 위로하였다. 송미령 부인은 우아한 검은 베일을 쓰고 있었다. 도중에 소주(蘇州) 샛강의 북안(北岸)을 통과하고 건너편에는 미국 병사가 수비하고 있었는데, 그녀가 타고 있던 상자 모양의 자동차에는 국기도 어떤 것도 달려있지 않았지만 누구도 의심하는 사람은 없었다.

　대미 방송에서 성공하고 나서부터는 지나의 대미 선전은 궤도에 올라 노골화되고 그리고 치열하게 되어갔던 것이다. 특히 뉴스영화, 사진은 유일무이의 무기로서 미국 전역에 살포되었다. 당시 고노에(近衛) 씨를 비롯해 귀국한 사람들이 미국에서의 선전전에 대해 일본의 패배를 통분한 신문 기사로 여러 차례 떠들썩했었지만, 사실 미국에서의 항일 선전은 일본으로서는 손을 쓸 수가 없었던 것일 것이다. 어떻든 미국에 살고 있는 2세 등은 거의 지나 측의 데마를 확신하여 지나를 동정하고 조국 일본의 패배라는 데마기사를 그대로 믿었다는 것이다. 이 배후에는 재미 화교가 결속하여 항일 선전을 위해 광분하고 수백만 불을 지불했다는 사실도 있다. 어떻든 미국을 끌어넣으려고 한 지나의 열성은 놀라울 뿐이었다.

외교부장 왕충혜(王寵惠)는 미국 신문기자와의 인터뷰에서 다음과 같이 말했다.

만약 일본이 지나를 지배하는 때가 온다고 한다면 결국 일본은 거대한 군사적 자원을 확보하여 지배하게 된다. 이것은 즉, 태평양에서 국경을 접하는 국가에 침입하는 제일보이다. 다시 말하면 미국 및 미국민을 일본의 지배하에 두려고 하는 첫 단계인 것이다. 미국과 미국민은 이 근본 문제를 잘 이해할 필요가 있다. 왜냐하면 아시아 대륙에서 일본의 승리는 미국의 대내외 정책에 치명적[57] 타격을 줄 것이기때문 운운.

미국 국민에게 이해(利害)가 되는 문제로 일본의 위협을 좋은 미끼로 삼아 선전하다니 실로 교묘한 것이다. 더욱이 교묘한 수단은 대전 당시 프랑스가 미국민에 대해 취한 수단과 유사한 것으로서 다음 문제가 화제에 누차 올랐다.

그것은 남경(南京) 정부가 미·지(米支) 친선에 공로가 있던 일단의 미국인에게 갑자기 생각한 것처럼 훈장을 증정하고 이 지나인의 호의를 선전한 것이다. 이 일단의 미국인 중에는 북경 로츠크헤라 병원의 프레스톤 마즈타스웰 교수, 주미(駐米) 지나대사관 고문 W. 위르비 교수 등의 얼굴이 보였다. 그리고 이 뉴스는 "지나 정부가 미국인 공로자에게 훈장을 증정한다" 등등으로 미국 각 신문에 게재된 것이다.

이러한 종류의 선전에 대해서는 다음과 같은 흥미로운 문제가 있다. 그것은 지나가 일본군의 독가스 사용, 병원폭격 비전투원의 살육 등등의 데마를 한창 팔아넘길 때 미국 적십자협회 회장 캐리 그레이슨 제독에게 감사장을 보내 추파를 보내고, 또 1938년 2월 미국 오하이오·미시시피 계곡의 대홍수가 있을 때에 이재민에 대해 지나 적십자사 및 지나인 단체가 약 10만 원을 기부하거나 다수의 위문품을 보내줌으로써, 자국의 이재민은 아랑곳하지 않고 오로지 미국인의 비위를 맞추기만 한 일은 우리 일본인이 흉내 낼 수 없는, 상식과는 먼 선전 공작이다.

이러한 선전 공작은 죄가 없다고 해도, 저들이 고의로 일본을 비방하기 위하여 날조한 잔

---

[57] 원문은 '도명적(到命的)'이라 되어 있는데 '치명적(致命的)'의 오기로 보여 수정함.

혹한 사진을 살포하기도 하고, 침소봉대하여 과장한 전쟁 사진과 뉴스를 보내어 감정적으로 일본과 미국의 이반을 꾀하기도 하고, 결국 일화(日貨) 배척운동의 선봉을 담당하기에 이르렀으니, 완전히 비열한 수단이라고 말할 수밖에 없다. 터무니없이 큰 청천백일기(靑天白日旗)[58]를 지나 부인이 가지고 동정금(同情金)을 요구하기도 하고, 결식하는 모습의 지나인을 행렬로 만들어 동정을 부추기기도 한 스턴트 선전에는 미국인도 흔들리지 않고 있지만, 일화 배척에는 상당한 영향을 미치고 있는 듯하다. 최근에는 공개 장소에서 지나복을 입은 남자(지나인)와 실크 옷을 입은 미국 부인이 나와서 일본제 비단의 불매선전을 위해 상의부터 하의, 구두는 물론 요도(腰刀)[59]까지 취하여 지나인에게 건네주어 버린다고 하는, 에로를 겸한 일화 배척 선전을 한다는 이야기도 듣고 있는데, 실로 악독한 것이다. 지나가 데모크라틱 옹호, 파시즘 반대의 미국 여론에 편승하여 대지(對支) 투자 재벌의 수중에 있는 신문·통신기관을 이용하여 항일 선전에 광분하고 있는 것은 우리나라로서는 앞으로도 묵인하기 어렵다.

4. 항일 영화·사진·만화

지나는 전쟁이 발발하자 이른바 항전 영화를 만들어 이를 민중 선동 및 대외 선전용으로 제공했다. 또한 뉴스 사진의 촬영 및 배급에도 상당한 노력을 쏟았다. 장개석은 이 점에서도 달관했기 때문에 특별히 왕소정(王小亭) 같은 카메라맨을 신임하여 전국을 누비며 그의 카메라를 구사하도록 한 것으로 알려지고 있다. 이 남자는 지나에서보다 미국에서 더 유명해서 '뉴스 리얼 왕'이라고 불렸는데, 카메라맨으로서의 기술도 있고, 보도사진, 특히 선전사진에 대한 두뇌의 움직임이 뛰어난 것은 널리 알려진 사실이다. 그가 촬영한 필름은 항일영화에서 가장 박력 있는 호소력을 가진 것으로서 항일 선전에서 훈1등의 효과를 거두었다. 동시에 이 남자가 촬영한 사진은 항전화보·저항화보 등의 사진 화보에 게재되어 물밀듯이 민중 가

---

58 청천백일기: 중화민국의 국기.
59 요도(腰のもの, 腰刀): 허리에 차는 칼.

운데 흘러들어가 외국에 배포되었다. 일본 측의 뉴스 영화가 승리의 만세로 연결되어 있음에 반하여 전쟁의 참상을 사실대로 묘사한 그의 필름이 미국인에게 환영받은 것은 당연한 일일 것이다. 그러나 일반적으로 선전 영화의 구성은 급속히 제작되어, 외국 전쟁 영화를 다시 굽거나 심하게는 졸렬한 트릭 영화였던 것이다. 저들의 출운폭침(出雲爆沈) 같은 트릭 영화가 지나 민중을 열광시킨 것은 오히려 불가사의하다.

보도사진이 이번 사변에서 선전상 절대 효과를 거둔 일은 지금 다시 말할 것조차 없는 일이다. 지나 측이 외국통신사와 교묘히 협력하여 센세이셔널한 사진을, 그것도 신속하게 외국 신문 잡지에 배급한 일은 그 성공의 한 요인이기도 하다. 본서에서는 그 내용에 대해서는 게재할 여지가 없으므로 이상에 그치겠지만, 지나 측이 선전사진을 위해 상당히 힘을 들인 것은 우리나라의 보도사진 가운데 역선전에 사용할 수 있는 것을 교묘하게 골라서 선전에 활용한 수많은 사실을 통해서도 알 수가 있다.

다음으로 만화에 대해서 보면 이것 또한 놀라울 만한 위력을 발휘하고, 그 기술도 실로 우수하였다. 신문·잡지에 게재된 항전 만화의 수는 꽤 많았고,『구망만화(救亡漫畫)』,『항전만화(抗戰漫畫)』 등의 항일만화 전문 잡지도 발행되었다. 전국만화작가협회(全國漫畫作家協會)가 사변 발발 후 곧바로 조직되어 상해 등지에서 전국 만화전을 열어 항일 기세를 올리고, 전선(前線)에까지 나가거나 지방을 순행하며 만화를 그리면서 항일을 선동했던 것이다. 그 작품은 모두 박력이 있고 선동력을 지녔으며, 기술면에서도 일본에서는 찾아볼 수 없는 작품이 상당히 발견된다. 특히 목각에서는 우수한 작품이 많은 듯하다. 이들 작가가 항일 포스터를 집필했음은 물론이다. 전쟁 중 빈번히 내지신문에도 게재된 벽 포스터 벽화 등에는 이들 신진 청년화가가 참여하였다. 특히 천으로 만들어진 대형 포스터 벽화에서는 우리로서도 감탄할 만한 것이 많다. 일반적으로 이들 작품의 기술은 우리나라에서 과거 좌익 작가의 기술과 유사한 것이어서 투쟁의식을 각명(刻明)하여 그려낸 것이다.

한편 만화와 관계된 것으로 아동화(兒童畫)를 항일 선전전에 이용한 것이 주목된다. 이들 아동의 항일만화 속에서 우리는 마음이 움직이는 것을 발견할 수 있을 것이다.

5. 항일가(抗日歌)와 항일 표어

구망행진곡(救亡行進曲)

노동자·농민·병사·학생·상인들이여!

서둘러 오라

나라를 구하자! 나라를 구하자!

그대들은 공장! 교실! 전원(田園)에서 나오라

와서, 가지고, 쥐어라

가래와 괭이를! 총검을!

가자! 가자!

전선으로! 전선으로!

질주하자!

민족해방의 전장으로!

보조를 맞춰 어깨를 나란히

정확한 우리 무대는

실로 크고 강한 장수이다

전 세계 피압박 형제들의 투쟁은

하나의 방향을 향해 질주하고 있다

천만인의 입으로 소리 높여 반항을 외친다

천만인의 노랫소리는

운명과 투쟁의 노래를 힘차게 외친다

우리는 대중의 국방을 건설하자

모두 일어서서 무장하자

한간(漢奸)! 개자식! 쳐 죽여라!

총구를 밖으로 향하라!

일본제국주의를 타도하라!

잃어버린 토지를 탈환하자!

죽여라! 죽여!

낡은 세계의 강도를 한 사람도 남김없이

죽여라! 죽여!

살적가(殺敵歌)

일본×× 양심 검게

우리의 동북 4성을 강탈했다

이야하이 아후하이

또 훗날 전 중국을 평탄할 기운인가

아후하이 이야하이

×

매국의 한간은 사람도 아니다

토지와 인민을 팔아버렸다

이야하이 아후하이

또다시 전 중국을 공격하여 타도할 것인가

아후하이 이야하이

×

농민·노동자·상인·학생·병사를 논하지 않는다

남자와 여자를 구분하지 않는다

이야하이 아후하이

마음을 하나로 하여 힘을 합쳐

나가자 나가

아후하이 이야하이

X

철포(鐵砲)로 적을 죽여라

적을 살려주지 말라

이야하이 아후하이

중국 민족은 살아야만 한다

아후하이 이야하이

항적가(抗敵歌)

우리 적은 늑대같이 흉포하게

우리 토지를 강점하여

약탈 도살한 뒤 다시 우리 촌락을 소각한다

불쌍한 우리 동포들은 천만이 화를 입었다

이 늑대의 야심을 타도하지 않으면

인도(印度)처럼 될 것이다

여 "병사와 백성을 구별하지 마라

　　마음을 하나로 해서 적을 쳐서"

남 "총림(銃林)을 뚫고 나가 빗발같이 쏟아지는 총알을 견디며

　　물불 속에 깊이 들어가는 것을 겁내지 않는다

　　우군(友軍)과 연합하여 원수를 죽여라

　　원수와 벗을 정확하게 인식하라"

여 "물러나지 마라"

남 "항복하지 마라"

여 "적의 포화"

남 "맹렬할지라도 우리의 결심은 굳어"
산하를 정돈하라 사방을 지키고
국치(國恥)를 씻고 국경을 회복하고
만고(萬古)에 용감한 이름을 드날려라
×

우리 적은 흉포한 늑대같이
우리 토지를 강점하여
약탈 도살한 뒤 우리 촌장(村莊)을 불태우고
가여운 우리 동포 천만이 화를 당하여
야비한 늑대를 타도하지 않으면
인도처럼 되어서는 안 된다
형제들아, 나가자
적의 중심을 돌파하라
여 "전군(前軍)이 넘어지면"
남 "후군(後軍)이 이어서"
여 "쳐 올라가라"
남 "손에 칼을 쥐고"
예리한 칼날은 피에 번쩍이며 빛난다
한 목숨 내던져 전장에서 죽어라
우리의 실지(失地)를 탈환하여
우리 민족을 위해 용감한 이름을 드날려라
남녀 "죽여라!
　　쳐 올라가라!"

유격대행진곡(遊擊隊進行曲)

나가자! 나가

우리 항일 유격대

우리는 노(老) 백성의 유격대다

칼과 창으로 흉포한 적에 대비하라

우리의 유격전술로

일본 강도를 숙청하자

중국은 이미 앞길의 광명에 눈을 떴다

나가자!

우리 항일 유격대

우리는 노(老) 백성의 군대다

노 백성의 무력을 휘둘러라

유격전가(遊擊戰歌)

유격대! 유격대!

적의 대포 비행기가 한꺼번에 와도

우리는 유격대일 뿐이다

먼저 집을 태우고 불을 질러

저들이 점령하려 해도

점령할 수 없게 하라

우리 일개의 남자 한 자루의 총

이르는 곳 이곳이 최전선이다

동쪽을 향해 두 발을 쏘면

서쪽을 향해 달려라

남쪽에서 여러 명을 베면

북쪽으로 도망쳐라

노옥(老屋)이 한 조각의 초토(焦土)로 사라지지 않게 하려면

도저히 사내대장부(好漢)라 할 수 없다

유격대! 유격대!

적의 비행기 대포가 한꺼번에 와도

우리는 단지 유격대일 뿐이다

청년행진곡(靑年進行曲)

앞으로 나가자!

중국의 청년이여!

몸을 던져 싸워라!

중국의 청년

중국은 마치 폭풍우 속에서 부서진 배와 같이

우리는 현재의 위험을 인식하자

모든 힘을 사용하여 내일의 승리를 쟁취하자

우리는 일당백이다

우리는 나가는 일은 있어도 물러서는 일은 없다

나가자! 나라를 일으킬 책임은

떨어져서 우리 양 어깨에 있다

전진!

중국의 청년

몸을 던져 싸워라

중국의 청년

청년! 청년!

항일 표어

- 항전이야말로 우리의 유일한 살길이다
- 우리의 피와 몸으로 우리의 새로운 장성(長城)을 쌓아라
- 이에는 이로 탈환하라
- 나라의 원수, 집안의 원수, 타도 일본
- 시민의용군을 조직하여 항전에 참가하자
- 맹세코 국치를 설욕하자
- 화평론(和平論)은 곧 한간(漢奸)
- 하루에 일본을 멸하지 않으면 세계 평화는 불가능하다
- 죽음을 두려워하지 않으면[60] 나라를 구할 수 있다
- 동포여, 어서 깨어나 일본을 타도하자
- 동포여, 빨리 무장하여 정부의 후방(後楯)이 되어라
- 동포여, 일본의 말발굽 아래에 굴복하지 마라
- 장(蔣) 위원장을 옹호하여 철저하게 항전하자
- 철저하게 항전하면 꼭 최후에는 승리가 있다
- 호남자(好男子)는 병사가 되어 적을 죽여라
- 모두 무장하여 항왜(抗倭)의 성전(聖戰)에 참가하자
- 국방공채(國防公債)를 기꺼이 구매하여 항전 군수(軍需)를 돕자
- 금공채(金公債)를 기꺼이 구매하여 구국 비용에 충당하자

---

60 원문은 '恢れずば'인데, '懼れずば'의 오기로 보여서 수정함.

- 의식을 절약하여 국가에 공헌하자
- 전 민족의 힘을 합쳐 항전 건국강령을 실현하자
- 지식이 있는 청년은 시골, 최전선, 적의 후방으로 가야 한다
- 청년은 나아가 훈련을 받아 종군하자
- 항전 군인의 가족을 위문 원조하자
- 부상 장병을 존경하자
- 최전선 장병을 위문하자
- 국제 노동자(勞工)와 연합하여 적의 폭력이 드러나도록 하자
- 한간을 숙청하여 괴뢰조직을 소멸하자
- 장 총재 지도 아래 전국의 항전력(抗戰力)을 집중하자

6. 선전 여담(餘談)

지나사변에서 지나 측의 항일 선전에 대해서는 너무나도 자료가 풍부하고, 본서에 한정된 페이지로는 그 10분의 1도 소개할 수 없는 것이 유감이다. 본 항목의 지면수도 이 정도로 그치지 않으면 안 되므로 마지막으로 흥미 있는 문제를 두세 가지 선전 여담으로 간략하게 서술하기로 했다.

지나 측의 적에 대한 선전, 특히 일본 장병에 대한 선전은 주로 문서선전으로 행해졌는데, 이것에 가장 의미를 쏟은 것은 공산당 및 공산군이다. 그들은 사변 초기부터 이 공작을 개시하였는데, 한구전에서 특히 치열했던 듯하다. 최초 그들은 일본어로 작성된 문서를 비행기로 살포했는데, 이 방법은 곧 중지되고 미리 일본군이 진출할 것 같은 촌락과 도로, 산림 등의 가옥, 성벽, 수목 등등에 붙여놓기도 하고, 도로·진지(陣地) 등에 살포하여 도망친 것이다. 한구전에서는 맷돌이랑 온갖 기구에 이르기까지 철떡철떡 일본어의 반전선동 전단지를 붙였다고 한다.

이러한 일본어 전단지, 표어, 격문 외에 오케사부시,[61] 데칸쇼부시,[62] 도쿄온도(東京音頭),[63] 히토쓰토세,[64] 구사쓰부시(草津節)[65] 등 민간에서 불리던 속요(俗謠)와 민요가 반전(反戰)·반군적(反軍的) 내용으로 덧칠해져 가사만 바꾼 노래 등으로 만들어진 것이다. 따라서 당초 그 문장도 대단히 졸렬하여 얼핏 보면 지나인이 만든 것이 확실했는데, 점차로 문장이 정교해져서 내용에서 감동을 줄 정도로 가사를 바꾼 노래 등도 나오기에 이르렀다. 일설에 의하면 소련에 도피 중인 일본인 공산당원이 파견되어 만든 것은 아닐까 하는 설도 있다. 어떻든 가지 와타루(鹿地亘) 같은 매국노도 있으므로 그러한 일은 있을 수 있다.

사변 초기의 이상야릇한 전단지 하나를 소개해보자.

일본 군조(軍曹)[66]·병졸·대중에게 고함

친애하는 일본의 노고(勞苦)하는 대중인 군조·병졸 여러분이 무엇 때문에 우리와 전쟁하는가? 여러분이 오랫동안 고향을 떠나 부모와 처자는 아직도 밥을 빌어먹고 다니지 않은가!!

군벌을 위해 피를 흘리니 손해가 아닌가?

만약 여러분이 이 전쟁을 억누르고 총을 버리고 조국에 돌아가기를 희망한다면, 우리는 절대로 여러분에게 상해를 입히지 않고 돈을 주며 자유를 지킬 수 있도록 하겠다.

원동반제동맹회(遼東反帝東盟會) 화북지부(華北支部)

---

61 오케사부시(おけさ節): 니가타현(新潟縣)의 민요.
62 데칸쇼부시(デカンショ節): 효고현(兵庫縣) 단바(丹波), 사사야마(篠山)를 중심으로 한 민요. 학생가(學生歌)로 널리 불렸다.
63 도쿄온도(東京音頭): 일본의 노래. 사이쇼 야소(西條八十) 작사, 나카야마 신페이(中山晋平) 작곡. 봉오도리(盆踊り)의 단골 곡으로 널리 알려져 있다.
64 히토쓰토세(一つとせ): 에도(江戶) 시대부터 불린 숫자풀이 노래.
65 구사쓰부시(草津節): 군마현(群馬縣) 구사쓰 온천의 민요.
66 군조(軍曹): 옛 일본육군의 하사관 계급 중 하나. 한국의 중사(中士)에 해당된다.

황군으로 출정한 사람들에게 보내는 편지

친애하는 우리 무사시노(武藏野) 무사(武士) 여러분은 동아(東亞)의 평화를 위해 소총 무기를 버리고 싸우지 않고 전선에서 물러난다면 절대로 여러분을 포로로 대우하지 않겠다.

여러분은 동아의 평화신(平和神)을 볼 수 있다.

동아전지위원회(東亞戰地委員會) 화북분회(華北分會)

다음으로 조계(租界) 문제와 항일 선전에 대해서 한 마디 하겠다. 천진(天津) 조계가 신동아 건설의 암적 존재로 문제되고 있는 하나의 원인은 이 조계가 항일 선전, 후방교란의 본거지이기 때문이다. 영국이 조계 안에서 항일분자를 보호하는 의도는 예를 들어 휴게츠센 대사 부상 사건 이후 노골화되었다. 그 증거로서 사변이 발생한 9월 중앙선전부가 발송한 다음의 통신이 그 이면의 사실을 이야기 해준다.

…《상해신문(上海新聞)》,《대공보(大公報)》양 신문 및 기타 인쇄물을 영국신문지 속에 끼워 넣어 평진(平津)으로 수송하고, 특별히 중요한 것은 일본 신문사 명의로 상해에서 천진으로 보내고, 수취인은 영·프 조계 내 외국인 이름으로 한다. 또한 천진 외국 조계에서 외국인의 항일신문 발간 계획에 대해 절충을 위해 영국인 2인을 파견하였다.

또한 당시 영·프 조계에서 발견된 항일신문은 《평진오전(平津午電)》(영·한 양문),《역신(譯訊)》(한문),《생활보(生活報)》(영·한 양문),《중앙신문(中央新聞)》,《경보(京報)》,《희생(犧牲)》등 21종에 달하는 크고 작은 항일신문이었다. 또한 공산당의 하북성위원회의 지령에 의하면 편의대와 살간단(殺奸團) 본부 및 통신소를 영국 조계 내에 두는 일을 지령하고 있었던 것이다. 실제로 조계 안의 교회·학교·호텔은 저들 항일분자 집합장이고 음모 본부인 것이다. 심하게는 영·프 정부의 기관이 무전(無電) 기관을 그들에게 제공하고 있다는 소문도 있다.

사변이 만 2년을 경과하고 신정부의 통치도 착착 진행되고 있는 반면, 여전히 항일 선전과 항일 음모가 조계를 중심으로 공작되고 있는 것은 조계의 이면에서 그 본거를 은폐해주고 있음을 보여준다. 조계야말로 신질서를 저해하는 것이고, 동아의 암(癌)이다.

지나사변 발발 이후 항일 선전의 대요에 대해서는 이상으로 그치고 다음으로 이번 성전(聖戰)에서 우리 측의 선전·선무(宣撫) 공작에 대해 간단하게 서술해보자.

7. 우리 측의 선전·선무 공작

이번 사변은 우리나라에서는 국가의 총력을 건 성전이라는 것은 말할 필요도 없다. 이와 같이 총력을 기울인 전쟁은 우리나라가 처음 체험한 것이다. 그리고 그 국가총력전 속에서 사상·선전전의 체험은 그 규모와 역할에서 우리나라 유사 이래의 것이리라. 따라서 그 전모를 밝히는 일은 도저히 수백 쪽의 활자를 통해서도 불가능하고, 또한 발표하기 어려운 성질의 것도 많은 듯하다. 따라서 극히 평범하지만 대중에게 흥미를 끄는 것을 들어 대체의 개념을 제시하고자 한다.

사변 전부터 우리나라에서 선전 대책의 불비(不備)는 누차 논의되어 사변 초두에도 문제가 되었지만, 이번 사변으로 이 방면의 문제가 착착 완비되고 있는 일은 국민으로서 경하해야 할 일일 것이다. 그 첫째는 국내 선전기관의 통제기관으로서 각성으로부터의 위원을 통하여 구성되고 있던 내각정보위원회가 사변 후 2개월에 내각정보부로서 그 기구를 확대하여 정부가 행해야 할 대내·대외 선전기관으로서 활약하였다. 이어서 육군성 신문반이 정보부로 승격하여 그 규모를 확대하고 흥아원(興亞院)이 설립되어 그 문화부는 대지(對支) 선전·교화·문화 공작을 행하게 되고, 기타 민간의 각 기관도 흥아(興亞)의 문화전(文化戰)에 동원 통제되었다. 그중에서도 특히 대내 운동으로서의 국민정신총동원운동은 최근 내각정보부를 사무국으로 하여 드디어 전면적으로 본격적인 활동을 개시하는 등 상세하게 기술하면 이 문제만으로도 상당한 페이지가 필요할 것이다. 그래서 나는 본서에서는 현지에서 선전·선무 공작의 조각조각에 대해서 기술하기로 한다.

현재 선전에 대해서는 사변 초기에는 군사행동이 주였으므로 조직적이고 대대적으로 전개되지는 않았다. 본격적으로 선전·선무 공작이 전개된 것은 예의 '일본군 백만 항주(杭州) 북안

(北岸) 상륙'의 에드벌룬 게양 이후일 것이다. 무엇보다 나는 사변 초기인 11월 현지로 갔을 때, 상해에서 고군분투하고 있던 오타 덴쿄(太田天橋)[67] 씨를 만나 개전 이래의 선전 전단지 등을 보여주고 그 절대적인 노력에 경탄하고 감탄했는데, 고군분투라는 문자 그대로의 규모였다. 또한 북지(北支)에서도 마찬가지로 장래의 포부에 대해서 말씀하신 요코야마(橫山)[68] 소좌의 열정에 용약(勇躍)한 것이다. 남경이 함락되고 이어 서주회전(徐州會戰)에서[69] 선전전은 치열하게 전개되었고, 게다가 한구전에서는 적도 우리 측도 전력을 경주한 것으로 보인다. 나는 이 사이 내지에 있어서 그 성전의 그림자의 만분의 1인가 정도의 미미한 임무에 있었지만, 당시를 회고할 때 생각지도 않게 뇌리에, 온몸에 긴장되는 감각과 체험이 되살아난다. 장개석이 노골적인 용공정책을 채택하여 장기 항일을 선언하고, 일본이 불확대 방침으로 끊임없이 돌진하면서, 현지와 내지 기관이 일체가 되어 성전 수행의 프로파간다전을 수행하기 시작한 것처럼 나는 느끼고 있다. 왜냐하면 이번 사변의 원인 가운데 하나인 항일용공운동은 지나에서는 단순한 일시적 현상이 아니고, 또 단지 편법이나 혐오가 아니라 뿌리 깊은 것이어서, 무력으로만 응징해서는 뿌리뽑기 어렵기 때문이다. 게다가 전투가 진행됨에 따라 비로소 사상·선전전의 실체가 명확히 의식되어 행동으로 옮겨져왔다고 생각한다. 그리고 이 문제는 단순히 지나에 대해서만이 아니라 현상유지 이데올로기를 계속 유지하는 원장(援蔣) 국가에 대해서도 필요한 공작의 성질을 지녀왔기 때문이다. 특히 현지에서 이 원장 국가군의 원장 선전 책동은 앞에서 기술한 것처럼 현지 기관의 문제가 되어온 것이다. 여담이지만 현지에서는 군사 행동뿐만 아니라 감정 문제에서도 현지 기관은 참기 어려운 것을 참아온 것이다. 일부러 침소봉대하여 마구 떠들어대는 원장 국가의 홍모인(紅毛人)[70]에 대해서 역선전의 원인을 주지 않도록, 문제가 일어나지 않도록 노력한 현지 기관의 노력은 이번 사변을 둘러싼 국제 선전전에서 어떻게 지나의 악선전을 누를 수 있었는지를 생각할 때, 그 노력에 대해 국민은 감사하지 않으면 안 된다고 생각한다.

---

67 오타 덴쿄(太田天橋, 1893~1972): 카메라가 보급되지 않던 시대의 '보도화가(報道畵家)'.
68 요코야마 마사하루(橫山政治, 1919~1941): 해군 군인. 진주만 공격에서 특수잠항정(特殊潛航艇)인 고효데키(甲標的)의 탑승원으로 전사한 9군신(九軍神)의 한 사람. 최종계급은 해군소좌.
69 서주회전(徐州会戰): 중일전쟁 중이던 1938년 4월 7일부터 6월 7일까지 강소성(江蘇省)·산동성(山東省)·안휘성(安徽省)·하남성(河南省) 일대에서 일본 육군과 중국군(국민혁명군) 사이에 전개된 전투. 서주작전(徐州作戰)이라고 함.
70 홍모인(紅毛人): 머리털이 붉은 사람이란 뜻으로, 서양 사람을 경멸하여 일컫던 말.

여담은 그만하자. 이번 사변에서 현지의 선전·선무 공작이라고 하면 여러 가지가 있는데, 먼저 선무공작과 공중선전(空中宣傳)을 모범으로 들 수 있다. 선무공작은 만주사변에서 특히 만주국의 건설 공작을 위해 수행된 공작이지만, 이번 사변에서 그 규모는 전자를 훨씬 능가하고, 그 사명은 더욱 중대한 것이 되고 있다.

선무반(宣撫班)의 목적은 점령지역뿐 아니라 전투지역에서 교통·통신·연락·정보망을 확보하여 군대의 식량 및 주거 문제를 해결하고, 노동력 문제뿐 아니라 일반 치안의 완벽을 기할 것을 첫 번째로 한다. 이를 위해 주로 철도 및 자동차로 연선(沿線)의 주민을 진정하고 위로한다. 두 번째로 전후의 신지나(新支那) 건설이라는 중대한 목적을 가지고 있는 것이다. 이를 위해서는 수십 년간 공작해온 지나 측의 선전을 극복하여 공산주의를 배제하고, 황군 및 일본의 역량을 신뢰하도록 하고, 동시에 종래의 지도자인 국민정부에서 이탈하여 신정부에 복종하도록 하는 공작에서 출발하여, 황폐한 전장에서 피로하고 고달프고 실망하고 있는 지나 대중뿐 아니라 전의를 상실한 패잔병의 귀순 공작을 하는 등의 곤란한 임무를 지니고 있다.

이번 사변에서 가장 비참한 운명에 놓인 것은 지나의 민중이었다. 그들은 전쟁을 위해 지나군으로부터 만족할 줄 모르는 약탈과 징집을 당한 것뿐만 아니라 상업·경제통로·교통기관은 두절되고 농장은 파괴되고, 게다가 대수해를 입은 곳도 있었다. 현재 황군 점거지에서 그 비참한 양상이 보이지 않는 것은 실로 선무반의 피와 땀에 의한 노력의 결과라고 말해도 과언이 아니다. 선무반은 몸으로 실천하고 실천에 의해 선전하고 교화해온 것이다. 전사, 병사, 질병 등의 희생을 더하면 상당한 무기 없는 전사(戰士)가 몸과 마음을 바쳤던 것이다.

이미 선무반의 성업(聖業)에 대해서는 신문, 잡지에 보도되고 있으므로, 그 구체적인 임무를 보여주면 다음과 같다.

1) 민심의 진정과 안무(按撫)를 위해

   (1) 피난 주민의 귀래(歸來) 권고

   (2) 민중 설득 교화

   (3) 시미(施米), 시약(施藥)

   (4) 포고문, 선전 포스터, 전단지 부착

2) 생활안정 공작

    (1) 농작물 수확 촉진

    (2) 점포 개점(開店) 촉진, 상업로(商業路) 개통, 통상 매매 촉진

    (3) 지방 치안유지회 결성 지도

    (4) 시장 개설

    (5) 애호촌(愛護村) 결성

마지막 항목의 애호촌(愛護村)이 무엇인가 하면, 이는 행정가촌제(行政街村制)와 완전히 일치하는 것으로서 행정촌장이 애호촌장이고 촌민 모두가 애호촌민이다.

애호촌민은 촌장의 명을 받아 모두 하나같이 철도, 자동차로(自道車路), 통신선을 절대적으로 애호할 의무가 있는 것이다. 그들은 무보수로 기꺼이 성의를 다하여 이 목적을 위해 오늘도 일하고 있다. 이 촌민의 임무 가운데 하나는 비적(匪賊)의 행위와 준동(蠢動) 등을 보고하기도 하고, 방위를 위한 정보를 전하기도 하고, 철도나 자동차로에 대해서는 적극적인 애로(愛路) 봉사를 하며, 자연의 폭위(暴威)로 인한 파괴에 대해서도 즉각 복구하도록 훈련되어가는 것이다. 이에 대하여 그들은 경제적·문화적으로 우선적 보호를 받는 특권을 가지고 있다. 결핍 물자의 제공, 과자나 일용품의 혜여(惠與), 치료를 받는 것 등등의 은혜가 있고, 우량한 자제는 철도 종업원, 군관학교 학생 등에 선발된다. 따라서 학교가 개설되어 일본어를 보급하고, 농·축·산 각 방면의 지도를 받아 조합이 결성되어 애호촌의 경제도 확립하여 실리를 결합해서 일·지(日支) 친선, 신동아 건설이 자연스럽게 완성되어가는 것이다.

애로(愛路)에 관한 일본군의 포고 한 가지를 소개해보자.

대일본군(大日本軍) 포고

대일본군은 포고한다. 근래 각지에 일본군의 통신·운수를 방해하는 사건이 속출하여 앞으로 일본군은 전선의 절단, 철도의 파괴 혹은 본 군의 교통·운수를 방해하는 것에는 엄중하게 처벌한다.

각지 민중은 힘써 신중하게 주의하고, 전선·철도·도로의 애호를 담당하며, 또한 비적의 파

괴 행위를 방지하여 예측할 수 없는 재액(災厄)을 피할 필요가 있다. 이에 포고한다.

명심하라.

대일본군 사령관

한편 마지막으로 이번 사변 중의 선전 형태인 공중선전에 대해서 기술해보자. 공중선전은 세계대전에서는 대대적으로 행해졌다. 참고를 위해 그 일단을 기술해보면 다음과 같은데, 그 효과는 대단한 것이었다.

1918년 4월부터 11월에 걸쳐 독일 전선 및 배후에 살포된 전단지의 수

1918년 4월	약 100만 매
1918년 5월	불명
1918년 6월	약 169만 매
1918년 7월	약 220만 매
1918년 8월	약 400만 매
1918년 9월	약 370만 매
1918년 10월	약 100만 매

이번 사변에서 우리 측 공중선전의 전단(傳單)은 대지(對支) 민중의 것과 대 지나 병사의 것으로 크게 2개로 구별할 수가 있는데, 그 내용은 대체로 다음과 같다.

1) 지나 민중에 대한 것
   (1) 일본군의 진면목을 전할 것
   (2) 귀래(歸來) 권고
   (3) 용공·항일 사상 배격
   (4) 장 정권으로부터의 이탈 권고
   (5) 신정권에 참가해서 신중국을 건설할 것을 권고

(6) 국민정부의 데마 분쇄

(7) 올바른 전황과 올바른 시국인식의 철저 등

2) 지나 병사에 대해서는

(1) 항전이 무의미하다는 것

(2) 지나군의 패배 사실

(3) 신정권의 확립과 새로운 정세

(4) 일본군의 위력과 진면목

(5) 적 정부의 내정과 장래

(6) 투항 권고 등

이러한 것들은 문장·시가·문답·경구(警句)·표어·만화·사진·지도 등의 형식으로서, 이른바 전단지 형식, 권고문, 포고문, 신문의 축사(縮寫) 등의 방법으로 인쇄된 것이다. 내지(內地)에서도 이미 전람회와 신문·잡지 등으로 일반에게 알려져 있는 일이지만, 서너 가지 예를 들어 참고로 제공하고자 한다.

①

그대들의 가족은 기아(飢餓)에 시달려 너무나도 비참하다. 만일 평화를 바란다면 일본군과 제휴할 뿐.

②

일본군의 적은 결코 그대들이 아니다. 너무나 어리석은 지나 군대이다. 따라서 일본군에 대해 악의 없는 사람은 꼭 도피할 것까지는 없다. 또한 일본군을 돕고자 하는 사람은 밥을 주고 급료를 주겠다. 여러분, 신뢰하라, 일본군을.

③

양친과 어린이는 고향에 있어

매일 매일 밤마다 울고 있다.

군벌이 우리를 속여서 전쟁에 끌고 왔다.

살이 부서지고 피가 흘러, 아아 비참하다.

뭔가 마음을 고쳐 방도를 강구하지 않으면

황야에 헛수고한 것일 뿐.

만일 안전과 단원을 구하려면

그냥 항복하든가 도망쳐서 끝내라.

④

일본군은 백만이 연이어 항주만(杭州灣)[71] 북안(北岸)에 상륙한다. 수백 척의 대함(大艦)이 일본군 백만을 가득 싣고 온다. 비행기 수백 대, 해군 거포(巨砲) 수백 문(門), 서로 협력하여 함께 항주만 북안으로 상륙하였다.

지나군의 빈틈을 타고 속속 북으로 진공을 개시하여 송강(松江)·가흥(嘉興), 다음으로 소주하(蘇州河) 남안(南岸)의 지나군에게 큰 동요가 일어나 현재 어수선하게 뒤섞여 서쪽을 향해 퇴거 중.

⑤

내려라, 내려라, 빨리, 굶주리며 싸울 것인가. 싸울 수는 있는 것인가, 빨리 내려오라, 친구여 우대하자.

싸워라, 싸워, 그저 헛된 죽음이다. 우리의 식량은 상관이 횡령하였다.

일본의 우군(友軍)들이여, 함께 마시자.

서로 사이좋게, 모두 동료다.

만화와 사진이 들어있는 전단지는 조금 설명하면 길어지므로 이만하겠지만, 이들 전단지가 살포된 수는 상당한 수를 차지한다. 매수는 만을 넘고 종류도 또한 만 단위를 셀 정도일

---

71 원문은 '抗州灣'으로 잘못 표기되어 있음.

것이다.

사변 초기에는 북에서는 시모카와 헤코텐(下川凹天)[72] 씨의 만화가, 중지(中支)에서는 오타 덴쿄 씨의 만화가 지나군의 머리 위로 살포되었다. 서주전에서는 아소 유타카(麻生豊)[73] 씨 등의 만화가 전장의 하늘을 가지각색의 색채로 물들였다. 불초(不肖)가[74] 그린 만화도 한 역할을 맡아 살포되었다. 한구전에서는 대별산맥(大別山系)으로 대치 중인 양군의 머리 위에 광동(廣東) 함락에 대한 전단지가 눈보라처럼 살포되어 황군을 감동시켜 기쁘게 하고, 지나군의 허리를 잘라낸 것도 이런 종류의 전단이다. 중경 폭격의 전야에 황군의 자애로운 폭격 통고문이 민중의 퇴각을 권고한 것도, 정의로운 일본이기에. 남으로는 해남도(海南島)에, 북으로는 산서(山西)의 오지(奧地)에, 역시 노몬한의 소련 병사 머리에 정의의 전단지가 폭탄을 대신하여 투하된 것이다. 한 조각의 종잇조각에 두서너 줄의 활자에도 열렬한 정의와 인도를 설파하여 새롭게 세계를 향한 희망을 주어 당당한 황군의 위력을 선포하고 있다.

지금이야말로 세계는 일대 전환기에 직면해 있다. 각기 다른 장소에서 동시적으로 정면의 적을 향하여 1억 국민은 몸으로 부딪쳐 결의를 천명하였다. 이때 본서가 시국 인식, 국가총력전의 각오를 다지는 양식이 될 수 있다면 더 바랄 것이 없다.

이상.

---

72 시모카와 헤코텐(下川凹天, 1892~1973): 만화가, 애니메이션 작가. 헤코텐(오텐이라고도 읽음)은 필명이고, 본명은 사모카와 사다노리(下川貞矩)이다.
73 아소 유타카(麻生豊, 1898~1961): 만화가. 본명은 같은 표기이지만 아소 미노루로 읽는다.
74 불초(不肖): 부모나 스승을 닮지 않은 어리석은 자신. 여기서는 필자 자신을 가리킴.

<자료 04>

『(고등경찰검열자료) 최근의 외국 신문·잡지에 나타난 대일 논조』[75]

(조선총독부 경무국, 1941)

소련지(蘇聯紙)에 나타난 선동적·역선전적인 기사

1. 일본 배후의 반란　　　　　　　　　　(2월 11일 자, 2월 10일 상해타스)

지나지(支那紙)의 보도에 의하면, 광동성(廣東省)의 괴뢰정부 관헌은 지나 주민에게 가혹한 징세를 실행하고 있다. 특히 광동(廣東) 동남 50km의 다운간 지방에서 과중한 세금이 부과되었다. 그래서 주민들 가운데 이상하리만치 불만이 높아졌으며, 또 이러한 불만은 괴뢰정부 군인에게도 나타났다. 그 결과 이 땅의 군인이 반란을 일으켰다. 징벌대(懲罰隊)와의 전투가 벌어진 양쪽은 모두 큰 손해를 입었다.

2. 〈일본의 손해〉　　　　　　　　　　(같은 날짜, 중경(重慶) 1월 10일 타스)

어제 날짜 《센트럴뉴스》 통신의 통계에 의하면 일본은 지나에서 벌어진 30개월 동안의 전쟁에서 140만 명을 잃었는데, 해군·육전대(陸戰隊)·비행대(飛行隊)의 손해가 9만 명, 전사자와 부상자에 대한 비율은 1대 4이다.

통신의 통계는 각지 전선에서 지나군이 노획한 일본군의 서류를 근거로 작성되었다고 한다.

75　『(高等警察檢閱資料) 最近に於ける外國新聞雜誌に現はれたる對日論調』, 朝鮮總督府 警務局, 1941.

3. 〈지나 유격대에 관한 미국 통신〉　　　　　　　　　　(2월 13일 자, 뉴욕 1월 12일 타스)

《뉴욕 타임스》지의 상해 통신에 의하면, 일본군은 최근 2년간 일본군의 점령지대에서 활동하고 있는 지나 유격대와의 전쟁에서 아무런 성과를 거두지 못하였다.

4. 〈일군(日軍) 손해〉　　　　　　　　　　　　　　(2월 15일 자, 중경 2월 14일 타스)

《대공보(大公報)》[76]지에 따르면 2년 반 동안의 전쟁에서 산서성(山西省)에서 일본군의 손해는 30만 명에 달한다고 한다.

5.　　　　　　　　　　　　　　　　　　　　　(뉴욕 2월 16일 타스, 2월 17일 자)

《어소시에이티드 프레스》[77] 상해 통신은 외국 군사 전문가의 의견을 받아들여 지나의 전황(戰況)을 주해(註解)하고 있다. 그 전문가는 일본이 애초에 예정한 목적을 달성할 수 없기 때문에 지나에서 장래의 전진을 중지했다고 보고 있다. 현재 일본군은 지나군에 대한 결정적 공격을 할 수 없는 상태에 있다. 외국의 군사 전문가에 의하면 일본군의 예비(豫備)는 한층 더 감소할 것이다. 따라서 지나가 최후에 승리할 찬스가 증대하고 있다. 전문가의 의견에 의하면 일본군은 인적 예비가 부족하고 장래의 공격에 대한 군대 장비의 부족을 느끼고 있다. 또한 그들은 지나군이 필요 물품을 입수하는 모든 운수 통로를 차단할 수 없는 상태이다. 군사 전문가는 어림잡아 일본군은 이미 100만 명의 사상자를 냈다고 말하고 있다. 100만 명의 일본군은 점령지대에서 지나군과 유격대에 대비하기 위해 준비하고 있다. 지나군의 공격 결과 일본군 파견부대는 각 방면에서 살해되어 점차 줄어들고 있다. 그러므로 일본군은 위력 있는 무기를 준비하여 새로운 전과(戰果)를 얻기 위한 대공격을 계획할 수 없는 것이다.

일·미 통상조약 기간의 종료와 함께 일본군 본부에서는 가솔린, 폭탄의 소비를 최소한도

76　대공보(大公報): 1902년 6월 17일 천진(天津)에서 창간되어 1949년 1월 종간되기까지 47년간이나 지속된 대형 일간신문. 창간인은 영화(英華)이다. 죽지(竹紙)에 인쇄된 서판식(書板式)으로 매일 8쪽씩을 발행하였다. 1937년 8월 일본군의 침략으로 한구(漢口)로 이전했다가 또다시 중경(重慶)으로 이전하였고, 이어서 홍콩 판과 계림(桂林) 판이 발행되었다. 종전 뒤인 1945년 12월 1일 다시 천진으로 돌아와 복간하여 계속 발행되었으며, 종간 이후『진보일보(進步日報)』로 이어졌다.

77　어소시에이티드 프레스(Associated Press): AP통신, 미국연합통신. 1846년 5월 뉴욕에서 창립된 다국적 비영리 통신사로서, 미국에서 가장 오래된 최대의 통신사이다. 신문사와 방송국의 협동조합 형태로 설립되었다.

로 감축하지 않으면 안 되는 상태에 놓여있다고 전문가는 발표하고 있다. 광서성(廣西省)에서는 지난주에 전부 30기의 일본군 비행기만이 활동하였다. 군사 전문가들의 의견에 의하면 작년 10월 장사(長沙) 부근 일본군의 패전은 상황이 역전되는 분기점이 되었다. 이로써 일본군은 인력이 부족하고 자국 군대가 제대로 움직일 수 없기 때문에 겨우 붕괴를 면할 정도였다. 최근 일본군 활동은 8회 중 3회만 성공하고 나머지는 지나군에게 격파되었다.

6.　　　　　　　　　　　　　　　　　　　　　　(2월 20일 자, 중경 2월 19일 타스)

광동성 정부위원이 성명을 발표하였다. 최근 광동성 북부에서 퇴각 중인 일본군은 주민에게 지독할 정도로 잔인하였는데, 퇴각 도중 그들은 모든 것을 파괴하였고, 특히 9개 촌락은 처참해졌다. 일본군에게 약 10만의 주민이 살해되고, 뿔 달린 가축 3천 마리가 약탈되었으며, 2천 호 이상의 집이 불탔고, 당시 농민들도 일본군에 저항하였다. 예를 들어 마산촌(馬山村)의 주민들은 세 차례에 걸쳐 일본군을 퇴각시켰다.

또한 광동성에서 지나 부녀자의 영웅적인 행동을 보여주는 이야기에 의하면, 소주(紹州)에서 주민 전부가 이전할 때 전선원조(戰線援助) 부인부대 약 500명이 배후의 질서 유지에 적극적으로 참가하였다. 그들은 군수품 수송을 지원하고 음식물을 준비하고 군대에 각종 원조를 제공하였다. 정치지도원 교습 중이던 다른 부인 단체의 약 1,000명은 군인 및 주민 중의 정치적 임무에 가장 활기차게 참가하였다.

7. 〈지나군 남녕(南寧) 점령〉　　　　　　　　　　(2월 21일 자, 중경 2월 20일 타스)

《유나이티드 프레스》[78]는 중경에서 광서성 지나군 사령부에서 온 보도를 통신하고 있다. 통신에 의하면, 지나군과 남녕에서 온 일본군 주력 부대의 퇴각을 엄호하고 있으며 일본군 부대와의 사이에 전투가 벌어지고 있다. 일본군은 큰 손해를 입었기 때문에 시에서 철수하지 않으면 안 되었다.

---

[78] 유나이티드 프레스(United Press): UP통신. 1907년 6월 창립된 미국의 통신사. 1958년 5월 경영난에 봉착한 INS(International News Service, 1909년 창립)와 합병하여 UPI(United Press International)로 되었다가, 1992년 영국 런던에 있는 아랍계 방송사인 중동방송으로 넘어갔다.

(런던 2월 20일 타스)

《엑스체인지 텔레그래프》 홍콩 통신은, 지나군 보도부의 보도에 따르면 지나군이 남녕을 점령했다고 보도하고 있다.

8. 〈지나군의 대승리〉 (같은 날짜)

금일 전보 통신의 보도에 의하면, 남녕은 일본군의 수중에 약 3개월 동안 있었다. 작년 11월 중순 60척의 일본 군함은 북해시(北海市) 지방의 해안에 접근해와서 대포 사격 엄호하에 상륙하였다. 여기에서 일본군은 북쪽으로 향해 흠주(欽州)-남녕 도로를 따라 진격을 개시하였다. 진격 목적은 광서성의 대도시이며, 지나와 인도차이나를 연결시키는 도로의 중요한 전략 지점인 남녕을 점령하는 데 있었다. 11월 24일, 25일에 전개된 남녕 부근의 전쟁은 일본군의 입성으로 끝났다. 지나군 사령부에서는 지나군의 퇴각을 일시적인 것으로 여겼다. 지나 국방최고회의 비서관 장(張) 장군은 이 사건에 대해서 다음과 같이 발표하였다.

일본군이 광서성 전방의 도시로 침입하는 것은 패배를 결정짓는 일이다. 일본군이 광서성의 중심지에 침입할수록 그들의 상태는 곤란에 빠져든다. 일본군은 산악지대를 공격하지 않으면 안 된다. 현재와 같은 중무장으로는-비행기 제외하고-이 지방에서는 효과가 없다. 잘 교련되고 조직되어 기술을 습득한 광서성 700만의 주민은 지나에서 가장 유력한 군대 중 하나를 가지고 있다. 일본군의 이러한 공격은 장래에 일본군 세력을 감소시키고 그들을 완전히 패전시키게 될 것이다.

일본군은 남녕 점령 후 며칠 동안 아무런 행동도 하지 않았다. 그들은 점령 지역의 강화를 진행하였다. 하지만 1월 하순에는 동북으로 향하는 차기 작전이 계획되었다. 일본군의 진격 앞길에는 전략상 중요한 곤륜관(崑崙關)[79]의 산악지대가 펼쳐져 있어 지나군은 이를 완강

---

[79] 곤륜관(崑崙關): 중국 광서장족자치구(廣西壯族自治區) 남녕에 있는 관문. 계중(桂中) 빈양현(賓阳县)과 옹저구(邕宁区)의 경계에 있는 관문이다. 오래 전부터 남녕 북쪽의 천연 장벽을 형성하고 있던 곳이어서, 그동안 9차례의 큰 전쟁이 발생하였다. 이 가운데서도 중일전쟁 시기의 곤륜관 전투가 가장 격렬한 전투로 꼽힌다.

하게 지키고 있었다. 일본군 사령부에서는 측면으로 우회하여 산악 점령을 계획하였다. 1월 28일 세 방면에서 공격이 개시되었다. 무명(武鳴) 도로를 따라 북쪽으로, 남녕-빈양(賓陽) 도로를 따라 동북쪽으로, 빈양의 출구를 남기고 대포위할 목적으로 동쪽으로, 좌익부대는 무명(武鳴)을 점령하고 우익부대는 전투를 벌여 빈양으로 침입하였다. 하지만 중앙부대는 남녕 45km 지점에서 지나군의 결정적인 저항을 만났다. 일본군이 빈양을 점령한 뒤 지나군 사령부를 포위하고 이곳을 격멸할 계획을 수립하였다. 때를 같이하여 적의 강화된 배후 활동은 일본군에게 후속 부대와 군수품의 수송을 곤란하게 했다. 일본군은 전투력이 매우 감소하여 퇴각을 시작하였다. 지나군은 빈양을 점령하고 퇴각하는 일본군을 추격해 남녕으로 몰아냈다. 무명 지방에서 활동하던 일본군 부대도 겨우 전멸을 면하였고 지나군은 이 전선의 전 지역에서 반격에 나섰다. 이 전투에서 일본군 사망자가 2천 명이나 되었다.

남녕에 육박하면서 지나군은 포위를 개시하였다. 곤궁에 처하여 사기가 떨어진 일본군은 지나군의 소탕을 견뎌내지 못하여 도시를 버렸다.

이 작전의 성공은 지나에게는 중대한 의의가 있다. 이는 지나군의 전투력 및 전투 경험의 증대를 증명하는 보상받을 만한 증거이다.

9. (2월 25일 자)

광동성 북부 샤오간의 《센트럴뉴스》 통신에 따르면, 이곳에서는 최근 일본군과의 전투에서 얻은 전리국(戰利國) 전람회가 개최되었다. 포 10문, 포탄 800 이상, 중무기 12, 경무기 30, 소총 330, 기타 무기, 군수국(軍需國) 다수의 전람회에는 이미 2만 5천 명의 입장객이 있었다.

10. (2월 27일 자, 중경 2월 26일 타스)

광동성 정부 대표자가 중경에 도착,《센트럴뉴스》통신원들과의 대담에서 북부 지대의 상황을 언급하였다. 그 말에 따르면, 광동 북부에서 일본군에게 살해당한 주민은 3,800명이며 7만 명이 부상을 입었다. 일본군이 퇴각할 때 농가 2만 6천 호가 불탔으며 뿔 달린 가축 5천 마리 이상이 멸종되었다.

일본군이 침입한 광동성 북부 9개 마을을 부활시키려면 대(大)자원이 필요하다. 광동성 정부는 이미 주민에게 2천만 불의 원조를 하였다.

11. 〈지나 육군대신의 연설〉　　　　　　　　　(2월 29일 자, 중경 2월 28일 자 타스)

2월 25일 지나 육군대신은 육군성 소속 전선원조 부녀부대 1주년에 즈음하여 연설하였는데, 부녀부대의 1개년의 임무는 국방자금이나 위문품을 모집하여 전선의 대원조를 보여주었다. 국방자금 5만 불, 위문품 3만 불 이상을 모았다. 부녀부대원들은 군인의 겨울옷을 수선하였다. 부대에 많은 업무가 시작되었는데 이곳에서 군인 가족들이 일하고 있다고 한다.

더욱이 부인운동의 임무에 대해 다음과 같은 성명을 내렸다.

우리가 승리할 기반은 이미 마련되었다. 2년여간의 전쟁 후 지나의 국력은 미약해졌어도 반대로 증대한 지나군의 전투 정신은 강화되었다. 호남성(湖南省) 북부 산서성, 대홍산(大洪山), 회양산(淮陽山), 그리고 광동성 북부의 전투에서 큰 손해를 입은 일본군은 전투 정신이 약해졌다. 만약 우리가 저항을 계속한다면 일본군은 괴멸하게 될 것이다.

일본의 정치적·경제적 상태는 매우 곤궁하다. 석탄이나 쌀의 부족과 국내의 반전(反戰) 분위기는 일본의 입장을 악화시키고 있다.

지나는 이전과 마찬가지로 정치적·경제적 최통(催統)을 확보하고 있다. 만약 우리가 강력하게 싸운다면 최후의 승리는 우리나라의 것이다.

12. 〈일본 군인 내의 반전 분위기〉　　　　　　　　　(같은 날짜, 중경 2월 27일 타스)

최근 안휘성(安徽省) 안진(安鎭)에서 일본 관헌은 병사 20명과 장교 1명을 처벌하였다. 그들은 반전 선전을 한 자들이었다.

13. 〈만주 유격대의 투쟁〉　　　　　　　　　(3월 3일 자, 중경 3월 1일 타스)

《센트럴뉴스》홍콩 통신은 만주 유격대의 일본군과의 적극적인 전투를 보도하였다. 1939년 말 3개월간 길림성(吉林省)에서 40회 이상의 전투가 벌어졌다. 이 전투에서 2,400명의 일본군이 전사하였다. 유격대는 37대의 자동차, 33정의 기관총, 소총 1,724정, 권총 320정 이상 및 무기, 군수품 다수.

2월 7일 북산(北山) 부락에서 일본군은 전쟁터에 200명을 유기(遺棄)하고 전투에 일본군 비행기 3대가 참가하였다.

14. 〈일본의 반전운동〉 (3월 4일 자, 중경 3월 3일 타스)

《센트럴뉴스》 홍콩 통신에 따르면 최근 도쿄에서 반전 연설을 한 5명은 5년 형 내지 10년 형을 선고받았다. 통신이 보도한 바에 따르면 반전운동으로 50명이 처벌되었다고 한다.

광동성 인제로부터 "광동에서 여러 차례 반전운동이 일어났다"고 보도되었다. 올해 2월 일본의 헌병대는 광동 부근의 연반병원(聯反病院)으로 뛰어든 수 명을 체포하여 그 가운데 세 명은 곧바로 처벌되었다. 헌병대는 병원에서 다수의 반전 문헌을 압수하였다.

15. 〈일본 군대 내의 반전 전단지〉 (3월 6일 자, 런던 3월 5일 자 타스)

《국민공보(國民公報)》의 보도에 의하면 남녕·빈양 지방에서 활동하고 있는 지나군은 '남지(南支) 일본군 반전연맹'의 서명이 있는 반전 전단지와 반전 책자를 노획했는데, 그 전단지에는 "일본 국민을 구하는 유일한 길은 일본 군국주의를 버리는 것이다. 단결하라! 그리고 반침략 투쟁을 행하라!"라고 쓰여 있었다.

16. 〈일본의 반전 분위기〉 (3월 8일 자, 중경 3월 7일 타스)

홍콩의 보도에 의하면, 최근 광동에서 대만을 향하여 일본 기선(汽船) 광동환(廣東丸)이 출항하였다. 배 안에는 200명의 장병이 있었다. 그들은 반전 행동으로 처벌받은 자들이다. 처벌자를 기선 보트로 보낼 때 항구는 경관대가 포위 경계하고 있었다고 한다.

17. 〈일본에서 부인 노동자의 곤궁한 생활〉 (3월 8일 자, 중경 3월 7일 타스)

중경에 있는 일본 소설가 미도리가와 에이코(綠川英子)[80]는 「일본에서 부인 노동자의 곤궁한 생활 상황」이라는 제목으로 집필하고 있다.

일본의 농촌은 적어도 다른 세계로 보인다. 일본의 농부 부인은 아침 일찍부터 밤늦게까지

---

[80] 미도리가와 에이코(綠川英子, 1912~1947): 반전운동가, 항일운동가. 본명은 하세가와 데루코(長谷川照子).

논밭이나 가정에서 노동하고 있다. 일본의 제국주의자가 일으킨 전쟁은 부인들의 상태를 극도로 악화시켰다. 농부 부인은 현재 자신을 위해서 또는 전쟁에 나간 남편을 위해서라도 일하지 않으면 안 된다. 도시의 공장으로 자식을 팔아넘기는 경우가 많다.

그러나 도시의 생활 상태는 궁핍이 줄지 않는다. 공장에서 일하는 부인들은 35%로 증가하였다. 부인은 남자보다 노동임금이 적은 규정이 있어서, 나카지마(中島)의 비행기 제작 공장에서는 일당 60전이며, 아타하치(?-원문) 공장에서는 70전이다. 도쿄의 전기 기업에서 부인은 80전인데 남자는 1원 60전을 받는다. 전쟁 전까지 있던 소수의 탁아소나 어린이 방은 이제는 제거되었다.

일본의 부인 노동자는 세상에서 가장 불행한 자이다. 하지만 일본 부인의 인내는 마지막까지 왔다. 그녀들은 이제 반전운동을 하고 있다. 일본 부인들 사이에서는 다른 곳에서 볼 수 없을 정도로 광범위하게 남편과 자식을 전선에서 돌아오게 하라는 구호 아래 반전운동이 전개되었다. 오사카(大阪), 가와사키(川崎) 등 기타 도시에서는 공공연하게 부인반전운동이 전개되었다. 일본의 부인 노동자는 지나 국민에 호의를 가지고 있으며 지나 국민으로부터 자기 자신의 해방투쟁을 배우고 있다.

18. 〈중경의 일본군 서류 전람회〉 (3월 13일 자, 중경 3월 12일 타스)

각지 전선에서 지나군이 노획한 일본군의 서류를 전람하게 한 중경의 전람회는 폐막되었다. 일본군 장병의 일기 및 일본군의 명령 서류는 큰 흥미를 불러일으키고 있다. 어느 명령서에는 "최근 사복(私服)을 착용한 제4군 지나군 병사들은 유희전(遊戲戰)을 벌이고 있는데 그들은 우리의 전초지대에 출현하여 철도를 파괴한다", 명령서 속에는 지나 유희대(遊戲隊)와 철저한 격멸전(擊滅戰)을 벌이라고 명하고 있다.

전람회의 한 전시실에는 지나군의 선전 재료가 전시되어 있다. 하북(河北)·산서(山西)·산동성(山東省) 유희대가 발행한 신문, 일본과 지나 양국의 국어로 된 선전 전단지, 일본 병사 포로가 일본 군인에게 반지나(反支那) 국민전쟁을 정지하라고 호소하는 격문 등이 전시되어 있다.

19. 〈일본 군수창고 화재〉 (같은 날짜, 중경 3월 12일 타스)

홍콩으로부터의 보도에 의하면, 2월 25일 조선 함흥(咸興)에서 일본 군수창고가 소실(燒失)

되었는데, 화재에 의한 손해는 200만 엔이라고 한다.

20. 〈일본의 반전운동〉 (3월 15일 자, 중경 3월 14일 타스)

《운남시보(雲南時報)》는 일본의 반전운동에 관한 논설을 게재하였다. 이 신문에 따르면, 반전운동은 지나에서 활동하고 있고 군대 내뿐만 아니라 일본의 여러 도시, 촌락, 식민지로 확산되고 있다. 반전 스트라이크나 반전 폭동이 여러 차례 일어났다고 보도하였다. 또 전쟁 중에 일본 헌병 및 관헌은 반전적 행동이라는 이름으로 처벌 투옥된 자가 약 10만 명이 된다고 하였다.

하남성(河南省) 칭파의 보도에 따르면, 현재 판명된 바로는 지난달 말일에 일본 비행기에서 샤오민 촌락으로 반전 전단지가 살포되었다. 이 전단지에는 "우리는 침략 전에 참가해서는 안 된다. 우리는 지나에서 전쟁을 신속히 종식시키기 위해 투쟁하지 않으면 안 된다"라고 쓰여 있었고, '일본반전연맹(日本反戰聯盟)'이라는 서명이 있었다.

지난해 하남(河南)·호북(湖北)·산서성 전선에서 일본군 및 괴뢰정부군의 병사 5만 명이 지나군에 투항하였다. 올해 2개월 동안 일본 병사 및 괴뢰정부 병사 2,000명 이상은 광동성 전선의 지나 측에 투항하였다.

21. 〈일본군 내의 반전 분위기〉 (4월 16일 자, 《프라우다》지,[81] 중경 4월 15일 타스)

《대공보(大公報)》는 산서성 남부에서 일본 군대 내에 반전 분위기가 확산하고 있다고 보도하고 있다. 옥산(玉山)에서 일본군의 1개 사단은 탈주를 시도했다가 포박을 당하여 극형에 처해졌다. 하진(河津) 지방에서는 일본 병사의 공개적인 반전운동이 일어났는데 이때 장교 한 명이 살해되었다.

광서성(廣西省)의 지나군은 일본의 오카모토(岡本)라는 장교의 서신을 입수하였다. 그 서신에서는 일본의 지나 침략을 비판하였다.

---

81 프라우다(Pravda): 1912년 5월 러시아혁명 주도세력의 기관지로 창간된 일간지. 구소련에서는 공산당의 기관지였다가 1991년에 일반 신문으로 바뀌었다. 프라우다는 '진리'라는 뜻이다.

22. 〈지나 서북전선 지휘관의 회견〉 (4일 23일 자, 《프라우다》지)

서북전선 지휘관은 신문 대표자와의 회견에서 다음과 같이 발표하였다.

일본과 싸우고 있는 지나는 적의 생활력 파괴와 물자 소모 개선책을 취하고 있다. 전쟁 기간에 우리는 큰 성과를 거두었다. 지나는 일본군에 타격을 주려고 준비하고 있다. 지나의 애국심이 크게 일어났으며 나날이 지나군의 전투 기술은 향상되고 있고 도의(道義)도 높아지고 있다. 지나는 장기전을 치르기에 좋은 조건을 갖추고 있다. 우리는 원료와 식료품을 충분히 보장받을 수 있으며 수많은 인적 자원을 배치하고 있다. 현재 지나는 군사 교련을 받은 예비사단 70개 이상을 보유하고 있다. 지나군은 연료 부족을 느끼고 있지만 항일전을 치르는 데에는 아무런 방해가 되지 않는다. 지나군을 공격하는 일본군의 공격은 거듭 실패하고 있다. 일본은 전쟁에서 벗어날 수 없기 때문에 정치적 음모를 획책하고 있다. 중앙 괴뢰정부 조직은 일본의 약점을 잘 보여주고 있다. 왕(汪)[82] 및 그 일파는 지나 국민의 존경과 신뢰도 얻지 못한다. 또한 그 밖의 전선에서 지나군의 성공적 행동은 일본이 장기전을 치를 수 없다는 것을 보여준다. 우리는 최후의 승리를 확신한다.

23. 〈일본군 내부의 반전 분위기〉 (5일 3일 자, 상해 5월 2일 타스)

『합주시보(陜州時報)』의 보도에 따르면, 산서성의 일본군 내에 반전 분위기가 증대하고 있다. 보도에 따르면 4월 18일 수양(壽陽)에서 3명의 병사가 동시에 자살했는데, 그 유서에 "만약 우리가 퇴각하면 죽음으로 위협받으며 또한 진격하더라도 죽음이다. 어쨌든 생환은 불가능한 곳이다"라고 쓰여 있다.

24. 〈지나 점령지대의 기아(饑餓)〉 (5월 8일 자, 《베체르냐야 모스크바》[83])

최근 영국 일간지 《타임스》는 일본이 점령한 지나 각 성의 상황에 대해서, 이 일간지의 북

82　왕정위(汪精衛, 왕징웨이, 1883~1944): 중화민국의 문인, 정치가. 중국국민당 부총재. 본명은 왕조명(汪兆銘, 왕자오밍).
83　베체르냐야 모스크바(Вечерняя Москва): 1923년 12월 창간된 러시아 공산당 모스크바 시위원회와 모스크바시의 공동기관지. 석간.

경(北京) 통신원의 통신을 게재하고 있다.

그 통신에 따르면, 하북성 중부에는 기아(飢餓)가 매우 심하다, 특히 보정(保定) 부근 및 보정-천진(天津) 사이의 전 지역 주민은 비참한 상태이다. 기아에 허덕이는 사람의 수는 하북성이 300만 명, 산동성이 약 1만 명에 달한다. 주민들은 나무껍질이나 흙을 먹고 있다. 사망자는 매우 심각한 상태이며 주민들은 굶주림으로 새싹마저 뜯어먹지 않으면 안 되었다, 그 때문에 봄에 파종한 땅을 황폐화시키는 상황이다.

이와 같이 공황적(恐慌的)인 상태의 원인은 일본인이 그들의 저장 식량을 전부 몰수했기 때문이다.

《맨체스터 가든》의 북경 통신도 같은 보도를 하고 있다.

이곳의 기아는 많은 비극을 낳고 있다. 최근 통계에 의하면 중류계급의 지나 가족의 소비는 생활에 필요한 정도의 반 토막이 났다.

식량가게 앞에는 굶주린 부인과 어린이 수천 명이 매일 줄지어 있다. 그들과 경찰 사이에는 거의 폭동과 다름없는 충돌이 자주 일어나고 있다. 일본인 때문에 집이나 토지에서 쫓겨난 지나인의 수는 6천만 명에 달한다. 단지 하북·산동성 두 성에서만 유린된 촌락이 1만 7,500개에 달한다.(정보부 보도)

25. 〈지나의 일본반전연맹 대표자〉 (5월 8일 자, 《프라우다》지)

《센트럴뉴스》 통신에 의하면, 광서성 길림(吉林)에서 일본반전연맹 대표자 44명이 3월 4일 도착, 대표위원장 사카모토 히데오(阪本秀雄)는 통신원과의 회담에서 "일본의 반전 분위기 증대와 경제 상황의 악화는 대사건을 내포하고 있다. 일본의 무력은 점점 약해지고 있다. 지나에서는 반대자들의 단결이 현저하게 강화되고 있다"고 밝혔다.

26. 〈만주리에서 지나의 성장(省長) 임명을 보도한 지나 신문〉

(같은 날짜, 중경 5월 7일 타스)

《시사신보(時事新報)》,《대공보》는 지나 정부의 만주리(滿洲里) 성장(省長) 임명에 대한 사설을 싣고 있다. 보도와 같이 정부의 이러한 조치는 전 국민에게 지나 정부가 동북 4성을 망각하지 않고 있다는 신뢰를 얻게 했다. 《대공보》는 만주리를 빼앗아야 한다는 지나 국민의 결의를 특필하고, 만주리와 함께 지나의 실지(失地) 회복이 현재 전쟁의 임무인 것을 보여주고 있다. 이번 임명은 지나 정부가 최후의 승리까지 싸울 결심을 가지고 있음을 확실히 보여주고 있다.

27. 〈일본군 배후의 유격대 활동〉　　　　　　　　(5월 9일 자, 중경 5월 8 타스)

하북성 127개 촌에서 각 부대는 모두 500~3,000명으로 구성된 지나 유격대가 활동하고 있다. 성 안에서 활동하고 있는 항일 국민군은 12만 명에 달한다. 유격대의 적극적인 행동은 일본군이 하북(河北)을 평정하지 못하게 하고 있다. 최근 하북에서 돌아온 《유나이티드 프레스》 통신원의 통신에 의하면, 유격대가 광범위한 지역을 지배하고 있는 데 비해 일본은 도시 부근만을 지배하고 있다. 일본군은 성 내의 철도 운행을 순조롭게 부흥시킬 수 없다. 자칫하면 유격대 및 지방주민이 계획적으로 철도를 파괴할 수 있기 때문이다. 지방 주민은 유격대에게 물질적 지원을 제공하며 적극적으로 원조하고 있다.

하북, 찰합이(察哈爾)[84], 제애 각 성의 유격대 활동 지도자는 《신화일보(新華日報)》 통신원에게 다음과 같이 성명을 내렸다.

> 작년 6월 일본군이 대 패배에 직면한 후 그들은 모든 거주 지역을 파괴하여 서쪽 유격대의 공격을 막기 위하여 공중 폭파를 강화하였다. 기복이 심한 산악지대의 지형과 식량의 부족으로 일본군은 북경 서쪽지역에서 장기적인 작전을 펼 수 없었다.

게다가 그들은 유격대가 항일전쟁을 벌이는 근거 지대를 가지고 있다고 발표하였다. 만주리에서 활동하고 있는 항일군 본부의 중경(重慶) 대표자는 "우리 군의 2개 이상 사단은 일본군 및 여경(余慶)·극산(克山) 등 촌락의 만주국 군과 전투를 벌이고 있다"고 보고하였다. 제11 항일군은 최근 룬민 지방의 2개 철도를 파괴하고 일본군을 태운 열차를 탈선시킨 지나군은 10명의 일본군 병사를 포로로 잡았다. 그 밖의 지나군은 식료품, 장비 등 다수를 노획하였다. 북남촌(北南村)의 산악에서 제3단일항일군은 9개월간 효과적인 군사 행동을 계속하고 있다.

84　찰합이(察哈爾): 차하르(Chakhar).

28. 〈장개석(蔣介石)의 성명〉　　　　　　　　(3월 11일 자, 중경 5월 10일 타스)

여러 신문은 5월 1일 사천성의 수도인 성도(成都)에서 행정원 양성을 개시하면서 장개석의 연설을 발표하였다.

행정원의 근본 임무는 지방자치의 강화와 국민의 행복 증진에 진력하는 것이다. 우리는 사천성을 재건하고자 한다. 우리는 국민의 필요를 만족시킬 수 있도록 성(省)의 발전을 완성하지 않으면 안 된다. 그 과정에서 우리는 국가 재건을 실현시키는 데 힘쓸 요원을 양성한다. 3개 항의 국민신조(國民信條)에 따라 새로운 지나 건설을 실현하는 데 힘쓸 요원을 양성해야 한다.

그는 수학자(修學者)들에게 전체 임무를 분명히 밝혔다. 첫째는 물가의 안정이다. 이에 관해 장개석은 성 정부는 유효한 방법을 취하지 않으면 안 된다고 언급하였다. 운송을 개선하고 사천성 촌락의 경제 발전을 위해 1억 불의 공채를 발행하지 않으면 안 된다. 의용병(義勇兵) 모집의 개선, 주민이 소유한 무기의 등기(登記), 아편 흡입의 박멸이 필요하다.

장개석은 끝으로 "교수자(敎修者)들에게 부과된 임무를 수행하기 바란다"라는 희망을 언급하였다.

29. 〈일본의 국내 정치투쟁〉　　　　　　　　(5월 12일 자, 도쿄 5월 11일 타스)

일본의 모든 신문은 '근로당(勤勞黨)' 이른바 '단체노동당'의 조직을 내무대신이 금지한 문제에 대하여 많은 관심을 보이고 있다. 전 사회대중당(社會大衆黨)의 아베(安部)[85] 의장, 가타야마(片山), 와타나베(渡邊), 스즈키(鈴木), 니시오(西尾), 도미요시(富吉), 오카자키(岡崎), 요네쿠라(米倉)가 신당의 조직 멤버이다. 아베를 제외한 모든 사람들은 3월 10일 사회대중당에서 제명된 자들이다. 그들은 사이토 다카오(斎藤隆夫)의[86] 민정당(民政黨) 제명을 결정하는 의회 출석

---

[85] 아베 이소오(安部磯雄, 1865~1949): 일본 사회주의운동의 선구자. 기독교적 인도주의의 입장에서 사회주의를 선전하는 데 힘썼다. 와세다대학 야구부의 창설자로서 '일본 야구의 아버지'로 불린다.

[86] 사이토 다카오(斎藤隆夫, 1870~1949): 변호사, 정치가. 중의원 의원을 지냈으며, 헌정회·민정당에 속하자 파시즘에 저항하는 의회 활동을 전개하였다.

을 거부했기 때문이다. 아베 당수는 제명된 자와 연대 책임을 취하기 위해 탈당을 발표하고 신당 수립의 의지를 표명하였다. 신당의 조직자는 고노에(近衛)[87] 성명에서 밝힌 지나에서의 일본군부의 정책을 지지한다. 국내 정책에 대해서 그들은 '본 주의의 개혁'을 선언하였다.

4월 2일 내무성 앞으로 당 조직, 서열, 장래의 강령, 명칭 등이 계출(屆出)되었다.

《미야코신문(都新聞)》[88]이 보도한 바로는 5월 7일 일본건안(日本件案)은 각의에 부쳐졌다. 고다마(児玉) 내무대신은 신당 조직에 관하여 보고하였다. 고다마의 보고를 심의한 결과, 신당 조직 금지를 결정하였다. 당일 고다마는 치안유지법(治安維持法) 제8조에 따라 신당 조직 금지 명령을 발표하였다. 또한 사회대중당이 만주사변(滿洲事變) 발생 당초부터 일본제국주의적 부르주아를 완전히 지지하는 진영에 있었음은 명확하다.

이 당은 무모한 배외적 애국주의에 서서 어떠한 경우에도 프롤레타리아의 계급투쟁을 지지하지 않았다. 당 내에 분열이 일어났지만 그 실체에는 아무런 변화도 일어나지 않았다.

신당 수립 금지는, 신당이라는 명칭 자체가 대중에게 인민전선 사상, 계급적 단결 사상을 불러일으키고 또 최근과 같은 국정(國情)에서 좌익적 표현이 위험하다는 것을 정부가 우려하고 있음을 보여주고 있다.

이와 동시에 부르주아 정당 안에서는 이른바 한 정당의 조직 문제를 둘러싼 대논쟁을 불러일으키고 있다. 최근 이른바 정우정통파(政友正統派)라고 일컬어지는 구하라(久原)[89] 통수(統首)는 국가의 내정·외정에 직면한 어려움을 극복하기 위해, 보다 강력한 일당(一黨)을 조직하는 데 필요하다면 자신의 당을 해산할 의지가 있다고 자당(自黨)에게 발표하였다. 구하라는 그 뒤 민정당 지도자 마치다(町田) 씨를 방문하였다. 《호치신문(報知新聞)》이 보도한 바에 따르면, 이 초안에 함께 힘을 모으자고 요구하였다. 마치다 씨는 "현재와 같은 비상시에 이러한 사고는 매우 좋기 때문에 현재 존재하는 각 당을 해산하지 않고 정당이 힘을 합쳐 국가에 매진하고자 한다"라고 발표하였다.

---

87 고노에 후미마로(近衛文麿, 1891~1945): 정치가, 귀족(공작). 귀족원 의장, 추밀원 의장, 내각총리대신, 외무대신, 척무대신, 농림대신, 사법대신, 국무대신, 대정익찬회(大政翼贊會) 초대 총재 등을 역임했다.

88 미야코신문(都新聞): 1884년 출간된 일간신문. 1884년 창립된 《곤니치신문(今日新聞)》을 개편한 것인데, 1942년 '신문사업령'에 따라 《고쿠민신문》과 합병하여 《도쿄신문》으로 되었다.

89 구하라 후사노스케(久原房之助, 1869~1965): 실업가, 정치가. 중의원 의원 5선, 체신대신, 내각참의, 대정익찬회(大政翼贊會) 총무, 입헌정우회(立憲政友会, 久原派) 총재 등을 역임하였다.

30. 〈왕파(汪派) 내부의 의견 대립〉　　　　　　　(5월 21일 자, 중경 3월 20일 타스)

왕정위(汪精衛)와 화북(華北) 정무위원회 왕극민(王克民) 사이의 치열한 대립에 대해 상해에서 보도하였다. 왕극민은 가족과 함께 북경을 떠났으며 이와 동시에 거홍지(渠鴻志)와 왕읍당(汪揖唐)의 서열 경쟁이 시작되었다.

Ⅱ

태평양전쟁기
사상·선전전의 강화와 유언비어

해제

중일전쟁이 아시아-태평양전쟁으로 확대되고 '대동아공영권'이 구상되는 가운데 강화되어간 사상·선전전의 실체에 대해 먼저 원론적인 접근과 이해를 할 필요가 있으며, 이러한 상황에서 실제로 일제 측은 유언비어라는 사회적 현상에 대해 어떠한 종합적이고 논리적인 토대를 가지고 접근했는지를 살펴볼 필요가 있다는 점에서 본서의 2장을 구성하였다.

아래 두 권의 책은 지금까지 국내에서 번역 출간된 적이 없기 때문에, 전문을 모두 번역 수록하였다. 첫 번째는 일제 당국이 슬로건 등의 형태로 제시하고 있는 사상·선전전과 여론 통제를 파악하기에 앞서 먼저 그 이론적·논리적 토대를 이해할 필요가 있다고 생각하여, 당시 '사상전'의 중요성을 강조했던 관변학자들의 저술을 번역하였다. 두 번째 책 역시 당시 관변학자인 심리학자가 '유언(流言)'의 본질과 그 현상에 대해 전체적으로 분석 정리한 것의 완역이다.

1. 『대동아전쟁의 사상전략』(1942)
   〈자료 05〉 水野正次, 『大東亞戰爭の思想戰略 – 思想戰要綱』(霞ヶ關書房, 1942)
2. 『유언의 해부』(1942)
   〈자료 06〉 中村古峽, 『流言の解剖』(愛之事業社, 1942)

〈자료 05〉는 미즈노 마사지(水野正次)가 1942년에 출판한 『대동아전쟁의 사상전략-사상전요강(思想戰要綱)』의 전문에 대한 번역이다. 미즈노 마사지는 1941년 12월 태평양전쟁이 일어난 이래 이 책을 비롯하여 『사상결전기(思想決戰記)』(1943), 『정신과학연구소의 흉역성(凶逆性)』(1943), 『스탈린그라드의 비극』, 『국민조직과 선전조직』(1944), 『적 미·영은 어디를 노리는가: 모략전쟁과 신경전쟁』(1944) 등 사상·선전전과 관련한 다수의 서적을 집필한 관변학자이다. 이 책은 사상전에 대한 일제 측의 전체적인 방향성과 논리의 근저를 파악할 수 있다. 이 책의 말미에는 중국국민당 정부의 중앙선전강습소에 대한 자료도 첨부되어 있어서, 당시 사상·선전전을 둘러싼 중국과 일본의 길항 관계를 파악할 수 있다.

미즈노는 이 책을 통해 '총력전'이란 "국가의 종합전력"이라면서, 이것이 "최대한 발휘되기 위해서는 무력전·정치외교전·경제산업전·사상선전전·생활전 등 각 전선에서 전력이 강화되는 것이 필요"하며 이 각각이 "종합유기적으로 조화"되는 것이 특히 중요하다고 했다. 즉 전쟁은 단순히 무력전만이 아니고, 또 전쟁의 승리도 무력전의 승리만으로 평가할 수는 없다는 것이 기본 전제다. 또한 이 '종합전력'이 최대한 발휘되기 위해서는 두 가지 조건이 필요한데, 첫째로 "국민 모두가 기꺼이 국가목적·민족목적에 귀일(歸一)하고자 하는 열렬한 협력정신의 앙양"과 둘째로 "국민정신·민족정신을 형성·구상하기 위한 과학적인 협력조직의 결성"이 그것이라고 주장했다.[1] 이처럼 당시 일제 측의 '총력전'이라는 개념은 인간의 생활 전체를 지배·통제하는 구조를 의미했다.

또한 그는 일본의 반공우익사상가인 미노다 무네키(蓑田胸喜)의 글을 인용하여, 전쟁의 본질을 '정신의 싸움'으로 보면서 "무력전이나 외교전이나 경제전은 광의의 사상전"이고 "결국에는 국민의 정신력 문제라는 것은 나치 독일이 흥국(興國)의 눈앞에서 증명할 것"이라고 했다. 그리고 저자 후기를 통해 자신이 책에서 제언한 내용은 싱가포르 함락 등을 통해 '세기의 승리'를 앞두고 이미 착착 실현되고 있다면서, "우리는 동포의 '피'로써 거둬들인 혁혁한 전과를, 황도(皇道) 선포의 사상·문화전에서 영구불변한 것으로서 확보하고 방위하지 않으면 안 된다. 이것이야말로 신성 일본의 영구방위이다"라고 주장하고 있다.[2]

〈자료 06〉은 당시 일본인 심리학자인 나카무라 고쿄(中村古峽)가 '유언'이라는 것의 본질과

---

1 〈자료 05〉, 1942, 5-8쪽.
2 〈자료 06〉, 1942, 207쪽, 229-230쪽.

그 현상에 대해 나름대로 정리한 『유언의 해부』의 전문에 대한 번역문이다. 사실 당시 일본 사회 내에서도 유언이라는 사회 현상에 대한 학문적 연구는 그리 많지 않으며, 대부분 일제 당국에서 조사한 사례 등만이 남아 있다. 물론 이 책 역시 일본과 서구 각국의 유언 현상에 대해 얄팍한 비판의 시선으로 소개하고 있는 것으로서, 깊이 있는 학술서적이라 보기는 어렵다. 하지만 '유언은 이적(利敵) 행위'라는 전제에서 출발하고 있는 나카무라의 견해는 당시 일제 당국의 입장과 동일하며, 일정한 영향을 미친 것으로 보인다.

나카무라는 저자 서문을 통해 "무력을 가진 적은 외부에서 오는데, 유언은 우리의 마음에 숨어있는 유력한 적이기 때문"에 유언이 당시 일본에게 '절실한 문제'라고 설명하고 있다. 그는 본론 첫머리에서 "소문, 조어(造語), 선동(煽動), 허설(虛說), 유설(流說), 풍설(風說), 부설(浮說), 유언비어(流言蜚語), 조언비어(造言飛語) 등 여러 가지 표현"을 모두 유언비어의 범주 속에 포함하고 있다. 또한 단지 거짓말이나 근거 없는 말만이 아니라, "사실이라 해도 전해져서 좋지 않은 것 역시 유언으로 취급"된다면서, "거짓말과 진실이 어떠한 차별도 없이 사실처럼 남으로부터 남에게로 전해지는 얼토당토않은 소문-그것이 유언이다"라고 정의하고 있다.[3] 다시 말해서 '유언'이 되는 구성요건에서 '사실'이나 진실의 여부는 중요한 것이 아니었음을 알 수 있다.

---

3 〈자료 02〉, 1942, 1-2쪽.

<자료 05>

『대동아전쟁의 사상전략-사상전요강』[1]

(水野正次,[2] 『霞ヶ關書房』, 1942)

고(故) 미야모토 다케노스케(宮本武之輔) 선생의 영전 및

노미다 무네키(蓑田胸喜) 선생에게 이 작은 책자를 바칩니다.

목차

서문을 대신하여[전 기획원 차장, 공학박사 미야모토 다케노스케(宮本武之輔)]

서문[미노다 무네키(蓑田胸喜)]

저자 서문

1. 선전성(宣傳省) 이전의 문제

   1) 군인정신과 공동체

   2) 일본민족의 원칙적 정치 강령의 필요

   3) 궁극적·도덕적 원리와 현실적 정책

---

1 水野正次, 『大東亞戰爭の思想戰略-思想戰要綱-』, 霞ヶ關書房, 1942.

2 미즈노 마사지(水野正次, 1907~?): 『대동아전쟁의 사상전략』(1942)을 비롯하여, 이후 『사상결전기(思想決戰記)』(1943), 『정신과학연구소의 흉역성(精神科學硏究所の凶逆性)』(1943), 『스탈린그라드의 비극(スターリングラードの悲劇)』, 『국민조직과 선전조직(国民組織と宣伝組織)』(1944), 『적 미·영은 어디를 노리는가: 모략전쟁과 신경전쟁(敵米英は何処を狙ふか: 謀略戰爭と神経戰爭)』(1944) 등 다수의 관련 서적을 집필하였다. 전후의 저서로는 『매스컴에 대한 저항(マスコミへの抵抗)』(1957), 『텔레비전: 그 공죄(テレビ: その功罪)』(1958) 등을 저술하였다.

4) 가장 중요한 문제의 해결을 향해!
　　5) 사상체계 없는 물자동원의 실패
　　6) 롤바츠하와 슈바이니츠 소좌
　　7) 선전 기관의 동지적 재편성

2. 대동아전쟁과 신문의 사명

　　1) 기존 신문 수뇌진의 퇴진을 요망한다
　　2) 조국애의 앙양과 전쟁열 지속을 위한 방책
　　3) 신문기자 등록제도의 공죄(功罪)
　　4) 신문인 전승 기원 대행진
　　5) 신문도 황군과 함께 나아가라
　　6) 황도 세계관 교육으로서 신문의 사명

3. 미·영 사상 전략의 한 시안〔주로 라디오를 통한 대적(對敵)선전에 대하여〕

　　1) 모든 것은 일본적 세계관으로 극복해야 한다
　　2) 라디오의 지도적 선전
　　3) 미·영적 세계관으로의 도전
　　　　실례 1(루스벨트와 처칠의 시간)
　　　　실례 2(죽을 만한 가치가 있는 나라로 만들자)
　　　　실례 3(미국은 세계 제일?)
　　　　실례 4(사회봉사, 지금 어딘가에 있다)
　　　　실례 5(해상회담 8개조)
　　　　실례 6(영·미 포로의 인생관과 일본관)
　　　　실례 7(세계의 여론은 외친다)
　　4) 전문가의 협력에 의한 공부와 준비의 필요

4. 전쟁론의 혼란을 바로잡다

　　1) 일본에 구원을 요청하는 세계
　　2) 지나사변과 성전(聖戰)
　　3) 3원칙 전쟁론의 반국체성(反國體性)

    4) 통수대권은 엄연히 독립한다
    5) 대조(大詔)의 가르침(御聖訓)
    6) 황도 세계관과 대동아황화권
    7) 정신분석학으로 본 전쟁론 시정의 필요

5. 슬로건의 공죄(功罪)와 세계관(슬로건 연구)
    1) 슬로건의 중요성과 의의
    2) 슬로건의 공죄(功罪)
    3) '신도실천'과 '직역봉공'
    4) '멸사봉공'
    5) '공익우선'
    6) '사치는 적이다'
    7) 대동아전쟁 이후의 슬로건 연구
    8) 전시 선전의 요체와 목표
    9) 사상·선전전을 더욱 강화하라

6. 국립선전학교 창설의 제창
7. 국민정부 중앙선전강습소의 간부훈련요항

저자 후기

서문을 대신하여 (전선의 통일)

전 기획원 차장, 공학박사 미야모토 다케노스케(宮本武之輔)[3]

총력전(總力戰)의 성격

최근 나는 국가총력전의 전선통일(戰線統一)이란 것을 강조하였다. 총력전은 국가의 종합 전력(綜合戰力)으로 싸우는 것이다. 그 종합전력이 최대한으로 발휘되기 위해서는, 무력전(武力戰), 정치외교전(政治外交戰), 경제산업전(經濟産業戰), 사상선전전(思想宣傳戰), 생활전(生活戰) 등 각 전선에서 각각의 전력(戰力)이 강화되는 것이 필요함은 말할 필요도 없다. 동시에 그 전력들이 종합적이고 유기적으로 조화를 이루는 것이 무엇보다도 긴요하다고 믿기 때문이다.

설령 무력전에는 이겨도 경제전에서 진다든지, 산업전에는 이겨도 사상전에 패한다든지 한다면, 도저히 장기전(長期戰)에서 승리를 휘어잡을 수는 없기 때문이다.

그것이 총력전의 성격이다. 따라서 총력전으로 싸우는 국가로서의 가장 급선무는 국가의 전쟁 목적을 국민 모두에게 철저히 이해시켜서, 모든 직역(職域)이 전선이고 모든 국민이 전사(戰士)라는 전투의식이 국민 모두에게 스며들도록 해야 한다. 그것이 전선통일의 요체이다.

11월 중순이었다. 나는 나고야(名古屋)의 미즈노 마사지라는 미지의 사람으로부터『총력전과 선전전(總力戰と宣傳戰)』이라는 제목의 저서를 받았다. 거기에는 내가『문예춘추』11월호에 집필한「산업전사에게 호소한다」라는 단편을 읽고서, "나치스의 자연과학자가 정신과학의 영역을 잘 이해하고 있듯이 우리나라의 과학자도 이러한 이해와 신념을 지니고 있음을 알게 되어 국가를 위해서 기쁘게 생각합니다. 다른 인편으로 보낸『총력전과 선전전』은 귀하의 문장에서 느낀 소생의 감격을 기록한 것이니 받아주십시오."[4] 라는 의미의 정중한 편지가 첨부되어 있었다.

---

3 미야모토 다케노스케(宮本武之輔, 1892~1941): 공학자, 토목기술자. 내무관료, 기획원 차장.
4 원문에는 따옴표가 없지만, 독자의 편의를 위해 첨가하였다.

나는 어느 날 밤늦게까지 그 책을 읽었다. 그리고 총력전하에서 모략, 선전, 사상전에 대해서 내외의 엄청난 문헌을 보고, 특히 이번 구주대전(歐洲大戰)에서 예증(例證)을 찾아보고, 그 중요성을 강조 역설해 마지않는 저자 미즈노 씨의 기백과 열의에 먼저 감동했다.

저자 미즈노 씨는 총력전에서 무력전 이외의 모든 전쟁을 모략전이라고 부르고 있는 듯한데, 이런 의미에서 모략전이 총력전의 극히 중대한 부분을 담당하고 있음에 대해서는 여전히 논의의 여지는 없다. 다만 그것이 무력전의 의의에 대한 과소평가를 의미하는 것은 아니다.

종합전(綜合戰)의 조건

무력의 배경이 없는 외교는 어린애의 장난과 같다고 하듯이, 전쟁의 정면 작전이 무력전으로 싸울 수 있는 것이라면 측면작전과 후면작전은 모략전에 의한 전투이다. 정면작전을 무시할 수 없는 것과 마찬가지로 등한시해서는 안 되는 것이 측면작전과 후면작전이다.

이렇게 말하는 이유는 정면작전의 전과(戰果)를 반감시키거나 혹은 배가시킬 정도의 위력을 갖는 것이 이 측면작전과 후면작전이기 때문이다. 나는 이런 의미에서 선전전의 중요성을 강조하며 저자 미즈노 씨의 지칠 줄 모르는 열의에 대해 깊은 경의를 표한다. 내가 총력전의 전선통일을 역설해 마지않는 것도 그 취지와 목적을 같이하기 때문이다.

종합전력을 최대한으로 발휘할 수 있도록 하기 위한 전선통일에는 두 가지 조건이 충족되어야만 한다. 첫째는 국민 모두가 즐겁게 국가목적과 민족목적으로 귀일(歸一)하려고 하는 열렬한 협력정신을 앙양하는 것이고, 둘째는 그 국민정신과 민족정신을 형성하고 구체화하기 위한 과학적인 협력조직이 결성되는 것이다.

관과 관 사이, 민과 민 사이, 혹은 관민 상호 간에 왕성하고 강인한 협력정신이 발휘됨으로써 비로소 전선통일에 대한 기대가 생기는 것이다. 예를 들면 경제통제 문제만 해도, 그것은 관료의 독선통제에 의해서도 혹은 민간의 자치통제에 의해서도 어차피 민족국가, 국방국가가 요구하는 통제의 실효를 거둘 수는 없다. 독일의 통제경제가 뛰어난 실적을 거두고 있는 것은 그 근본에서 국가목적에 융합 귀일한 관민의 협력정신이 발양되었기 때문이다.

다음으로 어느 정도 국민 사이에 강렬한 협력정신이 발양되었다 해도 그것을 구체화하고 조직화하지 않으면 절대 효과적인 전선통일은 이루어질 수 없다. 영국의 육군참모 풀러 장군이 말한 바와 같이 남녀노소 한 사람 한 사람이 적에 대항하여 전투를 도발하는 일대 캐터펄트[5]가 될 수 있도록, 전 국민에 대하여 과학적 방법이 적용되어야만 하는 것이다. 전선통일을 위해 과학적 조직력이 필요한 이유가 여기에 있다.

지난 11월 15일은 미야기 가이엔(宮城外苑)의 성역(聖域) 정리를 위해 근로봉사가 시작된 지 만 2주년이 되어, 단체마다 복장을 갖춘 청소년 남녀가 괭이, 삽, 곡괭이, 삼태기, 갈퀴를 손에 쥐고 어깨에 메고 행진하는 것을 보고 나는 깊이 감격하였다.

민족적 협력정신과 협력조직을 키우기 위해서는 집단적 근로봉사야말로 무엇보다도 유효한 수단은 아닐까 생각한다. 독일의 근로봉사제도가 이 목적에 대해 탁월한 효과를 거두고 있음은 주지한 대로이다. 그들은 공동숙사에서 침식을 함께하면서 주로 개간, 농지개량, 하천 개수, 식림, 산업도로나 임도(林道)의 개착, 추수 돕기, 수해나 재해의 구조와 복구 등의 작업을 함으로써 자신들의 근로가 어떠한 의의를 갖는지, 근로의 결과 무엇이 산출되고, 그것이 국가 또는 민족에게 어떠한 도움이 되는지에 대해 명확한 인식을 확보할 수 있었다.

국민사상의 통일

근로봉사의 의의와 목적이 명확히 파악되지 않는 한, 그리고 그것이 적당한 지도자에 따라 지도되지 않는 한, 독일에서와 같은 효과를 기대할 수 없을 뿐만 아니라 도리어 바람직하지 않은 역효과를 초래할 우려조차 있다.

독일의 근로봉사제도를 개념적으로 이해하고 그것을 형식적으로 모방하는 것은 결코 어려운 일이 아니다. 동시에 그것만으로는 거의 의미를 이루지 못한다. 곤란하더라도 반드시 해야만 하는 것은 이 제도의 실체적인 파악이고, 생명적인 실천이다.

그렇지만 이것들은 총력전의 전선통일을 위한, 간단한 하나의 방법론을 시사하는 것에 지나지 않는다. 전선통일을 위해서도, 또 그것을 위한 조건으로서 협력정신의 앙양을 위해서도, 혹은 협력조직의 결성을 위해서도 무엇보다 중요한 것은 민족적 세계관에 입각한 국민사

---

5 캐터펄트: 항공기 사출 장치.

상의 통일이고, 민족의지의 확립이다.

이 사상의 통일과 의지의 확립이 없는 한, 국가총력전을 이뤄낼 뿐인 국민총력과 민족총의(民族總意)의 결집은 도저히 불가능하기 때문이다. 무엇 때문에 전쟁을 하는가, 무엇을 위한 전쟁인가, 그 이유와 목적이 명확히 파악되고, 거기에 열렬한 민족전의(民族戰意)가 앙양됨으로써 비로소 총력전은 이념적으로도 실천적으로도 성립한다. 그것이 모든 문제를 해결하는 열쇠라고 나는 생각한다.

이런 의미에서 미즈노 씨가 『총력전과 선전전』에서 언급했듯이, 오늘날 세계에는 세 가지 사상의 큰 조류가 차기의 세계질서에서 지도성을 확보하려 함으로써 문자 그대로 셋이 대립하여 서로 얽히는 쟁패전(爭霸戰)을 전개하고 있다. 이 세 진영에 속하는 나라들의 쟁패전은 이른바 그 세계관의 투쟁이고, 사상전이다. 이 사상전은 관념세계의 투쟁으로서 종료될 것 같은 순진한 게 아니라 국가의 흥망을 건 격렬한 무력전을 동반하고 있다고 판단하는 게 옳다. 동아공영권의 확립을 어떠한 국가의 적성(赤誠)[6]을 배제하여 쟁취해야 한다는 점에 우리나라의 총력전은 의의를 부여해야만 한다. 그것은 우리나라가 취한 유일한 활로이기 때문이다. 그리고 그것은 우리나라가 취한 국가 자위권의 발동이고, 민족 자존권의 행사이기 때문이다.

* 본서의 서문 집필을 약속한 미야모토(宮本) 박사는 지난 해 12월에 돌연 서거하셨으므로, 1941년(昭和 16) 12월 21일 호《선데이 매일》에 수록된 저자 소개의 글 하나를 수록하여 서문에 가름한다.

---

6 적성(赤誠): 단성(丹誠). 진실에서 우러나오는 정성.

서(序)

미노다 무네키(蓑田胸喜)[7]

빛은 동쪽으로부터!

멀리 서쪽으로

서쪽나라 사람의

사랑만 동경하는

희망의 언어

지금

역사의 현실이 되었네.

빛은 동쪽으로부터!

대동아의

전 세계의

신비와 문화를

우쭐대다

빛의 근원,

우리 조국

해가 뜨는 나라

일본-

스미가미(皇神)의 자비로운 나라

언령(言靈)의 행운이 넘치는 나라

신국(神國) 일본의 계시,

빛은 일본으로부터

지금

---

[7] 미노다 무네키(蓑田胸喜, 1894~1946): 반공·우익 사상가. 원리일본사(原理日本社) 주재, 국제반공연맹 평의원.

전 세계를 뒤흔든다.

세계사의 심판이라는 이국의 가르침에서 나오는 말을 생각해 본다
신으로서의 길에 오하라이(大祓)[8]와 오호미이쿠사[9] 천지를 떨게 하며 나아가는 웅장함
천황의 위덕(大御稜威) 만으로 구석구석 비춰 반짝이는 세상을 우러러보는 현명함
세계사의 행진이자 국체의 능위(稜威)를 구가하는 가미교쿠(神曲) 일본을

미즈노 형

이것은 이번 정월 3일 이후 계속 기획원연구회 저, 『국방국가의 강령』에 대한 비판-『신성국가 영구국방론(申聖國家永久國防論)』을 쓰면서 그 사이에 완성한 「장시(長詩): 가미교쿠 일본(神曲日本)」 및 연작 단가(短歌)의 한 구절입니다. 형께서 이번에 『대동아전쟁과 사상전략』을 출판한다면서 보여준 목차를 보고, 그 내용은 이미 거의 전부 등사물이나 《신분니혼(新聞日本)》에서 본 적이 있었기 때문에, 그 책의 서문을 재촉받자마자 이곳에 써서 바칩니다.

소생은 3월 하순까지 앞서 언급한 『신성국가 영구국방론-전체주의 국방국가론의 반성』을 공간합니다. 그 내용은 기획원과 정부국의 수뇌부들을 만나 이미 직접 개진한 것입니다. 이번 미·영에 대한 선전(宣戰)의 조칙과 일찍이 태고에 없던 대동아전쟁의 큰 전과(戰果), 국가 위신의 전 세계적인 진요(震耀)는 무엇을 이야기하는가? 이미 '우리의 유일한 신(神)의 대도(大道)를 국내외에 현양함'이라고 조칙한 성유(聖諭)를 우러러 받들어야 할 것입니다.

제국 해군의 위력은 미영 함대를 격추했지만 동시에 독일, 이탈리아 전체주의 국방국가체제 대한 미신도 하루아침에 해방시킨 것입니다. '통수(統帥)와 국무(國務)의 완전한 일치' 같은 것을 새롭게 기구적(機構的)으로 생각해내도록 하고, 선전(宣戰) 없는 전쟁으로 전쟁의 본질이라고 멋대로 규정해버리는 것과 같이, 예를 들어 '완전히 새롭게'를 자부하는 마르크스주의 개념인 변증법이라는 언어 마술의 사소한 일조차도, 그것은 신께 목욕재계하여 부정을 씻어내어 담설(淡雪)처럼 사라져 버릴 것입니다.

---

[8] 오하라이(大祓, おおはらい): 큰 액막이. 6월과 12월 말일에 교토의 스자쿠문(朱雀門) 앞 광장에서 행하던 종교의식.
[9] 오호미이쿠사(おほみいくさ, 大御軍): 황군(皇軍).

나치스의 지도자 괴벨스 선전장관이 신년 벽두에 독일 국민을 대표하여 일본국민에게 한 인사말 가운데,

　우리가 일본인에 대해 특별히 감탄하는 것은 국가의 위기국면에 즈음하여 전 국민이 일치단결해 국난을 돌파하려고 하는 그 종교적인 태도이다. 이것은 유감스럽게도 독일에서는 결여되어 있다. 애국심이 그대로 경건한 신앙이 되어 있는 일본만의 독특한 국체야말로 끝내 어떠한 외적도 무찔러 이길 수 있는 절대적인 힘이 되고 있다.

《도쿄니치니치신문(東京日日新聞)》 1월 1일 자 조간[10]

라고 말했습니다. 우리는 일본신민으로서 여기에 황공하게도
메이지 천황께서 손수 지으신 글(御製)로

벗

나룻배 곁에서도 거리낌 없이 친하게 지내는 친구는 있는 세상이다.

라고 읊으며 대어가(大御歌)를 배송(拜誦)하시어, 독일국민에 대한 우리의 연두인사의 충정을 표하고자 한 것입니다.
　제국 해군은 워싱턴·런던조약, 기타 정치·외교·사상적인 온갖 장애나 압박에도 불구하고 통수권 독립이라는 건군(建軍)의 본의(本義)인 제국헌법의 원칙으로 위기에서 지켜내어, 이번과 같이 일찍이 태고에 없던 큰 무훈(武勳)을 세움으로써 건국의 큰 정신과 큰 이상을 세계에 떨치고, 이것을 세계사의 전개에 현실화할 수 있었습니다.
　이론보다 증거, 이 사실이 통수와 국무의 완전한 일치와 같은 것은, 황국 일본에서는 신료의 익찬(翼贊)[11]에 관한 한 국무대신이 보필의 책임을 완수한다면 본래 문제가 되지 않는다는

10　원문은 '元旦', 즉 설날 아침으로 되어 있다.
11　익찬(翼贊): 임금의 정치를 잘 도와서 보좌함.

것을 더욱 분명히 이야기합니다. 이것은 정부와 의회의 협력관계에서도 마찬가지로서 정부 당국자에게 충성의 책임감과 올바른 경륜(經綸)을 내용으로 한 정치력만 있다면, 추밀원(樞密院)이건 의회건 정당이건 문제가 되지 않는다는 것, 이 역시 눈앞에 보이는 바와 같습니다. 또한 이미 총동원법이 성립되어 경제도, 문화도, 언론도 정부의 지도력만 있으면 어떻게 해서라도 운영하여 지도할 수 있는 조건은 완비되어 있습니다. 게다가 그 모두는 제국헌법에 기초한 의회를 통해 합법적으로 이루어지니까 국체의 본의로 보면 거기에는 '원칙적으로 어떠한 새로운 것은 없다'고 할 수 있는 것입니다.

이와 같이 대일본제국은 물론 헌법 제정 후에도 영·미와 같은 부류의 자유주의 국가가 되지는 않았습니다. 제국헌법을 그 조문대로 읽으면 이것은 하늘의 태양과 같이 명백하고, 미노베(美濃部)[12]의 '기관설(機關說)'[13]이 위헌(違憲)인 반국체(反國體) 사상으로서 '국체명징(國體明徵)'의 파사(破邪) 대상이었다는 것에서도 방증하실 수 있습니다. 그러므로 일본의 고도국방총력체제의 정비 완벽은, 이제 와서 새삼스레 독일·이탈리아의 지도자 원리인 전체주의의 외형을 모방할 것까지도 없습니다. 메이지 이후 잘못 이입된 자유주의, 민주주의, 공산주의 사상을 없애버리고 국체수순(國體隨順) 헌법명징(憲法明徵)의 실체를 들기만 한다면 본래의 진면목을 발휘하여, 다시 말해서 '유신(惟神)의 대도(大道)'를 현양하여 그 목적을 달성할 수 있습니다.

이 점에 대해서는 앞서 서술한 「국방국가의 강령」에서도 "일본이야말로 본래적인 국방국가의 전형(또는 완전한 국방국가)이다"라고 반복해 역설했음에도, 시대의 '세계사적 전환', 그 '필연성'을 설파하고 또 그 '국방국가체제'를 역설한 세계관 원리, 사상법 논리의 운영방법이 이제는 어김없이 세계유신(世界維新)의 결정적 세력이 된 '일본'의 주체성을 잃어버리는 것은, '12월 8일 이전', 히라이데(平出) 대좌의 제1회 대조봉대일(大詔奉戴日)[14] 강연 중의 말을 인용하면 '100년 전의 생각', 구세계관적이라고 하지 않을 수 없습니다.

---

12 미노베 다쓰키치(美濃部達吉, 1873~1948): 법학자, 헌법학자, 정치인. 도쿄제국대학 명예교수.
13 천황기관설: 미노베가 주장한 헌법학설. 통치권은 법인인 국가에 있고 천황은 다른 기관의 보필을 받아 통치권을 행사할 뿐이라는 것으로서 천황주권설 등과 대립된다.
14 1941년 12월 8일 일본의 진주만 공격으로 태평양전쟁이 일어난 뒤, 다음 달인 1942년 1월부터 1945년 8월 일제 패망 때까지 매달 8일을 대조봉대일(大詔奉戴日, たいしょうほうたいび)로 삼아 일본의 필승을 기원하도록 했다.

현 일본에서 사상전의 근본 의의가 이 점을 명징함에 있음은 말할 필요도 없습니다. 소생은 대형(大兄)의 전쟁론 사상전이 이것을 첫 번째 의의로 하고 있음을 기뻐하는 바입니다만, 바라건대 전략 전술에 기초한 일본 세계관이 지금 특히 제국헌법 원리와의 구체적 관계에서, 현 일본 정치사상의 파사현정(破邪顯正)[15]에 한층 정밀하게 적용시킬 수 있기를 기대하는 바입니다. 독일과 이탈리아 전체주의도 일본국체에서 보면 민주주의라서 그 사상적 장점에서 자극을 받는 대신 그 외형을 무비판적으로 모방한다면, 미노베의 '기관설'과 다른 형태로 실행되어 대외전쟁에서 혁혁한 대승리가 내부에서는 붕괴에 이를 수 있는 위험을 경계해야만 합니다.

이러한 의미에서 도조(東條) 수상[16]이 1월 29일 중의원 예산총회에서 가쓰타(勝田) 의원[17]의 질문에 대한 답변 중에,

정치라는 것은 대충 말하면 조직이 일하는 것도 아니고, 기구가 일하는 것도 아니다. 어디까지나 인간이 일을 한다. … 먼저 기구라는 식으로 덤벼드는 것은 그것을 해나갈 자신이 없기 때문이다. 현재의 기구로도 나는 어느 정도는 상당한 성적을 거둘 수 있다고 생각한다. 실은 오늘에야 왔다. … 《요미우리신문(讀賣新聞)》, 1월 30일 자 석간)

라고 한 것은 건전한 정치상식을 보여준 것입니다. 하지만 거기에서 충분한 위력과 지도력이 느껴지지 않은 것은, 국체의 본의가 헌법의 원칙과의 관계에서 현대 정치사상에 대한 파사현정이 드러나지 않기 때문이며, 안도하는 신뢰감은 주어도 정치지도에 높은 징표를 내세워 국민의 사기를 적극적으로 강력하게 고무시키고 격동시키기에 이르지 않는 것은, 이를 명쾌히 한 당당한 전쟁지도에 대비해보면 유감스럽습니다.

이에 이를 보완해야 할 우리 사상전사(思想戰士)들의 책임이 있으므로 미력하게나마 이를 완수하는 데 부족함이 있음을 돌이켜보아, 부끄럽기 짝이 없지만 '신주불멸(神洲不滅)'[18]의 믿

---

15 파사현정(破邪顯正): 사악한 도리를 깨뜨리고 바른 도리를 드러낸다는 뜻의 불교 용어.
16 도조 히데키(東条英機, 1884~1948): 육군대장, 내각총리대신 등을 지낸 군인·정치가. A급 전범.
17 가쓰타 에이키치(勝田永吉, 1888~1946): 변호사, 정치가, 중의원 의원.
18 신주불멸(神州不滅, しんしゅうふめつ): 신주(神州, 神国)는 불멸이라는 의미로서, 일본에서는 미토학(水戶學)의 존왕

음으로 사는 한 '천괴무궁(天壤無窮)[19]의 황운(皇運)'을 받들어 모시는 무력전의 전위 중견(前衛中堅), 또 맨 뒤의 후군(殿軍) 같은 사상전의 전사 야마토(大和) 말로는 잎(葉)의 마코토노미치(マコトノミチ)를 밟는 것에 있어서는, 쇼인(松陰)[20] 선생을 비롯한 친한 동지 선배들의 전례에 비추어도, 그 봉공(奉公) 또는 주효(奏效)는 결코 때를 잃는 것은 아니라고 믿고, 서로 더불어 돕고 격려해 나가고자 합니다.

미즈노 형

아직 대외 사상전에 대해서도 여러 가지 첨부하고자 하는 것이 있습니다만, 이미 긴 글로 실수가 될 정도가 되었기에 마지막으로 최근에 지은 몇 수를 적어 이 서문을 마무리하고자 합니다.

인생도 자연과 같아서 가는 물에 흐르는 구름에 마음을 둔다.
그릇에는 담았지만 따르면서 바위가 뿌리까지 스며드는 힘의 굴레를 생각한다.
자연히 원수의 마음도 나부끼면 좋은 일이 생길 줄을 알라.
만 권의 책을 읽으면 백성을 느낄 수 있을 것 같은 사람의 마음이야.
덧없는 세상은 살아도 살아가지만 아슬아슬하게 헤매어도 가지 않는 이 길.
인생도 자연과 같이 간다. 물로 흐르고 구름에 마음을.

1942년(昭和 17) 1월 30일 밤

론(尊王論) 등에 나타나는 것인데, 특히 쇼와 시기부터 태평양전쟁 종전 전까지 군부의 슬로건으로 사용되었다.
19 천괴무궁(天壤無窮, てんじょう-むきゅう): 『일본서기(日本書紀)』 신대기(神代紀)에 나오는 말로서 천지의 영구 불멸을 뜻함.
20 요시다 쇼인(吉田松陰, 1830~1859): 막말의 근왕가(勤王家), 사상가, 교육자.

저자 서문

대동아전쟁을 맞아 황공하옵게도 대조(大詔)를 천하에 널리 반포하심을 받들어 지나사변 이후의 암운이 홀연히 걷히어, 1억 국민은 대조에서 보여주신 성려(聖慮)와 해군 용사의 일찍이 없었던 혁혁한 전과(戰果)에 황공하여 감격할 바를 모르고 정말로 맹렬한 적개심을 넘치게 하여, 그저 성훈(聖訓)을 받들어 올리기 위하여 일사보국(一死報國)의 결의를 맹세한다.

동아시아의 안정을 확보하여 세계 평화에 기여하도록 하라는 진념(袗念)을 담아 내리신 대조의 성지(聖旨)를 공손히 받들면, 이른바 '지나사변'을 포함하여 대동아전쟁의 전쟁 목적이 분명함에도 이른바 '3원칙 성전론(聖戰論)'으로 시작되는 전쟁론의 분효혼란(紛淆混亂)은, 어디까지나 황위의 선양, 유신대도(惟神大道)의 국내외 현양으로, 즉 황도(皇道) 세계관의 선포를 통하여 일본 전쟁의 진정한 의의와 사명을 찾아내는 국민감정과는 상당히 배반된 것이 있음을 느낀다.

「선전성(宣傳省) 이전의 문제」로 시작하여 「전쟁론의 혼란을 바르게 한다」, 「슬로건 연구」에 이르는 총 7편의 소론(小論)은 이른바 총력전(總力戰)을 세계관과 세계관의 결사적인 싸움이라고 보고, 항상 일본 세계관과 관련하여 총력전을 제시하려는 저자의 지론을 다시 추진하도록 한 것으로서, 이미 간행한 졸저 『총력전과 선전전』(東京臣民書房)을 비판하고 극복하여 조금이라도 사상 전략에서 전진을 보여주리라 믿는다.

세계를 진요(震耀)시킨 대동아전쟁이 어디까지나 황위를 선양하는 고귀한 건국의 대정신에서 나온 것임은 말할 필요도 없지만, "대포는 튼튼한 가래와 같이 권력의 질서를 파내버리고 말겠지만, 혹시 이념(세계관)이라는 무기로 삼아 개척되어 경작된 두렁에 열매를 익게 할 수 없는 것이라고 한다면 대포의 업적으로서, 뒤에 남는 것은 황야이다"라고 한 나치의 어느 참모의 발언은 깊이 생각해봐야 할 점이 있다.

이 소론의 대부분은 모두 우리 정보국에 대한 건책(建策)으로 집필된 것이어서 공표를 목적으로 한 것은 아니다. 하지만 그릇된 사상이 있는 곳에 반드시 그릇된 사실이 있고, 전쟁론·사상선전전에 관한 근본적 오류는 대동아전의 위대한 종합 전과로 차례차례로 극복되어도 여전히 많은 화근을 남기고 있으며, 지금 이것을 철저하게 해결하지 않으면 우리 국운을 좌우하는 중대한 사상 문제라는 생각이 들게 한다.

× ×

　대동아전쟁의 궁극적인 목적은 '국위를 국내외에 진요'함에 있다고 조칙을 내려주셨다. 따라서 대동아전쟁의 사상전략에서 근본 문제는 이 성칙(聖勅)을 삼가 받들어 봉행(奉行)하는 것이어야 한다.

　'국위를 국내외에 진요'시키는 황도의 선포야말로 이 성전 의식을 사상적으로 명징하고, 대일본제국의 세계사적인 사명을 1억 국민의 마음속에 궁극적인 이상, 부동의 신념으로 각인시키는 데 있다. 그러므로 국내 사상질서(세계관)의 건설과 통일은 결정적인 중대임무를 띠게 된다.

　나는 이 신념과 체험을 통해서 대동아전쟁의 사상문제-즉, 전쟁론이나 사상전이나 선전전술 등-를 논하려고 한 것인데, 저자의 미력함과 재능의 부족으로 이 대업과 저자의 목적을 1만분의 1도 보여줄 수 없어서, 실로 점차 부끄러워짐을 견딜 수 없다. 특히 사상질서의 건설-국내 사상전-에서 중대한 관련을 갖는 '교육체계'를 언급할 수 없었던 것은 진실로 유감이지만, 전쟁 지도 이론의 오류를 극복하여 대동아전쟁을 완수하도록 하기 위해서는 1억 국민과 함께 천황의 위광(御稜威)[21]에 의지하여 황모(皇謨)[22]를 사수하는 길밖에는 없을 것이다. 그리고 현 상황하에서 사상 전사의 1인으로서 자기 임무를 조금은 분명히 해냈다고 생각한다. 여러분께서 친절한 지도와 편달을 주신다면 저자의 기쁨이 이보다 더할 수는 없을 것이다.

× ×

　끝으로 이 소론을 집필하는 과정에서 하나하나 간절한 비평과 지도를 해주시고, 게다가 언제나 저자를 지도 편달해주신 『학술유신(學術維新)』, 『국방철학(國防哲學)』의 저자 미노다

21　미이쓰(御厳·御稜威): 신이나 천황의 강력한 어위광(御威光). 천자의 위광(稜威, いつ)의 존경어.
22　황모(皇謨): 천황이 국가를 통치하는 계획

무네키(蓑田胸喜) 선생과 본서의 서문을 약속하셨으나 홀연히 먼 여행을 떠나신 고 미야모토 다케노스케(宮本武之輔) 선생의 영전에 심심한 감사를 드리고, 삼가 이 책을 바친다.

1942년(昭和 17) 3월, 저자

대동아전쟁의 사상전략

1. 선전성(宣傳省) 이전의 문제
- 선전전은 어디서부터 시작해야 할까 -

1) 군인정신과 공동체

현재 우리나라가 처한 최대의 급무 가운데 하나는 확고한 전시 선전계획의 수립에 있다. 생각건대, 선전계획의 수립은 말할 필요도 없이 그 전쟁의 목적이 민족정책으로서 구체적인 내용에서 공식적으로 암시됨을 전제로 해야 한다. 더구나 전쟁목적이라는 것은 궁극적으로는 우리의 민족적 이상에서 나온 사상적인 것이면서 동시에 구체적 내용을 동반한 정치적 강령이어야 한다. 사상적 근저가 없고 또 신념이 없는 전쟁은 문화전(文化戰)이든 무력전이든 불문하고 상대 국가의 사상 공세에 대항하지 못하고, 재화(災禍)와 곤액(困厄)과 패배에 이르는 지름길이 되리라는 것은 말할 필요도 없다.

나는 졸저 『총력전과 선전전』(240쪽)에서 "나치 독일과 우리나라의 차이점은 초인적인 교양과 신념을 가진 군인의 우열이 아니다. 아니, 황군 장병의 진충보국(盡忠報國)의 정신은 그들보다 나은 것도 덜한 것도 결코 아니다. 그러나 히틀러 총통의 위정자로서의 위대함은 독일 국방군의 강화와 그 '초인적 교양과 신념'에 있는 게 아니라, 일반 국민 한 사람 한 사람에 이르기까지 국방군과 같은 '초인적 교양'과 '환희의 발로'를 심은 것에 있다"라고 했다. 이 견해에 대해서 이의를 품은 사람은 말할 것이다. "국방군이 국민 일반이 아닌 이상 '초인간적 환희와 신념'을 지닌 국방군은 곧 일반국민 자신이 아닐까?"라고.

일반국민이 군인과 같은 훈련과 교육을 받는 경우는 물론, 이에 대해 이의는 제기할 수 있다. 그러나 우리는 유감스럽게도 우리나라 일반 국민이 '군인정신'과 같은 교화와 훈련에서 너무나 오랫동안 방임되어 있어서, 사상적으로는 자유주의·개인주의·마르크스주의 공세 앞에 완전히 무방비인 채 놓여있었음을 솔직히 인정하지 않으면 안 된다.

군대에서는 적어도 가르쳐지는 행동 범위에서는 자기 식의 변혁은 허용되지 않을 것이고, 그들의 행동은 만족할 만한 마지막 수준까지 연마될 것이다. 황공하옵게도 군인에게 내려진 칙유(御勅諭)는 금과옥조(金科玉條)가 되어 그 인격과 정신을 관통하는 신념이 되고, 개별 군인의 행동이 다른 전우들과 완전히 같게 되는 것처럼 이 '군인정신'으로 정신적 통일은 완성되고, 각 개인이 공통의 목적에 대해 단결하고 협력하도록 교육과 훈련을 통해 운명 지어졌다. 더구나 그 죽음의 운명도 깃털처럼 가볍게 조국에 순국하는 참된 희열을 품고 '천황폐하 만세'를 외치면서 빙그레 웃으며 전사하는 것이다. 이와 같은 군인정신의 발로를, 도대체 어디에서 이것을 구해야 할 것인가! 군대는 전쟁터에서 개별 군인들이 같은 일을 하고 있다고 확신하여 각자가 공통의 목적을 향하여 협력하고 있는 것이며, 동일한 정신과 동일한 목적을 향한 협력의 기쁨으로 사는 것이다. 군대만큼 완성된 노작(勞作) 공동체는 다른 데서는 절대로 볼 수 없다.

군대에서 공동으로 협력하여 훌륭하게 완성하는 것은 무엇보다도 천황의 위광(大御稜威) 덕분이지만, 다른 한편으로는 군대훈련과 지도교육을 통해, 다시 말해서 '군인정신'(즉 세계관적 교육)에 의해 달성되는 것이며, 그 강고한 결속은 상호신뢰의 관념을 낳아 나아가 단결심이 되고, 단순한 기계적 조직이 아니라 단일적인 생명체와 같이 생기발랄한 활동을 하게 되는 것이다.

우리는 군대가 '군인정신'이라는 지고지순한 정신적 통일을 완성할 수 있기 때문에 장군에서부터 최후의 일병에 이르기까지 단일공동체로서 일사불란한 활동을, 그 생사의 중요한 기로에서조차도 발휘한다는 것을 잊어서는 안 된다. 여기에서도 정신통일의 필요성과 우위는 입증된다.

전시에서 선전은 곧 정치이지 않으면 안 된다. 왜냐하면 군대와 마찬가지로 유일한 전쟁 목적에 전 국민이 모든 정신을 총력적으로 집중하도록 하는 것 외에 정치의 목적은 없기 때문이다. 따라서 전쟁 지도의 총괄적 정치기술인 선전은, 전쟁 목적의 완수를 유일한 사명으로 하는 전시, 즉 오늘날에는 가장 유력한 지위와 권위가 확보되고 확인되어야 한다.

그런데 우리나라에서 오늘날의 현상은 정치기구상에서 선전업무가 그 우위를 유지하고 있지 않을 뿐만 아니라, 좀 더 정확히 말하면 선전과 관련된 지도성이 완전히 인식되어 있지 않기 때문에, 선전 사업의 총수(總師)인 정보국 총재는 여전히 내각의 일개 장관에 머물고 정보국도 그 예속적 지위에 만족하지 않으면 안 되는 상태에 놓여 있다.

그러나 필자는 여기에서 정보국의 행정기구상의 단순한 개혁과 승격을 주장하는 것에 만족하려는 것은 결코 아니다. 오히려 우리 정보국이 왜 오늘날까지도 여전히 이러한 비참한 상태를 감수하고 있어야 하는가 하는, 전쟁지도에서 사상·선전전의 절대 우위에 대한 정부와 민간 모두의 인식 결여에 대해 약간의 반성을 촉구할 자료를 제공하고자 한다.

2) 일본민족의 원칙적 정치 강령의 필요

나는 본론의 모두에서 당면한 급무는 전쟁 목적(구체적인 정책)의 명시를 전제로 하는 선전 계획의 수립에 있다고 말했다. 여기서 전쟁 목적의 명시라는 문제를 특별히 새롭게 제출한 이유는 많은 사람들이 대동아공영권(大東亞共榮圈)의 건설이라는 위대한 슬로건에 매료되어, 성전(聖戰)의 목적이 우리 국체의 방위와 선양에 있다는 궁극의 큰 안목, 다시 말해서 신성국체방위(神聖國體防衛)의 무궁한 완수라는 기본적 관념을 누누이 잊어버리기 일쑤이기 때문이다.

전쟁 목적이 **복종하지 않는 놈들을 복종하게 하는**[23] 황도의 선양, 국체의 방위에 있다는, 우리 국체의 본의를 강조하는 것은 몇 번이나 반복해서 강조해도 지나치지 않는 중요한 것이다. 이 점에 관한 천명은 대선각자이신『이름도 없는 민의 마음(名も無き民のこころ)』의 저자인 고 가와무라 미키오(河村幹雄)[24] 박사나『학술유신(學術惟新)』,『국방철학(國防哲學)』에서 가와무라 박사 등의 유지를 바르게 계승한 미노다 무네키(蓑田胸喜) 선생의 존경스러운 앞의 두 저서에 미루고, 여기서는 상세한 논의는 피하고자 한다. 하지만 이번 전쟁의 의의를 구체적으로 뒷받침하는 민족 목표로서의 국가정책이 적절한 사상대책에 따라 관철되지 않고 있는 점에 대해, 나는 침묵을 지키고 있을 수만은 없다.

대동아황화권(大東亞皇化圈)의 확립이라는 성전의 목적을 일본의 국방철학에서 구체적으

---

23 원문은 "まつろはぬものをまつろはじめる"인데, 여기서 'まつろはぬもの(悖煥者, 복종하지 않는 놈)'는 주로 좌파나 불령선인(不逞鮮人)을 가리킨다.
24 가와무라 미키오(河村幹雄, 1886~1931): 이학박사, 지질학자, 교육자, 철학자, 종교인. 이학박사, 규슈제국대학 명예교수.

로 의의를 부여하는 정책이-나치스 25개 조의 정치 강령처럼-명시되고 공약되지 않고, 다시 말해서 동아의 황화(皇化)라는 황군의 대진군(大進軍)이 당당한 정치적 강령을 따르지 않고 최후까지 행해지리라고는 물론 생각하지 않는다. 하지만 수년에 걸쳐 일본정신을 상실해온 우리나라의 학술연구는 불행하게도 일지사변(日支事變)부터 지나사변에 이르는 몇 단계, 몇 성상(星霜)을 검토해온 오늘에 있어서조차-동아시아의 황화가 아시아 여러 민족에게, 또 일본 민족에게 어떠한 내용의 민족 생활을 보증하고, 목표로 삼을까 하는-동아황화전(東亞皇化戰)의 구체적인 강령 정책을 발견하고 이것을 부동의 민족적 목표로 지향할 수 없는 슬픈 현실에 처해 있는 것이다.

나치에서는 국민전체주의가 기획하는 국가, 경제 및 재정에서 개신(改新)의 도덕적·경제적·국가정책적 기초가 1920년에 저 유명한 '25개 조'의 정치 강령으로 결정되어 확립되었다. 물론 이것은 나치의 게르만 민족정책이고 따라서 대 독일 국내정책이지만, 국내정책의 기초적 강령 없이는 타 민족 지도의 정치 강령은 어차피 생겨날 수도 없고, 일본 국내 정치질서의 올바른 인식 자체가 대동아 신질서 건설의 기본 문제이다. 그러므로 나치 전체주의의 정치 강령을 민족정책과 관련하여 제기하는 것은 결코 서로 부딪히는 모순은 아니다.

그래서 나치는 이 강령 실현을 위한 여러 방책으로서 다음을 제시하고 있다.

① 베르사유체제의 타파 및 유대 전쟁
② 국가재정정책: 이자 노예의 타파, 재정 주권의 회복, 차금경제(借金經濟)로부터의 탈각, 세제 개혁(사회적 건축경제은행), 기타 사회정책(근로자 주택, 양로연금제, 신임금제도, 기타 제정)
③ 문화투쟁, 기타 정책

지금 일본은 대동아황화권 건설(운동)의 맹주로서, 가장 강력한 그리고 가장 좋은 목적을 의식하고 있는 지도국으로서 운동의 원칙적 요구를 총괄적인 강령으로 제시할 의무가 있다고 믿는다.

어떠한 일에도 계획이 필요하고, 뭔가를 실현하려 해도 정신적 창조가 그것에 선행하지 않으면 안 된다. 건축 계획이 명료하고 또 잘 수립되면 될수록 건축은 아름답고 신속하게 완성된다. 정치적 신축도 명료한 건축 계획을 필요로 하는 것인데, 이 계획을 여기서는 정치적 강령이라고 한다.

정치적 강령을 세워야만 한다는 요구는 대단히 높고, 또 종류도 대단히 많다. 최고도로 책임이 있는 임무가 문제이다. 왜냐하면 자국 국민의 화복(禍福)이 이 계획이 좋은가 아닌가에 달려있기 때문이다. 게다가 강령이라는 것은 매우 간단하게 공적 생활의 일체의 중요한 영역을 취급해야만 한다. 그것은 누구라도 이해할 수 있는 것이어야 하며, 대단히 명료하지 않으면 안 되며, 일체의 비판을 참고 견디지 않으면 안 된다. 개개의 점에 몰두해서는 안 되고, 후에 실현되지 않을 것 같은 공상적인 희망을 불러일으켜서는 안 된다. 강령은 다가올 국가 및 새로운 경제의 충실한 모사(模寫)여야 한다. 각 개인은 의욕이 넘치는 국가체제 및 경제체제의 대강(大綱)의 대략을 터득해야 하지만, 개개의 점의 실현에 한정되거나 앞질러 가자고 해서는 안 된다.

이상과 같이 나치스의 25개 조 강령의 창안자 고트프리터 페더[25]가 말하였다.

여러 해 뒤에도 근본적으로는 무엇 하나 본질적인 변경을 필요로 하지 않음을 원칙으로 하여, 더구나 정당성 있는 강령을 제정할 수 있었던 것은 실로 나치 전체주의의 승리였다.

그리고 또한

정말로 이 강령의 개별 조항 및 요구야말로, 국민전체주의의 독일 해방운동을 다른 일체의 국민주의적 및 국가주의적인 그룹·운동·정당과 본질적으로 구별시키는 것이며, 이 독일 해방운동을 특히, 말할 필요도 없이 이 또한 배금주의적=금권정치적 지배의 한 현상 형태에 불과하며 이른바 모든 의회주의적 정당과도 구별되는 점이다.

전쟁 계획과 민족의 장래에 대해 명료한 설계를 수립할 수 없다면, 어떻게 전쟁 지도가 가능하고 또 선전 계획의 수립을 이룰 수 있단 말인가?

일본 민족의 황도정신으로의 귀일(歸一) 없이는 다른 동아시아 여러 민족의 황화(皇化)가

---

[25] 고트프리터 페더(Gottfried Feder, 1883~1941): 독일의 정치가로서 국가사회주의도이치노동자당의 간부.

있을 수 없듯이, 황위선양(皇威宣揚)의 정치적 강령 없이 다른 동아 민족에 대한 황화의 목표는 지향될 수 없을 것이다.

왜냐하면 일본 민족 자체의 황도정신으로의 귀일에 의해서야말로 동아 전체를 황화할 수 있고, 또 동아시아에 덮쳐서 드리워져 있는 착취와 압력의 손길을 끊어버리는 것이 가능하기 때문이다. 공상적인 희망이 아닌 원칙적인 나치의 정치 강령이, 그 죽음을 각오한 전투가, 다른 국가, 다른 민족에게 다대한 반향을 불러일으켜서 나치에 대한 신뢰와 공명을 쟁취한 것처럼, 우리는 우리의 민족적 강령을 명료하게 하여 그 견고한 공약을 따라 비로소 대동아 전 민족에게 호소할 수 있는 것이다.

3) 궁극적·도덕적 원리와 현실적 정책

대동아 여러 민족에게 호소하는 정치적 슬로건의 필요는 말할 필요도 없이, 무엇보다도 먼저 우리 국민 스스로 어떠한 반항, 어떠한 난고결핍(艱苦缺乏)도 극복하여 끝까지 싸울 수 있는 국민생활의 목표가 전후 국민생활의 설계로 명시되고 약속될 필요가 있다.

국민은 이러한 즉물적이고 현실적인 목표에 이끌려서 높은 차원의-팔굉위우(八紘爲宇)[26]라는-큰 이상을 향하여 매진하는 것이다.

교묘한 선전은 사회적·환경적 기초 위에 구성된 여러 과제를 다양한 형태를 통해 실현하고, 그것들을 통해서 자기 긍정에 봉사하도록 하는 노력이다. 따라서 그것은 환경의 특수한 소산으로서, 또 환경의 구체적인 여러 조건과 환경 가변력(可變力)의 구체적인 배치에 적합하게 자기의 선전 형태와 살포의 범위를 결정해야 한다.

따라서 선전 활동은,

① 해당 지역 일반의 경제적 상태
② 주민의 민족적·정치적 조직

---

[26] 흔히 '팔굉일우(八紘一宇)'라고 쓰는데 '천하를 한 집처럼 삼는 것', '전 세계를 한 집으로 삼는 것'을 뜻하는 어구이다. 『일본서기(日本書記)』의 "八紘(あめのした)を掩(おお)ひて宇(いえ)にせむ"에서 비롯되었다.

③ 각각의 사회적 계층에서 주민의 물질적 상황
④ 지방 주민의 정치적·정신적 상태, 정치단체와 전쟁에 관한 관계 등

이 밖에도 습관, 풍속, 종교를 숙지하고, 미묘하고도 주도면밀한 관계 속에서 행하여야 한다.

육군의 「선전의 실시 및 방위」의 전범(典範. 제292)에서 제시한 바에 따르면, 다음과 같이 기록되어 있다.

적의 약점을 잡기 위해서는 그 국가 및 사회조직, 사상적 경향, 전쟁의 구실, 전투 성적, 군대의 의지와 기개 함양, 각 민족의 이해와 위정자에 대한 감정, 국민의 풍속, 습관, 종교, 일상생활, 특히 그 결함, 전쟁에 대한 태도 등에 대해 충분한 관찰을 수행할 필요가 있다.

우리는 이 친절한 명시에 한 항목도 추가할 필요가 없다.

여기에서 먼저 전쟁 지도의 현실성이 의지와 달리 엇나가서 전쟁 목적과 관련된 민족정책의 구체적인 요구가 생긴다.

현실적인 목표와 이상 없이 만인이 영웅적 희생으로만 사는 것은 아니다. 사람은 빵만으로는 살 수 없지만, 대중은 빵 없이는 비약도 모험도 하지 않는다. 전쟁 목표가 추상적인 이상으로서만 주어진다면, 그것이 아무리 도덕적으로 또 윤리적으로 지고한 목표라 할지라도 국민 대중을 곧바로 움직이는 현실적인 자극이 되지는 않는다.

그래서 전쟁 지도의 실제 문제가 발생하는 것이고, 총력전 체제의 지도 원리로서의 혹은 지도 기술로서의 선전의 우위와 중요성이 생기는 것이다.

나는 앞서 군인의 '초인적인 신념과 환희의 발로'가 군인정신에 의한 교화와 훈련에 있음을 서술했는데, 군인의 이러한 멸사봉공도 뒷걱정이나 하며 살아가고 있는 곳의 국가의 보호 시책이 선행되고 있음을 알아야 한다.

군인 유가족과 상이군인 등의 생활 원호가 전시정책으로서 절대 필요하다는 것을 인식하면서도, 일반 국민에 대한 관련 보호정책의 실시에 대해서 왜 관용적인 태도를 보일 수 없는 것일까? 이 점에 관해서 미노다 무네키 선생은 다음과 같이 말했다.

오늘날 신체제라고 칭하면서, 개인적 욕망, 사심을 망각하지 않으면 신도실천(臣道實踐)의 직분봉공(職分奉公)을 할 수 없다는 것은, 700년 전의 소승불교적인 옛 사상으로 역전시키려는 것이다.

오늘날 만민익찬(萬民翼贊)의 신도실천이 국민도덕의 지표 원리로서 명징해지는 것은 진실로 기뻐해야 할 것으로서, "나라를 생각하는 길에 두 가지는 없었고, 전장에 서지도 못하고"라고 읊어주시는 대어가(大御歌)의 대어심(大御心)[27]에 기초하여 '총후(銃後)[28]도 전장이다'라는 관념이 표어가 되기에 이르렀다는 것도, 그 한 가지의 표현이라고 봐야 할 것이다. 그렇지만 문자 그대로 '멸사봉공'하는 군인의 경우조차도 그 훈공에 대해서는 '성은이 망극한' 은상이 행해질 뿐만 아니라 그 유족에 대해서도 연금과 부조가 주어지는 이유는 애초에 무엇을 의미하는가? 이렇게 해서 군인 관리의 경우조차도 그 입신출세의 관념은 근절할 수조차 없는 것이어서, 국가 공공의 각종 은상제전(恩賞祭典) 제도는 이 사리사욕에 따라 움직이는 자연스런 인정(人情)의 심리를 고려해서 만들어진 것임을 부정할 수는 없다.

더 나아가 생각하면, 적 앞에 몸을 드러내어 '결사'로써 일거에 승패를 결정하는 군인의 임전(臨戰) 심리와 '목숨이 우선'이라는 '물(物)'의 생산 배합에 전념하는 총후의 일반 산업인의 직장 심리 사이에는 큰 차이가 있다는 것을 무시할 수는 없다. 일본 신민의 궁극적이고 도덕적인 원리는 한 가지이지만, 이것을 실천하는 환경 조건에는 근본적인 차이가 있고, 그것에 따라 움직이는 자연스런 인정의 조건반사적 심리법칙은 다르지 않을 수 없다. 실제로는, '결사'의 각오와 활동은 군인의 경우라도 전쟁터에 임해서야 비로소 발휘되는 것이어서, 총후의 일반 직장에서 제1의 조건으로 끊임없는 전진(戰陣) 심리를 널리 기대하는 것은 마음에 새겨진 단단한 기억으로도 부자연스럽고 불가능하다.

전쟁이나 정치외교의 경우 종합적으로 국책을 입안하고 수행하는 당국자는 이해와 타산을 초월한 관점에서 판단하고 행동해야 함은 말할 필요도 없다. 하지만 이러한 **국가 목적과 민족적 이상을 실현하기 위해 물적 수급을 정비**하는 경제활동 그 자체의 합목적성을 판단하는 기준은 공익의 경우든 사익의 경우든 상관없이 한결같이 '이해'의 관념이고, 또 그러해야만

---

27 대어심(大御心, おおみこころ): 천황의 마음.
28 총후(銃後): 전쟁터에서 후방 또는 후방의 국민.

한다. 만약 만에 하나라도 경제활동이 이해관념을 무시한 견지에서 영속적으로 이루어지는 것이라면, 예를 들어 정치적 관념은 옳아도 이른바 '사족(士族)의 상법(商法)'이 되고, 거기에 대단한 낭비나 여러 실패가 드러나 국가재정과 국민경제는 근저에서 파탄이 나서 종합적 국책 그 자체가 실패로 귀결될 수밖에 없을 것이다. (미노다 무네키 씨 저, 『국방철학(國防哲學)』, 75-77쪽)

조금 긴 인용이기는 해도 미노다 선생의 이 경고는 정말로 적절하다.

경제정책에서 정치적으로 너무나 정치적인, 또 도덕적으로 너무나 도덕적인 것이 실패로 끝나는 것처럼, 세계정책 또한 국내정책과 관련 없이 궁극적인 윤리나 원리적 이상으로 시종일관한다면, 즉 대동아황화권의 건설이 일본의 민족생활-일본적 생활-의 확보를 보증한다는 지향을 가리킬 수 없다. 또한 그 정책을 따라 구체적으로 공약한 바가 이루어지지 않는다면 전쟁에 대한 국민적 사기의 양양과 신념은 강화되지 않고, 단순히 정치적인 혹은 기술적인 선전이 아무리 행해진다 해도 결국 헛수고로 끝날 수밖에 없을 것이다.

지난 대전(大戰)에서 선전전에 능한 장수인 노스클리프[29]가 선전활동에 들어가기에 앞서, 먼저 인재를 발탁해 긴요한 각 성(省)에 배치하여 횡적인 연락과 동지적 결합을 굳게 하고, 나아가 무엇보다도 먼저 전시정책 그 자체가 확실한지, 그 정책이 모순된 점은 없는지, 그리고 그 정책이 실제로 강행되고 있는지를 조사하는 일에 게으르지 않았던 것은 진실로 현명한 태도라고 하지 않을 수 없다.

메이지 유신의 사상적 개혁이 근왕지사(勤王志士)의 황도 세계관에 입각한 진정한 동지적 결성에서 출발했다는 것은 너무나도 유명하다.]

선전은 새로운 사회관계의 창조로서 단순히 욕망과 관념의 기계적인 재현은 아니다. 따라서 선전은 언제나 사회적 자아의식에 기초를 둔 사회적 인식에서 출발하는 것이므로, 이 인식의 착오는 곧바로 선전 정책의 착오가 되어 전쟁 지도 전체를 그르치기에 이른다.

---

[29] 앨프리드 찰스 윌리엄 함스워스 노스클리프(Alfred Charles William Harmsworth, 1st viscount Northcliffe, 1865~1922): 영국의 신문 경영인. 1896년 런던에서 『데일리 메일(Daily Mail)』과 『데일리 미러』를 창간했다. 제1차 세계대전 때 신문을 이용한 독일 반대 여론을 형성하는 데 힘썼고, 세계적인 신문왕으로 명성을 얻었다.

전시에서는 선전이 곧 정치라는 의미는 이러한 점에서도 말할 수 있으며, 선전 실행자의 강력한 실천력은 전시 정책에 대한 올바른 이해와 강한 신뢰를 통해서만 비로소 생기는 것이다.

4) 가장 중요한 문제의 해결을 향해!

예를 들어 정보국이 일약 선전성으로 승격됨으로써 선전대신(宣傳大臣)이 정치의 지도 원리(일본 세계관)를 파악하지 못하고, 게다가 선전사업에 관여하는 간부들이 동지적 결합이 없이 정부의 전시정책의 모순과 착오를 비판하고 수정하여 극복하는 강력한 지도력과 발언권이 주어지지 않는다면, 다시 말해서 그 신념과 능력 면에서 가장 적절하고 우수한 '사람'이 그 자리에 배치되지 않는다면, 결국 선전성도 유명무실하게 되고 다시금 그 권위는 땅에 떨어지게 될 것이다.

지난 대전(大戰)에서 영국의 선전이 세계 선전의 역사에서 공전의 성과를 거둔 것도, 저 크루 하우스[30]에는 독일과 오스트리아의 사정에 정통한 바이츠컴 스테이드가 있었고, 조직적 천재인 캠벨 스튜어트가 있었고, 그 위에 이러한 것들을 통솔하는 날렵하고 담대한 노스클리프가 있었기에, 저 정도의 공적을 얻을 수 있었던 것이다.

그러나 이번 독·영전에서는 영국의 선전전이 6년간 뒤처졌고 노스클리프 같은 천재적인 위인도 없고, 게다가 세계를 매료시킬 만한 슬로건을 잃어버린 데모크라시와 마르크스 사상 진영은 나치의 세계관으로 무장한 괴벨스의 상대가 되지 못하고 있다.

괴벨스는 나치당 건설의 투사이고 따라서 나치의 세계관과 그 정책을 꿰뚫고 있을 뿐만 아니라, 그는 노스클리프보다 뛰어나지도 부족하지도 않은 군중 심리에 비범한 통찰력을 지닌 사람이며, 불굴의 의지력과 불퇴의 행동력과 놀랄 만한 창조력의 구현자이기도 하다. 다시 말해서 나치의 선전도 일개 저널리스트인 괴벨스를 기용하면서 비로소 해결되어 이번 대전의 선전전에서 혁혁한 승리를 확보하였다.

이러한 일련의 사실들을 생각해보면 오늘날 정보국 개조에 의한 행정기구로의 승격은 정보국이 당면한 문제가 아니라 이를 통솔하고 주재하는 '사람'에 있음을 이해할 수 있을 것이다.

---

30 크루 하우스(Crewe House): 영국의 선전 비밀본부.

선전성(혹은 정보국)의 임무가 어디까지나 권력에 의한 '정신 지배'에 있는 게 아니라 사상적 참모 역할을 통해 비로소 이루어내는 '정신지도'에 있다는 이 한 가지 일을 이해하지 않고, 정보국의 재정비가 행정기구상 혹은 조직구성상의 재건에만 있는 것처럼 생각하는 수박 겉핥기 식의 무리들은 이미 때와 장소를 함께 논하기는 어려울 것이다.

오늘날 일본에서 나치 독일에서와 같이 전 국민을 동지적으로 결합시켜 약진 또 약진하는 발랄한 정치력이 없는 것은, 정치의 배경이자 원동력인 지도원리 즉 세계관이 희박하고 세계관을 구현할 실제 정책상의 신념이 수반되지 않기 때문은 아닌가? 일본민족의 조국애와 신도감(臣道感)에 배어 있는 충정(衷情)에 호소하여 모든 국민 평등의 감격이라고 환기시킴으로써 국민의 열정을 끓어오르게 할 수 있는 정치가의 매력과 정신작용을 무시하고서, 어떻게 거국일치의 적극적 위력을 발휘할 수 있겠는가!

우리나라의 현상에서 문제가 될 만한 것은 선전 이전의 가장 중요한 것, 즉 정치의 궁핍, 그 사상적 빈곤을 살펴보지 않으면 문제는 진정으로 해결할 수 없고, 따라서 선전활동 그 자체의 빈곤 또한 구제할 수 없을 것이다.

그렇다면 우리나라의 '정치의 빈곤'은 어떻게 구제할 수 있는가 하면, 그것은 내가 반복해서 강조하고 있다시피 1억 국민의 세계관적인 통일을 이룸으로써 먼저 사상적 국내질서를 수립하는 것이다. 히틀러가, 비국민사회주의(否國民社會主義, 나치즘)가 독일 정권을 장악한 것은 사상전에 있어서 독일 최초의 승리였다. 무기의 싸움, 국방군의 격투가 이루어지기 전에 미리 적에게 승리하는 것이-사상전에서 승리의 전제가-전격전(電擊戰) 승리의 절대조건이다. 오늘날의 전쟁은 무력만으로는 결코 그 승패가 결정되지 않는다. **지나사변**이 전격적으로 승패를 결정하기에 이르지 않고 이른바 '장기항전'이 이루어지고 있는 것은 전적으로 무력으로 싸우기 전에 사상(정신)전에서, 경제전에서, 정치전에서 승리를 위한 사전 공작이 준비되고 확보되지 않았기 때문이다. 세계관(사상) 전쟁에서의 승리-손자(孫子)의 마음을 공격하는 싸움-야말로 모든 승리의 불가결한 전제조건이어야 한다.

때문에 나는 선전을 단순한 운용의 면, 기술의 면에서 관찰할 수 없는 이른바 **선전인(宣傳人)**-정치가, 사상가가 아닌 선전인-을 무비판적으로 받아들일 수 있는가 하는 '일본선전문화협회(日本宣傳文化協會)'의 구성에도, 아니 좀 더 정확히 말하면 정보국 그 자체의 인적 구성에도 큰 의심을 품는 한 사람임을 여기에서 솔직하게 고백하고자 한다.

그러나 현재는 정보국이라 할 것도 없이, 관료군 그 자체가 어떤 세계관적 연락이 없는 '오합지졸'에 지나지 않는 것은 아닐까!

정보국과 같은 사상적 참모본부여야 할 곳의 구성원으로서 전혀 세계관적인 통일도 없고 동지적 결합도 없이, 다시 말해서 사상·선전의 주체적 지도성에서 이미 결함을 드러내고 있는데, 어떻게 통일된 사상·선전이 행해질 수 있다는 것인가?

사상·선전은 근대 총력전의 지도 원리이어야 하므로, 따라서 사상·선전전을 세계관과 관련시켜 이해하려 하지 않는 상업주의적 선전 이론의 반입을 우리는 절대로 배척해야 한다고 믿는다.

선전은 일정한 세계관에서 생겨난 각자의 관념이 그 형상을 빌려서 개시(開示)하는 것이다. 따라서 선전 형태의 조직적 근원이 되는 것은 이 형상들 그 자체가 아니라 선전자의 세계관의 체계이다. 이 세계관이 선전 형상의 선택과 그 형상의 내용을 규정하는 것이다. 선전자의 세계관은 이렇게 결정적인 의의를 갖는 것이다.

히틀러 총통은 그 점에 관해서도 재빠르게 저『나의 투쟁』에서 이미 다음과 같이 경고한 바 있지 않은가!

선전이 영국에서는 제1급의 무기로 이용되고 있음에 반해 우리나라에서는 실업정치가의 생계 수단으로밖에, 혹은 기껏해야 내성적인 영웅들의 집세벌이로 이용되는 데 지나지 않았다. 결국 우리에게 그 효과는 제로에 가까웠다.

선전을 제1급의 무기로서, 즉 총력전의 지도 원리로서 사용하지 못하고 실업정치가나 상업 광고인들의 생계수단이나 집세벌이로 이용되어서는 '제로에 가까운 효과'조차 기대할 수 없을 것이다.

그렇다면 보라!

히틀러는 지난 대전에서 독일의 패배를 "마르크스주의에 대항할 수 있는 강렬한 정복 의지를 지닌 하나의 근본적인 새로운 세계관을 결여하고 있었기 때문에 일어난 필연적인 결과일 뿐이었다"라고 하여, 패배의 근원을 독일 정부의 사상적 무력함으로 귀결시키고 있는 게 아닐까!

진정한 세계관적 신앙에 의한 정신력이야말로 모든 전투의 전술에 군림하는 원동력이며,

따라서 사상전 없는 무력전, 사상전 없는 경제전, 사상전 없는 외교정치전이 아니라, 사상·선전전이 최고의 예지(叡智)로서 전쟁 지도의 가장 중대한 원리로서의 사명을 띠는 것 또한 필연의 논리라고 하지 않을 수 없다.

5) 사상체계 없는 물자동원의 실패

다음으로 사상·선전전 없는 경제전이 성립되지 않고, 따라서 사상적 지도를 수반하지 않을 경우 단순한 물자의 동원이나 절약조차도 할 수 없음을 논증한 카이저(Kaiser)라는 황제가 있었다.[31] 진정한 지도자로서의 자격을 완전히 결여하고 사상적으로 무력한 강권 지배는 어째서 패배할 수밖에 없었는가라는 역사적 사실에 대해 연구해보고자 한다.

× ×

첫째로 '사상의 빈곤'이 어째서 치욕이며 어째서 무력한가라는 논증에 대해서는, 사이토 쇼(齋藤晌)[32]의 논문(「전후의 사조(戰後の思潮)」)의 한 절을 인용해보고자 한다.

"현 단계에서 모든 조치가 어떤 적절한 사상대책으로 일관되어 있지 않음은 우리의 치욕이다. 단순히 치욕이라고 말하는 데에 그치는 게 아니라 에너지의 소모이다"라는 신념에 찬 단정 아래 사이토 씨는 다음과 같이 언급하고 있다.

'금으로 된 장식을 없애자!' 금을 정부에 팔고 가능하면 헌상하자. 이렇게 외치고 있다. 그러나 그 이유는? 일본에는 금이 적다. 외국 물품, 그중에서도 특히 일본에는 부족한 군수품을 사려면 아무래도 금이 필요하다. 금을 민간에서 모아야 한다. 너무나 당연하다. 그렇지만 이에 대해 대중을 사상적으로 납득시키는 것이 불가능하다. 대중 분들이 더욱 '사상적'이기 때문이다. 왜 금이 경제의 중심 요소가 되고 있는가. 또 일본처럼 금이 적은 나라가 어떻게 황

---

31 제1차 세계대전 당시의 독일 황제인 빌헬름 2세(Wilhelm II)를 가리킴.
32 사이토 쇼(齋藤晌, 1898~1989): 철학연구자, 교육자.

금경제를 지켜나가야 하는가. 그리고 국민들 사이에 흩어져 있는 황금의 양이 과연 얼마나 있다고 생각되는가. 그리고 그것을 수집하여 회수한다면 어느 정도 기간 동안 일본의 재정을 안전하게 유지할 수 있는가. 국민이 소유한 황금이 모두 깨끗이 없어져버린다면, 그 후는 도대체 어떻게 되는 것인가. 그래서 일본의 재정은 파산되는가. 혹은 황금이 없어도 되는 경제제도로 전향하는 것인가. 아니면 그때까지 버텨낼 수 있으면, 그래서 비로소 재정이 회복되어 안정을 얻을 수 있게 되는 것인가. 혹시 그래서 재정이 회복된다면 어떻게 그렇게 되는가. 아니면 그래서 사변이 일단 문제없이 끝난다는 조짐이 있는가. 이 사항들이 확실하지 않은 이상 국민의 태도는 어떻게 하더라도 소극적인 상태에 머물 것이다.

견고한 목면을 버리고 취약한 인조섬유를 사용하자! 그 이유는? 일본에 목면이 없기 때문에. 그러면 이유가 되지 않는다. 목면을 완전히 없애도 정신적으로 물질적으로 어떤 나쁜 영향은 없을까. 국내의 목재는 충분히 인조섬유의 생산을 감당할 수 있는가. 지금부터 반영구적으로 목면을 전폐하는 것인가. 아니면 약간의 기간만의 일인가. 이것을 먼저 규명할 필요가 있다. 사변은 이러이러해서 끝나거나 혹은 끝나지 않는다. 따라서 이러이러한 기간을 참아내라. 그러면 수입이 다시 시작될 것이다. 혹은 만주나 중국 방면의 증산으로 우리의 수요에 부응할 수 있게 될 것이다. 만약 현재대로 목면을 사용할 수 있다고 논리적·계통적으로 설명한다면, 국민은 자신의 일로 받아들일 수 있게 될 것이다.

이와 같이 논자는 금의 헌납과 순면의 폐지 문제에 대해 매우 교묘한 자문자답을 해가면서 거듭 다음과 같이 결론지었다.

위정자들이 이와 같이 계통적으로 대중에게 호소할 수 있도록 하기 위해서는 그들 자신이 한층 높은 체계적인 세계관을 가지고 현실에 대한 자신 있는 전망을 내리지 않으면 안 된다. 그렇지 않다면, 사상에 유기적인 통일을 부여할 수 없게 된다면, 전 인격적으로 또 전원 협동적으로 신속 예민한 태도로 나아갈 수 없을 것이다. (『戰後の思想』, 第一書房, 169-171쪽 참조)

일정한 목적을 위해 선전의 원리를 적용하려 할 경우, 포괄적이면서도 예리한, 국민의 동향에 관한 통찰력과 직각적(直覺的)인 민심의 분위기 파악과 정치·경제·사회적 상황에 대한 기초적인 지식을 필요로 한다. 구체적인 선전 양식은 관련된 원리적 지식의 구체적인 타당성에 따라 결정되는 것이며, 이렇게 해서 선전은 민중의 각 층으로 침투할 수 있게 될 것이다.

진실로 계통적으로 대중에게 호소하는 힘이 없고 체계적인 세계관을 견지할 수 없는 선전전 혹은 경제전은 얼마나 처참한 것인가!

정보국 내지 선전문화협회는 여전히 동지적으로 결합하지 않고 있다. 따라서 세계관적으로 통일되지 않은 인적 구성에 의해서 활발하고 과감하게 효과적인 선전활동을 완수할 수 있다고 할 수 있겠는가!

6) 롤바츠하와 슈바이니츠 소좌

두 번째는 지난 대전에서 '독일의 사상적 패배'에 대해서이다. 독일의 최고통감부가 선전을 위한 권위 있는 중앙기관이 필요함을 통감하여 그 건설에 열의를 가진 것은 1916년 말경이었다. 영국이 비브아브르츠크 경을 영국 정보성(情報省) 대신으로 삼고, 노스클리프 경을 정보성 대적선전부장(對敵宣傳部長)으로 임명했다. 1918년 2월 13일보다도 2년 이상이나 앞선 것인데, 독일 정부는 이 제안에 대해서 완전히 마이동풍(馬耳東風)이어서 독일은 이미 이 점에서도 일찍이 분열해 있었다고 말하지 않을 수 없다.

독일군 참모본부는 1916년 12월 중순에 베르됭[33] 공격의 실패가 군대 내에 크고 작은 동요를 발생시켰기 때문에, 그 원인을 내부에서 반전적(反戰的)인 정치운동의 악영향으로 삼아 애국선전-애국교육의 필요를 인식하였다. 1917년 7월 29일 루덴도르프 장군이 서명한 **방대한 애국교육의 대방침**을 결정했는데, 같은 해 10월 26일 루덴도르프 장군이 정부 부처 내의 내홍으로 계관(桂冠)하게 되어 모처럼의 애국교육은 가장 필요한 시기에 실시되지 못하고 중단되고 말았다.

이리하여 독일 정부가 노스클리프의 공격을 만나 선전을 위한 중앙기관을 설립한 것은

---

33 베르됭: 프랑스 동북부의 요새 도시로서 제1차 세계대전 중 프랑스군과 독일군 사이의 격전지.

1918년으로서, 그해 8월 29일 도이텔모제 국장과 폰 헤프텐[34] 대좌가 개별적으로 정부와 군부의 선전을 주재한다는 불통일(不統一)을 중지하여 점차 상호협력이 이뤄지기 시작한 것이었다. 다시 말해서 기간으로 보면 영국 노스클리프의 활동보다도 6개월이나 늦었으며, 게다가 이 두 사람 외에는 인재가 없었고, 더구나 중앙선전기관이 재상에게 직속되지 않고 외무성의 국장 아래에서 통솔되었기 때문에 더욱 나쁜 상황이었다. 뿐만 아니라 선전기관이 통일되자마자 바로 10월 11일에 휴전 상태로 들어가버렸기 때문에 재상은 이미 선전에는 관여하지 않게 되었다. 더구나 그 최후의 지도자이자 국장이기도 했던 에르츠베르거[35]의 사상은 윌슨이 선전하는 평화 이상에 오히려 공명하는 것이었기 때문에, 결국 독일은 자국 고유의 이데에(イデエ, 세계관)를 대외적으로 선포할 희망을 완전히 단념해야만 했다.

그러나 1916년 이래 독특한 경륜을 세계에 발표하여 독일을 위해 만장(萬丈)의 기염을 토한 것은 『독일의 세계이상(獨逸の世界理想)』의 저자로 명성을 날린 저널리스트 바울 롤바츠하이다. 그리고 1917년 7월부터 헤이그 주재 독일공사관 소속 육군무관이었던 소좌 빌헬름 폰 슈바이니츠였다.

슈바이니츠 소좌는 제반 정세로부터 관찰하여, 독일에 당면한 최대 급선무 가운데 하나는 확고한 선전계획의 수립에 있다고 말하였다. 그는 그때, 즉 1917년 10월부터 이듬해(1918년) 여름까지 끊임없이 대규모적인 선전을 제안하였다. 슈 소좌는 1918년 2월 7일의 보고-이것은 카이저와 재상, 그리고 최고통감부의 눈에 들었는데-에서 다음과 같이 서술하고 있다.

> 카탈로니아의 들판에서는 지상의 전투와 더불어 정신의 전투가 행해지는 것이다. 이 이중성이야말로 세계전의 최후의 양상이다. 우리는 지상의 전투에서 승리해야 하는 것처럼 정신의 전투에서도 승리해야만 했다. 군사상의 공세는 윤리상의 공세를 통해 뒷받침되어야 한다-독일의 입장에 선 사상적 보루인 군주체제는 유행하고 있는 데모크라시에 뒤지지 않는 현대적인 것이며 장래성 또한 풍부한 것이다. 우리의 프러시아적 독일정신은 몇 세기의 시련을

---

[34] 베르너 폰 헤프텐(Werner von Haeften, 1908~1944): 독일의 군인(육군중위). 1944년 히틀러 암살계획에 참여했다가 처형되었다.
[35] 마티아스 에르츠베르거(Matthias Erzberger, 1875~1921): 독일의 정치가(중앙당 좌파의 중심인물), 바이마르공화국 초기의 재무상, 작가.

견뎌내면서 늠름하게 성장을 이루어왔다. 우리에게 부족한 것은 단지 예언자이다. 우리의 정치적 사명을 세계에 전도하는 용도이다.

슈 소좌에 의하면 프러시아적 독일정신이 의미하는 바는 귀족적인 엄숙한 자제이고 극기였다. 1917년 10월 11일 소좌는 외무성의 육군 연락부 앞으로 그가 기획한 선전 프로그램의 스케치를 보내고, 그 안에「데모크라시적 이상」이라고 제목을 달아 다음과 같이 언급하였다.

우리 독일이 세계에서 야만적이고 미개화된 정체의 국가라는 것은 적국(敵國) 측의 신조이다. 정말로 우리나라의 역사에는 저들과 같은 혁명이라는 현상은 없었다. 왜 없었을까. 그것은 우리나라에는 혁명의 인자이자 전제조건이 될 만한 것이 존재하지 않았기 때문이다. 예를 들어보자! 프랑스에서는 루이 14세가 '짐은 국가이다'라고 호언했지만, 프리드리히 대왕은 스스로 '국가의 공복이다'라고 겸손했다. 호헨졸렌 왕가와 부르봉 왕가의 민(民)에 대한 태도는 이 말이 각각 보여주는 바와 같이 차이가 있다. 우리는 엄격한 규율을 원한다. 더구나 자유로운 의지에 의한. '나는 섬긴다'야말로 어떠한 독일인도 갖고 있는 모토이다. 그러나 그것은 국왕을 섬기는 게 아니라 국사(國事)를 섬기는 것이다. 국사를 섬기는 첫 번째 사람이 곧 황제이다. 황제는 즉 국가의 대리자이다. 우리의 전제주의는 곧 자율주의이다. 이번 대전에서 국민의 노력은 다시 말하면 바로 국민 전체가 황제의 협력자라고 불러도 좋을 만하다. 우리 국체의 발전과 흥륭은 자유로운 의미에서 내장(內藏)하는 법칙에 준거하는 것으로 충분하다. 우리 독일인은 외국으로부터 어떠한 가르침도, 또 어떠한 실례도 배울 필요는 없다.

조금 완고하지만 확신에 가득 찬 슈바이니츠 소좌의 애국의 열정, 황제에 대한 충성을 보자!
1918년 루덴도르프 장군에게 보낸 글 가운데 슈 소좌는 장군을 향하여-'나폴레옹의 운명을 상기하시오'라고까지 촉구하고 있다.
바울 롤바츠하 또한 1916년 이후 범독일주의자들의 세계정복 플랜에 반대하여 공명정대한 성명을 정부가 발표하도록 운동했지만, 어떠한 효과도 거두지 못하였다. 그는 정보중앙본부 과장직을 사임하고 자신이 주재하는 주간지『정치독일(政治獨逸)』을 통해 재야에서 싸우는 장수로서 필진을 펼쳤다.

독일의 동진(東進) 정책은 롤바츠하가 즐겨 창도한 것이었다. 그에 따르면 높은 문화적 능력을 보유한 독일에게 동방경략은 오히려 의무이고 과제여야만 했다. 또한 그는 독일의 의무의 하나로 러시아의 폭압 아래 굴복당하여 마지못해 러시아화되고 있는 발틱 방면 변경지방의 여러 나라들에 대한 구제와 해방을 열거하였다. 그 나라들은 독일의 보호 아래로 들어와야 할 것이다. 독일은 야만스러운 러시아에 대항하여 유럽을 수호해야 한다. 그리고 그것을 위해서는 서부에서 투쟁은 가능한 한 피해야 한다. 롤바츠하는 1916년 루덴도르프 장군을 움직여서 이 계획을 실현시키려고 했지만 헛수고였다.

롤바츠하의 제국주의는 그 스스로 칭했듯이 윤리적 제국주의여서, 범독일주의자의 형이하학적 제국주의와는 완전히 그 성격을 달리한다.

1918년 봄, 윌슨이 연합국의 모토를 큰 소리로 외치자, 롤바츠하는 또다시 일어나 득의만만하게 도덕적이고 정치적인 큰 깃발을 흔들며 이에 응수하였다. 민족자결의 이상은 독일이 요청할 것이고 이집트와 아일랜드의 탄압에 급급한 영국 등이 민족자결을 운운할 권리는 없다고.

그러나 원기 왕성한 롤바츠하의 노력도 독일 정부에 채택되지 않았고, 미국의 참전으로 쓸모없이 끝날 수밖에 없었다. 그러나 불굴의 롤바츠하는 1917년 9월에 내각의 1과장 앞으로-'우리는 우리나라의 전쟁 목적을 공식적으로 명백히 해야 한다. 전쟁 목적이라는 것도 궁극적으로는 사상적인 것이어야만 된다. 그렇지 않으면 연합국에 대항할 수 없다'라고 적어 보냈다.

롤바츠하와 슈바이니츠가 적절히 지적한 바와 같이, 외면적 권력 의지에만 기대어 내적 사상력-자각적 의지 형태로서의 세계관-을 경시하는 것은 히틀러의 말대로 '제로에 가까운 효과'밖에 얻을 수 없다.

롤바츠하와 슈바이니츠 소좌가 이 감투(敢鬪)와 호헨졸렌 왕조에 충성한 것을 생각해보면, 오늘날 여전히 우리의 가슴을 때리는 게 있지 않은가!

독일이 지난 대전에서 선전전에서 패배한 것은, 이러한 역사적 사실이 시사하는 바를 통해 살펴본다면, 독일 국내에는 정치적 이데에(イデエ)가 존재했음에도 당시 정부당국이 사상·선전전을 지도할 만한 능력과 어떠한 이해도 존재하지 않았던 것에 있었다. 다시 말해서 정부

당국의 사상적 무력함이라는 원인 때문이라고 주장할 수 있다.

우리나라의 현상을 보면, 이러한 점을 멀리하여 본보기로 삼지 않고 있으니 참으로 감개 이상의 분노로 불타지 않을 수 없다.

[롤바츠하와 슈바이니츠에 관해서는 베를린대학 한스 짐머(Hans Thimme)의 『무기 없는 세계대전(Weltkrieg ohne Waffen)』 원서 및 우메자와 신지(梅澤新二) 씨의 번역문을 참조하거나 인용하였다. 이에 사의를 표한다.]

7) 선전 실행기관[36]의 동지적 재편성

이상에서 두 가지의 중대한 실례가 우리에게 주는 교훈은 무엇일까?

선전·사상전이란, 결국 세계에서 비할 데 없고 또 타의 추종을 불허할 확고부동한 세계관(황도)을 가지고, 그 안에서 발랄한 일본정신과 불타오르는 조국애가 약동하는 과감한 전투를 수행하는 것밖에 없다. 물론 우수한 선전 기술의 총동원도 필요하다. 하지만 지금의 일본에서 사상·선전 분야가 통일되지 않는 혼란은 결코 그 기술 동원기관의 혼란에 있는 게 아니라, 위정자의 사상적 무력감, 아니면 전시 사상·선전전의 중요성에 대한 인식 부족에 있다고 할 수 있다. 더구나 그 정치적 이데에(황도 세계관)가 우리나라에 부족한 것이 아니라, 이것을 활용하여 선양토록 하는 지도적 능력(즉 그 사람)을 찾을 수 없는 것이다.

우리나라에는 한 사람의 노스클리프도 없는가!

저 괴벨스는 존재하지 않는가!

루덴도르프 장군은 국가총력전의 기초조건으로 국민의 정신적 단결의 중요성을 설파했지만, 이 사상·선전이 전쟁 지도의 안목, 사상적 참모본부로서 선전 계획의 통일과 설계가 정책을 결정하는 사무국의 그것과 마찬가지로 필요하고, 위신을 갖고 있는 사람들로 구성되어야 함을 주장하는 것일 뿐이다.

지금이야말로 모든 전시 정책은 동시에 사상·선전 대책이지 않으면 안 되며, 정책과 선전

---

36 앞의 목차에는 그냥 '선전기관'으로 되어 있음.

은 손과 장갑처럼 함께하지 않으면 안 된다.

루덴도르프 장군은 "훌륭한 선전은 실제의 정치적 사건보다 앞서야만 한다. 또한 선전은 그것이 선전 활동이라는 것을 드러내는 것이 아니라, 정책에 대한 선도자(露拂ひ)[37] 역할을 맡아 여론을 형성해야만 하는 것이다. 그러나 여기서 가장 걱정되는 일은 선전 실행자와 외교관에 대해 (선전 본부가) 서로 간에 공개적으로 배치되는 것이다"라고 주도면밀한 경고를 내리고 있다. 그런데 우리나라에서는 선전 실행자와 외교관이 공개적으로 배치되는 것 같은 일이 일단 행정기구상의 조치로 구제되고 있을지도 모르겠다. 하지만 전쟁의 가장 권력적인 지도기관인 정부-그 일련의 관료군이 전혀 내면적 통일, 즉 세계관적인 관련이나 동지적 결합 없이 이른바 '오합지졸'인 이상, 사상적으로나 내면적으로 늘 혼란은 거듭되고 통일은 흐트러질 수밖에 없다.

더구나 세계관의 통일을 근본적인 불가피한 조건이라고 보는 정보국에서 피하여 이 한 가지 일이 구제되지 못할 거라고 본다면, 정책에 대한 선도자로서의 선전이나 사상대책으로서의 체계적인 정책의 선전 지도가 이뤄질 수 없다는 것은 오히려 당연한 귀결이지 않을까!

그러므로 우리나라가 현재 당면한 문제는-즉 선전성을 행정기구로 승격하는 개혁의 문제가 아니라, 또 '선전 사무에 관여하는 간부들(정보국 수뇌자)이 형식적으로 행정상이나 내각 안에서 어떠한 위치를 차지하는가'라는 문제도 물론 아니라, '선전·사상전에 종사해야 할 사람이 어떤 인물이어야 하는가, 그리고 현재의 구성 진용을 인물 면에서 어떻게 새롭게 바꿀 것인가, 동지적 결합을 어떻게 가능하게 할 것인가'라는 문제와 관련되어 있다. 이것이야말로 진실로 선전성 설립 이전의 제일 중요한 근본 문제여야만 한다.

그러나 사상이라는 현상은-졸저 『총력전과 선전전』에서 해설한 바와 같이-결코 그렇게 단순한 것은 아니다. 사상 현상은 동시에 심리 현상이고, 따라서 사회의 성격 내지 단계에 응함과 동시에 다른 사회로부터의 영향에 의존하는 것으로서, 각기 적극적 내지 소극적인 내용을 가지고 있다. 종래 일본의 학자나 저널리스트는 대개 사상 내용에만 흥미를 갖고 있고, 그 사회적 관계(정치적·경제적, 혹은 적국 등의 영향)를 무시한 적이 많았다.

선전은 먼저 그 선전을 필요로 하는 사회적 배경을 살려보지 않으면 안 된다. 이러한 태도

---

37 露拂ひ(露拂い、つゆはらい): 귀인의 앞에서 길을 열어가는 사람.

에서 선전을 포함한 근대 사회의 정신적 상호작용이 명확해지고, 그 결과 집단의 감정 및 행동을 지배하고 지도하는 방법을 인지할 수 있는 것이다.

내가 정보국의 인적 구성은 세계관적 통일을 갖추어야 한다고 이야기했다고 해서, 모든 것이 '**살아있는 사상**'임을 이해하지 못하는 이른바 '학자'들만으로 이것을 구성하자는 것이 아님은 당연하다. 다시 말하면, 이 일에 종사하는 사람은 세계관적으로 확고한 신념의 소유자임과 동시에 예민하면서도 시대적인 감각과 군중 심리를 통찰할 줄 아는(즉 정신과학) 이해자여야만 한다.

선전 활동의 배경이 되는 상태는 언제나 사회 불안정의 상태를 반영하고 있다고 보아야 한다. 선전의 침투 작용으로 변화하는 최후의 단위는 결국 개인이지만, 이 개인은 사랑하고 미워하고 움직이고 먹고 사는 인간이며, 환경에 대해 순종적인 성질을 지닌 인격체이다. 따라서 선전의 대상이 되는 인간은 복합적인 실체로서 끊임없이 변용하는 것으로 취급되어야만 한다.

우리나라의 사상·선전은 이러한 점에서 너무나도 기계적이고 또한 공식적이다. 다시 말하면 선전이라는 것에 대해 너무나도 모르는 사람들을 통해 이루어지고 있다. 때문에 **선전의 빈곤**은 이러한 의미에서 역시 정말 '**사람의 빈곤**'이었던 것이다. 그러므로 아무리 멀리까지 내다볼 수 있는 계획이라 해도, 관련 인재의 양성을 염두에 두고 그 양성에 필요한 시설을 준비하는 것이야말로 눈앞에 놓인 가장 긴요한 문제라고 할 수 있다. 국민정부 아래에서조차 선전인 양성학교가 신설되지 않았던가.

선전성 이전의 문제는 무엇인가? 선전은 (따라서 정보국은) 무엇부터 시작해야 하는가?

이 문제에 대한 나의 해답은, 위에서 살펴본 바와 같이 지극히 소극적이라 보일지 모르겠지만, 사상·선전전의 중대성을 인식하고 나아가 장래에 필승을 기하고자 하는 것으로서, 다른 사람들처럼 그저 정부나 관청의 주문에 따라 안성맞춤의 적당한 '신체제' 안이나 조직안을 책상 위에서 만들어내는 것 같은 짓은 유감스럽게도 나로서는 불가능하다. 또한 독일 선전성의 뼈대만을 흉내 내는 것만으로는 결코 창조적인 선전 활동이 이루어질 수 없다.

나는 이것을 끝까지 실천 위에서 싸워나갈 것이며, 끊임없이 그리고 불요불굴의 노력을 계속할 것이다.

괴벨스의 '카이저 호프에서 수상관저까지'의 투쟁의 역사, 즉 '승리의 일기'를 계속 써내려

간다면, 나치스의 선전 조직과 독일 계몽선전성이 단지 히틀러 총독의 명령만으로 만들어진 게 아니라 나치스의 고투(苦鬪)의 역사에 의해 이루어진 것임을 깨달을 수가 있을 것이다.

괴벨스는 1932년 1월 1일의 일기에서-올해는 냉엄하다. 무자비한 투쟁의 해가 될 것이다. 확고하게 흔들림 없이 대지에 선 강자만이 이 싸움을 이겨낼 수 있을 것이다. 대단히 중요한 것은 … 어디까지나 대중의 한가운데에 있어야 한다는 것이다. 단연코 국민으로부터 유리되어서는 안 된다. 국민이 우리 업무의 발단이고 중앙부이고 종국이다.-라고 적고 있는데, 이 일기는 나에게 놀랍게 암시적이고 또한 대단히 교훈적이다.

1942년(皇紀 2602년)은 우리에게도 대단히 엄혹하고 무자비한 전쟁의 해가 될 것이다.

그러나 선전이라는 업무가 절대 국민으로부터 유리되어서는 안 된다는 것, 국민이 이 업무의 발단이고 중앙부이고 종국이라는 중요한 교훈을 이제 다시 한 번 깊이 새겨 절대 잊어서는 안 될 것이다.

2. 대동아전쟁과 신문의 사명

1) 기존 신문 수뇌부의 퇴진을 요망한다

우리 일본 민족의 큰 이상을 거리낌 없이 표명한 것처럼 보이는 '대동아전쟁'이라는 호칭은 적적하면서도 통쾌한 것 같지만, 적성(敵性, 미·영)의 소재를 명확히 하고 있지 않다는 한 가지 문제점이 있다. 대동아전쟁은 일면 팔굉일우(八紘一宇)의 전쟁이다. 우리가 여러 해에 걸쳐 주장한 바와 같이, 이번의 일대 성전은 어디까지나 황도 세계관의 싸움으로 전개될 것이며, 대어(大御)의 위엄으로 세계를 빛내고 황도의 올바름 앞에 엎드리도록 해야 할 것이다. 그렇다면 한층 더 적성의 소재를 명확히 하고, 적국으로부터 자신을 방위했다는 것을 역사적 사실로 명시할 필요가 있었다.

이 광휘의 대동아전쟁이 선언되고 신문사업령과 기자등록제의 칙령안 요강의 발표를 보게 되었다. 우리 동지들이 사상적으로 완전히 적진에 앉아서 부동불굴(不動不屈)의 신념으로 싸워온 주장이 점차 여기에서 그 서광을 비추고 있음을 기억하라. 하지만 그것은 바로 저널리즘 혁신의 서광에 머물러 있다. 전쟁은 지금부터이며, 부처를 만들어 혼을 불어넣는 전쟁은 이제부터이고, 그리고 훨씬 곤란한 일이 그 앞길에 가로놓여 있다는 것을 알아야 한다. 신문 자본과 경영의 합일을 꾀하려 하는, 주식자본의 사원 보유라든지 기자의 등록제라든지 이런 것들은 모두 너무나도 당연한 문제여서, 저널리즘이 당면한 개혁에서 근본 문제를 해결할 것이라고는 할 수 없다.

신문의 재편성에 대해 반년의 여유 기간이 주어진 듯하지만, 현 신문기구에서 기존의 간부진에 의해 구성된 신문연맹 같은 것을, 혹은 각 신문사의 현 간부진으로는 신문 재편성의 진정한 목적은 결코 달성할 수 없다.

기존 신문사 간부들의 일제 퇴진이야말로 신문의 재편성이 요망하는 주안점이자 지름길이다.

사상도 연령도 낡아 쓸모가 없게 된 현재의 신문 수뇌자들이 시류에 편승하여 사고팔고(四苦八苦)했던 미친 짓과 저널리즘 개신(改新) 방책의 혼미함, 쓸데없이 좌고우면(左顧右眄)했던 추태에 대해, 재능 있는 중견 신진의 신문인은 이미 기존 수뇌자들에게 믿음을 두고 있지 않다. 중견 신진 신문인의 신망을 잃은 저들 기존 간부들이 이제부터는 저널리즘 기구에서 지도력을 발휘할 수 없을 것은 불 보듯 뻔한 일이다. 따라서 다가올 신문의 재편성은 기존의 신문연맹 때의 재편성처럼 시작해서는 안 된다.

동지 이마에다 시로(今枝四郎)는 《아사히(朝日)》=《마이니치(每日)》두 신문에 실린 사설을 비교 검토하여 일찍이 파사현정(破邪顯正)의 필진을 펼쳤는데, 그는 '주사위는 던져졌다' 등으로 정확히 지적하였다. 이 대동아 건설의 일대 성전을 스스로 모욕하는 듯한 세계관-사고방법밖에 가지고 있지 않은 불쌍한 무리가 사설이나 〈유제무제(有題無題)〉 같은 중요한 논단에서 부끄럽지 않을 필진을 펼쳐낼 수 있을지, 실로 저널리즘의 일대 치욕이라 하지 않을 수 없다. 동지 이마에다는 지난 11일 자 《신분니혼(新聞日本)》에서 "충용의열(忠勇義烈)의 인사를 등용하여 신문 편집진을 교체하자"라고 열렬한 기백을 말하며 경세(警世)의 문자를 늘어놓고 외쳤다. 《오사카아사히(大朝)》와 《오사카마이니치(大每)》의 사설에 대한 필검(筆劍)에 의한 견제라 하고, 신문 진용의 질적이고 근본적인 재편성의 요망이라 하여, 실로 근래 들어 당당하고 시원한 문자였다.

이것은 물론 우리가 지금까지 늘 또 끊임없이 외쳐온 주장이라고 할 수 있다. 신문계의 타락한 간부들에 의해 본말이 전도된 신문 재편성이 이뤄지려는 위험성이 있는 이 시기에, 우리의 주장을 여기서 반복해서 단호하게 외치는 것은 결코 무의미한 일은 아니다.

기존 신문 세력의 타락한 간부들을 쫓아내는 것이야말로 신문 재편성의 가장 중요한 역점이어야 한다.

주식자본이 사원에 의해 보유되려면, 신문기자의 등록제도가 실시되더라도 저널리즘 진영 내부를 좀먹는 바실루스[38] 같은 존재가 일소되지 않는다면, 대하고루(大廈高樓)가 개미의 구멍 하나로 무너지는 것처럼 신문 개혁의 안목은 상실되어 소기의 목적은 달성될 수 없다.

중견, 신진으로 특히, 진충보국(盡忠報國)의 정신과 황도 세계관이라는 부동의 신념을 가지고 있는 동지들로, 바로 신문기사사문회(新聞記事査問會)를 만들자!

그리고 시류에 편승하는 사이비 편승주의자나 타락한 간부들을 반성 지도하자!

반성, 지도할 가치가 없는 사람은 저널리즘 진영에서 제거해버려야 한다.

밖으로는 대동아전쟁의 진군(進軍)이 있고 안으로는 황도 세계관의 확고한 동지적 결성이 강화되는 것이야말로, 이 일대 성전이 본래의 의의에서 싸우는 것이고 황도의 승리로 완수되는 것임을, 신문인이여! 지금이야말로 자각해야 할 것이다.

주: 이후 '일본신문연맹'은 '일본신문회'로 발전적 개편을 보았다.

2) 조국애의 앙양과 전쟁열 지속을 위한 방책

우리 황군이 전개하고 있는 전략은 실로 세기의 위대한 광경이며, 팔굉일우의 대 정신을 육·해·공 3군 진격의 전략적 규모에 계시한 것으로서 주목된다. 감사해야 할 일이다.

우리는 필적할 만한 자가 없는 용감무쌍한 황군의 큰 전과에 대해서도, 안으로 1억의 총력을 더욱더 결집 강화할 수 있도록 도모해야만 한다. 국민의 사기를 앙양시키는 중대한 사명을 짊어진 신문의 책무 또한 실로 헤아리기 어렵다.

---

[38] 바실루스(Bacillus): 막대 모양의 세균.

히틀러는 『나의 투쟁』에서 "전쟁열과 같은 격앙된 흥분이 한 번 파괴될 경우, 그것을 다시 회복하는 것은 쉬운 일이 아니다. 전쟁열, 그것은 도취이다. 그러므로 버티지 않으면 안 된다"라고 중대한 경고를 내렸다. 다시금 깊이 자각하게 된 조국애와 황국의 위대한 신념과 대동아전쟁에 대한 씩씩한 전쟁 열기의 흥분을 어떻게 영속적으로 유지하고 나아가 한층 더 앙양시킬 것인가는, 사회교화와 여론지도를 담당한 기관인 신문이 당면한 가장 중대한 과제여야만 한다.

거듭되는 전쟁 승리, 물론 이것은 국민 사기 앙양의 가장 큰 모멘트이다. 그러나 전쟁 승리 뉴스라는 센세이셔널한 흥분, 이 격앙된 흥분에 대한 도취가 언제까지나 그렇게 지속되는 것이 아님은 어려운 심리학적 논거를 내놓지 않아도 명백하다.

따라서 이 전쟁 승리의 앙양과 도취를 지속시키기 위해 신문을 필두로 한 국내의 선전전은 곧바로 활발한 활동을 개시해야만 한다.

이를 위해 신문은 우선 무엇보다도 대동아전쟁의 목적과 의의를 마지막 국민 한 사람에 이르기까지 모두가 철저해질 수 있도록 모든 수단을 강구해야만 한다.

대동아황화권의 확립을 추상적으로 서술하는 데 그치지 말고, 대동아의 건설은 먼저 첫째로는 황위(皇威)의 선양에 있고, 다음으로는 대동아에서 미·영의 정치적 지배의 폐절(廢絶)을 통한 미·영 세력과 그 사상의 구축과 일소에 있다는 것을 강조해야만 한다.

아시아의 역사를 보자! 미·영의 동아 침략의 역사가 아니던가! 아시아의 사상사를 되돌아보자! 아시아에 군림하려 한 영·미 데모크라시 사상의 침윤에 불과하지 않은가! 영·미는 한 손에는 칼과 황금을, 다른 한 손에는 자유민권의 데모크라시 사상이라는 무기를 가지고 아시아를 그들의 무릎 아래 굴복시키려는 야망을 통해 지금도 여전히 그 달콤한 미몽에서 애처롭게도 눈을 뜨려고 하지 않는다.

그러나 이제 복종하지 않는 것을 복종하게끔 한 황군이 정의의 검을 집어 들었다.

신문도 곧바로 파사현정(破邪顯正)의 필진을 펼쳐라!

유구한 2,600년의 역사가 말해주는 황국의 무위(武威)의 근원과 동아 침략의 역사가 보여준 황국의 정의의 진군을 말하여 들려주라!

정의도 성전도 그것은 결코 미사여구로서 이야기되는 것이 아니라, 진무(神武) 천황께서 친히 동정(東征)하신 이래 황국의 성전사(聖戰史)와 동아에 피로 물든 침략의 역사, 동아의 여러 민족의 억압고신(抑壓苦呻)의 역사가 가르쳐주는 역사적 사실을 통해 정의로운 성전이라는 것을 반복하여 강조하지 않으면 안 된다.

신념이 없고 황도 세계관에 투철하지 않은 전쟁열(戰爭熱)은 새벽의 별처럼 덧없이 사라질지도 모른다. 그러므로 역사적 사실을 올바르게 이야기함으로써 대동아에서 황국의 사명과 대동아전쟁이 진실로 성전의 이름에 걸맞은 일대 성전이라는 것을 전 국민에게 확고한 신념으로 심어주지 않으면 안 된다.

이것이야말로 충용의열(忠勇義烈)한 황군의 개전 벽두의 일대 전과(戰果)에 대해, 저널리스트로서 응답해야 할 매우 큰 책무이고 고귀한 의무여야 한다.

정부는 신문의 재편성을 위하여 반년간의 여유 기간을 더해 계산하고 있지만, 전시하라는 촌각을 다투는 귀중한 이때에 반년이라는 재편성 기간은 너무나 길고 또 지나치게 느긋하다.

국민의 직능적 재편성은 신문을 제외한 다른 분야에서는 그럭저럭 진용의 재건을 완수하였다. 오직 신문만이 구태의연한 개망신을 전 국민 앞에 드러내고 있을 뿐. 게다가 여전히 연맹의 오다와라회의(小田原會議)[39]에만 위임하여 신문보국(新聞報國)의 태세 강화를 지체하기만 한다면, 신문인은 어떤 면목으로 국민 앞에서, 대군(大君)의 어전에서 만나 뵐 수 있을까? 황국의 흥폐(興廢), 대동아의 흥폐, 행복하게도 이 한 차례 벌어진 당연한 일대 성전에 조우하는 광영을 입게 된 우리는, 성은(聖恩)에 감읍하고 감명하여 신성국가(神聖國家)를 영구 방위하는 전사로서 천지에 부끄럽지 않은 진용을 하루 한 시각이라도 빠르게 완성해야 할 것이다. 저널리즘에 주어진 이 역사적 과제를 불요불굴의 정신으로 이겨내야 할 것이다.

3) 신문기자 등록제도의 공죄(功罪)

이탈리아의 파시즘은 나치보다 빨리 신문 통제에 착수하여 기자등록제도를 채택한 선각자였다. 나치스는 파시스트보다 저널리즘 개혁이라는 점에서도 많이 배우면서 이것을 모방한 것이었다.

파시스트는 이탈리아 저널리스트가 숙정(肅正) 공작을 진행하기 시작했을 당시 유명한 마

39　오다와라회의(小田原會議): 여러 번 회의를 열어도 항상 아무런 결정도 없이 끝나는 회의를 뜻하는 속어.

지테오츠티 사건이 일어났는데, 이때 정부에 조금이라도 반항한 저널리스트는 일제히 신문계에서 배제당하였다. 배제당하지는 않았다 해도, 기왕의 신문계 경력을 파시스트적으로 A·B·C부터 다시 수련한다는 의미로 새롭게 파시스트 저널리스트의 신등록 신청자의 반열에서 추방당하는 사람이 생겼다.

이와 같은 비참함의 한 실례로서 《코리엔 데츠세 세라》지의 전 편집장으로서 날아가는 새도 떨어뜨린다는 인물이 파시스트의 비위에 거슬려서 몰락하고, 애석하게도 새로운 등록자로 무명의 무리 속에서 풀이 죽어 있어야 했다.

그래서 지금 우리가 문제로 삼는 것은 이와 같이 황도 세계관적 관점에서 신문기자로서 자격을 의심할 만한 인물들을 어떻게 할 것인가 하는 문제이다. 또 관련 사상의 통일을 위해서 과도적 현상으로 어쩔 수 없이 발생하는 신문지면의 단조로움과 독립성의 상실을 어떻게 해결하여 생기발랄한 지면으로 만들 것인가 하는 문제가 제기되는 것이다.

우리는 무엇보다도 세계관적 통일을 요망한다. 그러나 이러한 이유로 저널리즘이 단조로워지고 또 독립적인 생기를 상실하는 것은 최대한 피해야만 한다.

물론 각 신문이 신문기자 양성학교의 졸업자만을 채용할 수 있는 분위기에 이르기까지는 일정하게 과도적 기간이 있고, 또 신문이 황도 세계관적 계발선전기관으로서 새로운 형태를 창조할 수 있기까지는 일시적 현상으로 다소간의 단조로움이나 혼란은 어쩔 수 없다. 하지만 가장 중요한 낙오자의 갱생 부활을 고려하기 위해서는 그가 실격인지 아닌지를 결정하는 '기자사문회(記者查問會)'가 당연히 구성되어야 하는데, 이것은 나치스의 예를 모방해도 좋을 것이다. 독일에서는 신문지구역재판소, 직업재판소에서 이것을 담당하도록 하고 있다.

그러나 나는 이 실격자를 갱생시키기 위해 신등록자라고 하여 저들을 가두로 추방해서는 안 되며 재교육을 위해 신문기자 양성학교에 입학시켜야 한다고 생각한다.

나치의 신문편집기자법 제5조 8절에 "편집자의 직업 실행에 대한 개인적 적성의 요구를 포함하며, 국민국가의 무조건적인 승인에 반하는 세계관을 유지할 것"이라고 명료하게 기입되어 있는 것처럼, 신문기자의 세계관적 재교육은 절대로 필요하다. 나치 신문 편집자는 가장 필요한 조건으로서 다음과 같이 규정하고 있다.

① 공중(公衆)을 그르치는 방법으로 이기적인 목적을 공익의 목적과 혼동하는 이

② 독일을 대외 또는 대내의 국력, 독일 국민의 공동의지, 독일의 전투력, 문화 또는 경제를 약화시키거나 타인의 종교적 감정을 해할 우려가 있는 이
③ 독일의 명예와 존엄을 해치는 자
④ 타인의 명예 또는 복리를 불법적으로 침해하고, 타인의 명예를 해치며, 타인을 조롱하거나 모욕하는 자
⑤ 기타의 이유로 부덕한 자

이상과 같이 열거되어 있는데, 제15조의 "편집자는 자기의 직업을 양심적으로 실행하고, 또한 직업의 안팎에서 자신의 태도에 따라 자신이 요구하는 존경할 만한 사람임을 실증할 의무를 갖는다"라는 것은 특히 주목된다.

편집자에 대한 존경은 스스로의 지도적 태도에 의해 자연스럽게 만들어지는 것이고, 따라서 현재와 같이 사상적으로 난센스인 편집국장이 기존의 형이하학적 권력을 가지고 자신의 위엄을 억지로 유지하려는 것 같은 것은 실로 웃음거리밖에 안 되는 짓이라고 할 것이다.

독일은, 히틀러가 말했듯이, 신문에 대한 단호한 지도와 확고한 방침이 결여되었기 때문에 지난 대전에서 일패도지(一敗塗地)한 쓰라린 체험을 가지고 있다. 우리도 이미 너무 늦었다고 하기도 하지만, 아니, 지금부터라도 결코 늦지 않았으니, 저널리즘의 개혁에 대해 확고한 방침과 단호한 결의를 가지고 임해야 한다고 믿는다. 대동아전쟁을 황도 세계관의 승리로서 유종의 미를 거두기 위해서는 병기(兵器)로서의 신문의 개량과 공부는 당연한 것이며, 병기로서의 신문의 하나의 병졸, 하나의 첨병(尖兵)인 우리의 책무여야만 한다.

4) 신문인 전승 기원 대행진

신문인은 이제 결속해서 일어나자! 미·영은 반드시 멸한다. 황군전승기원단(皇軍戰勝祈願團)을 결성하여 당당하게 시내 행진을 한다—이 얼마나 통쾌한 장거인가! 우리가 주장하고 염원해 마지않는 사상·선전 전선의 통일, 이제 나란히 나아가자. 더구나 철석같이 견고하게 뭉쳐서 통제와 단결을 보이며 씩씩하게 가두로, 그 강대한 한 걸음을 전진하였다!

12월 18일 황공하옵게도 승전기원 폐백사(幣帛使)[40]를 파견해주셨다. 이 아름다운 날에 '재 오사카 신문인 전승기원단(在阪新聞人戰勝祈願團)'의 1천여 명은 남진 정책과 인연이 깊은 호타이코(豊太閤)[41]를 모신 나카노시마공원(中之島公園)의 호코쿠신사(豊國神社)의 신 앞에 집합하여 엄숙하게 기원제(祈願祭)를 집행하였다. 그리고 보무(步武)도 당당하게 오사카의 메인 스트리트를 곧바로 남진하여 인자하신 닌토쿠 천황(仁德天皇)[42]을 제사지내는 난바진자(難波神社)에 이르는 대규모 시위행진을 감행하였다.

도쿄(東京)에서도 나고야(名古屋)에서도 아직 행해지지 않았다. 재 오사카 신문인 1천 명의 결속과 가두 진출은 전국에서 행해진 다른 여러 미·영 박멸 운동이나 행사와 비교해보면 결코 큰 규모의 사업이라고 할 수 없을지 모르겠다. 하지만 어제까지만 해도 대립 항쟁을 일삼고, 또 신불(神佛)을 기원하는 마음이 두텁지 않았던 신문인이 황도정신의 깃발 아래 진충보국의 정성을 맹세하고 일제히 분기한 이 사실이야말로 황국진자(皇國眞姿)의 자각이 아니고 무엇이겠는가! 만방에 비할 바 없는 우리 국체에 대한 감사의 모습이 아니고 무엇이겠는가!

생각해보라! 독일의 전체주의는 겨우 8년, 그런데 일본은 유구한 3천 년의 전통에 빛나고 만방에 비할 수 없는 일군만민(一君萬民)의 신성국가로서, 전체주의라고 할 수 있을 정도로 완벽하게 일체합일(一體合一)된 야마토(大和)의 나라이며, 조국(肇國)하던 그 옛날부터 일체주의의 국가가 아닌가! 세계에서 으뜸가는 우리나라를 본래의 모습으로 되돌려서 전 국민의 강렬한 애국정신을 총동원하고 국가의 총력을 활용하는 것이야말로 미·영의 철저한 항복, 대동아전쟁이 요청하는 최대의 급무이다.

하늘을 지키는 비행기, 고사포의 방위진이 있고, 육지로 나아가는 정예로운 육군이 있고, 사방의 바다를 지키는 강대한 우리 해군이 있다 할지라도, 1억 국민의 지기(志氣)를 진흥하고 그 애국정신의 충정(衷情)에 호소하여 광휘의 국체를 방위하고, 적국의 음험하고 비열한 선전 모략으로 인한 총후(銃後)의 교란을 공격해 무너뜨리는 데에 도대체 어떠한 무기가 있다고 할 것인가! 우리 국체의 방위, 사상·정신 교란 분쇄, 이에 대항하는 최대 무기의 하나인 광영

---

40 폐백사(幣帛使): 칙명에 따라 폐백을 봉헌하기 위해 파견된 사절단.
41 호타이코(豊太閤): 도요토미 히데요시(豊臣秀吉). 다이코(太閤)는 관백에서 퇴임한 사람을 부르는 경칭.
42 닌토쿠 천황(仁德天皇): 4세기 말부터 5세기 전반에 실재했던 제16대 천황.

을 담당하는 것, 이것이야말로 신문 저널리즘이다. '병기'가 되어야 할 '신문'이면서도 선각 지도의 중임을 망각한 것처럼 보이는 이 신문 저널리즘 진영에 이제 졸연히 순국결사의 맹세가 견고해지고 충군애국의 적성(赤誠)이 비등해졌다.

우리 신주(神州)⁴³에 천지의 바르고 큰 기운이 갑자기 모여들고 황국 일본이 아시아의 맹주(盟主)가 되어 세계 지도자로서의 지위를 약속할 수 있는 것은 너무나 당연한 게 아닌가!

다이쇼(大正) 이래 신문 저널리즘과 교육의 타락이나 결함은 우리 단체의 존엄함을 말하기에는 불충분하여, 결국 우리나라와는 서로 용납되지 않는 공산(共産) 사상의 침입을 보기에 이르렀다.

특히 이 역사교육과 사회적 사건, 국제정세에 대해서는 확고한 황도 세계관이 확립되어 있지 않았기 때문에 그 저류를 꿰뚫지 않고 역사와 사건의 표면만을 바라보았으며, 대부분은 그냥 사건을 평면적으로 나열하는 것으로 끝나서 사건의 배후에 있는 사물의 본질을 빠뜨리고 있었다. 이를 위해 일본 국체의 본연성을 국민 한 사람 한 사람에게 파악하도록 한다는 생각은 하지도 못하였다.

그러나 저들이 좋아하는 것과 좋아하지 않은 것에 구애되지 않고 미·영의 착취 기반인 아시아 천지에 미·영 격멸의 봉화는 올려진 것이다. 더구나 신국 일본의 손에 의해 일대 성전의 막은 시작되었다.

일본 국체의 신비성을 알고 세계에서 일본이 절대 우위인 국체의 의의와 사명을 인식하는 것, 이것이야말로 오늘날 우리에게 요청된 최대의 과제이다. 더구나 그것은 만방에 비할 바 없는 우리 국체의 진기함을 자각하여 하루빨리 메이지 이래 영·미적 사상의 영향을 축출하고 이탈시키는 국내 선전전의 급속하고 과감한 전개야말로 급무 중의 급무여야만 한다. 이 근본 문제가 바야흐로 신문저널리즘에도 확실히 인식되도록 하는 것이다.

이 명제를 확실히 파악하지 않는 한 황국 일본의 역사적 사명을 이해하는 것은 불가능하고, 일본 세계의 건설은 기대할 수 없게 될 것이다.

그러나 지금이야말로 이러한 근심은 점차 비가 흩어지고 안개가 사라지듯이 되어가고 있다. 우리 국체에 대한 신문 저널리즘의 감사와 순국정신의 자각이 대동아전쟁에 의해 세계

---

43 신주(神州): 일본. 신국(神國)이라고도 함.

의 역사를 다시 그리고자 하는 이날, 이때에 일어나지 않는다면, 언제 국가에 대한 어봉공(御奉公)을 할 것인가? 지금이야말로 분연히 그 직장(저널리즘)의 최전위로서 결사의 각오로 굳게 미·영 격멸의 전쟁 준비에 이른 것이다.

진정으로 대어능위(大御稜威)가 있는 힘의 소치이며, 신국 일본의 현현(顯現)이라고 하지 않으면 안 된다.

영국 최대의 군사평론가 리델 하트[44]는 제1차 대전 당시 영·불 연합군에게 준열한 자기비판을 가하면서 말하기를, "영·불 연합군은 독일에게 완전한 승리를 한 것이 아니라 승리의 외관을 얻는 것에 지나지 않는다. 왜냐하면 영·불 두 나라는 이 승리의 외관에 만족하여 독일에 대해 어떠한 사상공작이나 문화공작도 하지 않았고, 독일을 사상적으로 굴복시킨 적이 없었기 때문이다"라고 했다. 대동아전쟁이 대동아에서 미·영의 경제적·정치적 착취 기반을 근절할 뿐만 아니라 그 사상적 영향이 티끌도 남지 않도록, 그리고 우리 황도가 널리 미치고 수행되도록, 즉 황도 세계관의 승리로서 이 전쟁을 최후까지 영원히 싸워나가야 한다.

이것이 '재 오사카 신문인 전승기원제'의 대행진에 주쿄(中京)[45]에서 수고스럽게 달려가 그 행진에 참가한 단 한 명의 기자가 했던 광영과 감격에 불타는 소감이다.

신문 저널리즘의 정도(正道) 복귀와 황도 세계관의 확립을 위해 싸워온 동지 등도 신문인 기원단의 시가행진을 직접 보고 다소의 감개무량함을 얻을 수 있었을 것이다. 더구나 그것은 결코 단편적인 감상이 아니라 오늘은 1천 명, 내일은 2천 명, 아니 1만 명의 동지를 가두에 나오게 할 것이고, 우리 동지들의 사명이 얼마나 귀하고 중대한가를 한층 각오할 수 있도록 할 것이다. (12월 18일 오사카에서)

5) 신문도 황군과 함께 나아가라

나는 이미 '공판제(共販制)'에 이어 '전국신문광고청부회사(全國新聞廣告請負會社)'를 신설하고 신문광고의 기획과 업태(業態)의 통제를 주장하였다. 신문 저널리즘 진영에서 일본정신의

---

44 바실 헨리 리델 하트 경(Sir Basil Henry Liddell Hart, 1895~1970): 영국의 군인, 군사역사학자, 군사이론가.
45 주쿄(中京): 나고야(名古屋).

앙양과 영·미적 잔재의 정화 이후에 해야 할 일, 또 당연히 장차 해야 할 것은 공판제도와 신문판매세력 구역의 협정 및 용지 통제의 재강화, 그 지도성 확보의 자신감과 경영 신념의 상실 및 경영난 등등에서 비롯된 신문의 합폐(合廢)이다.

그러나 물론 이 합폐도 오로지 자본과 기구 측면의 형식적인 합폐, 즉 지방에서 지도력과 신뢰를 유지하고 있는 '신문'까지도 재정적인 측면만으로 합병하거나 폐간시키는 것과 같은 일이 없도록 세심한 주의를 기울여야 할 것이다.

또한 두 회사 또는 여러 회사가 합병할 경우, 어디까지나 지도권은 확고한 충성심과 황도신념을 가진 유용한 인재에게 맡겨야 하며, 결코 자본적 지위의 많고 적음에 따라 좌우되어서는 결코 안 된다.

나는 '일본신문회(日本新聞會)는 무엇을 위한 것인가?'를 늘 반복해서 논술하면서, 신문의 편집수뇌 진용의 재편성을 위한 자격 심사, 신문기자 등록제도 채택에 의한 기자의 소질과 대우의 향상, 생활지위의 보증 등이 단행되어야 한다고 강조해왔는데, 우리 신문회가 신문 저널리즘의 본질적인 향상을 원한다면, 그-자질의 조사와 향상이라는-문제를 해결해야만 한다. 이 문제를 다루지 않고 신문기구의 근본적인 개혁은 있을 수 없다.

황군과 일본인이 있는 곳, 일본인의 신문을 만들라!

이렇게 신문 폐합과 정리에 의해 발생한 희생자, 그 경향과 자질이 양호함에도, 다시 말해서 신문의 전시적 사명을 충분히 인식했음에도 신문업계의 광풍 때문에 쓰러진 불행한 희생자를 어떻게 해야 할 것인가의 문제가 당연히 등장할 것이다.

이들 양질의 저널리스트와 신문 경영자는 타이에, 프랑스령 인도네시아(佛印)에, 네덜란드령 인도네시아(蘭印)에, 필리핀에, 말레이에, 남양(南洋)에, 그 밖에 동아 황화권 내에 이르는 곳에 일본인의 손으로 일본어 혹은 그 지방 언어로 된 신문을 만들라! 일본인의 손으로 황도를 선포하는 신문을 창간토록 하라!

나는 요사이 에비하라 하치로(蛯原八郎)[46]가 저술한 『해외방자신문잡지사(海外邦字新聞雜誌史)』(1936년 1월 13일 500부 한정판으로 學而書院 발행)를 통해 일본인 신문의 해외 진출의 역사를 들

---

46 에비하라 하치로(蛯原八郎, 1907~1946): 저널리스트, 저작가, 신문·잡지 연구가.

추어 보고, 그 도량의 원대함과 기개와 용기의 뛰어남과 선견(先見)과 포부의 탁월함에 경탄하였다. 남북 아메리카 및 유럽의 일본어 신문과 잡지에 대해서는 여기서는 접어두고, 대동아 황화권 안에서 어떻게 우리 동포 저널리스트가 웅비했는가를 회고해보자!

1897년(明治 30) 2월 13일 하와이의 코나에서 하야시 사부로(林三郎)라는 사람이 《코나반향(コナ反響)》이라는 주간지를 창간하고, 1898년(明治 31) 12월 고가 모리토(古賀守人)라는 사람이 하와이의 힐로에서 일간지 《하와이힐로신문(布哇ヒロ新聞)》을 만들었다. 1904년(明治 37) 《카우아이신문(加哇新聞)》(주간)이 하와이 리후에에서, 1907년(明治 40) 미쓰나가 아키라(滿永彰)의 《오하후시보(オアフ時報)》(주간)가 하와이의 와이파후에서 간행되었다. 1909년(明治 42) 5월 7일 힐로에서 에구치 하지메(江口一) 씨가 《하와이식민신문(布哇植民新聞)》을 일간으로 창간하였으며, 1914년(大正 3) 7월 하와이 힐로에서 야마무라 고하치(山村幸八)가 반주회지(半周回紙)로 《카잔(火山)》을, 또 1914년 힐로에서 하야가와 지로(早川次郎)가 《하와이마이니치(布哇每日)》(일간)를 간행하였다. 구보(久保壑二)가 힐로에서 《하와이타임즈(布哇タイムズ)》(주간)를, 1915년(大正 4) 사이토 하루토(齋藤晴登)가 《코나주보(コナ週報)》를, 하와이 와이루쿠에서 오시로 시로가네(大城白銀)가 《하와이아사히신문(布哇朝日新聞)》(주간)을, 1918년(大正 8) 코나에서 다루모토 즈치(樽本槌)가 《자유신문(自由新聞)》(주간)을, 같은 해 힐로에서 모미이 기요시(籾井潔)가 《신하와이(新布哇)》(주간)를, 호놀룰루에서 《하와이일보(布哇日報)》(일간)를, 1920년(大正 9) 리후에에서 스즈키 히로시(鈴木博)가 《양원시보(洋園時報)》(반주간) 등을 간행하였다. 하와이에서만 이상과 같은 신문이 일간·주간(월간은 제외)으로 간행되었다. 그 흥하고 망하고는 예사롭지 않다 해도, 일본인 저널리스트의 의기(意氣)와 기개가 과연 오늘날의 신문인에게도 보이는가?

싱가포르·블라디보스토크에서 신문 잡지의 활약

게다가 더욱 놀랄만한 일은 1910년(明治 43) 싱가포르에서 반주간으로 《남양신문(南洋新聞)》, 일간으로 《싱가포르일보(星嘉坡日報)》, 주간으로 《싱가포르 선데이(星坡サンデー)》 등이 간행되었다. 그리고 1912년(明治 45, 大正 원년)에 블라디보스토크에서 《종교시보(宗敎時報)》, 《동양학원일보(東洋學院日報)》, 《연해주잡지(沿海州雜誌)》, 《상업회의소보고(商業會議所報告)》, 《블라디보스토크(浦鹽)》 등의 월간잡지와 회보 같은 것이 간행되어 있음은 실로 우리의 눈동자를 반짝이게 하지 않는가!

나치스 전선신문(前線新聞)에서 배워라!

나치 독일은 독일군이 전진하는 제일선 부대를 독자로 하여 그 전진부대가 이르는 곳에서 일간으로 전선신문을 창간하거나 다른 먼 곳에서 가지고 들여왔다. 이 전선신문은 점령지 국민과의 협력에 기여하고 피아공영(彼我共營)의 성과를 거두는 것을 목적으로 하고 있다. 또한 장병에 대한 '육체적인 양식과 같이 꼭 필요한 정신적인 양식'으로 발행된 것으로서, 이 덕분에 점령지대 민중과의 정신적 교류에도 힘을 부여하고 있다고 전해진다. (졸저, 『總力戰と宣傳戰』 제3장 및 제4장 참조)

입만 열면 황도 선포를 얘기하는 저널리스트들이여. 지금이야말로 행동으로 황도 선포를 행해야 한다. 황군과 일본인이 진주하는 모든 곳에서 우리나라 문자 혹은 그 지방의 언어로 신문을 발간하라.

독일 제5열[47]의 강점이, 영국의 제5열처럼 돈으로 매수한 스파이가 아니라 사상적인 공명자라는 사실에 있음을 생각한다면, 그리고 나치 사상으로서 이미 이와 같은 공명자가 있다고 한다면, 세계를 널리 비추는 황도 정신에 있어서, 또 융성한 우리 민족의 발전과 그 정력과 지도력의 위대함을 통해서라면, 결코 우리 일본의 지지자-제5열-를 심는 것은 어려운 일이 아니다.

신문인은 남방 전선에서 어째서 정신(挺身)하여 지지자의 획득을 위해 분기하지 않는 것인가!

우리 일본신문회는 다가올 신문의 합폐(合廢)와 재편성에서 우리 대동아황화권 내의 어디에서 어떤 신문을 창간해야 할지를 설계하고, 희생자들을 새로운 천지에서 웅비하도록 함으로써 그 활로를 주어야 할 것이다.

6) 황도 세계관 교육으로서 신문의 사명

나치에서 히틀러 유겐트[48]의 최대 임무와 목적은 청소년을 나치 세계관으로 교육하고, 나아가 이 새로운 세계관으로 교육받은 청소년을 통해 그 부형에 대한 정신적·교육적인 영향

---

47 제5열: 제5부대라고도 하며, 적측 내부에 잠입해서 모략 공작을 하는 간첩 등을 가리킴.
48 히틀러 유겐트: 독일의 나치당이 만든 청소년 조직으로서 나치스의 신조를 가르치고 훈련하기 위한 기관.

을 기대하는 것이다. 히틀러 유겐트를 단순한 군사교련 기관이라고 생각하는 것은 실로 천박한 견해이다.

신문 역시 단순한 보도기관이 아니다. 일반 국민을 세계관적으로 재교육하는 교육기관이라는 새로운 인식에 도달해야만, 전시하에서 신문이 갖는 중대한 의의가 비로소 명백해질 수 있다.

루덴도르프 장군은, 1916년 12월에 베르됭 공격의 실패로 군대 내에 다소 동요가 생긴 이유는 독일 안에서 일어난 반전적(反戰的)인 정치운동의 악영향에서 기인한 것이어서, 참모본부는 1917년 5월 8일 제3과 B의 과장에게 명을 내려 새롭게 애국선전-애국교육의 필요를 인식하고, 1917년 7월 29일 이에 관한 웅대한 교육대방침을 발표하였다.

그중에는 애국교육의 수단으로서 다음과 같은 것이 있다.

① 강연, 영화, 연극
② 군대 포교
③ 군대 신문
④ 군대 도서반

이에 대한 설명 가운데 하나를 들어, 다음과 같이 강조하였다.

적국(敵國)은 군사에서 독일을 파괴할 희망이 없다고 단념하고, 정치 및 경제 방면에서 독일을 파괴하기 위해 독일과 동맹국들 사이를 이간하는 데에 계속 노력할 것. 식료, 석탄의 결핍은 사실이라 해도 보충할 수 있는 희망이 충분히 있다는 것, 관청에서 정한 식료 제한 및 석탄 배급의 규정을 준수할 것. 도시와 촌락의 반목을 배제하고 완화할 것. 부정한 상인을 배척해야 할 것이며 전쟁 목적을 수행하기 위해 개인의 이익을 제한할 것. 동맹파업이 독일의 승리를 위태롭지 않게끔 할 것.[49] 시기상조의 강화운동(媾和運動)[50]은 도리어 전쟁을 오래가게 할 것. 동맹국 군대에 대한 이해를 가질 것.

---

49 원문에는 "危殆ならしむること(위태롭게끔 할 것)"으로 표기되어 있는데, 오기로 보여 수정했음.
50 구화(媾和) = 강화(講和).

이어서 "적국이 만약 어쩔 수 없이 전쟁을 중지할 때는 청구 담판에서 우리의 승리를 의미 없게 만들려고 노력할 것이므로, 강화 교섭이 개시되더라도 경계를 풀지 말고 전쟁 목적을 달성할 때까지, 바꿔 말하면 독일 국민의 장래 지위를 확보할 수 있을 때까지 군대도 국민도 협력해나갈 것"을 경계하고 있다. 하지만 안타깝게도 루덴도르프의 이러한 애국교육에 관한 일대 운동은 가장 필요한 시기에 실시되지 못하고 굴욕적인 강화를 맺게 되어 독일제국은 붕괴한 것이었다.

대동아전쟁의 계속된 승리의 쾌보에 우리는 결코 도취해서는 안 된다. 대동아전쟁은 천황의 위덕(大御稜威) 아래 미·영이 두려워 항복하여 대동아의 영원한 평화와 장래의 일본이 절대 우위의 지위를 확보할 때까지 단연코 싸워나가야만 한다.

대동아전쟁은 영·미라는 아시아 지배세력의 추방에만 있는 것이 아니라 황위의 선양이며, 일본 중심의 대동아의 영구평화 건설 전쟁이다. 설령 무력 전쟁이 종결된다고 하더라도 정치·경제·문화에 의한 황도 선포의 건설전(建設戰)은 영원히 계속될 것이고, 계속되어야만 한다.

이러한 의미에서도 대동아전쟁은 일시적인 흥분과 감정적인 적개심만으로 싸워나갈 수 있는 게 아니다. 부단히 또한 단호하게 황도 세계관적인 확신이 심어져서 난공부자(楠公父子)[51]에 추앙받는 칠생보국(七生報國)[52]의 정신, 부동불퇴전(不動不退戰)의 국민적 일대 신념으로 싸워야 한다.

정치는 곧 교육이며 철저한 세계관이어야만 하듯이, 신문도 이러한 새로운 사명을 자각하도록 해야 한다.

신문은 단순한 보도기관이 아니며, 이른바 '시사(時事)'만을 취급하는 것도 아니다. 실로 교육기관이며, 황도 세계관적 교육의 명예이며, 빛나는 사명을 완수하기 위한 가장 유능한 존재이다.

따라서 신문 편집진이 '오합지졸'로 구성될 것이 아니라 확고부동한 황도 신념을 가진 동지적 편성으로 구성되고 출발해야 할 것이라는 점은, 내가 이미 주장해온 바이고, 이 책의 제

---

51 난공부자(楠公父子): 가마쿠라(鎌倉) 시대 말기의 무장인 구스노키 마사시게(楠木正成)와 그 아들인 구스노키 마사츠라(楠木正行)에 대한 존칭으로서, 천황에 대한 충성심의 상징적 존재.
52 칠생보국(七生報國): 일곱 번을 다시 태어나도 천황에게 보답하겠다는 뜻.

1장「선전성 이전의 문제」에서 특별히 강조했던 바이다.

대동아전쟁의 진군나팔이 울리고 승리의 쾌보가 끊이지 않을 때까지 우리는 냉정하고 신중하게, 또 우뚝 서서 신문 저널리즘의 황도 세계관적인 교육이라는 중대한 사명을 깊이 잘 생각하고, 그 완수와 승리를 위해 만전의 대책을 강구해야만 한다.

대동아전쟁! 이것이야말로 황도 세계관의 진격전이고, 일본세계 현현(現顯)의 신질서 건설전이다.

3. 미·영 사상 전략의 한 시안
- 주로 라디오를 통한 대적(對敵) 선전에 대하여 -

1) 모든 것은 일본적 세계관으로 극복해야 한다

대동아전쟁 개시 이후 국내 및 대외 라디오 선전전의 실제를 보아하니, 육해군의 혁혁한 전황(戰況) 뉴스에 압도당하거나 전첩(戰捷) 뉴스의 자연발생적 선전 효과에 지나치게 의존하고 있어서, 국내외의 라디오 선전전으로서 자주적이고 적극적인 활동이 다소 부족한 듯이 보이는 것은 대단히 유감이다.

최근 정보국에서는 '극동'이라는 명칭을 모욕적인 언사라며 금지했는데, '극동'이라는 명칭이 과연 '치욕으로 보이는 명칭'이었을까. 이것을 모욕적 언사로 받아들이는 것 자체가 우리 국체에 대한 확고불발한 자신감의 상실을 드러내는 위약사상(脆弱思想)이 아닐까? 왜냐하면 '극동'은 '해가 뜨는 나라'의 이어동의(異語同義)이며, '극동'이야말로 '해가 뜨는 나라' 일본인 것이고 둥근 지구의 중심이라는 의미로서, 우리는 오히려 '명예로운 칭호'로 감사하게 받아들여야 할 것이다. 정보국에서 모처럼 행한 '세계관적 선전'도 우리 국체에 대한 절대적인 신앙-즉 진정한 일본 세계관을 자각하기에 이르지 않는다면, 1억 국민을 계발하여 그 사기를 앙양시킬 수 없을 것이다.

우리가 세계관적인 사상·선전전을 주장하는 것은 이러한 세계관의 단편을 생각해낸 것처럼 과시하는 게 아니다. 물론 국내에서는 황도 세계관을 확립하고 선명화하기 위해, 황도 사상을 위협하는 사상 공격에 대항해서 철저하게 방위하고 사상질서의 건설로 나아가는 것이다. 동시에 상대국(미·영적 세계관)의 사상 공격을 소홀히 하지 않을 뿐 아니라 도리어 적극적으로 황도 사상을 선포함으로써 세계 여러 사상의 질서를 바르게 세우지 않으면 안 된다. 그리고 그것은 항상 체계적이고 전면적으로 해야 한다.

'극동' 및 '토인(土人)'이라는 '불명예'스러운 문자를 말살시키려는 사상·선전의 공세라는 것도 과연 종래의 ○○국(局)에서 보면 현격한 진보인 것 같고 그 열의도 인정된다. 하지만 문제는 열의만으로 해결되는 게 아니며, 또 사상체계 없는 세계관의 단편, 간헐적인 선전은 국민을 일면적인 이해에 빠뜨릴 위험성이 있음을 경계해야 한다.

또한 한 걸음 양보해서 '극동'이라는 명칭의 말살을 인정한다 하더라도, "지금까지 호소해 온 '극동'이나 '근동(近東)'이라는 말은 영국을 중심으로 한 세계관에서 발생한 것이다. 그런데 이번 일본 대 미·영 전쟁의 본의에 기초하여 대동아전쟁이라고 부르기로 결정했으므로, 앞으로는 일본적 세계관 위에서 종래의 '극동'은 '동아', '근동'은 '서아(西亞)'로 고치게 되었다"라는 정보국의 성명은, 진정으로 주체적이고 종합적인 자기비판이 되어 있지는 않다. 적어도 나는 저 성명에 이어서 다음과 같이 말해야 한다고 생각한다.

즉, "'극동' 및 '근동'이라는 문자는 단순한 형용사로서 존재한 게 아니라 지리학상의 명칭이며 일종의 고유명사로서 관용되었다. 천문학 등의 학문이 영국 그리니치 중심의 세계관을 무비판적으로 용인한 것일 뿐이다. 우리는 '극동', '근동'의 명칭을 관념상의 패배로 삼지 말고 '해가 뜨는 나라'인 극동 일본이라는 명예로운 칭호로 삼은 위에서 이것을 학술적으로 입증해야 할 중대한 의무를 느껴야 한다"라고. 진심으로 일본 최고학부인 제국대학파의 국체 관념의 상실이 '극동'이라는 용어의 관용을 일본적 정신에서 살려낸 것이고, 미노다 무네키 선생이 『**학술유신(學術惟新)**』을 역설 강조하신 근본적인 이유도 실로 여기에 있다고 믿는다. 이러한 국체 관념, 즉 국체의 방위와 명징에 있어야만 비로소 세계관의 싸움으로 되는 것이다. 더구나 황도 세계관 확립을 위한 사상·선전전은 대외적인 제스처에 그쳐서는 안 된다. 단호한 태도로 임하는 국내 적성(敵性) 사상에 대한 선전포고여야 하고, 이로써 사상 참모본부로서 정보국의 주체적 조건과 지도성이 확보될 수 있다.

그러나 사상·선전전은 반드시 '이론투쟁'으로 일관해야 할 것이 아니다. 또한 '펜과 잉크'에 지나치게 의존하여 지성적인 선전으로 끝나 국민감정에 호소하는 것이 아니다. 따라서 선전자(당국)와 피선전자(국민) 간에 생기발랄한 국민적 감정의 교류가 이루어지는 것임을 잊어서는 안 된다. 예술적 구성으로서 삼는 지(知)·정(情)·의(意)에 혼연일체적으로 호소하는 선전형식이 창작되지 않으면 안 된다.

이 점을 일찍이 간파해서인가. "대동아전쟁의 수행에 임하는 국민의 심리적 건설이 대단히 긴요함을 통감하시어 … 한편으로 민족해방의 의로운 전쟁이며, 미·영적 세계관을 격멸하고 대동아 세계관을 확립하는 데 있다는 인식에 기초하여 여론의 적극적 지도를 수행하게 되었다"라는 12월 27일 자 신문 보도는 실로 흔쾌하기 그지없다.

확실히 지금이야말로 미·영 사상 및 마르크시즘에 대한 공격 분쇄를 위해 그 사상전술의 기본 방략이 계획적으로 수립되어, 곧바로 광범위하고도 활발한 운동으로 전개되어야만 한다. 아니, 정보국의 지도에 의해 이미 착착 행해지고 있다고 믿는다.

그러나 나에게 기탄없이 말하라고 한다면, 우리 정보국의 현상은 졸론(拙論)「선전성 이전의 문제」에서 지적한 것처럼, 그 세계관 선전전을 어떠한 과오 없이, 나아가 강력한 지도성을 가지고 감행할 수 있을 만한 주체적 조건이 정비되어 있지 않다. 구성에 있어서, 특히 인적 구성 면에서 사상적 참모본부로서의 진용이 완전히 유력하다고는 말할 수 없다.

그러나 이미 전쟁은 진행되고 있다. 이러한 불비(不備)와 결함을 실전에 참가하는 것으로 극복하지 못하고, 책상 위에서 비판과 투쟁으로만 일관한다면 이 또한 일종의 패전주의자(敗戰主義者)이다. 따라서 현재 우리는 이러한 악조건 속에 있다 해도 단호히 일어나서 이것을 극복하고 돌파해나가야 한다. 세계관전(世界觀戰)으로서의 최후의 승리를 확보하기 위해 곧바로 포진(砲陣)을 쳐야만 한다.

2) 라디오의 지도적 선전

여기에서 항구적 전시선전계획에 대한 개인적 견해를 말하는 것은 다른 글에서 다루기로 하고, 결전즉응적(決戰卽應的) 미·영 사상전술로서 두세 가지 조잡한 시안을 제안하니, 참고해주시기 바란다.

나는 앞에서도 말한 대로 오늘날 가장 강력한 무기이면서도 가장 졸렬한 운용을 보이고 있는 라디오가 내외 방송으로 전면 진출하고 적극적으로 공격하기를 간절히 바란다.

개전 이래 라디오의 내외 선전은 오늘날까지도 여전히 세계관적 전쟁으로서의 목적의식이 명확히 인식되어 있지 않은 듯하다. 게다가 더 안좋은 것은 방송국과 방송인 양측의 태만으로 인해 나날이 복잡 미묘하게 변화해가는 국민 심리에 대한 선전심리적 대상으로서의 주의와 관심이 부족하기 때문에, 강연과 해설을 할 때도 자칫 연기자 자신의 자기도취로 끝나는 경우가 대단히 많다. 강연자와 해설자가 말하는 상대는 마이크로폰이 아니라 살아 움직이며 동시에 싸우고 있는 국민이며, 끊임없이 변화하고 영향을 받고 있는 그러한 감정에 대한 것임에 충분한 주의를 기울여야 한다.

전쟁이라는 중대한 문제에 직면하여, 더구나 전쟁 시작부터 혁혁한 전과(戰果)에 앙양되고 도취되어, 혹은 내가 생각해도 놀라워 당혹해하고 있는 사람들에게는, 당분간은 전쟁 문제에 대한 정치한 이론적 분석과 고압적인 설교보다는 오히려 그 자극과 흥분에 일종의 하케로(ハケモ)를 줘야 한다고 생각한다. 이 점은 심리분석 전문가와 협의한 후에 단정을 내릴 필요가 있지만 개인적 견해로는, 흥분과 도취를 영속적으로 유지시키기 위해서는 차라리 의식적인 공작을 통해 이곳에서 이따금 기회를 노려 긴장의 해방, 적개심의 발산이 이루어져야 할 것으로 생각된다.

그런데 라디오는 긴장 뒤에 긴장, 흥분 뒤에 흥분을 기계적으로 쌓는 것밖에 모르는 것 같다. 그것은 국책방송이 특히 심해서 관료적 독선의 좋은 본보기이니, 국민은 빵을 요구하는데 돌을 던져주는 꼴이다.

물론 일반 국민 중에는 자각이 없는 사람도 상당히 있지만, 반드시 당국의 지도와 명령에 무비판적으로 따르는 사람일 뿐이라고는 말할 수 없다. 따라서 한층 더 적절한 지도와 계몽선전이 필요하다. 그러나 필요한 지도 관계가 성립하려면 심리학적으로 또는 사회학적으로 다음과 같이 많은 조건이 필요하다. 그것은 늘 동시에 강렬한 목적의식을 갖는 선전을 위해서는 당연히 고려되어야 할 중대한 요건이다.

① 지도자가 지도자를 흔들어서는 안 되듯이, 선전은 항상 선전답게만 있어서는 안 된다. 선전으로서 강요하는 것은 도리어 반감과 역효과를 초래하는 경우가 많다.

② 선전자는 피선전자-이것은 지도자와 피지도자의 관계와 같다-의 평균수준보다 더 많은 지능을 갖는 것이 필요하지만, 그 지능의 차이를 피선전자에게 자랑스럽게 내보여서는 안 된다. 너무나 차이가 나는 개인차를 피선전자가 의식하도록 하는 것은 감정의 연대와 교류를 불가능하게 한다.

③ 선전자의 사상과 이해에 동의하게 하는 것이야말로 추종자가 그 구성에 따르도록 하는 것이므로, '공동 의도'의 존재가 지도와 선전의 기본적 조건이다.

④ 추상적으로 지도를 말하는 것은 무의미하며 선전에도 유해하다. 왜냐하면 일정한 구체적인 목표 없이 올바르게 인도하고 또 선전 효과를 거두는 것은 누구라도 불가능하기 때문이다.

⑤ 선전은 항상 선전자와 피선전자가 의식하는, 혹은 객관적인 목표를 지향하는 것이어야만 한다. 더구나 그 목표는 상당히 얼마나 멀다 해도 거기에 이르는 매개가 되는 현상의 조건을 연구하지 않고는, 우리는 목표에 도달할 수 없다. 그래서 선전 지도는 항상 현실의 상황(객관적 조건)을 특별히 고려해야 한다.

⑥ 지도자인 선전자와 피지도자인 국민은, 한쪽의 지도하려고 하는 의지와 다른 쪽의 따르려고 하는 의지가 일치하도록 외부적 혹은 내부적(심리적) 조건이 성립되지 않으면 안 된다. 내가 끊임없이 올바른 전시 정책의 강행을 주장해온 것도 이 때문이다. 계발 지도 선전은 이와 같은 복잡한 개인적·사회적 요인의 종합에서 나오며, 그래서 일치와 차이의 미묘한 균형 위에 의존하는 것이다.

미·영적 세계관 타도, 일본 세계관의 확립과 보급이라는 사명의 완수를 위해 요청되는 라디오 계발 선전이 '강연자, 해설자'와 '일반 청취자 국민' 사이에 지도자 = 피지도자의 관계를 구성하도록 하는 것은 필연이다. 당연히 이상에서 본 것과 같은 지도자에게 불가결한 조건이 더욱 연구되고 고려되어야 한다. 오히려 여기서 우리가 지도자라고 하는 이는 신도(臣道)의 모범자라는 의미로서, 나치의 퓌러[53]와 같은 의미가 아니라는 것을 명확히 말해두고 싶다.

---

53 퓌러(Führer): 지도자. 나치스 독일의 총통을 가리킴.

3) 미·영적 세계관에 대한 도전

실례 1: 루스벨트와 처칠의 시간

　히틀러는 "전쟁열(戰爭熱)과 같은 극도의 흥분을 한 번 경험한 경우, 그것을 다시 되돌리는 것은 쉬운 일이 아니다"라고 경고하였다. 극도로 도취한 흥분이 동일한 긴장으로 길게 유지되지 않는다는 것은 심리학의 가르침이기도 하다. 앞서도 언급했다시피 이는 적당한 이완과 개방을 의식적이고 계획적으로 부여함으로써 영속화되어야 한다.

　지금이야말로 그 적당한 이완과 개방의 기회가 부여되어야 할 때이다. 그러므로 강압적인 설교를 가능한 피하고, 오히려 국민의 감정을 융화시키는 듯한 동정적인 응답과 적국에 대한 신랄한 야유·해학·풍자·유머 등으로 울분한 적개심을 적당히 폭발할 수 있도록 해야 한다. 홍콩이나 마닐라 함락에 대한 축하 행사를 금지한 이상, 더욱 이 점에 주의할 필요가 있다.

　그렇다면 이상에서 살펴본 여러 점들을 고려하면서 다음과 같은 방송시간을 마련해보는 것 등은 어떨까?

제목은 **〈루스벨트와 처칠의 시간〉**

　미국의 루스벨트 대통령과 영국의 처칠 각하는 요즈음 대동아나 태평양으로부터의 전황 뉴스가 전혀 오지 않아서 매우 지루해하고 있다고 한다.

어떤 이유로? 전황 뉴스가 오지 않는 것인가!

그것은 미·영의 방송기지가 우리 군의 폭격으로 점차 분쇄되어 침묵을 지킬 수밖에 없게 되었기 때문이며, 해저전신(海底電信)이 우리 해군에 의해 점차 무너져가고 있기 때문이다. 또한 아무리 용감한 미·영의 동양함대 사령장관이라도 패전 뉴스는 보내고 싶어 하지 않기 때문이다.

따라서 루스벨트와 처칠 각하는 미·영이 일본에 승리하거나 저들이 백기를 내걸어 평화의 조짐이 생길 때까지, 어쩌면 고대하는 전첩(戰捷) 뉴스를 기다리다가 지쳐버릴 것이다.

그래서 우리 방송국은 매우 친절하게도 루스벨트와 처칠 각하의 무료함을 위로할 시간을 만들고자 한다.

관대한 일본국민은 반드시 이러한 방송국의 아량 있는 태도에 찬성을 보낼 것이다.

언제나 적국을 향해 이와 같이 위트가 풍부한 해학을 던져야 할 것이다. 독일의 인기 방송자 호호 경(卿)[54]의 교묘한 테크닉을 배워도 좋을 것이다.

× ×

《뉴욕 타임스》 ○○일의 신문지상에 이런 회화가 실려 있다는 것을 루스벨트 대통령은 알고 있었을까? (이런 종류의 유사한 회화나 가십은 사실 미국의 고신문에서 얼마든지 끌어낼 수 있다. 독일에서는 열심히 그것을 하고 있다.)

거기에는 〈어느 미국인과 일본인의 대화〉라고 제목이 붙어 있다.

일본인: 당신은 루스벨트 대통령의 라디오 연설을 어떻게 생각하나.
미국인: 나는 루스벨트의 연설 따위를 듣고 있을 정도로 한가하지 않아.

라고 진짜 생각지도 못할 답변을 한다. 이에 대해 일본인은,

일본인: 그러면 미국에서는 어떤 사람이 루스벨트 대통령의 연설을 듣는가.
미국인: 자기만의 독특한 생각이 없는 놈이거나 '자유'가 더 이상 필요 없는 전쟁에 성금을 낸 자들이겠지요.

---

[54] 호호 경(ホーホー卿, Lord Haw-Haw): 미국의 파시스트인 윌리엄 조이스(William Joyce, 1906~1946)의 별명. 제2차 세계대전 당시 독일에서 영국을 향한 선전방송을 했으며, 이로 인해 종전 후 영국 정부에 의해 처형당했다.

실례 2: 죽을 만한 가치가 있는 나라로 만들자

이 방송 다음 날은, 이번에는 영국을 향해 예봉(銳鋒)을 쏘아보자.

영국의 유명한 정치가이자 지금도 여전히 건재한 로이드 조지[55] 각하는 지난 대전 후에 영국 국민생활의 재건을 계획하는 표어를 걸고, 다음과 같이 말씀하셨다.

영국을 살아갈 만한 가치가 있는 나라로 만들자.
(To make England Worth Living)

정말 교묘한 말입니다.

그러나 영웅 로이드 조지의 명예에 어울리는 비장한 명구(名句)에 대해, 홍콩의 아성을 지키고 있는 영[56] 총독은 "포로가 될 때까지 싸우자"라고 토로하였다.

같은 영국인답게 로이드 조지와 영 총독의 인생관은 뭔가 서로 비슷해서 통한 것일까. 하지만 우리 일본인에게는 이 인생관은 이해하기 어렵다.

우리나라에는 행복이나 불행에 관한 표어인 '일본을 살아갈 만한 가치가 있는 나라로 만들자'라든지, '포로가 될 때까지 용감하게 싸우자'라는 호언은 전혀 필요하지 않다.

원래 '살아갈 만한 가치가 있는 나라'란 어떤 나라일까. 우리 일본인은 이것을 '죽을 만한 가치가 있는 나라(A Country Which is Worth dying for)'라고 믿는다.

또한 '포로가 될 때까지 싸우자' 등은 뭔가 많이 수치스런 농담이지요.

바다에 가면 물에 잠긴 시체, 산에 가면 풀이 돋은 시체
천황(大君)의 곁에서 죽을지언정, 한심하게 죽지는 않으리라[57]

---

55 로이드 조지(David Lloyd George, 1st Earl Lloyd George of Dwyfor, 1863~1945): 영국의 정치가, 귀족. 제1차 세계대전 중인 1916년 총리로 취임하여 총력전 체제를 구축해 영국을 승리로 이끌었으며, 베르사유 체제 구축에도 기여했다.

56 마크 애치슨 영(Sir Mark Aitchison Young, 楊慕琦, 1886~1974): 영국의 식민관료. 1941년 9월 10일 홍콩 총독이 되었으며, 그해 12월 26일 일본에 항복했다.

57 1937년 일본국민의 전의(戰意)를 고취시키기 위해 작곡된 군가(軍歌)인 「우미유카바(海行かば, うみゆかば, 바다에

이것이야말로 대동아에 영원한 평화를 가져오려는 성전(聖戰)에 입각한 일본인의 노래이다. 우리 일본인은 유구한 3천 년의 옛날부터 언제나 죽을 만한 가치가 있는 나라를 위해 기꺼이 그렇게 해왔던 것이다.

가냘픈 옛 여성조차 일본인이라면 다음과 같이 굳건히 노래하며 죽는 존귀한 나라였다.

한국의 성(城) 주변에 서서 오바코(大葉子)[58]는
넙죽 엎드려 야마토를 향하여

유신(惟新) 초기에는 가련한 어느 창부(娼婦)의 마지막 순간에도 다음과 같이 노래하며, 옷소매를 털어내면서 그 정절(貞節)을 지킨 기백이 있었다.

이슬 내린 야마토의 여랑화(女郎花)[59]
내리는 비에 소매는 젖는다

뭐라 말할 수 없는 국정(國情)과 국민 신념의 차이겠지요.

흥미로운 전황 뉴스가 오지 않아 지루해하고 있을 미국과 영국의 국민 여러분! 여유가 있으시다면, 일본인의 이 신념과 기백이 어디에서 오는지 한 번 생각해봐주세요.

이것이 대동아전쟁 승패의 키포인트이자 크로스워드이기도 합니다. 물론 희망하신다면 정답자에게는 황금을 드려도 좋지요.

가면)」의 구절이다. 가사는 『만엽집』 18권의 장가(長歌)에서 따왔는데, 위 인용문의 제일 마지막 구절은 일반적인 '長閑には死なじ'(2절)와는 약간 다르게 표기되어 있지만 동일한 의미로 보인다.

58 오바코(大葉子, おおばこ)는 고대 일본의 여성으로서 백제에서 귀화했다고 전해지는 무장(武將) 쓰키노이키나(調伊企儺, つきのいきな)의 처를 가리킨다. 임나(任那)를 도와 신라를 치려고 파견된 남편과 함께 신라의 포로가 되었다고 한다. 『일본서기』에서 전해지는 기사이다.

59 여랑화(女郎花, おみなえし): 마타릿과에 속하는 여러해살이 풀. 목련의 일종.

실례 3: 미국은 세계 제일?

미국은 세계 제일인가?

무엇이 세계 제일인가?

이것이 오늘 〈루스벨트 시간〉의 숙제입니다.

미국은 언제나 세계 제일을 자랑합니다. 미국이 제일인 것은 과연 무엇일까?

우리는 오랫동안 이 숙제를 연구해 봤습니다만, 유감스럽게도 그 수수께끼를 풀지는 못했습니다.

정말로 엠파이어 빌딩은 우리 의사당보다 얼마나 높은지도 모릅니다. 히말라야는 후지산(富士山)보다도 높은 곳이 있을지도 모릅니다. 그리고 하와이에서 폭침당한 ○○함은 우리 ○○함보다 ○○톤이 컸을지도 모릅니다. 그러나 산이 높다고 해서 귀한 것이 아니고, 군함이 크다고 해서 강하지 않다는 것은 이미 알고 계시겠지요. 아니, 이미 너무 잘 알려진 것일지도 모릅니다. 앗, 실례.

어떻든 우리는 미국이 세계 제일이라는 것을 발견하는 데 애를 썼지만, 끝내 누구도 부정할 수 없는 세계 제일을 마침내 고심 끝에 발견할 수 있었습니다.

그것은 다름이 아니라 미국 제일의 것으로서 우리는 자동차 공업을 잊고 있었던 것입니다. 정말 세상 물정을 잘 몰랐던 것이지요.

그 생산액은 1년에 50억 달러로, 미국 1년의 무역 수출액 40억 2,900만 달러보다도 약간 많습니다(이 통계는 1925년의 낡은 것이므로 조사 후 변경해야 함).

그런데 놀랄 만한 것은 미국의 갱단의 벌이가 1년에 130억 달러로서, 미국이 세계에 자랑하는 자동차 공업 생산액이나 1년의 무역액보다 훨씬 많다는 사실입니다. 정말로 놀랄 만한 발견이지요.

그렇다면 미국 세계 제일의 것으로서 이 갱단의, 즉 범죄를 들 수 있다는 것에 우리도 기꺼이 동의합니다.

이런 상황에서 범죄 외에 사생아, 이혼, 도박 등등이 세계 제일이라는 사실을 정확한 통계로 열거하여 숭미사상(崇美思想)의 타파와 세계 제일주의의 타도에 돌진합시다.

실례 4: 사회봉사, 지금 어딘가에 있다

미국은 '사회봉사(소셜 서비스)'의 나라이고 '자유'의 나라였다. 그러나 루스벨트의 미국-오늘날의 미국에는 저들이 자랑하는 '사회봉사'의 흔적이 없으며, 또 '자유'의 여신도 지금은 물거품처럼 사라져버렸다.

애초에 '사회봉사'란 무엇인가?

진정한 '자유'는 무엇인가?

미국 대통령 루스벨트에게 묻고 싶다.

답변이 없으면 말씀드리겠습니다. 미국에도 '사회봉사'라는 이름에 충실한 자가 없었던 것은 아니다. 진정으로 '자유'를 사랑한 사람이 없었던 것은 아니다.

우리는 나아가 허버트 후버(Herbert Hoover)를 한 예로 들어보겠다.

스탠포드대학을 졸업한 이 청년 광산기사 후버는 세계대전 발발 당시 런던에 있으면서 우랄·인도·미국에 있는 광산과 상사(商事)를 총괄하였다. 그가 고용하고 있던 사람 수는 10만을 넘었다. 그는 전쟁 개시와 함께 벨기에의 불행한 이재민을 구하기로 결심하고, 벨기에를 위해 재정을 정돈하였다. 전화(戰禍)를 입은 무고한 백성을 구할 수 있도록 프랑스 수상과 회견하여, 전쟁이 끝날 때까지 2,200만 프랑을 매월 내놓겠다고 요구하여 마침내 성공시켰다. 그가 말하기를.

미국 병사들이 해외에서 발견되지 않았다고 믿지는 마라. 만약 누군가가 당신에게 말하기를, 그가 브뤼셀로 가서 미국 통나무집 앞에 서서 성조기를-영국 국기, 프랑스 국기, 러시아 국기, 일본 국기, 중국 국기가 아니라, 벨기에에서 결코 끌어내린 적이 없던 성조기를-향해 모자를 벗으며 지나가는 벨기에인을 보았는데, 아침 일출부터 일몰까지 벨기에 농민과 벨기에 장인이 그 집을 지나며 그 깃발 앞에서 모자를 벗는다고 한다.[60]

---

60 원문은 영문이다. "Do not belive that the American blag is not resdected abroad. If any one ever tells you that tell him to go to Brussels and stand in front of the U. S. logation and see the Belgian as he passes take off his hat to the Stars and Stripes; no English flag no French flag, no Russian flag, no Japanese flag, no Chiness flag, but the Stars and the Stripes, Which never been hauled down in Belgium; and from sunrise in the morning until sunset the Belgion peasants and

이것이야말로 진정한 사회봉사로서, 미국 국기와 함께 일본 국기도 존중한 후버의 태도에서 루스벨트는 지금 무엇을 배우고자 하는가. 좀 더 보자. 세계를 품고 있는 따뜻한 남자다운 가슴(manly chest)에는 성조기로 표현되는 저들의 조국 합중국에 대한 뜨거운 사랑이 불타오르고 있음을!

그런데 루스벨트는 조국인 미국의 국민에게 진정한 사회봉사를 잊어버리게 했다. 전쟁이라는 이름으로 시민에게서 진정한 '자유'를 빼앗고, 아메리카 먼로주의의 깃발을 버리고, 일찍이 자유와 평화의 깃발이었던 성조기를 머나먼 태평양 너머 지나·말레이·싱가포르·네덜란드령 인도네시아(蘭印)·프랑스령 인도네시아(佛印)·일본에까지 때려 심으려 하고 있다.

다시 말하면, 오늘날의 사회봉사는 동아 침략과 세계 정복이 시오니즘화된 것이다. 따라서 현대의 후버로서, 또 조국 미국에 충성한 린드버그[61]는 목이 쉴 정도로 경고한 것이 아닌가!

[이상의 실례 3종은 고(故) 가와무라 미키오(河村幹雄) 박사의
『이름도 없는 민의 마음』을 참고 인용했음]

여기서 린드버그의 연설을 인용하여, 미국의 사회봉사가 무엇인지, 아메리카 먼로주의의 가면을 폭로해도 좋다. 또 링컨·에머슨·휘트먼·로이스 등 미국의 정신적 전설을 설파하며, 이러한 인물이 오늘날에도 있다면, 다시 말해서 이 인물들의 정신이 현대의 미국도 지배하고 있다면, 일·미전쟁이라는 불행한 사실은 초래되지 않았을 것이라고 강조해도 좋다.

실례 5: 해상회담 8개조

남태평양의 해저에 지금은 옛 꿈으로 사라져버린 프린스 오브 웨일스[62] 군함 위에서, 1941

Belgian artisans pass that hause and as such passes takes his hat off to that flag"
61 린드버그(Charles Augustus Lindber, 1902~1974): 미국의 비행가, 육군 대령. 세계 최초의 대서양 횡단 무착륙 단독 비행을 한 것으로 알려져 있다.
62 프린스 오브 웨일스(Prince of Wales): 제2차 세계대전 당시의 영국 군함으로, 1941년 12월 10일 말레이 해전에서 침몰하였다.

년 8월 중순 루스벨트 대통령과 처칠 영국 수상이 회견하고, 영·미의 공동선언 8개조라는 것을 만들어 전 세계에 발표하였다.

우리 일본인은 미·영의 국가 관념과 우리의 국체가 근본적으로 다르기 때문인지 몰라도, 이 8개조의 의미는 받아들이기 어려울 뿐이었다.

대동아전쟁이 시작되어 미·영 두 나라의 국가 사정을 잘 아는 동포의 상당수가 돌아와서 이들에게 8개조에 대한 해설을 구했지만, 결국 그들도 일본인일 뿐이라는 결론에서는 마찬가지였다. 그래서 우리가 도달한 결론은 다음과 같다.

(1) 영·미 양국은 영토 이외의 확장을 요구하지 않을 것

해설자는 말한다. 그런 일은 당연한 것이다. 아무리 욕심이 많은 나라라 해도 이 정도로 세계의 부를 농단하고 있다면 아마도 조금은 마음에 책망도 있을 것이다. 영국은 정말이지 언론이 자유로운 나라이지만, 국내에서조차 영국이 세계의 부를 너무나 과도하게 독점해서 지금 같은 대전이 일어난 것이라고 논하는 이까지 있었다. 그렇지만 일단 손에 넣은 것에 대해서는 누구라도 차마 손에서 놓고 싶지 않은 것은 인정상 자연스러운 것이다. 따라서 적어도 지금까지의 것만은 꽉 붙잡아 두려 하는 의도는 확실히 알 수 있겠는데, 이렇게 해서는 동아의 민족은 영원히 미·영 노예의 지위를 벗어날 수 없다. 다시 말해서 미·영이 제멋대로 정한 '질서'와 '평화' 아래서 우리는 질식할 수밖에 없을 것이다.

(2) 관계 국민의 자유의지에 의해 표명된 희망과 배치되는 영토적 변경을 하지 않을 것

해설자는 말한다. 진실로 자신들에게만 좋은[63] 요구이다. 지금까지 그들은 실컷 타국민의 '자유의지에 의해 표명된 희망과 배치되는 영토적 변경'을 해왔으면서 이제 와서 이런 것을 느닷없이 말할 수 있다는 것이 대단히 뻔뻔스럽다. 지금까지는 어쩔 수 없었다, 이제부터는 안 된다고 하는 것은 자기 본위의 핑계이다. 하지만 그들이 마음대로 정한 것이므로 이것을 말꼬투리 잡듯이 비난한다고 해서 될 일이 아니다. 그저 실력으로 밀어붙이는 것 외에 다른 길이 없음을, 독일이나 이탈리아와 함께 우리도 생각해야만 한다.

---

63 원문은 '蟲のいい'이다.

(3) 대전의 결과 정부 및 주권을 빼앗긴 모든 국민에 대해, 그들의 의지에 따라 정부를 구성하고 주권과 독립을 회복할 권리를 존중할 것

해설-'대전의 결과' 밖에 고려하지 않는다는 점에서, 미·영적 세계관에서 도출된 것에 지나지 않음을 잘 알 수 있다. 동아 침략 이전까지 거슬러 올라가 '그들의 권리'를 존중해야 하는 게 아닐까.

(4) 전승국의 대소나 패전국을 가리지 않고 통상 및 세계자원 획득의 평등권을 충분히 존중한다.

해설-이것은 이른바 '가진 나라'와 '못 가진 나라'의 입장에 대해 조금은 이해한 듯이 보이는 말이다. 그러나 금수(禁輸)나 통상 파기 등 숨은 의도가 있으므로 무턱대고 신용할 수 없다. 영·미의 선취권을 한다는 위에 '평등권 존중' 등 참새 눈물만큼의 자원도 얻을 수 없다는 것은 불을 보듯 뻔한 일이다. 그러나 우리 일본의 목적은 먹다 남은 자원을 긁어모으는 것이 아니라 대동아의 영원한 평화라는 새로운 질서를 건설함에 있음을 잘 알아야 한다.

(5) 양국은 모든 나라의 경제 분야에서 노동 수준의 개선, 경제적 발전 및 사회 안정의 확보를 목적으로 전면적으로 협력하기 바란다.

해설-상황이 나쁜 것은 전적으로 협력하지 않으면서, 상황이 나쁜 것만 전적인 협력에 이용될 정도로 동양인이 바보가 아니다.

(6) 독일의 독재를 완전히 파괴한 뒤에 양국은 모든 국가에 대해 그들이 자신의 영토 안에서 안전하게 주거할 수 있는 방법을 부여하고, 또한 모든 땅에서 모든 인간이 공포 및 결핍으로부터 해방되어 생활할 수 있는 보증을 부여하는 평화가 수립되기 바란다.

해설-영·미의 세계 제패를 용인하는 것으로 '공포 및 결핍으로부터의 해방'이 보증될지 모르겠지만, 미·영의 신세를 지지 않고도 '공포 및 결핍으로부터의 해방'을 스스로 만들어내려고 하는 우수한 국가나 독립적인 민족은 도대체 어찌 되는 것인가.

(7) 위와 같이 평화는 모든 인간을 공해(公海) 및 대양(大洋)에서 어떠한 방해 없이 통항(通航)할

수 있도록 한다.

해설-이를 위해서는 먼저 솔직히 싱가포르·수에즈·지브롤터를 세계에 해방해서 국제감리(國際監理)로 옮기거나, 요새를 철수해서 '방해 없이 통항할 수 있는' 그런 모델을 보고 싶다.

(8) 육해군이 침략자에 의해 사용되는 한 장래의 평화는 유지되지 않기 때문에, 항구적·일반적 완전보증체제 수립을 앞두고 침략국의 군비 축소는 불가결하다고 믿는다. 따라서 평화애호국가로서 군비의 부담을 경감시키기 위한 모든 수단을 조장하는 데 노력한다.

해설-이것은 군비 축소의 제창 같지만, 축소해야 하는 것은 이른바 '침략국'일 뿐, 영·미 측은 그럴 필요가 없다고 하는 듯하다. 예컨대 이전에 군비로 필리핀을 빼앗고, 하와이를 빼앗고, 니카라과를 빼앗고, 말레이나 인도나 버마 등을 빼앗은 영·미는 여기서는 문제가 되지 않은 듯하다. 영·미의 군비 축소가 어떤 것인지, 애석하게도 우리는 런던조약과 워싱턴조약에 대해 너무나 잘 알고 있다.

[오쓰키 겐지(大槻憲二) 씨의 『일본의 반성(日本の反省)』을 인용하여 수정함]

실례 6: 영·미 포로의 인생관과 일본관

필리핀제도 파견군은 1월 28일 마닐라 방송국을 통해 코레히도르(Corregidor)[64]에 주둔한 필리핀군에 대해 투항을 권고하는 방송을 했다. 이 권고 방송은, 1898년 미군이 필리핀을 공격했을 당시 사마르섬에서 대학살을 한 뒤 코레히도르 요새를 축성하고, 그것이 완성되자 요새의 비밀이 발각될 것을 염려하여 수백 명의 필리핀인 노동자를 학살한 짐승 같은 잔인한 행동을 했음을 들춰냈다. 그런데 이러한 폭로를 영국의 최고 좌익평론가이자 노벨상 수상자인 노먼 엔젤[65]의 명저에서 인용한 것은 우리 권고 방송에 천근의 무게를 더하는 효과적인 방

---

[64] 코레히도르(Corregidor): 필리핀 북부 마닐라만 어구에 있는 섬. 1942년 5월 5~6일 코레히도르 전투는 일본군 작전의 정점을 이루는 전투였다.

[65] 노먼 엔젤(Sir Ralph Norman Angell, 1872~1967): 영국의 작가, 노동당 소속 국회의원. 1933년 노벨 평화상을 수상했다.

법으로, 실로 탁월한 투항 방송이었다.

영·미를 치는 데에 영·미 쪽 사람의 손을 빌린다는 생각을 갖도록 한 것은 유효했다. 이것은 『일미부전론(日米不戰論)』의 저자 고(故) 가와무라(河村) 박사가 제안한 탁견이었다. 「미·영 포로 장병의 인생관과 일본관」 등의 소개도 효과적이었다고 생각하며, 또 미·영 양국이 독일을 비롯한 추축국 측을 국제법의 침략자라는 오명을 씌우면서 그들 자신이 어떻게 국제법을 무시하고 있는지를 통렬히 폭로하여 들춰낸 것도 필요한 일이었다고 생각한다.

미·영 양국은 자신들이 유일한 국제신의(國際信義)의 옹호자인 것처럼 주장해왔다. 그럼에도 영국이 돌연 강행한 포르투갈령 티모르섬의 점령과 같이 아무리 허구적으로 치장할지라도, 포르투갈 수상 살라자르[66] 자신의 성명에도 있다시피 영국이 중립국을 침략한 사실은 백일하에 속속 드러나 버렸다. 게다가 12월 19일 우리가 괌섬을 점령하여, 미군이 비인도적으로 또 국제조약으로 사용을 금지한 다량의 독가스 무기를 그 섬에 준비해둔 것을 우리 군이 전부 노획한 사실 등 헤아리려고 하면 끝이 없다. 전화(戰火)의 확대에 따른 영·미의 국제신의 위반은 이보다 더 많다는 것은 상상하기 어렵지 않다. 영·미에 의해 만들어진 국제법이 영·미 자신의 손에 의해 파기되어가는 이러한 사실들이야말로, 무엇보다도 유럽 중심, 아니 영·미 중심의 국제법이 해체 개조될 필요가 임박했다는 것을 이야기하고 있다.

그러면 「미·영 포로의 인생관과 일본관」을 가지고 하는 대적(對敵) 방송의 실례라는 본 주제로 옮겨가 보자.

× ×

홍콩·마닐라·싱가포르 등의 함락으로 우리 군에 포로가 된 미·영 장병은 이미 10만 명 이상에 달하고 있다. 그러나 우리 일본인의 눈으로 보면, 미·영군의 포로 수가 많은 데 놀라는 이상으로 미·영 군인이 갖고 있는 전쟁관과 인생관 내지 일본인관에 놀라지 않을 수 없다.

일본군은 천황 폐하(大御稜威) 아래서 항상 가장 바르게 생명을 바칠 수 있는 '죽을 장소'를

---

[66] 안토니우 드 올리베이라 살라자르(António de Oliveira Salazar, 1889~1970): 포르투갈의 정치인. 1932~1968년 제10대 총리를 역임하면서 독재체제를 구축하였다.

구하고 이를 위해 올바르게 생활하려고 고심을 떨치고 있다. 그런데 미·영 군인은 영[67] 총독이 명확히 성명했다시피 그 전투 방법이라는 게 고작 '포로가 될 때까지 싸워라!'라는 것이다.

적이지만 훌륭하다고 생각되는 전투는, 다행인지 불행인지 그 병사가 미·영인이 아니라 아시아인이거나 인도 병사이거나 호주 병사였다.

미·영인이 자신의 식민지군(植民地軍)을 최전선에 세워 그 희생으로 전투하고 있음은 됭케르크[68]의 '명예로운 퇴각' 이후 세계가 주지하고 있는 사실인데, 미·영군의 전투 방법은 오로지 '포로가 될 때까지 싸우자'는 것뿐이다. 아니, 우리 눈에는 무사히 포로가 될 수 있도록 싸우는 장병이 거의 압도적 다수를 차지하는 것처럼 생각되었다.

미·영 장병의 전투적 신념의 상실은 대체 무엇을 말하는가? 이 자체가 세계 신질서의 담당자가 될 수 없다는 것을 고백한 것에 지나지 않는다.

말레이 전선 서해안에서 포로가 된 적 중대의 시킨 소좌(28세)와 판콜 대위(26세) 두 사람은 일본군이 노획한 적의 장갑차를 운전하며 질주하던 중, 일부러 정글 속에 숨어 있다가 기어나온 우리 군에게 감쪽같이 붙잡혀 버렸다.

두 사람은 모두 캠브리지대학 출신으로서 시킨은 버클리의 은행원이었다.

이 두 장교가 붙잡혀서 우리 군에게 맨 처음으로 호소한 것은-

"가능하다면 고국의 사랑하는 처가 안심할 수 있도록 포로가 되어 건강하다고 편지를 해주시오"라는 것이었으며, 그 다음 요구는 "영국 정부가 우리 포로들에게 급료를 지불하도록 조치해주시오" 등을 애원한 것이다. 우리 군의 관계 병대 모두는 이 말에 기가 막혔다.

또한 바트파하 부근에서 당번병과 함께 포로가 된 적 보병 15여단장 차렌 대좌(47세) 각하는 우리 군에 붙잡혔을 때, 부대를 향해 "후방에 내 자동차가 있다. 그 안에 면도기 등이 있다. 오늘까지 닷새나 수염을 못 깎았고 상의도 갈아입지 못했으니까 가져다주기 바란다"라고 했다. 포로가 된 '명예로운 최후'의 순간에 면도기를 원하는 것을 보고, 다른 병졸이 포로가 되

---

67 앞서 실례 2에서 살펴본 홍콩 총독 영(Sir Mark Aitchison Young)을 가리킴.
68 됭케르크(Dunkirk): 프랑스 북부 도버 해협에 접해 있는 항구이자 요새 도시. 제2차 세계대전 당시 연합군이 철수 작전을 펼친 곳으로도 유명하다.

어서도 밝게 노래를 부르기도 하고 휘파람을 부르기도 하면서 웃으며 풀장으로 뛰어 들어가 수영하는 것이 특별히 불가사의한 일은 아닌 듯하다.

이러한 심리-무장해제되어서도 하모니카를 불면서 평상시처럼 싱가포르의 시가를 거닐며 다니는 기분은 도저히 일본의 무사도로서는 이해할 수 없는 것이었다.

그러나 일본의 무사도 정신을 비롯해 약간은 이해하고 있는 것처럼 보이는 어느 군인- 웨이크섬의 사령관 윌프레시드 커닝햄 중좌가 있었다는 것은 일본군이나 미국군 모두에게 다행이라 해야 할까?

커닝햄 중좌는 웨이크섬에서 용맹한 우리 해군부대의 기습을 만나, 중좌 이하 1,225명의 미 해군 장병과 함께 포로가 되어 요코하마(橫濱)에 도착했다.

커닝햄 중좌는 "군인 생활 20여 년, 이제 일본에 사로잡힌 몸으로 왔다. 부끄럽다면 부끄럽지만, 나는 웨이크섬 해·공군 사령으로서 최선을 다해 싸웠다. 설령 항복했어도 최선을 다했지만 결국 미군은 일본군 앞에서 어찌할 수 없었다"라고 이 정직한 사령관은 솔직하게 말했다.

그리고 일본군의 공습을 받으면서 본국에 구원을 요청했으나 학수고대하던 미 본국 함대의 구원은 오지 않아 공포와 고뇌의 날이 계속되었고, 일본군의 맹공을 만나 "깨끗이 항복합시다"라고 전체 섬의 방비부대(防備部隊)에 눈물을 삼키며 '전투중지' 명령을 내렸다는 사실을 말하였다. 그리고 마지막으로 다음과 같은 고백을 하였다.

설령 맹공격을 받더라도 1개월은 충분히 방어할 수 있다고 믿었다. 너무나도 약한 방비력을, 무기를 내던져 버린 지금에도 생각하게 하는 일이다.

우리의 무기와 탄환, 기타 장비는 일본군에 비해 결코 떨어지지 않았다고 믿는다. 하지만 일본군 포로로 3주 남짓 칩거생활을 하면서 패전(敗戰)의 원인은 물질적인 것만이 아니라는 것을 알았다.

웨이크섬의 패전만이 아니다. 하와이의 참혹한 전투, 괌섬의 항복, 또 말레이 앞바다에서 영국 해군의 대참패-미·영 해군은 가진 나라의 해군으로서 장비 면에서는 절대 어디에도 지지 않을 자신을 가지고 있었다.

대동아전쟁 발발 이래 각 방면에서 기록한 일본군의 대승리는 정신적인 힘이 크게 작동했다고 믿는다.

미·영 국민의 대다수는 물질적인 한 측면만을 관찰하여 일본의 실력을 과소평가하였다. 우리처럼 직접 고통스러운 체험을 하지 않았다면 일본의 승리는 쉽게 믿어지지 않을 것이다.

웨이크섬 공략전에서 보인 일본군 장졸의 왕성한 전투력, 우리의 포화 속으로 결사적으로 뛰어들어오는 결사대, 전우가 쓰러져도 겁내거나 주눅 들지 않고 계속 공격해 들어와 끝내는 피아(彼我) 간에 서로 엇갈려 죽는 세계에서 비교할 수 없는 정신력, 이제는 이것을 상기해 보며 위대한 일본의 지칠 줄 모르는 실력을 알았다.

자세히 생각해보면, 우리는 물질적인 세계에서만 살아왔다. 세계 부의 절반 이상을 점유하고, 지금까지 무수한 약소국에게 고통을 주어왔다. 이 전쟁은 적어도 스스로에게는 큰 교훈이 되었다.

일본군의 실력은 전투력에만 중심을 두지 않는다. 웨이크섬에서 항복한 우리 모두가 똑같이 감사하고 있는 점은, 포로에 대한 일본 해군의 동정 어린 극진한 대우이다. 붙잡히고 나서 나는 무사도 정신에 관한 이야기를 들었다. 전시 포로로서 극단적인 취급을 각오하고 있던 우리는 예기치 못한 후의에 감사하고 있다.

미 해군 사령관인 커닝햄 중좌의 이 수기는, 과연 이성으로 빛나는 미국 인텔리의 반성과 솔직한 관찰로 차고 넘친다.

미·영 두 나라는 '깨끗이 항복한다'라는 것은 생각지도 않고, 그럼에도 여전히 '승리할 기미가 보이지 않는' 무리한 항전을 계속하려 하는 것인가! 불쌍한 자여! 그대 이름은 미·영의 완고한 지도자에게 조종당하고 있는 미·영 국민이다.

실례 7: 세계의 여론은 외친다

기원 2,600년의 가절(佳節)을 기념하는 봉축 사업으로 우리 국제문화진흥회가 일본문화에 대한 연구논문을 현상 모집한 것, 이에 세계 각국에서 502인의 독학자(篤學者)가 응모한 것은 세계 각국 문화인에게 널리 알려진 대로이다.

500편의 논문은 모두 성실히 작성된 것으로, 다행인지 불행인지 일본을 공격하거나 불성실하게 작성한 것은 하나도 없었다. 더욱이 현상금을 바라고 일본을 상찬(賞讚)한 것이 아니라, 모두 대양의 동서를 통해 진심으로 변함없이 사람의 마음을 울리는 것이었다. 더구나 우리 일본인들의 경우도 독학자가 기고한 현상논문으로서 스스로 깊이 반성할 기회를 가진 경우가 많았을 정도이다.

이 논문들을 통독하면서 우리는 새삼스럽게 세계가 얼마나 일본을 원하여 분발을 촉구하고 있는지를 명백히 알 수 있었다.

미·영 당국의 동아 정복에 대한 만족할 줄 모르는 야망과 일본에 대한 고의적인 몰이해로 인해 불행히도 어쩔 수 없이 대동아전쟁이 개전(開戰)하기에 이르렀다. 하지만 만약 미 당국이 북미에서 응모하여 명예로운 입선을 한, 존경할 만한 3인의 독학자만큼의 성실한 이해와 그 애정의 만분의 일 정도라도 미 본국과 일본에 대하여 품고 있었더라면, 이러한 불행한 사태와 미국 스스로 참담한 패배의 고배를 마시지 않고 끝났을 것이라고 생각하니, 실로 유감이다.

북미에서 보내온 논문은 일본과 미국의 문화 관계를 논한 것이 5편, 일본과 외국문화의 관계를 일반적으로 논한 것이 5편이었다. 특히 논문들 가운데는 일본문화가 북미에 얼마나 고마운 영향을 주었는지를 자세히 서술한 것, 보통의 일본문화가 이미 세계에 큰 공헌을 했는지를 설명한 것이 있었다. 예를 들면「세계에 대한 일본문화의 의의」,「미국문화에 대한 일본의 영향」,「미국 수공업에 대한 일본문화의 영향」이라는 제목의 논문이 있었다.

미국인의 논문 가운데는「일본」,「일·미 간」,「일·미·지(支) 간을 공평하게 하라」는 제목 아래 일·미 관계를 정치적 측면에서 검토하면서, 일본의 지위를 인식하고 미국의 태도를 용감하게 공격하는 것이 많았다.

그러나 현상 응모라는 성질상 일본인에게 읽히기 위해 써진 것이 많았다. 또한 필자의 요망과 반대로 필자에게 이유 없이 폐를 끼치는 것을 좋아하지 않기 때문에, 나는 미국을 공격한 소론(所論)을 여기서는 전혀 소개하지 않겠다. 일본인 스스로도 더욱더 계몽해야 한다. 또한 일본에 대한 세계의 불인식(不認識)을 시정한다는 원대한 목적과 미국인 스스로가 즐겨 사용하는 이른바 진정한 휴머니즘의 입장에서 써진 것이었다. 더구나 북미인의 미국에 대한 충고와 놀랄 만한 예언적 관찰에는 진실로 귀를 기울이지 않을 수 없었다.

북미에서 응모하여 영예로운 1등으로 입선을 쟁취하고 현재 샌프란시스코주립칼리지의 철학과장이라는 요직에 있는 철학박사 알프레드 제이 피스크 씨는 「일본인의 문화적 공헌」을 논한 우수한 논문 중에서 오늘날의 불행한 사태를 마치 예언이라도 한 것처럼 다음과 같이 말하고 있다.

일본과 미국은 상호 간에 서로 잘 이해할 수 있어야 한다.-이것이야말로 태평양의, 아니 인류 미래의 복지가 걸려 있는 일이다. 너무나도 자주 우리나라의 선정적인 신문들은 이러한 진정한 이해를 해치는 기능을 해왔다. 너무나도 자주 우리나라 정계의 지도자들은 일본인의 문화와 사고, 정서에 대한 올바른 인식을 결여해왔다. 너무나도 자주 일본 및 다른 나라와의 관계에 사리사욕이 지배해왔다. 우리는 자신이 바라는 것을 다른 사람에게는 베풀지 않았다.-실제로 자주 우리는 자신이 남을 취급하는 것에 대해, 만약 자신이 받을 처지라면 어떤 느낌일지 생각하지 않았다. 이것은 불행이었다. 왜냐하면 우리 자신의 문화보다도 더 오래된 문화를 가진 민족의 감수성과 강한 체면에 빈번하게 상처를 입혔기 때문에.

우리가 만약 관계를 개선하려고 한다면 그들의 문화를 알아야 한다. 본 논문은 대단히 짧게 제한되어 있기 때문에, 이 주제에 대한 약간의 모습만을 간결하게 표면적으로 개관해본 것에 지나지 않는다. 일본문화의 다른 여러 모습을 취급할 수도 있었을 것이다.-예를 들면 세밀한 부분에 대한 일본인의 재능, 순수와 청결을 사랑하는 마음, 최상의 외국문화를 받아들여 이것을 자신의 것으로 동화시켜 하나로 만들어내는 재주, 손과 손가락의 특별한 정교함, 모든 조건하에서 쾌활함, 자아의 몰각[혹은 아라토 호토리(新渡邊) 박사의 이른바 자기방기(自己放棄)] 등등-거의 무한정으로 열거할 수 있을 것이다.

서양의 문필가는 자주 일본 고대문화의 힘과 활력을 과소평가하고, 때로는 그것이 서양식 조류에 급속히 자리를 내주고 있다고 억측한다. 미국의 스포츠가 일본인에게 답습된 것, 도쿄와 오사카의 상업적 건축이 서양식 건축이라는 것, 자본주의와 산업제도가 일본의 생활을 변화시키고 있다는 것, 결국 그것들은 우리의 것을 모사한 데 불과한 것으로 될 것이라고 지적하고 있다. 본 논문의 필자는 이러한 예측들은 인정된 것이 아니며 사실에 기초한 진정한 근거를 갖고 있지 않다는 견해를 굳건히 지니고 있다. 일본이 서양문명의 상업적 수법을 많이 답습하고 있는 것은 사실이다. 하지만 이것들은 다만 표현의 형식, 정신의 그릇에 지나지 않는다. 그 아래에 놓여 있는 정신은 아직 남아 있다. 예의는 그 표현을 바꿔도 예의일 것이다. 미(美)에 대한 감수성은 근대식 설비가 갖춰진 집에서건 그것이 없는 집에서건 똑같이 예민할 것이다. 그리고 떨떠름함이나 체면감 같은 것은 그 적용된 것이 변화되더라도 여전히 남아 있다. 일본의 혼, 야마토 다마시는 문명의 외적 모습의 변화에 의해 사라지지는 않을 것이다. 리다라가 풍부한 통찰력을 가지고 쓴 서술에서 보여주듯이, "고대 일본 문명의 강인함과 상관적(相關的)인 생명력 및 그 형식의 결함이 없는 완성은, 외국의 요소들에 대한 용이한 동화를 바라는 강력한 저항을 보여주고 있다"(리다라, 『과도기의 일본(過渡期の日本)』, 190쪽).

우리 서양인은 자주 우리 문화의 우월성을 억단(臆斷)하고 오만했다. 우리 문화 가운데 약간의 부분에서 일본을 포함한 다른 나라들보다 우수하다는 것은 의심할 여지없는 사실이다. 그러나 여러 가지 점에서 일본의 문화는 우리 자신의 문화보다 우수하고, 일본은 우리의 풍부한 생활에 기여하고 공헌할 만한 높은 가치를 지니고 있다는 것 역시 마찬가지로 사실이다. 본 논문의 필자는, 이 논문의 각 장에서 일본문화가 지니고 있는 우월한 면들을 보여주었다고 생각한다. 미국인이 이러한 사실을 인식하여 인류를 풍부하게 하는 것은, 지구상의 어느 곳에서든 성취된 모든 문화적 가치를 보존하고 높이는 것에 의해서만 실현할 수 있음을 이해하고, 이것들의 문화적 공헌에 대해 민감하게 수용적이어야 한다는 것이 필자의 희망이다. 아라토 호토리(新渡邊) 박사로부터의 인용문이 이에 대한 희망을 가장 아름답게 표현하고 있다.

동양은 서양을 요구하고, 서양은 동양으로부터 배울 만한 뭔가를 찾아낼 것이다. … 아마도 여러 대를 거친 뒤에 일·미 관계에 대해 서술할 역사가는 그 이야기를, 시인 브레이너드가[69] 자주 인용하는 행으로 끝낼 것이다.

이른 아침 구름 두 개
떠오르는 해에 비치는 것을 보는데
새벽에 떠다니다가
서로 어울려서 하나가 되었네

---

[69] 미국의 변호사, 편집장, 시인인 John Gardiner Calkins Brainard(1795~1828)를 가리키는 것으로 보인다.

이 논문은 미국 문화의 단점을 논한 것은 아니다. (미국에서도 조심하는 사람들은 항상 곤혹해하면서도 이러한 단점을 의식하고, 극복하려고 노력한다) 우리의 문화는 젊은 문화이다. 청년이 때때로 교만하고 쉽게 격해져서 불안정하듯이, 우리에게도 이와 마찬가지로 말할 수 있다. 하지만 청년의 희망과 가능성은 성장의 과정에 존재하는 것이다. 우리 자신의 문화가 성숙해짐에 따라, 우리 서양인이 관용과 예의와 타인에 대해 한층 더 깊은 이해를 획득할 수 있기를 희망한다. 일본 문화의 공감적 인식과 어느 부분에서 동화되는 모습은 이러한 목적에 대해 큰 이익이 될 것이다. (『일본 문화의 특질(日本文化の特質)』, 350-356쪽 참조) 운운.

이 미국 철학자는 냉정하면서도 총명한 이해로 우리 일본과 그 문화적 사명을 조망하고 있다.

사실 미국-특히 루스벨트 대통령과 그 일파-은 이 철학자가 말하듯이 너무나도 자주 사리사욕을 가지고 일본 관계를 지배하려고 해왔다. 또한 너무나도 자주 일본에 대해 올바른 인식을 결여해왔다. 그리고 그것을 극복할 수 없었던 것은, 교만하고 쉽게 과격해지며 게다가 관용과 예의와 타인에 대한 한층 더 깊은 이해를 획득할 수 없었던 미국 정부 당국의 완고함 그 자체였던 것이다.

미국 당국은 지금이야말로 '자유와 인민의 이름'으로 자유로운 미국 시민의 자유로운 충고에 귀를 기울여야 할 때이다. 세계의 목소리가 소리를 모아 "세계를 구하는 길은 일본정신의 실천에 있다는 것, 세계 신질서의 근저는 일본정신이 아니면 안 된다는 것"을 외치고 있다. 그 소리에 귀를 기울여야 한다.

× ×

국제문화진흥회 편, 『일본 문화의 특질』 1권에 수록되어 있는 입선 논문 중에는, 일본이 신국(神國)이라는 것, 세계에 견줄 데 없는 국체라는[70] 것에서 출발하여 일본문화의 진수와 특질을 다루고 있는 것이 많다. 따라서 일본정신과 일본문화를 세계에 선양하기 위해 이용할 수

---

70 원문에는 '단체(團體)'로 되어 있는데, 오기로 보여 수정했음.

있는 문장은 그 책 속에 무수히 널려 있다. 그러나 애써 응모하신 분들께 폐가 되지 않도록, 이 점에 충분히 주의해야 할 것이다.

또한 이상과 같이 오직 외국 사상이나 외국인 스스로가 외국 사상을 깨트리게 하거나, 혹은 외국인 스스로 일본의 입장을 명확하게 하는 사상 전술에 대해서는, 일찍이 선각자이신 고(故) 가와무라 미키오 박사가 제창하신 것이다(유고, 『이름도 없는 민의 마음』 참조).

사상·선전전에서도 '공격은 최선의 방어'이다. 영·미적 세계관에 대한 가차 없는 공격이야말로 우리 국체방위전(國體防衛戰)에서도 예외가 아님을 잊어서는 안 된다. 더구나 사상 공격은 이치로 따져야 할 전법(戰法)일 뿐만 아니라, 상대국의 혹은 우리나라의 국민적 감정에 호소할 수 있는 탄력성과 인정(人情)을 충분히 준비해야만 한다.

4) 전문가의 협력에 의한 공부와 준비의 필요

이상에서 제시한 실례는 내 수중에 있는 빈약한 자료로 서둘러 만든 시안의 아우트라인을 제공한 것에 불과하다. 이 정도라면 누구라도 흥미와 관심을 가지고 쉽게 이해할 수 있으며, 더구나 적국인도 나도 모르는 새에 귀를 기울일 수 있는 다소간의 버라이어티도 있다고 생각한다. 내 손이 미치는 범위에 이런 종류의 기획이 이미 상당히 준비되어 있지만, 이것을 공표하는 것은 가능한 한 조심하고자 한다.

그러나 만약 이 기획을 실행하려 한다면, 먼저 가장 일본정신이 풍부한 철학자, 미·영의 국정(國情)에 능통한 어학 전문가와 심리분석학자, 민족학자, 지정학자, 그 밖에 필요에 따라 적절한 협력자가 충분히 갖춰져야만 한다.

다소 흥미가 있어도 동일한 경향, 동일한 상태, 동일한 형식으로 된 방송이 계속된다면, 국내외 팬들은 틀림없이 곧바로 따분해질 것이다. 때때로 기발한 변화를 내용과 형식에 따라 공부하는 것은 절대적으로 필요한 일이다. 그러나 라디오 선전은 다른 상업선전과 마찬가지로 '선전 목적의 반복', '관계 의식의 환기', '선전 내용의 변화'에 의해 '통각적(統覺的) 종합'을 실현하고 항상 통각적 분산을 방지하지 않으면 안 된다는 것을 주의해야만 한다. 그러므로 만담, 대화, 라디오 드라마, 음악 반주, 기타 모든 형식이 극작가와 연출가, 음악가 등 전문가의 협력을 얻어 창작되어야 하며, 그 내용과 형식의 변화와 다양성 속에서 '선전 목적'이 집요하게 반복되어야 한다.

나는 단지 극히 조잡한 우안(愚案)을 제시하여 대강의 참고에 일조함으로써, 현명하신 여러분께서 좋은 안을 낼 수 있는 기운을 만들면 더 이상 기쁨이 없겠습니다.

4. 전쟁론의 혼란을 바로잡다

1) 일본에 구원을 요청하는 세계

국제문화진흥회의 편저 『일본문화의 특질』의 권말에는 「일본문화에 관한 국제현상논문 모집 사업보고」라 하여, 집필자 이나가키 모리카쓰(稻垣守克)의 진실로 경청할 만한 총괄적 비판과 소감이 게재되어 있다. 이 보고문 가운데서도 '5백의 논문이 일본에 미친 효과'라는 제목의 한 장은, 특히 대동아전쟁 수행 과정에서 한 번 읽어보면 한층 더 깊고 많은 교훈을 얻을 수가 있다.

위 글 속에서 이나가키 씨는 확신에 차서 다음과 같이 외치고 있다.

세계를 향해 자국의 문화적 특징에 대한 현상논문을 모집할 수 있는 것은 천하에 일본국뿐이라고 해도 지나친 말은 아닐 것이다. 그러므로 이번의 이 계획은 그 결과 우수한 논문이 많았는지 아닌지가 문제가 아니라, 애초에 일본만이 이러한 종류의 계획을 아무런 염려 없이 실행할 수 있는 나라임을 입증한 것이다. (같은 책, 427쪽)

진정으로 이러한 일본문화의 특징과 강인성은 일본의 국체 그 자체에 있는 것이다. 그렇다면 일본의 국체란 무엇인가. 신에서 출발하여 신과 함께 영구히 존재하고 현인신(現人神)인 천황을 아버지로 받들어 한 가족이라는 마음으로 사는 것이 일본민족이다. 이것이 팔굉일우의 조국(肇國)의 정신이다.

이어서 이나가키 씨는 일본인이 일본문화를 직시하고 그 진수를 파악하고 스스로 반성하는 기회를 찾으라며 다음과 같이 역설하였다.

5백 개의 논문을 통독하고 내가 가장 강하게 느낀 점은 일본인이 우리 문화가 세계에서 우수하다는 것을 재인식하고 훌륭한 국민으로 더욱 노력해야 한다는 것이다. 이 논문들은, 이것을 외국인에게 읽도록 한다면 최고의 일본 소개, 일본 선전문이 된다. 우리는 이것을 우리 문화의 세계적인 선양에 충분히 이용할 수 있을 것이다. 그러나 이보다도 더 큰 것은 이 논문들이 일본인 스스로에게 자신감을 부여하고 분발을 촉구하고 있다는 점이다. 세계는 한 목소리로 '세계를 구하는 길은 일본정신의 실천에 있다는 것, 세계 신질서의 근저는 일본정신이 아니면 안 된다는 것'을 외치고 있다. 만약 일본인이면서 일본문화의 본질, 일본정신의 진수를 파악하지 못하고 있는 사람이 있다면, 진실로 부끄러운 형편이다. 비상 시 이를 돌파할 비결은 일본인 자신의 일본문화의 특질에 있다 해도 과언이 아니다. (같은 책, 428쪽)

일본문화의 특질, 즉 빛나는 우리 국체에 대한 확고부동한 자각과 인식, 이것 외에 이른바 '신도실천(臣道實踐)'의 길은 있을 수 없다. 따라서 대동아전쟁 개전에 앞서 널리 발포하신 대조(大詔)의 정신을 받들어, 반드시 삼가 배례할 수 없는 불충불의(不忠不義)의 역신(逆臣)이 되어서는 안 된다. 실로 진정한 일본 세계관으로 각성하여 천양(天壤)과 더불어 한없이 황운(皇運)을 보필하여 받들고, 대일본제국의 영원한 번영으로 진정한 세계평화를 실현하는 것이야말로, 대동아전쟁이라는 성전을 치르는 유일한 방도여야 한다. 보라! 국제현상의 5백 편의 응모 논문은 "세계를 구하는 것은 일본정신의 실천에 있고, 세계 신질서의 근저는 일본정신이어야 한다"라고 한 목소리로 외치고 있는 것이다.

그런데 우리나라 전쟁 지도의 사상적 주류는 구원을 요청하는 이 세계의 목소리를 아는지 모르는지, 입으로 '국체의 위엄'을 설파하고 붓으로 '일군만민(一君萬民)의 일본정신'을 서술하면서도, 그 세계관적인 사고와 인식은 오늘날에도 여전히 사이비 혁신론, 반국체적 전쟁이론이 횡행하고 있다.

황공하옵게도 대조(大詔)를 받들어 분기하면, 금세 세계의 모습을 일변(一變)시키는 역사상

유례없는 혁혁한 전과(戰果)가 육·해·공 용사의 웅대한 전략과 진충의열(盡忠義烈)한 전투 행위에 의해 속속 나타나고 있다. 그럼에도 전쟁 지도의 근원적 정신력이 되는 세계관에서는, 따라서 정치사상의 주류에서는, 원리적으로 커다란 오류가 범해지고 있다. 게다가 태연하게 그 존재가 허용되고 있는 데 대해서는, '조칙을 받들고는 반드시 삼가' 배례하는 예로부터의 가르침에 따라 근신하지 않은 것일 뿐만 아니라, 우리 1억 신민은 거듭되는 불충불의(不忠不義)의 죄과에 사죄를 드릴 수조차 없다.

정말로 지금 우리는 세계에 황위를 선양하고 받드는 광영의 때를 맞이하고 있는 동시에, 진흙탕에 빠진 속악공식주의(俗惡公式主義)-변형 마르크스주의의 아류에 휩쓸려 들어가 충용한 일본 신민 된 길을 헤매고 있는지, 갑작스레 진정한 일본 세계관으로 각성하여 천양(天壤)과 함께 한없이 황운을 보필하여 받들 것인지, 실로 중대한 위기를 맞이하고 있다.

정부는 대조환발(大詔渙發)의 날에 성명을 통해 "전 국민은 이제 다음 정전(征戰)의 연원과 사명을 깊이 생각하고, 진실로 교만하지 않고 또 게으르지 않게 최선을 다해 인내하여 우리 선조의 유풍(遺風)을 현창하자"라고 국민에게 설파한 바 있다. 그렇다면 여기서 '정전(征戰)의 연원과 사명'에 대해 깊이 생각한 것은, 적어도 사상 문화를 앙양하여 '신민의 길'을 가려고 하는 우리 사상 전사들의 당연한 책무여야만 한다.

2) 지나사변과 성전

우리 전쟁론에서 지도 이론의 혼란은 '선전포고 없는 전쟁'이라 불리는 '지나**사변**'으로까지 거슬러 올라가 그 연원을 물어야 한다.

『총력전교서(總力戰敎書)』의 저자 데라다 야키치(寺田彌吉) 씨는 '선전포고 없는' 지나**사변**의 의의를 다음과 같이 서술하였다.

> 그것은 선전포고가 없는 전쟁이었다. 그 자체가 이미 뒤에서 서술할 총력전의 성격에 꼭 들어맞는 것이었지만, 그것은 또한 세계의 올바른 질서를 만들어내기 위한 전쟁이었다는 것을 유감없이 전해야만 했다. 바꿔 말하면 본래 우리 국시(國是)는 건국의 정신에 나타나 있듯이 팔굉일우이며, 사해동포(四海同胞)라는 것을 진정한 질서로 삼는다.

따라서 원래 양민을 적으로 삼거나 착취하거나 하는 것은 조금도 없다. 오직 사해동포로 살아가려는 것에 대해 방해하는 이만을 적으로 삼는다. 그런데 이 사람조차도 크게 깨닫게 된다면 따뜻한 손으로 포옹하겠다는 것이다. 그러므로 선전포고 같은 것은 있을 수 없다. 이것은 일지사변(日支事變)이라 하며, 이후 오게 될 어떠한 사변이라도 예외는 없을 것이다.

데라다 씨는 '선전포고 없는 전쟁'을 '올바른 질서를 만들어내기 위한 전쟁'이라는 점을 유감없이 전하는 것이라고 하고, '이후 오게 될 어떠한 사변이라도 예외 없이' **선전포고 없는 전쟁**이 될 것이라고 과감하게 예언하였다.

불행하게도 이 예언이 적중하지 않아서 대동아전쟁이 포고되었고, 황공하옵게도 대조(大詔)를 환발(渙發)해주신 것은 1억 국민이 한결같이 감격하는 바이다. 하지만 **'선전포고 없는 전쟁' 즉 사변이라고 불리는 전쟁에는 있지 않은 전쟁**, 이에 이미 우리 황전(皇戰)에 대한 신념의 결여가 생기고 따라서 전쟁론에 관한 일체의 혼란이 배태되고 있는 것이다.

레닌은 '제국주의의 가장 간결한 정의'를 내리면서 '5개의 특징'을 들어서 '독점적 성질의 다섯 가지 형태'를 정의하였다. 이에 따르면,

① 생산 및 자본이 집중되어 경제생활을 결정하는 독점을 만들어낼 정도로 고도의 발전단계에 도달한 것
② 은행자본이 산업자본과 융합한 것. 이 '금융자본'을 기초로 하여 금융과두지배가 발생한 것
③ 상품수출과 다른 자본수출이 특별히 중요한 의의를 갖게 된 것
④ **세계를 자신들 간에 분할하는 국제적 독점**, 자본가 단체가 성립한 것
⑤ **자본주의 열강 사이에 지구상의 영토적 분할이 완료된 것**[개조문고(改造文庫), 레닌, 『제국주의론(帝國主義論)』, 120쪽]

레닌이 정의한 이 '제국주의' 이론은 의외로 깊게 우리나라의 이른바 '지도자 계급'에게 스며들어 상식화되어, 그들은 모든 '국가'와 '전쟁'을 이 공식에 맞추어 해석하고 있다. 따라서 지나에 진군한 우리 황군의 전과에 의해 배상금을 받고, 영토를 취하면 제국주의적 침략이라

고 생각한다. 무배상(無賠償)·불할양(不割讓)·자치평등이라는 이른바 3원칙의 승인이 바로 제국주의전쟁에는 없는 '성전'이라고 생각한 것이다. 이 얼마나 안이하고도 유물적인 사고이며, 또 얼마나 마르크스 레닌주의적인 전쟁론인가! 만일 이 논리라면 정확하게는 필리핀·말레이로 진격한 이번 대동아전쟁도 '성전'이 아니라 제국주의적 침략전쟁이라고 하지 않을 수 없다. 미·영 대군에 대해서는 '침략'이 아니고, 지나와 같은 약소국에 대해서는 '침략'이 되는 것인가? 그렇다면 물을 것이다. 장개석(蔣介石)의 지나 군대는 과연 미·영 양국의 군대보다도 약하고, 국토도 양국의 본토보다 작은가? 겁이 많은 인텔리들은 답할 것이다. 지나는 아시아이므로 미·영 두 나라의 전쟁과는 차이 나는 점이 있어야 한다고. 그렇다면 말레이·필리핀은 아시아가 아닌가?

이러한 입씨름을 반복하더라도 마르크스 레닌주의의 아류를 취하는 이른바 혁신파로서는 쉽게 이해할 수 없을 것이다. 그러므로 결론을 서두르자.

우리 황위(皇威)에 **복종하지 않는 놈들을 복종하도록 하기** 위해 황군의 나아가는 곳, 이 전단(戰端)이 열리는 곳, 적국의 영토를 할양하고 배상금을 받든 안 받든 가리지 않고, 이 모두가 '성전'이 아니고 무엇이겠는가. 아니, 진무 천황이 동정(東征)하신 이래로 황군이 한 번 나아가면 적군을 '그 뿌리째 쳐내고 나서야 멈춘다'라는 철저한 공격과 굴복에 있다. 그래서 한 번 굴복시킨 주민은 모두 황민이 됨으로써 비로소 일본 국체와 함께 새로이 일본 신민이 될 수 있는 저들의 영원한 번영이 약속되는 것이다.

3) 3원칙 전쟁론의 반국체성(反國體性)

우리 황군이 나아가는 곳, 다시 말해서 천황이 통수(統帥)하시는 황군이 출정하는 곳이 지나 대륙일 것이라고, 말레이·네덜란드령 인도네시아·필리핀 또는 미국 본국일 것이라고, 또한 영토를 취해도 배상금을 받아도 그것이 '성전'이라는 의의는 아무런 변함이 없다. 아니, 황군의 점령으로 그 영토의 주민이 황민이 되어 천황의 은혜를 입을 수 있게 됨으로써 비로소 '성전의 목적'은 달성되고 그 의의는 철저해지는 것이다.

확실히 ○○ 전(前) 수상은 무배상, 불할양, 일지(日支) 평등이라는 세 조건-3원칙으로써 '성전'의 의의를 정하였다. 마르크스·레닌의 정의를 그대로 받아들여 이것이 규정한 제국주의전쟁의 반대 조건으로, 곧바로 이것을 '성전'의 의의를 규정하는 데 적용하였다. 마르크스·레닌주의에 의한 제국주의전쟁 절대반대라는 슬로건에 호응하는, 마르크스·레닌주의의 전면적인 승인이 아니고 무엇인가?

게다가 ○○ 3원칙을 추수하여 무턱대고 맹신하는 것 외에는 잘 알지 못하는 신문·잡지의 저널리즘은 그 사상적인 무력함의 본색을 완전히 폭로하여 '제국주의적 침략 반대, 즉 성전이다'라는 반국체적·반황도적 **성전**-즉, **선전포고 없는 전쟁**을 태연히 계속하고, 일지전쟁의 참된 의의를 조금도 탐구하지 않는다. 따라서 황송하게도 천황 폐하의 뜻을 받들려고 하지 않았다.

빛나는 우리 국체에 대한 어떠한 신념의 결여일까. 그래서 우리 성전의 참된 의의가 하마터면 말살되려 하고, 마르크스·레닌주의적 전쟁론이 횡행하여 활보하기에 이르렀다. 그래서 마르크스주의를 신봉하는 일파가 은밀히 ○○의 미소를 띠게 한 것은 확실히 ○○의 귀결이었다.

대정익찬회(大政翼贊會) 선전부에서 발행한 『대동아전쟁과 그 전도(前途)』라는 제목의 팸플릿은 오늘(12월 21일 발행) 여전히 다음과 같이 외치고 있다.

구미식의 필법으로 하면, 구주전쟁의 좋은 기회를 틈타 일본은 이것저것 가리지 않고 곧바로 **무력 점령을 한다고 생각한 것도 무리가 아니다**. 이렇게 하지 않는 이유는 우리의 도의(道義) 정신에 있다. 도의가 무엇인지 알지 못하는 유물주의의 영·미·란(蘭)은 이것을 가지고 일본에게 실력이 없다고 결론짓고 있었다. (같은 책, 31쪽)

지나사변은 흥아(興亞)의 길에 있어서 일대 시련이라는 생각은 우리의 마음속에서 나오는 외침이다. **전승국으로서의 영토 점령, 배상금을 요구하지 않는 것**은 그 구체적인 표현이 아니고 무엇일까. (같은 책, 2쪽)

만주국(滿洲國)이든, 국민정부가 통치하는 새로운 지나의 탄생이든, 모두 **근세 제국주의전쟁, 침략전쟁에 대하여 황국의 독자적인 국심(國心)에서 나온 전쟁**임을 사실로 증명한 것이다. (같은 책, 3쪽)

영토의 점령, 배상금의 부정, 일·지 평등의 이른바 '3원칙'이 '우리의 진심에서 나오는 외침'이고, 이 3원칙에 입각한 '국민정부가 통치하는 새로운 지나'의 탄생이 과연 '황국의 독자적인 국심'에서 나온 것인가? 또한 익찬회 선전부가 진정 '일본식'의 '도의가 무엇인가'를 이해하고 있는가? 우리는 커다란 의문을 품지 않을 수 없다.

다시 말해서 '황국의 독자적인 국심'의 발로로 국민이 '일본정신'과 '우리의 도의'에서 생각해온 '성전'의 의의는, 무할양·무배상·일지 평등이라는 3원칙에 좌우되는 그런 조건적이고 부분적인 것은 아니다. 황공하옵게도 천황에게 복종하지 않는 것을 정토(征討)하기 위해 나아가는 '미이쿠사'[71], 즉 황군이 나아가는 것이야말로 신성함과 엄숙함을 드러내는 것이고, 성전의 유일한 의의이기도 했던 것이다.

오다무라 도라지로(小田村寅二郞)[72]는 『대동아황화권론(大東亞皇化圈論)』이라는 제목의 역사적 의의가 있는 소책자(핸드북)에서 '성전'의 의의를 천명하면서, 다음과 같이 설파하였다. 이것이야말로 우리 국체에 충성하면서도 **'우리 도의 정신에 다름 아니다'**는 것을 대정익찬회 선전부는 명기해야 할 것이다.

진무 천황의 말씀에 의하면 '쳐내고 나서야 멈춘다'는 때까지 싸워서 한번 황군이 나아간 이상, 적군을 '그 뿌리째 쳐낸다'라고 철저하게 공격하는 것이 성전의 유일한 의의였다고 생각합니다. 그리고 토벌하여 평정해버린 후에는 그들로 하여금 천황에게 복종하도록 하고, 또 천황은 그 따르는 사람 모두를 신민[73]으로서 지금까지의 국민과 전혀 격차 없이 보살펴주십니다. 또한 그 땅의 치안·경제·문화 등 모든 것에 대해서는 반드시 더욱더 전체적이고 종합적인 태도로 임하시는 것에는 예외가 없습니다. 전쟁이 종결되고 황군의 승리가 확보된 뒤에는 황군이 진군한 땅의 주민들의 현재와 장래의 안녕과 행복을 천황의 마음속에 염두에 두고 계셨기 때문에, 그 땅을 통치하시는 것입니다. 거기에 영원한 천황의 책임이 있다고 할까요, 일본의 국체가 끝이 없는 한 새로운 땅과 새로운 인민의 광영을 약속하신 것입니다. (같은

---

[71] 미이쿠사(みいくさ, 御軍): 황군(皇軍).
[72] 오다무라 도라지로(小田村寅二郞, 1914~1999): 학자. 공익법인 국민문화연구소 이사장, 아세아대학 교수.
[73] 원문은 '大みたから'인데, 천황의 신민을 말한다. 'おおんたから'라고도 쓴다.

「팸플릿」, 14-15쪽

　다시 말해서 황위(皇威)에 복종하지 않는 놈들을 철저히 엎드리게 하고, 그런 뒤 이들을 황화(皇化)시켜 황민으로 만들어 '애민(愛民)의 천자', 즉 우리 대군의 은위(恩威)를 입도록 하는 것이야말로, '성전'을 진정으로 '성전'답게 하는 것이다. 지나사변이든 대동아전쟁이든 불문하고 진무 천황의 동정(東征) 이래 일본전쟁의 본의(本義)에는 조금도 차이가 없는 것이다.

× ×

　아마테라스 오미카미(天照大神)[74]의 성덕(聖德)을 받들어 모신 후지타 도코(藤田東湖)[75] 선생의 간단한 글에는 다음과 같이 되어 있다.

　아아, 성자신손(聖子神孫)이 그 명덕을 잘 받들어주시고, 공향사서(公鄕士庶) 모두 그 홍은(鴻恩)을 본받아 효(孝)·경(敬)으로 위령(威靈)을 추광(推廣)한즉, 어찌 그저 오야시마(大八州)[76]의 백성이 한없이 동화되어 은혜를 입지 않으랴. 육지에서 멀리 떨어진 먼 바다 밖, 만이융적(蠻夷戎狄)[77]의 고향도, 또한 곧바로 우리의 덕휘(德輝)를 그리워하여 모두 우리의 여광(餘光)을 우러러 보지 않겠는가.

　이것이야말로 확실히 신주불멸(神洲不滅)의 신념일 뿐만 아니라 만방에 비할 데 없는 우리 국체에 대한 절대적 신앙이다. "멀리 떨어진 먼 바다 밖 사방 오랑캐의 고향"도 황화되어 우리의 덕휘(德輝)를 사모하여, 우리의 황위(皇威)의 여광은 바라지 않는 곳이 없도록 하려는 건

74　아마테라스 오미카미(天照大神, 天照大御神): 일본신화에 등장하는 태양신(日神)으로서 천황의 조상신으로 알려져 있다. 일본 황실의 직계 조상으로서 이세신궁(伊勢神宮)에 모셔져 있는데, 초대 천황인 진무 천황이 아마테라스 오미카미의 자손이라는 점에서 천황을 현인신(現人神)으로 보고 있다.
75　후지타 도코(藤田東湖, 1806~1855): 에도(江戶) 시대 말기의 미토번(水戶藩)의 번사(藩士), 학자, 미토학(水戶学)의 창시자인 후지타 유코쿠(藤田幽谷)의 차남.
76　오야시마(大八州, おおやしま): 일본의 옛 이름.
77　만이융적(蠻夷戎狄): 사방의 오랑캐, 야만국.

국 정신을 노래한 것이다. 천황 폐하의 위업 아래 세계의 황화를 현현하는 것이야말로 팔굉일우의 근본정신을 삼가 받드는 성업(聖業)이라 하지 않을 수 없다.

아마테라스 오미카미의 성덕과 성지(聖旨)는 '그 명덕을 잘 받들어주신' 메이지 천황(明治天皇)[78]의 어신한(御宸翰)[79]에서 다음과 같이 말씀하셨다.

> 열조(列朝)의 위업을 이어 기술함에, 일신(一身)의 간난신고(艱難辛苦)를 무릅쓰고 친히 사방을 경영하고 너희의 억조창생을 안무하여 마침내는 만리의 파도를 개척하여 사방에 국위를 선포하니, 천하를 후가쿠(富岳)[80]의 평안에 두기 바란다.

일본의 길-그것이 무력전으로 나타나든 외교전·문화전으로 보이든-은 어디까지나 황도의 선포에 있다. "일신의 간난신고를 불문하고 친히 사방을 경영하고 너희의 억조창생을 안무하여 마침내는 만리의 파도를 개척하여" 받들어 '사방(세계)에 국위를' 선포하는 길(방법)을 확보해야 한다는 것은 황조(皇祖)인 아마테라스 오미카미로부터 금상폐하에 이르기까지 역대 천황의 어조칙(御詔勅), 어신한(御宸翰)에서 받든 만고불멸의 국시이다.

황도에 기초하여 세계를 창조한다는 것, 그것 때문에 '전쟁'은 '성전'이자 '성업' 그 자체이다. 저 ○○ 3원칙은 '성전'의 의의를 혼란케 할 뿐만 아니라 실로 성전의 ○○라고 말할 수 있다.

× ×

싱가포르 함락[1942년(昭和 17) 2월 15일 오후 7시]을 맞아 발표된 대본영(大本營)의 육군보도부장 오히라 히데오(大平秀雄) 대좌의 「선언」은 후지타 도코 선생의 기백과 황도 선포의 신앙을 '오늘의 말씀'으로 전한 것이다.

---

78 메이지 천황(明治天皇, 1852~1912): 1867년 메이지유신 이후 재위한 제122대 천황.
79 어신한(御宸翰): 천황의 자필 문서.
80 후가쿠(富岳): 후지산(富士山)의 다른 이름.

무릇 세계의 영원한 평화의 확립을 건국의 대이상으로 삼고 있는 황국은 **태양이 비추듯 널리 세계에 빛을 발하여, 이것을 누리는 것은 자라나고 이것을 방해하는 것은 작열(灼熱)로 다 타버린다.**

황군이야말로 바로 대어심(大御心)을 받드는 작열의 위력이니, 어떠한 철벽도 어떠한 강적도 곧바로 격침해야만 하는 것이다. 때문에 **어릉위(御稜威)를 받은 황운(皇運)은 언제나 천우신조(天佑神助)를 받아서 인위적으로는 도저히 미치지 못하는 신무(神武)를 발휘하는 것**이다.

보라. 제국의 유구한 2천 년의 빛나는 역사를, 이번 싱가포르 공략의 대전과는 바로 그 상징이다.

이렇게 열변을 토한 일본정신과 '어릉위를 받은 황군'의 신무에 대한 신앙 속에는 저 애매한 3원칙 성전론의 편린이 없으며, 12월 8일에 내려주신 대조(大詔)는 명백히 그릇된 '전쟁론'을 꿰뚫어 보시어 더할 나위 없는 여경(餘慶)[81]을 하사해주신 것은 아닐까.

제국 함대의 실력으로 보아 필요하다면 오히려 수십 마일에 달하는 작전 구역의 확장도 가능해서 태평양과 인도양의 모든 바다를 제압하고 신일본해라고 칭할 날이 오지 않는다고 누가 단언할 것인가. 일도제국(一島帝國)이라 칭하며 여기에 만족하는 시대는 옛이야기가 되었고, 진정한 해양국이 출현하는 날이야말로 일본의 진정한 모습이 드러나는 것이 아닐까. 제국의 이러한 비약에 즈음하여 국민의 기개 또한 여기에 상응하여 웅장해져야 한다는 것은 자명한 이치이며, 오로지 지금부터는 상호 간에 이것을 갖출 각오가 되어 있어야만 한다.

이와 같이 언급한 1월 8일의 히라이데(平出)[82] 해군 대좌의 웅대한 전략 앞에, 또 싱가포르 함락에 앞서 이루어진 도조(東條)[83] 수상의 역사적 선언에서 "지금 싱가포르는 함락했습니다. 그러나 동아 전쟁의 한 계단을 쌓은 것에 불과합니다"라는 고원웅혼(高遠雄渾)한 장도(壯圖) 앞에, 이른바 대동아 블록 건설론자들은 자신의 좁은 도량을 부끄러워해야 한다. 대동아황화

---

81 여경(餘慶): 조상의 은덕.
82 히라이데 히데오(平出英夫, 1896~1948): 해군 소장.
83 도조 히데키(東条英機, 1884~1948): 육군 대장, 정치가. 1941년 제40대 내각 총리대신으로 취임하여 태평양전쟁을 개전하였다.

권 건설은 이러한 의미에서 세계황화전(世界皇化戰)의 일단계이며, 전 세계를 해가 뜨는 나라의 군주가 만세일계의 우리 대군의 황은을 입게 하는 것이야말로 팔굉일우의 건국의 큰 정신이어야 한다.

× ×

동아의 전 민족뿐만 아니라 세계를 황도로 황화하여 황민으로 삼는다. 지극히 높고 지극히 인자하신 대어릉위 밑에서 영원한 평화와 안정을 주는 것이야말로, 그래서 장래의 정치적 책임을 스스로 짊어지는 것이야말로, 정치적 책임을 언제나 명확하게 하는 황도정치-우리 도의 정신-의 발양이며, 건국 이래 팔굉일우의 큰 정신이 아니고 무엇이겠는가!

우리 국체가 걸린 존엄성과 우월성에 대해 어떠한 확신도 없이 패거리들은 입으로 일군만민(一君萬民)을 설파하고 붓으로 황도를 쓰면서도 그 사고방식은 여전히 역신적(逆臣的)이어서, '신도실천(神道實踐)'의 표어를 필요로 함에도 저들은 몹시 그렇지 않다.

마르크스·레닌의 제국주의 침략 절대 반대의 소리에 힘입어 지나에 대해 혹은 다른 동아민족에 대해 황위가 빛나는 것을 방해하고 있는 것은 과연 무엇인가? 그것이야말로 우리나라 자신의 정치적 우위의 확신을 방기한 것일 뿐만 아니라, '성전'의 진정한 의의를 이해하지 못하고 이른바 구미 식의 제국주의 전쟁론에 압도되었다. 침략을 당해 스스로 미라 취급하는 미라가 되는 어리석은 짓을 하는, 이러한 일련의 마르크스·레닌주의의 아류를 이루는 이른바 '혁신'론자이거나, 이를 추종하는 신문·잡지의 저널리즘인 것이다.

× ×

지나사변은 '소모적 전쟁'이었다. 따라서 대동아전쟁을 '생산전쟁', '자원전쟁'이 되도록 해야 한다는 강단 경제학자의 천박한 논의를 부정하며 『일본의 경제전략(日本の經濟戰略)』의 저자 니시타니 야헤(西谷彌兵衛) 씨는 다음과 같이 언급하였다.

지나사변은 '궁극에 있어서는 생산전쟁'일 뿐만 아니라 실재로 생산전쟁이었다. '충용(忠勇)

한 황군 장병의 건투(健鬪)'는 정치적인 제한이 있었다 해도 동시에 경제전쟁의 역할을 수행한 것이었다. 원래 정치적 과오는 즉시 고쳐져야 한다. 그러나 지나사변의 '경제전쟁'의 곤란함에다가 '필연'이라는 레테르를 붙여서 득의양양해하는 것과 같은 '학문'의 비과학성을 적확하게 아는 것이야말로 혁신의 출발점이다. 우리는 미국·영국적인 대(對) 지나 경제전쟁의 경로를 거슬러 올라가 그 핵심을 파악하여 부숴버리고, 흡혈의 맥을 끊어버려야 한다.

남진(南進)은 우리 경제전쟁 전개에서 산을 이루는 것인데, 혈안이 되어 '물(物)'을 쫓아다니는 '갖지 못한 나라'적 관념은 결코 사태의 핵심을 찌를 수 없다. 우리의 목표는 미국·영국적 질서의 타도이다. (같은 책, 202-203쪽)

일본의 경제 전략을 올바르게 제기해보려고 시도한 것이다. 그런데 **지나사변**이 '실제로 생산전쟁'이면서도 일견 '소모전쟁'인 것처럼, 경솔한 경제학자가 생각하도록 한 문제의 본질은 과연 어디에서 찾아야 할 것인가?

니시타니 씨는 이 문제에 대한 해답으로, "미국·영국적인 것은 무엇인가? 그것을 먼저 발견해야 한다"고 하면서, 이른바 '경제 전략'을 결정하는 것이 전쟁 경제의 이념이라는 것은 다음과 같다고 설파하였다.

이 책의 1쪽부터 서술해온 일본 세계전쟁의 이념은, 우리 경제 전략의 본연의 모습을 단 하나로 결정할 것이다. 미국·영국적 경제력의 분쇄가 그것이다. 적의 경제력 섬멸-그것이 경제 전략의 근간이다. (같은 책, 211쪽)

그러나 문제는 여기에서도 아직 진정으로 해결되지 않았다.
니시타니 씨는 이어서 말하고 있다.

적의 경제력을 섬멸하는 방책은 무엇인가?
이것이 모든 문제의 출발점임과 동시에 모든 문제의 요약이다. '전쟁'이니까 통제를 강화하는 것도 아니고, '전쟁'이므로 '물(物)'을 추구하는 것도 아니다. 통제가 나타나는 방식 그 자체는 '전시 긴급'이라는 사태에 대한 대응이었을지 몰라도, 통제의 본질은 적과의 경제력 대치에서 비일본적인 성격의 부정에 있었고, 또 그러해야만 하는 것이었다.

양이(攘夷) 정신의 앙양 이후에 비로소 개항(開港)에 대한 의미가 바르게 규정된 것처럼, 비일본적 성격에 대한 철저한 비판이 있은 뒤에야 비로소 일본적인 자유 관념이 경제에서 현실화될 수 있다. (같은 책, 211-212쪽)

문제는 해결에 가까워지고 있다.

그러나 '비일본적 성격'의 발견과 '비일본적 성격'에 대한 철저한 비판의 '척도'(세계관)는 어디서 구할 수 있고 어디서 해답을 도출해낼 수 있을 것인가?

니시타니 씨가 같은 책(164쪽)에서 말하고 있듯이, "나치의 전쟁 계획은 나치의 세계관에 육체를 부여하려는 것이라는 이해를 빼고는 결코 사태의 핵심을 파악할 수 없을 것이다"라는 것은 지극히 당연한 논리이다. 하지만 '전체주의' 세계관의 확립과 그 전쟁 없이 '나치의 전쟁 계획'이 있을 수 있었을까. **지나사변**을 이른바 '생산전쟁'과 '비생산전쟁'으로 구별하게 할 수 없었던 '전쟁의 혼란'은 이른바 '경제전략'의 근간-을 결정하는 전쟁 지도이념(전쟁관) 그 자체의 혼란에서 배태된 건은 아닐까. 다시 말해서 고노에(近衛)[84]의 3원칙 전쟁론의 혼란과 오류-그 오류가 이른바 **'생산전쟁'**의 정치적 제도였다-에서 출발한 것이다.

따라서 니시타니 씨의 어조를 빌리자면, '경제' 안에 있는 비일본적인 성격은 '경제' 안에서 비일본적인 성격을 추구하는 것이 아니라, 니시타니 씨 자신이 정확히 결론 내렸다시피, "양이 정신의 앙양 이후에 비로소 개항에 대한 의미가 바르게 규정된 것처럼, 비일본적 성격에 대한 철저한 비판이 있은 뒤"에야 비로소 '경제'도 아니고 '문화'도 아닌 전쟁 그 자체가, 따라서 일본의 정치적 동향-총력전 그 자체가 올바른 방향으로 이끌려 가는 것이다.

그래서 어디까지나 '사상가'가 "이 전쟁을 '세계관의 전쟁'이라고 생각한다"라고 한 것은 올바르다. 따라서 '비일본적 성격의 철저한 비판'과 그 섬멸이야말로, 단적으로 말해서 미국·

---

84 고노에 후미마로(近衛文麿, 1891~1945): 정치가, 귀족(공작), 귀족원 의장, 추밀원 의장, 내각총리대신, 외무대신, 척무대신, 농림대신, 사법대신, 국무대신, 대정익찬회(大政翼贊会) 초대 총재 등을 역임했다.

영국적 사상 질서를 교체하는 일본적 사상 질서 건설을 위한 싸움이기도 한 것이다.

비일본적 세계관에서 출발한 3원칙 전쟁론의 혼란은, 이처럼 하나의 '경제 전략'일 뿐만 아니라 성전 그 자체의 의의와 사명의 근간을 놓치게 하는 중대한 과실을 초래하였다. 즉 비일본적 세계관(전쟁론)의 비판과 섬멸이 "모든 문제의 출발점이자, 동시에 모든 문제의 요약"이다.

올바른 문제제기 없이는 문제의 올바른 해결은 있을 수 없다.

× ×

제국주의적 침략 절대 반대가 곧 '성전'이라는, 전혀 비슷하지도 않은 '성전론(聖戰論)'='반전론(反戰論)'을 휘두를 수 있는 현상에 대해, 우리는 도저히 없앨 수 없는 마르크스·레닌주의의 사상적 화근(禍根)이 너무나도 깊고 깊다는 사실에 소름이 돋지 않을 수 없다.

그래서 오늘날까지도 종합잡지나 신문 등에서 횡행하는 마르크시즘이나 아메리카니즘의 아류에 대해, 모든 능력을 발휘하여 분석과 비판을 가함으로써 일본 문화의 현상 타파를 위한 사상전을 행하려고 하는 것은, 불충불의(不忠不義)한 현실의 인생에서 속죄하기 위한 것일 뿐이다.

4) 통수대권은 엄연히 독립한다

○○ 3원칙으로 시작되는 우리나라 전쟁론의 혼란은 마침내 마르크스·레닌주의 전쟁론으로 불붙게 되었다. 이는 우리 국체에 근거한 황전(皇戰)의 의의를 철저히 하지 않은 데 있음은 말할 필요도 없지만, 그것은 마르크시스트가 신봉할 수 없는 클라우제비츠[85]의 『전쟁론(戰爭論)』에 대한 맹신(盲信)에도 있었다고 판단하지 않을 수 없다.

레닌은 1915년 8월엔 출판한 『사회주의와 전쟁』이라는 저서에서 "전쟁은 다른 수단으로 하는 정치의 연장이다"라는 클라우제비츠의 유명한 격언에 대해서 다음과 같이 서술하였다.

---

85 클라우제비츠(Clausewitz, Carl von, 1780~1831): 프로이센의 군인·군사 이론가. 저서 『전쟁론(Von Kriege)』으로 유명하다.

이 유명한 격언은 전쟁 문제에 관한 가장 심각한 저작자의 한 사람인 클라우제비츠의 말이다. 마르크시스트는 이 구절을 항상 주어진 모든 전쟁의 의의를 천명할 수 있는 근본적인 입장이라고 간주해왔다. 마르크스와 엥겔스는 항상 이러한 견지에서 여러 종류의 전쟁들을 관찰하였다.

즉 마르크스주의 전략으로 말하면 전쟁은 공산주의 정치의 연장이므로 소련은 제3국에 전쟁을 야기하든가 또는 전쟁 반대-제국주의 침략 절대 반대운동-에 의해 공산주의 정치의 연장인 자국 방위 내지는 확장 강화의 한 수단으로 삼은 것이다. 그래서 어느 때는 외몽골이나 지나를 적화하고, 어느 때는 폴란드나 발트3국을 탈취하여 자국의 전진기지 영토로 삼거나, 그 정치적 지배권을 장악하여 자기의 세력권하에 포함시킨 것이다.

이와 같이 제국주의전쟁 절대 반대, 즉 '3원칙적 성전'을 승인하도록 한 것은 소련의 지극히 교묘한 전시외교 모략이었다. 그래서 우리 국내의 마르크시스트를 이용하여 지나를 황도권 안에서 유리시켜서 자국의 세력권으로 영구히 묶어두려 한 것이다.

평화 없는 전쟁의 계속, 즉 정치의 상시적 전쟁화·무력화야말로 전쟁을 다른 수단으로 삼는 정치의 연장이 되는 것이며, 마르크스·레닌주의 일파(즉 소련)가 바라던 바였던 것이다.

이른바 제국주의적 침략 절대 반대론에서 도저히 한 걸음도 나가지 못한 3원칙론 = 동아해방론은 저들 자신이 **좋아하려 해도 좋아할 수 없는 것임**에도 결국 소련의 요청과 지나공산당의 ○○에 가장 충실히 응한 것이 아니고 무엇일까?

이와 같이 3원칙 전쟁론은 마르크스·레닌주의자의 희망대로 이른바 '제국주의적 침략 절대 반대'를 반복하고 오늘날에도 여전히 소리 높여 역설함으로써, '지나사변'은 물론이고 대동아전쟁의 '성전'의 의의에 대해서조차 일말의 어두운 그림자를 던지고 있다. 황공하옵게도 이번 대동아전쟁에 내려주신 대조(大詔)의 어성려(御聖慮)에 어긋나는 전쟁론을 ○○○○하게 해서, 성전의 참 의의를 ○○○○하려 한 것이다.

마르크시스트가 신봉할 수 없는 클라우제비츠는 『전쟁이란 무엇인가』에서 전쟁의 본질을 정의하면서 다음과 같이 서술하였다.

전쟁이란 결국에는 결투가 확대된 것일 뿐이다. 우리는 개개의 결투가 무수히 모여 그것이

하나의 통일된 전체를 이룬 것이 전쟁이라고 생각하지만, 그 경우 격투하는 두 사람을 연상하는 게 편리하다. 격투하는 사람은 모두 서로 물질적인 폭력을 사용하여 상대를 굴복시킴으로써 자신의 의사를 관철하려고 한다. 당면한 목적은 상대를 타도함으로써 그 이상의 어떠한 저항도 초래할 수 없도록 하는 것에 있다. [나리타 요리타케(成田賴武) 씨 저, 『클라우제비츠의 전쟁론 요강』, 19쪽]

전쟁이 인간 동지들 간의 싸움이나 상호 구타와 마찬가지로 개개 결투의 무수한 집적에 불과하다고 하는, 전쟁의 신성함에 대한 말살은 우리로 하여금 곧바로 제국주의전쟁 절대 반대, 즉 3원칙 전쟁론을 연상시키기에 충분하지는 않은가. 이것이야말로 구미 식-레닌·마르크스 류-의 전쟁론에서 한 걸음도 나가는 것이 아니다. 거기에는 전쟁의 신성함은 자취를 감추어 황도 선포-오직 신의 대도(大道)를 내외에 선양하는 것은 꿈에서도 성취하기 어렵게 된다.

이시와라 간지(石原完爾)[86] 중장은 "전쟁은 무력을 행사해서 국책을 수행하는 행위"라고 정의하였다. 황위의 선양을 전쟁 목적으로 삼지 않는 전쟁의 신성함의 말살은 클라우제비츠와 레닌 전쟁론의 기계적 적용이다. 이는 어디까지나 전쟁의 신성함을 믿는 국민감정과 황국신민의 신앙과는 많이 모순된다고 하지 않을 수 없다.

일본의 전쟁은, 헌법 제1조에서 통수대권(統帥大權)은 신성해서 범할 수 없는 것으로 되어 있듯이, 전쟁은 질질 끌기만 하는 정치의 연장은 아니다.

다시 말해서 '천황은 육해군을 통솔한다'는 통수대권은 천황 아래에 엄연히 독립된 것임을 명확히 선언하고 있는 이유이다. 따라서 '선전포고 없는 전쟁'을 하는 것이 일본 국체에 기초한 전쟁의 본래 형식이어야만 한다는 것 등이야말로 통수대권의 ○○이다. 대의명분을 변별하지 않는 ○○행위가 아니고 무엇일까.

확실히 '선전포고 없는 전쟁'이 흡사 우리 황전(皇戰)의 본래적인 형식인 것처럼 생각하고, 또 3원칙인 무할양·무배상·일지 평등이 전쟁의 신성함을 규정하는 유일한 조건인 것처럼 믿

---

86 이시와라 간지(石原完爾, 1889~1949): 육군 중장. 도조 히데키와 대립하여 1941년 현역에서 물러났으며, 동아연맹론의 주창자이다.

는 것은, 마르크스·레닌주의 일파의 제국주의 침략 절대 반대라는 심원한 모략에 완전히 편승한 결과이다. 그리고 우리 학계 및 저널리즘이 마르크스·레닌주의를 사상문제로 삼아 근본적으로 해결할 수 없다는 증거를 가장 명확히 보여주는 것이다.

우리 학계와 사상계의 이러한 사상적 무력함과 무학(無學)은 미노다 무네키 선생이 **『학술유신(學術維新)』**에서 행하신 마르크스·레닌주의를 향한 피투성이 결투의 위대한 업적을 이해할 필요도 없다. 지금이야말로 역신(逆臣)이라는 오명을 입고 전락한 유명·무명의 전쟁론자들이 그 나락의 밑바닥에서 우러러봐야 할 태양의 빛이 무엇이었는지를 알아야 할 때가 온 것이다.

5) 대조(大詔)의 가르침(御聖訓)

오다무라(小田村) 씨가 지은 『대동아황화권론(大東亞皇化權論)』의 권두에 서문을 기고한 다도코로 히로야스(田所廣泰) 씨는 대조봉체(大詔奉體)의 중대 의의와 국민적 감격에 대해, 다음과 같이 정말로 솔직하게 감격하여 외치고 있다.

12월 8일의 미국과 영국에 대한 전쟁 개시, 같은 날 배례한 선전(宣戰)의 대조(大詔), 이어진 해군 항공대의 빛나는 전과(戰果) 등을 보면 커다란 시대의 변화를 느끼지 않을 수 없다. 그것은 전 국민의 똑같은 감명일 것이다. 예를 들면 불확대라는 말 같은 것은 쓰일 틈도 없다. '장개석을 상대하지 않는다'는 애매한 성명도 없다. 적국과의 평등, 무배상, 불할양이라는, 지난 구주대전 4년 차에 사회민주주의 독일 내각과 혁명 러시아 사이에 체결된 브레스트리토프스크 조약[87]과 비슷한 선언도 물론 행해지지 않는다. 아니, 그런 것은 이미 국민의 머릿속에서 멀어지려고까지 한다. 그래서 정당하고도 맹렬한 적개심이 넘친다. 게다가 대전과가 이미 발표되었다. 이미 혁신자 부류가 말하는 '선전(宣戰) 없는 전쟁'은 아니다. 천하에 거리낄 것 없는 떳떳한 전쟁이다.

선전의 대조는 얼마나 감사한 말씀이신지. 신민은 메이지 천황이 내려주신 청국에 대한 개

---

87 브레스트리토프스크 조약(Brest-Litovsk Treaties): 제1차 세계대전 중인 1918년 3월 3일 러시아의 소비에트 정부가 교전국인 독일·오스트리아·불가리아·터키 등과 체결한 단독 강화조약.

전의 조서, 러시아에 대한 개전의 조서, 또 다이쇼(大正) 천황이 내려주신 독일에 대한 개전의 조서와 동일한 정신으로 성훈(聖訓)해주신 것을 우러러 받든다. 천우(天佑)를 보유하여 만세일계의 황조(皇祚)에 오르신 천황이 승낙하신 전쟁이다. 동아의 안정을 확보하여 세계평화에 기여할 것이라고 마음을 써주시는 천황이 승낙하신 전쟁이다. 천황폐하는 지금 "제국이 정말로 위험한 상황에 빠졌다"고 말씀하시고, "황조황종(皇祖皇宗)의 신령 위에 있다"고 성유(聖諭)하시며, "빨리 화근을 베어버려 동아의 영원한 평화를 확립함으로써 제국의 영광을 보전할 것을 기한다"라고 칙명을 내려주신다. 신민 된 자는 성유(聖諭)를 받들어 신령에게 기원을 드리고 제국의 존립을 위해 싸우는 길 외에는 도리가 없다. 세상의 경망스런 부류는 대조환발(大詔渙發)의 개전 당일에도 여전히 라디오를 통해 세계의 사변을 설명하고, 현상유지 국가군에 대한 현상타파 국가군 간의 투쟁을 선전하면서 분노한다. 그것은 성조(聖詔)[88]를 받드는 신민의 도리에 어긋나며, 매우 충성스런 신민의 감정에 반한다. 우리는 오늘날 이와 같은 교만을 방임하면서 과연 충의를 완수할 수 있을까. (같은 책, 2-3쪽)

참을 수 없는 것을 참아내고 국력을 유지하며 때가 오기를 기다리던 충용한 신민-사상전사로서 다도코로(田所), 오다무라(小田村) 두 사람의 다년간의 고절(苦節)[89]과 적성(赤誠)[90]이 넘치는 이러한 경고에 대해 온몸으로 경의를 표하지 않을 수 없다.

진심으로 대조로 가르쳐주신 성지(聖旨)를 받드는 것이 아니고서는 대동아전쟁의 완수는 있을 수 없다. 대조에 배례하는 성지를 받들고 받든다면, 더욱이 지나에 대해 절대우위인 우리나라의 황도적 지도와 황화에 의하지 않고, 단지 영·미 식민지의 군사적·경제적 지배를 동아로부터의 구축하여 소멸시킴으로써 곧바로 **지나사변**이 종식 해결된다는 안이하고 잘못된 논의는, 동아의 영원한 안정을 확보하기 위해 노력하고자 가르침을 주신 성려(聖慮)에 어긋난다. 다시 말해서 우리 황전(皇戰)의 진정한 의의와 본래의 사명을 말살시키는 3원칙 전쟁론-즉, 제국주의전쟁 절대 반대론으로는 성지를 받드는 것이 요원하다는 것을 생각해야 한다.

---

88 성조(聖詔): 천황의 조칙.
89 고절(苦節): 괴로움을 견디며 절개를 지킴.
90 적성(赤誠): 마음에서 우러나오는 참된 정성.

만일 지금 ○○사변, 지나사변에 미칠 수 있는 3원칙 성전론 속에 깃든 마르크스·레닌주의의 사상적 화근을 진정으로 베어버리는 것이 아니고서는, 더 나아가서는 대동아전쟁의 완수에 누를 끼쳐서 대조의 성려에 보답하는 신민의 길을 다할 수 없다.

천황이 통수해주시는 황군으로 나아가는 것, 그것에서 신성한 전쟁의 의의를 믿는 것이야말로, 일본 신민의 참된 국민감정은 적성(赤誠)이 되어 넘친다.

그런데 조야의 대관(大官) 명사들은 참으로 기괴한 성전론과 동아해방, 동아연맹, 민족독립 자주론을 부르짖고 있는 것인가? 대조환발 당일에, 또 제78임시의회에 라디오를 통해 전국에 방송되거나 의결된 「대동아전쟁 목적 관철을 위한 결의」는 대략 다음과 같다.

제78임시의회에서 대동아전쟁 목적 관철을 위한 결의문은 다음과 같이 운운하였다.

생각건대 인류의 역사는 전쟁에 의해 전환되었고, 전쟁은 항상 해방을 위한 싸움이었다. 중세의 질곡으로부터의 인류해방의 대운동이 근세문화를 낳은 것처럼, 오늘날의 세계 대동란은 결국 영·미적 세계 지배의 질곡을 타파하여 세계 정의를 확립하고, 동시에 새로운 문화를 창조하여 세계 신질서를 건설하기 위한 전쟁이다. 과연 역사의 필연적인 요청이고, 하늘의 섭리이다. 이처럼 대동아전쟁은 실로 인류의 공적(公敵)인 영·미 지배 하에서 동아 10억의 **민족을 해방**시키고, 세계 21억 전 인류에게 빛나는 신질서를 가져오기 위한 전쟁이다.

보라! 위로는 ○○○○○○, 의회를 비롯하여 아래로는 신문잡지 저널리즘에서 '동아해방론', '민족해방 독립 자주론'의 늠름한 진군을-

모르는 사이에 동아해방, 동아연맹, 민족독립론은 마르크스·레닌주의의 소련 산하에서 탈취하려고 한 민족괴멸(民族壞滅)이 표어가 되었음을. 저 마르크시스트들은 민족해방과 독립이라는 미명 아래 제국주의전쟁 절대 반대를 외치게 하고, 자기가 소유한 민족을 영유함에 있어 민족의 자멸을 계획한 것이다. 민족해방과 독립자주는, 그 민족을 황위 아래 완전히 순종하도록 하여 천황폐하의 영원한 번영과 홍은(鴻恩) 아래 두고자 하는 열의와 충성이 결여되어 나온 경솔한 성낸 부르짖음에 지나지 않는다.

일체의 세계 변혁을 위해 싸운다면, 하나뿐인 둘도 없는 목숨을 천황에게 바치는 것은 불가능하다. 천황폐하는 세계의 변혁이 아니라 세계의 영원한 평화를 염원하시므로, 동아해방과 같은 애매한 굴욕적 용어 역시 대조의 성지에 반한다. 혹시 동아해방과 신체제를 위해 싸운다면, 오히려 동아해방 만세, 신체제 만세라고 하면서 일본국민은 죽지 않을 것이다. 이 정도의 이러한 사고방식은 일본국민의 신념에 반하고 일본역사를 배반하는 증거이다. (앞의 책, 3쪽, 다도코로 씨 서문)

대단히 확신에 차고 충성이 넘치는 말이다. 길 위의 돌도 분기시킬 만한 우국지정에 누구라도 움직이지 않겠는가!

6) 황도 세계관과 대동아황화권

4천 년 이상의 오랜 역사를 가진 지나가 어째서 오늘에 이르기까지 여전히 통일국가를 형성하지 못했을까? 이 질문에 대해 어떤 학자는 지나가 근대 과학을 받아들이지 않았기 때문이라고 하고, 혹자는 지나가 구미적 특히 영·미의 정치적 지배에 억압당했기 때문이라고 한다.

과연 그런가?

우리나라가 구미의 모든 국가에 뒤처지지 않는 훌륭한 신성국가(神聖國家)를 만들고, 더욱이 천지와 더불어 끝없는 영원한 번영을 약속받고 있는 것은, 국가의 본원적 기초가 황도에 있고 만세일계의 황통을 중심원리로 삼고 있기 때문이라는 것은 이제 새삼스럽게 말할 필요도 없다. 그런데 지나가 국가를 제대로 만들지 못한 것은 근대 과학과 구미적 지배 때문이 아니라 우리나라와 같은 중심원리가 없기 때문이다. 아니, 유교가 가르쳐주는 왕도를 중심원리로 해서는, 지나가 어떠한 과학을 받아들이려 해도 결국 지나가 통일을 이룩하여 독립국가로 발전하는 것은 약속할 수 없다.

지나가 유교 수립 이래 왕도로써 진정 훌륭한 국가를 건설하고, 또 왕통연면(王統連綿)을 통하여 만세일계를 이룬 사실이 있었을까? '수신제가치국평천하(修身齊家治國平天下)'의 길은 유교의 본의이며, 유교의 가르침은 꽃처럼 향기롭고 옥같이 갈고 닦여진 것이지만, 그러나 유교에 의해 아직 국가의 건설이 제대로 이루어지지 못한 까닭은, 즉 국가원리로서의 일원적인 중심원리도, 조직 원리도, 창조의 원리도 없었기 때문이다. 여기에 유교가 가진 근본적인 결함이 있으며, 또 왕도가 황도에 미치지 못하는 원리적 결함을 보여주고 있다. 특히 왕도는 황도와 같은 절대중심도 무스비(產靈)[91]도 없기 때문에, 왕도의 실제는 패도(覇道)로 떨어지는 것이다.

지나의 구미적 지배 혹은 공산주의 세력의 폐절(廢絶)이 이른바 지나의 해방이라고 하는 **민족해방론자**는, 국가의 성립이 그 사상원리에 지배받는다는 중대한 사항을 보려 하지 않는 외면적인 정치, 또는 경제적인 면에서만 국가의 생성과 발전을 생각하려 하는 유물론자일 뿐이다.

이러한 유물론자는 나치가 세계정책을 합리화하기 위해 고안해낸 이른바 동아블록론이나 광역경제권 건설론을 그대로 받아들여서, 이 슬로건들에 완전히 맹목적으로 매료되어버린 것이다.

지정학에 대한 곡해자나 심취자는 이구동성으로 다음과 같이 말하고 있다.

우리나라에서도 최근 세계평화는 광역적으로만 달성될 수 있다고 일반적으로 언급되고 있다. 세계가 게르마니카·사르마티카·니포니카·아메리카나 등 4개의 팍스가 될 것이라고 언급되는 과정은 현실적으로도 착착 진전되고 있다. 이 과정이 보여주고 있는 것은 지금까지 세계를 독점 지배하고 있었던 팍스 브리타니카의 부정이다. 과거 수세기 동안 저 정도의 권력을 휘둘렀던 팍스 브리타니카가 정말로 사라지려고 할 때에 일어난 최후의 빛이 바로 이번 전쟁이다. 이 필연적 움직임에 대한 설명은 뒤의 '정치적 목적'이라는 장에서 상세히 서술할 예정이다. 우리가 유럽에서, 동아에서, 근동에서, 아프리카에서 싸우고 있는 전투는 영국의 세계 독점을 부정하는 것이다. [가게야마 데쓰오(景山哲夫) 씨 저, 『독일의 전쟁목적(獨逸の戰爭目的)』, 2쪽]

이와 같이 비일본적인 지정학자(블록건설론자)는 광역경제이론의 **필연적 귀결**로서 독일권·소련권·일본권·미국권 등 4개의 광역경제블록이 생기는 것이 세계역사의 필연적인 움직임이라고 주장한다.

사관적(史觀的)으로는 같은 부류의 아류로 취급되는, 기획원연구회가 발행한 『국방국가의

---

91 무스비(產靈, むすび): 만물을 창조하고 성장시키는 신비로운 힘 내지 신령.

강령(國防國家の綱領)』은 다음과 같이 외치고 있다.

> 인류역사의 흐름에서 진보와 발전이 있다고 한다면, 지금의 자유주의와 개인주의를 청산하고 폐기하는 것이야말로 역사적인 필연의 운명이다. 낡은 정치, 낡은 경제, 낡은 문화 모두가 이 역사 회전의 과정에서 비판되고 검토되어야 한다. 그러나 자유주의와 개인주의의 정신적·물질적 소산 위에 새로운 문화와 새로운 체계를 창조하는 것은 오늘날의 역사적 과제이며, 역사의 전환과 역사의 창조가 우리에게 부과된 임무이다. (같은 책, 4쪽)

이른바 블록론자는 경제와 자원과 지리적 조건으로 혜택을 입으면 광역경제권이 만들어지고 거기에 마치 영원한 번영이 약속되어 있는 것처럼 설명한다. 역사필연론자는 개인주의와 자유주의의 폐절 후에 새로운 문화체계를 창조하는 것이 오늘날의 역사적 과제라고 역설하고 있다.

하지만 이른바 블록론자는 매우 풍족한 미국에 왜 영원한 번영이 약속되지 않고 이미 붕괴의 위험에 노출되어 있는지에 대한 진정한 이유를 발견할 수 없다. 또한 역사적 필연을 믿는 일파는 봉건주의 사회로부터 자본주의 사회로 전환되고 자본주의=자유주의로부터 신체제 사회로의 필연적 전환을 믿음으로써 유물변증법과 유물사관의 공식을 여전히 집요하게 직수입하려고 기도하고 있다.

× ×

지도적 논객으로 불리는 다이라 데이조(平貞藏) 씨조차 다음과 같이 광역정치경제권의 건설을 설파하면서 결국 단순한 유물론에 빠져서 황위 선양이라는 중대한 문제를 주체적으로 다루지 않고 있다.

대동아전쟁 선언 이후에는 남진(南進)의 필요를 설파할 필요가 없게 되었다. 비아세아적(非亞細亞的)인 적성(敵性)을 축출하고 대동아의 해방과 재건을 도모하기 위한 이 전쟁의 목적 가운데 모두 포함되어 있다. 광역정치경제권 건설이라는 세계적인 정세 속에서 이 목적을 달성하는 것이므로, 남진의 한계도 자연히 그 관점에서 정해져야 할 것이다. 적성 세력을 응징하고 축출하는 데 필요한 힘, 특히 경제력을 충실히 하기 위해서는 어느 지역까지 진출할 필요가 있는지가 가장 먼저 다뤄져야 할 것이다. 《일본평론(日本評論)》 2월호, 제17권, 82쪽)

다시 말해서 다이라 씨에 따르면 황위 선양이 남진의 주안점이 아니라 "광역정치경제권 건설의 세계적 정세"라는 시류에 들어가는 것이고, "남진의 한계도 자연히 그 관점에서 정해져야 할 것이다"라는 것이다. 그래서 "어느 지역까지 진출할 필요가 있는지"를 '경제력 충실'에 견주어서 고려하여 진출 한도를 정하는 것이 "가장 먼저 다뤄져야 할" 문제가 되는 것이다.

'세계역사의 필연'이나 '경제적 한도'로부터 전쟁의 범위나 진출의 한도를 정하려는 것은 항상 이 일파의 **특이**한 견해이자 사관이기도 하다. 여기서는 오로지 영·미적인 도적들 간의 전쟁이며, 경제력 확보만이 전쟁의 목적이 되어버리는 것이 아닐까.

우리는 '세계역사의 필연'이나 '경제력 충실' 여하에 따라서 '남진'에 한도가 붙여진다고는 생각하지 않는다. '남진'에 정책적인 한도가 있다고 한다면, 그것은 어디까지나 우리 국내의 사상적 질서-그 사상적 질서(세계관)에서 생기는 힘의 여하에 달려있다고 믿는다.

이와 같은 유물적 사고가 저 기괴한 3원칙 성전론을 고안해내기도 하고, **지나사변**을 오늘날까지도 영원의 저편에 빠져있도록 한 것이다. **지나사변**이 '선전포고 없는 전쟁'이 되기도 한다. 이른바 장기전의 혼란을 드러내기에 이른 진정한 근본원인-즉 3원칙 전쟁론의 정체-을 구명하지 않고는 대동아전쟁에 대한 진실된 의미의 발전과 건설은 있을 수 없을 것이다.

× ×

자유주의적 사회로부터 블록적 세계 할거의 시대로 전환되는 것, 그것이 세계역사의 필연적 형세라고 하는 논자는 **일본역사의 필연**, 즉 우리의 국체를 중심으로 세계의 움직임을 보려 하지 않고 **세계역사의 필연**으로부터 일본을 판단하려 하는 반국체적(反國體的)인 사고를 가진 사람일 뿐이다.

지나가 중심원리가 없는 유교와 왕도에 기대지 말고 황도 아래에 서야만 지나의 질서는 건설될 수 있다. 따라서 동란의 와중에서 스스로를 구할 수 없는 것처럼, 동아의 여러 민족 역시 천황의 대어릉위의 윤허에 의해 황민으로 갱생하고 애민하는 천자를 맞이하지 않고서는, 대동아의 영원한 안정과 평화는 있을 수 없는 것이다. 물론 이것은 세계 황화전(皇化戰)의 궁극적인 원칙이다. 우리의 종합적인 국력의 현 단계에 응하여, 과도적 정책으로서의 이른바 '독립 자치'는-필리핀·버마·인도 등이 우리 황실에 대한 절대적인 순종을 맹세한 이상-세계 황화의 원칙에 반드시 상반된다고는 말할 수 없다. 궁극적인 원칙은 항상 세계 인류에게 '애민의 천자'를 맞이하도록 하는 것이 최대이며 우리의 최후 목표여야만 한다. 이른바 '독립 자치'의 허용은 일본국민 스스로 충성심의 결집과 문화적 지도력이 아직은 부족함을 고백한 것이기 때문에, 오체(五體)를 던져서 불충불의에 대한 속죄[92]의 길로 들어서야만 한다.

진실로 황위 선양의 지역은 저 대동아에 한정되지 않으며, 세계 황화의 1단계로서만 대동아황화권 건설이 의의가 있다고 인식된다. 천양무궁(天壤無窮)한 우리 국체의 흥륭에 생사를 함께하고 따르는 황민이 되는 것 외에 대동아 민족의 번영은 절대로 있을 수 없다. 설령 풍부한 자원이 있다 해도 우리 국체를 따르지 않고 단지 물질적 자원에만 의존하는 것은, 비록 일시적인 공영은 있을 수 있어도 동아의 영원한 평화와 번영을 확보할 수는 없다. 따라서 대조의 성지를 받드는 이유는 되지 않을 것이다.

대동아 신질서란 단순히 자급자족의 경제적 질서 자체를 말하는 것이 아니라, 우리 황실을 위로 받드는, 아래의 질서, 상하본말(上下本末)을 명확히 하는 질서의 건설이며, 공영권이 아닌 황화권의 건설이라는 것을 생각하지 않으면 안 된다. 이러한 의미에서 신질서의 건설이 나아가 경제적 질서를 가져오는 것이다.

본 소론은 전쟁론의 혼란을 바로잡는 것을 목적으로 한다. 그러므로 '대동아황화권론'에 대해서는 다도코로와 오다무라 두 사람이 설명한 것을 참조하기 바란다.

* 덧붙여, 다도코로 히로야스(田所廣泰) 씨 저, 『일본세계관(日本世界觀)』, 정가 80전. 오다무라 도라지로(小田村寅二郎) 저, 『대동아황화권론(大東亞皇化圏論)』, 정가 50전. 모두 도쿄시(東京市) 고지마치구(麴町區) 3정목 6번지, 정신과학연구소(精神科學研究所) 발행.

---

92 원문은 '독죄(瀆罪)'로 되어 있는데, 속죄(贖罪)의 오기로 보여 수정했음.

7) 정신분석학으로 본 전쟁론 시정의 필요

제국주의전쟁 절대 반대론자, 즉 성전이라는 3원칙 전쟁론을 출발점으로 하는 우리나라 조야(朝野)의 전쟁론은 이와 같이 **황화권**에 없는 **공영권론**이 되어, 오직 신(神)의 대도를 국내외로 선양하고 동아의 영원한 평화를 확보하는 전쟁이 아닌 세계변혁, 민족해방, 독립자주론으로 횡행하고 있어, 멈출 줄을 모르는 형국이다.

시대의 움직임과 역사의 견해는 얼마든지 있지만, 일본국민에게는 일본국민으로서의 단 하나의 견해-즉 국체를 중심으로 역사를 보고 시대를 보는 것 외에는 허용할 수 없다.

전쟁론의 끝없는 혼미도 이번 대동아전쟁에서 내려주신 대조를 봉대하고 오로지 어성려(御聖慮)만을 따르고자 염원한다면, 길은 저절로 열리고 전쟁론의 혼란도 구제될 것이다.

정부라 해도 결코 큰 과오가 없이 유지되기는 어렵다. 특히 심모원려(深謀遠慮)한 마르크스·레닌주의의 배수의 진이 도처에 펼쳐지고 있는 것은 여전히 방심할 수 없다.

그래서 사상·선전전에서 우리의 임무는 더욱 중요하며, 한층 더 용감해져야 한다.

× ×

정신분석학자 오쓰키 겐지(大槻憲二)[93] 씨는 저서 『경제심리와 심리경제(經濟心理と心理經濟)』(136-137쪽)에서 정신분석학상으로 관동대진재 당시 ××인이 소란을 일으킨 실례를 인용하여 다음과 같이 경고하고 있는 것이 특히 주목된다.

우리는 평소 의식적으로는 구(舊) 조선국 및 그 국민에 대한 조치가 당연했음을 확신하고 납득해왔다. 의식의 측면에서 이 문제는 이미 해결되어 있었지만, 무의식의 세계에서는 해결되지 않았다. 오늘날에조차도 아직 해결되었다고 확신하지 못한다. 지금 이 문제를 분석하여 해결 방법을 강구하지 않으면, 장래에 어떤 우려할 만한 사태가 발발하지 않는다고는 할 수 없다. 왜냐하면 초자아는 자기가책(自己苛責), 자기징벌, 자기파멸의 기제이기 때문이다.

---

93 오쓰키 겐지(大槻憲二, 1891~1977): 심리학자, 문예평론가, 도쿄정신분석학연구소 소장.

이번 지나사변에 대해서도 역시 마찬가지라고 할 수 있다. 초자아가 병적으로 쇠약해져 있는 남녀 인텔리 집단에서는 지나에 대한 일본의 태도를 뭔가 **양심에 꺼림칙한 것처럼 생각하고 있는 자가 적지 않음을 나도 알고 있다.** 일반 민중과 어린이 등은 이 점에서는 도리어 건강한 사고를 하고 있는 듯한데, 유식자와 위정자 사이에는 입만 번드르르한 말에도 내심으로는 자기시인(自己是認)의 이유를 발견하기 위해 고민하고 있는 사람이 많다. **지금이라도 그 대책을 강구해두지 않는다면, 일본 장래의 국운을 위태롭게** 할 일이 없으리라고는 할 수 없다. 여기에 선전심리학적인 의의가 있다.

이 말은 단순한 경고가 아니라 유감스럽게도 정말로 적확한 예언이었다.

이미 필자가 논파했다시피 "유식자와 위정자 사이에는 입만 번드르르한 말에도" 성전 의식-일본 전쟁의 신성함에 대한 진정한 신념의 결여는, 대동아전쟁에 임해서도 부지불식간에 밖으로 말이 새는 형국이라서, 이때 단호하게 청산해야 한다.

"지금이라도 그 대책을 강구해두지 않는다면, 일본 장래의 국운을 위태롭게 하지 않는다"고 누가 단언할 수 있을 것인가.

바로 여기에 사상상의 문제와 더불어 선전심리학적인 중대한 의의가 있으며, 필자가 감히 이 소론을 발표하는 이유이기도 하다.

원래 이 소론으로 전쟁론의 혼란을 불식시킬 수 있다고는 조금도 생각하지 않는다. 우리는 더욱 용맹하고 과감한 사상전사여야 한다. 만사에 불굴의 노력을 아끼지 않을 것이다.

5. 슬로건의 공죄(功罪)와 세계관(슬로건 연구)

1) 슬로건의 중요성과 의의

모든 선전 활동에서 가장 중요한 것은 그 목적을 가장 단적으로 보여주는 슬로건이다. 실로 슬로건은 선전의 핵심이며, 그 세계관을 상징하는 아름다운 꽃이다. 잘 잊어버리는 대중은 가장 강하고 가장 간절하게 사람의 마음을 파악할 수 있도록 만들어진 슬로건이라는 꽃에만 매혹을 느끼고 마음을 빼앗긴다.

선전이 대중을 잡을 수 있는 수단이자 그 목표가 대중 획득에 있다면, 대중이 이해할 수 있는 언어가 필요하며 슬로건이 중요하다. 더구나 그것은 대중생활과 함께 있는 언어이면서 대중의 동정을 야기할 수 있는 이해하기 쉬운 언어가 행동으로 이야기되어야 한다. 이렇게 아름답게 꾸며진 선전에서도 선전자(정부당국)의 행동과 신념에 의해 말할 수 없는 선전은 바늘이 없는 낚싯줄처럼 하등의 조직력도 동반하지 않을 것이다. 선전이나 대중조직의 수단이라면 대중이 선전에 의해 한 걸음 발을 내디뎠을 때, 다시 말해서 대중의 조직과 행동화로서 비로소 선전은 성공의 영역에 도달했다고 봐야할 것이다. 따라서 선전에서는 슬로건도 결코 단순한 언어의 원리가 아니라 행동원리로 표현되고 동시에 말해져야만 한다. 나치 독일의 슬로건에는 실로 민중의 마음을 적절하게 울리는 슬로건이 많고 고심한 흔적도 엿보인다. 이는 우선 첫째로 히틀러 총독이 선전 활동에서 슬로건에 대해 중대한 관심을 보이고 있었기 때문이다.

히틀러는 『나의 투쟁』에서 "선전은 역시 슬로건에 의해 이루어져야 한다. 선전은 어디까지나 견실하게 부단히-그 이외에는 길이 없다"라며 슬로건의 중요성에 대해 몇 번이나 반복해서 서술하고 있다. 건망증이 있고 소극적인 대중을 마음 밑바닥부터 움직여서 자기의 의도에 따르게 하기 위해서는 적절한 슬로건을 반복 또 반복하는 것으로, 대중은 자신의 이념과 욕구를, 민중의 목소리를 구체화한 슬로건 속에 찾아내는 것이다. 그래서 대중은 "내가 오랫동안 찾고 있던 것을 그는 언어로 파악했다. 내가 바라던 것을 표현한 사람이 처음 출현했다"라며 좋아서 기뻐 날뛰는 것이다. 그러므로 공중에서 부유하는 대중의 이념은 선전(슬로건)으로 파악되고, 그 이념은 지상에 뿌리를 내리는 것이다. 우리 정부 당국이 제작하여 제창한 슬로건이 너무나도 추상적이고 또 대중의 언어로 말하지 않은 것은, 이것을 제출한 당국자 자신이 이 슬로건에 담아야 할 의미를 행동적으로 체험적으로 파악하지 않고 또 대중의 심리와 말을 모르기 때문이다.

괴벨스는 이념은 민족의식의 깊은 곳에 존재하는 의욕이라고 했는데, 모든 정치운동의 처음에는 이론이 있다. 그러나 이 이념을 단순한 사색상의 이념으로서가 아니라 행동원리로서 파악하는 자가 있어서-즉 위대한 프로파간디스트가 있어서, 비로소 누구나 이해하기 쉬운 '슬로건'으로 그 진수를 요약하고 그 표어 아래에 대중을 통일적으로 조직하는 것이 가능해진다.

이 이념은 반드시 웅대한 저서를 필요로 하지는 않는다. 간결한 슬로건으로 요약하고, 민중의 언어로, 누구라도 이해할 수 있는 행동원리로 반복 또 반복하면서 온갖 방법을 써서 선전하는 것이야말로 자기주장을 이해시키고 또 자기에게 유리한 심리적 작용을 드러내어 마침내는 당파를 통솔하고 세계도 정복하는 것이다.

이상은 졸저『총력전과 선전전』(200-203쪽)에서 슬로건의 중요성과 그 의의에 대해 강조한 한 대목이다. 선전활동에서 슬로건의 중요성과 의의에 대한 인식에 대해 필자는 여기에 더 많은 수정을 필요로 하지는 않는다. 그러나 단지 한 마디 주의해두고자 하는 것은 '대중이 이해하기 쉬운 말'이라는 것은 결코 수준이 낮고 비속하다는 것이 아니다. 일본인의 국민감정은 오히려 고도로 세련된 것이어서 민감하고 또 융화한다는 고상한 교양을 가지고 있음을 잊어서는 안 된다. 따라서 '이해하기 쉬운' 혹은 '대중적'이라는 것은 일본국민의 국민적 감정에 즉응(卽應)하는 것이어서 일본정신적이라고 할 수밖에 없는 것이다.

2) 슬로건의 공죄(功罪)

본 소론의 목적은 대동아전쟁 발발 후에 정보국 및 대정익찬회가 제창한 슬로건 연구에 있다. 하지만 대동아전쟁 후에 내걸어진 슬로건 중에는 여전히 적어도 고노에(近衛) 전 총재 시대의 '신도실천', '멸사봉공'적 슬로건에서 보인 동일한 오류의 영역을 벗어나지 못한 유감스럽기 짝이 없는 슬로건이 상당히 많기 때문에, 익찬회 성립 이후 슬로건의 공죄에 대해서도 본론의 진행 순서대로 논해보고자 한다.

그러나 슬로건은 정부 당국으로부터 국민 대중을 일정한 방향으로 지도하고 조직하고 행동화하는 것이므로, 이미 호소한 슬로건이 국민 속에서 어떻게 향유되고 어떻게 반영되고 어떻게 비판받았는지를 가능한 많은 예와 증거를 들어 비판해보고자 한다.

3) '신도실천'과 '직역봉공'

정부와 표리일체의 관계에 있다고 알려진 대정익찬회 총재 고노에 전 수상은 "익찬회에는 정책도 강령도 없다. 단지 '신도실천(臣道實踐)'이라는 한 마디 말로 다한다"라는 의미로 한 성명(聲明)으로 익찬회 총재의 취임 인사를 했다. 이에 '신도실천'은 대정익찬회의 유일한 슬로건이자 국민의 표어가 되었다는 사실은 모두가 아는 바이다. 만민익찬(萬民翼贊)의 신도실천이 국민도덕의 지표원리로서 명징된 것은 무엇보다 진실로 기뻐해야 할 일이다. 고노에 공이 요청한 '신도실천'이야말로 일본민족의 조국애가 담긴 충정-다시 말해서 일본국민의 신도감(臣道感)에 호소하여 전 국민이 평등하다는 감격을 환기시킴으로써 비로소 이루어진 것이다. "천하억조(天下億兆)의 한 사람이라도 그곳을 얻을 수 없을 때는 짐이 죄라면"이라고 조칙을 내리신 대어심(大御心)을 받드는 정치와 정책에 의해, 다시 말해서 수상이란 사람이 대정익찬이라는 큰 임무를 수행함으로써 전 국민의 신도실천이 강조되고 환기될 수 있으므로, 이른바 '신도실천'해야 할 강령도 정책도 없이 '정치의 빈곤'에 의해 구제되는 것은 있을 수 없었다. 이러한 추상적 슬로건에 의한 '신도실천'의 강요는 국민을 혼란에 빠뜨릴 뿐이며, 게다가 '신도실천'은 '직역봉공(職域奉公)'이라고 그 내용이 규정되어 국민은 한층 더 의혹이 깊어졌다. 왜냐하면 이른바 '통제경제'와 '계획경제'라는 이름 아래 국민은 조상 대대로 내려온 직역을 지키는 것조차 허용되지 않는 상태이기 때문이다.

이른바 '통제경제-계획경제'의 공죄에 대해서는(미노다 무네키 선생 저, 『국방철학』 참조) 여기서 물을 것은 아니지만, 선전 슬로건으로서 '신도실천'을 반복해서 강조하는 것은 도리어 다음과 같은 신랄한 비판도 여지없이 감수해야 하는 것이다.

육군 중좌 오쓰보 기세이(大坪義勢) 씨의 최근 저서인 『국가총력전 방첩강화(國家總力戰防諜講話)』 중에 「현재의 일본인은 진정한 일본이 아니다」라는 한 절을 들어서 다음과 같이 서술해보겠다.

지금부터 현재의 일본인은 진정한 일본인이 아니라는 것을 증명하고자 합니다. 기하학이 증명하는 것처럼 잘할 수는 없겠지만.

고노에 상을 데려옵시다. 나의 증명으로는 부족하기 때문에.

고노에 총리대신은 작년부터 대정익찬운동을 시작하게 되었습니다. 이 대정익찬운동의 표어는 '일억일심(一億一心)', '멸사봉공(滅私奉公)', '공익우선(公益優先)', '신도실천', '직역봉공' 등 네 글자로 만들어진 표어입니다. 상당히 어려운 말들입니다. 올해 1월 중순경 오사카의 나니와좌(浪花座)⁹⁴에서 도나리구미(隣組)⁹⁵의 동카라린⁹⁶의 운동회와 같은 시바이(芝居)⁹⁷를 본 적이 있었는데, 그 한 장면이었습니다. 갓포기(割烹着)⁹⁸를 입은 부인 대열이 죽 늘어서 있고 그 앞에 도나리구미의 부인회장님이 서 있었습니다. 회장님이 "여러분, 우리 모두 마음껏 신도실천을 합시다"라고 하자, 회원 한 사람이 회장 옆으로 성큼 나와서 "저, 회장님, 신도실천이 무엇입니까"라고 질문했습니다. 회장님은 위엄이 높아져서 "음, 신도실천이란 것을 잘 알지 못하옵니다."(라고 얘기했다-역자) (웃음소리)

'신도실천'은 직역봉공과 같은 의미입니다. 바꿔 말하면 모두 자신이 맡은 일을 열심히 해서 국가에 봉공하는 것입니다. 때문에 만약 자신의 일을 할 때에-지금부터가 어려운 것입니다. 이러한 우스갯소리(洒落)는 간사이(關西) 사람이 아니고서는 잘 모릅니다. 간사이에서는 피곤하거나 힘들거나 할 경우 '신도이'⁹⁹라는 말을 사용합니다-신도이라고 했다가는 10전의 벌금을 물게 되어 있습니다. 따라서 '신도이 10전'¹⁰⁰이라고 하는 것이옵니다.(크게 웃음)

이런 식으로라도 설명하지 않으면 이해할 수 없을 정도로 어려운 문구입니다만, 저 표어에 보이는 것은 진정한 일본인이라면 예로부터 모두 하고 있는 것일 뿐입니다.

그래서 대정익찬회 사람이 진정으로 성실히 하고 있는, 시골에 가서 강연을 하면, "바보같이 굴지마라. 그런 운동이었다면 도쿄의 무릎 밑에서나 해라"라고 꾸지람을 듣는 것입니다.

잠깐 벗어났습니다만 요약하자면, 이러한 표어가 나온 경우 진정한 일본인으로서 국민이 일하고 있었다면, 대단히 분개해서 뭐랄까, 이와 같은 표어는 보답한다면 고노에 상에게 던져야 한다고 생각합니다.

그럼에도 국민의 거의 전부가 '과연'이라고 감사하며 받아들이고 있는 것은 어째서일까요? 실로 국가의 수치입니다. 내가 외국 신문사의 특파원으로 있을 때 본국에서 일본의 현황을 상

---

94 나니와좌(浪花座): 오사카시 미나미구(南区)에 위치한 극장.
95 도나리구미(隣組): 제2차 세계대전 당시 국민을 통제하기 위해 만들어진 최말단의 지역 조직.
96 동카라린(トンカラリン): 구마모토현(熊本県) 나고미마치(和水町)에 있는 수도(隧道, 터널)형 유구(遺構).
97 시바이(芝居): 가부키나 신파극 등 일본 고유의 연극.
98 갓포기(割烹着): 과거 기모노가 평상복이던 시절 집안일을 할 때 주로 입었던 소매 있는 앞치마.
99 신도이(シンドイ): 지쳤다, 골치 아프다, 녹초가 되었다는 뜻.
100 여기서 '신도이 10전'은 '신도실천'이란 말과 음이 비슷해서 우스갯소리로 한 것이다. 요즘 한국 식으로 말하면 '아재개그'와 같은 것이다.

세히 타전하라는 지령이 있었다면, 나는 저 표어만 뽑아서 이 표어가 보여주는 반대가 일본의 현상이며, 정말로 정이 없는 흐리멍덩한 나라라는 것 외에는 잘 모른다고 할 작정입니다.

이것은 일본국민이 우리 모두는 진정한 일본인이 아니었음을 스스로 증명한 것입니다. 그 증명을 고노에 수상이 하게 한 것입니다. (이상 같은 책, 4-7쪽 원문 그대로)

'신도실천'라는 표어에 대한 비평으로는 조금 농담이 지나친 점도 있지만, 오쓰보 중좌의 비평 가운데 특히 문제가 될 만한 것은 저 슬로건이 성실한 일본국민의 명예심에 적잖은 상처를 입혔다는 사실이다. 저 슬로건의 반대 면이, 최근 일본의 국정에서 '정말로 정이 없는 흐리멍덩한 나라'라는 인상을 다분히 내외에 심을 우려가 있는 굴욕적인 슬로건이었다는 것이다.

'신도실천'은 끝까지 강조되어야 한다. 하지만 그것은 추상적인 슬로건으로 무자비하게 던져 줘야 하는 게 아니라, 차라리 '직역봉공'에서 그 직역을 전시에서도 확보한다는, 황공하옵게도 메이지 천황의 어제(御製)와 대어심(大御心)을 봉대한 '의(義)는 군신(君臣)으로 하고 정(情)은 부자(父子)를 겸한다.'[101]는 정치로 해야만 하는 것은 아니었을까?

4) '멸사봉공'

'멸사봉공', '공익우선'이라는 슬로건은 적절하지 못하기만 할 뿐인가. 이 슬로건 그 자체 속에 위험한 세계관-마르크스적 언어 마술이 숨겨져 있다는 사실에 대해 미노다 무네키 선생이 명저 『국방철학』의 전권에 걸쳐서 모두 비판하고 있기 때문에 나는 여기에 그 이상의 사족을 추가할 필요를 느끼지 못한다. 또한 이 점에 관해서는 당국에서도 이미 실천적으로 극복해가고 있는 바이다. 하지만 일반적으로는 여전히 동일한 오류에 서 있는 사람도 결코 적지 않은 상황이라서, 여기서 반복해서 그 오류를 지적하는 것도 반드시 쓸데없는 일은 아니라고 믿는다.

물론 우리들 누구라 할지라도 '멸사봉공'의 군인정신, 전쟁에 임하는 심리를 부정하는 것

---

101 원문은 '義ハ君臣ニシテ情ハ父子ヲ兼ヌ'인데, 『일본서기』의 구절을 인용한 것이다. 천황과 국민의 관계는 이치로 보면 군신(君臣)이지만, 애정으로 보면 부자의 관계라는 뜻이다.

은 아니다. 그리고 일본 신민의 궁극적 도덕원리로서 '의용봉공(義勇奉公)'이 점차 강조되어야 한다는 것에 이의가 있는 것도 아니다. 하지만 이것을 실천할 환경 조건-전장과 총후, 정치도덕과 경제생활-을 근본적으로 무시하는 슬로건의 공식적이고 기계적인 강청(强請)은 백해무익하다는 점을 알아야 한다.

전쟁이나 정치외교의 경우 종합적으로 국체의 입안을 수행하는 당국자는 말할 필요도 없이 초이해(超理解), 초타산적(超打算的)인 견지에서 판단하고 행동해야 한다. 하지만 이러한 국가 목적과 민족적 이상을 실현하는 물적 수급을 정비하는 경제활동 그 자체의 합목적성을 판단하는 기준은, 공익의 경우나 사익의 경우를 불문하고 제대로 된 '이해'가 아니면 안 된다. 만약 만에 하나라도 경제활동 그 자체가 이해관념을 무시한 견지에서 영속적으로 이루어지기라도 한다면, 예컨대 정치도덕적 관념은 틀림없이 이른바 '사족(士族)의 상법(商法)'이 되며, 거기에 심한 낭비 등의 실패가 드러나 국가재정과 국민경제는 근저에서 파탄이 나서 종합적인 국책의 수행이 실패로 귀결되게 될 것이다. (『국방철학(國防哲學)』, 76-77쪽)

심리학적으로 말하면 공익을 생각하는 마음은 이익을 구하는 마음 이외의 기능이 아니고, 동일한 정신작용이 비교적 좁은 범위에서 작동하면 사익심(私益心)이 되고 넓은 범위에서 작동하면 공익심(公益心)이 되는 것이다. 이 점은 종합적으로 말해보아도 이기심 이외에 공공심이라는 별개의 정신작용은 인간에게는 존재하지 않고, 혹시나 문자 그대로 사사로운 생각(私念)을 죄다 없애버린다면 공공심이라는 것도 인간에게는 조금도 남지 않게 된다는 것이 심리학적 사실이다. 그래서 사사로운 마음과 사사로운 정을 물리친다면 연애도 우정도 부모와 자식의 사랑과 공경도 배제되어야 하는데, '충신은 효자 가문에서 나온다'는 말에서 공사회통(公私會通)의 인정(人情)과 자연의 심리를 확인해야 할 것이다. 그러므로 쇼토쿠 태자(聖德太子)의 17조 헌법에는 '사를 뒤로 하고 공을 향한다(背私向公)'라고 하여 '멸사봉공'과 같은 말은 없다. 전자는 마음이 좁은 나에게 집착하는 것을 경계하고 널리 공으로 향해야 한다는 점을 가르쳐주신 것으로서 일반적인 도덕 이념의 표현이지만, 후자는 일단 완급이 있는 경우의 대단한 각오에 대한 형용적 표현임을 확인해야 할 것이다.

'지렁이도 밟으면 꿈틀한다'라든지 '필부(匹夫)라도 뜻을 빼앗을 수는 없다'라고 하며, 또한 '인생은 의기(意氣)로 느낀다'[102]라고도 한다. 여기에다 초목국토일체성불(草木國土一切成佛), 일체중생실유불성(一切衆生悉有佛性)이라는 불교철학의 보리심(菩提心),[103] 본원심(本願心)을 실제 인생에서 맛본다는 견지에서 '사익' 전체를 들어서 '공익'으로 융화하는 환희역행(歡喜力行), 감격법열(感激法悅)의 세계를 환발현성(渙發現成)하는 것이 고도국방국가체제의 완벽을 기하는 진실한 국민정신총동원운동이다. (同普, 91-92쪽)

국민 경제생활의 고유한 원칙을 무시한 '멸사봉공'과 유물적·기계적인 '공익우선'의 강청(强請)은 미노다 선생이 확실히 지적하신 바와 같이 '무사의 상법'과 같은 파탄과 종합적인 국책 수행 위에 어두운 큰 그림자를 던지고 있다. 국민은 비통한 생각으로 지금 이를 체험하고 있는 중이다.

5) '공익우선'

'공익우선'이라는 슬로건에 대해서도 오늘 우리는 마찬가지의 씁쓸한 체험 아래 놓여있다. 이것은 나치의 '공익우선'의 **진역수입(眞譯輸入)**이 아니라 나치 경제의 정책적 원칙을 무시한 **오역적(誤譯的) 수입**이었다.

이 '공익우선'의 이론체계를 쌓아올린 고트프리드 페더[104]의 주요 저서인 『독일국가의 민족적 및 사회적 기초』[다카야마 요키치(高山洋吉) 씨 번역, 『독일제3제국의 이론(獨逸第三帝國의 理論)』, 90쪽]에서 그 경제정책적 원칙을 밝히고 있다. "국민경제의 임무는 욕망의 충족이며, 대부자본을 위해 가능한 한 높은 이자를 구하는 게 아니다"라는 근본방침을 설명하고, 게다가 "국민사회주의는 그 원칙으로 사유재산을 승인하고, 이것을 국가의 보호 아래 둔다. 다만 국민복지는 개인의 무제한 집확(集穫)에는 한계를 긋는다"라고 서술하였다.

요컨대 나치스 경제의 원칙은 사유재산을 원칙적으로 승인함으로써 공산주의 경제에 반대

---

102 인간은 금전이나 명예를 위해서가 아니라 자신을 이해하는 사람의 떳떳한 마음으로 일하는 것이라는 의미이다.
103 보리심(菩提心): 불도(佛道)의 깨달음을 얻고 그 깨달음으로 널리 중생을 교화하려는 마음.
104 고트프리드 페더(Gottfried Feder, 1883~1941): 독일의 정치가. 국가사회주의 독일노동자당의 초기 간부.

하고, 그 기초 위에서 이른바 공익우선의 경제논리를 관철하기 위해 소유권에 대한 일정한 제한이 필요하다는 것을 설파함으로써 반자유주의 경제가 갈 길을 보여준 것이다. 그러나 공익을 해치지 않는 사익의 보호에 해당되는 것으로서 원칙적으로 하등 새로운 의미는 없었다.

'공익우선' 경제이론의 오류를 지적하려면 한 권의 저서로도 충분하다. 이에 관해서는 미노다 무네키 선생이 『국방철학』의 문화적 업적에서 이미 다 해놓았으므로, 자세한 것은 이 책의 제3장과 제4장을 참조하기 바란다. 하지만 여기서도 참고로 같은 책의 결론적인 요지를 소개해둔다.

그러므로 '공익'이라는 것은 '비공익'이 아니라 이익의 유기적·전체적 효과를 표현하기 위한 총명(總名)[105]이다. 나뭇잎 끝에서 떨어지는 물방울이 흘러서 작은 내가 되고 큰 강이 되어 마침내는 큰 바다로 들어가는 사이에, 음료나 관개(灌漑)용으로도 쓰이고 선박교통이나 전기 발생용으로도 쓰인다. 큰 바다는 국가경제의 전 국민이나 국제경제의 전 인류적인 경복(慶福)의 세계에 비유하여 생각하고 상상해볼 수 있다. 공익은 이익을 생성하는 전체일 뿐이다. 경국제민(經國濟民)의 경제정책이 이와 같은 견지에서 기획되고 지도되어야 한다. 이것은 황공하옵게도 메이지 천황이 '후마노다이텐(不磨大典)'[106]인 제국헌법 발포의 고문(告文)에서

"…로서 신민익찬(臣民翼贊)의 길을 넓혀 영원히 준행토록 하여 점차 국가의 기초를 확고하게 하고, 팔주민생(八洲民生)의 경복(慶福)을 증진시켜야 할 것"

이라고 황조황종(皇祖皇宗)의 신령에게 맹세하시고, 같은 헌법 발포의 상유(上諭)에서는

"짐은 우리 신민의 권리 및 재산의 안전을 귀중하게 여겨 이것을 보호하고, 헌법 및 법률의 범위 안에서 완전히 향유해야 할 것임을 선언한다"

---

105 총명(總名): 전체를 몰아서 한꺼번에 부르는 이름. 총칭, 통칭.
106 후마노다이텐(不磨の大典): 일본의 법전에 관한 사상의 하나. 닳아 없어지지 않는 '불후의 대법전'이라는 의미로서 메이지헌법을 가리킨다. (원문에는 '不磨大典'으로 되어 있음)

라고 조칙해주시고, 또한

민(民)

적당하게 마음을 다하는 국민의 힘이야말로 우리 힘이다.

도(道)

국민이 각자의 마음으로 나아가는 길에는 거침이 없을까

라고 술회하도록 해주셨다. 이렇게 "황조황종의 유훈을 명징하게" 해주시어 헌국헌법(憲國憲法)의 조장(條章)에 각순(恪循)[107]하는 국가경제의 근본원리야말로 우러러 보아야 할 것이다. 그러므로 어떤 이유를 든다고 해도 공익우선의 정신 같은 것을 내걸고 '신민의 권리 및 재산의 안전'을 부인하는 것처럼 언설하는 것은 국체의 본의와 이에 기초한 제국헌법과 그 정신의 표현인 조규(제27조)를 부정하려 한 것이다. 특히 그것이 공익우선의 정신과 같이 유물적 공리주의 사상을 통해 경제뿐 아니라 정치 및 문화도 포함하는 국민생활의 전 영역에 걸친 '국민조직'의 지도 원리를 위태롭게 하기에 이르러서는, 문화 가치로서 형편없는 경제적 이해(利害) 관념을 통해 정치 및 일반 문화활동까지도 지배하려 한 것이다. 엄숙하게 조국굉원(肇國宏遠)·수덕심후(樹德深厚)·극충극효(克忠克孝)·억조일심(億兆一心)을 말씀해주신 교육칙어(敎育勅語)에서는

"… 이와 같이 신민은 부모에 효도하고 형제와 우애하고 부부는 서로 사랑하며 붕우는 서로 믿고, 공손하고 검소하여 널리 사랑하는 대중에 미치게 하고, 학문을 닦고 업(業)을 익힘으로써 지능을 계발하고, 덕기(德器)의 성취를 통해 공익을 확대하여 세무(世務)[108]를 열어 언제나 국헌국법(國憲國法)을 따르며 일단 유사시에는 의용공(義勇公)을 받들어 천양무궁(天壤無窮)의 황운(皇運)을 보필해야 보필해야 함"

---

[107] 각순(恪循): 정성으로 복종한다는 뜻의 한자어.
[108] 세무(世務): 세상을 살아가면서 해야 하는 온갖 일.

이라고 성유(聖諭)를 내려주시니 일본 국민 도덕의 종합적 인생의 철학 원리를 배반해서는 안 된다.

"이는 우리 국체의 정화(精華)로서 교육의 연원 또한 실로 이에 존재한다"고 조칙을 내리셨다. 황조황종의 유훈, 신민조선(臣民祖先)의 유풍하에서 '공익' 관념은 분석적 덕목의 하나일 뿐이다. 지금 바로 우리 국가는 미증유의 비상시국을 당하여 천양무궁의 황진(皇進)을 보필해 모셔야 할 '의용봉공'의 정신을 앙양해야 할 때 '공익우선'과 같은 물질적·공리주의적 표어를 원리로 내세우는 것은, 국체의 존엄을 모독하고 국민의 의기(義氣)를 손상함은 물론이고, 외국에서 건너온 고도의 정치력, 고도국방국가체제 요망이라는 근본정신과도 상용(相容)되지 않는 열등하고 약한 정신이다. (같은 책, 154-156쪽)

오래되어도 늘 새로운 '의용봉공' 정신이야말로 강조되어야 한다. 잘못된 '공익우선'의 제창으로 '지나사변'을 국내 혁명으로 전용하려 한 마르크시스트 일파의 모략에 이용된 사실에 비춰보아도, 정치의 지도 원리로서의 슬로건이 얼마나 신중한 준비와 확고한 세계관에 입각해서 만들어져야 하는지에 대해서는 더 말할 나위가 없지 않은가.

6) '사치는 적이다'

정신분석학자 오쓰키 겐지(大槻憲二) 씨는 『경제심리와 심리경제』라는 대단히 시사적이고 계몽적인 저서에서, 「사치는 적인가?」라는 제목의 1장 1절에서 '물자소비법(物資消費法)의 합리와 불합리'라는 문제를 다루면서 '사치'라는 말 대신에 '물자의 불합리한 소비 방법'이라고 바꿔 말해야 한다고 서술하였다. 또한 2절에서는 '물자의 불합리한 소비 방법'은 '물자의 풍부한 소비방법'이기도 한 이유를 천명하였고, 3절에서는 '저축과 개인주의'의 관계를 밝혔다. 그리고 결론으로 다음과 같이 교훈이 가득한 중대한 경고를 했다.

러시아 공산주의도, 영·미의 금권적 자유주의도, 독일의 전체주의도, 일본의 황도(팔굉일우)주의도, 각각의 입장에서 집단적 개인주의의 확대 강화에 의해 꽉 막혀있는 개인주의 그 자체를 타개(지양)하려 한 것이라고 할 수 있다. 일견 개인주의로 보이지 않을 정도로까지 확대된 개인주의가 다가올 세계를 하나로 묶으려 하고 있다. 모든 개인주의가 제패할지는 단지 신만이 아는 바이다. 그러므로 개인적 개인주의는 집단적 개인주의에 앞서 지양되어야 한다(이것이 신체제의 근본정신이다). 아울러 **어디까지나 개인주의임**에는 틀림없다는 것을 확실히 자각하지 않으면, 타민족의 별종의 집단적 개인주의 앞에서 우리 일본 국민은 패퇴할 수밖에 없을 것이라는 것을, 나는 만천하의 동포 여러분을 향해 경고해두고자 한다. (같은 책, 92쪽)

오쓰키 씨의 이러한 경고는 오늘날에도 결코 쓸모없는 것이 아니다. 아니, 지금이야말로 가장 필요한 경고일지도 모른다.

× ×

나는 최근 이러한 경고에 적당한 하나의 사례를 보았다. 필자의 재능 있는 한 친구가 그 특수한 재능과 천성 때문에 어느 관청에 등용되었는데, 그 친구는 오랫동안 숨은 노력을 기울인 모든 연구를 내걸고 봉직하는 것이기 때문에 생활의 보증과 대우를 요구했다. 그러자 그를 등용해야 한다고 가장 많이 역설했던 사람이 그 재능 있는 친구를 이른바 '멸사봉공' 정신이 없다고 등용을 중지하였다.

뭐라고 꼬집어 말할 수 없는 공식적·기계적인 인사일 것이다. 여기서는 몹시 애를 태우며 고심해서 발명한 발명품을 무상으로 제공하지 않는다고 해서, 그의 충성심을 의심하는 것과 같다. 그러나 사실은 그가 발명을 위해 고심했던 그것에서 그의 국가에 대한 충성심을 볼 수 있는 것이다.

인간 심리를 대상으로 하는 인사 행정이나 사상 선전을 다루는데 이처럼 경솔한 단정을 내리는 것은 0점과 같다. 이른바 '멸사봉공'과 '사치는 적이다'라는 기계적·유물적인 슬로건이 튀어나오는 것도 당연하다고 할 것이다.

"죽음을 가볍게 여기는 마음, 영웅적 정신 등은 자신의 경우는 부끄러우므로-극도로 긴장된 감각으로 도취되어 있을 때, 교전(交戰)이 최고조에 달했을 때만 일어날 수 있다"라고, 독일 전몰 학생의 수기는 고백하고 있다. 하지만 영웅적인 사람은 단지 체념적이고 자포자기적인 죽음의 욕구(Ster-ben-Wpllen)와 삶에 대한 무관심에 있는 것이 아니라, 삶에 대한 의욕(Leben-Wollen)의 한복판에서 삶을 끊어낼 수 있다(Sterben-Konnen)는 환희 속에 있어야 한다.

저 「방랑자의 노래」에서 보이는 처자식과 가족에 대한 끊임없는 애착과 생사를 초월한 순국의 정신 등을 생각해보면, 이 의미는 잘 이해될 것이다.

논의가 조금 다른 길로 빠졌는데, 생물적인 인간 심리의 무시를 넘어서 이것을 말살하려는 저 태도는 마르크스와 공산주의 혁명사상이며, 이른바 신체제 혁신파의 통폐(通弊)이다. 따라서 오쓰키 씨도

노몬한[109]의 교훈은 단순히 탱크와 비행기의 일에만 머무르지 않는다. 사상 위에 선 전차(戰車)야말로 한층 더 중요하다. 이 방법은 완전히 '죽창'적인 소박(유치)한 형태에 머무르는 것이다. 스스로 애국자로 자인하고 광신하여 사상 위에 있는 기계화주의자를 위험시하려 하다니, 정말로 감탄하지 않을 수 없는 상황이다. (같은 책, 192쪽)

게다가 한 걸음 더 나아가서 오쓰키 씨의 비판에 깊게 귀 기울여보자. 오쓰키 씨는 말한다.

7·7 금령(禁令)[110]의 취지는 대단히 훌륭하고 필요했지만 그 방법이 졸렬했기 때문에, 세상의 많은 보물을 가지고도 썩게 하는 불행을 너무 많이 줘서 나중에 이것에 여러 가지 시정(是正)을 하지 않으면 안 되게 되었다. '사치'라는 지극히 상식적인 관념에서 출발하여 일을 하려 했기 때문에 그러한 결과가 되었던 것이다. 내가 늘 말했다시피 정치는 도덕적인 것이 좋지만, 정책은 도덕적이어서는 안 된다. 그것은 순수하게 과학적(경제학적)이어야만 한다. 그렇지 않으면 지나치다. 정책을 과학적으로 행하기 위해서는 정치과학이나 심리학을 확립하지 않으면 안 된다. 일본의 정치와 법률에 심리학의 기초적 정의가 결여되어 있어서 그저 한 점의 도덕을 내세우기 때문에 이와 같이 역효과만 드러나게 되는 것이다. 나는 도덕이 불필요하다

---

[109] 노몬한 사건(Nomonhan incident): 1939년 5~8월 만주와 몽골의 국경지대인 노몬한에서 일어난 일본군과 몽골·소련군 간의 대규모 충돌사건.
[110] 7·7 금령(禁令): 1940년 7월 7일 상공농림성(商工農林省)의 성령(省令)으로 시행된 「사치품 등 제조판매 제한규칙」.

고 말하는 것은 아니다. 도덕은 당연히 필요한 것이지만, 도덕은 위로부터 억지로 강요해서 가야 하는 게 아니라 각 개인이 자발적으로 해야 하는 것이다. 자발적으로 할 여지를 남겨놓음으로써 비로소 도덕은 올바른 효과를 거둘 수 있다. 강제적으로 한 도덕은 도덕이 아니고 굴종이다. 비굴해지고 싶지 않다고 생각하기 때문에 반항하게 된다. 반항은 역효과일 뿐이다. 그러므로 7·7 금령에 대해 조금이라도 일본 민중이 역효과를 보였다는 것은 일본인이 도덕적이지 않아서가 아니라 오히려 역으로 강한 도덕력을 가지고 있음을 보여주는 것이라고 나는 생각한다. 이 힘을 올바르게 발휘하도록 하기 위해서는 심리학의 지식과 이에 기초한 정치기술(정책)이 필요하다. (193-194쪽)

정책은 어디까지나 과학적이지 않으면 안 된다는 것이다. 히라이데 대좌는 "군대가 강한 것은 국민이 강하기 때문이다"라고 말하였다. 그 강한 국민의 힘을 스스로 발휘하도록 하기 위해서는 심리학적 지식과 이에 기초한 과학적인 정치기술이 필요하다고 역설한 것은 정말로 적절한 제창이다.

오쓰키 씨는 이어서 '사치의 선과 절약의 악'인 경우도 있다는 것을 밝힌 뒤 '사치는 적이다'라는 슬로건의 심리학적 분석에 들어가서 다음과 같은 견해를 말하였다.

이상의 논고에 의해 '사치는 적이다!' 등의 표어가 얼마나 지혜가 부족한 것인가를 알 수 있었다고 생각한다. 또한 이 표어가 많은 역효과를 초래한 이유도 이해할 수 있었다고 생각한다. 사치가 적이라는 정도는 일반적으로 상식이 있는 인간이라면 누구나 모르지 않을 것이다. 그것은 적은 적이다라고 말하고 있는 것과 같기 때문이다. 동시에 다른 한편으로는 어떻게든 민중을 양심이 없는 중우(衆愚)로 적대시하는 듯한 악의를 포함하고 있어서[그것은 정동(精動)의 역인(役人) 여러분을 전혀 의식하지 않은 바였을 것이지만] 대단히 졸렬한 것이다. 지금은 정동의 역인들도 그 어리석은 졸렬함을 깨닫고 있으므로 이제 와서 죽은 사람을 비난·공격하는 듯한 비평은 가하고 싶지 않다. 하지만 이 실패가 어떠한 이유와 원인에서 비롯되었는지를 명백하게 과학적으로 이해하지 않으면 똑같은 실책을 반복할 수 있으므로, 나는 특히 이것을 확실하게 말해두는 것이다.

'사치는 적이다!'에 이어서 '간소함 속의 아름다움'이라는 표어가 등장하였다. 처음부터 이것을 내걸었다면 이와 같은 민중의 반감과 원한을 사지 않고, 또 이 정신에 기초하여 7·7 금령을 행하면 저렇게 경제계의 분란을 일으키지 않고 끝날 수 있었을 것이라고 생각한다. 아울러 '간소함 속의 아름다움'은 표어로서는 명사만 제시한 것으로 동사가 빠져있기 때문에 발언자의 의지 표시가 없는 것처럼 보인다. 나는 말이 좀 우스꽝스럽게 된다고 생각한다. 오히려 '간소한 아름다움을 살려라!'라고 하는 편이 좋지 않을까.

아름다움은 간소함 속에만 존재하는 것은 아니다. 풍부함 속에도 존재한다. 꽃의 아름다움이 한 송이의 민들레와 데이지에만 존재하는 것이 아니라, 목단과 장미에도 존재하는 것과 같다. 미인 중에도 이리에 다카코(入江たか子)나 야마다 이스즈(山田五十鈴)처럼 화려한 사람도 있고, 나쓰카와 시즈에(夏川靜江)나 아카고 란코(赤子蘭子)처럼 소박한 미인도 있는 것과 같다.[111] '간소함 속의 아름다움'을 살리려면, 화려함 속 아름다움의 존재를 반드시 부정하는 것이 아니지만, '사치는 적이다!'라고 하면 사치가 있는 경우의 존재를 모두 부정하는 것이 되어, 대단히 비상식적이고 답답한 느낌을 준다. 지금은 사치를 허락하지 않는 시대이고 나 자신도 사치와 어울릴 만한 성향은 아니므로 사치 금지가 아무런 고통을 주지 않아서 오히려 찬성하지만, 사회 전반의 일은 개인적·부분적·일시적인 이해만으로 그 선악을 판정해버릴 수는 없다고 생각하기 때문에 말하는 것이다. 왜냐하면 사치스럽다고 해도 인류의 문명이라고 할 정도로 사치스러운 것이 아니며, 간소하다고 해도 동물의 생활 정도의 간소한 것은 아니기 때문이다. 사치를 너무 철저하게 적대시하면 끝내는 야만 상태나 야수의 생활로 환원될 수밖에 없을 것이다. (196-198쪽)

'사치는 적이다!'라는 슬로건이 얼마나 온당하지 못하고 민중의 반감을 높여 역효과를 초래했는지에 대해서는 이 이상으로 설명을 더 보충할 필요는 없을 것이다.

---

[111] 모두 당시의 여배우들이다.

7) 대동아전쟁 이후의 슬로건

우리는 이상과 같이 지나사변 발발 이후 몇 가지의 전시 선전 슬로건에 대한 해부를 시도해보고 그 적부(適否)를 가려보았다. 하지만 이미 많은 실례와 몇몇 사람의 비판을 통해서 보았듯이 유감스럽게도 전쟁 지도의 정치·경제 원리와 원칙적인 방향을 보여주는 가장 중요한 슬로건에서조차 실로 적절하지 않고 또 온당하지도 않은 슬로건이 너무나 많았다는 것에 깜짝 놀라지 않을 수 없다. 슬로건은 반복할 필요도 없이 선전의 핵심이자 정치의 지도 원리이며, 가장 잘 요약된 세계관이기도 하다.

그러므로 슬로건의 오류는 그 시대 정치 지도의 본질과 관련된 문제이다. 따라서 그 시대 정치사상의 오류를 가장 단적으로 고백한 것이다. 즉 슬로건의 좋고 나쁨이나 선하고 악하고는 그 시대의 사상과 세계관의 좋고 나쁨이나 선과 악을 가장 노골적으로 대변한다.

대동아전쟁이 발발하여 1억 국민은 12월 8일 내려주신 감사한 대조(大詔)를 배례하고 마음속에서부터 감읍하였다. 1억 국민은 대조를 반복하여 배독(拜讀)하고 성려(聖慮)의 정도를 배찰(拜察)하면서 언제나 새로운 감격에 눈물을 흘릴 것이다.

그런데 대동아전쟁이 발발한 뒤 정보국(情報局)의 공인하에 대정익찬회가 제창하고자 한 몇 가지 슬로건은 무엇인가 빈약하여 무감격하고 또 무엇인가 근신하지 못한 슬로건이었다고 생각한다. 정보국은 이 슬로건으로 정(鼎)의 경중(輕重)을 물어,[112] 대정익찬회 선전부는 그 무력 무능에 대해 비웃음을 샀을지도 모른다.

그러나 정보국의 벽신문 식의 포스터에는 '어릉위가 찬란하게 빛나는 날'이라고 하는, 어느 날 어느 때의 감격을 환기시킬 정도의 문자를 읽을 수 있었지만, 익찬회의-

대정익찬회 선전부 결전 표어

- 이 일전(一戰)은 무슨 일이 있어도 해낼 테다
- 보았는가, 전과(戰果), 알았는가, 저력

---

[112] 정의 경중을 묻다: 권력자나 권위자의 능력을 의심하거나 남의 실력을 의심하여 그 지위를 뺏으려 한다는 뜻이다.

- 죽여라! 미·영은 우리의 적이다
- 나가자, 일억 개 불(火)의 옥(玉)이다!

2차로 발표된 것

- 이겨도 투구의 끈을 조여라[113]
- 이 감격을 증산(增産)으로
- 싸워 이기자, 대동아전

이것들은 무난하다기보다 많은 비평의 여지가 없을 정도로 오히려 지나치게 평범하다. 그래서 장중하고 웅대한 대동아전의 슬로건으로는 너무나 내용이 없다. 더구나-

'보았는가, 전과. 알았는가, 저력!'에 이르러서는 완전히 무너져버렸다.

'신도실천'의 슬로건적 강조가 어느 특정 개인의 자기고백이었듯이 '보았는가, 전과, 알았는가, 저력!'이라는 슬로건의 제작자와 그 공표를 용인한 사람은, 입으로는 만방에 비할 데 없는 우리 국체의 존엄을 말하면서도, "황조황종의 신령 위에 있다"라며 살펴주시는 신령의 가호(加護)와 천우(天佑)를 믿지 않는 무리가 생각 없이 내린 경이로운 자기고백이라는 것을 스스로만 눈치 채지 못하고 있는 것이다.

대조를 배례하여 받든 감격의 밤, 도조 수상은 "어룽위하에서 승리는 언제나 우리에게 있다"고 확신을 가지고 외치지 않았는가!

그렇다면 수상의 확신과 감격을 그대로-

"우러러 보라. 대조 어룽위하에 승리가 있다."라고 왜 말할 수 없었던 것일까.

1월 8일 대조를 받들던 날에 히라이데 대좌는 「세계를 여는 일본」이라는 제목의 라디오 방송 연설에서 "어찌되었건 우리 육해군은 강한 것인가"라고 스스로에게 질문하고 말하기를,

답은 지극히 간단하다. 어룽위하에서는 1억 국민이 강하기 때문이다. 육군도 해군도 국민으

---

[113] 이기더라도 방심하지 말고 더욱 조심하라는 뜻.

로부터 분리된 개별적인 존재가 아니다. 국민이 약한데 어떻게 강한 군대가 생길 수 있겠는가. 우리 일본 국민은 건국 이래 3천 년간 세계에 없는 국체 아래서 성천자(聖天子)를 가장(家長)으로 한 대가족으로서 강력한 국민생활을 지내고, 무사도로 단련하고 단련하면서 일사봉공(一死奉公)의 정신으로 일관해서 오늘에 이르고 있다. 이러한 비교할 수 없는 국체와 정예의 국민으로서 비로소 육군이 있고 해군이 있는 것이다. 국민이 강해서 군대가 강하다.

라고 설파하여 1억 국민의 전폭적인 신뢰를 얻었다. 승리는 승리를 믿는 자에게만 주어지듯이 1억 국민의 신뢰 또한 국민을 신뢰하는 이에게만 주어질 것이다.
'보았는가, 전과, 알았는가, 저력'은 1억 국민을 모욕하는 것이며, '사치는 적이다!', '공익우선' 등의 슬로건과 마찬가지로 국민에게 쓸데없는 반감과 역효과를 줄 뿐이다.
따라서 이미 다음과 같은 쓰리고 날카로운 비판과 반발이 신문지상에 나타나는 것이다. 더구나 다음의 글에는 「대정익찬회의 착각」이라는 빈정거리는 제목이 붙어 있다.

전시하 일본 국내의 어디를 가더라도 최근 눈에 띠는 것은 '보았는가, 전과, 알았는가, 저력' 혹은 '죽여라, 미·영은 우리의 적이다', '이겨서 투구의 끈을 조여라', '나가자, 일억 개 불의 옥이다'라는 포스터, 즉 대정익찬회 선전부의 여러 사람들이 머리를 짜낸 결과로 나온 명문구이다. 과연 진심으로 날래고 씩씩하며 발랄한 듯하다. 확실히 허세를 부릴 만한 값어치는 있다. 그런데 이 문구가 이야기하는 효과를 운운해보면, 다른 포스터는 제쳐두고 '보았는가 전과 운운'과 같은 것은 무슨 목적으로 길거리에 더덕더덕 붙이는 것인지 그 생각을 모르겠다. 과연 '보았는가, 전과'라고 하면 조금은 다시 생각해보는 자들도 있을지 모르겠다. 하지만 한 몸이 되어 있는 일본 국민으로서 일부러 익찬회로부터 이와 같은 포스터로 주의를 받을 만큼, 이번 성과에 무관심했을까. 하와이 대해전의 대전과를 모르는 국민이 한 명이라도 있을까. 그렇다면 이것은 고스란히 적국의 국민을 향해 보여주는 포스터라는 것이다. 펄프도 부족한데 몇 십만 장의 포스터를 만들어 일본 국내에 붙일 필요는 없다.
또한 후반부의 '알았는가, 저력'에 이르러서는 '침묵하라!'고 말하고 싶어진다. 일본의 저력이 이 정도는 절대로 아니다. 지금은 시작이다. 이 서전(緒戰)의 전과는 '저력'으로 얻은 것이 아니라, 겉으로 평연(平然)하게 지녀온 일본만이 가진 실력이다. 우리나라, 우리 군에게는 오히려 여유작작한 진정한 '저력'이 당연히 있다.

한편으로는 '이겨도 투구의 끈을 조여라'라고 바짝 긴장시키면서 '보았는가, 전과, 알았는가, 저력'에서는 완전히 망가뜨리지 않았는가. '이제 괜찮다. 일본의 저력은 이러하니 안심하라.'며 안도감을 갖게 하는 문구와 서로 반대되는 문구를 한 곳에 늘어놓는 것은 오히려 국민의 머리만 아프게 하는 것일 뿐이다.

대정익찬회는 그 성격 문제에 관해서 의회에서 질문전(質問戰)까지 전개되어 결국에는, 최초의 목적인 고도의 정치성을 방기하고 순연한 공사결사(公事結社)[114]로 성격이 규정되었다. 이번 도조 수상이 익찬회 총재 취임과 함께 단행한 도쿄회관(東京會館) 인불(引拂) 등에 의해 그 진면목을 발휘하여 국민과 함께 전진할 것으로 크게 기대한 보람도 없이 고작 포스터 한 장에서 그 본성을 드러내어 국민의 낙담도 크다고 한다.

익찬회는 국민과 함께 나아가는 이상 국민의 기대 등을 잘 조사하고 진정한 국민의 뼈대로서의 내용을 가지려고 노력해야 한다. [『내외신문평론(內外新聞評論)』]

'보았는가, 전과, 알았는가, 저력'이라는 슬로건에 대해서 이와 같이 신랄한 비평의 채찍을 받은 익찬회 선전부는 과연 예기하고 상상할 수 있었을까? 그러나 정보국은 직접 슬로건의 통일을 성명한 이상, 그 일반적인 책임을 면할 수는 없다.

이상의 비평에서도 보다시피 '보았는가, 전과'라고 한 것은 1억 국민에 대한 정신적 압박이었고, 국민의 의지와 기개의 앙양이 아니었다. 또한 졸렬한 지도라기보다도 오히려 압박과 지배의 형식이었다.

이 슬로건의 첫 번째 중요한 결함은 국민에 대한 신뢰감의 희박에 있다. 지도자(선전자)는 국민(인간)의 성질에 대해서 항상 크나큰 신념과 신뢰를 포함하고 있지 않으면 안 된다. 곧바로 그것이 완전히 실현되는 것은 아니라는 점은 충분히 알고 있다. 다소간의 실패와 차질이 있더라도 그것으로 많은 사람들(혹은 자신이)이 무엇인가 배울 점이 있다면 실패와 차질을 인내해야 한다. 또한 우둔한 머리와 다른 행동이 어떻게 공동 목적의 달성을 막는지를 사람들에

---

[114] 공사결사(公事結社): 공공의 이해와 관련된 사항을 목적으로 한 결사. 자선사업 결사 등을 말하며, 정치결사는 제외됨.

게 깨우쳐줄 수 있도록 노력하는 것은 당연하지만, 정신적 압박 수단에 호소해서는 안 된다. 그리고 '너는 그것을 해낼 수 있을 거야!'라는 지도자의 신념에 힘입어 일견 불가능하게 보이는 모든 일을 훌륭히 수행해낸 지도자는 다수이며, 우리는 이것을 여실히 체험한 것이다.

지도(선전)의 본질상 중요한 일면을 이루는 것은 지도자(선전당국)와 피지도자(피선전자)가 서로 입장을 바꿔보는 것, 다시 말해서 지도자와 피지도자가 함께 의식적으로 전진해가는 목표가 있음을 의미한다. 자신은 이미 잘 알고 있기 때문에 필요 없어도 상대(즉 피지도, 피선전자)에게는 필요할 것 같은 목표나 슬로건은 없는 것이다.

그러므로 슬로건은 결코 특정 개인의 주관적인 감각이나 신념이어서는 안 된다. 보다 국민적이고 보편적인 신념이자 감각이고 목표여야만 한다. 따라서 그것은 특정 계층에만 호소할 수 있는 수준의 것이어서는 안 되며, 언제나 정부와 민간 모두에게 호소력 있는 내용(세계관)을 수반해야 한다.

슬로건은 진통의 고뇌에서 생겨난 예술 창작으로서 저속한 것이어서는 안 된다. 또한 대동아전 슬로건으로 나온 포스터의 서체는 일본 서도(書道)의 치욕이자 파괴여서, 저 비뚤어진 문자와 서체가 얼마나 그 효과를 말살했는지는 실로 상상 이상일 것이다.

슬로건이 특정 계층 혹은 개인의 것이 아니라는 의미에서 나는 슬로건의 주관적인 비판 또한 극력 피해야 할 것이어서, 가능한 한 많은 식자들의 엄정한 비판에 맡김으로써 지금까지의 슬로건을 어떻게 국민이 향유해 받아들이고, 또 어떠한 반응을 보였는지를 판별하려고 한 것이다. 이러한 의미에서 슬로건 연구에 대한 나의 준비는 결코 충분하지는 않았어도, 이와 같은 태도와 방법은 올바른 것이라고 생각된다.

8) 전시 선전의 요체와 목표

전시하에서 내정(內政)이-또한 이른바 총력전체제의 완성이-많은 곤란과 여러 가지 새로운 문제를 야기해온 것은 물론이지만, 대국적으로 보면 전시에서 고도의 정치력 발휘가 그렇게 어려울 것으로 생각되지는 않는다.

(이런 어지러운 시세에서 행해지는 정치와 같은 것은 실로 어렵다. 누가 나오더라도 지금만

큼 정치의 길이 어려운 때는 없을 것이다.)-라고.

그렇지만 그 반대로 어디선가에서 이렇게 말하는 식자도 있다.

(아니, **그것은 반대이다**.-요즘처럼 정치하기 좋을 때는 없을 것이다. 왜냐하면 세상이 평화에 싫증나 있을 때일수록 서민들은 자기에게 유리한 일에 열을 올리거나 작은 논리를 나열하거나 사소한 것을 비방하고 싶어 한다. 하지만 요즘은 그렇지 않다. 민심은 어려움을 각오하고 난맥에서 통일로 돌아가길 간절히 바라고 있다. 무슨 일이 있어도 진실하고 영민하고 분명한 지도로 나를 따르라고 큰 소리로 외치면, 그것을 국가의 대도(大道)라고 알고 있는 이상 모두 그가 지도하는 곳으로 따라가고 싶어 한다. 다소간의 이의와 비방은 있어도 대의와 대도를 위해서라면 벌레를 죽여서라도 복종일치를 바라고 있는 것[115]을-왜 지금 시대를 어려운 시세라고 하는가. 인물만 나선다면, 새벽에 아침 해(旭日)를 우러러보는 것과 같은 게 아닐까)-라고.

이것은 요시카와 에이지(吉川英治) 씨[116]의 소설 『다이코기(太閤記)』(제3권 396쪽)의 한 구절인데, 나는 오히려 이 후자의 식견에 찬성을 표한다.

수증기가 있는 곳은 아무리 법률이나 통제라는 뚜껑을 덮어도 어디선가 김이 샐 것이다. 수증기 그 자체를 솥 안에서 잃어버리는 수밖에 다른 길은 없다. 그러나 그것을 위해서 국민의 세부 말단까지 일원적인 통제조직을 요구하는 것은 오히려 스스로를 옴짝달싹 못하게 할 것이다. 정치는 자승자박(自繩自縛)의 근심스러운 표정을 짓는다.

이제 다시 한 번 요시카와 에이지 씨의 소설 『미야모토 무사시(宮本武藏)』에서 인용하고자 한다.

지금 세상에서 농·공·상 외에 있는 인간이 일상에서 가장 중시하고 있는 것은 '수치(恥)'라는 것이다. 수치스런 길로 가느니 차라리 언제든 죽겠다는 이 계급은 겨루는 기분마저 있었다. 당시 사권자(司權者)는 군(軍)에만 쫓기다 보니까 아직 천하에 태평을 펼칠 정강(政綱)

---

115 작은 것을 희생하고서라도 중요한 것을 지킨다는 뜻.
116 요시카와 에이지(吉川英治, 1892~1962): 소설가. 본명은 요시카와 히데쓰구(吉川英次).

도 없었고, 교토(京都)만의 시정(市政)을 펼치기에도 갖춰져 있지 않은 대강의 법령으로 때우고 있었다. 그런데 사인(士人)들 사이에서는 치욕을 중하게 여기는 풍조가 강해서, 백성들에게도 조닌(町人)[117]에게도 자연스레 그 의기가 존중되어 사회의 치안에까지 미치고 있었기 때문에, **법령의 불완전도 이러한 시민의 자치력으로 메워질 수 있는 여지가 있었던 것이다**. (제1권, 301쪽)

전시는 국민이 들고일어나 "대의와 대도를 위해서라면 벌레를 죽여서라도 복종일치를 바란다"고 하는 '수치'를 아는 무사계급의 기풍이 자연스레 백성과 조닌(町人)에게 미쳐서 "법령의 불완전조차 이러한 시민의 자치력으로 메워질 여지가 있었던 것이다"라는 이 위대한 작가의 명언은, 오늘날 이른바 고도의 정치력이 필요함을 통감하고 있는 사람들에게 통일된 뭔가를 시사해줄 것이다.

오늘날 1억 국민은 진충보국(盡忠報國)의 마음을 맹세하여 공순(恭順)의 뜻을 보여주고 있다. 생각하기에 따라서는 정치는 결코 행하기 좋은 때는 없다.

그저 문제는 그 정치가가 일찍이 무사계급에게 '수치를 안다'는 것, 그저 그 한 가지로 불완전한 법령이 메워졌듯이 1억 국민을 꿰뚫을 수 있는 강력한 표어를 부여하면 그것으로 되는 것이다.

생사를 넘는 하와이 대공습을 감행한 항공모함의 함상(艦上)에서 드디어 출발이라고 할 때에 지휘관은 칠판에 크게 '천황 폐하'라고 쓰고 '모두 여기로 귀일하면 된다'고 가르쳤다고 한다. 들어도 들어도 눈물겨운 이 일화를 히라이데 대좌는 강연하였는데, 이것이야말로 국내 선전의 중점이어야 한다.

일본국민 모두의 충정(衷情)에 호소할 수 있는 것, 그저 이 한 가지를 확실히 보여주어 이것으로 1억 국민의 마음속을 꿰뚫고, 나아가 이것을 강화하고 육성하면 되는 것이다.

그것이 곧 선전·사상전의 임무이다. 더구나 일본국민 누구에게도 호소할 수 있는 강력한 표어는 신이 우리에게 이미 주셨다.

---

[117] 조닌(町人, ちょうにん): 도쿠가와 시대(1603~1867) 때 도시에 거주한 상공업자들.

다시 말해서 국민감정의 가슴 속에 숨어있는 충성심의 환기, 그것이다. 일본정신의 앙양이 그것이다.

이러한 관점에서 대동아전쟁 개시 이후의 슬로건을 보면, '죽여라, 미·영, 우리의 적이다'와 같이 쓸데없이 적개심을 부추기기에 급급한 나머지 충성심의 환기를 잊어버리거나, 더구나 세 살 난 어린아이도 다 이해할 수 있는 평범한 것이나 '보았는가, 전과, 알았는가, 저력'과 같이 심하게 국민의 명예와 자존심을 상하게 하는 것, 더 나아가 '이 감격을 증산으로'처럼 눈에 보이는 물욕을 앞세워 국민감정을 따라잡지 못한 것이 있다. 슬로건의 빈곤은 '정치의 빈곤-사상의 빈곤일 뿐이다. '사람은 실업(實業)을 위해 죽지 않고 이상을 위해서 목숨을 바친다'라고 설파한 히틀러의 경고에 귀를 기울이는 것 같다. 미쓰이 고시(三井甲之)[118] 선생이 말씀하셨듯이 정치가는 '시키시마의 길'[119]을 배워야만 한다.

내 친구 하나가 동료들이 모두 전쟁터에 나갔는데 오늘날까지도 부름에 응하지 않은 것을 한심하게 생각하여 출정을 지원하는 탄원서를 제출하였다. 그런데 당국의 답은 황공한 일이지만 메이지 대제의 "국가를 위하는 길에 둘은 없다. 군인으로 전쟁터에 서는 것만이 아니며"라는 어제(御製) 한 수였다. 그러나 그는 이 어제에 실로 놀랄 만한 감동을 받아 총후의 임무에 묵묵히 노력하고 있다.

물론 적개심을 선동하는 것은 필요하고 증산 강화도 해야 한다. 그러나 문제는 국민의 이러한 감정에 호소하는 것에 의해 소기의 목적과 효과를 달성할까에 있다.

나는 일본인만이 가지고 있는 전통적인 국민감정, 일본정신, 의용봉공의 애국심이 있다고 믿는다. 그렇다면 슬로건도 자연히 취지를 바꿔야 한다. 졸작이지만 참고로-

우러러 보라, 대조어능위(大詔御稜威) 아래에 승리가 있다

신령께 감사하라. 그날의 이 전과

대동아가 천지(宇)가 될 때까지 싸워라

오늘의 감격 내일의 건설, 지켜라 남방생명선

---

[118] 미쓰이 고시(三井甲之, 1883~1953): 문학가, 가인(歌人), 우익사상가. 본명은 미쓰이 고노스케(三井甲之助).
[119] 시키시마의 길(敷島の道, 磯城島の道): 예로부터 전해오는 와카(和歌)의 도(道).

인내하라 간난한 승리의 날까지

속전속결 영구건설

신주(神州) 불멸 미·영 항복

1억 모두 난공(楠公) 정신[120] 1억의 맹세는 승조필근(承詔必謹)[121]

지켜라, 신국 동아의 초석

이왕 소개하는 김에 학우 오쓰키 겐지(大槻憲二) 씨가 지은 사례를 소개한다-

일희일우(一喜一憂)는 대국민의 수치

신념이 있는 곳에 승리가 있다

적을 두려워하지 말고 경시하지도 말고

전선(前線)은 용사에게, 조국은 우리가

9) 사상·선전전을 더욱 강화하라!

체코슬로바키아군의 뛰어난 참모장교 에마뉘엘 모라베츠[122] 대좌는 최근의 저서 『국가총력전의 전략』의 한 절에서 클라우제비츠의 한 문장을 인용해 다음과 같이 논하고 있다.

클라우제비츠는 "전장(戰場)은 전략상으로 보면 단지 한 점에 지나지 않으며, 서로 맞붙어 싸우는(合戰) 시간은 단지 한 순간에 지나지 않는다"라고 말했다. 그가 이를 통해 말하려고 한 것은 **전쟁 목적을 달성하기 위해 전략은 다른 수단을 갖는다**는 것, 군과 그 방어에 필요한 지역은 전략적인 여러 힘의 일부에 지나지 않는다는 것이다.

---

[120] 난공(楠公)은 가마쿠라(鎌倉) 시대 말기의 무장인 구스노키 마사시게(楠木正成)를 가리킴. 천황에 대한 충성심의 상징적 존재로서, 온 국민이 그의 정신을 본받자는 의미.
[121] 승조필근(承詔必謹): 천황의 명령을 받들어 삼가 실행한다는 의미.
[122] 에마뉘엘 모라베츠(Emanuel Moravec, 1893~1945): 체코의 정치인, 군인, 전쟁이론가, 관료.

인고의 정신력이 어떻게 전장과 서로 싸우는(會戰) 시간의 승패를 좌우하는 것인가. 또 '회전(會戰)' 이외에 얼마나 긴 정신적 수고비와 준비가 필요한지에 대해, 버마 작전에 항공부대 보도반원으로 종군한 히라노 에이지(平野零兒)[123] 씨의 수기는 다음과 같이 전하고 있다.

전쟁의 산만 보고 있으면 매우 용감한 이야기적인 삽화가 풍부하게 많아질 수 있을까. 일면 한결같은 며칠, 몇십 일, 때로는 수개월이 있다. 대전쟁, 대회전 앞에 과연 그렇게 긴 기간은 정해진 법이다. [《아사히(朝日)》, 1942년 3월 1일 자]

전략 목적 달성을 위한 다른 수단은 무엇일까! 나는 이 답을 미노다 선생의 『학술유신』 속에서 찾았다.

인생에서 모든 싸움은 정신의 싸움이다. 그것이 전쟁의 본질이다. 무력전이나 외교전이나 경제전은 광의의 사상전으로서, 정신의 싸움의 '현상 형태'일 뿐이다. 그래서 본래 정신의 싸움이 아닌 어떠한 무력도 없다. 근대 병기와 생산의 기초인 자연과학의 이론과 기술도, 그것들의 조작과 운용도, 결국에는 국민의 정신력 문제라는 것은 나치 독일이 흥국(興國)의 눈앞에서 증명할 것이다. (같은 책, 100쪽)

다시 앞에서 서술한 대좌의 논책(論策)으로 돌아가겠다-

우리가 목격한 전쟁은 첫발을 쏘기 전에 이미 그 승패가 정해져 있었다. 이것은 새로운 유럽에게, 전체주의적 경제체제에, 사회적으로 강건한 새로운 인간에게 유리하도록 결정된 것이다.
이번 전쟁의 템포를 주어 전장과 전투의 순간을 결정한 바, 독일의 전략은 점차 구(舊) 세계 전체를 포함하기까지, 항상 계획적으로 한층 한층 확대해간 전쟁지역에서 비단 육군·공군·

---

[123] 히라노 에이지(平野零兒, 1897~1961): 작가. 중국 대륙 등을 무대로 한 군사소설을 많이 썼다.

해군을 통해서만이 아니라 노동과 이념(사상)을 내걸고 움직이는 것이다. 오늘날까지 독일 전략의 움직임은 군사적·정치적·경제적인 세 방면에서 적보다 신속하였다. 힘은 물(物)과 속력의 연합체이다. 전투는 힘과 정신의 연합체이다.

물과 속력과 정신은 좋은 전쟁터에서 괜찮은 지도를 얻은 모든 싸움에서처럼 서로 강화되고 합해져야 한다. 속도가 물을 따라잡지 못하고 정신이 힘을 따라잡지 못할 때, 달리는 선수는 납으로 만든 구두를 신어서는 생사를 건 경주에서 뒤처질 것이다. 오늘날 우리가 이러한 예를 영국인에게서 보고 있는 것 같다.

대동아의 영원한 평화건설전에서도 우리는 '납으로 만든 구두'를 신고 생사를 건 경쟁에 나가서는 안 된다. 사상·선전전이 총력전에서 절대 우위를 확보하고 강화되는 것은 대동아전쟁의 혁혁한 전과가 확대되고 있을 때 한층 더 이루어져야만 한다.

슬로건은 선전에서 핵심이며 화형(花形)이다. 그 슬로건에서 수많은 오류와 무력함을 생각하면, 우리는 전쟁 지도의 가장 중요한 힘의 원천으로 사상·선전의 강화를 역설한 것이 어디까지나 옳았음을 더욱더 깊이 믿게 되는 것이다.

사상의 빈곤-정치의 빈곤이 해결되지 않으면, 슬로건의 빈곤과 무력감은 결코 해결되지 않는다. 히틀러가 천재적인 전략가인 이상으로 위대한 철학자이자 예술가이기도 했다는 사실을 생각해야 한다.

6. 국립선전학교 창설 제창

대동아전쟁은 우리 황군의 초전격(超電擊) 작전으로 연전연승하고 있으니 정말로 우리는 감격의 연속이다. 하지만 무력전 이후에 오는 것은 당연히 장기간에 걸친 건설전(建設戰)이다. 전쟁과 나란히 이루어져야 하는 대동아황화권 건설 사업도 대강의 노력으로 완수되는 것은 아니다.

여기에서 선전의 중요성은 더욱더 높아진다.

1) 다시 말해서 전투에서 선전은 무기이며, 건설에서도 선전은 큰 힘을 갖고 있다.

따라서 이번 대동아전쟁이 팔굉일우라는 말로 표현되는 황도 세계관에 의한 사상전인 이상, 사상전사(思想戰士)라고도 할 수 있는 선전인이 해야 할, 해야만 하는 일이 많음은 새삼스럽게 말할 것까지도 없다.

이를 위해서는 선전인은 얼마간이라도 필요하다.

2) 우리는 이제 정부는 신속하게 국립선전학교를 창설하여 선전인을 속속 양성해야 하니, 그 창설을 제창하고 싶다.

우리는 왕조명(汪兆銘)[124] 씨가 국민정부를 조직하자 곧바로 선전부를 통해 중앙선전강습소를 설립하여 화평건국운동(和平建國運動)의 제일선 투사로 선전부원을 양성했던 그 혜안에 경의를 표하지 않을 수 없다.

참고로, 지금 그-

3) 국민정부 중앙선전강습소의 조직과 내용에 대해 설명해보자.

(1) 조직

① 이 강습소는 화평반공건국(和平反共建國) 선전 인재를 양성할 목적으로 국민정부 행정원 선전부 직속으로 1940년(民國 29) 2월 수도 남경(南京)에 설립
② 학생 자격은 건전한 신체와 사상을 가진 자로서 국내외의 대학 혹은 전문학교 졸업자 혹은 동등한 학력을 소유하고 일찍이 선전공작에 종사한 경험이 있는 자나 저술가
③ 현재 각 선전기관에 복무하는 이의 재훈련
④ 그리고 본 훈련의 목적은 선전지도, 선전행정, 국제선전, 신문사업, 특종선전 등 각 간부원의 양성에 있다.
⑤ 훈련기간은 6개월을 한 기간으로 하되 필요에 따라 신축적으로 운영하며, 학생도 매 기(每期)마다 50명을 정원으로 하되 특별히 증가할 수 있다.

---

[124] 왕조명(汪兆銘, 왕자오밍, 1883~1944): 중화민국의 문인, 정치가. 중국국민당 부총재. 필명은 왕징웨이(汪精衛).

(2) 훈련실시 요항

① 본소(本所)의 훈련은 사상의 도야, 생활습관 행위의 정숙, 신체 단련을 목적으로 한다.

② 그 수업 요항으로는

선전문자 짓기(寫作), 선전개론, 군중 심리, 대아시아주의 연구, 제국주의 아시아 침략사, 중국혁명 이론과 사실(史實), 화평운동의 이론과 실제, 일본 현세(現勢), 중국경제와 정치 개황, 국제문제, 사회조사통계, 신문업(報業) 관리, 선전출판 법규, 편집술, 강연술, 연극, 만화, 일어 등의 강의교육과 기타 군사교련과 체조가 있다.

③ 학생은 중앙통신사, 중앙서보발행소(中央書報發行所), 남경신보관(南京新報館) 등으로 실습을 위해 파견됨과 동시에 국민대회 혹은 국가적 식전(式典) 등에서 테마를 찾아 각각 플래카드를 만들어 그 실천에 충당한다.

④ 토론회, 좌담회의 개최, 혹은 개별담화에 의한 학생 지도.

등이 중요한 것인데, 자세한 내용은 다음에 나올 훈련요강의 초역(抄譯)으로 대신하고자 한다.

4) 일본 국립선전학교

이는 앞서 서술한 바와 같은 작은 구상이 아니며, 그 학생은 장래 모든 직능에 종사할 수 있는 청년의 교육 및 선전인의 세계관적 재교육에 있다.

지금부터 대동아공영권으로 파견되는 일본인 지도자는 의사든 종교인이든 반드시 한 번은 이 학교의 문을 통과할 필요가 있다. 현재 문화 분야에서 활약하는 사람도 확고부동한 일본 세계관을 파악하고 신앙하여, 이를 선포하는 기술을 습득하기 위해 이 학교에 입학해야 한다.

그리고 이 학교에서는 학생의 개성과 기능(技能)을 존중하여 각자 연구목표를 정하고, 선전기술의 습득에 임해서는 창조적인 태도를 취하도록 하고자 한다. 왜냐하면 선전술은 언제나 새롭게 창조해나가지 않으면 안 되기 때문이다. 또한 민족과(民族科)에는 동아반(東亞班)·남양반(南洋班)·시베리아반·적도반·호주반·인도반, 기타를 설치하고, 각 민족에 대한 선전방법도 연구할 필요가 있다. 과녁이 정해져 있지 않으면 화살을 쏘아도 소용없다. 선전이라는 탄환도 명확한 목표 없이 쏘아서는 안 된다.

5) 근대의 전쟁은 총력전인데, 우리 일본에 전문적인 선전 연구소도 학교도 전혀 없는 것은 불가사의한 일이다. 사관학교나 해군병학교나 항공학교와 마찬가지로 선전인 양성학교는 필요하다.

선전은 전쟁에서만 사용되는 것은 아니다. 건설과 평시에 더욱더 필요한 심리적 무기이다. 선전이 없어지는 건 인류가 소멸할 때이다.

굳이 이 한 문장을 세상에 보내는 참뜻은, 숭고한 우리 일본의 국가목적 완수를 위해 선전의 위력을 가장 효과적으로 이용하도록 하고 싶기 때문이다.

× ×

우리는 늘 세계관 교육의 필요를 강조한다. 그런데 오늘날의 일본에 가장 필요하다고 생각되는 것은, 세계관의 확립이라는 문제에서 언제까지나 맴돌기만 하고 진전이 없어서는 안 된다는 것이다. 처음부터 세계관 그 자체의 정의나 어떤 세계관을 가져야 할 것인가라는 문제에만 그치는 게 아니라, 중요한 점은 대동아의 문제, 세계 속에서 일어나고 있는 여러 문제, 대동아전쟁의 의의와 장래 등을 일본인으로서 어떻게 보고 생각할 것인지 그 견해와 사고방식을 가르치고, 팔굉일우의 정신에 따라 어떻게 처신해야 하는지를 이해시키며, 현실 문제-특히 대동아전쟁과 관련해서-에 대한 강한 행동 의욕을 떨쳐 일으키도록 하는 데에 중점을 두어야 한다. 우리가 세계관적 선전이라고 한 것은 이와 같은 내용과 사명을 갖는 것이다. 한갓 관념적인 문제를 반복하는 게 아니라 민족의 이상에서 현실 문제로, 현실에서 이상으로 끊임없는 교류를 통해 명확한 민족의식(황도 세계관)을 파악하고 나아가 국책의 이해와 협력을 도모해야 한다.

[사토 구니오(佐藤邦夫)와 미즈노(水野) 공동 제안]

7. 국민정부 중앙선전강습소의 선전간부훈련요항[125]

국가총력전에서 선전의 중요성에 대해서는 논할 필요도 없이, 현재 수행되고 있는 대동아전쟁에 많은 선전인이 동원되고 또 국내의 활발한 전시 선전활동에 의해서도 잘 알고 있는 바이다. 앞으로 우리 일본이 수행해야 할 위대한 건설전에서 선전의 사명은 더욱더 중요해지고, 동시에 선전에 종사하는 인원이 요구되는 것도 명백한 사실이다.

우리는 앞서 국립선전학교 설립을 건의하였다. 지금에서야 이것이 현실의 긴급 문제로 당국에서 심의되고 있다고 들었는데, 이는 필자 혼자만이 아니라 다년간 선전에 종사하고 또 연구에 노력하고 있는 선전인 모두가 기뻐하는 바일 것이다.

중화민국 국민정부가 수립되면서 특히 선전의 중요성을 인식하여 선전부 직속에 중앙선전강습소를 설치하였다. 그 조직이나 훈련요강이 감히 타산지석(他山之石)으로 삼기에 충분하다고 생각하여, 그곳에서 간행한 「선전간부훈련」이라는 제목의 팸플릿에서 요목(要目)을 초역(抄譯)하여 본서에 넣는다. 참고가 된다면 다행이다.

덧붙여 말하자면, 국립선전학교 창설의 제안자이자 「선전간부훈련」의 번역자인 사토 구니오(佐藤邦夫) 씨는 저자의 학우인데, 민간에서 가장 진지하고 열심히 하는 선전 연구자의 한 사람으로서 장래가 촉망되는 사람이다.

1) 강습소 설립의 목적

정치개조, 심리건설이야말로 혁명운동의 가장 중요한 목적이라는 점에 비추어 왕조명 씨를 주석당연위원(主席當然委員)으로 삼은 중화민국 국민정부는, 화평반공건설운동에서 선전의 성공·불성공이야말로 본 운동의 성패를 결정하는 것이라서 1938년(民國 27) 8월 수도 남경에 중앙선전강습소를 설립하고 이후 본 운동에 종사하는 선전간부위원 양성에 임한다.

---

[125] 맨 앞의 목차에는 '선전'이 빠진 '간부훈련요항'으로 되어 있다.

2) 강습소의 조직과 규정

① 본소(本所)는 화평반공건국운동에서 선전인 양성을 목적으로 국민정부 행정원 선전부 직속 중앙선전강습소로 설정한다.
② 본소는 다음 수강생(學員)의 훈련을 한다.
　가. 선전지도 간부인원
　나. 선전행정 간부인원
　다. 국제선전 간부인원
　라. 신문사업 간부인원
　마. 특종선전 간부인원(예술, 영화, 라디오, 연극 등)
③ 본 소장은 선전부장이 겸한다.
④ 본소 교육장(敎育長)은 본소의 명을 따르며, 소장으로부터 맡겨진 모든 곳의 행정을 처리한다.
⑤ 교육장 아래에 교무주임, 훈육주임, 비서 각 1인씩, 약간의 간부, 간호사 1인, 약간의 고원(雇員)을 두고, 상급의 명을 받아 각 항의 사무에 임한다.
⑥ 본소는 매 기(期)마다 6개월을 기간으로 하는데, 필요에 따라 늘이거나 줄일 수 있음.
⑦ 본소는 매 기마다 50명의 수강생을 모집(招致)하는데, 필요에 따라 증원할 수 있음.
⑧ 수강생의 자격은 신체 건전하고 사상이 바른 자(順正者)로서 다음의 자격을 갖춘 자일 것.
⑨ 국내외 대학 혹은 전문학교 졸업생
⑩ 혹은 이와 동등한 자격을 갖추고 선전공작의 경험을 가진 자나 저술가
⑪ 현재 각종 선전기관, 중앙전신사(中央電訊社), 각 대보관(大報館)[126]에 복무하는 자 및 선전부가 필요하다고 인정하는 각 기관의 사람도 입소시킨다.
⑫ 본소의 수강생은 재학 기간 중의 급여는 모두 본소에서 지급하고, 연습 후에는 각 선전기관에 복무를 명받는다.
⑬ 본소의 과정은 필습과(必習科) 및 선수과(選修科)로 나뉘지며, 특수한 것은 선수과에서

---

126 대보(大報): 대형 신문, 전국지.

학습한다.

⑭ 본소의 수강생은 수강과목의 시험을 거쳐 졸업자격을 얻음.

3) 교무 개황

(1) 방침

본소는 화평반공건국운동에서 선전 인재 양성을 목적으로 하고, 수강생에게는 내외의 정세, 기본 국책인 화평·반공·건국에 대한 깊은 인식과 옹호에 관해 명확하게 교수한다. 아울러 선전에 대한 충분한 학식의 기능 숙련을 획득하도록 하기 위한 교무의 실시방침은 사상과 학술 두 방면으로 나눠 행한다.

① 사상 방면

  가. 착오 관념을 교정

  나. 국내외 일반 정세의 명료한 이해

  다. 현타화(現他化)

  라. 과학화

  마. 두뇌 활동을 예리하게 하는 훈련

  바. 이상의 숭고함은 방해는 아니더라도 실제에 입각하도록 할 것

  사. 지식의 넓음은 방해는 아니더라도 실제로 사용할 수 있도록 할 것

② 학술 방면

  가. 전문 기술의 적극 발전

  나. 부단한 복습과 기능의 훈련

  다. 자주적 연구의 정신과 습관의 양성

  라. 기술의 응용

  마. 학문과 현실의 조화

(2) 과정

 ① 선전문자 짓기(寫作)

슬로건, 전단, 선언, 구호, 논평, 선전, 문예 등 선전문자의 작성 기술에 대한 연구와 습작으로 매주 4시간

② 선전개론

선전의 의의, 국내 및 국제 선전, 선전의 조직, 기술, 공원(工員)과 책략, 화평반공건국 정책 선전의 중요성, 매주 2시간

③ 군중 심리

선전에서의 심리학 응용, 군중 심리의 형성과 소멸, 각 계급의 민중 심리, 청강 때의 군중 심리, 집회 순행 때의 군중 심리, 시위 때의 군중 심리, 폭동 때의 군중 심리, 매주 2시간

④ 대아세아주의

대아세아주의 각종 개념, 역사 배경, 중심 사상과 근거, 주의 실현방법과 촉진, 현 국제정세와 대아세아주의 실현의 시기(時機), 매주 2시간

⑤ 아시아에서 제국주의 침략사

구미 열강의 아시아 각국 및 각 민족에 대한 침략 사실(史實), 제국주의 침략하의 아시아 정세, 아시아 민족해방운동, 아시아에서 제국주의자의 필연적인 붕괴, 매주 2시간

⑥ 중국혁명의 이론과 사실(史實)

삼민주의와 그 시대 배경, 중국국민당사, 매주 2시간

⑦ 화평운동의 이론과 실제

공산당의 항전 이론의 오류, 영국·미국·프랑스·소련이 지지한 항전의 내막, 맹목적인 항전의 결과, 고노에 성명과 왕(汪) 선생 성명, 화평운동 이론의 근거, 국부환도(國府還都), 화평·반공·건국 정책의 확립, 중·일 국교 조정회의, 중·일 합작과 동아민족, 대아세아주의의 실현과 중국 부흥, 매주 2시간

⑧ 일본의 현 상황

메이지유신과 일본 현대국가의 건립, 무사도 정신과 일본문화, 일본정치·경제·외교의 현 상황, 세계의 현 정세와 일본, 매주 2시간

⑨ 중국 경제 개황

중국 경제의 자연적·사회적 조건, 중국 농업 개황, 공업 개황, 국내외 무역 개황, 재

정 및 금융 개황

⑩ 중국 정치 개황

중국 정치의 방법 및 기초 연구, 국민정부조직법, 화평운동 중의 중국정치, 지방정치 조직, 행정효율, 매주 2시간

⑪ 국제 문제

태평양 문제, 제2차 구주대전의 앞길(前途), 국제관계의 해부, 소련의 동세(動勢), 일·미 문제, 매주 2시간

⑫ 사회조사 통계

조사의 의의, 목적의 촉진, 재료의 수집, 조사기관의 조직, 조사원의 훈련, 인구·교육·농촌·위생·실업·범죄·군대 등의 조사방법, 총계(總計)의 의의, 연혁, 종류, 법칙과 정서(程序), 통계의 응용과 통계도표의 편제, 매주 2시간

⑬ 보업(報業) 관리

보업의 약사적(略史的)인 연혁, 보관(報館)의 관리, 편배(編排) 방법, 소비·배치·회계·인쇄·광고·영업 발행 등 각 부문의 관리방법, 매주 2시간(주: 보업은 신문, 보관은 신문사를 뜻함)

⑭ 선전 출판 법규

출판과 선전의 관계, 출판법의 정의, 서보잡지(書報雜誌), 통신원고의 출판법규, 출판법규와 각종 법률의 관계

⑮ 편집술

편집 기술과 독자 심리, 재료의 선택·분류·정리·표제·부인(付印) 등 각종 기술의 연구, 매주 2시간

⑯ 탐방술(探訪術)

탐방술의 의의, 탐방 동기, 신문활동의 통칙(通則), 재료의 처리, 외근기자의 훈련, 매주 2시간

⑰ 강연술

강연과 선전, 연설과 군중 심리, 연설할 경우 그 내용, 사상과 구상, 연설기술, 언어, 목소리와 자세, 아나운서 강연, 매주 2시간

⑱ 연극

　연극 선전의 중요성, 극단 조직과 관리, 작극술(作劇術), 연출술, 분장술, 연기술, 무대장치, 매주 1시간

⑲ 만화

　만화 선전의 중요성, 만화 디자인과 묘법(描法), 색채의 운용, 도안화와 도안글자의 연구, 매주 1시간

⑳ 일본어

　일어 기초문법, 회화, 서보(書報), 매주 3시간

㉑ 속기술

〈선택과목〉

기타로 체조 6시간, 군사훈련 6시간, 국내외 명사의 특별강좌 2시간

시간＼일	1	2	3	4	5	6
06:00~06:50	체조	체조	체조	체조	체조	체조
08:00~08:50	일본어	대아시아주의 연구	일본어	제국주의 침략사	일본어	군사훈련
09:00~09:50	선전개론	대아시아주의 연구	일본의 현 상황	선전개론	선전출판 법규	주회(周會)
10:00~10:80	군중 심리	선전문자 실습	선전문자 실습	사회조사 통계	국제문제	특별강좌
11:00~11:50	군중 심리	선전문자 실습	선전문자 법규	사회조사 통계	국제문제	특별강좌
01:30~02:20	군사훈련	군사훈련	군사훈련	군사훈련	군사훈련	제국주의 침략사
02:30~03:20	보업관리	중국정치 개황	편집술	만화	일본의 현 상황	탐방술
03:30~04:20	보업관리	중국정치 개황	연극	편집술	선전문자 짓기	탐방술

(3) 전수(專修) 연구

　수강생은 8주간 훈련을 마친 뒤 각자의 특징 및 전문에 따라 3개의 연구실로 나뉘어 각 전문기술의 전수에 임한다.

(4) 실습

각 수강생은 통신사, 출판사, 신문사 등에 파견되어 선전기술의 실습을 받는다.

(5) 체육

건전한 신체의 소유자여야 하는 수강생의 체위 향상을 위해 매일 아침 6시부터 50분간 아침 체조를 시작으로 각종 운동 경기로 신체를 연마하도록 한다.

(6) 선전 연습

수강생을 각 조마다 10인 또는 11인으로 나눠 각 조를 이뤄 선전연습일 1주간 전에 시연(試演)의 제재(題材)·방식·내용 등을 지시하고, 각 조직의 수강생들이 자유롭게 플랜을 마련하여 연습에 착수하도록 하고, 그 결과를 각 지도자로부터 강평(講評)받아, 각각 서로 진보 발전케 한다.

예를 들면-

국부환도수계국경기념대회(國府還都首屆國慶記念大會)나 촉진전면화평선전대회(促進全面和平宣傳大會) 등으로 주제를 주고, 수강생 각자가 창의적으로 선전을 새롭게 하는 것과 같은 것이다.

(7) 군사훈련

선전원은 또한 군인으로서의 교련도 받는다. 그 이유는 말할 필요도 없다고 생각한다.

(8) 조회

격주마다 이른 아침 6시부터 수강생 조회를 개최하고, ① 소가(所歌) 합창, ② 정신 강화(講和), ③ 선서, ④ 체조를 행한다.

(9) 소조(小組) 토론회

각 소조에서 매주 동시에 교수 지도 아래 특정한 문제를 내걸고 토론회를 한다.

(10) 좌담회

전 항과 같은 형식으로 격주로 각 조에서 좌담회를 한다.

(11) 개별 담화

집단훈련의 약점을 보충하기 위해 교수는 각 수강생과 개별 담화를 하고, 일신상의 상담까지 다룬다.

(12) 수강생의 수업 시간표

기상 5시 30분

체조 6시부터 40분간

조식 7시부터 20분간

수업 8시부터 11시 50분까지

점심 12시부터 20분간

수업 1시 30분부터 4시 20분까지

자습 7시부터 9시까지

취침 9시 25분

저자 후기

지난 해 12월 8일 선전포고의 대조를 배령하고 겨우 2개월 남짓 만에 동아 침략의 거점을 모두 궤멸시켰다. 게다가 미·영 최후의 아성으로 알려진 싱가포르가 함락되어 소남도(昭南島)로 명명되었다. 동아의 영원한 평화를 확보하는 '세기의 승리'는 천황 폐하 아래서 정말로 애국 이상, 결사(決死) 이상의 순충의열(殉忠義烈)한 황군의 과감한 싸움에 의해 실현되고 있다.

'일본 세계'의 현현(顯現)이 아니고 무엇이겠는가!

그러나 이 '세기의 승리'를 동아의 영원한 평화로서 확보하고 건설하는 중임은 보다 많은 문화전사들에게 달려 있다.

지난 대전에서 독일을 참패시켰다고 생각한 영·프 연합군은 '승리의 외관(外觀)'을 십수 년 정도 유지하는 데 불과했다는 것이 이번 세계대전에서 여실히 증명되었다.

우리는 동포의 '피'로써 거둬들인 혁혁한 전과를, 황도 선포의 사상·문화전에서 영구불변한 것으로서 확보하고 방위하지 않으면 안 된다. 이것이야말로 신성 일본의 영구방위이다.

동아의 여명이 '해가 뜨는 나라' 일본에서 찾아졌듯이, 동아의 '영원한 평화' 또한 언제나 '야마토의 나라' 일본 안에 있다.

그리고 '동아의 영원한 평화'는 미국·영국적 사상 질서와 마르크스적 유물사관을 완전히 궤멸시키고 팔굉일우라는 건국의 대이상이 세계를 빛나게 할 때여야만 한다.

'대동아전쟁' 개전 전후의 분주하던 때에 쓴 본서의 제언은 소남도의 등장이라는 '세기의 승리'를 앞에 두고 이미 착착 실천되고 있으며, 혹은 저자의 관념적 시야를 훨씬 뛰어넘어서 작전이 이뤄졌다고 생각되는 점도 많다. 그런데 국면의 급격한 변화와 전개에도 문제의 본질에 흐르고 있는 것은 변하지 않았다. 또한 건설전(建設戰)에 반드시 등장할 미묘한 문제도 많이 있다.

대동아의 신질서 건설을 위한 싸움은 세기의 전과가 확대되면 될수록, 일본에 더욱 격한 인고와 헌신을 요구할 것이다.

이러한 인고와 헌신으로 감내하는 것이 '세기의 승리'를 '최후의 승리' 즉 '영원한 평화'로 만들어 비로소 축복할 수 있는 것이다.

미즈노 마사지

<자료 06>

『유언의 해부』[127]

(中村古峽,[128] 愛之事業社, 1942)

서문

마음의 적(敵)에 대한 선전(宣戰)

유언의 정체는, 형태는, 색깔과 냄새와 맛은-이것은 어려운 문제이다. 더구나 오늘의 우리에게는 절실한 문제이다. 무력을 가진 적은 외부에서 오는데, 유언은 우리의 마음에 숨어있는 유력한 적이기 때문이다.

무력의 적에게는 무력으로 대항한다. 군의 작전을 신뢰하고, 그 지도에 따르면 된다. 그러나 마음의 적에게는 대포나 비행기로는 안 된다. 우리 한 사람 한 사람의 마음으로 대항하는 것 외에는 없다.

본서는 이러한 목적을 위해서 유언이라는 것을 조금 심리적으로 관찰하고, 마음의 대항책(對抗策)을 고찰한 것이다. 심리적이라고 해도 간단하게 구슬려서 저울질하거나 자로 재거나, 무턱대고 숫자를 나열하거나 하는 등 이른바 학자다운 취급은 하지 않았다. 그러나 우리가

---

127 中村古峽, 『流言の解剖』, 愛之事業社, 1942.
128 나카무라 고쿄(中村古峽, 1881~1952): 문학자, 심리학자. 본명은 나카무라 시게루(蒿). 1917년 5월 일본정신의학회를 설립하여 회장이 되었고 잡지 《변태심리(變態心理)》를 창간하였다. 1929년 자신의 진료소를 개업하였는데, 이것이 오늘날까지도 나카무라고쿄기념병원(中村古峽記念病院)으로 유명하다. 심리학자로서 주로 이중인격 연구 등에 대한 업적이 많다. 본서의 목차 뒤에 실려 있는 본인의 '저자 약력'을 참조하기 바란다.

취해야 할 마음가짐은 이것만으로도 충분히 알 수 있을 것이다.

내용에서 선택한 실례는 현재의 생생한 것을 많이 넣고 싶었으나 맘에 걸리는 것이 있어서 충분히 채록할 수 없었다. 그 대신에 공표된 것은 번거로움을 마다않고 실었다. 화려한 전쟁 기록 류는 후세에 잘 남지만, 해외통신처럼 별 것 아닌 것 같은 것은 통신원 여러분이 피땀 흘려 고심(苦心)했음에도 남아있는 것이 너무도 없어 애석하기 때문이다. 이 정도의 사례에 따라서도 우리가 어떤 정세에 직면해 있는가를 충분히 알 수 있을 것이다.

그렇다면 여러분! 굳건한 의지를 가지고 무기 없이 이뤄지는 마음의 싸움을 용감하게 싸우지 않겠습니까.

1942년(昭和 17) 9월 저자

목차

1. 유언은 전시하의 중대 문제이다

유언(流言)이란 / 고대에 이미 있었다 / 대동아전쟁 / 도메오카(留岡) 총감, 침착을 요망 / 정부의 요망 / 언론·출판·집회·결사 등 임시취체법 / 형법 / 육군형법 / 해군형법 / 국방보안법 / 취인소법(取引所法) / 경찰범처벌령

2. 유언은 비참한 결과를 초래한다

1) 재해에 관한 유언 재앙

관동진재의 유언 광란 / 안세이(安政)의 대지진 / 규슈(九州)의 재난 / 덴쇼(天正)의 지진

2) 미신에 관한 유언 재앙

시네프의 학살 / 역병(疫病)의 유언 / 히몬야인오(碑文谷仁王) / 상한(傷寒)의 병 / 홍역의 유행 / 악성(惡星) 뜬소문 / 소바(蕎麥)를 먹으면 죽는다 / 천둥의 허언(虛言) / 세계 7할 정도 사망 / 삼도천(三途川) 노파 / 밤새는 참배소(參籠所) / 뱀을 삼키는 시민 / 기분 나쁜 예언 / 오카게마이리(御蔭參り)의 유행

3) 사회상에 관한 유언 재앙

막말(幕末)을 풍자하는 초보쿠레 / 악화(惡貨)에 대한 뜬소문(浮說) / 징병령에 관한 뜬소문 / 부녀자 징집에 관한 뜬소문(流說) / 산발명령(散髮命令)을 두려워하다 / 콜레라 소동 / 다카이시무라(高石村)의 이질 폭동 / 일미개전설(日米開戰說) / 쇼와 초기의 금융공황

4) 전쟁에 관한 유언 재앙

선전에 패한 독일 / 아일랜드의 독립 폭동 / 프랑스의 독일 스파이 소동 / 러시아의 민족적 고민

5) 혁명에 관한 유언 재앙

프랑스 혁명 / 러시아 혁명

3. 유언은 잡담을 매개로 한다

유언 발생의 외부적 조건 / 말하고 싶어 하는 것 / 듣고 싶어 하는 것 / 화제는 사람을 지배한다 / 잡담에는 미묘한 자극이 있다 / 잡담과 상회(常會) / 남녀 어느 쪽이 유언하기 쉬운가 / 연령 관계는 어떠한가 / 어느 교양 있는 사람이 / 어떤 성격의 사람이 / 기타 여러 조건

4. 유언은 군중 심리에 지배된다

개인과 군중 / 군중의 구성 / 군중의 의식 / 국민정신의 앙양 / 희생적인 정신의 앙양 / 군중은 암시 모방성이 증대한다 / 군중은 불가능을 가능하게 한다 / 군중에게는 잔혹성이 있다 / 군중은 단순하다 / 군중의 이지(理智)는 저하된다

5. 유언에는 이러한 특질이 있다

1) 유언은 모태가 있다

각 개인에게 공통의 문제 / 각 개인이 군중화되는 상태

2) 유언은 성장한다

부자연스러운 것이 합리화된다 / 자연스러운 것은 더욱더 자연스러워진다 / 인위적인 것도 합리화하려고 한다 / 유언은 점차 확대된다 / 개연형(蓋然形)이 단정형(斷定形)이 된다

3) 유언은 질주한다
4) 유언은 파괴한다

유언의 강박 / 생활의 파괴 / 경제의 파괴 / 사회의 파괴 / 무용(無用)의 파괴 / 파괴 목적의 데마

6. 패전국은 유언으로 앓고 있다

1) 미국

샌프란시스코 사건 / 뉴욕의 공습 사이렌 / 산호세의 괴기대(怪機隊) / 유언에 춤추는 미국인의 추태 / 마음에 걸리는 '일본군 상륙' / 다종다양한 풍설 / 워싱턴은 유언의 거리 / 미국에 유언이 횡행 / 신경전에서도 일본이 승리 / 워싱턴에서도 공습 소동 / 패전에 실성한 미국 국민 / 코레히도르섬 신경쇠약시대 / 웃을 수 없는 미국 병사의 기질 / 루스벨트의 큰 감옥 / 밑에서부터 벗겨지는 데마 / 조금씩 줄어드는 대통령에 대한 신뢰

2) 영국

우둔한 쿠퍼 / 지리멸렬한 싱가포르 / 지옥의 섬 싱가포르 / 자포자기한 방송 / 영국 해군은 이렇게 패했다 / 영국의 민심 동요가 심하다 / 미·영 국민의 불안을 모으다 / 영국 노동자의 불만 / 영국의 암거래 횡행 / 전쟁 개시 후의 기현상 / 몰래 도둑맞은 담배

3) 소비에트연방

독일의 예봉하에 싸우는 소련의 고민 / 일부에 동요하는 사상적 신념

7. 유언은 유력한 전략이다

1) 전쟁의 형태가 완전히 변했다
2) 전과를 속이는 데마 선전

　　궁여지책의 데마 '마카사르 해전' / 패적치욕(敗敵恥)의 덧칠 / 캐나다의 주 장관이 미국의 데마 선전을 심하게 타격 / 처칠의 데마 / 영국의 추축 이간책 / 애교가 금방 끝장나 / 비길 데 없는 악랄함 / 이든의 뻔뻔스러운 얼굴을 벗기다 / 한순간에 무너지는 전쟁 승리의 데마 / 미국의 악질 데마 / 일본의 전쟁 목적과 중상(中傷) / 유언은 이적 행위

3) 미·영의 대일 선전모략

　　영국의 첩보조직

　　　　모략

　　　　대일 경제모략 사례

　　　　선전

　　(1) 대일 선전·모략 활동 상황

　　(2) 영국의 대일 선전 방침과 그 방책 / 대일 선전방침 / 선전방책

　　(3) 대일 모략·선전 조직 / 재도쿄 영국 정보부의 구성 / 도쿄 정보위원회 / 요코하마 정보위원회 / 간사이 정보위원회 / 귓속말회(耳內話會) / 연합국 대표위원회 /영국문화연구소

　　(4) 선전·모략 활동 / 일·독을 이간하는 선전·모략 / 여론 교란 모략 / P.K의 활동 / 선교사의 활동 / 일본인의 활동

　　(5) 모략·선전에 이용한 수단 / 선전책자 / 신문·라디오의 이용 / 외국인 스파이 사건

4) 유언에 대한 전쟁으로

　　천착심(詮索心)을 버려요 / 말하고 싶어 하는 마음을 버려라 / 불평불만을 갖지 마라 / 자기 경시를 버려라 / 유언에 넘어가지 않는 마음을 갖고

저자 약력

　1881년(明治 14) 나라현(奈良縣)에서 태어남. 1911년(明治 44) 도쿄제국대(東京帝國大) 문과 졸업. 1917년(大正 6) 일본정신의학회(日本精神醫學會)를 창립하고, 잡지《변태심리(變態心理)》를 발간함. 1928년(昭和 3) 도쿄의전(東京醫專) 졸업. 1929년 지바시(千葉市)에 나카무라 고쿄(中村古峽) 요양소를 개설하여 현재에 이름. 의학박사. (편자)

유언의 해부

1. 유언은 전시하의 중대 문제이다

유언(流言)이란

소문, 또는 조어(造語), 선동, 허설(虛說), 유설(流說), 풍설(風說), 부설(浮說), 유언비어(流言蜚語), 조언비어(造言飛語) 등 여러 가지 표현이 있지만, 요약하면 입에서 귀로, 사람에게서 사람으로 전해지는 말이다. 때에 따라서는 문서나 간행물로 전해지는 경우도 없는 것은 아니지만, 본래는 저마다 입에서 귀로 전해져 가는 말이다.

『자치통감강목(資治通鑑綱目)』 정편(正編)에

채씨전(蔡氏傳)에 쓰여 말하기를, 유언(流言)은 근거 없는 말이다. 물이 저쪽에서 이쪽으로 흐르는 것과 같다.[129]

라고 되어 있다. 근거 없는 말이 물이 흐르는 것처럼 전해지는 것을 그대로 표현한 말이다. 그러나 오늘날에는 거짓말 같은 경우만이 아니라 사실이라 해도 전해져서 좋지 않은 것 역시 유언으로 취급된다. 거짓말과 진실이 어떠한 차별도 없이 사실처럼 남으로부터 남에게로 전해지는 얼토당토않은 소문-그것이 유언이다.

고대에 이미 있었다

유언이라는 말은 꼭 새롭지만은 않다. 지나(支那)에서는 오래전에 이미 고전 『상서(尙書)』 속에 나타나 있다.

---

[129] 원문은 "書蔡氏傳曰 流言無根之言 如水之流自彼而至此也"이다.

무왕(武王)이 돌아가시자 금등(金縢)과 관숙(管叔)은 여러 아우들과 함께 나라에 유언을 퍼뜨렸다.[130]

이것은 무슨 일인가 하면, 고대 지나의 주(周) 나라 무왕이라는 왕이 돌아가시고 그 어린 아들 성왕(成王)이 왕위를 계승하고 주공(周公)이 섭정(攝政)을 하였다. 그러자 그의 동생 관숙 등이 주공의 험담을 퍼뜨리기를, 주공은 어린 임금에 대해 나쁜 마음을 가지고 있어서 마침내는 자신이 국왕이 되려 하고 있다고 말했다 한다. 얼토당토않은 말-그렇지만 때와 경우에 따라서는 간단한 소문이라고 정리할 수 없다는 것을 알 것이다. 작게는 인간의 생명과 재산을 망치게 되고, 크게는 국가건 민족이건 안위를 위협하게 된다. 자신이 유언하는 것에 따라 타인의 유언을 단지 어처구니없는 일이라 웃으면서 끝낼 수 없는 사태가 생기게 되는 것이다. 이것은 동서고금의 역사상 많은 사례가 증명한다.

대동아전쟁

이제야말로 우리 일본제국은 국운을 걸고 세계 최강국을 상대로 먹느냐 먹히느냐 하는 전쟁을 하고 있다. 이 싸움은 근대전(近代戰)의 모든 형상을 갖추고 있으므로, 우리 총후(銃後)[131] 에서도 종래의 총후적인 관념에 빠져 있을 수는 없게 되었다. 우리도 바로 제일선의 전사라고 생각하지 않으면 안 되는 사태에 직면해 있다.

그렇다면 우리는 어떻게 싸워야 하는가. 이것을 적극적·유형적인 방면에서 보면 모든 산업에서 활동해야 할 것이다. 그리고 다소 소극적·무형적인 방면에서 본다면 사상과 싸우는 것이다. 국체 정신이나 사기의 앙양, 여론의 통일, 적국 모략의 배격과 함께 유언과 싸우는 것이다.

정부도 여기에 만전의 대책을 고려하여 대동아전쟁이 발발하자 재빨리 언론·출판·집회·결사 등에 대한 임시취체법(臨時取締法)을 제정하고, 1941년(昭和 16) 12월 21일부터 시행하였다. 그 가운데 유언에 관한 조치를 결정하였다. 그 설명을 먼저 정부의 말로 들어보자.

---

130 원문은 "武王旣喪 金縢管叔 及其群弟 乃流言於國"이다.
131 총후(銃後): 전쟁터에서 후방 또는 후방의 국민.

도메오카(留岡) 총감, 침착을 요망

12월 9일 오전 11시 도메오카(留岡)[132] 경시총감은 다음과 같은 담화를 발표했다.

제국의 치안 확보에 대해서는 조금도 유감이 없도록 만반의 준비가 마련되어 있습니다. 부민(府民) 여러분께서도 어제부터 조금도 동요하는 기색이 없이 평온하게 각자의 직분에 부지런히 힘쓰시고 있다는 것은, 여러분의 평상시 결의의 정도도 엿볼 수 있어서 황국신민의 강한 힘을 새삼스럽게 생각하는 바입니다. 방공(防空) 실시에 즈음해서는 망상에 사로잡혀 경거망동하는 일이 없이 침착하고 냉정하게 각자가 그 담당 부서를 지키고, 당국의 지시에 따라 질서 있는 행동을 하여 평상시 훈련의 효과가 여실히 발휘될 수 있기를 바랍니다.

만약에 준비도 되지 않은 사이에 민심을 어지럽히고 유언을 유포하고, 또는 시국을 틈타 사리(私利)를 쫓아 외부 간첩에게 넘어가는 등 치안을 어지럽히고 전쟁 목적 수행을 저해할 우려가 있는 자가 있을 때는 즉시 단호한 조치를 강구할 생각입니다.

당국에서는 찬찬히 계획을 세워 임시적인 조치를 그르치지 않고, 어떠한 사태 아래서도 제도(帝都)[133]를 편안히 반석 위에 둘 확신을 가지고 밤낮으로 힘쓰고 있습니다. 국민 여러분의 진심에서 나오는 협력을 갈망해 마지않습니다.

[1941년(昭和 16) 12월 10일, 《아사히신문(朝日新聞)》]

정부의 요망

제국 정부도 전시하 국민에게 깊은 각오를 촉구하는 바가 있었지만, 그중에서도 유언에 대해서는 다음과 같이 말하고 있다.

시국에 관해 조언비어를 만든 사람이나 인심을 어지럽힐 수 있는 사항을 유포한 자, 예컨대 유언비어를 퍼뜨린 자는 엄벌에 처하게 되었다. '시국'은 국가가 직면한 내외 정세를 말하는 것이며, 정치·외교·재정·금융·경제·사회·치안 등의 중요한 정세를 총칭하는 것으로서, 여

---

132 도메오카 유키오(留岡幸男, 1894~1981): 내무관료, 실업가. 아키타현 지사, 경시총감, 홋카이도 장관 등 역임.
133 제도(帝都): 제국의 수도, 황제가 거하는 도성.

기서 말하는 시국에는 중요하지 않은 사건은 해당되지 않는다.

조언비어는 허구의 사실을 날조하거나 근거 없는 풍설 또는 실재한 사실을 과장하는 행위로서, 사실무근 또는 근거가 박약한 사건을 언어나 문서 등으로 퍼뜨리는 것이다(군사에 관한 조언비어의 죄에 대해서는 별도로 육군형법 중에 규정이 있다).

인심을 어지럽힐 사항은 세인으로 하여금 공정한 판단을 잃게 하는 사항으로, 설령 그것이 진실이라 하더라도 신문기사의 금지사항 등은 여기에 해당되는 것이 있다. 또한 관련 사항을 인심을 어지럽힐 목적이 아니라 경솔하게 입 밖에 낸 경우에도 죄가 된다(인심을 어지럽힐 목적으로 허위의 사실을 유포하는 죄에 대해서는 별도로 형법에 규정이 있다).

이 유언비어 등의 취체 규정 강화로 앞으로 국민은 시국에 관해 일체의 말을 할 수 없는 것처럼 생각하는 사람이 있을지 모르겠으나, 전쟁 수행상 유해하지 않을 경우는 단속할 이유가 없는 것이다. 따라서 상호 간에 거국일치, 대동아전쟁 완수를 위해 봉공(御奉公)할 각오가 되어 있는 이상, 이 벌을 받을 만한 사람은 없을 것으로 믿는다.

[1941년(昭和 16) 12월 31일, 《주보(周報)》]

유언에 대해 어떠한 처벌을 받는지는 다음 조문에 규정되어 있다.

언론·출판·집회·결사 등 임시취체법

제17조 시국에 관해 조언비어를 한 사람은 2년 이하의 징역 혹은 금고, 또는 2,000원 이하의 벌금에 처한다.

제18조 시국에 관해 인심을 어지럽힐 수 있는 사항을 유포한 자는 1년 이하의 징역 혹은 금고, 또는 8,000원 이하의 벌금에 처한다.

이상은 이번에 규정된 조문인데, 종래의 형법 기타의 관계규정은 다음과 같다.

형법

제105조의 2 인심을 어지럽힐 목적으로 허위의 사실을 유포한 자는 5년 이하의 징역 혹은 금고, 또는 5,000원 이하의 벌금에 처한다.

제105조의 3 전시(戰時), 천재(天災) 기타 사변에 즈음하여 인심을 교란 또는 경제상의 혼란을 유발할 수 있는 허위사실을 유포한 자는 3년 이하의 징역 혹은 금고, 또는 3,000원 이하의 벌금에 처한다.

육군형법

제99조 전시 또는 사변에 즈음하여 군사에 관한 조언비어를 한 사람은 3년 이하의 금고에 처한다.

해군형법

제100조 전시 또는 사변에 즈음하여 군사에 관해 조언비어를 만든 자는 3년 이하의 금고에 처한다.

국방보안법

제9조 외국과 통모(通謀)하거나 외국에 이익을 줄 목적으로 치안을 해칠 사항을 유포한 자는 무기 또는 1년 이상의 징역에 처한다.

취인소법(取引所法)

제32조의 4 거래소에서 상장(相場)의 변동을 도모할 목적으로 허위의 풍설을 유포하고 속임수를 사용하거나 폭행 또는 협박을 한 자는 2년 이하의 징역 또는 5,000원 이하의 벌금에 처한다.

경찰범처벌령

제2조 다음 각 호의 1에 해당하는 이는 30일 미만의 구류 또는 20원 미만의 과료(科料)에 처한다.
　제16호 사람을 광혹(誑惑)시킬 만한 유언 부설(浮說) 또는 허위보고를 한 자

어떤 이유로 단순한 소문이 엄벌에 해당하는지에 대해 사람들은 쉽게 수긍하기 어려울 것

이다. 사실, 세상 유언의 대부분은 '뭐, 이런 일쯤'이라고 가볍게 생각한다. 실제로 최근에 외국인 첩보단이 검거되었고, 거기에 첩보 내용을 제공한 혐의로 대의사(代議士)[134]와 귀족이 기소되었는데, 그들은 전혀 이러한 자각 없이 완전히 부주의로 기밀을 누설한 것이라고 한다. '이런 일쯤'-이 첫발이 실로 위험한 것이다. 자신도 모르게 자기 마음의 함정에 빠져 꼼짝 못하게 된다. 이 마음의 함정의 움직임을 설명함으로써 조금 경계하도록 하는 것이 본서의 목적이다.

2. 유언은 비참한 결과를 초래한다

유언은 무서우니 삼가라고 우리는 경고한다. 그러나 아무리 경고해도 그것이 어째서 두려운가를 모르면 좀처럼 단박에 알지 못한다. 그러므로 먼저 유언이 어떤 두려운 결과를 낳는지에 대해 접근하기 쉬운 자료를 바탕으로 서술해보자. 더도 덜도 말고 서술하고 싶은 것이 있는데, 관련 사실이 확실히 자료로 남아 있는 것이 적어서 충분히 채록할 수가 없었다. 가령 재해에 관한 것, 미신에 관한 것, 정치 등에 관한 것, 전쟁에 관한 것, 혁명에 관한 것 등으로 크게 구별했지만, 물론 엄밀한 분류는 아니다.

1) 재해에 관한 유언 재앙(流言禍)

관동지진(關東震災)의 유언 광란

1933년(大正 12) 9월 1일 오전 1시 50분, 이것은 현재 청년기 이상의 간토인(關東人)에게는 뇌리에 박혀서 잊으려 해도 잊을 수 없는 시간이다. 이 시각에 간토 일원을 습격한 격렬한 지진은 많은 건축물을 무너뜨리고, 동시에 맹렬한 화재가 일어나 불꽃들이 하늘을 태워 도쿄와

---

[134] 대의사(代議士): 국민의 선택을 받아 국민을 대표하여 국정을 논의하는 사람. 특히 선거를 통해 뽑힌 중의원 의원을 말함.

요코하마(橫濱) 두 도시의 대부분을 초토화시켰고, 큰 쓰나미는 사가미만(相模灣) 연안의 많은 집과 사람을 쓸어갔다. 이 자연재해에 더하여 유언의 횡행은 인심을 완전히 광란의 지경으로 빠뜨려 이루 말할 수 없이 비참한 암흑시대를 드러냈다.

가장 크게 그리고 극도로 비참한 것은 ××에 관한 유언 소동이었다. 그 시초는 이미 9월 1일의 저녁이었다고 하는데, 9월 2일에 이르러 맹렬한 불길과 여진(餘震)으로 고생하던 사람들 입에 오르내리면서 금세 성난 파도처럼 퍼져갔다.

이 유언은 단순한 유언에 머무르지 않고 자위단(自衛團)에서 자위단으로 전해졌다. 각 자위단은 죽창, 곤봉, 혹은 조상 대대로 내려오는 도검까지 가지고 나와 삼엄하게 경계진을 펼치기에 이르렀다. 그래서 유언은 더욱더 구체적인 내용을 띠며 커져갔다.

이 유언들도 냉정하게 생각하면 납득이 안 되는 것이 많았다. 각자가 이웃의 정·촌(町村)을 완전히 위험 지역인 것처럼 말하고 있어서 묘했는데, 현재 그 지역을 통해 온 자가 그 방면에 ××가 들르지 않았다고 해도 전혀 믿어주지 않았다. 그 가운데에는 냉정한 판단을 잃지 않은 사람도 있었겠지만, 어리석은 대중에게 압도당해 도저히 그 의견 등은 통할 수 없었다.

문단의 장로 바바 고쵸(馬場孤蝶)[135] 씨 등은 이 유언이 사실무근임을 말했다가 하마터면 자경단의 뭇매를 맞을 뻔했다고 한다.

물론 이러한 사태를 정부가 묵시했을 리는 없다. 계엄사령관 및 내각이 고유(告諭)를 내리고, 칙령으로 벌칙을 규정하고, 또 경보국장의 담화를 통해 민심을 애써 진정시키려고 노력하였다. 그러나 통신·보도 기관이 거의 전멸되어 암흑시대에 던져진 시민의 눈과 귀를 꿰뚫고 들어가기는 쉽지 않았다.

간토계엄사령관의 고유

(전략) 현재의 상황에 비추어 특별히 다음과 같은 건에 주의를 요한다.

1. 불령단체(不逞團體) 봉기의 사실을 과대하게 유언(流言)하여 도리어 분란을 증가시켜서 불이익을 초래하는 것.

---

[135] 바바 고쵸(馬場孤蝶: 1869~1940): 영문학자, 수필가, 번역가. 본명은 바바 가쓰야(馬場勝弥).

제도(帝都)의 경비는 군대 및 각 자위단에 따라 이미 편안한 상태에 가까워지고 있다.(하략)

1923년(大正 12) 9월 3일

간토계엄사령관 후쿠다 마사타로(福田雅太郎)[136]

내각 고유 제2호

이번 진재를 틈타 일부 불령선인의 망동이 있다고 하여 조선인에 대해 자못 불쾌감을 품은 자가 있다고 들었다. 조선인의 소행이 만약 불온하다면 속히 단속 군대 또는 경찰관에게 통고하여 그 조치를 기다려야 할 것이다. 민중 스스로가 함부로 조선인에게 박해를 가하는 것은 본디 일선동화(日鮮同化)의 근본주의에 위배되는 것일 뿐만 아니라, 여러 외국에 알려져서도 결코 바람직한 일이 아니다. 이러한 일은 지금 갑작스럽게 곤란한 사태를 당해서 생긴 것이라고 인정된다. 하지만 촌각을 다투는 비상시를 맞아 부디 평소의 냉정함을 잃지 말고 전후의 조치를 그르치지 않도록 신중히 행동함으로써 우리 국민이 절제와 평화의 정신을 발휘하도록 하는 것은 본 대신이 지금 특별히 바라는 바로서, 민중 각자의 간절한 자중을 구하는 바이다.

1923년(大正 12) 9월 5일

내각총리대신 백작 야마모토 곤베에(山本權兵衛)[137]

이어서 계엄사령관은 거듭 다음과 같은 고유를 내리고, 국민에게 경계하도록 한 바가 있었다.

간토계엄사령관 고유

1. 이번 진재에 대해 구호를 용이하게 하고 치안을 유지하기 위해 도쿄부(東京府) 및 가나가와현(神奈川縣)에 계엄을 발령했는데, 이번에 다시 이것을 지바(千葉)와 사이타마현(埼玉

---

136 후쿠다 마사타로(福田雅太郎, 1866~1932): 육군 군인. 청일전쟁 당시 작전참모부장, 이후 대만군사령관, 추밀원 고문 등을 지냄.
137 야마모토 곤베에(山本權兵衛, 1852~1933): 무사(武士), 해군 군인, 정치가. 관동대지진 직후 제22대 내각총리대신으로 재등장함.

縣)으로 확장하였다. 이 확장은 별도로 우려할 만한 사태가 일어났기 때문은 아니다. 이재민이 점차 이 지방으로 들어감에 따라 여러 가지 허위 보도와 유언이 이루어져 인심을 불안하게 하는 것을 단속하고, 필요한 경우에는 군대를 통해 치안을 유지하고 구호에 종사하기가 편리하기 때문이다. 지방민은 결코 유언에 미혹되지 말고, 피난민은 지방민에 대해 부적절한 행동을 취하지 말며, 모두 지방 관공리와 경찰관을 신뢰하여 평상시와 같이 침착하게 지냄으로써 군대에 폐가 되는 짓을 해서는 안 된다.

2. 계엄령을 내렸다 해도 직접적인 단속은 지방 경찰관이 담당하고 있다는 것을 잊어서는 안 된다.

1923년(大正 12) 9월 6일
관동계엄사령관 후쿠다 마사타로

현하의 사태에 즉응(卽應)하기 위해 정부는 유언에 관한 벌칙을 정하여 칙령으로 발포하였다.

칙령 제403호[1923년(大正 12) 9월 7일]

출판·통신 기타 어떠한 방법을 불문하고 폭행, 소요, 기타 생명과 신체 혹은 재산에 위해를 끼칠 수 있는 범죄를 선동하고, 안녕질서를 문란하게 할 목적으로 치안을 해치는 사항을 유포하거나 인심을 어지럽힐 목적으로 유언 부설을 만든 자는 10년 이하의 징역 혹은 금고, 또는 3,000원 이하의 벌금에 처한다.

또한 경보국장(警保局長)은 다음 담화를 발표하여 인심의 진정에 힘썼다. 이와 같이 정부는 유언에 광란하여 발도 땅에 붙이지 못하는 것 같은 민심을 재차 진정시키기 위해서 온 힘을 다하여 만전의 대책을 강구한 것이었다.

시민 각자의 자중을 바란다

시내의 인심은 현재 일반적으로 평정된 것 같아서 정말로 다행이다. 그러나 여전히 사소한

자극에 흥분하기도 하고, 의심이 의심을 낳아 떠드는 일이 없지도 않은 것은 유감이다. 이때 형체도 없는 유언비어에 속아서 헛되이 낭패하는 것 같은 일이 있어서는, 도리어 이 때문에 생각지도 않은 사건을 일으키는 일이 없다고는 할 수 없으니까, 시민 여러분은 충분히 마음을 진정시켜 결코 유언 부설에 속아 넘어가는 일이 없기를 바란다. 군대와 경찰이 충분한 실력으로 치안유지의 임무를 담당하고 있고, 기타 구호시설도 착착 진척되고 있다. 따라서 이러한 점들에 대해서는 조금도 걱정할 필요가 없으므로 각자가 침착하게 자중할 것을 간절히 희망하는 바이다. 오직 시민 여러분은 사소한 과실 등으로 인해 화재 등이 일어나지 않도록 특별히 화기의 취급과 화재의 발생에 주의해주기 바란다.

9월 14일 고토(後藤) 경보국장 담화

이것이 단지 소동만으로 머물렀다면 문제가 되기에 충분하지 않았겠지만, 실로 말로 다할 수 없는 처참한 사건이 각지에 일어났으므로 지금 다시 생각해도 소름이 끼친다.

물론 이러한 혼란 중에도 사건을 그르치지 않고 올바른 조치를 취한 것도 없었던 것은 아니다. 다음과 같은 것이 그렇지만, 이러한 사례는 드물었다는 것이 유감이라 하지 않을 수 없다.

군마(群馬), 사이타마의 자경단이 진재 이후 3일경부터 유언과 비어에 현혹되어 다수의 피난자를 ××한 중에, 나카센도(中仙道) 후카야쵸(深谷町)에서는 다케자와(竹澤) 서장, 오오사와(大澤) 쵸장(町長), 오오타니(大谷) 재향군인분회장 등 이 지역의 간부들은 재빨리 소방조(消防組)나 청년회 회원 등 자치단체 간부들을 모아 경거망동을 경계하였다. 또한 ××인에 대해서도 처음부터 이 지역에서 보호하고 있던 78명을 크게 후대하고, 14일에 이르러서는 관계당국의 명에 따라 무사히 자동차로 시노(志野) 기병연대로 호송할 수 있었다. 이러한 일 등은 그 당시 인심 동요에 직면하여 질서를 잘 유지시킨 것이라 하여 계엄사령관이 재향군인분회에 감사장을 전해주고 오자와 쵸장, 다케자와 서장도 각각 표창을 받았다.

[1923년(大正 12) 10월 17일,《오사카아사히(大阪朝日)》]

이러한 비참한 결과를 낳은 유언은 어디서부터 어떻게 일어났는가. 물론 처음 일어난 일이 뭔지는 알지 못하지만, 그 사실(事實)보다도 소동이 더 컸던 모양인지, 중간에는 웃을 수밖에 없는 사건도 있었다. 실제로 문학박사 하야미 히로시(速水滉)[138]는 다음과 같이 서술하였다.

이렇게 말하는 것을 들었다. 시중의 어느 곳에서는 전등이 잠시 나가서 식모가 석유를 사왔는데 그 깡통을 광에 둔 채 혼란 속에서 완전히 그 일을 잊고 있었다. 그러자 야경단 사람들이 이를 발견하고는 ××의 방화계획이 틀림없다고 해서 대소동이 일어났다. 지금 ××의 모습을 목격했다는 말도 있어서 쵸민(町民) 모두가 한때 집집마다 수색했지만, 어떠한 단서도 얻을 수 없었다고 한다. 이러한 종류의 희극은 시중의 도처에서 저질러진 것으로 보이며, 나 같은 사람도 두 세 종류의 말을 들었다. 확실히 이 집에 ××가 도망가 숨은 것을 보았다고 하는 사람의 말도, 자세히 캐물으면 어찌할 바를 몰라 하는 것으로 보아, 환각적인 성질의 것이라고 하는 것도 배제하기는 어렵다고 믿는다.

[《사상(思想)》, 1923년(大正 12) 11월호]

어찌되었건 이러한 ×× 소동은 문학박사 사와야나기 마사타로(澤柳政太郎)[139]가 "일본인으로서는 실로 떨칠 수 없는 오점을 진재사(震災史)의 한 페이지에 남긴 것으로서, 크게 회개하지 않으면 안 된다"라고 갈파(喝破)했다시피, 완전히 부동의 사실이었다.

진재 당시의 유언으로서 다시금 들 수 있는 것으로는 지진에 의한 화재 사실의 오인에 기초한 유언이 있다. 이것은 ×× 소동과 같은 비참한 사태를 초래하지는 않았지만, 민심을 동요시키는 중대한 원인이 된 것은 분명한 사실이었다.

진화(震火)의 세례에 침착성을 잃은 사람들은 다시 이어서 오게 될 재화(災禍)의 예언이 횡행하는 것에도 고뇌하였다. 예를 들면 2일 밤에는 "오늘 밤 2시경에 또 대지진이 올지도 모른다. 그때는 궁내성(宮內省)에서 대포 2발을 쏠 테니까 여러분 준비해주세요"라고 전해졌고, 3일 밤에는 오후 11시에 큰 지진이 있다는 설이 전해져 집에 들어가 있던 사람들이 당황해서

---

138 하야마 히로시(速水滉, 1876~1943): 심리학자, 논리학자. 1924년 경성제국대학 교수로 부임함.
139 사와야나기 마사타로(澤柳政太郎, 1865~1927): 관료(문부차관), 교육자, 귀족원 칙선의원.

뛰쳐나왔다. 오시마섬(大島)¹⁴⁰이 함몰됐다는 말도 전해졌다.

당시 미우라반도(三浦半島)¹⁴¹에 살았던 이학박사 나가오카 한타로(長岡半太郞)¹⁴²는 재미있는 경험을 전하고 있다.

유언비어란 재해에는 반드시 따라 나오는 것인데 이것을 막아낼 수단에는 생각이 미치지 못한다. 대지진이 있던 다음 날, 촌민을 시끄럽게 한 사건이 하나 있었다. 발화된 곳이 어디인지는 모르지만 쓰나미가 온다는 급보였다. 남녀 노약자 중에는 짐을 지고 산 쪽으로 도망하는 사람이 많았다. 개 한 마리가 공연히 짖으면, 다른 개들도 큰일이 난 것처럼 덩달아 짖는다는 것은 옛 속담이지만,¹⁴³ 이러한 경우의 소문은 영향이 미치는 바가 적지 않기 때문에 진실로 성가시다.

마침 정오 전에 상당한 여진이 왔었기 때문에 더욱 인심이 들썩들썩했다. 이미 이러한 여진은 점점 희미해졌어도 반년 정도는 이따금 놀랄 때가 있다. 쓰나미는 큰 지진 뒤 1시간 정도라면 올지도 모르지만 다음 날이 되어서는 결코 오지 않는다고 말해도, 노인들은 쉽게 받아들이지 않았다. 해변이 평상시로 변하여 메마른 상태를 가리켜서 '어르신, 여기 있던 물은 어디로 갔을까요' 하면, 그중에는 '쓰나미가 되어 다시 돌아옵니다요'라고 우기는 경우도 있다. 아니, 지면이 융기했다고 설명해도 수긍하지 않는다. 모두 36계 도망치는 것이 상책이라고 산을 가리키며 도망간다. 내 집은 바다에 가장 가까웠는데도 전혀 그러지 않아서, 마을 사람들은 기이하게 생각했던 것 같다.

[《사상》, 1923년(大正 12) 11월호]

당시의 지진학자인 이학박사 이마무라 아키츠네(今村明恒)¹⁴⁴ 등도 이미 대지진은 없다, 지진

---

140 오시마섬(大島): 도쿄 남서쪽 이즈반도(伊豆半島) 동쪽 해상에 있는 섬 가운데 하나.
141 미우라반도(三浦半島): 가나가와현 남동부에 위치함.
142 나카오카 한타로(長岡半太郞, 1865~1950): 물리학자, 이학박사.
143 주로 한 사람의 거짓말이 다른 많은 사람으로부터 진실인 것처럼 전해지는 것을 비유하는 속담이다.
144 이마무라 아키츠네(今村明恒, 1870~1848): 지진학자. 도쿄대 교수.

이 두려우면 차라리 도쿄로 도망갔다 오라고 말했는데, 사람들은 대지진이 다시 올까 봐 겁내고 있었다. 다음과 같은 웃음거리도 각지에 있었다.

이런 사실도 있었다. 정확히 10월 4일의 일이었다. 밤 오전 1시경에 꽤 큰 여진이 있었다. 잠시 뒤 고향인 고마고메(駒込) 근처에서는 각 집마다 문을 두드려서 잠자고 있는 사람을 깨우러 온 남자가 있었다. 기상대의 통지가 아침 오전 몇 시쯤인가에 강진(强震)이 있을 것이므로 준비하라고 했다는 것이었다. 대학의 등불을 켜놓고 있었기 때문에 많은 사람들은 반신반의하였고, 그중에는 놀라서 철야를 하며 자지 못한 사람도 있었다고 한다.
대체 어떻게 해서 그런 예보가 통지되었는지를 하나씩 조사해보니, 대학 구내에 피난해 있는 남자로서 자경단의 도움을 받고 있던 모 씨가 수고스럽게도 집집마다 돌아다녔다고 한다. 그 남자는 조금 정신이 이상한 사람으로 취급되어 주의인물로 여겨진 적도 있다는 것이다. 정신병자라고는 할 수 없어도 진재나 화재 때문에 정신이 미쳐버린 남자의 선전조차 적잖이 많은 사람을 들썩이게 했을 것이라고 짐작된다.

[하야미 히로시, 《사상》, 1923년(大正 12) 11월호]

사실을 오인한 데서 비롯된 유언은 거리가 멀어질수록 더욱 모호해지고 더욱더 큰 구상과 내용을 갖게 된다.

당시 간사이(關西) 지방의 신문은 〈노미(濃尾) 지방[145]의 대진재〉라는 호외를 낸 적이 있었다. 도호쿠(東北)의 신문은 "오다와라(小田原)에서 가마쿠라(鎌倉)·요코츠카(橫須賀)·요코하마 등에 걸쳐 한 면이 바다가 되었고, 한 채의 인가(人家)도 보이지 않는다"라고 보도했다. 만주(滿洲)의 신문은 "지금 간사이 전 지역은 지진에 이어 대해(大海)의 습격을 받아 파도가 광분하는 모습이 우스이 고개(碓氷峠)보다도 더 볼 만하다"라고 호외를 냈다고 하는데, 실로 어마어마한 것이다.

통신이 두절된 당시에는 비교적 근거리에서도 이러한 유설(流說)은 피할 수 없었다. 문학박

---

[145] 노미(濃尾) 지방: 미노(美濃)와 오하리(尾張)의 합성어로서, 지금의 기후현(岐阜縣)과 아이치현(愛知縣)의 일부에 해당된다.

사 노가미 도요이치로(野上豊一郞)는 당시 닛코(日光)에 있다가 진재의 보도를 듣자마자 곧바로 귀경길에 올랐는데, 오야마역(小山驛)까지 온 경험을 다음과 같이 서술하고 있다.

> 이곳의 군중 사이에서는 사실처럼 여러 가지의 풍문이 이미 전해져 있었다. 도심은 온통 불이 났다. 미쓰코시(三越)에서는 몇백 명이 불타 죽었다. 니주바시(二重橋)도 다 타버렸다. 이런 일이 여기저기서 이야기되었다. '뭐야, 니주바시가 불에 다 탔다, 이 바보야, 돌다리가 불 탔단 말이야.' 이렇게 말하며 화가 나서 고함치는 사람도 있었다.
>
> [《사상》, 1923년(大正 12) 11월호]

궁성이 불타버린 소식은 지방신문의 호외가 된 적도 있었던 것 같다.

도쿄와는 비교적 연락이 닿기 쉬운 오사카의 큰 신문에서도 "2일 정오, 도쿄를 떨게 했던 약 200명의 불한당이 흉기를 휴대하고 하치오지시(八王子市)에 들어가서 폭도화되어, 경찰서에서는 관공리와 청년단에게 무장을 허가하고 상대와 대치하고 있다"든가, "우에노공원(上野公園)의 높은 지대로 불이 옮겨가 피난민 3만 명이 해골산을 쌓았다"든가, "이즈오섬(伊豆大島)[146] 앞쪽에 새로운 섬이 출현하여 오시마는 이 새로운 섬에 가려져서 보이지 않는다고, 일설에는 오시마는 함몰되었기 때문에 보이지 않게 된 것이 아닌가라는 소문이 났다"는 등의 오보가 전해졌기 때문이다. 더욱더 먼 각 지역이 오보로 괴로워했다. 베를린 근처에 머물고 있던 우리나라 사람이 간토가 전멸되었다고 듣고 놀라 자빠진 것은 무리도 아니다.

이리하여 유언 소동은 단순히 직접적인 재해지인 간토 일원에만 머물지 않고, 재차 이러한 대지진이 가까운 장래에 발발할 것이라고 예언하기도 했다. 또 오모토교(大本敎)[147]의 예언이 적중했다고 하는 사람, 소요가 파급되었다는 사람, 쌀값이 폭등한다고 주창한 사람 등이 각지에서 처벌되었다. 유언의 재화(災禍)는 실로 전국에 소용돌이치고 있었다고 말할 수 있다.

---

146 이즈오섬(伊豆大島): 도쿄 남서쪽 이즈반도(伊豆半島) 동쪽 해상에 있는 섬 가운데 하나.
147 오모토교(大本敎): 1892년에 제창된 신도(神道) 계통의 신종교.

안세이(安政)의 대지진

지진 하면 곧바로 연상되는 것이 1855년(安政 2)에 있었던 에도(江戶) 대지진이다. 이해 9월 하순부터 하늘이 낮게 드리우고, 별이 크게 보이고, 곳곳에서 물이 용출하기도 했다. 기후가 계절에 비해 따뜻하고, 벚꽃이나 복숭아나 오얏이 다시 피었다. 이것은 이상한 일이라고 사람들이 눈살을 찌푸리고 있었는데, 10월 2일 저녁에 갑자기 땅이 크게 흔들렸다고 한다. 이것도 뒤에 덧붙여진 유언이었을 것이다.

규슈(九州)의 재난

1814년(文化 11) 8월 9일 밤, 규슈의 여러 지방에 북동풍의 강한 바람이 불어와서 비는 우박같이, 하늘은 온통 전광석화와 같이, 지진은 세계를 뒤엎는 것처럼, 지붕의 기와가 바람에 휩쓸리고 바람에 집이 붕괴되었다. 사가현(佐賀縣) 안에서 붕괴된 집이 3만 채, 사망자가 8천 500명이라고 한다. 또한 강은 쓰나미가 역류해서 넘쳐나서 피난하던 사람들의 발을 묶어놓아 차마 눈뜨고는 볼 수 없는 참상이 다음 날 저녁까지 계속되었다.

성 안에서 구호미가 불하되고 간신히 난민 구제에 힘쓰고 있었는데, 12일 아침에 누구랄 것도 없이 "큰 바다에서 쓰나미가 왔다. 빨리 물러나라"고 말을 퍼뜨렸다. 성 내 도심의 사람들은 다투어 달려 나가 늙은 부모를 등에 업고 아이를 안고 옷가지 종류를 보자기에 싸거나 음식물을 가지고 나와서 2리[148] 이상의 앞산까지 도망친 자도 있었다.

변재와 관련된 풍설이 많이 행해지고, 불가사의하게 살아난 사람 등에 대한 기담(奇談)이 행해졌는데, 그 풍설 가운데 하나에 이런 것이 있었다.

시모노세키(下關)의 쌀 중개상인이 올해는 토용(土用)[149]의 냉기로 규슈는 쌀 흉작이 들지 않을까 해서 쌀을 수만 가마니 이상을 사서 가지고 있었다. 토용이 지났는데도 더위가 더 심해지고, 특히 210일, 220일이 지나도 바람이 불지 않아 규슈 쪽은 풍작이 되어 시세가 점점 하락해졌다. 큰 손실을 입어온바, 옛날부터 전해오는 말대로 "이무기의 모양을 만들고 초롱에 개구리 기름을 둘러 켜서 바다에 흘려보내면 용신(龍神)이 이를 싫어하여 그때 큰 바람이

---

148 일본의 2리는 한국의 20리와 같다. 따라서 2리는 약 8km에 해당된다.
149 토용(土用): 입춘·입하·입추·입동 전의 18일간. 흔히 여름 토왕(土旺)인 삼복 무렵을 가리킨다.

불기 시작한다"는 것을 실행했다가, 8월 8일 밤 시모노세키 주변 바다에 떠다니는 것을 보았다는 풍문이다.

덴쇼(天正)의 지진

1582년(天正 13) 11월 기나이(畿內)와 도카이도(東海道)에 걸쳐 대지진이 있었다. 연해의 땅에 큰 쓰나미가 덮쳤다. 이때는 다이리(內裏)[150]의 정원에서 수천 명의 춤추는 소리가 들렸는데, 아침이 되어 보니 둥근 것, 사각인 것, 큰 것, 작은 것, 소와 말 등 여러 가지 이상한 발자국이 있었다는 등의 유언이 전해졌다.

오늘날만큼 절실하지는 않아도 옛날부터 변재 시에 유언은 피하지 못했던 것이다.

2) 미신에 관한 유언 재앙

종교나 미신에 관한 유언도 어떻든 인심을 광란하게 하는 매력을 가지고 있다. 이러한 사실은 각국, 각 민족 모두에게 적지 않다. 대단히 고급문화를 자랑하는 문명인이라도 이것으로 고민하지 않은 적은 거의 없다. 특히 종교적 혹닉(惑溺)은 인간을 극단적인 편견으로 이끌고, 완미고루(頑迷固陋)[151]하게 하고, 어떠한 이성적 견해에도 절대적으로 마음의 창을 닫게 하는 힘이 있는 만큼, 그 결과도 공포스럽다. 유럽 중세기에 유행한 종교재판 등은 이교도에 대한 전율할 만한 박해사건으로서, 박애를 명분으로 하는 종교가의 소행은 도저히 볼 수 없었다.

종교적 유언은 그 신도나 승려가 일부러 말하는 경우도 있지만 미혹된 사람이 무의식적으로 만들어내는 경우도 있다. 그중 어느 것이든 유행의 흐름에 올라탄 경우는 중대한 결과를 낳는다.

러시아 민중은 일견 정말이지 매우 무감각하고 둔감한 표정을 가지고 있는데, 한 번 격해지면 어떠한 잔학(殘虐)도 잘 해치운다. 유언의 선동에 넘어가기 쉽다. 그래서 그 나라의 역사는 피비린내 나는 수많은 페이지로 장식되어 있다. 혁명, 암살, 폭동, 학살 등 눈을 가리는 것

---

150 다이리(內裏): 천자의 궁전.
151 완미고루(頑迷固陋): 완고하여 사물을 바로 판단하지 못함.

이 많다. 그 가운데 하나를 들어보면, 1903년 동러시아에서 일어난 키시네프의 학살로서, 이것은 종교적 편견과 민족적 편견이 연결된 참사이다. 우치다 로안(內田魯庵)[152]옹이 간결하게 서술한 것을 차용해보자.

키시네프의 학살

이것은 1903년 4월 19~20일 이틀간에 일어났다. 사건의 기원은, 원래 기독교도들 사이에서는 유대인이 기독교도 어린아이의 피를 가지고 신에게 제사를 지낸다는 속설이 알려져 있었다. 그런데 마침 유대의 축제일에 즈음하여 키시네프 근교 어느 촌민의 아이가 우연히 누군가에게 살해당하고, 동시에 시내에서도 한 소녀가 자살한 사건이 있었다. 이것을 모두 유대인의 죄악으로 돌려서 물의가 비등했다.

다만 이것뿐이었다면 그 정도의 대사건이 되지는 않았을 것이다. 원래 키시네프는 포도 산지인데, 우연한 일이지만 7~8년 전부터 유대인과 시민 사이에 상거래를 둘러싸고 큰 충돌이 생겨서 평소부터 서로 반목하였다. 이 때문에 이 작은 사건이 마치 석유탱크에 불을 던진 것처럼 갑자기 대폭발을 한 것이다.

누가 선동했는지는 알 수 없지만 아무 거리낌 없이 '유대인을 죽여라', '사회주의 전파자를 죽여라', '증오스러운 인종에 대해 의군(義軍)을 일으켜라' 등의 외침이 사방에서 일어나고 동서에서 호응하였다. 처음은 소리뿐이었지만, 4월 19일 아침 한 단체의 폭민(暴民) 한 사람이 유대인의 집에 난입한 것이 계기가 되어서, 폭민은 사방팔방에서 봉기하여 '유대인을 죽여라'라고 제각기 외치면서 유대인의 집을 습격하여 살육, 간음, 약탈을 자행하였다.

옴짝달싹 못 하는 노인도, 분간 못 하는 유아도 살해당했다. 60세의 늙은 부인도, 7~8세의 어린 여자아이도 폭행을 당했다. 양민의 사체 앞에서 열대여섯 명의 폭행범에게 번갈아가며 폭행당한 사람도 있었다. 또한 이 폭민은 무지 파렴치한 직공이나 노동자뿐만 아니라 중류계급이나 다수의 학생이 하나가 되어 난폭하게 행패를 부리기도 했다. 더구나 이 폭행범들은 그다음 날은 아무렇지도 않게 전날의 폭동을 싹 잊어버린 것 같은 얼굴을 하였다.

---

[152] 우치다 로안(內田魯庵, 1868~1929): 메이지 시기의 평론가, 번역가, 소설가. 본명은 우치다 미쓰기(內田貢), 별명은 후치안(不知庵), 산몬지야킨전단지(三文字屋金平) 등.

사상자 및 피해자의 총수는 5,000명이라고도 하고, 8,000명이라고도 하고, 1만 명이라도 했는데, 러시아 정부의 공문서에는 극히 소수로 보고되었다.

더욱 불가사의한 것은 이 정도로 큰 사건임에도 한 사람도 검거된 사람 없이 누가 선동자였는지 가해자였는지 전혀 알지 못한 상태에서 애매모호하게 장례가 치러지고 말았다. 또한 어떤 소수의 의인(義人)의 목소리를 제외하고는 국론이 조금도 비등하지 않았다. 도리어 유대인이 당연히 받아야 할 벌이라며, 죽은 시체를 채찍으로 내려칠 것 같은 무도(無道)한 의견을 태연히 입으로 내뱉는 사람조차 있었다. [바쿠노 시타(貘の舌)][153]

유감이지만 일본에서도 이러한 종류의 사실이 있음을 인정하지 않을 수 없다. 멀리는 나라(奈良), 헤이안(平安)의 옛날부터 재해나 역병 등이 있을 때마다 묘한 미신이 유행한 적이 적지 않았는데, 여기서는 좀 더 가까운 사례를 조금 골라서 살펴보자.

역병(疫病)의 유언

에도시대의 수필서 『안사이수필(安齋隨筆)』[154]에 이런 말이 실려 있다.

1778년(安永 7) 4월경 세간에 유언이 있었다. 와카사국(若狹の國)[155] 사람이 산에 들어갔다가 우연히 이상한 승려를 만났다. 그 승려는 "금년 6~7월경에 역병이 천하에 유행하여 백성들이 많이 죽을 것이다. 그것을 피하려면 세월을 옮기는 것이 좋다"라고 말하였다. 세월을 옮긴다는 것은 5월 그믐을 섣달 그믐날로 하고, 6월 초하루를 설날 아침(元旦)으로 하여 하례를 하는 것이라 했다. 여러 지방에 이것이 전해져 그대로 하는 사람이 많았다. 에도부(江戶府)에서도 그 말에 따라 5월 그믐을 제야와 같이 하고 6월 초하루를 새해처럼 해서 민간 상점에서는 장사를 쉬고 문을 닫고 발을 걸고, 정말 설날처럼 했다. 그러나 상점을 닫는 것은 불행이 일어난 경우에도 하는 일이다. 아니나 다를까 다음 해 2월 24일 쇼군(將軍)의 세자가 돌연

---

153 바쿠노 시타(貘の舌): 우치다 로안의 문명비평집. 1920년 《요미우리신문》에 연재한 칼럼인데, 1925년에 단행본 『바쿠노 시타(貘の舌)』로 출판되었다.
154 안사이 수필(安齋隨筆): 에도시대 중기에 이세사 다타케(伊勢貞長)가 쓴 수필로서, 총 32권(10책)으로 되어 있다.
155 와카사국(若狹の國): 홋카이도에 있던 옛 국가로서, 지금의 후쿠이현(福井県) 서남부에 해당된다. 쟈쿠슈(若州)라고도 한다.

히 사망하여 온 천하가 슬퍼하여 시중의 상점 모두가 휴업하고, 문을 닫고, 발을 걸어 정말로 1년 전의 6월 초하루같이 되었다. 지금 생각하면 1년 전의 일은 이번 불행의 전조였던 것처럼.

히몬야인오(碑文谷仁王)

덴메이(天明) 연간에 인왕(仁王) 때에 7일간 참롱(參籠)[156]하거나 단식 등을 하면 어떤 병이라도 완쾌한다는 유언이 성행하였다. 이로 인해 대유행하여 참롱자가 갑자기 늘어났기 때문에, 뒤에는 그 내부에 거소(居所)도 없는 형편이라, 환자가옥(病人小屋)이라는 길이 7~8칸의 작은 가옥 2~3개소를 만들었다고 한다. "다수의 환자가 머물렀지만 완쾌의 유무는 알지 못하며, 이 또한 여느 때와 마찬가지로 되었다"라고 『호레키겐라이슈(寶曆現來集)』[157]라는 수필에 실려 있다.

상한(傷寒)의 병

1798년(寬政 8) 6월 9일, 아침에 바람을 쐬면 상한(傷寒)[158]의 병에 걸린다는 유언이 있었다. 이 나쁜 기운을 피하려면 "솔잎을 그 사람의 나이 수대로 한 묶음으로 잘라 하룻밤 술에 담갔다 마신다", "술해년(戌亥年)의 사람은 산초 다섯 알, 우메보시(梅干) 한 개를 차로 끓여 마신다", 또한

상한은 바람을 대신하여 왔어도
다시 불어오는 이세의 신풍(神風)

이 노래를 묵이 끊어지지 않도록 한 번에 빨간 종이에 써서 출입구에 붙이면 좋다고 전해졌다.

---

156 참롱(參籠): 신사나 절 등에 일정한 기간 머물며 기도함.
157 호레키겐라이슈(寶曆現來集): 야마다(山田桂翁)가 지은 에도시대의 수필집.
158 상한(傷寒): 추위로 인해 생기는 병의 총칭으로서 감기나 열병 등에 대한 옛 병명이다. 지금의 티푸스 종류.

홍역의 유행

1801년(寬政 11) 3월 초부터 천연두가 유행했는데, 그 주문으로 늘어뜨린 잎에 다음과 같이 쓰고, ○로 된 곳에 뜸을 뜨고 강에 띄우면 낫는다는 것이 유행했다.

○무기도노(麥殿)는 태어나면서 ○홍역에 걸려
두창의 ○흔적이 내 몸에 남았네

악성(惡星) 뜬소문

1813년(文化 10) 5월 중순, 남쪽에 악성(惡星)[159]이 출현했는데, 이것을 본 사람은 반드시 죽는다는 유언이 있어서 사람들이 크게 두려워했다. 이 재앙을 면하기 위해서는 집집마다 보타모찌(牧丹餠)를 만들어 먹으면 면할 수 있다고들 했다.

소바(蕎麥)를 먹으면 죽는다

같은 시기 소바를 먹으면 죽는다는 속설이 유행하여 점점 말이 퍼뜨려진 결과, 소바 가게가 몹시 쇠퇴하고 손님이 없어져서 장사를 쉬어야 하는 지경이 되어버렸다.

천둥의 허언(虛言)

같은 해 6월 27일에는 큰 천둥이 일어난다는 말을 퍼뜨린 자가 있었다. 오이를 깎아 처마에 매달고 약쑥에 솔방울을 태워 실내에 향을 피우면 이 어려움을 면한다고 해서, 이 주문을 하지 않은 집이 없었다. 그러나 그날이 되어서도 아무런 이변도 없었다. "그러나 속아 넘어가도 억울하다고 생각하지 않았다"고 수필 「호카이시니키(豊介子日記)」[160]에 있다.

세계의 7할 정도 사망

1814년(文化 11) 4월 상순경에는, 그해에 세계의 7할 정도 사망한다, 이것을 피하려면 다시

---

[159] 악성(惡星): 불길한 별. 재액(災厄)을 가져온다고 믿어지는 별.
[160] 호카이시니키(豊芥子日記): 에도시대 후기의 고증학자인 이시즈카 호카이(石塚豊芥子)가 쓴 수필.

정월을 지내야 한다는 유언이 있었다. 떡을 붙이거나 가도마쓰(門松)[161]를 세우기도 했으며, 5월 1일을 설날로 삼아 조니(雜煮)[162]를 기원한 것이 세간에 과반이었다고 한다.

이 일은 가와코시(川越) 근처 시골에 있는 고신즈카(庚申塚)[163] 숲에 세 마리의 원숭이가 모여 처음 말하기 시작했다고 한다. 또한 사카모토히요시산(坂本日吉山)의 원숭이 한 마리가 그해는 천하가 풍년이 된다고 하자, 다른 한 마리가 그렇지만 사람들이 많이 사망할 것이라고 하고, 또 다른 한 마리가 올해도 밝은 새해라고 고쳐서 좋을 거라고 했기 때문이라고 한다. 이 원숭이가 말한 것을 「명언신원기(明言神猿記)」라는 제목을 붙여 한시(半紙)[164] 두 매로 철함으로써 널리 세상에 유행하게 되었다고 한다.

정월을 두 번 쇠기는 했지만 섣달 그믐날
털어버려야 하는 것은 아무런 문제가 되지 않아

촉산(蜀山) 사람이 풍자한 교카(狂歌)[165]이다. "세상에 이러한 망언을 하는 것, 오랜 옛날부터 가끔 있었고, 이것을 믿고 금전을 지불하는 것, 어리석은 짓이라고 해야 할 것"이란 「호카이 시니키」 저자의 경고이다.

삼도천(三途川) 노파

오쿠보(大久保) 오모테반슈쵸(表番衆町)의 묘룡산(妙龍山) 쇼주잉(正受院)인 죠도시(淨土寺)의 작은 아미타당(阿彌陀堂)에 염라왕 탈의파(脫衣婆)가 있어, 오래된 소아 백일해의 완쾌를 비는 데 도움이 된다고 했다. 가에이(嘉永)[166] 연간에 들어와 갑자기 풍문이 크게 돌아 참례일을 늘

---

161 가도마쓰(門松): 새해에 집 대문 앞에 세우는 장식 소나무나 대나무.
162 조니(雜煮): 설날 음식 중 떡을 주요 건더기로 하는 국물 요리.
37 고신즈카(庚申塚): 중국 도교에 유래한 고신(庚申) 신앙에 기초하여 세워진 석탑. 고신날 밤에 고사지내는 산자루(三猿: 보지 않고 듣지 않고 말하지 않음을 나타낸 세 마리의 원숭이) 등을 새긴 탑. 고신토(庚申塔)라고도 한다.
164 한시(半紙): 주로 붓글씨를 연습할 때 사용하는 일본 종이의 일종.
165 교카(狂歌): 풍자와 익살을 주로 한 단가(短歌)로서 에도시대 후기에 유행했다.
166 가에이(嘉永): 고카(弘化) 이후부터 안세이(安政) 이전 기간(1848~1854)의 연호.

렸는데, '육(六)'이라는 글자가 들어있는 날을 엔니치(緣日)[167]로 삼아 특별히 붐볐다.

도움이 된다는 풍설에 대해서는 이러저러한 기담(奇談)을 전하여 영험이 있다는 사실을 서로 전했다. 원래는 척박한 토지였으나 옛날과 달라지는 바람에 납면가게(納綿賣), 선향가게(線香賣), 미즈차야(水茶屋),[168] 좁쌀떡경단찻집(栗餅團子茶屋) 등이 경 내외에 넘쳐났다. 감실(厨子) 안팎에는 엄청나게 많은 납선(納線)이 쌓이고, 공양한 선향은 경내에서 피어오르고, 납치(納幟)[169]는 베나 종이를 섞어 삼도천노파왕(三途川老婆王)이라고 적어 세우고, 신심이 있는 남녀로 경내는 가득 차 큰 목어(木魚)를 두드려 육자명호(六字名號)[170]를 외우고 있는 상황이었다.

이와 같이 졸지에 유행한 신앙이 니혼바시(日本橋), 요카이치(四日市)의 오키나이나리(翁稻荷)나 아사쿠사(淺草) 심보리바타(新堀端)의 다로이나리(太郎稻荷) 등에 있었다고 한다.

밤새는 참배소(參籠所)

1872년(明治 5) 3월 야마나시현(山梨縣) 야쓰시로군(八代郡)에 있는 스즈키 도쿠에몽(鈴木德右衛門)이라는 자의 창고에 낯선 감실(厨子)이 있었는데, 열어보자마자 곧바로 땅과 이어져 있는 마사키 이나리(正木稻荷)의 신상(神像)이었다. 한편으로 놀라고 한편으로 기뻐서 인근에도 이것을 선보이고 같은 마을의 관청에도 신고하자, 봉인된 채로 두고 소중히 간직하라는 지시가 있었다. 그러자 갑자기 소문이 나서 스즈키의 창고에 마사키 이나리가 하늘에서 내려왔다고 하여 참배하는 군중이 끊이지 않았고, 누구랄 것도 없이 이 이나리를 믿으면 여러 가지 질병이 반드시 치유된다고도 하였다. 갑은 눈병, 을은 발병, 병은 산적(疝癪),[171] 정은 해천(咳喘)[172] 등 이나리는 마치 명의처럼 점차 강중(講中)[173]도 생겼다. 같은 마을의 세키베 세키히로(關部廣藏), 니노미야 시나에몽(二宮品右衛門), 나이토 이와키치(內藤岩吉) 세 사람이 선도자가 되어 기도하다가 마침내는 거대한 참배소를 신축하였다. 밤마다 남녀가 뒤섞여서 참롱하였는데, 적령기

---

167 엔니치(緣日): 신불(神佛)의 탄생, 시현(示現), 서원(誓願) 등과 관련된 특별한 날.
168 미즈차야(水茶屋): 에도시대에 엽차 따위를 대접하며 나그네를 쉬어가게 하던 길가의 가게.
169 납치(納幟): 절이나 신사 등에 봉납하는 노보리(幟).
170 육자명호(六字名號): 나무아미타불(南無阿彌陀仏)의 여섯 자로 된 아미타불의 이름.
171 산적(疝癪): 가슴이나 배가 쑤시고 아픈 병.
172 해천(咳喘): 기침과 천식.
173 강중(講中): 계를 만들어 신불에 참배하는 사람들이나 그 단체.

의 부녀자가 밤중에 사사로운 인연을 맺고서는 이나리가 소개한 것이라고 기뻐하였다. 청년 패거리도 많이 출입하여 마치 대합실처럼 보이게 되자, 관에서도 내버려두지 않고 사당을 폐쇄하고 기도에 필요한 도구를 압수하였으며, 위의 3명은 재판소로 보내졌다고 한다.

뱀을 삼키는 시민

1906년(明治 39)은 병오년에 해당된다. 전해 내려오는 미신에 따르면, 병오년에 태어난 여성은 연분이 없어서 우는 사람이 많았다고 한다. 그러므로 이해에 출산을 두려워한 부인들 사이에서는 두꺼비와 산무애뱀과 민달팽이를 함께 약으로 만들어 복용하면 회임을 면할 수 있다는 풍문이 있었다. 이것들을 사들여서 복용하는 사람들이 많아지자, 갑자기 그 시세가 급등하여 두꺼비가 한 마리당 50전, 산무애뱀은 1원에서 1원 50전으로 놀랄 만한 가격이었다고 당시 신문은 보도하고 있다.

병오년생의 딸을 결혼시키면 남편을 잡아먹는다고 해서 이유 없이 싫어하는 것은 전혀 근거도 없는 미신이라는 것을 식자들이 거듭 앞장서서 주장하는 오늘날에도 좀처럼 그 미신의 뿌리는 뽑히지 않아 연분이 없어 괴로워하는 현상이다. 그러니 당시로서는 한층 더 부인계(婦人界)를 괴롭혔던 일이었을 것이다.

기분 나쁜 예언

혼쇼구(本所區) 하야시쵸(林町) 3-5의 공터에 지혜를 지켜주는 이나리(智慧守稻荷)라는 작은 사당(祠)이 있다. 이 번지의 다와라상(俵商) 고토쵸에몽(後藤長右衛門)의 내연의 처인 야마구치 오사토시(山口お覺)가 특별히 신앙하고 있었다. 오사토시가 지난 2일 밤 10시경에 갑자기 의붓자식인 쵸이치로(長一郞, 17세), 에이키치(榮吉, 5세)를 불러 눈빛이 변하며 미칠 듯이 "나는 어떻게든 이나리가 되리라. 이번 달 안에 마을에 불이 난다. 불이 없는 곳에서부터 불이 난다. 마을 사람들에게 알리고 중요한 물건을 치워둬라. 10일이나 11일 오후 6시부터 12시까지가 가장 위험하다"라고 확신에 차서 나쁜 일을 말한다. 우연히 듣게 된 주변 사람들은 이나리사마(稻荷樣)가 신이 붙었다고 소문을 냈다. 7년 전에 화재가 있었을 때도 오사토시가 예언했는데 적중했다는 옛날이야기도 나왔다. 한편 같은 마을의 2-71에 위치한 오바타 주물공장(小幡鑄物工場)에 온 궐재(蕨在)를 행하는 이는 하라다(原田)라는 사람도, "정말로 이 근처에 불이 보

인다"고 예언했다. 마침내 소란스럽게 허둥대는 쪽에서는 무서움에 떨며 3일 밤부터 소방관 5명을 부탁해 부근을 경계하였다. 소문은 점점 더 전해져서 하야시쵸(林町), 미도리쵸(綠町)는 민심이 흉흉해지고 성질이 급한 사람은 이전하기도 하였다. 산노하시(三の橋) 경찰서의 쓰치야(土屋) 부장이 한 번 단속했으나, 오사토시의 예언을 믿는 사람이 많았기 때문에 동요는 어젯밤도 계속 이어져 경찰서에서 잠행 순사를 파견해 경계하였다.

[1912년(明治 45) 3월 11일, 《요로즈초보(萬朝報)》]

오카게마이리(御蔭參り)의 유행

이세(伊勢) 참배 풍습이 에도시대에 유행했다. 1706년(寶永 3), 1771년(明和 8), 1830년(文政 13), 1855년(安政 2), 1867년(慶應 3) 등이었다. 1830년의 경우는 그 수년 전부터 "오는 토끼(卯)해는 메이와(明和)[174]의 오카게마이리(御蔭參)[175]로부터 61년째 되는 해에 해당하므로, 또 그 일이 있을 것이다"라는 풍설이 나돌아서 그 전 해부터 이미 이세에 참배가 계속 몰렸다. 앞의 메이와의 오카게마이리에는 문전걸식하여 쌀이나 돈을 구걸하는 사람도 없었고, 또 국자를 가진 사람은 더더욱 없었다. 그런데 이번에는 문전걸식하는 사람이 많고, 신분에 맞는 옷차림을 한 사람이나 아이까지 국자를 들고 떳떳하게 끝까지 걸식을 하고 돌아간 사람도 있다는 이야기다. 그래서 처음에는 보시도 많았지만, 나중에는 그것도 계속되지 않았기 때문에 굶주림에 지쳐서 병으로 죽은 사람도 많고, 나쁜 놈의 꼬임에 빠지기도 하고, 처녀는 유녀(遊女)로 팔리거나 놀림감이 되기도 하였으며, 심지어는 쓰러져 죽은 어머니 옆에서 젖먹이가 울고 있는 비참한 광경도 있었다고 한다.

언제부터 이러한 풍습이 시작되었는지는 명확하지 않지만, 분세이(文政)[176] 때의 경우 아와(阿波)[177] 지방에서 먼저 일어났다는 것은 확실한 듯하다. 오카게마이리가 있을 거라는 뜬소문은 이미 10년도 더 전부터 있었는데, 호랑이해(寅年) 3월 중순에 아와 지방에 여러 가지 상서

---

[174] 메이와(明和): 일본 원호(元號)의 하나로, 호레키(寶曆) 이후부터 안에이(安永)까지의 시기(1764~1772)를 말한다.
[175] 오카게마이리(御蔭參): 에도시대 때 일어난 폭발적인 이세신궁(伊勢神宮) 집단 참배 현상.
[176] 분세이(文政): 에도시대 후기 닌코(仁孝) 천황 때의 연호(1818~1831).
[177] 아와(阿波) 지방: 지금의 도쿠시마현(德島縣). 아주(阿州)라고도 한다.

로운 징조가 있었다는 것이다. 먼저 곳곳에 오하라이(御祓)가[178] 내려졌다. 여섯 살 난 어린아이가 자꾸만 탈출하려 해서 기둥에 묶어두었는데 어느새 탈출해버렸다. 그래서 오하라이를 붙여서 매어 두었더니 부모도 자식의 뒤를 쫓아 신궁에 참배하였다. 또 여덟 살 난 아이가 갑자기 가출했다가 조금 지나 돌아왔기에 무슨 일인가 하고 물었더니, "딴 곳의 큰아버지에 이끌려서 백마를 타고 이세 참배를 했다"고 했다. "그 큰아버지는 어디에 계시는가?"라고 묻자, "큰아버지는 문간까지 데려다 주시고 여기서 그쪽의 집이므로 혼자 돌아가라고 해서 헤어지고, 말은 담에 묶었다"라고 했다. 불가사의한 일이라는 생각이 들자 담에 대신궁(大神宮)의 오하라이가 걸려 있었다. 이 소문이 갑자기 퍼져서 일국의 인심이 소란해졌고, 삿갓에다 국처(國處), 이름, 오카게마이리 대신궁이라고 쓰고, 수시로 국자를 가지고 꺼내놓게 되었다. 이 소동은 이어서 기이(紀伊), 이즈미(和泉)로 옮겨갔다. 나니와(浪華) 방면으로 수만의 오하라이의 군중이 밀어닥쳐서 각처로 왕성하게 대신궁의 오하라이가 내렸다는 것이다. 그리하여 마침내는 전국적인 현상이 되었던 것으로서 미신적 유언의 위력을 보여준 것이었다.

3) 사회상에 관한 유언 재앙

막말(幕末)을 풍자하는 초보쿠레[179]

1856년(安政 3) 다음과 같은 탁발승절(チョボクレ節)이 유행한 것을 『항가췌설(港街贅說)』이라고 한다. 당시 민간의 풍문을 모아 적어놓은 수필에 실려 있다. 솔직하게 「유언」이라고 제목을 단 것도 재미있다. 당시 불안한 세상의 모습을 묘사하기도 하고 비꼬기도 하였다. 어떤 세상에 있었는가 하면 1853년(嘉永 6)과 이듬해인 1854년(安政 元)에 미국의 페리 제독이 두 번 시모다(下田)[180]에 군함을 거느리고 와서 개항통상을 압박했다. 러시아나 영국에서도 연이어 특사가 와서 통상을 압박했기 때문에 막부는 하는 수 없이 조약을 맺었지만, 국내에서는 양이론(攘夷論)이 비등했기 때문에 다른 한편으로는 연안을 방비하라는 명령을 내리는 지경에

---

[178] 오하라이(御祓): 해마다 6월과 12월 말일에 신사에서 행하는 액막이 행사, 불제(祓除). 여기서는 이세신궁의 액막이 부적을 말한다.
[179] 초보쿠레(チョボクレ): 에도시대에 두 개의 작은 목탁을 두드리며 우스운 속요(俗謠) 따위를 부르던 탁발승(托鉢僧).
[180] 시모다(下田): 시즈오카현(靜岡県) 이즈반도 동남단에 있는 항구로, 일본 최초의 개항지.

이르렀다. 그래서 막부의 위신에 금이 간 참에 1854년에는 즈소(豆相) 방면, 1855년 10월에는 에도(江戶)와 각지에 대지진이 연이어 있어서 내우외환(內憂外患)이 번갈아 이르는 모양으로 인심이 몹시 불안한 상태에 이른 것이다.

유언

이 무렵 이국(異國)이 취한 평판인데, 초보쿠레 말투로 지껄임을 들을지어다. 누가 알아주는 것도 아닌데 공연히 허공과 조련시키고, 말을 타거나 걸어서 멀리 가고 갑옷과 무기를 완비하네. 어찌되었든 간에 여러 사람을 괴롭혀 앞이 보이지 않고 맹목적으로 인기(人氣)를 손상시키세. 어떤 것인가요. 아주 오래도록 치유될 세상, 마구(馬具)도 마족(馬足)도 없는 것이 보통사람과 같고, 원래부터 없어서 일가친척 등에서 빌리기도 하고 빌려주기도 하고. 어쨌든 작년에는 이럭저럭 처리해두었지만, 큰 지진으로 집과 석축은 무너지고 숙박료는 늘어나고 진귀한 보물은 없어져서 사방팔방으로 변통하네. 이 나쁜 놈아. 체면을 세워 남편에게 묻게나. 법을 무시하고 제정신으로 서양 철포, 게벨[181] 따위를 함부로 탕탕, 귀공자 출신들을 줄줄이 추켜세워, 그리고 재미있게 만들어 세상 인기에는 조금도 개의치 않고 숙이지 않는 분부쿠 차 가마(分福茶釜) 같네. 아이고 맙소사 아이고 맙소사. 모르면서 난학(蘭學)[182]을 아는 척 하고, 나뭇잎을 덴구(天狗)[183] 코에 매달고 위광을 떨치며 말을 많이 하지만 들어주지도 않네. 그러기에 말이야. 그러게 말이야. 여이차 여이차, 초보쿠레. 약효가 있는 약이 떨어지고 물통은 부족해서 빈손으로 거닐고 있자니 여기서도 부글부글, 저기서도 부글부글 작은 소리로 말하네. 전당포를 두고서는 활용하지도 못하네. 게벨을 지니고도 재주 많은 지위의 갑옷을 저당잡히고, 가죽 주머니 차림으로 아침부터 밤까지 짐승처럼 구니 무슨 일인지. 게으름뱅이에 지나지 않네. 남편에게 들으라고 방치할 것인가. 아무리 그렇다 할지라도 덴구 차림의 집

---

[181] 게벨(Gewehr): 소총의 하나. 1832년경 네덜란드에서 일본에 들어온 화승총.
[182] 난학(蘭學): 에도시대에 네덜란드를 통해 일본에 들어온 유럽의 학술·문화·기술의 총칭. 에도막부 말기의 개국 이후는 세계 각국과 외교 관계를 쌓아서 양학(洋学)이라는 명칭으로 일반화되었다.
[183] 덴구(天狗): 일본의 상상적인 괴물로, 얼굴이 붉고 코가 높으며 신통력이 있어 하늘을 자유롭게 날면서 심산(深山)에 산다고 함.

신을 계속 신고 고바마(駒場)[184] 근처를 거침없이 걸어가다 길을 잃고 혼란에 빠지니 어찌할까나. 가마에 탄 사람도 마음을 놓을 수 없고 구기누키자 부자(釘貫親子)가 덜덜 떨고 있네. 이런 이런 이런, 시골 보살, 초보쿠레.

쓰키지(築地)의 강무장(講武場).[185] 이것은 갑자기 시작한 곳이어서 연습에는 적합하지 않네. 검술 교수 멍청이들이 아무것도 모르고 제멋대로 초심으로 돌아가, 뒤틀어진 도구를 두드리거나 단지를 걸어 꽈당 하고 넘어뜨리고 부상을 입히고도 태연한 표정으로 형제 멍청이들을 바라보네. 혼쇼(本所)[186]의 할아범, 사범 등은 그만두어도 높은 녹봉을 받으며 버티고 있지만, 쓸모 있는 제자 녀석들 중에는 멍청한 짓만 하고 있어도 꾸짖지 않네. 빨간 놈들과[187] 마찬가지로 나쁜 버릇을 고쳐야 할 놈이야.

서양의 유행도 심상치 않은 모양. 슬슬 끝이 났는지, 물러설 생각인지. 제정신을 차려 새까만 어둠 속, 코가 막혀서야 겨우 놀라 허둥지둥하지 말고. 그러니까 늦었지만 씨를 뿌려. 붕어도 좋고, 다시마도 좋고. 우메보시나 시소마키, 밭에는 피 종자를 뿌리고, 삼나무에 뒤엉킨 등나무로 만든 큰 광주리. 마른 입을 두드려도 가벼운 돌 소리.

반시라베쇼(蕃書調所)[188]도 무익한 일. 안다고 할지라도 어떻게 하겠다는 것인가. 고바카마(小袴) 차림으로 외출할 때 목면으로 된 몬츠키(紋附)[189] 위에서 아래까지 상하를 구별하기도 어렵네. 남편조차도 천천히 느리고 처져서 손가락이 팔리네. 아이고 아이고. 그래서 어찌 되었소.

게벨을 메고 유곽 등지를 기웃거리는 것은 무사의 종말이요. 남편이면서도 모반한 뒷돈을 뒤집어쓰고 전셋집을 둘러싸고 첩질을 하는가. 어처구니없는 일이네. 사람들 입으로는 집을 지을 수 없네. 세상 평판은 이럭저럭 불길한 징조의 시작. 남편에게는 마(魔)가 끼고, 첩에게는 비단이 펼쳐진다네. 날이 새면 빛을 쬐고, 햇살이 쏟아지면 양산을 쓰네. 어디 어디. 이곳

---

184 고바마(駒場): 도쿄도(東京都) 메구로구(目黒区)의 마치(町) 이름.
185 쓰키지(築地)의 강무장(講武場): 에도 말기에 도쿄의 쓰키지에 무예훈련기관인 고부쇼(講武所)를 설치하여 훈련시켰다.
186 혼쇼(本所): 도쿄도 스미다구(墨田區)의 마치 이름.
187 원문은 '赤い奴'인데, 죄수들을 칭하는 것으로 보인다.
188 반시라베쇼(蕃書調所): 에도시대에 막부가 만든 서양식 학교로서, 주로 서양서적 번역을 하던 곳. 도쿄제국대학의 전신.
189 몬츠키(紋附): 가문(家紋)을 넣은 일본 예복. 몬뿌쿠(紋服)라고도 함.

이 제일이야. 초보쿠레가 있는 곳. 초보쿠레, 초보쿠레.

바람이 바뀌면 가운데서 위로는 구름이 쉽게 생기고, 미끄러지고 굴러가고 앞으로 고꾸라지고. 굴러간 신발 헤아리기 어렵고. 일이 끝나야지. 장식용 접시를 깨버리면 계속 불타지 않는다. 골수를 깎아 뭉개서 고통을 주는 것이 명의의 치료인가. 기마전의 조련, 쓸데없는 시절도 모르면 바보. 두루미 조련, 떡이 팔기도, 개 몰이 경주도, 모두 제정신으로 정하고, 그럴듯하게 다스리는 세상. 여기서도 둥둥, 저기서도 부부. 서양 북의 둥둥. 둥둥거리는 게 자랑거리는 아닐 텐데. 정말 필요할 때는 도움이 안 될 테니. 여이차 여이차, 초보쿠레.

성깔 있고 버릇없는 말에 차고 밟고 뛰고 달리고 올라타다가 다치거나 숨이 가빠지거나 간신히 넘겨내도 서양식으로 가네다마(金玉)가 빠져서, 넘어진 말조차도 불편하거나 토편(土便)하거나 죽어버리면 한쪽 바퀴로는 쓸데없는 살생. 처치곤란한 자들이 점점 늘어 여기서도 역시 끝없는 생각인가. 난학의 자만도 대단한 당기(當氣)도 반드시 잘라버리고 끊어버리는 것이 좋을 게다. 긴급한 상황이 벌어지면 마음에 드는 당시의 벼슬아치가 끝장을 보고 도망치는 것이 필시 변이 일어나기도 전에 도망친단다. 지금부터 준비를 가볍게 할지어다. 오늘도 내일도 불확실한 시절이네. 우물쭈물할 때가 아니네. 준비 또 준비. 세상을 바꿀 가미카제(神風)가 불지도 몰라. 있을 수 없는 광풍, 지진이 남겨둔 집안 재물 등을 파괴한다네. 이에 생활필수품을 줍니다, 월급을 올립니다, 감옥이야 생각도 하지 않고 어딘가로 도망을 치네. 앞일은 몰라. 들뜬 세상의 앞날, 어떻게 될 것인가, 깊이 생각할 지어다.

교역 등도 어찌되었건 이럭저럭 시작할 모양인데, 히젠(肥前)의 나가사키, 마쓰마에(松前)의 하코다테(箱館), 그곳들은 하고 싶은 대로 놔둬. 이즈(伊豆)의 시모다(下田)는 말려도 할 것이야. 한 번의 잘못이 코앞이니, 제발 조심하소서.

간에이(寬永), 아마쿠사(天草), 게이안(慶安)의 쇼세쓰(正雪), 덴포(天保)의 오시오(大鹽), 그밖에 민란도 가끔 있었다. 정신이 이상해도 둔한 생각이 정말로 신속하게 모여서 혼잡한 천하에 어떤 두통이 아랫배의 아픔에 연관되랴. 큰 병이 생길지도 모른다. 치료를 잘못하면 맥이 끊어질 수도.

지진이 나건 폭풍이 불건 만대가 꿈쩍도 하지 않는 나라의 기초. 해안 방위도 굳게 정비되고, 각 지방의 방위, 그리고 준비상으로 볼 때 야만국쯤이야 적당히 속여서 제거하여 가능한 한 출입금지. 같은 값이면 취한다고 무위(武威)가 떨어져 결승전이라고 하여 차버린다네.

문역(文譯)

게벨: 서양 총(銃).

구기누키 부자(釘貫親子): 간죠부교(勘定奉行) 마쓰다이라 가와치노카미(松平河內守)와 아들 와카사노카미(若狹守).

승려(乘輿)[190]의 사람: 사쓰마번(薩摩藩)의 아무개로서, 사키테가시라(先手頭)[191] 아래에 있던 소네 긴자부로(曾根金三郞)의 제자인 총포 기술자가 구장(駒場)을 눈으로 확인하셨을 때 가마를 타고 나온 것을 와카사(若狹)가 트집을 잡아 논쟁이 되어, 마침내 부상을 입힌 사건. 와카사는 그 일로 인하여 병이 들어 죽었다고 들었다. 어느 익살맞은 글귀에서 "도련님을 깨우는 데는 사쓰마 고구마"라고 읊어지고 있다.

교수(敎授) 형제: 고주닝(小十人)[192] 미쓰바시 도라조(三ツ橋虎藏)와 그 동생 신파치로 소주쓰(新八郞 鎗術).

혼쇼(本所)[193]의 영감: 가치가시라(御徒士頭)[194] 오타니 세이치로(小谷精一郞), 검술(劍術).

붉은 놈(赤い奴): 고주닝 히라이와 지로다유(平岩次郞太夫), 창술(鎗術), 삼나무에 뒤엉킨 등나무(원본에 누락된 글자 있음).

뒤집어진 원한(端反の裏金): 싯켄(執權)[195] 아베 세이슈(阿部勢州), 악설(惡說)이 있음.

축생(畜生)[196]의 학문: 서양인을 깔보고 하는 말.

서양북(西洋太鼓): (일본으로-역자) 건너와서 강무장(講武場)에 있다고 함.

(『항가췌설(港街贅說)』 권7)

태평함에 젖어 느슨해지고 있던 무사들이 허둥지둥 게벨총을 꺼내어 조련하고 있다. 한편

---

190 승려(乘輿): 천자나 임금이이 타는 가마. 대가(大駕).
191 사키테가시라(先手頭): 에도막부의 관직명. 와카토시요리(若年寄)에 속하며, 에도성(江戶城)의 여러 문을 경비하고 쇼군의 외출을 호위하며 방화·도적·도박을 단속하거나 검거하는 사키테구미(先手組)를 통솔하는 책임자.
192 고주닝(小十人): 에도막부의 관직명. 와카도시요리에 속하며, 평시에는 쇼군의 호위를 담당하고 쇼군 출행 시에는 앞에서 길을 선도한다. 10명으로 고주닝구미(小十人組)를 만들어 고주닝가시라(小十人頭)의 지휘를 받았다.
193 혼쇼(本所): 장원의 영주·영가(領家)의 상위에 위치한 명목상의 권리소유자를 말한다. 또, 현 도쿄도(東京都) 스미다구(墨田区)의 마치(町)의 명칭으로서 구 도쿄시 혼쇼구(本所区)의 범위를 가리키는 지역명이기도 하다.
194 가치가시라(徒士頭): 에도막부나 여러 번에 속하여 도보로 싸우는 하급무사의 우두머리.
195 식켄(執權): 가마쿠라 막부(鎌倉幕府)의 관직명. 처음에는 만사쇼(政所)의 장관을 지냈지만, 호죠 도키마사(北条時政)가 취임한 이래 쇼군을 보좌하였다.
196 축생(畜生): 사람의 집에서 기르는 온갖 짐승. 사람답지 못한 사람을 짐승에 비유하는 말.

에서는 서양학문을 공부하고 있는 패거리가 있다. 아니 그렇다고 해서 지금에 와서 시기적절한 것인가. 우리는 더욱더 어려울 뿐이다. 제발 작작해달라고 오랫동안 압박을 받아온 민중이 좋은 기미라고 소문내고 있었다. 그 기분이 시원스럽게 드러나 있다.

악화(惡貨)에 대한 뜬소문(浮說)

경제 문제도 인간 생활에 밀접한 관계를 갖는 것이어서 여러 가지 소문의 대상이 된다. 특히 도쿠가와 시대 등의 무리한 정책으로 강한 압박을 받은 것만으로 민중의 솔직한 감정은 유언이 되어 나왔다. 1821년(文政 4)으로 전해지는데, 요직에 있는 사람의 건의로 통화(通貨)의 개주(改鑄)가 있었다. 그런데 갑자기 이번 화폐는 전에 비해 악화(惡貨)라는 유언비어가 떠돌아서 인심이 동요했다. 그때 위조화폐를 만들어 붙잡힌 사람이 있었는데, 그가 말에 태워져 형장으로 끌려가던 도중에 큰 목소리로 "가짜 돈 만든 것을 처벌하신다면 우리보다도 독한 이본도구(二本道具)[197]의 관리야말로 더 죄가 무겁다"라고 욕을 퍼부어서 오고가는 통행인이 껄껄 웃었다. 따라가는 마치(町)의 요리키(與力)[198]와 도싱(同心)[199]이 꾸짖자 "나는 이미 죽은 목숨인데 어찌 거리낌이 있겠는가"라고 말하면서 몇 번이나 반복해서 욕을 퍼부으며 큰 소리로 외쳤으므로, 마침내 관리 쪽에서 포기하고 입을 다물고 말았다는 사실이 마쓰우라 세이잔(松浦靜山)[200]의 『갓시야와(甲子夜話)』[201]에 있는 이야기이다.

징병령에 관한 뜬소문(流說)

1872년(明治 5) 2월 징병령이 제정되고 이듬해 1월에 시행된 것은 획기적인 개혁이었다. 그

---

[197] 이본도구(二本道具): 에도시대에 다이묘가 행렬할 때 맨 앞에 세운 두 자루 한 쌍의 창.
[198] 요리키(與力): 에도막부의 대표적인 관직명.
[199] 도싱(同心): 에도막부의 하급관리의 하나.
[200] 마쓰후라 세이잔(松浦靜山, 1760~1841): 에도시대 중·후기의 다이묘(大名)로서, 히젠국(肥前国) 히라도번(平戸藩)의 제9대 번주이다. 본명은 마쓰우라 기요시(松浦清)이며, 세이잔(靜山)은 호이다.
[201] 갓시야와(甲子夜話): 에도시대 중·후기 마쓰우라 기요시가 다이묘에서 물러난 뒤에 쓴 수필집. 제목은 1821년 12월 11일 갑자일 밤부터 시작한 데서 유래하였다. 기요시 사후 1841년까지 20년간에 걸쳐서 수시로 쓰여져 본편(正篇) 100권, 속편 100권, 제3편 38권에 이른다. 에도시대 후기의 정치·경제·문화·풍속 등을 알 수 있는 문헌으로 중시되고 있다. "울지 않는 소쩍새를 3인의 천하인(織田信長·豊臣秀吉·德川家康)이 어떻게 할 것인가"를 소리 소문 없이 읊은 유명한 센류(川柳)도 실려 있다.

런데 여전히 봉건의 기풍에서 빠져나오지 못한 민심은 이 때문에 심히 동요했다. 즉, 당시 우리나라와 조선의 국교가 심상치 않았기 때문에 갑자기 호랑이해(寅年) 남자를 징집해서 조선에 출정시킨다는 뜬소문이 퍼졌다. 이에 호랑이해의 아들을 둔 부모들은 대단히 우려했기 때문에 괴이한 신불(神佛)이 대유행한 것이다. 이러한 동요 속에서 다음과 같은 실로 대규모의 소동이 있었다.

호죠현(北條縣)²⁰²의 완고한 백성 등이 지난번 징병령의 포고를 오해하여 여러 가지로 불평하는 것이 귀에 쟁쟁하다. 정부호장(正副戶長) 등이 설유(說諭)하고 있던 때에 마침 오사카진대(大阪鎭臺) 임시보원(臨時補員)을 소집한 일 등이 상충하여 여러 가지 의혹이 발생하였다. 만일 소집에 응해 오사카로 간 뒤에는 조선국으로 보내질 것이라든지 혹은 어고유(御告諭) 가운데 혈세(血稅)라는 두 글자를 오해하여 생피를 계속 짠다는 등의 근거 없는 뜬소문이 관내에 널리 퍼졌다. 이미 5월 24일 사이사이죠군(西西條郡) 데이에이지촌(貞永寺村)²⁰³이라는 현청에서 3리²⁰⁴ 정도 서북쪽에 위치한 작은 촌에서 시작하여 그밖에 8~9개 촌이 세력을 모아 봉기하였다. 즉시 정부의 호장이 나와서 여러 가지로 설득했으나 두 번 다시 들어주지 않았다. 같은 달 26일 오전 10시경부터 위 데이에이지촌 근처 마을 어귀에서 폭동을 일으켜 차츰차츰 각 지역을 유도하여, 모두 3천여 명 남짓이 각기 죽창과 소총 등을 휴대하고 대나무 나각으로 합도(合圖)²⁰⁵하여 현청에 압박을 가할 기세였다. 곧바로 현리(縣吏)가 출장하여 오후 8시경 사이사이죠군 니쿠무라(二宮村) 근처까지 왔는데, 그곳 역시 이미 조짐이 보여서 곳곳에서 모여들어 설득을 들어줄 형편이 아니었다.

그런데 그날 밤 2시경에 니쿠무라의 서쪽에서 오른 불길이 점점 커져서 그 군의 요시와라무라(吉原村) 및 고베무라(神戶村) 등 전(元) ○○ 가옥이 모두 불에 타고 새벽에 이르러서야 진화되었다. 완민(頑民)들은 점점 이 기세를 타고 27일 오전 9시에 현청으로 들어가려고 차츰차츰

---

202 호죠현(北條縣): 1871년에 미마사키국(美作国)을 관할하기 위해 설치된 현. 현재의 오카야마현(岡山縣) 동북부에 해당된다.
203 현재의 오카야마현(岡山縣) 가가미노쵸(鏡野町).
204 일본의 1리 = 한국의 10리. 3리는 약 12km에 해당된다.
205 합도(合圖): 미리 정한 방법으로 상대방에게 의사나 사항을 알리는 것. 또 그 방법이나 신호.

모여들었다. 참사(參事) 오노 릿쇼(小野立誠) 등 기타 관원 여러 명이 설득하기 위해 쓰야마니시테라마치(津山西寺町)까지 출장을 나갔는데, 어느새 그곳의 아이센지(愛染寺)를 파괴하고 오히려 파죽지세의 기세였다. 관원이 백방으로 설득했지만 자신이 원하는 것도 제대로 알지 못하는 완고하고 무지한 무리는 더욱더 격해졌다. 저들이 발포하게 될 것에 대비하여 미리 현 내에 거주하는 사족들을 모아놓고 추진 대책으로 1발을 먼저 쏘고 진격했다. 원래부터 오합지졸인지라 어찌 견딜 수 있으랴. 우왕좌왕 흩어져 그날 11시경에 니쿠무라까지 물러갔다. 그때 완민 5~6명이 사망했으며, 도망친 1명은 붙잡았으나 상처가 깊어 생사를 알 수 없다.

자연히 이러한 형세는 관내 일반에게 파급되어 어떠한 폭력으로 미칠지 알 수 없기 때문에 구 쓰야마현(津山縣) 사족 300명을 모아 지역으로 나눠 경계하도록 했다. 그렇지만 권총은 불과 100정도 되지 않아서 한편으로는 설득하려고 노력하였다. 하지만 폭거가 일어난 각 곳으로 도달하지 않아 이에 오사카진대(大阪鎭臺)로 출병해달라는 현청의 의뢰가 있었다. 아울러 앞서 일어난 일도 곧바로 세인(正院)[206]에 신고했다고 한다.

[1873년(明治 6) 6월 6일, 《도쿄니치니치신문(東京日日新聞)》]

오해로 인하여 약간의 유언이 이 대소동을 일으킨 것이다. 오해는 1872년(明治 5) 11월에 있었던 징병령 발포에 관해서 태정관(太政官)이 발표한 고유(告諭)에서 "무릇 천지간의 일사일물(一事一物)로서 세금이 없는 것은 없다. 세금으로 국가의 비용에 충당한다. 그렇다면 인간은 본디 몸과 마음을 다하여 나라에 보답해야 한다. 서양인은 이것을 혈세라 칭한다. 그 생피로 나라에 보답하는 것을 의미한다"라고 했다.

혈세라는 자구를 문자 그대로 해석하여 병사에게서 혈액을 짜낸다고 생각했던 것이다. 단순한 오해이다. 그러나 이 단순한 오해도 유언이 되어 다른 사람의 귀에 들어오면 얼마나 뿌리 깊이 발휘할지 모른다. 결국에는 진대(鎭臺)의 군인까지 움직이게 했던 것이다.

---

206 세인(正院): 메이지 정부의 최고정치기관. 메이지 4년 관제개혁으로 태정관(太政官) 내에 좌원(左院) 및 우원(右院)과 함께 설치되었다. 메이지 10년 폐지되었다.

부녀자 징집에 관한 뜬소문(流說)

징병령과 관련하여 이번은 부녀자를 징집한다는 유설이 나돌았다. 그해 12세부터 20세에 해당하는 처녀를 징집해서 외국으로 보낸다는 소문 때문에 청년 남녀가 급하게 무리한 결혼을 하거나 눈썹을 밀고 물들여서(剃眉染齒)[207] 기혼자로 가장하여 징집을 피하려고 했다.

시즈오카현(靜岡縣)에서 보고된 한 예에 따르면, 같은 현의 슨토(駿東)·후지(富士) 두 군의 징병검사를 위해 도쿄에서 담당 관리가 출장 갔을 때의 일이다. 어떤 자가 퍼뜨렸는지 이번은 13세부터 15세까지 결혼하지 않은 처녀를 모두 가라후토(樺太)로 보낸다는 소문이 있었다. 때문에 이와부치(岩淵)에서 구라사와(倉澤)에 이르기까지 인심이 비등하여 후지산 동쪽에서도 대소동이 났고, 요시하라역(吉原驛)에서 시즈오카역까지 강제로 팔린 신부가 인력거를 타고 내달려오는 상태가 되었다.

관에서는 설득하는 데 정신이 없었지만, 여전히 강제로 팔려온 며느리들의 비극과 희극이 곳곳에서 벌어졌다.

같은 시기 고슈(甲州)에서는 17세 여성은 정부에서 서양 사람과 잠을 자게 한다는 풍설이 나돌아 각처에서 대소동이 일어났다. 그래서 재산과 상관없이 혼인을 약속하는 것이 하루에도 얼마나 되는지 셀 수 없을 정도였다고 한다.

산발명령(散髮命令)을 두려워하다

1876년(明治 9) 8월 《요미우리신문(讀賣新聞)》에는 다음과 같은 투서가 실려 있다.

일전에 신문에서 도쿄 사람들은 모두 산발하라는 포고가 나온다는 풍설이 있었는데, 아직까지도 어떠한 지시가 없는 것은 그저 풍설일 뿐, 그런 포고는 없었던 것이지요.

그것은 구스모토(楠本)[208] 권지사(權知事)[209]가 니가타현령(新潟縣令)으로 있을 때 현 내의 모

---

[207] 히키마유(引眉)는 나라(奈良)~에도시대에 걸쳐 행해진 화장법으로 눈썹을 깎거나 뽑는 것을 뜻한다. 하구로(齒黑)는 메이지시대 이전 일본이나 중국 남서부·동남아시아의 풍습으로 주로 기혼여성이나 드물게는 남성 등의 치아를 검게 물들이는 화장법을 말한다. 이러한 화장법은 주로 전근대 일본에서 기혼여성이 많이 했다.
[208] 구스모토 마사타카(楠本正隆, 1838~1902): 무사(武士), 정치가, 귀족(男爵).
[209] 권지사(權知事): 부지사(副知事).

두에게 산발하도록 한 것을 들고, 도쿄도 틀림없이 그렇게 될 것이라는 식의 짐작에서 이런 풍설이 나온 것이겠지요. 하지만 백 리도 더 떨어진 니가타와 도쿄를 똑같이 보는 일은 없을 것이므로 구폐(舊弊)인 반발(半髮) 선생은 우선 안심하십시오.

산발폐도(散髮廢刀)는 1868년(明治 4)에 허가가 나왔지만, 구폐인(舊弊人) 사이에서는 그 강행에 겁을 먹고 여러 가지 유언이 있었음을 알 수 있다. 이 공포와 불만은 마침내 1876년(明治 9) 10월 구마모토에서 신푸렌(神風連) 등의 동란[210]의 근저에 깔려있는 흐름이 된 것이다.

콜레라 소동

1877년(明治 10)에는 콜레라가 유행하여 다수의 사망자가 나왔다. 당시 사람들은 아직 위생사상이 보급되지 않았고 완매(頑昧)하고 고루한 사상에서 벗어나지 못했기 때문에, 콜레라에 걸려 병원으로 보내지면 피를 뽑힌다는 풍설이 있어서 모두 병원 가는 것을 싫어하였다.

그 무렵의 이야기인데, 지바현 나가사군(長狹郡)의 한 마을에서 여인숙에 숙박 중이던 여행객이 발병하자 그 고장의 의사인 누마노(沼野)에게 보였는데 콜레라였다. 하지만 격리병원까지는 너무 멀어서 촌역소(村役場)와 상담한 뒤에 이시코야마도(石子山堂)라는 곳으로 환자를 옮겨서 치료하였다. 그러나 이 사실을 들은 지역의 어부들은 "소문대로 쓸개를 얻기 위해서 병자를 그곳에서 죽일 것이다. 나쁜 놈이다, 쳐 죽여라, 때려죽여라"라고 경종을 울리면서, 무리를 이뤄 수십 인이 죽창과 곤봉을 가지고 달려들어 마침내 누마노 의사를 찔러 죽이고 사체를 가모가와(加茂川)에 던졌다고 한다.

다카이시무라(高石村)의 이질 폭동

1905년(明治 38) 여름에 오사카부(大阪府) 내 센보쿠군(泉北郡) 일대에서 이질(赤痢)[211]이 유행해서 450명의 환자가 나온 적이 있었다. 그런데 다카이시무라 오아자(大字)[212]의 한 부락만은

---

210 신푸렌의 난(1876): 1876년 10월 24일 구마모토에서 메이지 정부에 대한 불만으로 일어난 사족의 반란으로서, '경신당(敬神党)의 난'이라고 한다.
211 적리(赤痢): 급성전염병인 이질의 하나.
212 오아자(大字): 일본의 말단 행정구획의 하나. 정(町)·촌(村) 아래에 몇 개의 고아자(小字)를 포함하고 있음.

아직 한 명의 환자도 나오지 않아서, 검역관이 현장에서 검사하여 2명의 환자를 발견하였다.

마을 사람들은 이 사실을 받아들이지 않고 다른 의사에게 재검진을 하도록 했는데, 오진(誤診)을 해서 이질이 아니라고 하였다. 예전부터 "격리 병원의 의사는 반드시 독약을 먹여 환자를 죽인다"는 소문을 믿고 있던 촌민들은 갑자기 격앙해서, 처음에는 24~25명이던 것이 90명이 한 무리가 되어 방역을 위해 출장 온 3명의 순사와 뒤따라온 순사 1명을 습격하였다. "이질이 아닌데도 이질이라고 하는 것은 무슨 일인가"라거나, "순사를 죽여라, 인부를 죽여라"라고 외치면서, 설명도 듣지 않고 순사를 밀어 넘어뜨리고 구타하였다. 이에 순사도 어쩔 수 없이 칼을 뽑아 대응하여 다수의 부상자가 나오게 되었다. 이 사건에 연루된 사람도 55명에 달했다고 한다.

일미개전설(日米開戰說)

일본과 미국이 전쟁하려는 분위기를 보인 것은 비단 오늘날만은 아니다. 백인의 우월감에 도취해 있던 미국인은 거듭 일본인을 모욕하여 우리에게 쓰라린 눈물을 맛보게 하였다. 이미 일찍이 1907년(明治 40) 3월 「외국인 토지소유권 금지법안(外人土地所有權禁止法案)」이라는 것을 제출하여, 캘리포니아주에 살고 있는 우리나라 사람을 괴롭혔다. 그때 갑자기 일·미 전쟁설이 유포되어 태평양 연안은 극단적으로 신경과민 상태가 되었다. 샌프란시스코만 주변의 포대 부근에서 일본인 3명이 포박당하기도 하고, 징병모집본부가 한창 장정 징집을 하기도 했던 것이다.

쇼와 초기의 금융공황

경제에 관한 유언 재앙 중 하나의 큰 사례로서, 1927년(昭和 2년) 봄에 갑자기 발생한 금융공황을 들 수 있다. 이것은 우리 경제사상 전무후무한 대공황이었는데, 그것이 유언으로 화를 당한 것이다.

당시 의회에서는 「진재어음손실보상(震災手形損失補償)에 관한 공상법안(公償法案)」, 「진재어음선후처리(震災手形善後處理)에 관한 법률안」을 회의에 부쳤다. 이것은 당시 시중 은행이 1923년(大正 12) 9월 1일 지진으로 재해가 발생하기 전에 할인한 어음의 채무로 인해 고통받고 있는 사람들을 구제하겠다는 의안이었다.

그러나 이 의안의 토의 진행과정에서 착오가 생겨서, 중의원에서는 설명하지 않았던 은행 등의 내용을 귀족원에서는 설명하는 사태가 발생하였다. 이것이 중의원을 자극하여 심하게 힐문을 당했다. 다시 말해서 3월 14일 중의원 예산총회에서 정우회(正友會)의 요시우에 쇼이치로(吉植庄一郞)[213]라는 의원이 가타오카(片岡) 대장상(藏相)[214]을 붙잡고 "왜 귀족원과 차별 대우를 하는가? 귀족원에서와 마찬가지로 내용을 설명해주시기 바란다"라고 힐문하였다.

가타오카 대장상은 상당히 소심한 사람이었던 것으로 보인다. 그는 이러한 힐문에 약간은 상기된 마음으로 이겼다고 여겨, "만약 이 안이 통과되지 않았다면 예금자에게 중대한 영향을 미치게 되었을지도 모릅니다. 또한 이 내용을 발표했다면 어떻게 되었을지도 모릅니다. 현재 오늘 정오에 도쿄와타나베은행(東京渡邊銀行)은 파산했습니다"라고 입을 삐죽거렸다. 당시 와타나베은행은 전년 가을쯤부터 경영난에 빠져 있었고, 대장성이나 일본은행에서도 예의 주시하며 경계하고 있었지만, 결국 막바지에 다다르게 되었다. 3월 14일 오후 그 은행의 전무가 대장성에 출두하여 "결국 돈의 융통이 곤란해져서 지불을 정지한다"고 보고하였다. 그런데 사실은 아직 휴업하고 있지 않은 상태였으므로 가타오카 대장상의 언명(言明)은 중대한 실언이었다.

이 사건은 갑자기 일반 은행에 대한 불안을 증대시켜서 유언이 난무하기에 이르렀다. 정계와 재계의 일거수일투족에 관해서 있는 일 없는 일이 연이어 전해졌다. "스즈키상점(鈴木商店)의 총지배인(大番頭) 가네코 나오키치(金子直吉)[215]가 스테이션호텔에 자리를 차지하고 진수(震手)[216] 법안(法案)의 통과를 위해 책동하고 있다", "이미 벌써 대의사(代議士)[217]에게 수백만 원이 뿌려졌다고 한다", "×× 대신의 생활비도 어쩐지 냄새가 난다" 등으로까지 언급되었다.

와타나베은행과 그 자매은행인 아카치은행의 휴업에 놀라 정부와 일본은행은 최대한 대책을 강구하며 다른 은행으로 영향이 미치지 않도록 노력하였다. 하지만 '어이쿠 어느 곳이

---

213 요시우에 쇼이치로(吉植庄一郞, 1865~1943): 중의원 의원(입헌정우회→정우본당→입헌정우회), 저널리스트.
214 가타오카 나오하루(片岡直溫, 1859~1934): 실업가, 정치가, 귀족원 의원.
215 가네코 나오키치(金子直吉, 1866~1944): 실업가. '재계의 나폴레옹'이라 불렸다.
216 진수(震手): 진재어음(震災手形)의 줄임말로서, 관동대지진 때문에 지불할 수 없게 된 어음. 이와 관련된 위의 두 법안이 1927년 1월 26일 제52회 제국의회에 상정되었고, 그 처리를 둘러싼 정쟁으로 금융 불안이 높아져 쇼와금융공황으로 이어졌다.
217 대의사(代議士): 국회의원. 주로 중의원 의원을 가리킴.

위험하다, 어이쿠 저 지점도 닫을 것 같다'는 유언으로 혼란만 더해질 뿐이었다. 3월 19일 나카이은행(中井銀行)이 휴업하자 갑자기 성난 파도처럼 들끓었다.

정부는 3월 20일 일요일과 21일 국경일 이틀간의 휴일을 이용하여 인심을 안정시키고자 대장상이 성명을 발표하였다. "… 차제에 일반 사람들은 특별히 일반 은행과의 거래는 경거망동을 삼가고, 거래 은행이 불안한 상태에 빠지지 않도록 자중해주기를 간절히 바란다. …"라고 일반 사람들에게 요청했지만, 휴일 다음 날인 22일에 소에다(左右田), 나카자와(中澤), 하치주욘(八十四), 무라이(村井) 등 4개 은행과 지방에서도 5개 은행이 문을 닫았다.

이에 미친 듯이 예금자들이 각 은행에 쇄도하고 마을마다 유언이 넘쳐나서 완전히 패닉 상태가 되었다. 그러나 이러한 소동도 대장상이나 일본은행 총재의 성명에 이어 3월 13일 새로운 법안이 의회를 통과하자 조용해졌다. 24일에는 예금 인출이 시들해지고 25일에는 완전히 평온을 되찾았다.

그런데 이 법안으로 급부상한 타이완은행은 고베의 스즈키상점에 대한 4억 원 가까운 대출금이 회수 불능이었기 때문에 정리될 수밖에 없는 상태에 놓였고, 그 사이에 여러 분규가 있었다. 당시 와카쓰키(若槻)[218] 내각은 타이완은행 구제를 위한 칙령안을 추밀원에 제출하였으나 부결되었고, 4월 17일에 총사직을 단행하였다.

타이완은행의 휴업은 또다시 사람들의 불안을 자극하여 유언은 한층 달아올랐다. 4월 18일에는 오미은행(近江銀行)이 휴업하여 간사이 지방의 대혼란을 야기하였고, 그 혼란은 도쿄로 다시 밀려들었다.

4월 21일에 이르러 주고은행(十五銀行)이 휴업하였다. 주고은행은 궁내성(宮內省) 금고이며, 상류사회 사람들을 주주나 예금자로 갖고 있는 것만으로도 그 영향이 미치는 바가 커서, 전국적인 예금 인출 소동, 유언의 소용돌이에 휩싸여 그 혼란은 정말로 끝이 없는 상태였다.

모든 은행이 순식간에 인출을 당해서 전 세계 각지에 지점이나 출장소를 설치하고 당당히 국제적으로 뿌리를 내린 대형 은행조차 파산할 지경이 되었다. 이 사건 전후로 휴업한 은행은 그 수가 전국에 걸쳐 45여 개에 가까웠다.

---

[218] 와카쓰키 레이지로(若槻禮次郎, 1866~1949): 관료, 정치가. 귀족원 의원, 대장대신, 내무대신, 내각총리대신, 척무대신 등을 역임함. 제1차 와카쓰키 내각(1921.1~1927.4), 제2차 와카쓰키 내각(1931.4~12).

와카쓰키 내각의 뒤를 이은 다나카(田中)[219] 내각은 다카하시(高橋)[220] 대장상 주도로 정리에 착수하였다. 우선 3주간의 모라토리엄을 선포하여 절박한 고비를 넘기고, 동시에 일은특별융통법안(日銀特別融通法案) 및 타이완의 금융기관에 대한 자금 융통에 관한 법률안을 만들어서 점차 인심을 안정시킬 수 있었다.

이상이 1927년(昭和 2) 봄에 일어난 금융공황의 개략적인 윤곽이다. 일본 경제사상 미증유의 대사건을 겨우 몇 쪽으로 서술한다는 것은 당연히 불가능한 일이다. 이 기술만으로는 물론 의미가 다 통하지 않겠지만, 경제적인 논술은 저자의 능력 밖이므로, 단지 이야기의 순서상 당시 기록에서 개략적인 것을 발췌한 것이다.

휴업한 은행 가운데 영업 상태가 불량하여 당연히 휴업해야 할 운명에 처해 있었던 곳도 물론 있었다. 그러나 그 가운데에는 휴업할 정도로 불량한 상태가 아닌데도 순식간에 예금인출을 당해서 휴업하거나 파산해버린 곳도 없다고는 할 수 없다. 어떤 은행이라도 예금을 그대로 금고에 넣어두고 있지 않는 한, 일시적으로 지불을 압박받게 되면 지불에 지장이 생기고, 그 자금 조달을 위해 무리한 준비를 하게 되면 자금을 탕진해버리기 때문이다.

유언에 넘어가서 예금을 모조리 인출하는 사람은 누구든 개인적인 계산에서 그렇게 하는 것이다. 진재 당시 자경단(自警團)은 모두 공동의 목적을 향해 움직였지만, 예금을 인출하는 군중은 단지 모두 공통의 목적을 향해 움직였을 뿐이지 공동으로 한 것은 아니었다. 어느 쪽이든 자신에게 도움이 된다면, 자기 예금만 손에 쥐면 된다는 이기주의적 관념에서 나온 것이다. 온갖 고생을 한 결정체인 예금을, 방만한 은행 중역이나 무뢰한 사업가의 먹잇감이 되지 않도록 혈안이 되어 항의하려 한 심정은 분명 안타까운 일이지만, 결과는 마찬가지로 큰 손해를 입게 되었다.

전액 지불을 받을 수 있었던 것은 대개 100원 이하의 소액 예금을 한 사람뿐이었다. 심하게는 50% 내지 60% 낮게 또는 완전히 손해를 보았기 때문에 그 화가 미치는 바를 헤아릴 수 없다.

이기주의에 광분한 예금자는 게다가 은행이 양호한지 아닌지에 대한 판단력을 완전히 상

---

[219] 다나카 기이치(田中義一, 1864~1929): 육군 군인, 정치가. 귀족원 의원(남작), 제26대 내각총리대신(1927.4~1929.7).
[220] 다카하시 고레키요(高橋是淸, 1854~1936): 막말(幕末)의 무사, 관료, 정치가. 대장대신, 제20대 내각총리대신(1921.11~1922.6). 근대 일본의 대표적인 재정가로 알려져 있다.

실해버렸다. 견실하기로 정평이 난 은행에 가서 황급히 예금을 인출한 사람도 있었다. 지역의 작은 은행에 예금을 하고 있던 시부야(渋谷) 도반자카(道玄坂) 주변의 소매상인은 예금 인출 소동에 놀라서는 '큰 은행으로…'라면서 황급히 예금을 인출하였다. 그리고 궁내성 금고이니까 안전할 것이라고 생각하여 주고은행으로 옮겼다. 그러나 그로부터 이틀 뒤에 주고은행은 문을 닫아버렸다고 한다.

수많은 비극과 희극의 삽화가 있었지만, 일본인의 사회 심리상 하나의 큰 오점이었다. 그리고 금전 이상의 무형의 손실도 있었다.

예를 들면, 요코하마(橫浜)의 소에다은행 대표인 소에다 기이치로(左右田喜一郞)[221] 박사는 도쿄상대 교수를 겸하고 있는 인격이 높은 경제철학자로서 세계적으로도 알려진 학계의 귀한 인재였지만, 은행의 몰락 때문에 세상을 등지고 말았다. 주고은행의 몰락으로 도쿠가와 막부의 번주(藩主)인 대화족(大華族)이 재정의 궁핍을 맞았고, 그 때문에 그 지지하에 이뤄졌던 공공사업이 곤란한 상황을 맞았다는 얘기도 있다.

4) 전쟁에 관한 유언 재앙

전쟁과 유언이 밀접한 관계를 가지고 있음은 역사상 많은 사실이 증명해주고 있다. 현대의 대전(大戰)도 이러한 사례에서 빠질 수는 없겠지만, 이것은 이 책의 주제이므로 별도로 논하기로 하고, 여기서는 지난 세계대전에서 유언이 어떻게 교전국을 고뇌에 빠트렸는지에 대해 설명해보자.

선전에 패한 독일

1914년부터 1918년에 걸쳐 독·오(獨墺) 동맹 측과 영·미·프·이·러(英美佛伊露) 연합군 측의 사투에서 독일군은 전투에서는 패한 적이 거의 없었지만 전쟁에는 패배했다.

실로 이것은 선전에서 진 것이라고 논하는 사람도 있을 정도로 당시 선전전(宣傳戰)은 상당히 격렬하였다.

---

[221] 소에다 기이치로(左右田喜一郞, 1881~1927): 경제학자, 경제철학자, 신칸트주의자. 경제철학의 창시자.

독일제국은 아주 뛰어난 수완으로 많은 스파이를 적국 내에 들여보내 교란시키려고 노력하였지만, 외부를 다 봉쇄당해 버려서 끝내 내부로부터 붕괴한 것이라고 한다.

아일랜드의 독립 폭동

1916년 4월 영국의회는 강제징병 문제로 험악한 사태가 되어 여러 가지 유언이 횡행하였다. 이 정세를 틈타 갑자기 아일랜드에 독립 폭동이 일어났다.

그래서 수도 더블린 시를 점령하고 임시정부(假政府)를 설치하여 「아일랜드 독립선언서」를 발표하고 녹색의 독립 깃발을 앞세웠다. 이에 영국 관군과 처참한 시가전이 전개되었고, 밤에는 폭도의 방화로 시가지는 불바다가 되었다.

이렇게 강한 기세의 독립군도 끝내 관군을 대적할 수는 없어서 6일간의 사투 끝에 진압당해 주도자들이 항복하거나 체포되어 버렸다. 주도자들 가운데 한 사람인 케이스먼트[222]는 대전 발발 당시에는 독일에 있었는데, 본국의 동지와 연락하여 독일 잠수정을 타고 귀국했다고 한다. 아일랜드 문제는 원래 영국으로서는 성가신 문제였는데, 독일 스파이의 유언 전술에 넘어가게 된 것이다.

프랑스의 독일 스파이 소동

당시 프랑스도 이런 종류의 독일 스파이 문제로 거듭 부심하고 있었다. 프랑스는 원래 정치 문제가 시끄러운 나라인데 쓸데없는 논쟁에 빠져 국내의 의견이 일치하지 않게 되어 실패하였다.

현대의 대전에서 프랑스가 맥없이 굴복하게 된 원인 가운데 하나가 정치가의 내홍에 있었다는 점이 증명되었다. 이전의 대전 당시에도 번번이 내각의 경질이 있었고, 국민은 일치하여 전쟁을 수행할 의지에 불타고 있었음에도 정치가는 보조를 맞추지 못하는 경향이 있었던 것이다.

---

222 케이스먼트(Casement, Sir Roger David, 1864~1966): 아일랜드의 독립운동가. 영국 영사로서 아프리카의 콩고 등에서 근무하며 뛰어난 보고서를 발표했다. 1911년 기사 작위를 받았다. 관직에서 물러나 아일랜드로 돌아가 독립운동에 참가했다. 제1차 세계대전 중 독일로 건너가 독립운동에 대한 지지를 얻기 위해 진력했다. 부활절 봉기를 중지시키기 위해 귀국했다가 영국 정부에 붙잡혀 처형당했다. 조국의 독립을 위해 독일의 힘을 빌리려다가 반역죄로 처형당한 것이다.

1917년 리보 내각 때 파리의 공화당 기관 신문사 사장 알메레다가 독일의 은행가인 마크스로부터 50만 프랑을 받은 사실이 폭로되었다.

알메레다는 그것을 회사 해산의 분배금이라고 변명했지만 결국 체포되어, 여러 가지 풍설이 나돌았다. 특히 알메레다는 내무대신 마르베와 친교가 있었기 때문에 마르베에게 비난의 화살이 집중되어, 마침내 리보 내각이 무너지고 말았다.

그 뒤 마르베는 레온 도데에게 독일 스파이로 고발당했지만 무죄가 되었다. 그런데 스스로 다시 청구하여 하원의 심의회에 붙여졌는데, 이때는 혐의 있음으로 고발을 당하였다. 고발에 대한 재판의 결과는, 사실은 아니라 해도 알메레다에 대해 부주의(不取締) 혐의로 5년간 국외 추방에 처해졌다.

이와 같은 상황에서 야심적인 정치가의 언동과 유언의 횡행으로 단명한 내각이 나왔다가 무너지고, 어떻게 항전 분위기가 누그러졌는지 모른 채 간신히 클레망소[223] 내각에 이르러 전승의 결과를 거둘 수 있었다.

러시아의 민족적 고민

러시아의 사정은 더욱 곤란했다. 넓은 토지를 점한 데다가 잡다한 민족을 포용하여 생겨난 국가이므로 자칫 사상이나 감정이 일치하지 않는 것 같은 곤란함은 평상시에도 있었다.

그래서 일단 독일과 전쟁을 시작하자, 처음에는 표면적으로 국내 일치가 이뤄졌지만 독일 스파이의 맹렬한 활약으로 인해 여러 차례 비전운동(非戰運動)이 일어났다. 귀화한 독일인·유대인·포르투갈인 등이 이 운동에서 많이 활동하였다. 기밀을 탐지하여 독일과 내통하는 한편, 교묘히 헛소문을 퍼뜨려서 직공의 동맹파업을 선동하기도 하고 병사의 사기를 떨어뜨리기도 하고 또 화약고(火藥庫)를 폭파하기까지 했다고 한다.

이러한 상황 속에서 전쟁은 생각한 대로 진행되지 않았고, 국내에서는 물자가 부족하여 생활이 어려워지게 되면서 점차 동요가 일어났다. 그것이 평소에 압제해온 정부에 대한 불만과

---

[223] 클레망소(Georges Clemenceau, 1841~1929): 프랑스의 정치가, 언론인, 의사. 상원의원과 총리 겸 내무장관을 지냈으며 육군장관이 되어 제1차 세계대전에서 프랑스를 승리로 이끌었다. 파리강화회의에 프랑스 전권대표로 참석하였고 베르사유조약을 강행하였다.

얽혀서 불온한 형세를 보이기에 이르렀다.

1915년 6월에 한 군수공장에서 종업원 일동이 위통을 느낀 사건이 있었는데, 갑자기 독일 스파이가 우물에 독약을 투여했다는 유언이 퍼졌다. 공장 종업원은 분개하여 밀어닥쳐서 독일 관리나 독일 종업자의 파면을 요구하였다.

그런데 공장에서는 문을 전부 폐쇄했기 때문에 일동이 격앙해서 난입하였다. 그러자 덩달아서 갑자기 다른 공장에서도 폭동이 일어나서 모스크바는 완전히 무경찰(無警察) 상태가 되었다. 군중은 크렘린 궁을 중심으로 기세를 떨쳐 일어나 상점이나 공장을 파괴하고 약탈하였고, 야밤에는 화재를 일으켜 다음 날에는 종일 연소하였다. 500여 개의 공장이 파괴되었고 200여 채의 가옥이 불에 탔으며 600여 명에 달하는 사상자가 발생하였다. 이 소동은 지방에까지 파급되어 마침내 내무대신이 사직하기에 이르렀다.

독일에 대한 반감에서 일어난 폭동이었지만, 어떤 의미에서는 독일 스파이에 넘어간 것이라고도 볼 수 있다. 스파이 전술은 어떠한 방향에서든 적국의 인심을 교란시키기에 좋기 때문이다. 그리고 이러한 인심의 동요는 패전 상황이 진행됨에 따라 반복되어 일어나, 마침내는 황제 학살이라는 비극을 낳은 대혁명으로까지 발전해간 것이다.

각국의 경우를 관찰해보면 전쟁 중에 국민이 동요한다는 것은 어떻든 치명적인 타격이 된다는 점을 알 수 있다.

5) 혁명에 관한 유언 재앙

한 나라의 국체를, 피를 흘리며 변혁하는 혁명만큼이나 그 국민에게 비참한 상황은 없다. 프랑스, 지나, 러시아 등 모든 나라가 이 참사를 경험해왔다. 그때 어떻게 유언의 쓴맛을 맛보았는가를 우리는 알아보고자 한다. 이제 그 한두 가지 사례에 대해 알아보자.

프랑스 혁명

1789년 7월 14일 프랑스의 수도인 파리의 시민이 봉기하여, 시내에 있는 바스티유 성을 파괴하고 그곳에 잡혀 있던 국사범(國事犯) 등을 석방하였다. 이것이 역사적으로 유명한 프랑스 대혁명의 서막이다. 국왕 루이 16세는 오스트리아의 도움을 받아 왕권 회복을 도모하려고 왕후 등과 함께 야음을 틈타 파리를 탈출했지만 국경 근처에서 체포되고 말았다.

새롭게 만들어진 의회는 다수의 공화파 의원에게 점유되었는데, 이 공화파도 지롱드와 자코뱅 두 파로 나뉘어 매사에 정쟁이 계속되었다. 1792년에 이르러 마침내 프랑스에 대한 반역죄 명목으로 루이 16세를 심문하고 유죄 판결을 내렸다. 그 처분을 의회의 채결(採決)에 물었다. 그 결과, 금고나 추방 또는 사형 연기를 주장하는 지롱드파가 380표를 얻은 반면, 사형 즉행론을 주장하는 자코뱅파가 381표를 얻어 한 표 차로 승리를 거둠으로써 마침내 국왕과 그 일족은 단두대의 이슬로 사라져버렸다.

그 뒤 국내외에 걸쳐 위기를 맞자, 과격한 자코뱅파는 공안위원회와 혁명재판소를 조종하여 조직적인 학살을 자행하였다. 처음에는 귀족과 반대당을 희생의 제물로 바쳤으나, 나중에는 귀족, 반대당 할 것 없이 무턱대고 사소한 이유로 사람을 죽였다. 그리하여 마침내는 같은 당파 안에서도 다툼이 생겼다. 당통[224]이 에베르[225]를 무너뜨리면 로베스피에르[226]가 일어나서 당통을 무너뜨리는 수령급 동지들이 서로 피로 피를 다투는 처참한 비극이 전개되었다. 1794년 7월 로베스피에르가 단두대로 보내져서 공포정치가 완전히 종말을 고하기까지 파리에서만도 실로 수천 명의 사람들이 비명의 죽음을 당하였다.

이는 완전히 아무런 목적도 없는 무의미한 것으로서 단순히 야심가의 야심을 위해 무턱대고 죽임을 당한 것이므로 극도로 비참하다.

이 대혁명의 경과나 내용에 대한 자세한 기술은 가까이에 있는 역사서로 미루고, 지금은 그 당시 민중의 심리에 대한 해부를 조금 시도해보고자 한다.

프랑스 대혁명의 원인은 여러 가지를 들 수 있는데, 귀족과 성직자의 전횡에 대한, 자유 평

---

[224] 조르주 당통(Georges Jacques Danton, 1759~1794): 프랑스의 혁명가, 정치가. 파리코뮌의 검찰관 차석 보좌관과 법무장관을 지냈으며, 자코뱅당의 우익을 형성하여 혁명적 독재와 공포정치의 완화를 요구하다가 로베스피에르에게 처형당했다.

[225] 자크 에베르(Jacques René Hébert, 1757~1794): 프랑스의 혁명가, 정치가. 지롱드파의 자유경제주의에 반대하여 통제경제와 최고가격제, 매점매석의 금지 등 여러 가지 조례를 추진하여 혁명정부와 공포정치의 성립에 큰 역할을 하였다.

[226] 막시밀리앙 로베스피에르(Maximilien François Marie Isidore de Robespierre, 1758~1794): 프랑스 혁명기, 정치가. 자코뱅당의 지도자로 활약하였고 파리코뮌의 대표로 추대되었으며 국민공회에 1위로 당선되었다. 산악파의 거두가 되어 독재체제를 완성하고 공포정치를 추진하였다. 부르주아 공화파를 중심으로 하는 의원들의 반격으로 처형되었다.

등 사상에 눈을 뜬 민중의 반발이 그 한 가지이다.

당시 귀족 성직자는 많은 재산과 수입을 소유하면서도 납세의 의무는 일반 시민에게 전가시키고 돌보지 않았다. 그 때문에 국가의 재정이 궁핍한 상황에 빠졌고, 마침내는 세입 부족이 세출의 절반에 달할 정도가 되었다. 이에 새로운 대장대신이 취임하여 국고 부족을 해결하기 위해 귀족과 성직자에게 과세를 부과하려고 하면 이번에는 그들이 들고일어나 반대하여, 어떠한 대정치가의 큰 수완도 소용 없게 되어 버렸다.

그러니까 이러한 특권계급에 대한 민중의 반감이 절정에 달한 것은 본래부터 당연한 일이었다.

섭정 황제의 어머니인 라 팔라틴은 "나는 승속(僧俗)[227]을 불문하고 진정한 신앙을 갖거나 신을 믿는 사람이 파리에 100명도 없다고 믿는다. 실로 전율할 만한 사태이다"라고 말하였다. 성직자에 대한 증오가 극단적으로 되었다. 그들이 큰 길에 모습을 드러내면 비웃거나 욕설을 퍼부었다고 한다. 그들은 목각 인형처럼 여겨져서 노리갯감으로 취급되었다고 한다.

성직자에 대한 이러한 불신은 신념이라기보다는 차라리 유행이었다고 할 수 있을 것이다. 그리하여 성직자를 모독하는 가요나 회화 같은 것이 성행하였다.

이렇게 귀족이나 성직자에게 조종되는 정부가 극도로 재정이 궁핍한 상태에 이른 결과, 가혹하게 조세를 징수하고 공채(公債)를 폐기하는 등의 수단으로 민중의 생활을 위협했으므로, 정부에 대한 민중의 반감도 극도에 달했음은 말할 필요도 없다. 인민은 늘 기다리기만을 강요당해서 정부에 대해서는 어떠한 것도 믿을 수 없었다고 한다.

루이 16세 때인 1778년에는 포도주상에게 79만 프랑, 육류·어류상에게 346만 프랑의 빚을 졌다.

이와 같은 정부에 대한 불신의 분노 사이에 새로운 혁신적인 사상이 민중들 사이에 스며들어 확산되어갔던 것이다.

혁신 사상이란—영국에서 발원한 것인데, 프랑스 국내에서 루소에 의해 대표적으로 유포된 평등사상인 민약설(民約說)이자 평등론이었다. 이 사상이 민간에 침투됨에 따라 귀족이나 성직자 등 특권계급과 일반 민중 사이의 감정은 늘 자극을 주고받아 첨예화되어 끊임없이 작

---

[227] 승속(僧俗): 승려와 속인.

은 충돌을 반복하고 있었던 것이다.

프랑스의 역사가인 이폴리트 텐[228]은 이 당시의 시민 상태를 다음과 같이 기술하였다.

이런 식으로 사람들의 머리가 미개해질 때를 맞이하여 자유·평등·인민주권 등의 막연한 언어나 루소와 그 후계자들의 열렬한 사상, 이러한 여러 신공리(新公理)가 숯불처럼 타올라 뜨거운 연기나 사람을 취하게 하는 수증기를 발산한 것이다. 거창하고 막연한 말이 사람들의 마음과 그 주위의 사물 사이에 끼어들어 모든 윤곽이 혼란해져서 현기증이 나기 시작한다. 사람들이 이때만큼 외계(外界) 사물의 의미를 잃은 적이 없었고, 또 이때만큼 갑자기 맹목적이고 공상적으로 된 적은 없었다. 또한 그들의 혼란한 이상은 이때만큼 실제의 위험에 대해서는 평정을 유지하고 상상적인 위험에 대해서는 놀라서 두려워한 적은 없었다.

빵과 세금의 일만으로 괴로워하다가 끊임없이 도망치고 소요 등의 사회불안에 괴로워하던 저 프랑스인은, 그 때문에 지능 정도가 매우 빈약해져 극도로 미신에 빠져들고 또 극도로 동요하기 쉬워져서, 바람 소리에도 놀라 곧바로 이상한 행동이 나오는 것이었다.

오베르뉴에서 대혁명이 일어나던 당시에 때마침 전염병처럼 열병이 일어났다. 먼로지 경이 이 열병의 전염병 전파자라는 유언에 넘어가서 200명의 농민이 경의 저택을 파괴하기 위해 무리지어 밀어닥쳤다고 한다. 또한 루이 15세 당시에는 어느 무뢰한을 포박했을 때 소수의 어린이가 고의나 과실로 붙잡힌 적이 있었다. 그러자 갑자기 국왕이 자신의 쇠약해진 기능을 부활시키기 위해서 혈액욕(血液浴)을 한다는 유언이 퍼져서 별안간에 폭동이 일어났고 다수의 부인들도 참가하였다.

경부(警部)를 잡아서 때려눕히기도 했다. 그가 참회하기 위해 신부를 불러줄 것을 요구하자, 한 부인이 갑자기 "천국에 갈 틈을 줄 필요는 없다"고 외치며 돌로 머리를 내리쳤다.

루이 16세 치하에서 인민은 기근은 인위적인 것이라고 믿었다. "왕족이나 관신(官臣)이 모든 파리 사람을 굶겨 죽이기 위해 밀가루를 센강에 던져버리고 있다"는 유언이 횡행하였다. 왜 이런 말도 안 되는 것을 믿느냐고 어느 장교가 물었더니, "그래도 그것은 틀림없습니다.

---

[228] 이폴리트 텐(Hippolyte Adolphe Taine, 1828~1893): 프랑스의 철학자·비평가·문학사가.

그 증거로 자루가 모두 청색 끈으로 묶여 있었습니다"라고 병사가 답하였다. 그것만으로도 그들에게는 충분한 이유가 되었던 것이다.

당시 프랑스인의 심리 상태에서는 모든 사물의 현상이 완전히 색안경을 통해서 비쳐졌다. 정말로 역사가가 말한 것처럼 상상과 현실을 구별하여 인식할 만한 내적 능력이 완전히 결여되어 있었다. 따라서 사실을 극단적으로 곡해하고 날조하기도 하는 반면, 또 간단한 어리석은 희망을 사실인 것처럼 즉시 현실로 사유하는 것도 있을 수 있었다.

요컨대, 대의사를 선출할 때 "훌륭한 왕은 완전한 평등을 바라는 사람으로서, 장차 성직자도 영주도 모든 특권이 폐지되고 인민은 세금이 완전히 면제되고 제1·제2계급만이 정부의 비용을 지출할 것이다"라는 풍문이 널리 퍼졌다. 그리하여 갑자기 많은 촌락에서 왕세(王稅) 외에 한 푼이라도 지불하지 않겠다며 거절하거나, 혹은 폭행을 저지르고 수세관의 돈궤(錢箱)를 빼앗고 국왕 만세를 외치기도 했다.

튀르고[229]는 "프랑스 국민은 통일성을 결여한 다양한 국민으로 이루어져 인민 상호 간에는 혈연관계도 적어서, 누구라도 자신의 이익만을 추구하며 어디에도 명백한 공통의 이익은 없다. 도회지도 촌락도 서로 자신이 속한 군(郡)과의 관계 외에 어떤 밀접한 유대가 없어서 양자에게 필요한 공공사업을 행하는 것에 대해서조차 의견일치를 이루지 못한다"고 말하였다. 그래서 이웃사람들조차 서로 신뢰하는 게 불가능하다.

각자는 본래의 나약함으로 돌아가 재산도 생명도 맨 처음에 나타날 도당(徒黨)의 뜻대로 되어버릴 상태에 처해 있다. 각자는 자제력을 상실하여 그저 자극받거나 단지 지도를 기대하고, 명령이 시작된 곳에만 의지하는 순한 양처럼 주관 없이 남의 말을 따르는 인간으로 변해 있었다.

왕이나 귀족 등은 인민을 압제하기 위해서 바스티유 감옥을 이용할 것이다.

이러한 억측, 선동, 그리고 유언의 파도는 갑자기 시민의 피를 끓어오르게 했다. '바스티유

---

[229] 튀르고(Anne Robert Jacques Turgot, 1727~1781): 프랑스의 정치가, 경제학자, 루이 16세 때 재정총감. 중농주의 정책을 시행하고 길드를 폐지하는 등 자유주의 개혁을 시도하였으나 특권 계급의 반대로 실패하였다.

로!'라고 이구동성으로 외치면서 성난 파도처럼 들이닥쳐서 마침내 이 고성(古城)의 감옥을 탈취하여 유폐된 국사범을 해방시킨 데서부터 음침한 대혁명의 서막이 시작되었다.

질서가 문란해져서 지리멸렬한 당시 사회에서 유언이 어떻게 인심을 왜곡시키고 동요시키는 중대한 역할을 했는지를 우리는 심사숙고해야 한다.

러시아 혁명

제1차 세계대전에서 러시아가 인심의 동요로 고민한 것은 앞서 설명한 대로이다. 이 동요는 마침내 혁명이라는 국체의 변혁으로까지 발전하여 당시 적이었던 독일보다도 오히려 국내의 적 때문에 패하기에 이르렀다.

전쟁이 진행됨에 따라 전과(戰果)는 생각지 못할 정도로 물자가 점차 부족해졌고, 식료품은 물론 연료도 수중에 들어오지 않게 되었다. 동력 부족 때문에 공장 폐쇄가 이어지고, 실업자가 속출하여 불평불만의 소리가 마을마다 넘쳐났다. 이것이 평소 국민들 사이에 충만해 있던 압제 정부에 대한 불만과 연결되어 발화점에 이르렀다.

당시 황제 니콜라이 2세는 아버지인 선대 황제와는 달리 비교적 온화한 평민주의자였다고 한다. 따라서 인민에 대한 폭압 수단을 좋아하지 않은 듯하지만, 선대 황제 이래 궁중에서 횡포가 극에 달해 있던 귀족 세력을 제거할 수 없었고, 따라서 폭압정치를 개혁할 수도 없었기 때문에 어쩔 수 없이 국민의 원망이 쏠리게 되었다.

1917년 3월, 굶주림과 추위가 닥친 데다 앞길이 나아질 수 없다는 것을 알게 된 러시아인은 마침내 '빵을 달라! 굶주림에서 우리를 구하라!'라고 외치기 시작했다. 격렬한 각 공장의 동맹파업과 함께 군중은 가두로 급류처럼 쏟아져나왔다. 그들의 머리가 여러 가지 유언이나 데마[230]에 의해 움직여졌음은 의심할 나위가 없다.

예를 들면, 코사크 병사를 거느리고 경계를 맡았던 경시(警視) 크루이로프가 야외의 연설장을 발로 차면서 해산하려고 했다. 군중은 그를 말에서 끌어내려서 몰매를 맞게 하여 마침내 죽게 되었다. 코사크 병사는 그것을 말리려고도 하지 않았다. 범인이 누군가는 전혀 알 수 없게 되어버렸다.

---

230 데마: 데마고기(Demagogie)의 줄임말. 선동적인 악선전.

갑자기 "코사크 병사가 크루이로프 경시를 죽였다!"라는 유언이 퍼졌다. 민중은 갑자기 세력을 얻었다. 민중은 신념을 굳혔다. 군대는 민중의 편이라고 믿었다. 경찰조차도 그렇게 믿지 않을 수 없었다. 정부는 낭패를 당하였다. 그래서 코사크 병사를 영사(營舍)에 감금하였다.

이렇게 다양한 종류의 유언이 계속 나타나서 더욱 민중을 더욱 혼란스럽게 만들었고, 그것이 또 지방으로 파급되어 전국적으로 큰 동란이 일어났다.

경관과 군대와 민중 사이에 격렬한 시가전이 반복되었고, 마침내 군대도 완전히 민중 편으로 가담하기에 이르렀다. 그리하여 결국 황제가 퇴위하고 괴물 레닌이 등장하고 굴욕적인 독일과의 단독 강화에까지 이르게 된 것이다.

유언이나 데마에 동요하는 것, 이것은 전쟁하는 국민으로서는 돌이킬 수 없는 끔찍한 마음속의 적이다.

3. 유언은 잡담을 매개로 한다

유언이 발생하는 원인은 크게 외부적 조건과 내부적 조건 두 가지로 나누어 살펴볼 수 있다.

유언 발생의 외부적 조건

이것은 다시 말해서 그 사회의 상태를 말하는 것이다. 사회 상태가 건전하다면 유언이 발생할 여지는 없다. 설령 발생하더라도 단순하게 무고한 풍설이나 우스개로 그친다. 그래서 그것은 바람처럼 지나가버려서 뒤에 어떠한 영향도 남기지 않고 사라져버린다. 사람을 광분시키거나 초조하게 하거나 혹은 잔혹한 범죄행위를 저지르게 하는 일은 없다.

유언이 발생하는 사회 상태 또한 두 가지로 나누어 생각할 수 있다.

첫 번째는, 작게는 도나리구미(隣組)[231]부터 시·정·촌(市町村), 부·현(府縣) 등의 단계를 거쳐 한

---

[231] 도나리구미(隣組): 제2차 세계대전 당시 일본에서 국민을 통제하기 위해서 만들어진 최말단의 지역 조직.

나라를 형성하는 조직적인 단체를 가리킨다. 이것이 과연 건전하고 견실한 의식을 갖는 단체를 이루고 있느냐 아니냐에 따라, 근거도 없는 유언이 퍼지느냐 안 퍼지느냐가 결정된다.

두 번째 조건은 당시 사회가 직면하고 있는 사정을 가리킨다. 예컨대 전쟁을 하고 있다든가 이상한 재난에 처해 있다든가 어려운 경제 불안이나 사회 불안의 상태에 있다거나 하는 때를 가리킨다.

이 두 가지 조건이 조합되어, 예를 들면 대단히 동요하기 쉬운 국민이 이상한 사건에 직면한 경우 터무니없는 유언이 만들어져서 비참한 결과로 끝나는 사태를 낳는다.

프랑스혁명 때는 오랜 세월에 걸친 압제로 인심이 동요하기가 매우 쉬웠다. 특권계급에 대한 반감이 충분히 배양되어 있었으므로 예기치 않은 유언에 움직여져 바스티유를 파괴하고 말았던 것이다.

1923년(大正 12) 대지진에서 간토 지방 주민들의 심리 상태는 과연 유감이 없었다고 할 수 있을까. 이 유언 소동은 완전히 자위(自衛)에 대한 본능으로 발생하였다. 그 외에는 어떠한 잡다한 생각도 전혀 없었으며 심지어 야심적인 어떤 것도 없는 일종의 인보적(隣保的)인 활동이었다고 인정해도 좋다.

그러나 그것이 좁은 시야에 갇혀서 한 걸음 넓게 나가서 볼 만한 여유가 없었기 때문에 사리 판단이 제대로 서지 못하게 되어 쓸데없는 유혈 참사를 빚어냈다는 것은, 당시 어느 논자가 말했다시피 국민의 약점을 그대로 드러낸 것으로서 크게 부끄러워해야 한다. 그때까지의 국민은 이러한 점에 대한 교양도 훈련도 전혀 없었던 것이다.

안세이(安政)의 대지진은 이미 기억에서 사라져버렸고, 일청 및 일러 전쟁은 단기간에 큰 승리를 거둬 직접 국민 생활에 미친 영향이 적었기 때문에, 돌발 사고에 대한 마음의 준비 같은 것이 전혀 없었던 것이다.

오늘날의 사태는 그때와는 완전히 형상을 달리하는 것이므로 그 같은 비참한 상황을 결코 반복해서는 안 된다. 그렇다면 우리는 어떠한 각오를 지녀야 할 것인가. 그러기 위해서는 먼저 유언의 매개체인 잡담을 경계해야 한다.

유언은 사람의 입에서 귀로, 언어라는 도구에 의해 전해진다. 문서에 따른 유언도 생각해야겠지만, 인쇄물이나 출판물에 의한 것은 선전이나 공표물(公表物)이기 때문에 이른바 유언의 범위에 넣어서 생각하기는 어렵다. 개인적인 편지 등에 의한 것은 상대를 한 사람으로 한

정하는 것이기 때문에 입으로 이야기하는 것과 조금도 다르지 않다.

언어-그것은 인간의 생활수단으로서 어쩌면 유력한 무기일 것이다. 동시에 그것은 인간에게 양약(良藥)이 독약으로 변하는 반작용을 했던 것과 같은 사실이 누누이 있었다는 점도 생각해야 한다. 예로부터 "여자 셋이 모이면 접시가 깨진다"라고 하여, '입은 재앙의 근원'이라고 경계하였다.

서양의 속담에도 '침묵은 금'이라고 했다. 대학자가 되면 필요한 말만 하고 잡담은 결코 하지 않는다는 사람이 많다. 문호 마테를링크[232] 등은 확실히 침묵을 최상으로 여겼을 정도였다.

재앙이 생길 수 있다고 해서 담소를 완전히 봉해버리는 것은 불가능하다. 세련되고 풍부한 화제의 소유자는 인간이 사교적 동물인 한 절대적으로 필요하다.

고 니토 베이나조(新渡戶稻造)[233] 박사는 근세 일본이 낳은 위대한 세계인으로서 전 세계에서 대다수의 저명인사를 친구로 삼고 친하게 이야기를 나눠온 사람이다. 친하게 이야기를 나눈 저명인에 대해서 박사가 기술한 것을 보면, 세계적으로 이름이 알려진 학자나 정치가는 대부분 풍부한 화제와 세련된 교양의 소유자임을 알 수 있다. 때로는 미술을 얘기하고 때로는 사상을 논하며 유쾌하게 이야기를 나누는 것을 사교상의 예의로 여긴다. 그들은 한두 가지 사례를 제외하면 결코 타인을 비평하거나 하여 감정을 상하게 하는 말 등은 하지 않는다. 또한 그들은 정치상의 어떤 기미 등 한 나라의 정치 문제에 관해 조심성 없이 말하지 않는다. 또한 그들은 품성에 관한 것 등과 같은 저급한 사안을 화제로 삼지 않는다. 유쾌하게 서로 이야기를 나누되, 심지어 나중에 나쁜 감정이 남도록 하지 않는다. 이것이 세련된 담화의 덕목이다.

반대로 우리 주위를 돌아보면 과연 어떠한 상태일까.

어느 지방에서는 시찰하러 온 정치가의 환영 연회에 예술가가 사정이 있어서 나가지 않았더니 그 정치가가 크게 화를 냈다는 풍문이 있었다. 이런 정치가가 대체로 어떤 잡담을 할 것인지는 짐작하고도 남는다.

---

[232] 마테를링크(Maeterlinck, Maurice Polydore Marie Bernard, 1862~1949): 벨기에의 극작가, 시인. 상징파 시인으로 죽음과 운명을 주제로 하는 글을 발표하여 1911년에 노벨 문학상을 받았다.
[233] 니토 베이나조(新渡戶稻造, 1862~1933): 사상가, 교육자. 도쿄여자대학 초대학장, 국제연맹의 사무국 차장 등으로 활동하였다.

대신을 그만둔 때의 감상으로 "밥 먹고 똥 싼 격이다"라고 멋대로 지껄인 사람도 있었다. 이 사람이 어떤 기분으로 미술품 등을 모으기도 하고 이리저리 만지기도 했었는지 상상되지 않는가.

상류에 위치한 인간들 가운데 이러한 자가 있는 이상, 보통의 시민계급의 잡담에서 고급스러운 질을 바라는 것은 어려울지도 모른다. 타인에 대한 소문, 자랑하는 이야기, 불평하는 이야기, 그런 것이 주가 되고 있는 곳에서 무심코 사상이니 미술이니 하는 말을 꺼내면 "저 녀석은 세상 물정에 어둡다"든지 "저 녀석은 인간을 초탈하고 있다"든지 하며 냉소적인 평을 듣는다.

이러한 저급한 잡담이 유언에는 가장 최적의 온상이 되어 그 전파를 돕는 것이다. 그렇다면 이제 당연히 잡담하는 사람의 심리 상태에 대해서 약간의 메스를 들이대보기로 하자.

말하고 싶어 하는 것

세상에는 이른바 '말하기 좋아하는'이라든가 '말을 잘 한다'고 언급되는 사람이 많이 있다. 여성이 '말하기를 좋아하는' 것은 공통적인 천성인 것처럼 얘기되기도 하지만, 남성에게도 많이 있다. '말하기 좋아하는' 것이 동시에 '말을 잘 하는' 것이라고는 할 수 없다. 그런데도 자주 말하고 싶어 하는 사람이 있다. 무엇이든 알고 있는 것에 대해서는 즉시 말을 내뱉는다. 그래서 좀처럼 다른 사람의 말은 들으려고 하지 않는다. 타인이 무슨 말을 시작하려 하면 곧바로 그 말을 중간에서 자르고 말아서, 자신이 말하고 싶은것만 말하는 스타일이다.

그들은 먼저 자신의 경험을 자주 말한다. 자랑이다. 그리고 그 반대의 불평, 고통의 호소이다. 타인에 대한 논평이다. 특히 험담이 많다. 모두 비근한 것일 뿐만 아니라 저열한 품성을 들키게 되는 것일 뿐인데도, 더구나 그것을 자각하는 일은 거의 없다.

듣고 싶어 하는 것

세상에 이른바 '듣기를 잘 한다'는 것. 그러나 이것도 교묘하게 담화를 조종하여 사교적 정신을 발휘함으로써 사람들의 마음을 유쾌하게 하는 것을 의미한다면 괜찮겠지만, 대다수는 일종의 호기심에서 꼬치꼬치 캐묻는 버릇이 생긴 것이므로 좋지는 않다. 우리의 일상생활에 관계가 깊은 정치상·경제상의 사항을 세세하게 파고드는 것이라면 또 모르지만, 타인에 대한 소문, 특히 인간의 나쁜 것을 미주알고주알 듣고 싶어 하는 것이 우리 보통사람들의 공통적인 성질이다.

화제는 사람을 지배한다

사람이 만들어내는 잡담이라 해도 이것이 일단 입에서 나오면 이번에는 거꾸로 사람의 감정이나 행동을 지배한다. 일상의 우리로서는 거의 신경 쓰지 않는 것이 보통이지만, 조금이라도 신경적으로 이상한 사람들에게는 이것이 명료하게 드러난다.

신경질적인 사람이나 신경쇠약자 등은 자신의 증상에 집착한다. 자신의 병고(病苦)를 집요하게 호소함으로써 도리어 그 병고를 증오하게 되는 경우가 많다.

'고통스럽다. 아, 고통스러워'라고 끊임없이 고민을 입으로 말하기 때문에 한층 그 고통이 커지게 된다. 이것은 심리학자에 의해서도 이미 확인된 것으로서, 제임스 랑게의 법칙이라고 불린다. 따라서 이런 집착을 버리기 위해 다양한 수단이 활용된다. 약물을 사용하기도 하고, 암시에 의하기도 하고, 또 작업 등의 육체적 운동을 부과하는 것도 유효하다.

이 병고에 대한 집착은 잡담으로 더욱 강화된다. 마음속의 고민만으로는 확실한 정형(定型)을 갖지 못하는 경우가 있다.

그러나 한번 이것을 입 밖으로 내면 말의 상태에 따라 그럭저럭 형태를 갖추게 된다. 잡담의 상대로부터의 암시도 이를 돕는다. 자신이 무의식 중에 뒤섞은 상상이나 빈말도 이를 돕는다. 그래서 자신의 마음속 응어리는 더욱더 분명하고 과장된 것이 된다. 그래서 처음부터 그런 과장된 것이 있었던 것처럼 생각되어 대단한 고민에 휩싸인다.

저자가 경영하는 신경병 환자 요양소에서는 요양자에 대해 한편으로는 육체적인 작업을 부과하고, 다른 한편으로는 철저히 잡담을 엄금하도록 하였다.

그 이유는 위의 설명을 통해 당연히 고개를 끄덕일 수 있을 것이다.

보통 사람의 잡담에서도 정도의 차이는 있지만 이러한 형상은 항상 볼 수 있다. '말이 반절'이라고 얘기되듯이,[234] 어떻든 인간의 말에는 과장이 섞인다. 속이 들여다보이는 거짓말을 하는 사람이 있다. 빤히 들여다보이는 거짓말을 태연하게 몇 번이나 반복한다.

---

[234] '말이 반절(話し半分)'이란, 말에 거짓이나 과장이 많아서 사실은 전체 이야기의 절반 정도임을 뜻한다.

거짓말을 하려고 해서 거짓말을 한 게 아닌 만큼, 도리어 처음과 끝이 더 나쁘다. 그 거짓말을 또 스스로가 믿는다. 그래서 스스로 그것에 지배당한다.

특히 그것이 각자의 생활에 밀접한 관계를 갖고 있는 유언인 경우에는 더욱 그러하다. 부인들이 서둘러 사재기를 하러 다니는 것은 대부분 이런 경우이다.

잡담에는 미묘한 자극이 있다

별다른 생각 없이 말했다고 자주 말하는 사람이 있는데, 아무런 생각 없이 말했다는 것이 어떠한 미묘한 영향력이나 감화력을 가지고 있는지를 조금이라도 생각해본 사람이 과연 있을까.

먼저 태도의 자극이 있다. 상대가 성실한지 불성실한지, 신분이 높은지 낮은지 등 여러 가지 경우에 따른 자극이 있다. 그래서 특별히 말은 최선을 다해 정중히 하고 진심을 표하는 것처럼 보여도 그 얼굴 생김새나 눈매 또는 몸놀림에서 예상 외로 본심이 나타날 수도 있고, 자신은 의식하지 않아도 자연히 그것에 동화되거나 또 반발하는 기색을 보일 수도 있다.

다수의 사람들과 교류하다 보면 자연히 좋고 싫은 게 생기는 것도 마찬가지이다. 그래서 많은 사람들은 비교적 성실한 인물 집단끼리 혹은 불량한 경향을 띤 사람들의 집단끼리 자연스레 나뉘는 것도 여기에 하나의 원인이 있다. 이 현상은 특히 나이가 어리거나 감각이나 감정이 예민한 사람들의 모임에서 자주 드러난다. 그들은 사교적인 기술에 비교적 둔하기 때문이다. 교육가는 종종 "친구를 잘 사귀어라"고 말한다. 나쁜 집단에 들어가면 그 영향으로 더욱 나쁘게 되는 것을 방지하기 위한 노력이다.

말의 자극도 있다. 단순히 태도만이 아니라 잡담하는 말 그 자체가 의외로 진정성을 기만할 수 없는 경우가 적지 않다. 상대가 아무 의미 없이 말한 것에서도 듣는 사람은 자기 자신에 견주어 생각하여 이상한 충동을 받는 것이다.

저자의 요양소 환자들 가운데는 기대한 대로 순조로운 과정을 지내고 있는 사람이 도중에 갑자기 심기일전한 것처럼 악화되기도 하고, 그때까지 본인 자신이 조금도 신경 쓰지 않았던 사소한 것에 격하게 번민을 일으킬 때가 있다. 그러한 경우를 조사해보면, 반드시 엄금을 깨고 다른 환자와 잡담을 하고 있는 것이다. 그래서 상대가 장황하게 병고를 호소하는 것을 듣고 자신이 지금까지 신경 쓰지 않았던 것도 중대한 증상이었던 것 같은 착각을 일으켜 나중에는 당황해서 고민하기 시작하는 것이다. 신경이 과민한 것은 무엇보다도 자신의 몸에 견주어 생각한다.

그러면 사소한 언어만 조금 내비쳐도 곧바로 과격한 자극을 받는다. 이 점도 저자의 요양소가 잡담 엄금 규정을 두는 이유 가운데 하나이다.

전시하라는 비상시국에서 사람들은 많든 적든 이 신경과민증에 빠지는 경향이 있지 않을까. 특히 물자가 다소라도 부족하게 되면 가정생활의 담당자인 부인은 쓸데없이 신경을 날카롭게 세워서는 '무엇이 없다'고 들으면 곧바로 사재기를 하고, '어디에 무엇이 있다'고 듣게 되면 곧바로 사재기하는 경향이 있지 않은가.

잡담과 상회(常會)

오늘 도나리구미(隣組)라는 조직이 보급되어 인보공조(隣保共助)[235]의 정신을 견고하게 해나가는 것은 좋지만, 상회(常會)라는 것은 잡담의 견지에서 다시 한 번 재검토하고 더욱 경계할 필요가 있지 않을까.

당국 측에서도 상회가 유언의 온상이 되기 쉽다는 것을 경계하고는 있지만, 어디까지나 출석자의 대부분이 부인들이며, 어떠한 화제도 없이 막연하게 집합하는 것은 자연스레 잡담의 둥지가 되고 유언의 배양지가 되기 쉽다는 것은 당연하다.

이 조직을 개폐한다는 것은 조금 곤란하겠지만, 당면한 대책을 생각해본다면, 부인들의 자중을 바람과 함께 이 장의 첫 부분에서 설명했다시피 누가 되었건 더욱 고급스럽고 풍부한 화제를 갖도록 해야 한다고 생각한다.

최근에도 다음과 같은 투서가 신문지상에 발표된 것을 보았다. 이 사례에서는 상대가 외국이었기 때문에 목표가 되기 쉬웠다. 그런데 이것이 일본인이고, 게다가 무의식적으로 유언을 퍼뜨린 것이 다수의 상회에서 있지 않았을까 생각하게 되었다.

야마테(山手)의 어느 도나리구미에 빈번하게 데마가 퍼지기 시작하였다. 그 가운데 이즈음 이 도나리구미로 건너온 K라는 외국인이 수상하다고 여겨졌다.

---

[235] 인보공조(隣保共助): 이웃끼리 서로 함께 돕는다는 뜻인데, 전시하에서 특히 강조되었다.

K는 어느 나라 사람으로 일본에 10년 남짓 거주하여 일본어도 제법 능숙하며 매일 도쿄의 상사(商事) 회사에 통근하고 있다는 이야기이다. 상회 등에도 자주 출석해서는 열심히 모두의 이야기를 듣고 있으며, 특히 물자배급이 원활하지 않은 것 등을 상담할 때에는 남들보다 배나 더 관심을 보였다. 이상하다고 생각한 것은 언제나 '선거, 선거'라면서 투표의 형태로 총의(總意)를 결정하고 싶어 하고, 용무가 있어서 K의 집에 가면 응접실에는 정체를 알 수 없는 기계류를 잔뜩 수집해두고, 절전의 시기임에도 아랑곳하지 않고 심야에 휘황찬란하게 전등의 불빛이 새어나오고 있는 상황에 대해, 도나리구미 일동의 의견은 아무래도 이상하다는 데 일치하였다.

그리하여 모두가 주의하기 시작했는데, 말도 안 되는 비국책(非國策)의 데마의 출처가 K라는 것을 밝혀낸 것은 같은 도나리구미의 채소가게 A씨였다. 이때부터 K가 있을 때는 물자 배급 등의 이야기도 깊이 하지 않기로 하고, 멀리서 감시하는 한편, 대표가 파출소에 가서 K의 신원조사를 요청하였다.

이윽고 당국의 활동으로 K는 가택수사가 이루어져 검거되었다. 도나리구미를 통해 몇 가지의 첩보가 수집되었다고 들었을 때 일동은 서로 얼굴을 마주 보며 '입은 재앙의 근원'이라는 것에 새삼스런 말 같지만 방첩의 맹세를 굳게 하였다.

[요코하마, 방첩생(防諜生), 7월 16일 《아사히신문(朝日新聞)》]

다음으로는 잡담이라는 사회적 행위를 조성하는 각 개인을 조금 살펴보자.

누구든 너 나 할 것 없이 유언하는 것인가. 반드시 그렇다고는 말할 수 없다. 유언하기 쉬운 사람, 쉽게 유언하지 않는 사람이라는 구별은 물론 있다. 그 구별은 어떻게 생기는가. 거기에는 여러 가지 조건이 있다.

남녀 어느 쪽이 유언하기 쉬운가

유감이지만 여성을 가리키지 않을 수 없다. 이도바타카이기(井戶端會議)[236]라는 여성을 무시

---

[236] 이도바타카이기(井戶端會議): 과거 공동주택(長屋)의 여자들이 공동 우물에 모여 물을 긷거나 빨래 등을 하면서 세상 이야기나 소문을 주고받으며 흥겨워하던 모습을 말함.

한 말이 있듯이, 정말로 부인들은 풍문을 좋아한다. 호기심이 강하다. 꼬치꼬치 캐묻는 버릇(詮索癖)이 있다. 꼬치꼬치 캐묻는 버릇도, 그것이 고상하고 교양을 높이기 위한 학구열로 발전할 수 있는 버릇이라면 좋겠지만, 비근하고 보잘것없는 하찮은 일에 일일이 눈과 귀를 갖다 대고 싶어 한다. 가까운 곳에 있는 신부의 모습을 보기 위해서라면 밥이 타는 것도 개의치 않고 달려 나오는 게 여성들의 통상적인 버릇이다.

꼬치꼬치 캐는 버릇은 또한 과시하는 버릇과 관련이 있다. 알게 된 것은 거듭 타인에게 보여서 어떻게 해서든지 자신이 우월한 지위를 차지했다는 것에서 만족감을 얻는다.「여섯 아미타(阿彌陀)의 며느리가 소문을 버리는 곳」이라는 센류(川柳)[237]에서 나타나듯이, 부인들이 소문을 좋아하는 것이야말로 유언이 파고드는 가장 큰 틈새이다.

현대의 전쟁이 시작된 이래 우리 일본인 사이에서도 유감이지만 유언에 휩쓸린 적이 절대로 없다고는 장담할 수 없다.

이 유언들 가운데 부인 취향의 유언이 얼마나 많은가. 가까이는 금년 2월 1일 의류티켓제(衣料切符制)[238]가 시행되자, 갑자기 '종이도 티켓제가 된다'는 유언이 퍼졌다. 그리하여 여러 곳의 종이가게에 부인들이 쇄도하여 행렬을 이루고, 갑자기 종이가 품절되었다. 얼마나 부끄러운 일인가. 종이가 티켓제가 된다 하더라도 배급을 적절하게 한다는 의미로서 절대로 팔지 않는다는 의미는 아니다. 그런데도 그것을 절대 손에 넣을 수 없을 것이라 생각해서 2~3년분 이상 되는 큰 종이다발을 사재기한 부인들의 얄팍함에 생각이 있는 사람이라면 누구든 분노를 느낄 수밖에 없을 것이다.

부인의 유언은 군사 행동이나 정치 행동에 관한 것은 적고, 일상생활에 직접 관련된 것이 대부분이다. 그러나 이것은 즉시 그녀들의 이기적인 감정을 자극하여 곧바로 직접 행동이 되어 나타나기 때문에 일부 사람에게 큰 피해를 입힌다. 또한 이러한 것이 누적되어 사회적인 치욕이 속출하여, 적측에게 '일본이 곤궁하다'는 불리한 정보가 제공되는 것이다.

사려 없는 부인의 말 한 마디와 행동 하나는 진정 작은 일 같지만, 생각하기에 따라서는 대

---

237 센류(川柳): 에도시대 중기에 마에구즈케(前句付)에서 독립된, 5·7·5의 3구 17음으로 된 짧은 시.
238 의류티켓제(衣料切符): 전시체제기에 정부에서 티켓을 발행하여 의류를 배급하던 제도. 1942년부터 1950년까지 계속되었다.

단히 큰 의의를 갖는 것이라고도 할 수 있다.

연령 관계는 어떠한가

조사할 만한 기관이나 기회도 얻을 수 없어서 명확한 것은 말할 수 없지만, 연령에 따라, 지식이나 교양의 정도에 따라 차이가 있다. 따라서 너무 나이가 어린 사람은 지식의 정도가 낮기 때문에 논외로 하고, 한창 청소년 때에 비교적 많은 편이다.

저자의 주위를 관찰해보고 대략 이런 결론에 도달하였다. 그들의 심리 상태를 보면 거의 위에서 언급한 부인들과 마찬가지 상태로서, 알게 되었다는 흥미와 이것을 보여주고 싶은 욕망에 사로잡힌 것 같다. 하지만 반면에 그러한 사실에 비판을 가할 수 있는 교양의 결핍이 이를 돕고 있다는 것은 논쟁의 여지가 없다.

어느 중학생은 자신의 부친이 상당한 고급 군인으로 출동하게 되었다는 사실을, '이것은 비밀이야'라고 전제하면서 누구랄 것 없이 모두에게 이야기하고 다녔다.

대체로 이러한 종류의 청소년의 유언은 부인들처럼 직접 일상생활에 관한 것이 적고 사회적·일반적 흥미에 속한다. 이는 그들이 생활의 책임자가 아니라는 점에서 당연히 수긍할 수 있을 것이다.

어느 교양 있는 사람이

물론 앞에서 다룬 두 가지의 관찰을 통해 당연히 교양의 정도가 낮은 사람이 유언하기 쉽다는 것은 말할 수 있다. 단지 여기에서 말하는 교양은 반드시 학자라든지 박식하다든지를 의미하는 것은 아니다. 많이 알고 있다는 것보다도 비판력이 있어야 한다는 점이 중요하다. 전해들은 유언에 대해서 그것이 사실일 수 있겠는가, 그 유언의 결과가 얼마나 중대할 것인가를 냉정하게 판단할 수 없는 사람은 순식간에 그 유언에 넘어가게 되는 것이다.

지나사변 발발 초기에 비국민적 행위를 하는 사람은 헌병이 그 자리에서 총살시킨다는 유언이 퍼진 적이 있었다. 이러한 유언은 법치 국민으로서 조금 진정하고 생각해보면 즉시 판단을 내릴 수도 있는 것이다.

어떠한 범죄도 재판을 거치지 않고 형에 처해지지는 않는다. 설령 군사(軍事)에 관한 것이라도 군법회의라는 것이 엄존하므로 거기에 회부되어 비로소 죄를 묻게 되는 것이다. 이 사실을 조금이라도 이해하고 있다면, 이러한 유언은 말도 안 된다는 것이 곧바로 납득이 갔을 것이다.

그러나 '교양이 높은 사람은 절대 유언을 믿지 않는가'라고 묻는다면, 반드시 그렇다고 단정할 수는 없다. 이것은 뒤에서 서술할 군중 심리에 의한 경우도 있고, 또 개인의 사정에 따라 다르다.

대지진 때 나가오카 한타로(長岡半太郎)[239] 박사 같은 사람도 조선인이 독약을 투입했다는 유언을 믿었다[《思想》 1923년(大正 23) 11월호 참조]. 무엇보다도 박사는 주위의 인심에 적응한 것일 뿐으로 내심은 고소해하고 있었을 것이다. 박사 자신은 조금도 이러한 유언을 전파한 흔적은 없었고, 따라서 이 말도 단순한 일화일 뿐이다. 그러나 저자의 지인 가운데 문필에 종사하는 어떤 사람은 자식이 중학교에 입학하는 문제와 관련하여 국민학교의 담당 훈도를 비방하면서 10여 가지의 잘못을 들어 다른 사람에게 이야기하고 다녔다. 그 훈도가 청렴하다는 사실을 알고 있던 저자로서는 개인적으로 분노를 금할 수 없었다. 교양이 높은 사람이라도 때에 따라 이러한 유언비어에 빠지는 일이 있으므로 정말로 경계하지 않으면 안 된다.

어떤 성격의 사람이

개인적으로는 역시 동요하기 쉬운 사람이란 것 외에는 없다. 이지적이기보다도 감성적인 사람, 일직선으로 전후 관계를 판단하여 고려하는 경향이 없는 사람. 이러한 점에서 가장 부인적인 경향이라고 할 수 있다.

유언은 대체로 비밀적인 취미(臭味)를 지니고 있다. 이 점이 특히 호기심 어린 흥미를 갖도록 한다. 비밀이라는 것은 같은 일이라도 이상한 감명을 갖게 한다. 비밀스러운 것을 자신이 알 수 있다는 독점욕을 만족시킨다. 냉정하게 생각하면 과연 그 비밀이 자신에게만 한정되는 독점인지 아닌지는 수상한 점이 많이 있다. 그러나 이러한 점은 완전히 고려 밖으로 내던져지고, '비밀'이라는 모자를 쓴 사안에만 이상한 흥미를 갖도록 한다.

그러나 이 비밀을 알았다는 기쁨도 자신만이 지키고 있는 것으로는 다른 사람은 알 수가 없다. 다른 사람이 몰라서는 모처럼의 흥미도 충분히 만족시킬 수 없다.

---

[239] 나카오카 한타로(長岡半太郎, 1865~1950): 물리학자. 초대 오사카제국대학 총장, 제국학사원 원장 등을 역임했다.

그래서 당연히 이것은 과시욕 혹은 발표욕과 결부되어 있다. 다른 사람에게 발설하여 자신이 그 비밀을 알아낸 우선자였다는 사실을 명확하게 할 때에야 비로소 마음껏 긍지를 맛볼 수 있다.

이러한 심리과정으로 생각해볼 때, 당연히 이지적인 판단이 낮아 타인의 일을 함부로 알고자 하는 사람, 그래서 한편으로는 요설가(饒舌家)[240]로서 무엇에도 구애되지 않고 알게 된 것을 발설하고 싶어 하는 사람, 그렇게 말하는 성격을 지닌 사람이 유언의 전파에서 유력한 역할을 한다는 것을 알 수 있다.

그래서 그 이면에는 극단적인 이기적 본능이나 공포의 본능이 작동하고 있다. 경제가 불안한 경우에는 이기적인 본능으로 인해 놀라 허둥대면서 사재기를 한다. 사회가 불안한 경우에는 공포의 본능으로 인해 무익한 살상(殺傷) 사건을 발생시키기도 한다. 진재 때의 유언 등은 이러한 종류의 것이라고 생각할 수 있다.

기타 여러 조건

이 밖에 직업 관계도 있고, 종교 관계도 있고, 여러 종류의 사람들을 구별하여 유언하기 쉬운 사람, 유언을 믿기 쉬운 사람, 이런 종류가 있다고 생각할 수 있다. 하지만 이에 대한 일괄적인 고찰은 곤란한 문제이므로 각자의 입장에 따라 고려해주시기 바란다.

한편, 개개인의 경우는 어떤 사람이 유언에 넘어가는지를 줄곧 생각해왔다. 그렇다면 모든 경우에 반드시 사야만 하는가라고 말한다면, 그렇지는 않다고 한다. 이는 유언이 일종의 사회 현상이자 집단심리 혹은 군중 심리 현상이기 때문이다.

개인적으로는 훌륭한 인물이라 해도 집단이나 군중 사이에 들어가면 완전히 별개의 심리 현상을 드러내는 경우가 적지 않다. 따라서 개인적으로 보면 유언을 할 수 없을 것 같은 인물도 많은 수가 모이게 되면 의외로 중대한 유언자로서의 역할을 하지 않는다고 보장할 수는 없다.

그러므로 이 점에서 군중 심리라는 것을 고찰할 필요가 생기는 것이다.

---

[240] 요설가(饒舌家): 쓸데없이 자꾸 지껄이기를 잘하는 사람.

4. 유언은 군중 심리에 지배된다

개인과 군중

우리 인간은 한 사람 한 사람마다 각자의 사상이나 감정이나 의지를 가지고 있다. 그리고 그것은 각기 그 정도나 내용이 달라서 완전히 같은 것은 없다. 마치 수만 명의 얼굴이 달라서 완전히 같은 사람은 없는 것과 같다.

보통의 의미에서 군집(群集)이란 잡다하고 단순한 모임을 가리킨다. 예를 들어, 도쿄역 앞에는 매일 수만 명의 사람들이 모이는데, 그냥 뿔뿔이 흩어진 다수의 집합에 지나지 않는다. 상호 개인 간에는 어떤 연락도 없다. 개인의 총화(總和)에 머물며, 각자의 행동은 완전히 개별적이다.

그러나 다른 사상, 감정, 의지를 가진 사람들의 집합이 어떤 조건에서 지배되면 거기에서 군중 심리라는 것이 생겨서, 각 개인의 그것과는 전혀 다른 사상이나 감정이나 의지의 현상을 드러낸다. 그리고 각 개인을 떨어뜨려 놓았을 때에는 교양이나 인격 등의 면에서 도저히 할 리가 없을 것 같은 행동을 드러내는 것이다.

군중의 구성

이러한 상태를 생기게 하는 조건은 무엇인가라고 한다면, 여러 사람의 감정과 의지가 공통의 방향을 갖는 것이다. 혹은 공통의 이해관계에 직면하는 것이다. 이러한 조건하에서 조직되기만 한다면, 여기서 군중이라는 것은 반드시 동시에 일정한 장소에 모여야 하는 것은 아니다.

대진재가 닥쳤을 때는 간토 일원의 주민이 하나의 거대한 군중을 형성하였다. 게다가 이것을 크게 생각해보면, 하나의 국민 전체 혹은 하나의 민족 전체를 아울러서 하나의 군중을 조직하는 것이라고 생각되는 경우도 있다. 그러므로 군중이라는 단어로는 자칫 좁게 생각하기가 쉽기 때문에, 그것을 피하기 위해서 더욱 넓게 집단이라는 명칭을 특별히 사용하는 사람들도 있다.

그러나 이 군중을 형성하는 조건은 여러 해에 걸쳐 점차 축적되어 드러나는 경우도 있는데, 순식간에 구성되어 곧바로 많은 군중을 움직이는 경우도 있다.

대동아전쟁에서 일본 군인이 도처에서 발휘하고 있는 강점, 각 개인을 놓고 보면 모두가 온순하고 유화적인 친밀함을 지닌 사람이 전쟁터에서는 귀신도 피할 만한 움직임을 보이는 강렬한 정신, 세계에 비할 데 없는 야마토 다마시(大和魂)[241] 등은 다년간에 걸쳐서 축적된 집단적인 정신이라고도 생각할 수 있다. 순식간에 나타나는 군중 심리는, 예를 들면 선동가 한 사람의 연설 때문에 많은 군중이 불처럼 흥분하는 경우 등으로서, 우직함 그 자체일 것 같은 러시아인이 갑자기 피의 혁명을 완수했던 심리 상태 같은 데서 그 좋은 예를 볼 수 있다.

군중의 의식

이러한 군중 속에 들어가면 개인적인 의식은 거의 소멸되어 버리는 것이 보통이다. 특히 지식적인 분자는 극도로 저하되어 버린다. 그리하여 지식이나 인격적인 면에서 우수한 사람이라도 본능이나 감정이나 욕망이라는 점에서는 자신보다 훨씬 하급이라고 생각되는 사람들과 완전히 같은 부류의 사람이 되어버린다.

모름지기 개인적인 관념이나 특징이 소멸되어 버리는 원인에 대해서 르봉[242]은 세 가지의 원인을 들고 있다. 첫째, 군중 속에서는 자신이 완전히 무명 상태가 되고, 따라서 무책임하다는 의식에 지배를 받아 본능적인 감정에 굴복하게 되는 것이다.

둘째, 감정이나 행위의 격심한 전염이라는 현상이 있다는 것이다.

셋째, 타인으로부터의 암시를 받기 쉽다는 것이다.

이리하여 개인이라는 의식은 소멸되고, 거기에 군중이라는 막연한 집단이 나타나서 그것이 특수한 심리 상태를 가지고 행동을 시작하게 된다. 이 군중 조직은 수적으로 반드시 일정하지는 않다. 겨우 몇 사람의 모임에서도 특수한 심리상태가 되면, 예를 들어 겨우 2~3명의 학생이 모여 고성방가를 하거나 옆에 아무도 없는 것처럼 쉽게 행동하는 것에서도 알 수 있다.

군중 심리의 특이성에 일찍이 주목하여 과학적 연구를 한 사람이 프랑스의 학자 귀스타브 르봉이다. 그 후의 많은 사회학자들은 대체로 그의 흐름을 따르고 있다. 하지만 르봉의 연구

---

241 야마토 다마시(大和魂): 일본 민족의 고유한 정신으로 강조된 관념이다. 화혼(和魂), 대화심(大和心), 일본정신(日本精神)과 같은 뜻이다. 전시체제기에는 군인의 사기 진작 구호로 사용되었다.
242 귀스타브 르봉(Gustave Le Bon, 1841~1931): 프랑스의 심리학자, 사회학자, 물리학자, 고고학자. 의사로 출발했다.

는 지나치게 군중 심리가 병적이고 암묵적인 방면으로 질주하는 것만을 보고 있다고 하여, 오히려 군중 심리가 국민적 정신을 앙양시킨다는 희망적인 측면을 중시한 영국의 맥두걸[243] 등의 일파도 있다.

국민정신의 앙양

개인이 군중이 될 경우, 그것이 어떠한 중심점을 가지고 그것을 통합하는 역사적 배경을 갖게 된다면, 그 중심점에 대한 열렬한 애호의 정신이 고양된다.

잊을 수도 없다. 금년 2월 15일 적국인 영국의 동아시아 거점인 싱가포르를 함락시켜 제1차전의 승리를 축하하는 큰 에마키(會卷)[244]가 차례로 펼쳐졌을 때, 궁성으로 성난 파도처럼 밀어닥친 축하 행진의 대군중과 만세하는 대환호의 일원이 되어 눈앞에서 보기 시작했을 때, 누구라도 감격하여 솟구쳐 오르는 대감격을 느끼지 못할 수 있었을까. 그때야말로 전시 경제의 부자유에서 비롯된 어떤 불편한 염려도 안개처럼 사라지고 승전의 기쁨과 황국(皇國)에서 태어나게 된 희열을 느끼지 않을 수 없었다.

개개인이 본래부터 이러한 애국의 정신이 반드시 희박하다고는 말할 수 없다. 그러나 저 궁성 앞 광장에 모인다는 것, 영광스러운 황국 역사의 빛을 짊어지고 천황 중심의 동일한 목적을 향해 군집한 것에서, 황국 정신의 현격한 앙양을 본 것은 누구도 의심할 수 없다.

현대의 대전(大戰)은 첫째로는 국민 조직의 싸움이라고 한다. 오늘날까지 추축국 측이 연전연승을 거듭해온 것은 국민이 잘 조직되었기 때문이고, 연합국 측이 연전연패를 거듭한 것은 조직에 얽매여 있기 때문이라고 한다. 독일은 히틀러 총통의 지휘하에 정연하여 실오라기 하나의 착오도 보이지 않는다.

베를린 거리에서 어느 외국 통신원이 한 노파를 붙잡고 전쟁에 대한 감상을 물었더니, "나는 퓌러(총통)[245]에게 모든 것을 맡기고 있기 때문에"라고 대답했다고 한다. 그리하여 식량이나 의료나 기타 모든 생활상의 부족에 불평할 생각은 조금도 갖고 있지 않았다. 그러나 조직

---

[243] 던칸 맥두걸(Duncan MacDougall, 1866~920): 미국 매사추세츠주의 내과의사. 인간이 사망할 때의 체중 변화를 기록하여 영혼의 중량을 측정한 실험으로 알려져 있다.
[244] 에마키(會卷): 두루마리로 된 일본의 이야기 그림. 에마키모노(繪卷物)라고도 함.
[245] 퓌러(Führer): 지도자. 나치스 독일의 총통을 가리킴.

으로 통일된다는 것은 강제에 의한 예속은 아니므로 맹목적이어서는 안 된다.

현재의 독일 국민은 전쟁 목적에 대해 충분한 자각과 결심을 가지고 독일 민족을 위해 기쁘게 참가하여 조국을 위해 피를 바친다.

제1차 세계대전에 종군한 병사의 수기로 발표된 『서부전선 이상 없다』를 보면, 무엇을 위해 싸우는지 알지도 못하여 마음속의 적과 끊임없이 싸우고 있는 병사의 고민이 묘사되어 있다. 여기서는 도저히 이길 수 있을 거라고는 생각되지 않는다. 그런데 패전 후 의기소침하여 다시 일어나는 건 불가능할 것이라고 생각한 독일 국민이 지금 밑바닥에서부터 일어난 것이다.

독일 민족을 위한 일사불란한 대행진, 이 때문에 독일의 승리의 역사가 지금 현실로 기록되고 있는 것이다.

방향을 바꿔서 영국을 보자.

그 옛날 해적 드레이크[246]를 써서 미개한 민족을 눌러 복종시켜 토지와 재산을 빼앗아 오늘날의 대국을 이루어낸 것은 마치 잊은 것처럼 신사의 나라, 상식의 국민이라고 과시하고 있다. 그러나 하루아침에 전쟁의 단초를 열었던 오늘날의 상황은 어떠한가.

처칠 수상은 연전연패했는데도 그저 정권 유지 욕심만으로 의회를 조종하고 있다. 의회는 수상의 연패 책임을 공격하면서도 다른 한편으로 이를 대신하여 모든 책임을 지려는 기력(氣力)은 없다. 국민은 물자부족으로 불평불만이 가득하여 암거래가 횡행하고 있는데도 처벌받는 것은 자그마한 일들뿐이며 큰 것은 회피하고 부끄러워하지 않는다.

노동자는 대우 개선을 외치며 파업을 하고 있다. 개인의 욕망대로 행한다는 의미의 자유주의는 이렇게 파멸한다. 개인이 자신의 자유로운 상식과 교양으로 통제에 복종하고, 혼연일치가 되어 국가의식을 북돋워 나가지 않는다면 국가의 융성을 기할 수 없다.

다시 방향을 바꾸어 소련의 상태는 어떠한가. 이 나라는 오늘날 스탈린 수상하에서 형식적으로는 일사불란한 것 같은 통제를 보이고 있다. 더구나 대(對) 독일 전쟁에서는 거의 연전연패하고 있다. 단지 처음에 세계가 예상했던 것만큼 무너지지는 않고 있지만, 그러나 점차 퇴

---

[246] 드레이크(Sir Francis Drake, 1543~1596): 영국의 항해가, 제독, 탐험가. 1580년에 세계일주 항해에 성공하고 1588년에 영국 함대의 사령관으로서 에스파냐 무적함대를 격파하였다.

영을 면할 수 없는 상태에 있다. 상대인 독일이 너무 강한 점도 있지만 국내 통제에서도 뭔가 결점이 있는 것은 아닐까.

이와 관련하여 가장 먼저 떠오르는 것은 소련 민중이 거의 무학문맹(無學文盲)이라는 점이다. 문자가 없으며 강한 보드카를 단숨에 들이켜고 노래하며 미친 듯이 춤추는 것을 유일한 오락으로 삼고 있는 것이 저 러시아 민족이다.

거기에 군림하여 통치의 절대 권력을 휘두르고 있는 적색 정부는 원래 주의(主義)에 의해 모인 자도 있지만, 반드시 마음으로부터 정부의 주의 정책에 찬성하여 모인 것이라고 생각할 수 없는 부분이 있다. 그것은 스탈린의 정치 신념의 일부로서, "건전한 시의(猜疑)가 정치에는 필요하다"라고 하고 있기 때문이다. 같은 길에 종사한다 해도 처음부터 끝까지 상대를 서로 의심하면서 업무를 해나가야만 한다. 서로 견제하면서 앞으로 나아갈 때 비로소 완전한 정치의 수행이 있다고 한다.

이것을 제도화한 것이 유명한 게페우[247]로서, 즉 국민에 대한 사복탐정제도이다.

국민 주변에는 시종 이 게페우의 문이 빛나고 있어서, 어떤 사소한 언동이라도 곧바로 냄새를 맡아 갑자기 그 인간은 어둠 속에 묻혀 버린다. '건전한 시의'라고 해도 시의가 언제까지나 건전할 수 있는 것은 아니다. 이미 게페우와 같은 것은 대단한 폭군이 되어 있는 것 같다. 그리고 극단적인 일당 전제이기 때문에 신문과 라디오 모두 당의 기관지밖에 허용되지 않아, 국내외의 현실 정세는 결코 국민의 눈과 귀에 들어오지 않는다. 맹목적으로 여겨져 위협을 받고 새장에 들어있는 새처럼 어떻게 해볼 도리가 없는 상태하에서 가까스로 국민의 통제가 유지되고 있는 것이다.

일찍이 노몬한 사건[248] 당시 일본군 때문에 포로가 된 적군(赤軍)의 병사는 "자신은 어디로 가는지도 모른 채 끌려 왔고, 무엇을 위해 싸우는지도 모르며, 그저 명령대로 싸울 따름이다"라고 말하였다. 이것으로 이길 수 있을까. 순식간에 1천 대 이상의 비행기가 추락한 것은 차라리 당연하다고 느껴지지 않는가.

---

[247] 게페우(GPU): 구소련의 비밀경찰인 국가정치보안부. 1922년 체카를 개편한 것으로서 반혁명 인사를 찾아내고 처벌하는 일을 하였다. 1934년에 내무인민위원회로 바뀌었다.

[248] 노몬한 사건(Nomonhan incident): 1939년 5~8월 만주와 몽골의 국경지대인 노몬한에서 일어난 일본군과 몽골·소련군 간의 대규모 충돌사건.

미국에 대해서도 마찬가지이다. 다수의 다른 민족을 포용하고, 국내 각 주는 이해관계를 달리하는 독립국 같은 상태이며, 평상시에도 좀처럼 통제하기 어려운 나라이기 때문에, 오늘날의 사태에서는 한층 곤란함이 극에 달할 것이다.

조직의 힘-그것이 어째서 유력한가. 이상의 간단한 기술에서도 알 수 있을 것이다. 그렇다면, 우리는 왕성한 국민정신의 단체의식을 자각해야만 한다.

희생적인 정신의 앙양

앙양된 국민정신은 당연히 국가를 보호하고 그 국가에 바치는 정신으로 발전한다. 어떠한 수단을 다해서도 이 목적을 향하여 돌진한다. 일신의 안부 등은 문제 삼지 않는다. 그저 국가의 애호라는 숭고한 목적밖에 모른다는 감행(敢行)의 정신이 남김없이 발휘된다.

야마토 다마시의 순국적인 감행 정신을 군중 심리와 결부시켜 설명한다면 아마도 부당하다는 비방을 면할 수 없을 것이다. 저자도 이것을 이른바 순수한 군중 심리의 한 현상으로서 다루려는 것은 아니다. 단지 오랜 광휘의 역사에 의해 갈고 다듬어진 집적된 국민정신의 최고점에서 빛나는 현상으로서, 죽음을 맞이하는 것을 집으로 돌아가는 것처럼 두렵지 않게 생각하는[249] 일본의 독특한 사무라이의 혼(魂)과 혼연일치가 된 소산으로서, 그렇게 해서 나타난 성과를 자랑하고 싶은 것이다.

이 일을 확실히 구별하기 위해서는 마찬가지로 감행적 정신의 표현으로서 모험심과 비교하는 것이 좋다. 주지하는 바와 같이 미국인은 '세계 제일'을 좋아하는 국민이다. '세계 제일'이라는 자랑을 얻기 위해서는 비용을 아끼지 않아서 터무니없는 커다란 일을 저지르기도 하고 또 소름이 끼치는 끔찍한 모험을 감행하기도 하면서 수많은 '세계 제일'을 수립해왔다. 하지만 그것이 과연 국가를 위하는 것을 목적으로 하고, 또 실제로 국가를 위해 한 것이라고 말할 수 있는 게 과연 몇 가지나 될까.

린드버그[250]는 대서양을 한 번도 착륙하지 않고 횡단한 세기의 행운아(寵兒)였다. 무명의

---

249 원문은 '死を見ること歸する'라는 관용적 표현이다.
250 찰스 린드버그(Charles Augustus Lindbergh, 1902~1974): 미국의 비행가, 육군 대령. 세계 최초의 대서양 횡단 무착륙 단독 비행을 한 것으로 알려져 있다.

한 우편 비행사가 일약 대좌가 되어 돌아올 때에는 군함이 나와 맞이하고 차기 대통령 후보로 추대하려는 사람까지 있었다고 한다. 그의 모험-그것이 누구에게나 쉽게 가능한 일이 아니었음은 인정하지만-그것은 미국이라는 나라의 이름을 빛내는 것에 어쩌면 도움이 되었을지도 모른다. 그러나 그러한 감행의 배경에는 그 자신의 공명심도 없었다고는 할 수 없다. 그에게서 받은 인상을 들어보면, 정말로 겸허한 좋은 청년으로서 이른바 미국인답지 않게 좋은 인품을 지녔다고 한다. 그러나 그도 결국은 미국인이었다는 것을 생각해보면, 그의 모험이라는 것도 일본인의 희생적인 감행 정신의 소산과는 동떨어진 거리가 있는 것이었음을 알 수 있다.

대서양 횡단, 태평양 횡단, 세계일주 비행[251] 등등의 기록은 일본인이 수립한 것은 하나도 없다. 우리 같은 국외자의 입장에서는 마음대로 되지 않는 것 같아 다소 답답하게[252] 보이기도 한다. 나아가 외국인이 일본의 비행계를 경시하게 하는 분위기조차 없지는 않다. 가미카제호(神風號)가 신기록으로 런던에 도착하자 그것이 순 국산이라는 것을 영국인이 의심했다고 한다. 일찍이 일본에 날아온 린드버그조차도 전쟁 전에는 일본의 비행계를 경시했다고 한다.

그러나 지금와서 생각해보면 그런 모험심이나 그런 '세계 제일'은 일본으로서는 조금도 필요가 없었던 것이다. 보라, 우수한 기록을 지녔다고 하는 미국 비행기와 비행사가 픽픽 추락하지 않았는가. 공을 세워 이름을 날리려는 모험심인 이상, 넓은 바닷속 한가운데에 단지 뼈와 살도 남기지 않고 사라져 버릴 것 같은 전투에서 갑자기 위축되어 버리는 것은 당연하다. 그러나 일본인에게는 이러한 모험심 이상의 감행 정신, '풀이 돋은 시체, 물에 잠긴 시체'[253]가 되어 어딘가로 사라져도 후회하지 않는, 공명을 초월한 희생적인 정신이 있다.

군중은 암시 모방성이 증대한다

암시란 언어 등과 같은 명료한 의지를 표시하는 수단에 의하지 않으면서 명령이나 희망 또는 무의식적인 감화력을 타인에게 전달하는 힘이다. 이것을 받는 쪽에서는 피암시성(被暗

---

251 원문은 '世界早廻りが'이다.
252 원문은 '齒がゆい'이다.
253 1937년 작곡된 군가(軍歌) 「우미유카바(海行かば, 바다에 가면)」에 나오는 구절이다. 가사는 『만엽집』 18권의 장가(長歌)에서 따온 것이다.

示性)이라고 칭한다.

　인간이 타인과 접촉하는 일상생활에서는 암시의 힘이 작동하는 경우가 많다. 특히 이 힘은 권위자와 그것에 종속된 관계 사이에서 가장 강하게 작동한다. 예를 들면 교사와 학생, 부모와 자식, 상관과 하급자 사이에서 이 힘은 잘 작동한다. 그래서 이것은 암묵적이고 무의식적으로 작동하는 힘이며, 그것이 반복됨에 따라 점차 피암시자는 암시자와 같은 현상을 보이고, 마침내는 그것이 인격이나 버릇으로까지 고정되게 되는 것이다.

　도쿄 시내의 어느 국민학교 아동의 부모가, 자기 자식이 언젠가 지방 사투리가 섞인 말을 사용하는 것이 신경이 쓰인 적이 있었다. 놀라서 조사해보니 담당 훈도가 지방 출신으로 사투리를 잘 고치지 못하는 사람이었다. 현명한 맹자(孟子)의 모친은 일찍이 이러한 사실을 알아차리고 자기 자식을 향한 환경의 암시를 염려하여 세 번이나 집을 옮겼다는 것은 유명한 이야기이다.

　군중에게는 이러한 암시성이 극단적으로 증대한다. 이 경우 암시자는 반드시 권위자에 한정되지 않는다. 무명의 청빈한 선비라도 별 지장이 없다. 많은 말이나 몸짓도 반드시 필요하지는 않다. 그것이 그때에 맞춰서 군중의 암묵적인 의식의 흐름에 잘 일치하여 단지 촉각의 방향을 지시하기만 하면 되는 것이다.

　'바스티유로!' 이 한 마디 말은 순식간에 파리 시민을 성난 파도와 같은 흐름으로 바꿔 버렸다. '××가 습격해온다!' 이 한 마디는 순식간에 간토 일원을 죽창으로 무장시켜 버렸다. 어째서인가? 그러한 천착이나 설명은, 나중에 자유롭게 얼마든지 옷이 입혀져서 그럴듯하게 치장되어 훌륭히 완성되는 것이다.

　이렇듯 암시를 받으면 군중에게는 환각이 나타난다. 뛰어난 심리학자가 도출해낸 사례인데, 일찍이 프랑스 군함이 난파선 수색에 나간 적이 있었다. 감시자가 "난파선을 보았다!"라고 외쳤다. 일동이 보니까 먼 바다 위에 배 한 척이 표류하여 승선자 일동이 목청껏 구조를 외치고 있는 것이 보였다. 빠른 속도로 보트를 내려 가까이 다가가서 보니, 그것은 아무도 타고 있지 않은 작은 뗏목이 떠나가고 있는 것일 뿐이었다.

　지방에 가면 흔히 기쓰네모치(狐持)[254]라는 말을 듣는 집이 있어서 그 집 사람에게 원망을

---

[254] 기쓰네모치(狐持): 여우잡이. 여우에 홀린 집을 말하는데, 이 집은 풍요로워진다고 한다.

사면 여우가 와서 숭상한다는 등의 소문을 내서 차별하고 혐오하는 악풍(惡風)이 있다. 그러던 차에 지나가던 어떤 남자가 기쓰네모치 집 안에서 뭔가 집회를 하고 있는 것을 무심코 들여다보았다. 그러자 갑자기 땅 위를 기어다니며 이상한 얼굴 표정을 하고 기침을 하면서 여우와 같은 상태가 되었다는 등의 이야기를 들은 적이 있다. 이것도 기쓰네모치에 대한 뜬소문이 암시가 되어 일종의 모방 행위를 불러일으킨 것이다.

이렇게 군중은 암시모방성이 강해진다. 자신이 암시를 받음과 동시에 또 타인에게 암시를 준다. 서로 간에 작동하면서 그 정도가 점점 높아져 간다.

군중은 불가능을 가능하게 한다

군중은 충동적이어서 숙고하는 법이 없다. 따라서 목적을 향해 가는 실을 고찰할 사려가 부족하다. 이러한 점에서 군중에게는 불가능하다는 관념이 솟아오를 여유가 없고 극단적으로 실행성이 풍부하다. 개인은 다수의 속으로 들어가면 별다른 생각 없이 매우 커다란 힘을 얻은 것 같은 감정을 수반하게 된다.

폭동은 개인으로서는 도저히 생각할 수 없는 것이지만, 군중 속에 들어가면 사소한 암시나 유혹에 의해 움직여서 문득 이와 같이 행동하는 것이다. 1918년(大正 7)에 쌀값이 이상할 정도로 뛰어올라 일반 민중의 생활이 대단히 곤란했을 때 이른바 쌀 소동의 발단이 된 것은 도야마현(富山縣) 나메가와마치(滑川町)에 있는 어느 가난한 집의 부인이었다. 그녀들은 우연히 무리를 이루어 쌀가게로 쳐들어가 3배나 등귀한 쌀값의 가격 인하를 압박하고, 현청이나 경찰서에 탄원하는 행동을 일으켰다. 이런 행동은 갑자기 전국으로 파급되어 각지에서 소동이 일어났다. 누가 저 온순한 아내들에게 이런 용기, 이런 실행력이 있다는 것을 생각할 수 있었을까.

변경에서 일어난 하나의 행동이 일파만파로 퍼져서 전국적인 대소동을 일으켰으니, 군중의 힘이 얼마나 큰지를 알 수 있다.

군중에게는 잔혹성이 있다

군중이 지닌 커다란 실행력은 이것이 선한 방향을 취한다면 희생적 정신의 앙양이 되고, 애국심의 발로, 도덕적인 감정의 현현(顯現)이 된다. 그러나 일단 이것이 역방향을 취하면 극적인 배타성이 되어, 궁극에는 잔혹한 행동에 이르게 되는 것이다.

군중이 극단적인 암시성을 가지고 있다는 점을 설명했는데, 암시성이 강할 뿐이어서, 조금이라도 군중의 의지에 반하는 자에 대해서는 극도로 반격적인 태도를 보인다. 사리를 명확하게 판단하지 않는다. 그래서 잔학한 행동이 나오고, 때로는 이것을 즐기는 듯한 태도를 보이기까지 한다.

도쿄 대지진 때 조금 냉정하게 군중을 진정시키려 했던 경찰서장은 격렬한 반격을 당해 돌로 맞았다. 살인 사건이 태연히 도덕적인 행위인 것처럼 믿어지고 또 행해진 것이다. 도쿄 대지진 당시의 악덕한 행위는 일시적인 흥분으로 인한 것이었다. 그러나 미국인의 흑인 박해는 마치 일상 행사처럼 행해졌던 것이다. 흑인이 어떤 범죄를 지었다. 그러한 단순한 풍문만으로 그들은 갑자기 흑인을 포박한다. 또는 경찰서에서 혐의자를 공공연히 도둑질해 빼내기도 했다. 그리고는 때리고, 난도질하고, 혹은 화형에 처한다. 세계적으로 인도주의의 선사(選士)인 것 같은 얼굴을 하고 있는 미국인도, 군중으로는 이와 같은 잔학성을 즐기는 극악무도한 문명인인 것이다.

군중의 이러한 잔학성은 민족에 따라 사정이 다르다. 르봉은 특히 라틴계 민족에게서 그것이 격심하다고 지적하였다. 그러나 반드시 라틴계가 가장 많다고는 할 수 없다.

앵글로 색슨인 미국인의 흑인 박해 등 누누이 반복되는 집요한 성격을 이루고 있다. 지진 당시 일본인의 행동에 대해서는 통절한 반성이 가해지겠지만, 전란에서 지나인의 약탈이나 살인 등의 나쁜 행위에는 조금의 반성도 이루어지지 않는다. 일이 생기면 반드시 반복되는 것은 그들의 민족적 개성이라고 보이지만, 별 수 없다.

군중은 단순하다

군중의 감정이 극도로 단순하다는 것은 기회가 생길 때마다 어떻게 해서라도 변화한다는 것을 의미한다. 대단히 감정적이고 감격적이다. 금세 격해지는가 하면, 금세 손바닥을 뒤집듯이 진정된다는 것이 특징이다. 예로 들면, 히스테리적인 부인들의 감정이 대단히 격변하기 쉬운 것에 비교할 수 있을까.

군중은 단순하기 때문에 의혹이나 불확실하거나 하는 고려를 알지 못한다. 의혹도 곧 신넘이고, 불확실도 곧 확실한 사실로 받아들인다. 여기에 군중의 경신성(輕信性)[255]이 있다. 받아들인 암시를 곧바로 믿는다. 믿고 싶다는 마음을 가지고 있다.

받아들인 암시는 곧바로 대단히 과장된 감정의 옷을 입혀 표현하고, 그래서 곧바로 격렬한 행위로 나타난다. 아무리 미련한 놈이라도 무학자(無學者)라도 자기가 미련하다는 것, 무능하다는 것을 완전히 망각하여 무엇이든 가능하다는 관념, 오히려 흉포한 감정에 지배되어 행위로 돌진하게 되는 것이다.

그러나 군중은 이렇게 대단히 단순하기 때문에 상대의 힘이 미약하다는 것을 발견하게 되면 극단적인 흉포성을 발휘하여 이상한 실행력을 발휘하는 반면에, 상대의 힘이 강대한 경우에는 정말로 단순하게 굴복한다. 권력이 강하거나 약하거나에 따라서 군중은 폭력으로 대항하기도 하고 정말 간단히 굴복하기도 한다는, 이러한 격변성이 있다는 점도 하나의 특징이다.

그렇다면 프랑스 혁명이 저렇게 흉포성을 발휘한 것은 루이 16세가 인민을 배려하는 생각을 가졌으면서도 귀족과 사제들의 특권을 억압할 용단은 결여했기 때문이다. 그리하여 공화정(共和政)을 구가한 민중이 나폴레옹을 황제로 환호하며 맞이한 것도 그 권력에 복종한 것이라는 일면적인 생각은 당연히 시인해야만 한다.

군중의 이지(理智)는 저하된다

이상의 여러 특징은 주로 군중의 감정적인 앙양(昂揚)의 결과 드러난다. 따라서 그 반면에 군중의 이지적인 활동은 둔해진다. 판단력, 사고력, 평가력 등 개인적으로는 인격의 기초를 동반한 고상한 뇌의 활동은 둔해지는 것을 피할 수가 없다. 지도자가 있으면 그 지시에 따라 어떠한 고려도 없이 움직인다. 지도자가 없으면 군중이 주장하는 대로 무목적(無目的)으로 움직이고, 또 변화한다.

군중의 이성이 저하된 결과 나타나는 위험한 현상 가운데 한 가지는 여론이 왜곡된다는 것이다. 정확하고 종합적으로 고려하지 않고 다수자의 의견이 감정적으로 정해진 결과, 기괴하고 무리한 견해를 일반인의 의견으로 삼아, 그것을 통해 한 나라의 정치도 좌우하려고 한다. 이것만큼 위험한 것이 있을까. 다수결주의(多數決主義)의 사회 정치를 중우정치(衆愚政治)

---

[255] 경신성(輕信性): 경솔하게 잘 믿는 성질.

라고 일부 사람이 칭하는 것도 이러한 점에서 일리는 있다.

일러전쟁 당시 수송선 히타치마루(常陸丸)가 러시아 함대에 의해 격침되어 다수의 충성스럽고 용감한 병사를 잃었다. 가미무라(上村) 함대가 적의 함대를 추적하다 놓쳤을 때, 군중은 격앙되어 가미무라 저택에 몰려가서 돌을 던지는 등의 폭행을 했다. 짙은 안개나 작전 등의 여러 사정을 전혀 고려하지 않고, 그저 한 조각의 감정으로 만들어진 경솔한 여론이 가미무라 중장을 공격하도록 한 것이다.

미국에서는 여성 피고가 배심 재판에 회부되면 대부분은 무죄가 된다는 이야기가 있다. 여존남비(女尊男卑)의 관념이 뼛속까지 흐르고 있는 다수의 바보들(衆愚)이 배심원의 여론을 왜곡한 것이다. 민주주의 병폐의 결과 중우가 횡행하기 쉬운 미국에서는 의회정치나 대통령 선거까지도 이러한 종류의 왜곡된 여론으로 움직이는 경우가 있다.

그렇다면 대통령에 당선되기 위해서는 교묘한 선동으로 중우를 이끌 수 있는 능력의 소유자라는 점이 제일의 요건이 되어, 일류(一流)의 인물인 진정한 인격자나 올바른 정치가로서는 불가능하다. 현재의 루스벨트 등도 이런 의미에서 이류, 삼류의 인물이라고 논한 사람이 있는데, 오늘의 정세로 보아 납득할 만한 대목이 있다.

군중 심리는 이처럼 여러 가지 특이한 모습을 지니고 있다. 이것이 실로 유언의 발생과 전파에 중요한 역할을 한 것이다.

프랑스에서 1831년에 콜레라가 절정에 달했을 때, 음식물에 독을 넣었기 때문에 역병이 발생했다는 풍설이 있었다. 금세 번갯불처럼 유포되었고, 몇 분 사이에 엄청난 폭민(暴民)이 대로에 모여 반미치광이의 난리가 난 모습으로 저마다 범죄인을 내놓으라고 외쳤다. 통이나 포물(包物)[256]을 가지고 있는 사람은 누구랄 것도 없이 의심을 받아 술집의 통 속에 독약을 넣은 혐의로 참살당한 사람도 많았다. 두 남자는 독이 든 과자를 어린아이에게 먹이려 했다는 이유로 수천 명의 군중이 그 뒤를 추격하였다. 두 사람은 경찰서로 도망갔는데, 군중은 경찰서를 에워쌌다.

만약 그대로 두었다면 순사도 피난자도 모두 틀림없이 참살당했을 것이다. 그런데 경부(警部) 한 사람과 휴직 장교 한 사람이 묘안을 생각해냈는데, 군중 앞에서 바로 그 과자를 나눠 먹어

---

256 포물(包物, つつみ…もの): 보자기 등으로 감싼 물건.

보였다. 그 때문에 군중은 분노를 거두고 도리어 즐거워하여 다행히 무사할 수 있었다고 한다.

군중 심리의 문제는 아직도 끝이 없지만 지금은 개략적인 설명으로 마무리한다.

5. 유언에는 이러한 특질이 있다

유언으로 발생한 두려워할 만한 사실, 그것에 사로잡히기 쉬운 인간의 심리, 인간이 모인 군중의 특수한 심리에 대해서 지금까지 대략적인 설명을 마쳤다. 드디어 문제의 본질에 들어가서, 그렇다면 유언은 대체 어떤 성질을 가지는 것인지, 이 중요한 점을 설명하지 않으면 안 되게 되었다.

1) 유언은 모태가 있다

유언의 발생은 누구랄 것도 없이 자연스럽게 이루어지는 경우가 있다. 또한 누군가를 위해 고의로 일으키는 경우도 있다. 주모자는 누구인가. 이름을 거론한 일은 없기 때문에 알 수는 없지만, 유언의 내용으로 보아 인위적인 냄새를 가지고 있는 것이 있다. 이른바 데마이다.

그러나 자연적인 발생이라 해도, 인위적으로 만들어낸 것이라 해도, 그것이 입에서 귀로 전해지고 흘러가서 뭔가 반응이든 감흥이든 일으키는 게 아니라면, 그것은 유언이 아니다. 그냥 그때뿐인 이야기로 사라져버린다. 유언이 유언으로서의 발생을 완수하려면 그 본바탕이 있어야 한다. 모태를 필요로 하는 까닭이다.

먼저 각 개인이 공통의 문제를 갖는 것이 필요하다. 다음으로는 그 각 개인이 언제든 심리적으로 군중화할 수 있는 상태여야 한다.

각 개인에게 공통의 문제

이것은 각 개인에게 밀접한 관계가 있어서 감정을 자극할 만하다. 너무나 고상한 사안이나 멀리 떨어진 지역의 사안은 문제가 되지 않는다. 그러나 밀접한 관계가 있다면, 그것이 문제라 할 정도로 확실한 형태를 가지고 있지 않더라도 문제로 취급되는 것이 가능하다.

전쟁에서 물자가 자유롭지 못하여 '모든 면에서 곤란하다', 이 '모든 면에서 곤란하다'라는 만연한 분위기가 한 가지의 문제로 취급될 수 있다.

이 문제가 우리에게 밀접한 관계가 있는 것은 그것이 우리 마음속의 공포, 불안, 분개, 희망, 선망 등의 감정을 자극하기 쉬운 상태에 있기 때문이다. 지진 재해에 직면한 죽음의 공포가 '×시(時)에 큰 지진이 다시 온다' 등의 유언을 믿도록 했다. 루이 16세의 압제 정치에 대한 분개가, '그는 어린이의 혈액으로 목욕을 한다'는 유언을 횡행시켰다. 저명한 인사에 대한 중상적인 유언 등은 대개 선망적인 감정에서 오는 경우가 많다.

각 개인이 군중화되는 상태

이와 같은 공통의 문제를 가지고 있는 개인이 일단 유언에 불이 붙으면 금세 부화뇌동하여 경솔하게 믿고 전후 맥락을 고려하지 않고 용이하게 움직이기 쉬운 상태에 빠지는 것. 다시 말하면 일정한 장소로 집합하는 것은 아니어도 심리적으로 군중화되기 쉬운 상태가 되는 것. 이것이 유언으로서, 금세 유언으로서의 완전한 발생을 이루게 되는 본바탕이자 모태이다.

이 본바탕에 적합하지 않은 유언의 씨앗은 결코 완전히 발아하지 못하고 사라져버린다.

2) 유언은 성장한다

유언은 발생했을 당시 그대로 어디까지 정확하게 전해지는가라는 문제이다. 변화하지 않았다면 아직은 마무리하기 쉽다. 그러나 시시각각으로 변화하고, 더구나 예상 밖의 방향으로 발전하기 쉬우므로 크게 경계를 요한다.

그 변화를 내용과 형식의 두 측면에서 바라보아 일단 '성장'이라고 부르기로 하겠다. 유언은 어떻게 성장하는가. 먼저,

부자연스러운 것이 합리화된다

처음 준비가 되어 있지 않은 상태에서 말이 나온 것이기 때문에 이유도 아무것도 정리되어 있지 않다. 조금 냉정하게 생각하면 멍텅구리 같다고 생각할 수 있는 것도 많다. 그러나 그것

을 말하고 또 듣게 되는 것은, 앞에서 기술한 잡담 심리나 군중 심리에 사로잡혀 있기 때문에 절반은 정신없이 아무런 판단이고 뭐고 없이 전해진다. 그러면 도중에 그 내용이 점점 정돈되어 제법 그럴듯해져가는 것이다.

이성의 지배력이 쇠하여 과장된 감정에 지배당하는 심리 상태의 소행이다. 어린이에게는 이른바 '생떼를 쓴다'는 행위가 있다. 무엇인가 어떤 것이 문득 생각난다. 그것을 이러저러하다고 여러 가지로 공상하는 중에, 그리고 색칠하는 사이에 점점 그것에 가까운 것, 현실에 없어서는 안 될 것이 된다. 그리하여 앞뒤 분별도 없이 탐나서 견딜 수 없게 되어, 울어서라도 부모를 애먹일 때가 있다. 그런 것처럼 군중의 공상이 불합리한 것을 전부 완전한 것처럼 유언을 완성해버리는 것이다.

대지진 때의 ××유언에서는 이 추이를 잘 엿볼 수 있다. 유언은 과연 어떠한 형태로 일어났는가. 물론 확실한 것은 알 수 없지만, 처음에는 그저 '××가 습격해온다'라고 전해져 왔을 뿐이었다. 그러다가 자경단(自警團)에서 자경단으로 여러 번 말이 퍼지는 와중에 '××가 수백 명이 온다'라든지, '수백 명이 어디 어디까지 왔다'라든지, '그들은 포탄을 비장의 수단으로 가지고 있다'라든지 하는 그럴싸하고 끈덕진 내용으로 변해온 것이다. 그저 전해지는 방향이 다름에 따라서 내용도 구구하게 변화가 있다가, 모두 정돈되어 갔다는 것은 의심할 여지가 없다.

자연스러운 것은 더욱더 자연스러워진다

원래가 자연적으로 발생한 것도 더욱더 연마가 더해져서 수미(首尾)가 완전한 것으로 되어가는 경향이 있다.

통제경제 아래서 조금 있으면 물자가 궁핍해지게 되는 일은 면하기 어려운 현상이다. 그래서 자연스럽게 그 원인 등에 대해 상상하고 천착하고 싶어지는 것은 인간의 자연스러운 감정이다. 그러나 단순한 상상으로는 사람들이 간단하게 수긍하지 못하고 말을 해도 재미있지 않다. 그래서 그것을 구체화하고 최초의 상상을 단정화해서 그럴싸하게 정리해버린다. 의류티켓제와 관련해서 이런 유언이 있었다.

어느 대신의 부인이 백화점에 모습을 보인 다음 날은 반드시 뭔가 변화가 생긴다. 어느 날 그 부인이 미쓰코시(三越)에 나타나 많은 물품을 구입했다. 그러자 그 다음 날 의류티켓이 발행되었다.

부인들이 말하고 싶어 하는 듯한 바를 꼭 집어 노린 유언이다. 문구상으로는 합리적으로 정돈되어 있다. 그러나 이 말의 근본을 생각해보면, 그 진실성의 여부는 지금 다시 설명할 것까지도 없을 것이다.

도조(東條)[257] 총리대신이 민간의 실정을 잘 살펴볼 수 있는 것과 결부시켜서 다음과 같이 성실하게 말하는 사람이 있었다.

최근 세간에서는 쌀을 두고 시끄럽게 떠드는 게 사라졌지요. 그것은 도조 씨가 어느 날 이른 아침에 평소대로 산책을 하고 있을 때 궁핍한 상황을 호소해온 사람이 있어서, 도조 씨가 그 사람에게 명함을 건네주며 구역소(區役所)에서 받으라고 하자 일이 커졌습니다. 곤란하다는 말만 하면 곧바로 구역소에서 쌀을 지급해주는 것처럼 되었기 때문이지요.

이러한 경우 합리화라는 살을 붙여서 선의로 해석해보면, 말하는 사람의 희망이다. 그렇게 되었으면 하고 생각하는 것, 그래서 그것을 살 수 있을지도 모르겠다고 과거로까지 확장하게 된다. 앞서 도조 씨 운운한 경우 등은 수상의 좋은 인품과 결부시켜 수상에게 자신들에게 좋도록 처리해주시기 바란다는 희망을 잠재시켜 놓은 것이다.

다소 악의를 가지고 보자면, 부러움에서 살을 붙인다. 모 대신 부인 운운한 유언 등의 근저에 이것이 있다. 의복 재료가 원활하지 못하게 된 것에 대한 고심을 담당 시행자에게 전가시켜 선망을 가지고 표현한 결과, 이런 형태를 취했다고 볼 수 있다. 따라서 이런 종류의 유언은 다소 나쁜 의미의 현상에 대해 일어난다는 것은 당연할 것이다.

인위적인 것도 합리화하려고 한다

인위적 유언, 즉 데마이다. 데마는 어떠한 목적을 가지고 있다. 작게는 한 개인에 관한 중상모략적인 데마에서 크게는 한 국가에 관한 전술적 데마까지, 뭔가 목적을 숨기고 있다. 그리

---

[257] 도조 히데키(東条英機, 1884~1948): 육군대장, 내각총리대신 등을 지낸 군인·정치가. A급 전범.

고 그 목적은 대상자로서는 대부분 좋은 의미가 아니라고 할 수 있다.

"×××대신은 최근 경시청에 소환되었는데, 20만 원을 들여서 사저(私邸)를 신축한 일에 관한 조사라고 한다."

××성은 우리의 생활에 밀접한 관계가 있는데, 자칫 비판을 불러일으키기 쉬운 곤란한 통제를 하고 있다. 그 주역으로서 중요한 임무를 담당하고 있는 ×씨가 이상가 기질을 가진 젊은 층인 만큼 이러니저러니 말하기 쉬운 것이다. 정말로 사람들은 남 험담하기를 좋아한다.

"×× 씨는 지금 소련에 있는데 자주 스탈린의 비서 역을 담당하고 있다고 한다."
"아니야. ×× 씨는 병이 점점 나빠져서 지금 가루이자와(輕井澤)에서 요양 중이야."

외무대신으로서 ×× 씨의 활동이 눈부셨다는 것만으로 그 당시도 무슨 말을 들었는데, 요직을 그만둔 지금까지도 이렇게 언급되는 것은 씨를 위해서 축하할 일일까? 그렇다고 하더라도 소련에 들어갔다는 유설(流說) 등은 어디서부터 꼬여온 것일까?

"쇼치쿠(松竹)[258]의 대 간부인 여배우 ××××가 스파이 혐의로 검거되어 총살당했다고 한다."
"뭐? 체포되자마자 곧바로 자살한 것이다."

대중의 인기의 초점이 되는 영화 스타도 이것저것 훼예포폄(毀譽褒貶)의 대상이 된다. 옛날에는 그것을 자랑하여 유언을 일부러 회사에서 제작하기조차 했다. 따라서 위의 유언에 대해서도,

"뭐라고, 쇼치쿠는 전에도 이런 유언을 제작해서 홍보 수단으로 삼았기 때문에 이것 역시 쇼치쿠의 홍보일 것이다."

---

[258] 쇼치쿠 가극단(松竹歌劇団): 1922년 쇼치쿠가 오사카에서 창설한 연극 및 뮤지컬 극단. 1928년 도쿄에 쇼치쿠 악극부를 설립했으며, 1996년 정식으로 해산했다.

라면서, 이 또한 하나의 유언이 되어, 유언의 합리화에 일역을 담당했다.

다른 사람에 대한 험담은 정말로 누구라도 좋아하는 것이다. 예로부터 그렇다. 에도시대에도 유이 쇼세쓰(由井正雪)[259]나 아코 기시(赤穗義士)[260], 다누마 오키쓰구(田沼意次)[261], 미즈노 에치젠노카미(水野越前守)[262], 오시오 헤이하치로(大鹽平八郎)[263] 등의 인물에게는 뭔가 유언이 항상 따라다녔다. 그런 것만이 아니다. 진제이하치로 다메토모(鎭西八郎爲朝)[264]가 실은 오시마(大島)에서 죽지 않고 류큐(琉球)로 건너가서 왕이 되었다거나, 미나모토 요시쓰네(源義經)[265]가 하이(蝦夷)[266]에서 만주(滿洲)로 도망가서 영웅호걸인 칭기즈 칸이 되었다거나, 도요토미 히데요리(豊臣秀賴)[267]가 오사카성(大阪城)에서 죽지 않고, 도망쳐서 사쓰마(薩摩)의 시마즈(島津)에 숨었다든가, 가깝게는 사이고 다카모리(西鄕隆盛)[268]가 시로야마(城山)에서 죽지 않고 도망쳐서 필리핀으로 건너갔다는 등의 이설(異說)도 위의 견지에서 보면 일종의 유언으로 보인다.

메이지 이후에도 이러한 종류의 소문은 일이 있을 때마다 거듭 반복되었다.

사이고 다카모리의 죽음에 관해서, 히로사와(廣澤)[269] 참의의 암살자에 관해 여러 가지 추정

---

[259] 유이 쇼세쓰(由井正雪, ?~1651): 에도시대 초기의 군학자(軍學者). 게이안(慶安) 사건의 주모자.

[260] 아코 기시(赤穗義士) 또는 아코 로시(赤穗浪士)라고 한다. 에도시대 중기인 1702년(元祿 15) 12월 14일(1703년 1월 30일) 심야에 아코번(赤穗国)의 낭사(浪士)들이 기라 요시나카(吉良義央)와 그 가문을 대대로 섬기며 호위하는 무사들을 집단 살해한 '아코 사건(赤穗事件)'의 '충신' 47인을 가리키는 말이다.

[261] 다누마 오키쓰구(田沼意次, 1719~1788): 에도시대 중기의 막부 로츄(老中, 에도막부에서 쇼군에 직속되어 정무를 통할하던 최고의 직책).

[262] 미즈노 에치젠노카미(水野越前守, 1794~1851): 본명은 미즈노 다다쿠니(水野忠邦). 에도시대 후기의 다이묘(大名), 로츄(老中). 히젠노쿠니(肥前国) 가라쓰번(唐津藩)의 번주(藩主), 도토미노쿠니(遠江国) 하마마쓰번(浜松藩)의 번주. 1841년 '텐포(天保)의 개혁'을 주도한 것으로 유명하다.

[263] 오시오 헤이하치로(大塩平八郎, 1793~1837): 에도시대 후기의 유학자(儒学者).

[264] 진제이하치로 다메토모(鎭西八郎爲朝): 미나모토노 다메토모(源爲朝, 1139~1170)의 통칭. 헤이안시대 말기의 무장. 활의 명수이며, 진제이(鎭西, 지금의 규슈)에서 주로 활약하여 진제이하치로(鎭西八郎)로 불린다.

[265] 미나모토 요시쓰네(源義經, 1159~1189): 헤이안시대 말기의 무장(武将). 가마쿠라막부(鎌倉幕府)의 초대 쇼군.

[266] 하이(蝦夷): 홋카이도를 위시한 일본 동북지방의 옛 이름. 일본의 세력이 5~6세기 이래 이곳으로 진출한 이래 계속 '하이'라고 불리다가, 1869년에 홋카이도로 개칭했다. 이곳에 살던 선주민, 즉 오늘날의 아이누족은 '에조(蝦夷)'라고 불렀다.

[267] 도요토미 히데요리(豊臣秀賴, 1593~1615): 아쓰지·모모야마(安土·桃山) 시대의 무장. 도요토미 히데요시의 차남이자 후계자이다.

[268] 사이고 다카모리(西鄕隆盛, 1828~1877): 사쓰마번의 번사이자 무사, 군인, 정치가. 메이지유신의 3대 인물 중 하나이다.

[269] 히로사와 긴지로(廣澤金次郎, 1871~928): 관료, 정치가, 실업가, 귀족(백작).

이 있다. 북청사변(北淸事變)[270] 출정 장교에게 노획(鹵捕)의 혐의가 있다, 그 집 가택수색에서 말굽은(馬蹄銀)이 발견되었다 등의 소문이 있었다.

일러전쟁 당시에 러시아의 스파이를 죽인 사건, 다이쇼 시대로 들어가면 지멘스 사건,[271] 다이쇼 말기 가토(加藤) 내각의 진품(眞品) 문제, 쇼와 초기 다나카(田中) 내각의 매훈(賣勳) 사건 등등. 다른 사람의 신상에 얽힌 소문이 많이 나돌았다. 훨씬 최근에는 고노에 공(近衛公)[272]의 신상에 관한 것부터 시정(市井)의 한 범죄자에 이르기까지 이런저런 유언이 있는 등 다른 사람에 대한 소문을 정말로 좋아하여, 그리고 그것에 그럴싸한 내용이 붙여져서 세상에 흘러가는 것이다.

다른 사람들의 소문을 넘어서게 되면, 정당·회사·시정촌(市町村) 등의 자체단체 등 단체들 간의 진흙탕 싸움에 이용되는 유언도 있지만, 더욱 커지면 한 나라를 상대로 하는 선동 목적의 데마도 있다.

영·미가 어떻게 데마를 반복했는지는 별도의 장에서 서술하겠지만, 우리가 가까이에서 느낀 한 사례를 설명해보면, 작년의 성냥 품절 사건을 들 수 있다.

"성냥이 없다."

당황한 일부 사람들이 매점하여 사재기를 하러 돌아다녔다. 때문에 일부 사람은 완전히 매우 곤란해져 버렸다. 그 진상은 적국 관계자가 매주문(買註文)을 하고 데마를 날렸기 때문에 보기 좋게 걸려든 것이었다. 이 유언도 '성냥은 모두 지나에 주어버렸기 때문이다'는 등 그럴싸하게 말이 전해졌다.

유언은 점차 확대된다

역시 간토 대지진 당시의 유언이 적합한 예이다. 습격해온 ×인의 수가 때로는 20명이라고

---

270 북청사변: 청나라 말기인 1900년에 중국 화베이(華北) 일대에서 일어난 농민투쟁인 '의화단(義和團) 사건'을 말한다.
271 지멘스(Siemens) 사건: 독일 지멘스사의 일본 해군 고위관료에 대한 뇌물 사건. 1914년 1월에 발각되었으며, 제1차 야마모토(山本) 내각의 총사직으로까지 이어졌다.
272 고노에 후미마로(近衛文麿, 1891~945): 정치가, 귀족(공작). 귀족원 의장, 추밀원 의장, 내각총리대신, 외무대신, 척무대신, 농림대신, 사법대신, 국무대신, 대정익찬회(大政翼贊会) 초대 총재 등을 역임했다.

하고 30명이라고도 하고, 혹은 200명, 300명 등 장소에 따라 때에 따라 구구해서 2천 명까지로 발전하였다. 모두 각기 유언을 전하는 이에 의해 만들어지고 크게 과장된 수치라는 것은 의심할 여지가 없다.

재해의 진상 등에 대해서도 간토가 전멸되었다고도 하고, 황거(皇居)가 불에 탔다고도 하고, 또 오시마(大島)가 함몰되었다고 하는 등의 과장된 상황이 거리가 떨어져 있는 것에 비례하여 정도가 증폭되어 전해졌다. 베를린 부근에서는 "사체(死體)가 거리에 겹겹이 쌓여 있고 전염병이 유행하지만 손을 쓸 수 없기 때문에 사체는 불 속에 던져지고 있다. 약탈자는 닥치는 대로 사살한다. 야마모토(山本) 수상은 암살당하고, 정우회(正友會) 간부 30여 명은 회의 중에 압사(壓死)당했다. 이치가야(市ヶ谷) 감옥이 개방되고 사회혁명의 조짐이 있다. 오시마는 함몰되어 사라졌다" 등등으로 9월 6일경에 소문이 났다고 한다.

개연형(蓋然形)이 단정형(斷定形)이 된다

전혀 근거가 없거나, 또는 취할 만하지도 않은 일인데 듣는 쪽에서 감정의 옷을 입혀 길러내는 것이기 때문에, 처음에는 불확실한 언어로 뿌려진 싹도 뒤에는 확실한 언어로 바뀐다. 처음에 그럴 것이라는 말이 그런 것 같다는 말이 되고, 마지막에는 그렇다는 말로 바뀌어버리는 것이다.

진재 당시 모리타 마사타케(森田正馬)[273] 박사가 이웃 사람에게 ×인 방화 등 믿을 수 없는 일을 설명했는데, 그 사람은 "논리보다는 증거, 경찰에서 ××의 폭탄이 몰수된 것은 아닐까"라고 말하였다. 그런데 이 사람 자신도 그 몰수품을 본 것은 아니었다. 또 들은 이야기를 사실인 것처럼 말하고 있는 것이다. 유언에서는 그럴 듯하게 '봤다'고 하더라도, 따지고 보면 실제로는 누가 봤는지 알 수 없다. 실제로는 누구도 정말로 본 적이 없는 것이다.

현재 각 부·현(府縣)에서는 쌀이 현 밖으로 반출되는 것을 금지하고 있다. 그것과 관련해서 다음과 같이 말한 사람이 있었다.

전차 속에서 할머니가 커다란 보자기로 싸서 가지고 있었는데, 함께 탄 순사가 이상해서 조

---

[273] 모리타 마사타케(森田正馬, 1874~1938): 의학자(정신과, 신경과). 심리학, 법학, 경제학에도 정통했다.

사했어요. 그랬더니 쌀 봉지와 떡이 나온 겁니다. 시골에서 선물로 받아 왔다고 해요. 그랬더니 순사가 떡은 남겨두고 쌀을 가지고 가버렸어요.

그러나 잘 들어보면, 이 또한 들은 이야기이지 직접 본 이야기는 아니었다. 이론적으로는 어떻든 끄덕일 수 없는 이야기인 것이다. 법규를 힘써 지키려는 순사라면 이 노파를 경찰로 연행해야 할 것이다. 온정을 보인 것이라면 쌀만 압수한 것은 이상하다. 쌀만 압수해서는 정식으로 처리할 수 없는 것이다. 순사에게 뭔가 냄새가 난다고 생각하지 않을 수 없다. 순사가 문제가 없다면 이야기 그 자체가 문제인 것이다. 옛날 오오카에치젠노 가미(大岡越前守)[274]가 돌로 된 지장보살(石地藏)을 묶었다는 이야기가 있는데, 지금 세상에 이런 이야기가 통할 리 없다. 유언의 단정성에는 이렇게 애매한 점이 있다는 점은 피할 수 없다.

언젠가 도쿄의 모 구내에서 영구(靈柩) 자동차가 빈번하게 지난다. 더구나 장송자(葬送者)의 행렬 같은 것도 보이지 않는다. 처음 1~2대는 파출소의 순사도 이상하게 생각하지 않고 통과시켰지만, 뒤이어서 계속 제법 왔기 때문에 마침내 이상해서 멈추도록 하였다. 그리고 차 안을 조사해 보자 영구차 속에는 교묘하게 위장한 쌀 포대가 가득 쌓여 있었다.
시골 농부 같은 노인이 등에 어린아이를 업고 우에노역(上野驛)의 플랫폼을 나왔다. 역에서 거리로 나오자 심하게 부는 바람이 어린아이의 모자를 날려버렸다. 살펴보니까 모자 아래에는 특별히 어린아이의 머리로 보이는 것이 없었다. 그래서 역 구내의 순사가 이상하게 생각하여 파출소로 연행해서 조사해보니, 등의 어린아이로 보였던 것은 교묘하게 위장한 쌀 포대였다.

이것도 실제로 본 이야기처럼 말해졌지만, 누군가가 실제로 봤다면, 그렇다면 사실은 과연 어떻게 되었을까 확실한 것은 알 수 없다. 유언에 필연적인 말장난이 다소간 포함되어 있을 것이기 때문이다.

---

[274] 오오카 에치젠(大岡忠相, 1677~1752): 에도시대 중기의 막신(幕臣)·다이묘. 니시오히라번(西大平藩)의 초대 번주.

3) 유언은 질주한다

계속 성장하고 있는 유언은 동시에 튼튼한 다리로 달린다. 그것은 대단한 질주이고, 또 대단한 속력이다. 통신기관으로는 무선전신, 교통기관으로는 비행기라는 속력의 왕좌를 차지하고 있는 문화를 만들어낸 오늘날이지만, 그 어떠한 것에도 의존하지 않으면서 이상한 전파력을 보여주는 것으로는 가장 먼저 유언을 꼽을 수 있을 것이다.

간토 대지진 당시의 어느 처참한 유언에 의하면, 물론 정확한 것은 알 수 없지만, 9월 1일 저녁 무렵에 발생한 것과 대부분 각 방면의 견해는 일치하고 있는 듯하다. 사실 그때 우리 도쿄에 있던 사람은 그런 것은 꿈에도 생각하지 않았다. 다음 날인 2일 낮에 곳에 따라서는 청년이 칼을 들고 소동하고 있는 것을 보았는데, 무엇인가 이해할 수 없는 것이 있었다. 그런데 저녁 무렵에는 이미 간토 일원에 완전히 유포되어, 완전히 죽창(竹槍) 무장(武裝)이 생겨났던 것이다.

오사카나 각지로 보내진 것은 통신기관에 의한 것도 있었을 테지만, 간토 일원에서는 전혀 어떠한 기관에도 의존하지 않았다. 전화도 우편도 통하지 않았기 때문이다. 게이힌(京濱)[275] 사이를 왕복하며 바삐 돌아다닌 사람이 있을지도 모르지만, 그러한 경우가 다수일 것이라고는 생각되지 않는다. 결국은 역시 구전(口傳)이다. 그렇다 해도 그 속력의 크기는 경탄할 만한 것이었다.

1918년(大正 7) 쌀 소동을 예로 들어보아도 이 일은 수긍이 간다. 도야마현(富山縣) 나메가와쵸(滑川町)의 여자들이 쌀가게 앞으로 들이닥친 것이 8월 6일이었다. 그러자 이미 벌써 다음 날 전국적으로 파급되었다. 교토·오사카·고베·나고야·도쿄 등이 특히 심하여, 쌀가게를 파괴하기도 하고 방화하기도 하고 약탈하기도 하는 등 수일간에 걸친 소동을 야기하였다. 오사카 같은 곳은 경관이 감당하지 못하여 군대까지 출동해서야 점차 진정될 수 있었던 상황이었다.

당시를 돌아보면 감개무량하다. 나메가와쵸에서 여성이 강하게 호소했다는 신문 보도를 본 날 저녁에 외출을 하자마자 벌써 도쿄 시내에는 턱 끈이 굳어진 경찰관이 거리를 굳게 지

---

[275] 게이힌(京濱): 도쿄와 요코하마(橫浜) 사이.

키고 있어서 우리는 자기가 탄 전차가 언제 습격당할지도 몰라서 흠칫흠칫하면서 집으로 돌아갔다.

눈앞의 사실을 예로 보아도 그렇다. 금년 2월 1일 의류티켓제가 실시되었다. 그러자 '종이도 티켓제가 된다'는 유언이 빠르게 횡행하였다. 전날까지 도시 전체의 종이 가게 앞에 산더미같이 쌓여 있었던 휴지가 금세 자취를 감추고 말았다. 누가 지령한 것도 아니다. 누가 전령(傳令)한 것도 아니다. 순전히 유언의 속력이 장난이다. 의류티켓과 휴지는 대체로 어떤 관계가 있어서 이런 유언이 만들어졌을까. 완전히 근원을 캐내는 것이 가능하다면, 아마 한 자리의 라쿠고(落語)[276]가 만담 재료의 씨앗이 될 수 있는 기묘한 괴물 같은 이야기다. 그리고 그것이 그냥 웃어넘길 문제가 아니기 때문에 곤란하다.

4) 유언은 파괴한다

유언은 그저 확대되어 전파되는 것만은 아니다. 종국에는 파괴에까지 도달한다. 아래로는 개인의 생명·재산에서부터 위로는 한 나라 한 민족의 운명까지도 좌우하기에 이른다.

유언의 강박

유언은 군중 심리의 법칙에 따라서 인간에게 암시를 걸고 모방을 시사한다. 이것이 사람의 내심에 숨어 있는 이기적 욕망이나 공포심과 연결되어 강하게 그 행동을 강화한다. 이렇게 되면 이미 단순한 암시나 모방이 아니고, 일종의 강박이다. 지력(智力) 저하를 동반하여 판단력을 상실하여 그저 행위로 전후를 보지 않고 돌진하지 않을 수 없다.

강박 행위는 신경증 환자에게 잘 나타나는데, 상당한 내성[277]을 동반하는 것이 있다. 예를 들면, 더러운 것에 대한 공포에서 오는 결벽증 환자는 자주 손을 씻는다. 반복해서 다섯 번이고 열 번이고, 어느 정도 횟수까지 씻지 않으면 마음이 진정되지 않는다. 자신도 그것이 쓸데

---

[276] 라쿠고(落語): 무대 위 방석에 앉아 대화체를 중심으로 등장인물이 혼자서 역할을 나누어서 연기한다. 부채나 손수건 등 소도구로 몸짓, 손짓으로 두 사람 역할을 하는데, 전반적으로 우스꽝스러운 스토리를 이야기해 나가며 마지막으로 결말을 짓는 만담예술 요세게에(寄席芸)의 하나이다.

[277] 원문은 '内省'으로 되어 있는데, '耐性'의 오기로 보인다.

없는 일임을 알고, 하고 나서는 언제나 후회한다. 이런 것은 그만두지 않으면 안 된다고 고민하고 반성하고 노력하면서 또다시 손 씻는 일을 반복한다.

그러나 오늘의 유언에 몹시 동요한 사람은 자랑스럽게 차려입은 인텔리 부인이라 해도 이만큼의 반성이나 고민조차 있을까? 물건이 없어지고, 그것을 사재기하지 않으면 유언에 강박당하여 자기가 국민으로서의 자살 행위를 하고 있다는 것을 백분의 일도 생각한 적이 없을 것이다. 아오야마(青山) 거리에서[278] 다수의 사람들이 줄지어 가는 것을 보고, 마침 지나가는 아가씨가 뭔지 모르지만 자신도 사지 않으면 안 된다고 생각해서 뒤를 따라갔더니 마침 장례식이어서 깜짝 놀랐다는 이야기가 있다. 과연 이야기의 진위는 알 수 없지만, 강박당하는 이의 심리를 잘 보여준다.

생활의 파괴

세상 사람들이 다른 사람의 소문을 좋아하고 말하고 싶어 하는 것은 앞에서도 말했지만, 이 사람에 대한 험담이 얼마나 개인의 생활을 잔혹하게 파괴할지에 대해 좀 더 생각할 수 있다. 여배우 ××××의 스파이 총살 운운의 유언으로는 당사자도 곤란해졌던 것 같다. 특히 지명인(知名人)은 이러쿵저러쿵, 그것도 좋은 말이 아니라 나쁜 말을 들으니 견딜 수 없다. 신문에서 한 번 나쁘게 써진 것은 뒤에 교정하는 기사가 나와도 최초 기사의 인상을 사람들의 머릿속에서 삭제하는 것은 대개가 도저히 불가능하다.

지방적인 유언으로 기쓰네모치(狐持)라든가 이누가미모치(犬神持)[279]라는 것도 이러한 잔학함을 잘 보여준다. '저 집은 기쓰네모치다'라는 풍평(風評)을 들을 수도 있기 때문에 갑자기 마을 안에서 관혼상제(冠婚葬祭)의 교제를 모두 폐하자, 고민한 나머지 자살한 것으로 보이는 사건도 있었다.

전후에 한 어부의 딸이 돌연히 미쳐가기 시작하여 몇 마치(町) 떨어진 어느 집의 처마 앞까지 달려가 쓰러졌다. 이런 일이 두 번 있었기 때문에 모(某)는 갑자기 개귀신이 씌었다는 풍평

---

[278] 아오야마 거리(青山通り): 도쿄도(東京都) 지요다구(千代田区)에서 동쪽으로 시부야구(渋谷区)까지의 구간을 통칭한다.
[279] 이누가미모치(犬神持): 개귀신잡이. 개귀신에 씐 집을 말하는데, 사람에게 해코지를 한다고 믿었다. 주로 서남부 일본에서 전해지는 미신이다.

이 퍼졌다. 그의 누이는 상당한 명망가인 촌회(村會) 의원의 집으로 시집을 갔지만, 곧바로 이혼하고 돌아와 일가의 비탄이 극에 달하였고, 명예훼손의 고소를 제기하였다. 사실 위의 아가씨는 본래 정신병자라서 때때로 미쳐서 나가는 성질의 사람이었던 것이다. 이와 반대로 처녀가 시집가기에 앞서 기쓰네모치라는 말이 나왔기 때문에 울면서 부모와 자식의 인연을 끊었다는 참담한 이야기도 있다. 이러한 종류의 이야기가 지방에 가면 좀처럼 적지 않다.

경제의 파괴

유언의 이러한 파괴성은 차츰차츰 나타난다고도 할 수 있다. '종이가 티켓제가 된다', 이 유언 때문에 일부 사람이 사재기에 관련되어 금세 종이가 없어졌다. 있어야 할 종이가 없다. 그렇다면 실은 얼마나 있어도 부족한 것이다. 더구나 모든 사람에게는 돌아가지 않는다. '종이는 티켓제가 실시되지 않습니다'라고 종이가게 앞에 붙인 종이가 열심히 방어해도 효과가 있을 리 없다. 유언에 넘어간 사람이 스스로 배급 기구를 파괴해버린 것이다. 바로 자살적 행위라고 할 수 있다.

간토 대지진 당시 9월 3일인가, 센쥬(千住)의 운송조합에서 보관 중인 재목 약 40만 원어치를 이재민에게 무료로 분배한다는 유언이 있었다. 그래서 군중이 마구 몰려와서 닥치는 대로 운반해 나갔지만, 그중에는 이재민이 아닌 사람까지도 혼잡한 틈을 타서 도둑질을 했다. 후에 검거된 사람이 3천 명 이상이었다고 한다.

나만 좋으면 된다는 벌레 같은 욕심, 이것이 유언과 연결되어 작동하면 어떤 훌륭한 경제 조직이라도 금세 파괴되어 버리는 것이 확실하다. 일반인은 사재기하고 여기저기 다니며 사 모은다. 상인 측에서는 팔기를 꺼린다. 서로 적이 된 대항(對抗)으로서는 세상이 짜증날 뿐이다. 총후(銃後)의 교란을 목적으로 하는 적의 데마가 파고드는 것은 실로 이 간극이다.

일본에는 지금 달걀이 없다. 연합군이 매점했기 때문이다.

이러한 종류의 경제적 데마가 지금 유력한 파괴력을 발휘하려 하고 있다. 가장 밀접하고 절실한 문제만으로 곧바로 머리에 핑하고 와서는 사람을 낭패하게 하는 힘을 가지고 있기 때문이다.

일본은 극도의 식량난으로 폭동이 일어나려고 한다.

상해(上海) 근처에서는 이런 유언이 퍼져서 재류민으로 하여금 우려하게 만들었으나, 이러한 유언에 넘어가 동요하는 것이 어떻게 우리 전력을 약화시키는가를 우리는 깊이 경계해야 한다.

사회의 파괴

다이쇼의 대지진 당시 화재에 관한 유언 소동이 얼마나 흉포성을 드러냈던가. 거듭 기술한 대로 오늘 회상하는 것만으로도 가슴이 답답해지려고 한다. 자경단(自警團)의 활동은 이름은 자경(自警)이어도 실은 파괴 행동이었던 것이다. 유언에 넘어간 인간의 행동은 반성도 책임도 없기 때문에 사회를 얼마나 엉망으로 만들지 모른다. 특히 혁명적 폭동에서 그래서 새삼스레 예로써 증명할 것까지도 없다.

무용(無用)의 파괴

그래서 더욱 주의하고 경계해야 할 것은, 이러한 폭동에서는 쓸데없는 유혈이나 파괴를 감행한다는 것이다. 진재에 대한 유언은 ××나 사회주의자 등을 노리고 퍼진 것이지만, 실제로는 어떠한 죄과(罪咎)도 없는 양민이나 어린아이까지가 비참한 상황을 겪는다. 더구나 그 경우 이런 실수는 당연한 것으로 여겨져서 조금도 군중의 양심을 자극한 적이 없었다.

메이지 이래의 성대(聖代)에서도 일러전쟁의 강화 조건에 분개한 소타(燒打) 사건이나 1918년(大正 7)의 쌀 소동이나 꽤 빈번했던 폭동 사건을 일본인은 경험하였다. 이러한 때에는 대체로 전차가 불에 탔던 것은 우습게도 이해할 수 없는 느낌이다.

관헌에 대한 반감으로 파출소가 무너지기도 하고, 언론에 대한 반감으로 신문사가 파손되기도 한 것은 수긍되는 점도 있지만, 시내 전차에 이르러서는 필시 아무런 죄도 없다. 그저 무관심하게 달리고 있다는 점이 군중의 비위에 거슬리고, 느릿느릿하다는 것이 공격 대상으로 적당했을 것이다. '어이!'라는 성난 부름으로 금세 엉망진창이 되었다.

전차만이 아니다. 아무도 모르는 상가 등이 마침 그 근처에 있다는 것만으로 역시 날벼락

(傍杖)²⁸⁰을 만난 것이다. 그리하여 군중의 정의감이나 우월감이 만족된다. 군중의 울분을 터뜨릴 곳을 찾기 위해 일부러 쓸데없는 것을 파괴하는 것이다. 파괴성의 거칠고 사나운 위세(暴威)는 정말로 무섭다고 할 수 있다.

파괴 목적의 데마

자연적인 유언 그 자체이므로 이 가운데에 섞여 들어 횡행하는 전략적·인공적인 유언은 오히려 더욱 파괴성을 드러낸다. 그것들은 어떤 첩보(諜報)를 취함과 동시에 총후를 파괴할 것을 목적으로 한다. 그리고 목적을 위해 교묘하게 호기심이나 공포심을 조장하도록 만들어지는 것이므로 한층 인심에 올라타기 쉽다.

모 국군의 비밀병기는 대단한 파괴력을 가지고 있으나, 모 국군 자신조차 잘 다룰 자신이 없어서 실제 경험조차 하지 않았을 정도이다. 이것을 실전에 사용할 리는 없을 것이다.

이러한 일이 중립국 사람들의 입을 통해서 '비밀이지만'이라는 전제 아래 속삭여진다. 이것은 적국 인심에 대해 대단한 공포를 품도록 하는 효과가 있다.

1940년 5월 수백 대의 독일 비행기가 3개 사단의 낙하산 부대를 네덜란드에 하강시켜서 먼저 비행장을 점령하였다. 그때 군대가 하늘에서 내려온다. 독일 병사가 네덜란드 정규 군인의 복장을 하고 있다는 데마로 인해, 네덜란드 국내에서는 대공황이 오고 진짜 네덜란드 군까지 사격하는 이성을 잃는 태도를 보였다.

네덜란드인은 정말로 유언 모략에 넘어간 것이었다. 지나나 버마의 민중도 이런 종류의 선전에 번번이 괴로움을 당하였다. '일본군이 오면 따돌림 당한다.' 이 악랄한 데마에 현혹되어 급히 서둘러 도망친 민중이 대단히 비참한 고통을 맛보고, 도리어 늦게 도망친 자가 황군의

---

280 소바즈에(傍杖): 싸움 옆에 있다가 휘두르는 지팡이로 얻어맞는 것. 즉 자신과 무관한 일로 뜻하지 않는 재난을 당하는 것.

온정으로 소생할 것 같은 느낌이 들었다는 사실이 많았다고 한다.

유언의 종국은 파괴이며 큰 손실을 끼치는 것이라는 점을 생각해보면, 눈앞의 욕망이나 손득(損得)에 얽매이지 말고 그것에 넘어가는 것을 힘써 막아야 한다는 점을 잘 알 수 있을 것이다.

6. 패전국은 유언으로 앓고 있다

전시하 국민에게 유언은 절대적으로 금물이다. 그러나 전쟁 목적에 대해 국민의 자각이 부족한 경우, 또 예를 들어 그 자각이 있다 해도 전쟁의 효과가 더한층 희망을 갖지 못할 경우, 이러한 때에는 자칫하면 유언에 넘어가기 쉽다. 그리하여 그 유언이 더욱이 국민의 사기를 저하시키는 데 기여하여 점점 패전에 박차를 가하게 된다.

지금의 미국과 영국 진영을 보아도 좋다. 패전을 호도하는 정부, 그것을 암중모색하는 국민, 이 양자의 혼란의 소용돌이 속에서 유언의 물결이 머무를 곳을 몰라서 역류하여 돌아다니고 있다. 물론 적측의 정세이므로 확실한 것은 알기 어렵지만, 여러 통신 기자의 헌신적인 노력으로 제3국을 통해 획득된 정보만 봐도 충분히 짐작이 간다.

1) 미국

먼저 미국이 12월 8일 개전하자마자 하와이가 강습(強襲)을 당하여 태평양 함대의 주력이 격멸당한 것은 자만했던 미국 국민에게 분명히 심대한 충격을 주었다.

미국으로부터의 전보와 방송은 국내의 혼란 상황을 시시각각 전해왔다. 특히 크게 클로즈업해서 묘사된 낭패한 장면으로는 다음과 같은 것들이 있다.

샌프란시스코 사건

일·미(日米) 개전 당일인 8일, 샌프란시스코지구 방공사령관 라이언즈 준장(准將)은 국적 불명의 비행기가 샌프란시스코를 목표로 밀어닥쳐 오고 있다고 방송, 시민들에게 경고를 내렸다. 이 때문에 시내는 일제히 소동이 일어나, 가파른 언덕투성이의 시내는 벌집을 쑤셔놓은 듯이 시끄러워졌다.

어쨌든 1906년의 대지진에서 호되게 당한 샌프란시스코 시민은 근대전(近代戰)의 참화에 대해 다른 마을의 사람보다도 몇 배나 통절한 예감을 가지고 있기 때문에, 그 혼란스러움은 상상하기 어렵지 않다. 게다가 저녁 6시 20분 사이렌이 요란스럽게 울려왔다. 방공 훈련도 없어서 어차피 피난 갈 방법이 없던 시민들은 앞 다투어 탈 것을 구해서 사방의 좁은 도망로(逃路)로 쇄도하기 시작하였고 금세 교통사고로 아수라장이 전개되었다.

도로의 구석구석에 배치된 교통 순사 또한 큰일이라고 보아 임의로 비상시 권능을 행사하여 권총을 휘두르고 고함치며 돌아다니다가, 결국 한 노파를 노상에서 쏴서 거꾸러트린 사건까지 일어났다. 7시 30분, 잠시 경보(警報)는 해제되고, 시민이 잠시 정신을 차리려던 참에 또다시 경보 사이렌이 울렸다. 이번은 시내와 부근 라디오 방송까지 뚝 그쳤다. 거기에다 멀리 콜롬비아 방송국에서는 라이언즈 준장의 발표를 윤색하여 국적 불명의 선단(船團)과 50대의 비행기가 서쪽에서 샌프란시스코로 접근하고 있다고 방송하였다. 게다가 밤하늘은 탐조등(探照燈)의 빛살로 굉장한 만다라(曼陀羅) 모양을 만들어냈다. 시민들은 경보 해제 때까지 한 시간 남짓을 지하실에서 살아있다는 느낌도 없었던 듯하다.

그러나 다음 날인 9일 당국 발표에 의하면, 위의 괴비행기는 미국 공군이 방공(防空) 연습을 한 것으로 판명되었다. 시민들은 허둥대던 방공 당국과 자신들의 공포를 비교해보고는 망연자실했을 뿐이었다고 한다.

뉴욕의 공습 사이렌

세계 제일의 인구 8백만과 숲처럼 쭉 늘어선 마천루를 자랑하는 뉴욕시는 9일 밤 돌연 공습경보를 맞이하여, "대서양 방면에서 대규모 편대(編隊)의 적기(敵機)가 임박하고 있다. 2시간 내에 도착할 거리에 있다"라는 방송이 미국 정부 당국으로부터 있어서 시민을 긴장시켰다. 이른바 뉴욕은 인구 3백만의 맨해튼 구(區)를 가리키는 것이다. 맨해튼 구는 화강암으로 이뤄진 작은 섬으로서 대륙으로 나가는 도로는 다리와 해저터널과 소수의 거룻배뿐이었기 때문에 피난 갈 가망은 거의 없어서, 여력이 될 것 같지 않은 군의 방공력(防空力)에 기대어 숨을 돌릴 수밖에 없었다.

산호세의 괴기대(怪機隊)

9일 미국의 NBC 방송국은 캘리포니아주 산호세시 상공에 두 편대로 이루어진 적의 공군이 나타났다고 미 전역에 방송하였다. 산호세는 태평양에서 6마일 떨어진 오지(奧地)에 있어서 부근에는 군용기를 제작 중인 큰 공장이 많았으므로 임시변통으로 관헌과 종업원이 방공(防空)에 기를 쓰고 떠들어댔다. 이 정도로 근거 없는 데마로 혼란을 초래한 것은, 결국 패전으로 전 미 국민이 부들부들 떨었다는 증거이다.

1929년의 어느 유명한 패닉인데, 큰 뉴욕이 문자 그대로 혼란의 도시로 변했다는 것은 너무나도 유명한 일화로서 작금의 혼돈 상태도 그에 못지않다고들 한다.

국민의 이러한 혼란에 더하여 스타크 작전부장 등을 패전의 책임자로 군법회의에 부쳐야 한다는 의견이 나온 것을 보면, 필시 스타크 파가 반대파를 비방하고 적발하는 데에 열중했을 것으로 예상된다. 지금 패전국 미국은 군·관·민이 서로 연대하여 망국의 길을 걷는 게 아닌가 하는 소문이 돌기 시작하였다.

(부에노스아이레스, 12월 1일발, 《도쿄니치니치신문(東京日日新聞)》)

개전 벽두부터 이러한 소동이다. 잡다한 민족의 집합세대(集合世帶), 게다가 무턱대고 크기만 하고 통일이고 뭐고 없이 자유주의나 이기주의의 비애국적인 사상으로 아주 해이해진 인간의 둥지가, 금세 뒤숭숭하게 떠드는 정세가 눈앞에 보이는 듯하지 않은가.

유언에 춤추는 미국인의 추태

13일 샌프란시스코에서 온 전보에 의하면, 이 도시의 공습경보는 여전히 엄중하기 그지없어서 야간 등화관제(燈火管制)가 발령되자 전전긍긍하던 시민들이 일제히 소등해버렸기 때문에, 그 사이 각 공장은 물론 시의 활동이 완전히 마비되어 버린 상태이다. 12일에는 또 국적 불명의 비행기가 샌프란시스코 상공에 날아와서 조명탄을 투하했다는 유언까지 나와서 시민은 대소동을 연출하고, 경관은 '그것이 제5부대이다'라며 유언비어의 불씨를 찾아내려고 기를 쓰고 있다.

(리스본, 12월 13일, 《동맹통신(同盟通信)》)

마음에 걸리는 '일본군 상륙'

개전 2주기를 맞이한 하와이는 일본 공군의 공습에 겁을 내면서 한숨 돌린 상태이다. 이곳에 전달된 정보에 의하면, 하와이 제일의 호화로움을 자랑한 로열 하와이안 호텔은 매일 밤 등화관제로 캄캄해지고 달도 없는데, 배에서 올라온 살아남은 수병(水兵)들의 랑데부 장소가 되어 버렸다.

시내는 가솔린 통제로 15일부터 자동차 한 대당 1개월에 10갤런의 가솔린밖에 배급되지 않아서 자동차의 왕래가 부쩍 줄었어도, 군 당국도 하와이 정청(政廳)도 호놀룰루 시민의 사기는 자못 왕성하다고 거듭 선전하였다. 그러나 '일본군이 대거 하와이에 상륙'이라는 유언은 끊임없이 퍼졌고, 그때마다 시민은 이루 말할 수 없는 두려움에 놀라서 염전(厭戰)의 기분이 알게 모르게 민중의 마음속에 파고들고 있다.

(리스본, 12월 17일발, 《동맹통신(同盟通信)》)

유언은 단순한 소문으로 그치지 않고, 변형과 과장을 더해 다시 민심에 심각한 영향을 미친다. 다음 보도도 그것을 뒷받침해준다. 미 국민은 패전에서 비롯된 유언에 스스로 겁을 먹어서 그것이 누적되어 절망감, 염전감(厭戰感)으로 정부를 신뢰하지 않는 염려가 고조되고 있다.

다종다양한 풍설

연이은 동아(東亞)의 패전에서 미·영 양국 정부는 극도로 낭패를 보아 루스벨트와 처칠이 직접 나서서 퇴세(頹勢)를 만회하기 위한 공작에 기를 썼지만, 모든 것이 손을 쓰기에는 너무 늦은 감이 있었다. 이 때문에 워싱턴 방면에는 진위가 뒤섞인 다종다양한 풍설이 유포되어 패전 진영의 민심을 마구 돋우었다. 그 두세 가지를 소개하면 다음과 같다.

다시 말해서 한때 처칠의 워싱턴 방문에 답하여 루스벨트의 런던 방문이 그럴듯하게 전해질 수 있다고 생각하고, 이번에는 스탈린의 북극을 경유한 워싱턴 초청설까지 나오는 방식, 아무리 그래도 추운 곳이라면서 그 설이 사그라지더니 최근에는 또 루스벨트의 알라스카 또는 리우데자네이루 방문설이 솔솔 나왔다.

또한 다른 한편으로는 지난여름 대서양 바다 위의 양웅(兩雄?-원문)의 회견 형태로서 처칠과의 플로리다 낚시여행까지 양키 취향으로 각색되어 소문이 났다. 이제는 루스벨트가 누구를 만나도 계속 들춰내겠지. 인간은 남에게 낙오당하고 싶지 않은 법이다. 과연 미국 신문도 언어 통제의 수갑과 족쇄가 채워져서 예의 뉴스-멍거(정보 낚기)[281] 질도 산뜻하게 발휘할 수 없어 소리를 죽이고 있지만, 민중의 입천장까지는 어찌할 수 없다. 소문은 입에서 입으로, 귀에서 귀로 전해져서 혼란은 의심이 의심을 낳아 한층 더 상층부를 신뢰하지 않는 상황으로 가게 된다.

(리스본, 12월 12일발, 《요미우리신문(讀賣新聞)》)

워싱턴은 유언의 거리

17일 워싱턴발 전보에 의하면, 루스벨트 대통령은 같은 날 워싱턴은 지금 유언의 항구가 되었다고 다음과 같이 말하였다.

위싱턴은 지금 하나의 큰 유언 제조소가 되어 버렸다. 그 일례는 노스쿠스 해군장관의 진주만 사건 보고가 진상을 전하고 있지 않다는 것인데, 이와 같은 유언은 멍텅구리 같은 것이다.

(부에노스아이레스, 2월 18일발, 《동맹통신(同盟通信)》)

미국에 유언이 횡행

국적 불명의 괴비행기가 미 태평양 연안을 공습했다는 보도는 일본 잠수함의 포격에 이어서 일어났을 뿐인데, 미국 시민을 공포의 구렁텅이로 떨어뜨렸다. 여기에서 한 가지 의문이 대두되어 여러 가지 설이 만들어졌다. 로이터 통신은 〈이것은 최초의 미 본토 공습인데 정말 기괴하다〉라고 제목을 달고 다음과 같이 보도하였다.

샌프란시스코 경비군 당국에서는 25일 미명(未明)에 태평양 연안의 방비군(防備軍)이 국적 불명의 비행기 습격에 대해 일제히 고사포(高射砲)를 발포했다고 발표하였는데, 각지에서 오

---

[281] 멍거(monger)란 시시한 일 따위를 세상에 퍼뜨리는 사람을 말한다.

는 보고는 제각각이어서 전혀 일치하지 않는다. 바로 확보할 수 있도록 노력하고 있다. 같은 지역에서는 국적 불명의 비행기 편대가 발견되자 경보와 동시에 경비사령관의 명령이 한 번 내려지자 곧바로 등화관제를 실시하였다. 조금도 편대를 인식하지 않고 포탄의 투하도 없어서 한 대도 추락하지 않았다고 추가로 발표하였다.

한편 지방 신문은 이 국적 불명의 비행기가 로스앤젤레스 교외에서 발견되었다는 것은 전시하에서는 있을 수 있는 일이지만, 이 비행기가 36km의 항행(航行)에 30분 이상 걸렸다는 사실로 보아 그 기괴한 하늘의 괴물은 아마도 적국의 소형 비행선으로 생각된다고 공포 섞인 보고를 하였다. 또한 다른 지방지는 습격해오는 것과 동시에 미 공군기는 곧바로 기지를 날아올라 응전했는데, 감시병의 말에 따르면 서치라이트로 떠오른 편대는 분명히 미국 비행기였다.

군부에서는 이 기괴한 점에 대해 각 방면에 걸쳐 정보 수집에 정신이 없지만, 워싱턴에서 노스쿠스 해군상이 25일 기자단과의 회견에서 해군당국에 보낸 전보는 "로스앤젤레스 상공에 일본기가 나타났다는 보도는 오보이다"라는 보고뿐이었다. 내가 이해하는 한 25일 아침 로스앤젤레스 상공에서는 비행기의 자취를 인식하지 못하였고, 미 공군 정찰기는 태평양 연안을 광범위하게 걸쳐서 정찰을 계속 행하는 중이라고 말하였다. 이 파문은 공포와 뒤섞여서 미국 전국으로 퍼졌다.

(상해, 2월 26일, 《아사히신문》)

신경전에서도 일본이 승리

미국 진영의 혼란한 상황에 대해 《요미우리신문》 부에노스아이레스 특파원이 국제전화로 다음과 같이 전하였다.

본사: '서해안이 공습당한다'고 하여 미국은 대소동인 듯한데, 진상은 어떠한가.

요시다(吉田) 특파원: 아직 모른다. 백악관의 방송이 있고 얼마 지나지 않아 노스쿠스 해군장관이 "로스앤젤레스의 공습은 사실은 아니었다. 지난밤에는 로스앤젤레스 상공을 비행기가 난 사실도 없다. 적어도 적기는 비행하지 않았다"라고 힘주어 부정했다. 그러나 이어 서부방위사령부(西部防衛司令部)가 코뮈니케를 발표하여 "로스앤젤레스 부근 각지에서는 25일 오전 2시를 지나 상공에서 적기를 확인하여 동 25일부터 등화관제를 실시했다. 보고는 아직 구구해서 최선을 다하고 있지만, 진상 파악은 어렵다. 단, 폭격 사실은 없고, 격추시켰다는 보고도 접하지 않았다"고 반박했다.

게다가 이곳에 도착한 로스앤젤레스의 UP통신에 따르면 노스쿠스는 부정하고 있지만, 이는 노스쿠스의 잘못이라고 단정하고 목격담을 실었다.

그것에 따르면 같은 날 저녁 폭음으로 뛰어나가 보니 서치라이트가 뒤틀리고, 제1회의 편대는 로스앤젤레스 해안 근처 남쪽으로 날아갔다. 이윽고 한참 동안 고사포 쏘는 것을 들었다. 제2회의 편대가 나타났을 때 로스앤젤레스는 완전히 공습관제(空襲管制)에 들어갔다는 것이다.

또 한 사람의 목격자는 제2회의 편대가 상공을 날고 있을 때 잔교(棧橋)에서 일본인 한 사람이 체포된 것을 보았다. 제2회 편대는 해안선에서 5m 앞의 선을 남쪽으로 펼친 것을 이 눈으로 확실하게 봤다고 이야기한다.

한편 UP통신은 로스앤젤레스를 중심으로 산타바바라, 산티아고, 산베드로 일대에 걸쳐서 공습관제를 실시하고, 남캘리포니아주 일대의 무선전신국은 산티아고를 제외한 전부에 오전 2시 27분 이후 일체의 송신을 정지했다고 어디까지나 공습 사실을 주장하였다.

더욱이 다른 전보에 따르면 한 중좌의 목격담에서 위의 사실을 확인했다. 제1회 편대의 폭음은 30분에 걸쳐서, 제2회째의 편대가 온 것은 오전 4시였다. 로스앤젤레스 교외까지 다가왔기 때문에, 고사포가 작렬하는 소리도 들었다. 또 비행기에서 나온 검은 물체가 상공을 부유하여 유전(油田) 지대 쪽으로 사라져 갔는데, 시속 40마일 정도였기 때문에 비행선이었을 것으로 생각한다고 말했다.

이것에 대해서 육군 당국은 비공식적인 담화를 통해서 "비행선 같은 것을 인정했다면, 그것은 미국 육군의 것일 것이다"라고 말했다. "그러면 고사포는 대체 무엇을 쏜 것인가?"라고 하는 물음에 대해서는 입을 닫고 아무런 말도 하지 않는다. 게다가 UP통신에서는 이 소동으로 인한 피해가 네 명이라고 이름까지 적고 있다. 순사가 두 명, 시민이 두 명으로, 그 가운데 한 명은 심장마비에 의한 즉사, 나머지 세 명은 자동차 사고에 의한 즉사이다. 이전과 비교해보면 상당히 좋았을 것이라고 하고, 아직 공습경보가 어떤 것인가 조차 모르는 시민들이 일시에 많이 이동하여 도망쳤기 때문에 교통망이 크게 혼란스러워져 희생자가 나왔다고 한다.

지금 라디오가 미국 육군성의 발표를 방송하고 있다. 들어보자. "추축국은 일본 공군의 대편대가 미국 태평양 서쪽 해안을 공격했다는 설을 유포하고 있지만, 위의 사실은 전혀 사실무근의 허언에 지나지 않는다. 23일 저녁 무렵 연안을 일본군 단독 잠수함이 포격한 사실을 뒤쫓은 일련의 국내 선전에 지나지 않는다"는 것이다.

본사: 그것은 이상하지 않은가. 이 뉴스의 출처는 미국 자신이 아닌가?

요시다: 그렇다. 공습의 진위야 어쨌든 간에 국내의 더구나 공적인 기관이 세 파 세 갈래로 분열하여 여전히 대립하고 있는 것 자체부터 설명하지 않으면 미국 국민 자신이 납득하지 못할 것이다. 슬슬 신경전에 피곤해지기 시작한 민중을 몰아세우기 위해서 패전 사실을 숨기려고만 하는 모든 노력도, 예의 '마셜 군도의 승리'를 내세워 의심스러운 뉴스영화를 치켜세워 가지고 다닌다고 한다.

그 노력도 수포다. 저렇게 '세계 제일주의'를 표방하여 자타 모두 대국민으로 인정한 미국인도 이렇게 되자 비참해졌다. 최근 미국인이 어떻게 신경전에 피로하고, 피해망상에 사로잡혀 있는가는 상상 외이다. 얼마나 겁내고 있는가는 극단적인 에피소드이긴 하지만, 최근 버지니아주의 어느 해군중장이 신문기자에게 말했다는 일화가 있다. 그에 따르면 최근 같은 주에 거주하는 해군장교의 빈 집으로 빈번하게 전화가 걸려와 부재 중에 집을 지키는 아내를 불러내어 약속한 것처럼 "당신의 남편이 타고 있는 함선이 적 잠수함 때문에 격침되었다. 곧 유품을 받게 될 것이다"라고 했다고 한다. 또한 텍사스주의 빌이라는 의사에게 온 편지는 "당신의 자식이 전사했다. 삼가 애도의 뜻을 표한다"라는 편지였다는 것이다.

이렇게 미국에 살고 있는 추축국인은 이제는 신경전을 개시했다고 하므로 공포는 대단한 것이어서, 최근 검사총장이 앞장서서 추축국 사람을 미국 중앙부에서 격리해야 할 것이라고 말하기 시작하고, 24일까지 그 고용주는 해고해야 한다고 호소하기 시작했다.

[1942년(昭和 17) 2월 27일,《요미우리신문》]

워싱턴에서도 공습 소동

25일 새벽, 적의 비행기가 로스앤젤레스 상공에 나타났다는 보도는 전미(全米) 국민에게 충격을 주었고, 나아가 적기의 정체가 불분명했기 때문에 미국 관민을 당황스럽게 했다. 26일 워싱턴의 보도에 따르면 26일 오전 1시 31분, 이번은 수도 워싱턴에서 공습경보가 울리고, 13분 후 해제되었으며, 또 중요한 조선공장가(造船工場街)인 버지니아주 햄프턴로즈에서도 같은 새벽에 공습경보가 발령되어 미 국민을 다시 불안에 빠뜨렸다. 같은 날 워싱턴의 공습경보에 관해서는 어떠한 공식발표가 없어서 그 진상은 명확하지 않다.

또 25일 새벽 로스앤젤레스 상공을 날아온 적기에 대해서 미 육군 장관 스팀슨의 부하였던 한 관리는 그것이 적기라는 것을 부정했지만, 스팀슨 자신은 26일 기자단 회견에서 백악관의 견해를 지지하여 적기설(敵機說)을 주장하고, "적기의 수는 약 15기이며, 승조원은 아마도 적의 제5부대였다고 생각된다"고 기술했다.

(스톡홀름, 2월 26일발, 《아사히신문》)

패전에 실성한 미국 국민

본사: 군수(軍需) 인플레도 상당히 진행되고 있을 것이다.

요시다: 그것에 대해서는 최근에 도착한 《뉴욕 데일리 뉴스》에 이런 에피소드가 실려 있다. 뉴욕의 어느 시내버스 안에서 한 여성 승객이 "내 남편은 군수공장에서 근무하고 있는 덕택에 요즈음 수입이 많아졌다. 나도 태어나서 처음으로 귀부인 같은 생활을 하게 되었다"고 말했다는 것이다. 그러자 그 옆에 있던 다른 부인 승객이 군수 인플레이션을 말하는 부인의 옆구리를 찰싹 때렸다. 그러고 나서 마침내 입을 열고, "나의 사랑하는 남편은 펄 하버[282]의 군수공장에서 업무 중 기계에 끼여 죽어버렸다. 정부나 자본가가 노동시간을 늘려서 무리하게 일을 시켰기 때문에 이런 일이 일어나버린 것이다"라며 눈물을 흘렸다. 그러자 또 한 사람의 여성이 이번에는 울고 있는 여성의 옆구리를 손바닥으로 또 찰싹, "당신들은 도대체 무엇을 말하는 것인가. 당신들 남편이 쓸데없이 무기를 만들기 때문에 그것을 가지고 필리핀에 간 나의 사랑하는 남편이 전사해버렸다"라고 절규했다는 것이다.

이러한 기사를 집어든 것은, 아마도 군수인플레이션과 전쟁의, 즉 은전(恩典)과 희생의 공평 등을 기해야 한다는 의미일 테지만, 여기에 미국 시민의 현재의 심리상태나 정치혼란이 온전히 상징되어 있는 것은 아닐까?

또한 워싱턴이나 뉴욕에서 심각한 주택난, 호텔난이 발생하여 최근 뉴욕 정거장에는 잘 곳이

---

282 펄 하버(Pearl Harbor): 미국 하와이주 오하후섬에 있는 군항. 1941년 12월 8일 일본 해·공군의 기습으로 태평양전쟁이 발발한 것으로 유명하다.

없어서 하룻밤을 지내는 사람이 증가하여 경관에게 종종 취조를 당하고 있다. 그 가운데 루스벨트 대통령의 조카인 뉴욕의 은행가 조지 루스벨트마저 섞여있었다고 하여 같은 시의 신문에 떠들썩하게 화제를 제공했다고 한다. 패전의 영향은 심각하다.

본사: 생활제일주의인 미국 시민 생활도 상당히 급박해진 것인가?

요시다: 지금까지의 생활이 너무나 윤택했기 때문에 그 반동은 보기에도 무참한 점이 있다. 유럽대전 이후의 유럽 무역, 서아시아 무역, 아프리카 무역이 점차 감소하고, 대동아전쟁으로 아시아 무역이 전부 소용없게 되었다. 게다가 최근 추축국 잠수함의 활약으로 최후의 보루였던 중남미 무역마저 감소해버렸다.

다시 말하면 1938년에 8억 5천만 달러였던 대(對) 남미(南米) 수출입 무역이 작년에는 5억 8천만 달러로 감소하고, 금년에는 더욱 격감하였다. 그중에서도 말레이 방면에서 고무가 없어진 것이 가장 심각한 영향을 미치고 있는 듯하다. 이것은 저들의 생활과 떼려야 뗄 수 없는 자동차 타이어와 연결되어 있기 때문이다. 2만 3천 마일을 달린 헌 타이어가 50달러 이상이라고 한다. 상원 위원회의 조사에 따르면, 금년 중에 100만 대의 자동차가 쓸모없게 되고, 내년 중에는 1,200만 대의 자동차가 움직이지 않게 될 것이라고 한다. 당연히 최근에는 전차 승객이 증가하고, '전차를 타라'라는 이상한 운동까지 일어나고 있다.

이 밖에도 아침에 신청하면 저녁때까지 가설해주었던 미국이 자랑하는 전화도 요즈음에는 일일이 관청의 허가가 없으면 전화회사에서 와 주지 않는다. 가장 재미있는 것은 양모의 부족으로 세비로(背廣)[283]의 깃이 적어져서, 수일 전에 이 부에노스에서 온 미국영화를 보면 갑자기 깃이 없는 세비로까지 나왔다. 깃이 없어서 쓰메에리(詰襟)[284]를 하지 않고도 세비로로 통하는 점에서도, 어떻게 해서든 지금까지의 윤택했던 문화생활로부터 멀어질 수 없는 미국인 기질에서도, 비극이 유감없이 드러나고 있다. 그래도 여기에서 양모를 한 벌에 26% 절약할 수 있다고 한다. 여성의 양장 쪽에서도 코르셋이나 어깨 부분에 넣는 고무제품 등이 없어져서 양장의 틀이 마구 망가져버린다고 한다.

필리핀과 하와이에서 설탕이 오지 않게 되었기 때문에 오는 21일부터 한 주의 사용량이 절

---

[283] 세비로(背廣): 윗옷, 조끼, 바지로 이루어진 신사복.
[284] 쓰메에리(詰襟): 목단이.

반으로 제한된다. 여성들은 이런 상황에서는 도저히 어떻게 할 수 없다고 시끄럽게 했다. 그때에 루스벨트 부인이 나서서 "전쟁과 관계없는 사람들은 이러한 시대에는 휴가를 갖고 집에서 잠이나 자세요"라고 《코스모폴리탄》이라는 잡지에 기고했기 때문에 또 이것이 미국의 큰 문제가 되었다. 여기에도 미국적 사상의 혼란이 잘 드러난다.

본사: 정치 방면의 혼란 등은 어떠한가?

요시다: 11월의 총선거를 기다려 정당 중에 고립파나 예의 미국 제일주의자들은 태평양에서 패전을 들어 정부를 공격하는 도구로 제공하려고 하였다. 현재 상원 해군위원회에 참여하고 있는 월쉬 의원은 세계 각국에 산재해 있는 미국 함대를 즉시 본국으로 철수하라고 하고, 또 다른 의원이 적극적으로 반격을 외치면 다른 의원은 군수품 생산의 확충을 기다려야 한다고 반대하여 이 적극적·소극적 논쟁은 각 관청의 관리들에게까지 파급되었다.

또 농업의원단(農業議員團)이 농산물 가격의 인상에 기를 쓰면 보수파와 공산파의 투쟁도 최근에 점차 격화되어, 이들 미국 상하의 내홍은 대동아전쟁 전보다도 더욱 격렬해진 감이 있다. 윌키[285]가 이런 것에서는 미국은 진다고 경고하는 논거도 이 언저리에 있다고 생각한다.

본사: 마지막으로 최근 미국의 화제를 …

요시다: 홍콩에서 일본군의 감시를 피하여 뉴욕에 도착했다는 두 포로의 말이 뉴욕의 신문에 커다랗게 나왔다. 그러나 그 기사를 보면 "우리는 우리를 감시하고 있는 일본의 사관(士官)을 향하여 당신의 상관이 석방을 허가한다고 말했다고 속이고, 감쪽같이 수용소에서 도망쳐 나왔다"고 말했다.

일본의 군규(軍規)를 조금이라도 알고 있는 사람이라면 이 이야기가 어떻게 만들어진 이야기인지를 단번에 알아버린다. 우리 동포도 이 기사를 보고도 데마의 데마라는 정체를 알아채고는 안심했다.

(부에노스아이레스 국제전화, 4월 5일, 《요미우리신문》)

---

[285] 웬들 윌키(Wendell Lewis Willkie, 1892~1944): 미국의 변호사, 기업 간부, 정치인. 1940년 대통령 선거의 공화당 측 후보로서 루스벨트에게 패했다.

코레히도르섬 신경쇠약 시대

동철(銅鐵)의 지하요새에 잠긴 코레히도르섬[286]에서 적의 최후는 너무나도 비극적이고, 또 다소간 희극적이기도 했다. 바타안[287] 전선에 참가, 마리벨레스 함락 직전인 4월 5일 같은 항구를 탈출, 코레히도르로 도망친 미국 청년장교 제임스 알 로렌스(24세) 중위는 계속된 맹폭, 맹공격하의 아나구라(穴藏)[288] 생활 속에서 공포의 일기를 적었다.

물질에 의지하여 결국 그 물질로 밀려나 신경쇠약적 증상에 몰입하기까지 미군 병사의 심리가 황군의 상륙을 알고 도리어 고난에서 구제되었다고 느꼈다는 모순, 미국의 비극을 시사한 흥미 깊은 수기이다.

화요일 한 마리의 개미-빛을 향해 졸졸 달려가는 한 마리의 개미-나에게는 이 개미의 생태가 몹시 부러웠다. 생각해보라. 나의 지하생활은 이미 벌써 한 달이 지나버렸다. 개미란 놈은 실로 자유롭게 빛을 탐하고, 좋은 공기를 마음껏 마시기를 싫어한다.

우리에게는 저 신선한 공기도 강렬한 태양의 빛 한 점조차도 못 받는 것이 없다. 물이라면 혀에 짜릿짜릿한 소금이나 매운 것이다. 게다가 나는 약간 괴혈병에 걸린 것 같다. 어쨌든 벌써 몇십 일 이상 신선한 야채라는 놈을 만날 수 없었기 때문이다. 계속 통조림뿐이다. 고향의 토마토 맛은 맛있었다네.

금요일 가련한 것은 당번병. 내가 나날이 기운이 빠져가는 것을, 어째서인지 궁지에 몰린 얼굴을 하고 있다. 본국에서 원군이 온다는 소문, 그것만 몇 번이나 들었을 것이다. 이 섬에서는 그 소문을 내고 있을 때가 유일하게 즐거운 시간이었다. 그러나 오는 것은 일본군의 포탄과 폭격뿐. 군인들이 모래하고 있다. '야속한 맥아더'라는 노래라도 큰 소리로 실컷 불러보자.

토요일 참모장은 "폭탄 같은 것은 두렵지 않다. 우리에게는 자랑할 만한 미국 혼이 있다"라고 한다. 그 미국 혼이라는 놈이 의문이다. 우리의 안개 자욱한 마린다 터널은 사격에도 폭격에도 무너지는 일이 없다고 믿는다. 이 대자연이 얼마나 교묘하게 만들어졌는지. 지표에서

---

286 코레히도르섬(I. Corregidor): 필리핀 북부, 마닐라만 어구에 있는 섬. 제2차 대전 당시의 격전지.
287 바타안(Bataan): 필리핀 루손섬 남서부의 반도. 1942년 유명한 바타안 전투로 일본군이 점령했다가 1945년에 미군이 탈환하였다.
288 아나구라(穴藏): 땅에 구덩이를 파고 물건을 비축하도록 한 곳, 지하실, 움막.

100m 아래에 있다. 우리가 전설 속 삼손의 마력을 믿지 않는 한, 이 터널을 파괴하는 것은 절대로 불가능할 것이다. 그러나 그것이 어떤 바람으로 우리의 심리상에 영향을 초래할지는 또 다른 이야기이다.

공습경보가 울려 퍼졌다. 쿵쿵 지겨운 소리다. 일본기의 폭격이었다. 모두 터널로 찰싹 달라붙어 외로운 듯이 전등을 가까이 바라본다. 환기장치가 기능을 발휘하지 못하고, 터널 속은 마치 한증막에 들어간 것 같다. 웬라이트 장군 이하의 막료도 매우 당황하여 대피실로 뛰어 들어 간다. 병실 쪽에서 와 와라고도, 캬아 캬아라고도 들을 수 있는 동물적인 외치는 소리가 있다. 제기랄, 폭격공포증으로 확실히 신경쇠약에 빠진 그들이다.

일요일 사실 여기에는 일요일도 뭐도 없다. 더구나 일본기의 폭격이 시작되면 우리의 전투는 정확히 정지되고, 언제나 일요일이 된다. 이 항전 조국의 영광을 위하여-라는 것도 괜찮지만, 우리의 목숨이 그 전에 사라져 버린다면 의미가 없는 것이 아닐까.

쿵쾅 계속해서 4발. 앗, 도와줘. 아비규환과 예수 그리스도의 이름을 부르며 기도하는 소리, 터널 전체가 흔들린다. 펑이라는 엄청난 땅울림, 벽에 걸려 있던 탈주 장군 맥아더 장군의 사진이 와르르 떨어져 산산조각으로 유리가 깨졌다. 나쁜 징조다! 이제 와서 보니 신경쇠약이 되어 있는 것은 병실에 수용되어 있는 사람만이 아니었다.

루이즈 시소그 참모장이 숨김없이 큰 소리로 외치고 있다. "고사포를 쏘았어요" 그것이 적중했는지 아닌지는 별도의 문제이다. 폭격은 실질적으로 10분 정도인 것 같지만, 한 시간 정도나 두 시간 이상으로 느껴졌던 것은 대체 왜일까. 나는 달려 나가려고 했지만 강한 힘으로 저지당했다. 동료인 죠 도우레 중위였다. '이 미치광이 자식 놈.' 나는 이 녀석을 벽에 내동댕이 쳤다. 그때의 내가 나에게는 확실히 인식될 수 있다. 일본군의 비행기가 마음속에 생각한 폭탄을 퍼붓고 날아가자 터널의 문이 열렸다. 때를 놓치지 않고 곧바로 눈사태를 무릅쓰고 운반되는 사람들이 있다. 들것에 실린 부상자들이었다. 피를 묻히고 온 파리가 왕왕 한바탕 터널 속을 난무한다. 폭격과 동시에 이루어지는, 대안(對岸)인 가부카벤 근처에서 일본군의 포격으로 다친 부상자들도 상당하다. 그들은 한결 같이 심한 갈증을 호소한다. "물을 달라. 물을-" 발을 쭉 뻗고 외친다. 나는 친한 군의관을 통해 이미 1,500명이 넘은 전사자, 700명에 가까운 부상자, 그리고 중상부터 경상까지 실로 6천 명이 넘는다는 것을 알고 있다. 언젠가 그렇게 멀지 않은 장래에 나도 같은 운명을 맞이하겠지!

수요일 모리슨 포대가, 우에 포대가, 게린 포대가-그래서 우리가 자랑하고 있던 모든 요새 시설이 하나도 남김없이 파괴되고 말았다. 그 공포스러운 파괴와 살육 속에서 내가 살아남 았다는 것은 기적이라는 말로 밖에 달리 표현할 수 없다.

이러한 일본군의 기습 상륙을 알았던 찰나에 나는 안심했다. 저 이유 없이 무서운 터널생활 과도 안녕이다. 나는 마음속으로부터 저절로 솟아오르는 미소를 느끼고, 양손을 드높이 들고 나와 있었다.

(코레히도르섬발, 5월 15일, 《요미우리신문》)

웃을 수 없는 미국 병사의 기질

재즈와 춤과 여자 없이는 전쟁할 수 없다. 미국 병사, 그 미국 병사도 코레히도르섬에서는 재즈를 흥얼거릴 정도는 아니었다. 어두컴컴한 지하벙커 안에서 날마다 우리의 사나운 맹폭과 포격에 겁먹고 있었다. 그들은 입을 벌리면 꼭 도망간 사령관 맥아더를 저주하고, 원군도 보내지 않고 죽게 내버려둔 본국을 원망하였다. 원망하는 소리는 지하벙커에 가득 차서 불만이 정점에 달했다.

그러나 어떻게 할 수도 없다. 일본군의 공격은 더욱 치열해졌다. 자포자기 상태의 저들은 그 절망감의 활로를 역시 노래에서 찾을 수밖에 없었다. 누군가가 매정한 본국을 무심한 남자에게 비유하여 버림받은 여자의 한을 노래로 만들었다. 상관도 군대도 하나가 되어 금세 이 노래는 그들 사이에 유행했다. 최후까지 전통을 잊지 않고 노래하면서 포로가 되었던 그들, 이것이 웃을 수 없는 미국 병사의 기질인 것이다. 4절로 된 그 가사(번역)를 소개해보자.

1. 남쪽 별빛 아래에서 속삭이며 주고받은 달콤한 사랑, 남자의 마음에 짓밟혀서 가슴에 남는 것은 아픔뿐. 어차피 첩은 외딴(코레히도르) 작은 섬, 마시고 춤추며 살아요.
2. 격랑이 밀려오는 물가에서 올지도 모르는 배를 기다리는 첩, 소식은 끊기고, 마음에 느끼는 것은 쓸쓸함뿐. 어차피 첩은 외딴 작은 섬, 울고 웃으면서 살아요.
3. 봄꽃이 핀 푸른 언덕에서 가지고 노는 것은 사랑의 기념품, 용맹한 독수리의 날갯짓에 부서져 눈에 비치는 그리운 남자의 모습뿐이야. 어차피 첩은 외딴 작은 섬, 마시고 춤추며 살아요.

4. 지하 요새의 가난한 방에서 혼자 보는 것은 호주로 도망친 남자의 꿈. 변하지 않은 사랑에 첩의 피는 미칠 뿐, 어차피 첩은 외딴 작은 섬, 화내고 미치며 살아요.

(코레히도르섬발, 5월 15일,《요미우리신문》)

루스벨트의 큰 감옥

뜻밖의 큰 전쟁을 일으킨 데다 연패를 거듭하고 있는 루스벨트에 대한 미국 국민의 원망과 비난은 더욱 높아지고, 그중에는 정부 측의 중압을 거부하고 과감히 루스벨트 탄핵을 외치는 사람조차 나타나 당국은 낭패해하고 있다. 물론 정부에서는 이것을 '패전주의의 목소리'라고 명명하여 체포·감금·중형 등 준엄한 단속을 강구했지만, 반전 열기는 더욱 뿌리 깊이 민간에 널리 퍼져 있다. 그것을 증명할 엄청난 뉴스를 약간 들어보면 다음과 같다.

- 미국 흑인 2백 만이 자랑하는 흑인 소프라노 가수 제인 앤더슨 여사[289]는 이전의 라디오 방송에서 도일 국내 정세를 예찬한 적이 있다는 이유로 나치 선전의 앞잡이로 인정되어 체포되었다.
- 남부 캘리포니아의 에리스 존스 및 로버트 노블 두 사람은 "맥아더가 필리핀에서 부하를 죽게 내버려두고 도망 나온 것은 영국군의 덩케르크[290]의 패전과 같은 패배가 지금부터 몇 장면인가 나타나고 있는 가운데 아마도 가장 작고 또 가장 값싼 한 장면이라고 할 것이다"라고 기록한 노트를 휴대하고 있다는 이유로 체포.
- 로스앤젤레스의 세계정세연구강연회 회장 윈드 호스트, 전미모성부인단(全米母性婦人團) 및 미국그리스도교진흥회 설립자 벤자민 베럴, 기타 전쟁 전의 미국제일위원회 소속 단원에 대해서도 단속의 손이 미쳤다.
- 시카고의 '미국만을 위해서 동원하는 어머니의 모임' 회장 랄 비엔 하이닝 부인은 평화회의 소집을 주장하여 처분을 받았다.

---

289 마리안 앤더슨(Marian Anderson, 1897~1993): 미국의 흑인 여성 가수. 뛰어난 가창력으로 인종의 벽을 극복하였는데, 특히 흑인 영가로 유명함.
290 덩케르크(Dunkirk): 프랑스 북부 도버 해협에 접해 있는 항구이자 요새 도시. 제2차 세계대전 당시 연합군의 철수 작전을 펼친 곳으로도 유명하다.

- 워싱턴의 아그네스 원더스 부인은 모성의 입장에서 공산계 유대인 20만 명이 미국에 입국하는 것을 금지하라고 대통령 루스벨트를 문책할 것을 제안해서 체포되었다.
- 애국정치연구소 소장 엘리자베스 딜링 여사는 무기대여법에 찬성투표를 한 의원의 추방과 루스벨트 탄핵을 주장해서 체포당했다.
- 시민위원회(원래는 영국참전반대위원회라고 부름) 회장 윌리엄 글래스는 영국, 소련 및 루스벨트에 반대하는 회합을 개최해서 엄명.
- 화평교섭촉진단체 대표자 랄프 바이저스는 아일랜드 수상 데 발레라[291]의 주선으로 미·독 화평을 촉진하라고 제의했다가 조사를 받았다.
- 시카고의 대신문인 《트리뷴》[292]의 발행인 로버트 맥코믹[293] 및 하원의원 클레어 호프만은 루스벨트 문책 탄핵을 주장해서 체포당했다. 호프만은 이 이전에 루스벨트가 백악관에 대규모의 내탄방공호(耐彈防空壕)를 만들도록 한 지시를 폭로하여 윗사람의 비위를 거슬렀다.
- 종래에 있던 나치 관계 단체는 이미 해산되고, 지금 남아 있는 것은 유일한 크루드 멜딩그가 주재하는 시민보호연맹뿐이었지만, 그 집회에서 리빙스턴 로 슈이라 부인은 "일본은 동아에 있어서 유일한 문명국이다. 따라서 일본이야말로 지나를 지도해야 할 나라이다"라고 서술했다가 검거당했다.
- 테네시시의 조지 크리스찬과 덴버시의 루돌프 후알이라는 인물은 병영에서 의기를 이완 퇴폐시키는 것 같은 말을 했다는 이유로 징역 10년.
- 제네바시의 랄프 타운센드는 일본계 기관에 고용되면서 그 내용을 국무성에 보고하는 것을 게을리했다는 이유로 징역 2년.
- 시카고의 반유대·반영 연설회에서 패트릭 헨리와 기타 몇 명은 선동 연설가로 처벌되었다.
- 클리블랜드의 미국모성연합회 연설회에서 한 변사(辯士)가 "징집된 장병에게 해외원정 근무를 강제하는 것을 거부하는 이를 총살하고 있다"고 말하여 큰 문제가 되었다.

---

291 에이먼 데 발레라(1882~1975): 미국 태생인 아일랜드의 정치 지도자, 정치가. 아일랜드공화국 수상(1932~1948, 1951~1954, 1957~1959), 대통령(1959~1973).
292 시카고 트리뷴(Chicago Tribune): 1847년 시카고에서 창간된 일간 신문으로서, 미국 10대 신문 중 하나이다.
293 로버트 맥코믹(Robert Rutherford McCormick, 1880~1955): 미국의 신문인. 시카고시의회 의원, 《시카고 트리뷴》 사장이자 편집장.

- 호레스 하스는 전국 각지에 개별적인 평화단체를 조직하는 것으로 전미(全米)의 통일 항전을 파괴하려고 함으로써 윗사람의 비위를 거슬렀다.
- 주간뉴스 잡지 《타임》 5월 25일 호는 반정부론자, 반영론자, 고립주의자 등 약간 명에 대해서 열전과 같은 기사를 게재했는데, 이것이야말로 루스벨트의 권세에 굴하지 않고 정론을 주장해서 두려움을 모르는 진정한 미국인이라고 공감하는 이가 많이 나왔다. 그 면면은 《시카고 트리뷴》 발행인 로버트 맥코믹, 찰스 코글린 신부,[294] 반유대 반가톨릭주의 잡지 《방위자(防衛者)》 주필 제럴드 윈로드, 《워싱턴 타임즈》 발행인 엘리너 패터슨, 《뉴욕 데일리 뉴스》 발행인 조세프 패터슨, 허스트계 신문 총수 윌리엄 란돌프 허스트.

(부에노스아이레스, 5월 28일발, 《동맹통신》)

밑에서부터 벗겨지는 데마

마다카스카르와 시드니 강습(强襲)에 대한 미국의 동요 상태이다.

요시다: 일본 잠수함의 시드니 공격에 관해서는 맥아더 본영에서 「일본 잠수함 3척 침몰, 우리 쪽 피해는 근소함. 호주방위는 여전히 무사함」이라는 보고가 도착했다. 정부가 이것을 일류의 데마로 만들어서 국민에게 불어넣은 것은 좋았으나, 3일이 되어 시드니 동쪽 ○○마을에 미화물선 3척이 잠수함에게 격침되었다는 보도가 들어왔기 때문에 모처럼의 데마도 엉망이 되었다.

《시카고 트리뷴》지는 논설에 "맥아더의 호주 안전론(安全論)은 그가 마닐라에 있던 당시의 필리핀 안태론(安泰論)과 동일한 것은 아닐까? 미·호 연락로의 두절은 미국에게 치명상임을 잊지 말 것"이라고 울분을 토한다. 제2태평양 연안에 대한 위협은 개전 이후 가장 심각한 것이다. 파나마 운하에는 긴급조치가 취해져서 장난감 같은 멕시코 해군에게까지 전투준비가 발령된다. 태평양 연안의 각 라디오 방송국은 3일 오후부터 전부 방송 정지 … 위 아래로 대소동인 것 같다.

---

[294] 찰스 코글린(Charles Edward Coughlin, 1891~1979): 미국의 가톨릭 교회 사제(司祭). 라디오를 이용한 반공주의와 반유대주의를 제창하여 신도들로부터 거액의 자금을 모아 정계로 진출했다.

산호해 해전[295]의 데마에 대해서는 일리노이에서 선출된 스칼라라는 대 정부 비협력파 의원이 이러한 것을 공회 석상에서 말했다. "산호해에서 대승을 거둔 우리 '세계 무패 해군'이 시드니 방위를 완수할 수 없었던 것, 이 해전 직후에 닐슨이[296] 신건함안(新建艦案)을 제출, '해군력의 조속한 보충'을 역설한 것, 이러한 '대승' 후에 취해진 조치는 미국 국민의 상식으로는 전혀 알 수 없다. 하와이 이후 지겹도록 강요당해 온 '루스벨트 앤드 녹스 상식(常識)'이라고도 할 것이다"라고 상당히 신랄한 일장 연설을 했다.

본사: 의회의 불협력파라고 하면 최근 반전 경향은 어떤 상태인가.

요시다: 《샌 루이스 스타》지가 일전에 미주리에서 선출된 하원의원 4명을 반전 경향이 농후하다는 이유로 의회추방을 요구했고, 《뉴 리퍼블릭》지는 같은 29명의 성명을 지면 맨 위에 게시하여 '차기 의회에 절대로 나가지 마라'고 하였다. 의원 가운데 비협력파의 거물은 햄피슈(뉴욕), 샤파(일리노이즈), 나쓰토센이라는 무리인데, 이 아래에 상당수 의원이 규합되어 반루스벨트운동을 하였다. 이들 패거리의 슬로건이 예의 '루스벨트식 생활설계'에 기초한 공전(空前)의 통제경제에 따른 생활 불안의 배격에 있기 때문에, 커피가 없다, 설탕이 없다, 그래서 세금은 올라가기만 한 상태에서 헐떡이고 있는 민중에게 어필하는 힘은 자못 크다. 그렇다고 해서 지금 당장 루스벨트의 지위가 지금 당장 이러쿵저러쿵 하는 건 절대 생각할 수 없지만, 평론가 레이몬드 크래퍼가 말하듯이 이 국내 동요가 전쟁수행상 '일본 해군과 마찬가지의 위협'이라는 것은 사실이다.

(부에노스아이레스 국제전화, 6월 7일, 《요미우리신문》)

조금씩 줄어드는 대통령에 대한 신뢰

갤럽 여론조사에 의하면 루스벨트 정책 찬성자는 대동아 전쟁 전 72%, 전쟁 발발 후 84%였는데, 최근엔 78%로 감소했다. 루스벨트는 현재의 전쟁에 '생존 전쟁'이라는 이름을 부여하려 했지만 누구도 이런 이름을 사용하려고 하지 않고, 어떤 사람은 얄궂게도 '루스벨트 전

---

295 산호해 해전(Battle of the Coral Sea): 태평양전쟁 중인 1942년 5월 상순 MO작전 중에 일본 해군과 연합군(미군과 호주군) 간에 발생한 전투.
296 원문에는 '빈슨'으로 되어 있는데, 오기로 보여 닐슨(John L. Nielsen)으로 수정하였다.

쟁'이나 '프랭클린(루스벨트를 이름) 전쟁'이라는 이름이 좋을 것이라고 제안했을 정도이다.

2) 영국

화제를 바꿔서 영국을 보면, 여기도 미국에 뒤지지 않는 혼란인 것 같다. 연이은 연패에 수상 처칠은 몇 번이나 불신임을 외치고 있는데, 그를 대신한 인물이 없기 때문에 여전히 그 자리를 차지하여 거만하다. 그 반면에 국민의 절망감은 점차 깊어간 것 같다.

우둔한 쿠퍼

먼저 부에노스아이레스 《요미우리신문》특파원의 국제전화에서는 들끓고 있는 영국인의 상태를 엿볼 수 있다.

본사: 영국 측 '패잔 장병' 소식은 알 수 없는가.

요시다: 이미 대장 필립스는 프린스 오브 웰스와 함께 운명을 함께했지만, 이것은 사령관 전사로서 하트와 대조가 되는 것이다.

겨우 2개월 동안에 사령관 두 사람이 전사했다는 것은 전쟁사에 유례가 없을 것이다. 파바르는 포로, 파우날은 바타비아로 도주한 모양인데, 이것도 머지않아 웨베르와 인도, 오스트레일리아로 달아날 것이다. 포팜은 인도 근처에서 우물쭈물하고 있는 것 같다. 더프 쿠퍼로 온다면 이제 정치가로서 종언이다. 희한하게 런던에 도망쳐 돌아갔다고 하던데, 런던에서는 더프 쿠퍼와 제대로 하는 놈은 하나도 없고 '다프트(우둔한) 쿠퍼'로 통한다고 한다.

이 패거리 모두가 다 ABCD 전선이 한창일 무렵, 서쪽으로 동쪽으로 남쪽으로 북쪽으로 볼 일도 없는데 뛰어다니고는 대일(對日) 공갈을 하고 있던 패거리들이므로, 이러면 말로는 한층 더 처량한 것이 있다.

본사: 대일 공갈이라고 하면 처칠도 상당히 독한 자이지만, 이 또한 확실히 기운이 없군요.

요시다: 프린스 오브 웰스와 래팔스 격침, 싱가포르 함락으로 과거 반세기 동안 강퍅(剛愎)[297]

---

297 강퍅(剛愎)하다: 성격이 까다롭고 고집이 세다.

한 심장으로 버텨온 처칠도 확실히 기가 죽은 것 같다. 런던 전보에 따르면 최근은 애용하는 브랜디 양도 반쪽으로 줄고, 존 간사의 이른바 '근대 유럽에서 가장 다채롭고 현란한 경력의 소유자'도 이젠 완전히 힘들어 하는 것 같다.

오늘 말한 전보에 의하면 처칠의 진퇴는 더욱 중대하게 문제화가 되고 있는 것 같다. 15일에 전영노동회의(全英勞働會議)가 전회일치(全會一致)의 결의문을 처칠에게 들이대고 있다. "우리는 수상이 말한 피와 눈물과 땀으로 조국에 봉사하고 있다. 이것도 그저 이기려고 하기 때문이다. 그런데 수상의 전쟁 지도방침은 건마다 우리의 기대를 복멸(覆滅)시키고 있다. 그래서 국민이 책임을 물으면, 수상은 득의양양하게 엘리자베스 왕조의 영어(우아하고 가장 세련된 영어라는 뜻)로 셰익스피어에 못지않은 명문구를 가지고 해명하여 교묘하게 도망치고 있다. 이러한 수상의 태도로 이러한 눈앞의 역사적 큰 재난을 이겨낼 수 있을까"라고 한다. 특히 처칠의 사직은 어쨌든 영국 내각의 대변동은 필연적으로 보아야 할 것이다.

(2월 18일, 《요미우리신문》)

지리멸렬한 싱가포르

싱가포르의 현재 광경과 관련하여 18일 《데일리 메일》 특파원이 다음과 같이 흥미 있는 보도를 하였다.

싱가포르 시민은 완전히 거리 감각이 부족하다. 지금까지 어디를 함락시킬지에 대해서는 마치 다른 세계의 사건이라는 식으로 그들은 입에도 담지 않았다. 그것들 가운데 사소한 것이 야쓰(ヤッ)[298]라는 사태의 중대성을 깨달은 건 쿠알라룸푸르가 함락되었던 때인데, 방위위원회의 어느 석상에서 위원장이 모든 시민이 협동방위를 위해 노력해야 한다고 평판한 것도 수포로 돌아간 것 같은 상태이다.

카페는 특히 아침 10시 반부터 낮 1시 반까지의 시간은 초만원이고, 거기에서 남녀가 잡다한 뉴스나 어떻게 하면 싱가포르에서 도망칠 수 있을까라든지, 이미 출범한 배의 이야기라면 침

---

[298] 야쓰(ヤッ)가 정확히 무엇을 의미하는지는 불분명한데, 아마도 '사람을 막되게 부르는 말'이라는 일반적 의미, 즉 '놈들'을 의미하는 게 아닌가 추측되는데, 문맥이 잘 맞질 않는다.

대 붙박이 선실을 잡는 어려움, 검사증 특히 환시세 상장 반출 등을 논의하였다.

거리 위에서는 도처에서 싱가포르 시내에 도망쳐 들어와서 여기에서 일자리를 구하려고 하는 지방의 고무 재배 노동자와 만났다. 그들은 특별한 울음소리는 말할 것도 없이 단지 월 10파운드로 집사람이 간호사를 하게 만들었다거나, 3개월 전에는 300파운드를 벌었는데 이번 달은 10파운드가 유일한 수입이라고 이야기하며 걸었다.

씁쓸한 것은 지방에서 철수해 온 말레이인이나 당국의 관리들이 현재까지도 원래대로 봉급을 받고 있고, 게다가 여기서 다른 종류의 일을 찾더라도 돈 없는 노동자들보다 우선권을 가지고 있어서, 이것이 일반의 불평 대상이 되었다.

식량 상태가 악화된 것은 피난민군의 끝없는 쇄도로 명백하고, 쌀, 밀크, 밀가루, 버터는 이미 제한분배가 이뤄지고, 곧 고기도 제한된다. 통조림류는 아직 제한되지는 않았어도 식료품점에서는 일정한 분량밖에 판매되지 않는다. 인삼, 토마토, 양파, 기타 야채는 야채 가게나 집에서 완전히 자취를 감추었다. 그래서 현재 대단히 급하게 테니스 코트나 유원을 파헤쳐 채소를 심고 있다.

더군다나 음료수 문제인데, 당국이 경고했는데도 홍콩이 결국 물 부족이 원인으로 함락되었다는 것은 들을 생각도 하지 않고 수돗물을 정원에 뿌리는 물로까지 사용하고 있다. 거리 곳곳에 다급하게 방공 지하실이 파여 있지만, 그것도 전문적인 지도가 없어 죽을 맛이다.

많은 영화관 가운데 현재 2관만 영업하고 있는데, 오후 6시 하네에서 댄스장 두 곳이 아직 열려 있어서 분화구상의 댄스로 공포를 헷갈리게 하고 있다.

(베를린, 1월 19일발, 《요미우리신문》)

지옥의 섬 싱가포르

싱가포르섬에서 일본인 전문가로 조사하고 있던 밀정 인도인 비시지세프가 지난 6일 우리 조호르바루의 ××대에 붙잡혔다. 그는 싱가포르 정부가 최근 특별히 설치한 비밀정탐국의 형사로 지난 30일 코스우에 다리 폭파 직전 섬을 탈출하여 조호르의 고무숲 속을 방황하고 있었는데, 능숙한 일본어로 그가 고백한 싱가포르의 현상은 다음과 같다.

비밀정탐국원은 먼저를 일본어를 배운다. 교과서는 일본의 국정교과서이다. 저절로 일본어를 능숙하게 되면 저팬타운에 들어가 매일같이 일본인 정보를 보냈다. 지난 12월 8일에는 일본인 약 3천을 일제히 검거하여 자신 외 몇 명이 조사했다.

남자도 여자도 대담하게 침착했다. 남자는 시가의 변두리에 있는 형무소로, 여자는 베네르 섬으로 보낸다고 했는데, 어떻게 되었는지 모른다. 남자는 서인도로 보냈다는 이야기도 있다.

최근 싱가포르는 행동이 부자유스러워 해안에는 수영하러 갈 수도 없다. 철조망으로 위험하기 때문이다. 요새 부근은 시민도 갈 수 없다. 하루에 겨우 2회 급수가 될 뿐으로 식량기근, 게다가 말레이 전체에서 부자와 중산층은 내가 아는 바로는 100만 명 가까이 도망쳐 들어오고 있다. 수마트라로 보내는 피난선은 닥치는 대로 일본 잠수함에 침몰당해 지금으로서는 도망치려고 해도 도망칠 도리가 없다. 나는 죠홀바루에 처와 아홉 명의 아이가 남겨져 있으므로 도망쳐 왔다. 공포스러운 육교 폭파 소리를 뒤로 등지고 들으면서 어디를 어떻게 걸었던가. 아아. 싱가포르는 지금 지옥의 섬이다.

더욱이 싱가포르 함락에 즈음하여 영국인의 속마음을 드러낸 방송 내용을 《요미우리신문》 부에노스아이레스 특파원의 국제전화는 다음과 같이 전하고 있다.

자포자기한 방송

말레이 앞바다에서 침몰당한 리펄스[299]를 타고 특종방송을 한 내용이 너무나 진실해서 영국 당국의 기피 대상이 되어 싱가포르에서 추방당해 지금 시드니(호주)에 있는 예의 콜롬비아 방송국의 세실 브라운의 제2회 방송에서 이렇게 말한다.

싱가포르도 앞으로 24시간 이내에 완전히 침묵할 것이다. 대체 영국군은 말레이 전에서 한 번이라도 일본군의 남하를 저지할 수 있었는가? 커뮤니케이션은 형상 연전연패를 호도할 생각만 하고 있다. 패낭에서는 25만 달러의 물자를 그대로 일본군의 손바닥 안에 주었고, 라디오 등은 스위치 하나만 넣어도 일본군은 그 날부터 방송이 가능했던 것은 아닐까. 싱가포르에서 제가 방송하는 것에 대해서도 시민을 고무시켜 달라, 전선에 대해서는 너무 말하지 말

---

[299] 리펄스: 영국의 순양전함. 1941년 12월 말레이 해역에서 전함 프린스 오브 웨일스와 함께 일본 해군에 의해 격침되었다.

라고 했지만 영국군 자신이 기운을 잃고 있는데 시민의 사기가 어떻게 될 것인가 생각해보라. 인도인을 최전선에 세워 도망칠 때에는 먼저 앞서서 도망가고, 최후에 싱가포르에서 인도인, 말레이인, 지나인도 한바탕 홍역을 치르고 떠들어도 사후 약방문이다. 게다가 영국인은 일본인 제5부대를 두려워한 결과, 지나인과 일본인의 구별이 안 되니 몇 사람의 지나인을 죽였는가? '싱가포르는 네덜란드령 동인도, 호주의 전위대가 아니고 역으로 실망의 본보기가 되었다'라고 하였다.(중략)

다시 한 번 브라운의 시드니 방송을 들어보자. 그는 태평양에서 미국과 영국의 마지막 보루는 호주이지만, 그 호주가 장정 모두를 북아프리카에 보내고, 말레이에 나와 섬멸된 것은 어째서 방비하라는 것인가? 비행도 없고, 군대도 없고, 있는 것은 일본이 요구하는 양뿐이다. 우리는 일본이 네덜란드령 동인도를 공격하고 있는 사이에 호주의 방비를 정돈할 수밖에 없는데, 그러기 위해서는 미국이 맨 먼저 비행기를 보내는 것이다. 호주 정부는 태평양방위회의를 런던에서 개최하는 것이 먼저 맘에 들지 않는다. 런던에서 처칠이 결정해서 그것을 워싱턴의 루스벨트에게 가지고 가서 상담한다. 그것에 호주 정부는 문구를 붙인다. 그리고 런던과 워싱턴 간에 수차례의 전보 왕복이 있다. 결국 교섭이 결정되어도 이미 때가 늦고, 시기가 늦다고 말했던 적이 많다. 정말로 호주를 지키려면 본부는 워싱턴에 두라고 한다. 그러나 그것은 호주가 영국 자치령에서 미합중국의 한 연방이 되는 것이다. 처칠은 15일에 연설할 예정인데, 호아베리샤가 자유당을 탈퇴하고, 주 소련 대사였던 크리시프스가 처칠에게 악담을 해서 런던의 공기는 대단히 악화되었다. 게다가 독일이 만들어낸 미·영 이간책이 맹렬하게 이루어지고 있다고 하고, 국민은 비버브룩이 말하는 "영국의 무기 생산은 1918년에 배가되었다"라는 말도 믿지 않는다. 말레이의 영국군은 일본군의 전차와 비행기에 기관총만으로 저항했다는 것을 정말로 믿고 있다.

[1942년(昭和 17) 2월 15일,《요미우리신문》]

영국 해군은 이렇게 패했다

영국 정부의 슬라바야 앞바다, 바타비아 앞바다에서 있었던 두 해전에 대한 패전 공표는 앞서 프린스 오브 웨일스, 리펄스 두 함대와 구축함 사넷트 격침 등과 결부되어 '해양제국'이라는 절대적인 긍지를 갖고 있던 영국 국민을 상상 이상의 실망과 낙담에 빠뜨렸다. 《데일리 익스프레스》이하 각 신문, 키스 이하 영국 해군의 원로, 기타 의회 방면에서 공격의 불길이 거세졌는데, 16일 밤 BBC방송의 뉴스해설자이자 군사평론가인 홀은 모두에서 다음과 같이 언급하였다.

> 동아수역(東亞水域)에서 영 해군의 결정적 참패는 싱가포르 함락 이상으로 영국제국의 앞길을 불안하게 만든 것이다.

이어서 영국 해군의 쇠퇴에 대한 역사적 고찰을 시도하고, 전통적인 해군정신의 재건을 정부당국에 건의하였다.

동아수역에서 우리 해군의 연속적인 참패는 영 해양제국 '자신'을 철저하게 없애는 것으로서, 싱가포르나 랑군 등과 같이 한 성이나 한 요새의 함락과는 비교되지 않는 중대한 사실이다.

엘리자베스 왕조 이래 '해군이 이룩한' 영국이 해군력에 대해 오늘과 같은 커다란 회의를 품었던 적은 없지만 이것은 동시에 대영제국의 기초가 유사 이래의 위협을 받고 있음을 말하는 것이다. 생각해보면, 프랜시스 드레이크 경[300]이 스페인의 무적함대를 격파한 이후, 나폴레옹 전쟁, 제1차 세계대전, 제2차 세계대전 초기를 통해서 우리 해군은 문자 그대로 우리의 '최후의 승리'에 대한 '신앙'이었다. 17세기 네덜란드 해장(海將) 드 로이테르[301]가 영불해협을 제압하여 템스강을 거슬러 올라가, 영 함대를 불태우고, 중세 이래 처음 패전을 당한 것 이외에 우리 해군은 항상 승리와 개가의 연속이었다.

나폴레옹 시대는 전 유럽 함대를 향하여 한 치도 물러서지 않았다. 이집트에서 나폴레옹

---

[300] 프랜시스 드레이크(Sir Francis Drake, 1543~1596): 엘리자베스 1세 시대 영국의 항해가, 해군 제독. 잉글랜드인 최초로 세계 일주를 달성했다.
[301] 미힐 드 로이테르(Hr. Ms. De Ruyter): 인도네시아를 침공한 일본군에 맞서 격전을 벌인 네덜란드 해군의 순양함(巡洋艦).

함대를 격파하고, 나폴레옹 휘하의 오슈를 아일랜드 근해에서 격퇴하였으며 넬슨은 트라팔가에서 대승을 독차지하여 마침내 영국을, 나아가서는 전 세계의 주인이 되게 하였다. 이후 1세기 남짓 화이트 엔사인[302]은 세계무적(世界無敵)이라는 말과 동의어였다. 그렇지만 이 빛나는 전통도 자세히 검토해보면 오늘 동아시아에서의 패전이 결코 이유가 없는 것은 아니라는 생각이 든다. 영국 해군의 쇠퇴 조짐은 20세기 특히 제1차 세계대전 이후에 서서히 드러났다. 지금 이 일련의 현상을 들어보자.

1. 1916년 유틀란트 해전[303]에서 제리코 제독은 독일 주력함대 5척을 격침했다고 보고하고 공표했으나 사실은 1척이었다. 제리코가 이것을 작위적으로 했는지 아닌지는 별도의 문제로, 결과적으로 '허언'으로 보이는 발표를 빛나는 영 해군의 지도자가 한 것은 우리 해군 사상 최초의 일로, 영 해군 수뇌부의 사기가 드래크, 넬슨 시대부터 완전히 저하된 것을 이야기해 준다.
2. 사기의 퇴폐(頹廢)는 다시 항공모함 이반고트 반란사건으로 나타났다. 한 무리의 수병이 상관에게 저항하여 반란을 일으킨 이 사건은 '우리 해상제국'에서는 공전의 드문 일로 '그 시대에 한정된' 우발 사건으로 볼 수 없는 대사건이었다.
3. 다음은 해군에 대한 정치 간여 경향이다. 좋은 예는 제1차 세계대전 당시 처칠 해상(海相)이 휘셔 제독의 반대를 누르고 다다넬스 원정을 감행했다가 실패한 것처럼, 가깝게는 전 군령부장(軍令部長) 차트휠 경의 말을 빌리자면 프린스 오브 웨일스의 동아 파견이 완전히 정부의 '정치적 의도'에 기초한 것이었다는 것이다. 즉 절대적인 군령이 눈에 띄게 정치를 따라 동요된 경향이다.
4. 제1차 세계대전 이후 제리코 안전주의와 베테리의 분쇄주의가 상극인 것처럼 전통적으로 일관된 해군 전략이 군령부(軍令部)를 둘러싸고 돌아가지 않았다는 것도 생각할 수 있다.

---

302 화이트 엔사인(White Ensign): 영국 군함기. 흰색 바탕에 빨간색 십자가가 그려져 있고 위쪽 모퉁이에 영국 국기(Union Jack)가 있음.
303 유틀란트 해전(Battle of Jutland): 제1차 세계대전 중이던 1916년 5월 31일 유틀란트반도에 면한 북해에서 일어난 영국·독일의 전투. 스카게라크(Skagerrak) 해전이라고도 한다.

5. 제1차 세계대전 후 조선업이 크게 쇠퇴하고 워싱턴회의[304]로부터 런던회의[305]에 이르기까지 근소하게 주력함 3척을 건조한 것에 지나지 않는 것은 신흥 미 해군에 점점 압도당하고 있었음을 증명하는 것인데, 근본적인 문제는 국내에 반해군 사상이 방만해졌다는 것을 이야기한다. 즉, 국제연맹을 전쟁에 대한 유일한 바리케이트로 삼아 해군력의 신장을 잊은 결과이다. 이것은 마지노선을 따라 패망한 프랑스인의 '마지노 정신'과 같은 것이다.

6. 공군이 RAF[306]로 귀일하고, 해군 항공력의 강력한 연성(鍊成) 결여가 실패로서, 1935년 에티오피아 전쟁에서 이탈리아 공군에게 위협을 당하여 우리 대해군이 마루타에서 알렉산드리아에까지 도피하여 전 세계에 위신이 추락했을 때 이미 그 쇠퇴가 거론되었다.

　이것을 요약하면 영 해군의 쇠퇴는 이미 금세기 초두부터 시작된 것으로, 일본 해군에 철저히 내동댕이쳐졌다고 해서 지금 다시 낭패할 이유는 없다. 영 해군의 '제자'인 도고(東鄉)[307] 원수(元帥)에 의해 건설된 일본 해군이 교사(敎師)의 나라 해군을 쳐서 물리친 것은, 최고의 사기, 거국일치의 해군 사상, 강력한 함정(艦艇), 비행기 군(群)의 우리 해군이 역사적 실패라고 생각하는 것은 당연하다. 그렇지만 지금부터라도 결코 '버스에 늦게 타기'는 하지 않는다. 우리는 정부와 일체가 되어 드래크, 넬슨의 오래고 높은 해군 정신으로 전력을 다해 돌아가야 한다.

(스톡홀름, 3월 17일발,《요미우리신문》)

---

[304] 워싱턴회의(Washington Conference): 제1차 세계대전 이후 1921년 11월부터 1922년 2월에 열린 군비 제한, 태평양 및 중국 문제에 대한 국제회의.
[305] 런던회의(London Naval Conference): 런던군축회의. 1930년 1~4월에 서구 열강 4개국과 일본 등 5개국이 참가한 해군 군사력 축소에 관한 회의.
[306] RAF: Royal Air Force. 1918년 창설된 영국 공군을 말한다.
[307] 도고 헤이하치로(東鄉平八郎, 1848~1934): 해군 군인, 원수. 1904년 러일전쟁 때 일본연합함대 사령관으로서 쓰시마 해전에서 대승한 후 국가적 영웅으로 등장하였다.

영국 민심의 동요가 심하다

산호해(珊瑚海) 해전에서 우리의 대전과에 관하여 연합국 측 당국은 오로지 은폐하여 어떠한 발표를 하지 않았는데도 미 제2항공모함의 격침 및 영국 전함 오즈 파이트의 대파를 눈치 챈 국민은 활발하게 이것을 항간에 유포하여, 대단한 민심의 동요를 야기하는 역효과를 가져 왔다. 11일 런던 BBC방송은 이러한 유언의 단초는 정부가 스스로 뿌린 것이라고 다음과 같이 맹렬하게 공격하고, 국민의 불안감 제거를 위해 동 해전에 대한 신속한 진상발표를 요구하였다.

미국 해군장관 노스쿠스는 9일 신문기자단 회견에서 산호해 해전의 진상은 아직 발표할 시기가 아니라고 하며 언명을 피했다. 이어 10일 처칠의 연설에서도 또 '보고 없음'이라는 이유로 언급하지 않았지만, 동 해전에서 연합군이 상당한 손해를 입었던 사실은 이미 국민들 사이에 유언으로 전해졌다. 이것을 발표하지 않아서 국민의 불안을 양성하는 것은 대단히 중대한 문제라고 할 것이며, 이것이 대추축전(對樞軸戰)에 대한 정신적인 측면에 있어서 악영향은 상상 외로 크다. 전황에 대한 상세한 보고가 없다는 것은 국민 앞에 어떠한 정당한 이유를 제공하지 않는다. 정부는 이러한 중대한 사태에 대해서 조금이라도 빨리 그 진상을 발표해야 할 것이다.

(스톡홀름, 5월 11일발, 《요미우리신문》)

미·영 국민의 불안을 모으다

일본 해군에 의한 시드니 습격 강행 및 마다가스카르 기습은 연합군에게 완전히 아닌 밤중에 홍두깨 같은 충격을 주었다. 그러나 각지의 정보를 종합해보니, 미·영 두 나라에서는 일본군의 웅장하고 막힘 없이 뛰어난 대작전에 새삼스럽게 놀라면서 연합군의 피해에 관한 당국의 침묵은 더욱 국민의 의혹을 불러일으켰다. 그 불안에 박차를 가해서 일본군의 공격에 관한 데마가 활발하게 횡행하고 있다.

다시 말해서 스웨덴 신문에 실린 런던의 전보에 의하면, "영국 해군성에서는 일본 잠수함의 마다가스카르 공격을 인정하면서 전함 퀸 엘리자베스, 순양함 아레스사의 격침에 대해서는 언급하지 않았다. '일본군이 대체 무엇을 공격했는가?'에 대해서 당국이 한 마디도 설명하지 않는 점을 이해할 수 없다. 그렇다면 손해가 대단히 컸을 것이라고 우리가 억측해도 틀지지 않을 것이다"라고 외쳤다. 또한 빈으로부터 온 전보에 의하면 마다가스카르섬 총독은 5일 영국 라디오 방송에서 영국의 데마 방송에 초점을 맞췄는데, 거기다가 또한 워싱턴발 전보에 의하면 여러 가지의 유언이 갑자기 유포되어 라디오에서도 방송되었기 때문에 민주당 의원 마코 마크는 5일 하원에서 "진주만이 또 폭격당했다는 라디오 정보를 들었는데, 진상은 어떠한가"라고 정부에 질문하여 회의장이 소란해졌다. 그 영향을 우려한 해군성에서는 "미국 해군은 어떠한 사건이 돌발했는지를 듣고 있지 않다"고 변명했다.

(스톡홀름, 6월 6일발,《요미우리신문》)

영국 노동자의 불만

대동아전쟁이 불붙기 시작하면서 1월 말부터 2월 초까지의 영국 신문을 도쿄니치니치신문사(東京日日新聞社)가 고심해서 입수했다. 거기에는 "주 4파운드 1실링 수입이 있는 노동자가 9실링 10펜스의 세를 내기 때문에 집세, 기타를 제외하면 2파운드 4실링 4펜스를 손에 넣게 된다. 이것으로 대체 먹고살 수 있는가"라고 노동자의 부인이 날카로운 기세로 시원하게 말하기도 하고, "등화관제로 이렇게 부상자가 많이 나오는데, 폭격당한 쪽이 도리어 피해가 적은가?"라고 불만을 나열한다고 한다.

(7월 3일,《도쿄니치니치신문》)

영국의 암거래 횡행

2월 초 정부의 발표로 일제히 신문에 게재된 바에 의하면, 금년 들어 처음 7주간에 암거래가 이뤄진 건수 1,115건 가운데 3개월 이상의 징역이 7건, 그 벌금 총액이 6만 1천 파운드가 된다. 그러나 작년 1년의 건수는 약 1천 건, 벌금 총액이 5만 5천 파운드이다. 금년은 처음 1개월 반 만에 이미 작년 1년을 능가하는 상황이다. 그런데 3월에 들어와서부터 지면은 다시 증가하는 것이 일목요연하다.

재미있는 것은 3월 7일 자《익스프레스》를 보면 사회면에 초 특대의 표제로 사우스 실즈와 포츠머스 2대 항구도시에서 암거래에 관해 비명을 지르는 기사가 있다. 사우스 실즈 쪽은 시의 식량문제위원이 모아 결의하였다. 결의 내용은 "영국 안에서 이 항구만큼 공습으로 귀한 목숨을 잃은 곳은 없다. 예컨대 우리는 가장 용감하게 싸우고 있지만 이번은 적국의 공습에, 게다가 암거래와도 싸우지 않으면 안 된다는 것은 실로 유감이다"고 하여 암거래는 시의 권한으로 엄벌로 처할 것을 결정하지 않을 수 없다는 것이다. 포츠머스 쪽은 다른 사람도 아는 큰 군항(軍港)이다. 사령장관 윌리엄스 제임스가 암거래는 어떻게 해서든 근절하지 않으면 안 된다고 엄포를 놓았다는 것이다.

암거래와 통제위반 단속이 상당히 관대하기 때문에 이렇게까지 성대하게 번창하는 것인지 조사해보면, 암거래 시 엄벌하는데도 어째서 그 행위가 좀처럼 줄어들지 않는지 놀라울 정도다. 시험 삼아 특별히 두드러진 것은 아니고 보통 흔한 판결을 손이 닿는 대로 신문에서 살펴보자. 3월 5일 레스타의 한 양복상(洋服商)인 파리베르라는 남자가 양말류를 암거래했다가 놀랍게도 4만 1,970파운드, 일본 돈으로 71만 4,000엔의 벌금을 받았다.

런던 근교의 카페에서 마시고 있던 레몬주스가 가짜였다고 해서 벌금 20파운드에 징역 1개월, 켄트주의 농부 2사람이, 한 사람은 정부가 지정한 기일까지 자신이 만든 겉보리 수확이 늦었다는 이유로 24파운드 7실링의 벌금, 한 사람은 17에이커의 자신의 밭 경작을 기일에 맞추지 않았다고 해서 이 또한 24파운드의 벌금을 물고 있다. 노팅엄에서 젊은 남자 한 명이 밀가루를 암거래하여 2개월에 1,500파운드 이상 벌어서 100파운드의 벌금에 3개월의 징역을 판결받은 기사가 나온다.

(7월 16일, 《도쿄니치니치신문》)

전쟁 개시 후의 기현상

영국의 대중신문 《데일리 스케치》 3월 27일 기사에 나온 요크셔의 어느 큰 책방 이야기이다. 전쟁이 발발하고 나서 가장 현저하게 발생한 것은 책 부족도 아니고, 기술 방면의 서적이 대량으로 판매되기 시작한 것도 아니다. 책방 주인을 가장 놀라게 한 것은 톨스토이의 『전쟁과 평화』가 4년 동안 줄곧 대단한 기세로 계속 판매되고 있다는 점이다. 주문은 전쟁 전의 여섯 배인데 특별한 이유는 없이 '전쟁과 평화'라는 제목에 끌렸기 때문이라는 것이 이 기사에서 확인된다. 영국인 일반이 얼마나 평화를 고대하고 있는지에 대한 심리적 경향을 시사한다.

몰래 도둑맞은 담배

26일 자 같은 신문의 투서-추축국에 잡혀 있는 영국인 포로에게 보내는 담배를 훔친 형편없는 도둑이 유죄선고를 받았다는 신문기사가 있었다. 내 자식은 작년 4월 이후 이탈리아의 포로가 되어서, 그에게 보내기 위해 1개월 150개피씩 나누어 담뱃값을 지불하였다. 그런데 지금까지 1년 가까이 사이에 자식이 받은 것은 겨우 450개비라는 것을 알았다. 남은 1천 개피는 영국 내에서 암거래로 도둑질당한 것이다.

3) 소비에트연방

독일의 예봉하에 싸우는 소련의 고민

11월 혁명 기념일과 나란히 소련의 2대 축제일인 5월 1일 메이데이가 올해는 중단되어 버렸다. 예년이라면 모스크바 적색광장을 비롯하여 각지에서 시끌벅적한 민중의 메이데이 시위행진이 진행되고, 다음 날인 2일에는 전 소련이 일제히 쉬는날이 되어 민중은 가슴을 펴고 봄의 부드러운 공기를 만끽하겠지만, 이 쉬는 날에도 올해는 노동일이라고 간판을 바꾸어 민중이 고대하던 축제행사도 휴일도 완전히 훅 날아가 버렸다.

메이데이 당일 쿠이비셰프[308]는 활짝 개어서 민중시위와 적군(赤軍) 열병식이 없는 것이 한스러울 정도로 좋은 날씨였다. 거리를 걸으면 몇 군데의 가게에 이날만 특별히 배급된 듯한 물자를 손에 넣으려는 수백 명의 행렬을 볼 수 있다. 가게 앞에는 귀한 화장품도 있다. 거리마다 많은 인파로 흥청거렸다. 그들의 배후에는 집집마다 걸려있는 적기와 스탈린, 보로실로프 등의 초상화가 겨우 메이데이다운 느낌을 내고 있다. 그러나 시위행진이 없다는 것은 너무나 쓸쓸하다는 감정은 거리를 걷는 사람들의 얼굴에도 충분히 엿보였다.

실로 혁명 이후 24년 반 사이에 한 번도 빠지지 않았던 것이 독일과 소련의 전쟁 10개월 후 처음 나타난 것이다.

이러한 축제일이 지나자 쿠이비셰프 거리에서 귀에 들려오는 것은 부녀자의 전선동원 소문

---

[308] 쿠이비셰프(Kuibyshev): 러시아 중부 노보시비르스크주 서부의 도시. 옴강 중류에 위치하며, 지금의 사마라(Samara)이다.

이고, 눈에 띠는 것은 심각한 물자부족이다. 이 소문은 부녀자를 병사로 삼아 전선으로 강제 징발한다는 것이다. 이것이 사실이라면 놀라운 수단이라고 해야겠지만, 아직 사실을 밝혀내기에 이르지는 못했다.

물자 부족은 그 후 더욱 심각해져 특히 가장 눈에 띄는 것은 담배와 성냥 부족이다. 공장이나 각종 기관 등에서는 금연경쟁이 이루어지고 있다는 것이다. 성냥에 대해서는 모스크바의 이야기이지만, 어느 일류 호텔에서 담배를 한 손에 집고 '불덩어리'를 기다리는 손님이 많이 있어서 이따금 성냥을 켜서 담뱃불을 붙이면 그 한 개의 성냥으로 저쪽에서 이쪽에서 수십 인의 사람이 모이는 것도 드문 일이 아니라고 한다.

이 물자부족에서도 없을 테지만, "전쟁은 금년 안에 끝날 것이다"라는 말이 소련사람의 입에서 들려온다. 꼬집어 말해서 그 근거가 있는 것은 아니다. 그저 막연히 그렇게 기대하고, 그것에 헛된 꿈을 걸고 있는 것이다. 물론 소련의 승리보다 더 좋은 것은 없다. 그러나 그렇지 않아도 예를 들면 독·소 화평이 있어도 좋고, 아니 어느 정도 저도 빨리 끝내는 편이 좋다-라는 마음이다.

이와 같은 대중의 마음을 읽은 것처럼 소련의 신문은 연일 "우리는 금년 중에 반드시 독일군을 패퇴시킨다"라고 외치고 있다. 과연 전쟁은 금년 중에 끝날 것인가? 이 전쟁은 설마 소련에게 있어서 준엄한 전투라고 말하지 않을 수 없다.

(쿠이비셰프, 5월 30일발,《도쿄니치니치신문》)

일부에 동요하는 사상적 신념

과연 소련 병사의 저항은 일본인의 감정에 통할 정도로 훌륭할 정도로 완강하다. 그런데 이 완강함이 과연 어디에서 올까?

민족의 차이를 초월하여 그들을 연결시키는 단 한 가지의 공통점, 즉 공산주의 등에 대한 사상적인 감격에서, 끝까지 소비에드 제도의 모국을 보호하려는 열성에서 온 것일까? 기자가 본 전쟁터의 소련병사와 각 점령지 주민의 인상으로 말하면 이러한 사상적인 요인은 대부분이 완강한 저항과는 관계가 없다.

순수한 러시아인의 젊은 적군 장교나 병사 중에는 물론 이 주의를 위해서는 생사를 따지지 않는다는 감정을 가지고 있는 자도 있다. 그러나 그들을 연결해주는 사상적 유대는 결코 경시할 수 없는데, 코카서스, 중앙아시아 방면, 특히 주목되는 것은 우크라이나 출신의 병사 중에도 소비에트 제도에는 특별한 감격을 잃어버린 분위기가 농후해 보인다.

흥미 깊은 것은 스탈린의 고향이다. 코카서스의 조지아 출신 병사의 반스탈린 열정에서 그들은 혁명 후 스탈린이 조지아의 일을 그다지 강구해주지 않았다는 점에서 모스크바 정부에 냉담하다.

다음으로 소련 병사의 완강한 저항은 적군이 가지고 있는 독특한 코미사르 제도, 즉 독전대(督戰隊) 제도의 탓은 아닐까 의심되지만, 국부적으로는 그렇다고 할지라도 전체적으로 그것이 병사에게 죽음을 강요할 정도로 저항하게 했다고는 믿을 수 없다.

결국 이 소련군의 저항이야말로 슬라브 민족으로서 러시아인의 국민성, 슬라브인의 피 속에 흐르는 비유럽적인 요소, 나아가 아시아계 여러 민족의 아시아적 성격에서 생겨난 것이라는 느낌을 받았다. 그러나 이 완강한 저항 속에는 일개 민족국가로서 통일된 국가의식이 결여되어 있다. 그리고 병사의 각자의 규격은 통일되지 않았고, 그 결과 전군(全軍)의 호흡이 정확하게 맞아야만 이루어지는 통수운용의 묘가 수반되지 않아 가는 곳마다 적군의 전술이 파탄을 가져온 것으로 보였다.

(베를린, 6월 7일발,《아사히신문》)

이 두 통신은 직접 유언에 관해서 전하고 있는 것은 아니다. 그러나 소련 병사의 심리적 경향을 잘 캐치하여 패배하는 국민의 사기가 어떻게 저하되어 가는지를 잘 보여주고 있기 때문에 아울러 채록해두기로 한다.

7. 유언은 유력한 전략이다

1) 전쟁의 형태가 완전히 변했다

제1차 세계대전에서는 참전국 28개국 가운데 독일에 가담한 동맹측 4국에 대해 영·미·불의 연합측에 가담한 나라가 24개국으로 압도적인 비율이었다.

그러나 현대의 대전에서는 일본·독일·이탈리아의 추축국과 미영의 연합국 측이 거의 대등한 세력으로 대치해 있고, 병기, 전술도 전회(前回)[309]에 비해 뛰어나게 진보되었다. 따라서 전쟁의 수행방법도 대단히 가열되었다. 그런고로 전쟁의 진행상태도 여러 가지 새로운 형식을 보이고 있는데, 그중에서 가장 주의할 것은 전쟁은 전쟁터에서 전투원 때문에 이루어진다는 관념이 완전히 불식되어, 때와 장소와 사람의 구별 없이 모두가 전투의 위기에 직면해 있다는 점이다.

누구에게나 바로 앞에 있다, 더구나 눈에 보이지 않는 위기에 대해서 침착하게 평정심을 잃지 않고, 변화에 따라 당면한 조치를 취할 수 있는 태도에서 비로소 전쟁 승리의 제1보는 확보되는 것이다. 자세한 일에 당황하여 어수선하고, 한 개인의 생각하지 못한 것이 사회 전체의 동요를 초래한다면 전쟁터의 장교와 병사가 정말로 용감하게 잘 싸워도 승리를 거두기는 어렵다.

그래서 현재의 전술에는 적국의 인심을 동요하게 하는 것이 중요한 한 항목을 이룬다. 이것이 오늘날 활발하게 내세우는 신경전이다. 스파이는 적국의 기밀을 탐색만 하는 것은 아니다. 모략, 선전에 힘써서 유언을 퍼뜨리고, 적국의 인심을 교란하는 것도 중요한 임무이다. 따라서 동요하기 쉬운 민심, 유언에 휘둘리기 쉬운 사회심리는 이러한 신경전의 좋은 먹잇감인 것이다.

적국 측은 이 점에서도 필사의 발버둥을 계속하고 있다. 첫째는 자국민에게 패전 사실을 감추어 사기를 고무시키기 위해, 둘째는 제3국에 작용하여 자국 측에 끌어들이기 위해, 셋째로는 적국 측에 작용하여 기밀을 탐지함과 동시에 후방 교란을 도모하기 위해 활발하게 데마를 퍼뜨려서 모략을 계속하고 있다. 그 두세 가지를 통신기자의 노력으로 들어보자.

2) 전과를 속이는 데마 선전

궁여지책의 데마 '마카사르 해전'

1월 25일 새벽, 네덜란드령 보르네오 동해안 발릭파판에 대한 육군부대의 적전상륙(敵前上

---

[309] 제1차 세계대전을 말함.

陸)310은 대단히 졸렬하고도 대담한 기습작전하에 결행되어 네덜란드령 동인도제도에 으름장을 놓는 비수를 들이대어 우리 세력권을 확대한 것이다. 우리 대본영은 그 발릭파판 신작전의 전과를 발표했을 때 수송선 4척이 격침되었다는 내용을 발표했다.

그런데 여느 때와 마찬가지로 별로 달라진 것이 없이 미국·네덜란드·중경(重慶) 당국은 대본영의 정확한 발표로 이서되어 있는 발릭파판 작전을 임의대로 '마카사르 대해전'이라고 명명하고, 일본해국과 수송선단에 큰 손해를 끼쳤다고 대대적인 선전방송을 하고, 반추축국가의 국민이나 중립국에 대해 하와이 해전, 말레이 전국(戰局)의 패전을 호도 은폐하려고 하였다. 그들이 말하는 마카사르 대해전은 우리 하와이 해전, 말레이 앞바다 해전에 대하여 명명한 명칭으로, 일본선단 8척을 격침하고 기타 일본 전함, 순양함·구축함을 격침시켰다고 미 해군 당국이나 네덜란드령 동인도 군사령부(蘭印軍司令部)가 발표했다. 애석하게도 근거 없는 사실을 날조한 데마 방송으로, 적이 발표하는 거짓전과 내용이 지리멸렬하여 마각을 드러내고 있다. 그러나 드디어 모략선전전에 진력해온 일은 간과할 수 없다. 미국·네덜란드·중경 측이 방송하는 마카사르 대해전과 그 전과는 그렇다.

▷ U.P통신 바타비아 25일발은 마카사르 대해전의 대전과라고 칭하며, 지난 48시간 이내에 즉, 23일 오후 반추축국 연합함대는 마카사르해협을 남하하는 일본의 대 수송단을 발견하고 곧바로 공격을 개시하여, 수송선 8척에 거듭 중포탄 12발의 직격탄을 명중시키고, 큰 손해를 끼쳤다. 더욱이 24일에는 네덜란드·미국 공군과 미 해군이 공격을 재개하여 일본 대형 수송선 2척을 격침해, 2척에 큰 손해를 입힌 것 외에 구축함 1척에 직격탄을 퍼부어 대전과를 거뒀다.

▷ 같은 U.P통신 로스앤젤레스 12일발은 미군사평론가 조지 엘리어트 소좌가 《뉴욕 헤럴드 트리뷴》에 게재한 서명이 들어간 논평을 통해 마카사르 대해전을 다루었다. 네덜란드령 동인도 비행기가 일본수송선단을 마카사르해협에서 맹렬하게 습격하여 8척에 명중탄을 맞추고, 또 발릭파판 앞바다에서 네덜란드 공군은 세 함선에 큰 타격을 가했다.

▷ U.P통신 바타비아 26일발은 네덜란드령 동인도 군사령부의 오후 4시 발표를 다루었다.

---

310 적이 병력을 배치하고 있는 전면에서 강행하는 상륙을 말함.

네덜란드령 동인도 잠수함 1척이 마카사르해협의 야습전(夜襲戰)에서 일본 구축함 1척 격침, 순양함 1척에 어뢰 명중, 우리 잠수함은 반격을 받아서 순양함의 침몰을 확인할 수 없었다. 또 네덜란드령 동인도의 포격기는 25일 발릭파판 근해의 공격에서 일본 순양함 2척, 수송선 1척에 직격탄을 여러 개 퍼부었다.

▷ U.P통신 로스앤젤레스 6일발에 따르면 워싱턴 해군성 발표에서 미국 아시아 함대는 마카사르해협에서 일본군 수송선 5척 침몰, 기타 한 척을 침몰시킨 것으로 보인다고 보고했다. 한편 개전 이후 일본함선은 48척을 잃었다.

▷ 26일 샌프란시스코 일본어 방송은 마카사르 대해전을 다루며, 미 함대는 하와이에서 패했지만, 이번에는 일본수송선대를 습격하여 5척 내지 6척을 해저 깊숙이 수장시켰다고 방송했다.

▷ 28일 오후 8시경 네덜란드 해군당국은 라디오를 통해서 "네덜란드 해군은 오늘 밤(28일) 전투함으로 추정되는 일본의 대형군함을 폭탄과 수뢰로 마카사르해저에 침몰시켰다. 일본 해군은 건국 이후 일찍이 없었던 해전에서 큰 패배를 당하여 격침된 함선 수는 11척에 이르고, 17척은 큰 손해를 입었다. 그 가운데 여러 척은 사용불능, 6척은 확실히 침몰한 것으로 추정된다. 이상을 합해 계산해보면 침몰, 파손 또는 침몰로 추정되는 함선은 34척이다"라고 방송했다.

▷ 더욱이 29일 오후 8시경 다시 노스쿠스 미 해군 장군은 같은 라디오를 통해서 "마카사르해협에서 대해전은 이미 제6일째에 들어갔다. 미폭격 부대는 일본 수송선 1척 격침, 1척에 피해를 입혔다. 미 해군성 최근의 산정에 따르면 해상에서 패전한 일본은 28척의 전함을 잃었다. 그러나 아직 전투는 종식되지 않았다"고 보고했다.

▷ 그 밖에도 이 마카사르 대해전은 《런던 타임즈》, 《바네트 노바》, 《윌리엄 레시라》, 《핸슨》, 《보드윈》, 《U.P》 등 각 신문이 다루면서 과장해서 선전방송을 했다.

그러나 대본영 발표대로 우리 손해는 겨우 수송선 4척이며, 더구나 승선부대가 상륙한 후의 수송선이었기 때문에 인원의 손해도 극히 적은 수였다. 말없는 가운데 진행된 황군의 작전은 대본영의 비교할 수 없이 정확한 발표와 사실을 통해 저들의 데마를 분쇄하고도 남았다. 결국 반추축국가의 데마 방송은 저들의 상투적인 수단이라 할 수 있으며, 마카사르 대해전 같은 과대 악질적인 방송을 행해야 했던 것은 의회가 개회 중이어서 정부 당국이 국민지탄 앞에 서게 되어 무엇인가 속이기 위해 정책적으로 멀리 떨어져 있는 전쟁터의 상황을 국민이 모른다는 것을 호기로 과장해서 퍼트려 들려준 것이라.

한편 중경 당국도 미국과 네덜란드가 덩달아 구룡(九龍)[311] 북쪽을 점령했다거나 공군대부대는 하노이를 공습했다고 방송하였다. 이것은 지난 22일 오후 3시경 북부 프랑스령 인도차이나[312]에 날아와서 프랑도우온(하노이 동북방 40km)을 맹폭한 일본기를 보고 도망쳐 돌아간 것이다.

이 잔인한 데마는 세계가 일소에 부친 것으로 정말이지 미국인 자신도 기가 막힐 노릇이었다.

[1942년(昭和 17) 2월 1일, 《아사히신문》]

패적치욕(敗敵恥)의 덧칠

올 2월 10일 중의원 결산위원회에서 시마다(嶋田)[313] 해군상은 미·영의 데마 선전에 대해 다음과 같이 분쇄했다.

패전을 호도하려고 기를 쓰고 있는 적측의 데마 선전은 진실로 마음이 좋지 않다. 전쟁에 지면 어찌되었든 데마 선전을 하고 싶어지는 것이다. 그러나 데마 선전이라는 것은 시일이 경과하면 도리어 일본에 유리하게 될 것이라고 생각한다.

지금 하와이 해전에서도 처음 미국 해군장군이 시찰하고 미국에 돌아온 후 공표한 것과 그 후에 조사위원이 조사결과를 공표한 것에 대단히 엄청난 차이가 있다. 저 사실에서만 보아도 이미 미국 정부가 낸 것은 맞지 않다는 훌륭한 증거를 보여준다.

최근에 자바 해전에서도 마찬가지임을 말할 수 있다. 영국은 현재까지는 그때그때 차이는 있지만 비교적 정직하게 발표하였다. 이것은 영국은 역시 훈련이 되어 있어서 그런 멍청한

---

311 주룽(Kowloon, 九龍): 홍콩 북쪽에 있는 도시. 구룡반도 끝에 위치한 해륙교통의 요충지. 1860년부터 영국의 직할 식민지로 있다가 1997년 중국에 반환.
312 지금의 베트남·라오스·캄보디아의 3국.
313 시마다 시게타로(嶋田繁太郎, 1883~1976): 해군 출신으로 해군대신의 자리에까지 오른 인물. 미국과의 전쟁에 대해서 당시 해군대신으로 육군의 개전 의견에 찬성하여 미국과 전쟁을 시작하는 데 큰 영향을 미친 인물이다.

데마를 선전하지 않는 편이 좋다고 명심한 결과일 것이다.

결국 데마를 너무 퍼트리면 자기에게 득이 되지 않게 된다. 일본으로서는 어느 시기에는 물론 이 데마 선전의 분쇄도 한다. 그러나 넓은 마음으로 보고 있으며, 그중에는 도리어 일본을 위해 유리한 결과를 가져오는 것도 있기 때문에 그렇게 기를 쓰지 않아도 좋지 않을까 생각한다.

캐나다의 주 장관이 미국의 데마 선전을 심하게 타격

우리 무적해군이 슬라바야 앞바다, 바타비아 앞바다 양 해전에서 거둔 승리에 대해 미·영 해군당국은 패전 사실을 호도하기 위해 계속 허구의 데마 선전을 퍼뜨렸지만, 캐나다 오타와에서 온 전보에 의하면 온타리오주 장관 헤프반은 하룻밤의 강연에서 미국 측의 데마를 폭로하고, 특히 미국 태평양함대의 주력은 일본 측에서 발표한 것처럼 이미 괴멸되었다고 다음과 같이 언급했다.

진주만 패전의 조사보고 및 그 후 수차례에 걸친 해전을 색안경 없이 바라보면, 미국 태평양함대의 주력이 격멸되었다고 하는 일본 측의 발표가 맞다는 것이 점차 명료해졌다. 일본 해군이 미국 함대를 상당히 능가하는 우수한 해군이라는 사실은 아마 누구도 부정할 수 없다. 노스쿠스 해군장관은 미국 국민 사이에서 '미국 함대는 어디에 있는가?'라는 비난이 일 때마다 "미국 함대는 현재 일본함대를 추격 중이며, 이러한 행동에 대해서는 적측에 정보를 제공할 위험도 있기 때문에 일체 발표할 수 없다"라고 몇 번이나 반복했다. 그러나 나는 감히 일본함대의 소재를 노스쿠스 장관에게 알려드린다. 일본함대는 마닐라, 싱가포르에, 그리고 지금은 자바해에서 작전 중이다. 만약 노스쿠스 장관이 이런 나의 정보에 기초해서 신속하게 작전을 수립하지 않는다면 일본 함대는 곧 틀림없이 시드니에, 혹은 멜버른에 모습을 드러내게 될 것이다.

(스톡홀름, 3월 2일발, 《요미우리신문》)

패전 사실을 숨기기 위해서 또 적측을 견제하고 교란시키기 위해서 각국 모두 기를 쓰고 있는데, 미영과 같이 완전히 허구인 데마를 퍼트리는 것은 스스로의 신용을 땅에 떨어뜨릴 뿐이다. 예를 들면, 영국의 다음 사실을 보는 것이 좋을 것이다.

처칠의 데마

독일 함대가 영국의 공격을 물리치고 북해로 간 사실을 오늘 아침에는 영국도 인식했다. 싱가포르의 함락과 동시에 처칠 내각 와해의 원인은 여기에 있다는 신문도 있다. U.P기자는 감정이 몹시 격한 어조로,

"도비아는 템스강처럼 영국의 젖줄과 같은 것이다. 그곳을 독일 함대가 유유히 통과한 것은 영국 함대의 대패배를 의미한다. 북대서양의 공방작전은 다시금 획기적으로 변할 필요가 있다."

라고 하였다. 한번은 독일 전함 샤론홀스트호를 격침했다고까지 데마를 퍼트렸는데, 이 말은 반대였다. 처칠 수상은 1939년 9월 이후 동호를 격침하였다고 발표한 것이 열 번에 이르고, 이번에도 또 저질렀기 때문에 이것은 권위 면에서는 양을 키우는 늑대의 말과 같은 것으로, 텐에서 상대하지 않았던 것이다.

[1942년(昭和 17) 2월 15일, 부에노스아이레스 국제전화, 《요미우리신문》]

영국의 추축 이간책

영국 쪽은 미국만큼의 기력도 여유도 없다. 인도의 위기, 인도양에서의 패퇴 … 이러한 대영제국의 뼈대를 흔드는 사태에 직면하면서 어떠한 적극적인 손을 쓸 수도 없다.

유럽에서 함대를 보내면, 일본군의 좋은 먹잇감이 된다는 것은 훤히 다 아는 사실이고, 게다가 독일의 춘계 공세라는 부담이 목전에 대롱대롱 매달려 있다. 도저히 어찌할 수 없는 절체절명의 상황이라는 것이 현재 영국이 직면한 사실상의 입장이다. 그래서 어쩔 수 없는 장기인 선전 모략이다. 런던에서는 지금 스톡홀름 통신을 바탕으로 "국제 금융단이 독일과 연합국 간의 통상협정을 주선하고 있다"는 어린아이에게도 통하지 않을 데마를 퍼트리고 있다. 그 이유로 들고 있는 것은 "시항(シ港) 공략, 네덜란드령 동인도 제압으로 일본은 세계경제를 지배하기에 이를 것이다"라는 것이다. 따라서 지금 독일은 미영과 손을 잡고 일본의 절대적인 우위에 대항하라고 하지만, 이런 바보 같은 말에 귀를 기울이는 독일인은 한 사람도 없다. 그래서일까. 그러한 영국 자신이 타 전보에서는 "열대의 부국을 옹호한 일본과 독일과 이탈

리아가 연락했을 때는 미영 측이 패배할 때이며, 아마도 그 시기는 1년 이내일 것이다"라고 솔직하게 고백하고 있다.

[1942년(昭和 17) 2월 17일, 베를린 국제전화,《요미우리신문》]

애교가 금방 끝장나

이곳을 무대로 하는 미국의 데마 선전은 현재로서는 완전히 실패하였다.

U.P, AP, INS 3대 큰 통신사를 비롯하여《뉴욕 타임스》,《헤럴드 트리뷴》이하 대형 신문의 인재가 무려 50~60명, 이에 열심히 노력해서 아르헨티나 획득에 놀라고 있지만, 영국의 노회한 데마 선전 책동에 비하여 미국의 그것은 '경험 미숙'이라는 감이 자못 강하여, 중요한 데마가 계속 마각을 드러내고 있기 때문에, 도리어 역효과를 낳은 형국이다. 물론 근본적인 문제로 일본군의 전에 없던 우수하고 강한 점이 자못 확실한 민심으로 파고든 것이 미국의 데마를 받아들이지 않게 하는 이유이다. 하와이 대패로 미 해군 당국이 고통스러운 해명성 발표를 하고부터라는 것은 현명한 미국 국민이 정부 발표에 믿음을 두지 않는 것이므로, 제3국에 반향이 있을 리 없다. 이하 미국이 멋지게 마각을 드러낸 최근의 데마 뉴스 가운데 빼어난 것을 들어보자.

① 미 해군성은 18일 자 발표에서 "뉴기니에서 미·호 공군이 일본 함선 23척을 격침했다"고 크게 데마를 하고, 이 뉴스가 부에노스에 넘쳤다. 다음 날이 되어 이번은 '26척'으로 3척이 늘었다. 민중은 '또?'라고 금세 이 뉴스의 사이비성을 간파했다. 하루에 3척이 늘어난 것도 이상하지만, 미 당국의 발표를 자세히 보면 '몇 시, 어디에서'라는 중요한 점이 전혀 밝혀지지 않았고, 호주 수상 카친이 같은 문제에 대해서 "위의 사실은 10일 동안의 종합 전과이다"라고 발표했기 때문에 이 뉴스에 대한 신용은 한 번에 떨어지고 말았다.

더구나 카친은 같은 성명에서 "일본군의 진격형태는 진실로 막을 수 없는 불길 같은 점이 있다"라고 마치 '대전과'를 스스로 부정하듯이 말해버렸기 때문에 금세 놀림감이 되고 말았다.

② 미국은 지금 오스트레일리아 구원 문제로 정신없이 데마 뉴스를 뿌리고 있다. 맥아더가

"오스트레일리아에서 100만의 군대를 훈련하여 일본군을 격파한다"는 성명을 마구 내어 이것을 그곳의 미영계 각 신문에서 귀신의 목이라도 잡은 듯이 커다랗게 썼다. 됐다니까 우쭐해진 《시카고 트리뷴》 기자가 "미군을 가득 실은 미국의 대 호송 선단이 오스트레일리아를 향해서 출항했다"라고 큰 데마를 퍼트렸다.

이 뉴스는 해군 당국의 검열을 거친 것으로 미영계 신문은 전날 맥아더 성명에 상태를 맞출 수 있을 뿐이라고 게재했지만, 게재 직후 녹스의 명령으로 트리뷴사로부터 이 전보취소가 왔다. 아마도 이러한 데마 선전이 본가도 해군력이 없는 호송 선단이 가능할지 불가능할지 어린아이도 알 수 있는 지극히 명백한 사실에 신경이 쓰여 취소했을 테지만, 앞에서 적은 미영계 신문이 이 취소를 모르는 척한 것에 대해 《팜페로》지는 냉소적인 자세로 이 취소를 다뤘다.

건전한 상식의 소유자라면 카리브해의 안전성조차 U보드에 교란당하고 있는 미 해군이 이러한 대모험이 가능할지 가능하지 않을지를 곧바로 알 수 있는 소식이다. 본지는 《시카고 트리뷴》의 해당 기사는 취급하지 않았지만, 지금 여기에 우리 회사 편집원의 정확한 판단을 보여주기 위해 미 해군의 지령에 의한 트리뷴사의 취소 문장을 게재하고, 아울러 "발표에 관해서는 언제나 최대한 정확성을 기한다"는 녹스 해군장관에게 경의를 표하는 바이다."

③ 미국 국무성이 주체가 되어 정신없이 행동하고 있는 것에 일·소 이간질에 관한 데마이다. 소·만 국경의 상황이나 사토(佐藤)[314] 대사 부임과 관련하여 눈치 빠르게 큰 데마를 날리고 있는데, 이 또한 20일의 일소어업잠정조약(日ソ漁業暫定條約)의 성립으로 산산조각이 나서 '미국 뉴스'가 점점 신뢰를 두기 어렵다는 것을 민중들에게 깊이 느끼게 하였다.

당지에 뙈리를 틀고 있는 미국인 기자도 많게는 '특종의 화려함'으로 살고 있는 듯한 개인주의적인 패거리로 '뉴스를 통하는 국가적 목적' 같은 것에는 전혀 인연이 멀기 때문에 서로 끼리끼리 치거나 때로는 정부의 발표를 뒤집는 듯한 타전을 태연하게 하고 있고, 일·독·이 기자의 정연한 공동전선에는 완전히 압도되고 있는 것이 실정이다.

(부에노스아이레스, 3월 26일발, 《요미우리신문》)

---

[314] 사토 나오타케(佐藤尚武, 1882~1971): 외교관, 정치가.

비길 데 없는 악랄함

영국 측의 데마는 미국과 비교해보면 과연 그 길에 있어서는 백 번 싸워 갈고 닦은 뛰어난 것이라는 느낌으로, 미국만큼 간단하게 꼬리를 드러낼 데마는 하지 않는다. 예를 들면 BBC 라디오 뉴스 해설자로 유명한 홀이나 프레이저 같은 무리도 가능한 한 객관적인 태도를 취하여 '패전'을 '패전'이라고 인식하는 것에는 자못 용감하다. 그러나 이 '용감함'이 수상한 사람이다. 객관성을 강하게 각인시켜 놓고 찔끔찔끔 루머를 퍼트리는 효과를 노리고 있다. 이것은 크게 경계할 필요가 있다.

그 외에 일반적으로 존 불[315] 특유의 초조하게 굴지 않고 서두르지 않는 식의 루머로, 지방지 등이 '맥아더 호주 도착과 동시에 미국이 대공세로 전환한다'와 같은 보도를 하자, 중요한 중립국에 도착하기 전에 자국민에게 일소에 붙여버린다. 이러한 신문 데마로는 대단히 신중하지만, 악랄함에 관해서는 전 세계에 유례가 없을 것이다.

제1차 세계대전 이후 이것은 영국이 전문이지만 이번 대동아전쟁에서도 이든[316]의 예인 홍공 문제의 큰 데마가 그것이다. 물론 이것은 연속된 패전으로 국내는 물론이고, 속령(屬領), 자치령, 특히 서아시아 인도 방면의 인심 대 동요를 어떻게든 먹어치우기 위해 고안된 것이고, '일본군의 홍콩에서 행동'이라는 악랄하기 짝이 없는 큰 데마이다. 이 데마 성명에 이든을 일부러 기용한 것은 갤럽 여론조사소 런던 지부의 보고에 따르면, 처칠의 후임총리로 이든의 인기가 압도적이었다는 점과 더구나 이든의 경력이 영국 귀족풍 정의파로 되어 있는 점에 착안했다. 즉 민심을 이것으로 끌어당김과 동시에 이로 인해 이든의 인기를 선동하여 최근 클리프스에 잡아먹히고 있는 그의 지위를 옹호한다는 일석이조(一石二鳥)의 꽤 손이 많이 들어간 처칠의 최고의 모략이다. 그러나 이 넋은 영국 국내에서도 일찍이 간파되어 《데일리 익스프레스》는 당일 가노(加納) 정금(正金) 지점장의 반박을 실었을 정도이다.

그런데 한편으로 재미있는 것은 《데일리 익스프레스》는 최근 클리프스, 이든 등의 진출로 실각한 전 군수상(軍需相) 비버브룩의 기관지라는 점이다. 즉, 이것은 실각한 비버브룩의 처칠, 이든에 대한 반격의 일보(一步)로, 영국 정계의 내분을 그대로 드러낸 것이다. 때문에 중립국

---

315 존 불(John Bull): 문학작품이나 정치만화 등에서 영국이나 영국인의 특성을 전형적으로 나타내는 인물.
316 이든(Robert Anthony Eden, 1897~1977): 영국의 정치가, 귀족. 외무상, 수상 역임.

에 대해서는 중요한 데마 그것보다 도리어 '영국 정계의 내분'이라는 사실을 강하게 각인시켜, '영국의 붕괴가 가까워짐'을 뼈저리게 느끼게 해주고 있는 형편이다. 현재 당지의 모 신문처럼 '홍콩 신문의 데마'와 같은 것을 내각의 지주 이든 스스로 성명한 바를 보아도 중립국에게는 대영제국이 낙백(落魄)되었다는 느낌을 강하게 느끼게 한다고 써서 데마 그 자체는 마침 문제 삼지 않는다. 이리하여 당지에서는 영국인의 악성 데마는 거의 문제가 되지 않는데, 그 이유는,

① 악질 데마의 본가로서 영국의 전통적 성격이 제1차 세계대전 이후 강하게 인식되고 있는 것
② 일본군의 파죽지세의 전과가 모든 데마를 무언중에 분쇄하는 측면적 효과를 거두고 있는 것
이상 두 가지 점으로 요약될 수 있다.

(스톡홀름, 3월 26일발,《요미우리신문》)

이든의 뻔뻔스러운 얼굴을 벗기다

정보국 제2부 장관 요시즈미(吉積) 소장(少將)은 3월 14일 오후 7시 반부터 〈적측 선전모략의 일단에 대하여〉라는 제목으로 다음과 같이 방송을 하고, 영국이 계속된 패퇴에서 어떻게 영광이나 체면을 잊고 데마 선전에 광분하고 있는가를 지적했다.

미·영 등의 적측 여러 나라는 대동아전쟁 개시 이후 패전에 패전을 거듭하여 안으로는 본국민 및 동아의 속령으로부터 정부, 통수부(統帥部)의 권위의 경중을 묻고, 밖으로는 중립하는 여러 나라에서 그 몰락을 확인하게 되었기 때문에 뭐랄까 쇠퇴를 만회하려는 데에 기를 쓰고 있다. 미국이 작전부장을 바꿔 표면을 호도해보아도 새로운 승전을 거둘 수 있는 것도 아니고, 또 영국이 웨베르를 인도에 보내도 도리어 영국의 불신행위를 여실히 천하에 폭로하는 역효과를 제공할 뿐이었다. 정면에서 당당하게 대책을 펴는 방법 없이 최근에 이르러 최후의 수단으로 악질 데마 선전을 세계로 퍼트리는 가련한 방법을 채택하지 않을 수 없게 되었다. 예를 들면, 지난 10일 영국의 외상 이든은 하원에서 신뢰할 만한 목격자의 이야기로, "홍콩에서 영국 장병 50명이 결박되어 총검으로 찔려 죽임을 당하고, 환자에게는 약도 제공되지 않고, 식량이라고 해도 겨우 쌀이나 물뿐이고, 더구나 좀처럼 이런 대우는 개선될 것처럼 보이지 않는다"라고 기술하고 있다. 또 호주 육군상 포드는 지난 11일 다음과 같이 성명을 냈다.

"호주인으로 일본과 화평을 믿는 사람이라면 부디 홍콩의 학대사건을 상기하여 그 미몽을 깨달아야 할 것이다. 이 사건은 실로 전체 호주인에게 전력을 다하여 일본군을 격퇴하겠다는 결심을 한층 굳건히 하도록 했다."

미영 측의 신문도 이것을 다루어 크게 썼다.

동아에 있어서 철저한 패전과 이것에 동반한 객관적 정세가 인도, 호주가 영국으로부터 멀어지지 않을 수 없게 된 것을 이미 영국 국민 및 속령 민중 앞에서 은폐하는 것이 불가능하게 되었기 때문에 이 만회책으로 일본 및 일본군을, 혹은 일본인을 인도적으로 비난함으로써 영 국민과 영 정부 사이에 이간을 저지하려고 한다. 고육지책에서 나온 것이다. 더욱이 무슨 이유로 이든은 의회라는 공적인 장소에서 당당하게 이런 데마 연설을 했을까 생각하면, 이든은 영국에서 가장 인기가 있는 정치가로 알려져 있다는 점과 이 허구의 선전을 사실처럼 인상지우기 위해서 배수의 진을 친 것이다. 영국 일류의 노회함을 엿볼 수 있으며 동시에 한편으로는 이 정도까지 하지 않으면 안 되었다는 것이 대영제국의 붕괴가 임박해 있다는 것을 뒷받침한다.

일본이 적국의 포로를 어떻게 취급하는가는 과거 일러전쟁, 제1차 유럽대전에서 주지한 사실이다. 또 이번 대동아전쟁에서도 포로 그 자체가 현지에서 만족하는 뜻을 표하고 있을 뿐 아니라 이미 대동아전쟁 이후 미국의 국제적십자사 위원회 대표 마크피극는 "일본은 미국인 포로에 대해 좋은 대우를 제공하고 있다"고 말했다. 또 미국은 "스위스 관헌의 보고에 의하면 일본이 점령한 상해·광동(廣東)·한구(漢口)·천진(天津)·북경(北京)에서 미 외교관 및 일반 미국인은 일반적으로 만족할 만한 상황에 놓여있다"는 취지의 구체적인 사실을 들어, 1월 31일 발표한 사실을 통해서도, 현재 더 자세하게 설명할 필요는 없다. 이든은 데마 방송 전에 먼저 스스로를 돌아봐야 할 것이다.

다시 말하면, 말레이에서는 쿠알라룸푸르의 약탈 및 방화에 대해서 현지 주민은 그 잔인함을 저주하고 있는 사실, 말레이를 단념한 일본인을 우리 공군의 공격 목표가 될 수 있는 석유탱크 바로 옆에 감금하고 있었던 것처럼, 혹은 영국을 위해 싸우고 있는 인도병의 발을 수갑으로 채워 최전선에 두고 가기도 하고, 자신들의 패전 사실을 은폐하기 위해 싱가포르 함락 직전까지 중경 측 영사의 네덜란드령 동인도로의 철수를 거부했다. 더구나 항복 직전에 그 뜻을 보이면서 계속해서 철수에 어떤 노력도 하지 않고, 배 자리(船席)까지도 걱정해주지 않았던 것 같으며, 혹은 버마 방면, 페구에서는 아녀자를 포함한 수백여 명의 버마인에 대해서 악학무도(惡虐無道)한 살상행위를 하기도 하였다. 이번 제2차 유럽대전에서 폴란드에 해라, 프랑스로 해라, 그리스로 해라, 네덜란드령 동인도로 해라, 졸렬한 언사로 장난하면서 자기방위를 위해 이용하고, 한 번 전황이 불리해지자 이들 여러 나라를 희생으로 삼아 자기 군대만의 안전을 도모한 사실부터 말해도 그 비인도적인 처사의 수를 다 쓰고 있는 것을 어떻게 생각하는가? 일본에 대한 데마 선전을 하기 전에 먼저 스스로를 반성해야 할 것이다.

그러나 피눈물을 흘린 영국 정부는 이미 그런 신사적 태도는 취하지 않는다. 독일과 이탈리아를 일본에서 떼어내거나 혹은 중립국에 대해 일본을 오해하도록 만들려고 해도 독일과 이탈리아는 그런 것에 망설이지 않는다. 현재 독·이(獨伊)의 신문은 이것들을 대단히 조소하고 있다. 중립국이라 하더라도 일본인의 성격을 잘 알고 있다. 식자는 물론 일반 민중이라도 진실한 일본의 보도로 일본의 입장을 이해하고 있기 때문에 역효과야 있지만 선전의 효과는 기대할 수 없다는 것을 확신한다.

지난 12일 도조(東條) 수상은 의회에서 당당하게 그 소신을 말했다. 다시 말하면 미국·영국·인도·호주·중경 정권에 대하여 거듭 반성의 여지를 주기 위해 무사도적인 태도를 가지고 조리 있게 연설한 것이다.

이 수상의 연설과 이든의 연설을 비교해볼 때, 그와 우리 지도자 사이에 성격과 태도에 근본적인 차이가 있다는 것을 통감하는 바이다. 나는 마지막으로 다시 이든에게 알리고자 한다.

다시 말하면, 패도(覇道)나 모략으로 세계에 권력을 휘두를 수 있다는 사고방식은 이미 과거의 낡은 사고방식이다. 팔굉일우(八紘一宇)[317]의 대훈(大訓)에 기초하여 당당한 우리나라의 천업(天業)에 대해서는 지금 정말로 서두르더라도 이에 항거할 수 없다는 것을 조용히 숙고해야 할 것이다. 그러므로 하늘의 뜻으로 철퇴가 철저하게 미영 등의 머리 위로 떨어지기 전에 스스로 과거의 죄업을 정산하고 근신해야 할 것이라고 생각한다.

[1942년(昭和 17) 3월 15일,《도쿄니치니치신문》]

미·영의 악랄한 데마는 어떻게 여러 작은 나라의 순진한 병사를 괴롭히고 있는가? 자바섬

---

317 팔굉일우(八紘一宇): '천하를 한 집처럼 삼는 것', '전 세계를 한 집으로 삼는 것'을 뜻하는 어구. 『일본서기(日本書記)』의 "八紘(あめのした)を掩(おお)ひて宇(いえ)にせむ"에서 비롯되었다.

방위전에 참가한 네덜란드령 동인도 육군 중위 J.D. 데니스는 이렇게 기록하였다.

한순간에 무너지는 전쟁 승리의 데마

2월 1일 아침 라디오에서는 "일본 육군이 세 지점에서 상륙, 우리 군은 이를 섬멸 중"이라고 방송했다. 드디어 와야 할 것이 왔던 것이다. 각오는 하고 있었으나 대단한 충격을 면할 수 없었다. 사령부에서 나에게 부여한 업무는 포로의 조사였다. 그러나 이것은 나중에 판단한 것인데, 포로를 취조하는 장교는 일본군에서야말로 필요하다. 우리 군에서는 바보 같은 존재였다. 많은 장교가 바쁘게 달리면서 돌았는데 나 혼자 무료한 생활이 시작되었다.

라디오는 전날 밤에 이어지고 정부고관에게 사태의 긴박성을 설명하여 시민에게 각오를 촉구하는 방송을 하였다. 그러나 일반의 공기는 강경론이 압도적이어서, 국민평의회 회원 폰다 루푸라스가 비관적인 방송을 했다는 이유로 분격하는 사람이 많았다. 2일 팔렘방 근처에서 일본군함에 격침당했다거나 랭군은 맹렬히 반격했다거나 경기가 좋은 뉴스가 방송되고, 사령부는 확 밝아졌다.

그러나 오후가 되자 반탐 만 서쪽 수비대로부터 "예상 밖의 지점에서 일본군이 상륙, 기계와 같은 정확함으로 시시각각 전과 확대 중"이라는 보고가 있고, 공기는 금세 비관적으로 확 변해버렸다.

실제는 방위작전은 일본군의 상륙 전 해상에서 격파하는 것에 있다는 것을 알고 있었기에 승리는 이미 일본군 측에 있다는 것을 상상할 수 있다.

3일 전부터 계획대로 바타비아를 비무장도시로, 사령부는 언제라도 반돈으로 이전 가능하도록 군용에 필요한 물품을 운반하는 트럭의 적재를 명령했다. 4일 전황은 점점 불리해졌다. 일본군은 바타비아에 다가오고, 다른 한 부대는 반동과의 연락로인 바이덴조르그에 육박했다는 정보를 알았다. 5일 오전 10시 우리는 자동차로 반동으로 향했다.

사령부 일행은 반데조르그까지 도망쳤지만, 반동에 접근함에 따라 도로에는 셀 수 없을 정도로 자동차가 넘쳐나고, 특히 바이덴조르그에 있던 오스트레일리아 기계화부대가 엉망진창으로 퇴각했으므로 어떤 때는 서너 시간 이상을 꼼짝하지 못했다. 반동에 도착한 것은 6일 오전 9시를 지났다. 반동은 이미 2, 3개월 전 여러 번에 걸쳐서 일본공군의 습격이 있었다. 매우 소란스러운 사이렌이 울려 퍼져 시민은 일제히 방공호로 피난했는데, 나는 군대 막사(兵

숨) 속에서 몰래 지켜보고 있었다. 그래서 그 밤 반동 방위사령부 프레스만 소장은 반동 교외 이지라 호텔에서 일본군에게 정전(停戰) 신청을 했다.

전투는 네덜란드군의 항복으로 사실상 종료됐다. 전투가 겨우 수일로 며칠 만에 어이없이 패했다. 책임은 우리 군지도자 외에 비행기조차 저항을 보이지 않고, 네덜란드를 감언이설로 속인 미영 양국에 있다. 이것을 우리로서 통한해 마지않을 지경이다.

(바타비아, 3월 16일발, 《요미우리신문》)

미국의 악질 데마

미국 정보는 종래 중립 태도를 견지해온 아르헨티나 정부가 추축국 및 그 통치하에 있는 여러 나라와의 무선통신 및 국제전화 단절을 결정하고, 10일 내상(內相) 시겔 라지아 씨로부터 그 뜻이 발표된 것을 대대적으로 선전하였는데, 부에노스아이레스의 보도에 따르면 위는 아르헨티나 주차(駐箚) 미 대사 노만 마마를 소환한 것으로 미국의 아르헨티나 포섭 공작이 완전히 실패로 돌아간 것이 폭로되어, 종종 억측이 이루어지고 있는 것에 낭패한 미국이 그 국면을 호도하려고 한 선전이라는 것이 판명되기에 이르렀다.

(리스본, 7월 12일발, 《동맹》)

일본의 전쟁 목적과 중상(中傷)

이탈리아 대사관의 베르트니 대좌는 도쿄니치니치신문사의 방첩좌담회에서 다음과 같이 말했는데, 이러한 중상 방법도 있음을 주의해야 한다.

미·영은 일본과 다른 추축국의 이반 선전을 아직도 맹렬하게 계속하고 있습니다. 라디오가 유력한 무기입니다. 미영은 "일본은 미국과 영국에 대해 전쟁을 하고 있는 것은 아니다. 백인에 대해 전쟁을 하고 있는 것이다"라고 세계를 향해 유포합니다. 이 선전을 들으면 우리는 추축국의 무관(武官)이면서 백인이기 때문에 '글쎄?'라는 감정이 스칩니다. 도조 수상은 "앵글로색슨을 적으로 하는 전투다"라고 명백히 언명하고 계십니다만, 전선의 장병, 총후국민에게 보다 명백하고 철저하게 하는 것이 적의 이반 선전을 박는 가장 좋은 수단이 아니겠습니까.

(7월 19일, 《도쿄니치니치신문》)

위와 같이 여러 가지인 데마를 비롯하여 국내적으로는 자국민의 눈을 패전 사실로부터 가리고, 사기를 고무하는 데에 힘쓰며, 국제적으로는 제3국에 작용하여 자신의 진영으로 끌어들이려 하였다.

이러한 방식은 필시 새로운 것은 아니고 예로부터 있었다. 과거 위대한 전략가, 예를 들면 도요토미 히데요시(豊臣秀吉) 등은 '원교근공(遠交近攻)'이라고 하여 가까운 지역은 병력으로 공격하는 한편, 먼 지역의 다이묘(大名)에게는 간첩을 풀어 자기 편이 되도록 다채롭게 이 수단을 취한 것이다. 옛날에는 그렇게 해서 성공했는지 모른다. 그러나 요즈음처럼 통신기관에 완비된 세계에서는 아무리 사실을 숨겨도 숨길 수 있는 것은 아니다. 현재 미국인이라도 미 정부의 발표를 신용하지 않고 동요하고 있으며, 남미의 중립국에서도 미국정부의 발표를 신뢰하지 않아 그 유혹에 넘어가려 하지 않는다.

중경 정부가 대동아전쟁 발발에 폭죽을 터뜨리며 크게 기뻐하고, '도쿄는 폭격당한다'고 큰 소리를 친 것 등은 세계 사람들의 웃음거리밖에 되지 않는다. 결국 정직이 최상의 정책이라는 것이 천고불변의 진리로 증명될 뿐이다.

유언은 이적 행위

패전을 거듭하고 있는 미국은 현재 국내전시체제의 정비에 광분하고 있는데, 미 정부 최대의 고민은 잡다한 국내조직을 어떻게 통제할 것인가의 문제이다. 무기생산을 비롯하여 국내 자원의 개발, 물가통제 등 모두가 그렇지만, 이것을 전시 사회층의 분화에서 보더라도 다른 나라에서는 볼 수 없는 고민이 있다. 인종의 도가니라고 일컬어지는 나라인 만큼, 특히 대도회지에서는 참전 이후 여러 가지 유언비어가 난무하여 당국에서는 이것을 제5부대 탓이라며 단속에 고군분투하였다. 각 도시에서 여러 가지 취체법이 실시되고 있지만, 최근 보스턴에서 이루어진 방법은 자못 효과적이어서 이것을 전국적으로 확대해야 한다고 장려하고 있다.

그 방법은 모든 유언은 이적행위라고 선전하고 당국 유력자의 협력하에 보스턴 최내의 신문 《보스턴 헤럴드》가 널리 독자로부터 소문을 투서 혹은 전화로 모집하여, 이것을 〈유언진찰란(流言診察欄)〉에서 반박하고, 소문을 하나하나 분쇄해간다는 방법이다. 그 실례를 두세 개 들어보면.

① 최근 호주에서 미군 수백 명 미쳐서 송환되었다는 소문이 퍼진 것에 대해서, 《보스턴 헤럴드》의 유언진찰 코너에 위의 유언에 관한 질문을 내걸고, 그 해답으로 47명의 병사가 미쳐서 메사추세츠로 송환되었으나 호주에서 송환된 사람은 한 사람도 없다고 게재되었다.

② 수개월 이전 퀸 메리호가 보스턴항에 정박했을 때 신문에는 게재금지가 되었는데, 목격한 사람이 있었다. 그리고 퀸 메리호는 군대를 가득 싣고 전쟁터로 향했거나 혹은 보스턴 항구 밖에서 격침되었다는 등의 소문이 파다했다. 그 수일 후 《보스턴 헤럴드》에 반박 기사가 걸렸다. 그러나 문제가 군사적인 일에 관계된 경우에는 군부 당국의 지휘를 받아 반박하는 이른바 '총후의 사기고무대(士氣鼓舞隊)'라는 것을 조직하여, 약 500인이 매일 활약하며 특별한 훈련을 하고 있다. 특히 여성을 이용하여 종종 제5부대 검거의 공을 세웠다고 보고되어 양키 여성의 특권도 이용하여 소문의 근원까지 밝혀내는 것이다. 그 실례로 호주에서 미국 병사가 우리는 추축을 해결하면, 다음은 유대인을 정발한다고 라디오 방송을 했다는 소문이 확산되어, 유대인 사이에 대공황을 가져온 적도 있었다. 이 소문의 근원을 밝혀내기 위해서 스윗한 아가씨가 술집에 가서 안 들은 척하면서 소문을 듣고 먼저 당사자에게 따졌더니 옆의 남자로부터 들었다고 하며, 제2의 남자에게 물었더니 하녀에게서 들었다고 한다. 이리하여 하녀로부터 그 어머니에게로 거슬러 올라간 결과, 독일인 정육점이 근원이었음을 밝혀냈다고 한다. 이 조직의 이면에는 설사 소문이 진실이든 허구이든 전쟁수행에 불편한 것은 모두 추축의 제5부대 탓으로 하는 의식적인 음모가 포함되어 있는 것은 물론이지만, 미국이 전시체제의 완성을 위해 어떻게 필사적으로 노력하고 있는가의 단면을 말하는 것으로 흥미가 있다.

(부에노스아이레스 10일발, 10월 13일, 《요미우리신문》)

3) 미·영의 대일 선전모략

영국의 첩보조직

그들은 우리 일본에 대해 어떠한 수단을 가지고 있었는가? 지난 7월 13일부터 1주일간 전국적으로 반복하여 확대된 전시국민방첩강화운동(戰時國民防諜强化運動)에 즈음하여 헌병대의 단서로 영국의 대일첩보조직이 백일하에 명백하게 드러났다. 그 비용을 아낌없이 제공한 조직은 실로 장황했다. 그리고 특색이라고 할 것은 첩보와 선전모략을 불가분의 것으로 삼아 이른바 기브 앤 테이크 방침을 취하고 있었다는 것이다.

그 활동범위는 재류 영국인, 상사, 언론기관은 물론이고 재경 제3국 공관원부터 친미영 일본인 및 특히 상류사회의 사람에게 많아서, 정치·금융·경제·문화·언론 등 각 방면의 유력인물에게 작동하였다. 그리하여 우리가 비밀로 부여한 것은 모략선전이고, 후방교란의 재료이며, 꿀처럼 달고, 더구나 우리 내장을 난도질하는 언어의 독극물이었던 것이다.

지금 그 조직 가운데 모략 선전관계 부분만을 뽑아 기록해보자.

모략

대일 경제모략 사례

작년 6월 독소개전으로 일시적인 소강상태의 기회를 얻은 영국은 이 정세를 놓치지 않고 대일모략을 감행하여 일본을 견제하려고 했다. 이를 위해 먼저 착안한 것은 일본의 취약점인 경제면으로, 경제차단 또는 교란 혹은 생산능력 소모 등 모든 악랄한 방책을 강구했다. 두드러진 사례를 들자면, 요코하마의 영국 기관은 다수의 첩자를 이용하여 각종 정보를 수집하고 있었는데 우연히 작년 8월,

① 모 군수공장에서 군부에 납입하는 기자재를 제조하는 것
② 동 공장의 일본인 종업원 사이에서는 동사가 외국계이므로 조만간 폐쇄를 예상하여 퇴직금 및 임금인상 문제에 관해서 회사 측과 의견대립을 하여 상당히 험악한 상태에 있다는 것
③ 현재 만일 일본인 종업원에게 외국인 사원이 가공원조를 한다면 당일 스트라이크를 발발하는 상태에 있을 것

등의 정보를 입수하여 이것을 선동해서 쟁의를 유발하고, 순차적으로 전국에 파급되게 하여 군수생산능력을 저해할 것을 결의하고 실행에 착수했다. 이 방법은 다음과 같았다.

① 먼저 목표 공장에 근무하고 있는 외국인을 회유하여 영국의 대일 모략에 협력하게 할 것
② 성공할 때 상당한 보수를 제공할 것
③ 모략 방법은 종업원이 파업하도록 하고, 직접적으로 군수품의 생산을 불가능하게 할 것
④ 이 쟁의 방법을 유인해서 전국적으로 노동쟁의를 파급시키도록 지도할 것
⑤ 비밀리에 쟁의선동 문서를 각지에 발송하여 쟁의 유발을 조성할 것

등의 요령을 세워, 먼저 목표공장의 외국인 사원 R에게 접근하여 회유하고, 성공할 때 많은 액수의 사례를 할 것을 약속하였다. R은 즉시 같은 공장 동료 외국인 10명에게 임금인상, 퇴직금지불목적 관철을 위한 스트라이크 참가를 종용하고, 일본인 종업원과 함께 쟁의를 선동, 파업의 장기화를 획책했다. 약 2주간 했는데, 당국의 선처로 일부 각성한 일본인 종업원 측부터 취업하기에 이르고, 해결되었기 때문에 영국이 기도한 쟁의모략은 성공하지 못하고 끝났다.

이상의 사례와 같이 영국의 간첩모략기관은 항상 음험하고 악랄한 책략을 희롱하여 우리 산업면·문화면·정치면 등의 취약점을 포착하여 모략적 내면적 공격을 하여 우리의 대동아권 건설을 방해하고 있었던 것이다.

선전

(1) 대일 선전·모략 활동 상황

도쿄에 영국 정보부를 신설하자, 초대 정보국장으로 당시 귀국 중이던 재일민완기자(在日辣腕記者)로 유명한 《런던 데일리》 도쿄특파원 영국인 W.H를 임명했다. 본국의 정보대신 마크메롱 및 재 싱가포르 극동정보부장 존 브랜드로부터 다음과 같은 대일 선전방책을 받고 도일했다.

(2) 영국의 대일 선전 방침과 그 방책

대일 선전방침

① 영국은 약소국 편으로 주의적 입장에서 전쟁을 하듯이 강조, 특히 물자 정신력과 함께

왕성불멸(旺盛不滅)하여 지구력을 가지고 있음을 과시한 것.

② 모든 수단을 통하여 일본이 영국을 원조하는 것처럼 유도할 것.

③ 일본과 독일 이간책, 특히 일본을 통해 절대로 독일에 군사적, 기타 물자상의 원조를 주지 않는 것처럼 유도할 것.

④ 일본이 소련과 불가침 조약을 체결하지 않는 것처럼 유도할 것.

⑤ 신문, 라디오, 잡지에 대해서는 최대한 접근 이용 매수를 획책할 것.

⑥ 문화면의 선전을 교묘하게 해서 정객, 재정(財政) 지식층과 친영분자(親英分子)의 확대를 도모할 것.

선전방책

① 선전물 송부 인명부(人名簿) 정비 총수 약 1만 명.

② 선전물송부 대상: 관리, 학생, 신문잡지기자, 영화업자, 정치가, 의원 기타 친영 일본인.

③ 특수선전 방책: ㄱ. 육군 방면에는 영국의 군사적 기밀을 다루지 않는 한, 영육군의 권위를 강조할 것, ㄴ. 해군 방면에는 2대 해군국의 공통점을 강조하고, 간접적으로 미·영 해군의 영원한 우호관계를 상기시킬 것에 힘쓸 것. ㄷ. 자본가 수출업자에게는 자유경제, 자유무역의 승리를 강조하고, 자유주의 경제의 이기적인 매력을 유발할 것. ㄹ. 경제계에는 영국자원의 위대성을 강조하는 것으로 영국 의존을 희망하도록 할 것. ㅁ. 영국 학자 기타 문화인에게는 한층 영국계 문화 재료를 제공하고, 숭영사상(崇英思想)을 배양할 것. ㅂ. 독일이 유럽의 자원을 조직화하는 데에 실패한 점을 선전할 것.

이상은 노골적인 정치적 선전을 피하고 비밀리에 말하듯이 귓가에 속삭이는 방법을 사용하여 일견 선전으로 보이지 않게 행한다.

(3) 대일 모략·선전 조직

영국의 대일 선전조직의 개황과 그 주된 활동분자를 들어보면 다음과 같다.

재도쿄(在東京) 영국 정보부의 구성 – 부장 이하 약 15명으로 구성

도쿄 정보위원회-정보위원회는 정보부의 현실적 핵심체로 정보부 간부, 재경 영국계 신문사 특파원, 호주 정보기관원, 영국문화연구소원, 재경 영국인 어학교사, 영국계 은행원, 기타 친영 일본인 등으로 구성되어 있다.

요코하마 정보위원회-영국 요코하마 정보기관 간부, 라이징상사 간부, 차타드 은행원, 기타 주요 영국계 무역상 및 친영 일본인 등으로 구성되어 있다.

간사이 정보위원회-오사카 고베 영국정보기관 간부, 카메론 상회원, 프라몬드 상회원, 니케르 라이온즈 상회원, 《재팬 크로니클》지 기자, 기타 친영 일본인 등으로 구성되어 왔다.

귓속말회(耳內話會)-(일명 고아브스 오찬회) = 도쿄구락부 내
본 회는 귓속말회로서 귀에서 귀로 소곤거리는 것이 효과적이라는 견지에서 세포조직적 전술을 이용하여 정보부원을 지도원으로 하여 게이힌(京濱)에 거주하는 유력 일본인과 접촉이 많은 자를 선정하여 격주로 수요일 오찬 형식을 통해 개최한다. 기관간부 뉴스를 준비하여 각각의 모임 참석자에게 주고, 신문에 미발표된 극비 뉴스라고 칭하며 전파하게 하는 한편, 이들 위원회를 통하여 군 동원 소집 상황, 기타 정치경제 재정에 관한 여러 정보 수집을 하도록 하였다. 이상 귓속말 선전에 이용된 사회단체는 (가) 도쿄 우먼스클럽, (나) 요코하마 우먼스클럽, (다) 상해 우먼스클럽, (라) 일영협회, (마) 일영부인구락부(日英婦人俱樂部), (바) 일영런치구락부, (사) 도쿄 클럽 등이었다.

연합국 대표위원회-영국, 캐나다, 프랑스, 네덜란드, 노르웨이, 폴란드, 호주, 벨기에 등 각 공관원 십수 명으로 구성

영국문화연구소-표면적으로는 영본국의 브리티시 카운슬에 직속해 있지만, 주일 정보부와 은밀하게 연결되어 있다. 문화선전을 빙자하여 지식층의 친영사상 배양을 획책하고, 나아가 대학·전문학교 교수 및 학생 생도에 대해서 정보부의 정략적 선전을 용이하게 하려고 한 존재였다.

(4) 선전·모략 활동

주일 영국 정보부는 재경 반추축의 모든 기관을 규합하여 이것을 좌지우지하고, 영 기관 수뇌부와 협력, 일본 전국의 내외국인에 대한 영국의 유럽전황 뉴스 선전인쇄물의 발행, 배포, 기타 선전모략에 관한 업무 일체를 맡아 대단히 교묘하고 집요하게 대일선전을 했다. 이어서 추축 이간 및 대동아공영권 건설 방해를 주목적으로 하는 책동을 반복하고 있었던 것으로, 이것에 소요된 경비는 1개월에 십수만 원에 달했을 것으로[318] 산정된다.

일·독을 이간하는 선전·모략

영국의 대일 선전의 목표는 궁극적으로는 일본 여론을 반독친영(反獨親英)으로 만들기 위한 것에 있었다. 따라서 중요한 점은 언제나 일본과 독일의 이간책동으로 일관했다고 해도 과언이 아니다.

1940년(昭和 15) 7월 〈일본에서 독일 제5열 부대〉라고 제목을 달았다. 일본은 현재 세계에서 가장 독일 제5열이 활발하게 활동하고 있는 나라이다. 제5열은 각 성(省)의 심장부까지 먹어들어가, 정치, 외교문제, 군사도 간섭하는 것이다. 일본인은 모든 독일의 대단히 악랄한 제5열 공작을 방지할 수 있는 소질을 갖추고 있지 않다. 이 점은 일본인을 만나보면 바로 판단할 수 있다. 그들은 호의나 동정이나 사려에 대해 표정을 지으면 곧바로 끝나버리기 때문이다.

우리 군부 비방, 군관민 이간, 국내사상 교란을 목적으로 하는 모략·선전 기사를 상해《오리엔탈 어페어스》잡지에 기고·게재하도록 하고, 이 잡지를 친영 일본인 다수에게 배포하며, 또한《재팬 뉴스위크》사장을 이용하여 월액 1,700원에 달하는 영국 상사로부터의 광고료를 알선해주고, 그 대가로 반일 반추축적 기사 및 사설을 게재함으로써 적극적으로 대일선전 모략의 일익을 도모한 것이다.

일례를 들면, 일본의 물자부족 상황을 과대하게 선전하고, 국내 여론을 교란시키거나 혹은 군중이 빵을 다투어 구입하고 있는 정경을 게재하여 독일과 몰래 제휴함으로써 일본은 이렇게 됐다는 인상을 주는 기사를 삽입하여 선전한 것 등이다.

---

[318] 본문에서는 '違したものと'로 되어 있는데 '達したものと'로 추정된다.

여론 교란 모략

한편, 주일 영 정보기관은 앞에서 기술한 것처럼 재일 여류기자로서 뛰어난 미모로 칭찬받는《재팬 뉴스위크》사 A.G의 회유 이용에 착안하여 재도쿄 주일정보부장 V.H와 특수 관계를 맺어 적극적으로 이것을 활동하도록 하는 데에 성공했다.

P.K의 활동

독일-폴란드 전쟁에 따라 폴란드 정부가 런던으로 도피한 후에는 주일 폴란드 정보기관의 영국 정보기관에 대한 접근이 현저하게 강화되었고, 특히 기관원 P.K는 영국 정보부와 밀접한 연락을 취하여 영국이 하는 대일 모략선전에 일익을 자청하기에 이르렀다. 그런데 P.K는 「오늘의 폴란드」라는 제목을 달아 일·독 이간을 목적으로 하는 팸플릿을 발행하여 영의 선전을 원조하고, 폴란드대사관 주최하에 반추축국가 시진전람회를 개최함으로써 평화로운 유럽 여러 나라가 독일의 공격으로 불행한 처지에 있다는 것을 강조했다. 일본인에게 독일에 대한 증오감을 품도록 기도하고, 요미우리 및 중외상업신문사(中外商業新聞社)에 대해서 후원 방법을 교섭했는데, 두 회사 모두 이를 거절하여 중지할 수밖에 없었다.

그러나 P.K는 이 방침을 끝까지 실현해야겠다고 결심하고, 1940년(昭和 15) 2월부터 이듬해 9월 귀국할 때까지 팸플릿 수만 부를 발행하고 우리 각 계층에 배포하였다.

선교사의 활동

영국인 선교사 모씨는 언제나 영국 정보부의 대일선전에 협력하고 자신의 종교적 입장에서 독일을 비방했다.《재팬 타임즈》지를 이용, 독일의 종교박해 상황을 과대하게 기술하고, 궁극적으로 일본은 독일과 연을 끊고, 영국과 손을 잡지 않으면 존립이 어렵다는 필치로 대일선전을 했다. 한편으로 신자를 통해 반독 친열 사상을 야기하도록 노력하였다.

일본인의 활동

앞에서 기술한 영국 정보부 촉탁 정조성(靖爪成) 및 통역 도미 나카지로(富仲次郎) 두 사람은 V.H에게 회유를 당하여 대일 선전모략을 보조하였다. 특히 정조성은 히틀러의 『나의 투쟁』, 『네덜란드 멸망관(和蘭滅亡觀)』, 『독일이 세계에서 제5열』, 『독일은 승리하지 못한다』 등을 번역하고, 그 소재들을 잡지에 기고하거나 문필가 방면에 제공하였다. 이 밖에 군부 비방, 민심교란 모략의 기사를《상해 오리엔트 어페어스》에 여러 차례 기고, 최대의 보수를 받으며 적극적으로 선전에 활동하기도 했다.

또한 도미 나카지로는 V.H의 복심으로 대일 선전모략에 활약하고, 특히 동 정보부가 발행한 각종 팸플릿 및 리플릿 사진화(寫眞畵), 그림엽서, 지도 등 약 25종, 총계 26만 부를 발행 및 배포하는 데에 헌신적인 노력을 했다. 그리고《도쿄니치니치》,《요미우리》,《호치(報知)》,《중외(中外)》,《국민(國民)》등 각 신문 및《신청년》,《개조》,《바다와 하늘》,《모던 일본》,《스피드》,《아사히 카메라》,《농업세계》,《부녀계》,《세계지식》,《육군화보》,《동양경제》,《문예춘추》,《경제지식》,《대장부》 등 각종 잡지사 등에 각종 기사 및 사진 선전 자료를 송부하고, 또 니뽄영화사, 도호영화(東寶映畵), 아사히, 니치니치, 요미우리, 동맹 등 각 영화부에 대한 영국선전용 필름의 제공 교섭의 일체를 담당한 제국호텔 내 서점, 긴자(銀座) 모 서점 및 고베 해안의 톰슨 상회 등에 대하여 본국에서 주일기관 앞으로 송부해온 여러 종류의 미검열 도서를 도매가격에 의탁판매하게 하는 등 영국의 대일 선전모략의 주구로서 활동을 계속한 적이 있다.

(5) 모략·선전에 이용한 수단

선전책자

주된 선전모략은 심야정보부 내 전신실에서 청취한 런던, 샌프란시스코, 호주 기타 외국 방송내용에서 전황을 주로 취재하고, 이것에 모략성을 가미하여 편집 인쇄하여 책자를 만든다. 발행인 이름은 모두 문필가를 매수하여 개인 명의로 하고, 정보부 발행 책자라는 것을 은닉하는 수단을 강구하고, 또 기관원의 모략기사 기고나 모든 발표는 익명으로 하였다.

특히『히틀러는 일본민족에 대하여 말한다』라는 제목의 모략선전 책자와 같은 것은 공용 행랑을 이용하여 세계 각지로 보내어 그곳에서 보낸 사람 불명으로 일본 각 방면으로 송부하였다.

신문·라디오의 이용

우리나라 신문의 논조를 친영이든 친독이든 항상 연구하여 이용가치를 판단, 뉴스 사진을 제공, 간부와의 접근 회유책을 강구하여, 그 논조의 친영화(親英化)를 도모하고,《재팬 뉴스위크》,《애드버타이저》 등 영자신문의 이용에도 노력한다. 로이터와 타임스 두 회사의 신경(新京) 특파원을 월봉 1,000엔으로 획득하도록 교섭하고, 혹은 타스, 로이터 도쿄 특파원을 교묘하게 농락하여 선전분자로 획득하는 등 오직 대일선전의 확장에 노력했다.

라디오 이용은 순수한 문화방송의 이름을 빙자하여 일본어에 능숙한 영국인 교사 등으로 하여금 맹렬하게 방송 신청운동을 하도록 한 사례도 있었다.

이 발표 가운데 영 대사관원 고어부스를 중심으로 하는 오찬회에서 "일본인에게는 귓속말로 속삭이면 효과적"이라거나, 검거된 한 스파이가 "일본인은 누군가 한 사람에게 귀띔해두기만 하면 퍼진다"라고 자백한 이야기를 듣고서 우리를 돌아보면 낯간지러운 느낌이 들지 않을 수 없다.

외국인 스파이 사건

헌병대가 위 발표를 전후로 하여 내무성에서도 외국인 스파이에 관한 기사를 해금시켰다. 그 가운데 유언모략에 몹시 동요했던 것을 간추려 기록해보자.

캐나다 선교사 휘셔의 첩보수집 및 유언사건-홋카이도에서 1940년(昭和 15) 12월 29일 검거된 마르틴 휘셔(가명)는 캐나다 출생의 선교사로, 본국의 신학교 졸업 후 도미니코 교회로부터 1932년(昭和 7) 일본에 파견되었다. 일본에 오고 나서 아오모리(青森), 미야기(宮城) 등의 천주공회를 돌다가 1937년(昭和 12)에는 하코다테시(函館市) 천주공회의 주임사제가 되었다. 그는 이전부터 캐나다×××로부터 의뢰를 받아 지나사변 발발 후 일본의 군사기밀을 탐지하기 위해 여러 가지로 암약을 했다. 이 사람이 노렸던 것은 주로 하코다테 요새의 상황으로, 1938년(昭和 13년) 8월경부터 자신의 교회에 출입하는 신자를 붙잡고 교묘한 말로 요새 입구의 위치, 산 위의 지형, 경비 인원, 병영 구조, 병기의 종류 등을 물어서 그 내용을 얻으려고 하였다. 또한 1939년(昭和 14) 이후 수차례에 걸쳐서 하코다테시의 신자 가운데 응소자(應召者)[319]를 파악해서 병종(兵種)이나 입대 장소 등을 상세하게 물은 후에 하코다테시의 소집인원을 조사하려고 고심하거나 하코다테를 입항하는 함선의 동정을 탐지하였다. 또 여러 가지 데마를 퍼뜨려 일본군을 비방하고 반전·반군 사상을 선전했다.

미국인 선교사 카터의 불온문서반포 사건-1939년 10월 12일, 교토부(京都府) 경찰부에서는 효

---

[319] 정부로부터 군대의 소집영장을 받은 사람.

고현(兵庫縣) 경찰부의 협력을 얻어 고베항에 정박 중인 프랑스 기선 훼릭스 루젤호에 타고 출범하려 한 미국 선교사 루나 카터(31세, 가명)를 검거했다. 이 사람은 미국 예일대학 졸업 후 동시(同市)의 성공회 신학교에서 공부하여 선교사가 되었다. 해외 포교를 위해 1938년 이후 상해 카후만가(街) 31에 거주하였는데, 그 사이 1932년부터 6회에 걸쳐 일본에 놀러와 우리나라의 사정에도 정통했다. 이 사람은 이전부터 그리스도교적인 견지에서 반일감정을 품고, YMCA나 그리스도교 학생회의 등에서 불온한 언사를 함부로 늘어놓았다. 1939년(昭和 14) 6월 17일 아침에 「전쟁이란」, 기타 각종 불온인쇄물을 다수 휴대하고, 그리스도교 관계 내외 인사들에게 배포했다. 그리고 이들 문서의 입수처는 상해 출발 전 상해에 있는 맨체스터 가디언 상해지국, 미국정보위원회, 영국정보위원회, 지나정보위원회 등에서 배포를 의뢰받은 것이다. 이 사람의 행동은 중경정부(重慶政府)의 대일 모략전략을 돕는 것으로, 의도하는 바는 일본인 및 일본체재 외국인의 사상교란과 반전사상 양성에 있다고 생각되며, 이른바 외첩(外諜)의 악선전으로 죄질이 무겁다.

4) 유언에 대한 전쟁으로

재해 등의 경우에 유언은 많게는 자연적으로 발생하는 것이지만, 전시의 경우 유언에는 위와 같은 모략선전에서 인위적으로 발생한 것이 혼재한다. 그러나 자연발생이든, 인위적인 발생이든 그것이 유언으로서 성립하고, 성장하고, 전파하고, 마침내 파괴적인 결과에 도달하는 경로에 대해서는 거의 다른 점은 없다. 그렇다면 본서가 지금까지 기술해온 유언심리의 각 조항을 돌아보고 우리는 한층 더 경계하여 이 어려운 마음의 싸움을 싸워 이겨내지 않으면 안 된다.

천착심(詮索心)을 버리자

숨겨져 있는 것을 알고 싶어 한다. 이것은 누구라도 가지고 있는 심리이며 당연한 심리이다. 이것이 학술적 현상에 대해서는 연구심을 자극하는 중요한 요소인데, 세상 일반인 자신에게는 아무 필요도 없는 일, 타인이 숨기고 싶어 하는 것, 더욱이 나가서는 비밀 군사행동 등 터무니없이 알려고 하는 전색심을 버려야 한다.

해군성 군무국의 오카 이와오(岡巖) 중좌는 《도쿄니치니치신문》의 방첩좌담회에서 이렇게 말했다.

몹시 전색(詮索)하는 사람이 있습니다. 우리 항공모함이 당했다고 하면, 그것은 ○○일까. △△△라든가 ××일 것이라든가 하는 것입니다. 알 수 있는 모든 항공모함의 이름을 늘어놓고, 그리고 다른 사람의 안색을 보는 것입니다. 그리고 군관계자가 말한 것처럼 여기저기서 지껄이는 겁니다. 어찌 알았으랴, 그 항공모함은 굳건하게 폭격을 하고 있는 겁니다. 이상한 것입니다만 이것이 바탕이 되어 사실이 그러한 곳에서 새는 일도 있다고 생각합니다.

(7월 12일, 《도쿄니치니치신문》)

이 천착심, 호기심은 반드시 군사뿐만이 아니다. 경제, 정치, 기타 각 방면에 걸쳐 향해 있다. 미주알고주알 듣고 싶어 한다. 들은 결과를 또 득의양양하게 말하고 싶어 한다.

말하고 싶어 하는 마음을 버리자

이 말을 하고 싶어 하는 마음속에는 반드시 수식벽이나 과대벽이 있다. 그래서 모르는 사이에 크게 말하는 경향이 있다. 이것도 오카나카(岡中) 중좌의 담화이다.

대단히 친한 병사 친구들에게 조금 힌트가 될 만한 것을 이야기했다. 상대인 친구들은 이것은 중요한 것이라고 해서 제3자에게 말하고, 그 제3자가 또 다른 사람에게 말한다. 그 가운데 저 녀석한테서 들은 것이니 별것 아니라고 그 중요성을 가볍게 생각하고 말한다. 이렇게 차례로 나아가는 동안 외국인이든 아니든 상대와 상관없이 화제에 올려도 되는 문제가 되어 버려 저쪽 스파이의 귀에 들어갑니다. 그래서 대단히 중요한 자료가 상대편의 손에 들어갔다는 예가 있는 겁니다.

(7월 12일, 《도쿄니치니치신문》)

또 말하고 싶어 하는 근저에는 자신만이 비밀을 알고 있다는 것을 과시하고, 자신은 이런 일도 알 정도로 뛰어나다는 자랑이 자리 잡고 있다. 영국 스파이가 일본요리점의 여종업원 등에게 마수를 뻗쳤다. 그것은 정치가나 실업가 등 상류사람이 요리점 등에서 보란 듯이 기밀을 말하는 경우가 많기 때문이라고. 적이지만 기민하고 무서운 눈초리였다. 기차나 기선의 상등 승객분이 이런 일을 얘기하는 경향이 있는 것도 또 이런 심리가 잠재되어 있기 때문이다.

불평불만을 갖지 마라

듣고 싶어하는, 또 말하고 싶어하는 마음속에는 단순한 호기심이나 발표욕만이 아니라 어떤 불평이나 불만이 깃들어 있는 경우도 많다. 경제나 군사에 관한 부자유가 이것에 박차를 가하여 우리의 입을 가볍게 움직이도록 하기 쉽다. 최근 입영한 장정의 부모가 배웅도 만족할 수 없었던 것을 탄식하였는데, 이것에 대한 군의 의향을 역시 《도쿄니치니치신문》의 좌담회에서 들어보자. 먼저 오카나카 중좌는 이렇게 말했다.

해군에서는 옛날부터 배가 출항할 때 한 사람의 배웅도 없으면 만세 소리도 없다. 평소에 그렇게 하듯이 습관이 되어 있기 때문에 병사들도 신경 쓰지 않고 나갔다. 그 이면에는 여러 가지 안 좋은 이야기도 있는 것 같습니다. 예를 들면, 가족 중에 환자가 있는데 어느 곳으로 간다고도 하지 않고 평소대로 함선에 나아가, 그것을 마지막으로 전쟁터에 갔다는 이야기도 있습니다. 집에서 전쟁터로 가기 위해서, 여러 가지 물품을 준비하기 위해서, 상당한 거짓말을 해서 함선으로 가져갔다는 사람도 있었을 것입니다. 이리하여 국민 어느 누구도 만세 한 번 외치지 않고 밤중에 몰래 출항한 적도 있습니다. 대동아전 직전의 방첩에 관해서는 관계 지방의 사람들에게 말씀드려야 할 일도 여러 가지 있었다고 생각합니다만, 저 전과로 국민 여러분의 양해를 얻을 수 있지 않을까 생각합니다.

(7월 11일, 《도쿄니치니치신문》)

또 도쿄헌병대의 노무라 마시이치(野村正一) 소좌는 이렇게 말했다.

대동아전쟁에 즈음하여 병사의 움직임이 시작되었지만 우리는 군의 행동 일체를 숨기지 않으면 안 되는 입장에 있었기 때문에 대단히 고심하여 외국인의 행동을 최대한 제한한 것입니다. 간단히 말해서 출정병의 붉은 어깨띠도 신사참배도 역 앞의 만세까지 중시하거나 천인침(千人針)도 사람이 나가는 곳에서는 허용하지 않았으며, 정에 차서 어쩔 수 없는 일도 과감하게 했습니다만, 이것이 대동아전의 첩보방위에 대단한 효과가 있었다고 생각합니다.

(7월 11일, 《도쿄니치니치신문》)

지나사변 초기와 비교해서 출정병(出征兵)에 대한 환송이 대단히 옹색해져서 내심 불만족스러웠던 사람도 이런 말을 들으면 어느 정도 수긍할 것이다. 우리가 알지 못하는 곳에 당국의 특별한 고심이 있다. 고심하고 있다는 사실조차도 표현하거나 설명할 수 없기 때문에 함부로 억측하고 불만을 품어서는 안 된다. 경제적 측면에 대해서도 같은 경계심이 필요하다. 물량 부족 때문에 괴로운 소비자의 불만, 경제통제 때문에 전업(轉業)이나 폐업(廢業)이 여의치 않다는 개인의 불만. 비용이 높아져서 일하기 어렵다는 생산자의 불만 등등. 모든 불평불만은 이번에 단호하게 해치우지 않으면 안 된다.

자기 경시를 버려라

유언을 전하는 또 하나의 근본 소인은 전쟁을 구성하는 일원으로서 자각의 결핍이다. "나 한 사람 정도는 어떻게 해도 괜찮아"라는 자기 경시가 가장 나쁘다.

군중 속에 들어가면 책임감이 옅어지게 된다는 것은 말했는데, 그 발로가 자기 경시이다. 더구나 자기 경시는 겸손이나 염려와는 다르고, 어디까지나 자기 본위의 사고방식이기 때문에 실은 자기 중시인 것이다.

'연습 따위는 …'이라고 말하고 방공연습에 좀처럼 나가지 않은 인간이 동시에 어떤 물자가 부족하다는 사실을 듣게 되면 물건 사재기에 광분하는 인간인 것이다. 이것이 무지하고 못 배운 사람이라면 몰라도 문화인을 자부하는 인텔리 부인에게 많이 나타나는 경향이라는 것은 정말로 개판할 만한 일이다.

유언에 넘어가지 않는 마음을 갖고

전시하의 제도나 기구에서 무엇인가 변혁이 있는 것은 당연하다. 그것은 정부에서도 방임할 리 없으며, 만전의 대책을 강구하고 있다. 그런데 인간에게는 일종의 보수적 본능이 있어서 새로운 것에 대한 이행을 싫어한다. 새로운 것이 좋다는 것을 알고 있어도 그것에 적응해 가는 것을 주저하는 경향이 있다.

메이지유신의 대변혁, 왕정복고의 대호령(大號令)을 받든 국민은 도쿠가와 막부의 봉건정치의 압제로부터 해방되었기 때문에 당연히 환희로서 이것을 맞이할 터였다. 그러나 결과는?

그야말로 반대였다. 신정부의 중추였던 기도(木戸)[320] 공조차 1876년(明治 9)의 일기에서 이렇게 적고 있다.

> 오늘의 형세를 보니, 농민이건 상인이건 사무라이이건 모두 불평하는 사람뿐이어서 겨우 조용해져도 실로 평화에 이르지 못하고, 볼썽사납게도 맥이 풀리니 오직 득의양양한 자 관원뿐이다. 때문에 인심은 스스로 동란을 좋아하여 히고(肥後)의 폭동(神風黨의 난을 가리킨다) 같은 것도 당연하다.

이리하여 노인은 언제까지나 '구보 사마의 시대(公方樣の世)'[321]를 구가하고 전신선(電信線) 아래를 지나갈 때는 피가 뽑혀나간다고 해서 부채로 머리를 가리고, 전화국을 설치해도 가설 신청자가 없는 상태였다.

오늘날에도 그런 경향이 있지는 않을까? 신체제의 진행을 방해하는 것은 이런 종류의 보수적, 비협력적인 사상이다. 특히 지금의 수구 관념은 자아 본위의 이욕(利慾) 관념과 결부되어 있는 만큼 한층 더 질이 나쁘다. 이러한 종류의 인간이 유언에 넘어간다. 그리고 그것은 결과적으로 일종의 파괴행위가 되는 것이다.

쌀이 배급되고, 의류티켓제가 된다고 듣게 되면 허둥지둥 매점한다. 마침내는 종이까지, 한 조각의 데마로 사재기를 해서 있는 것을 부족하게 만들어버린다. 줄을 서서 빵을 사려는 행렬이 한창이던 시절 필자와 가까운 곳에는 10일분의 빵을 사 모으고 있다고 자랑하던 부인이 있었다. 자신만을 보면 그래도 괜찮겠지만 국민으로서는 자살과 마찬가지의 행동이다. 적국은 모두 이러한 사태를 우리 국내에 일으키려고 필사의 노력을 계속하고 있다. 대정익찬회가 모아 발표한 사례 중에서 한 두 사례를 들어보자.

> ▷ 앞서 이루어진 익찬(翊贊) 선거 때에 각 지방에서 추천과 비추천의 의원후보가 있다는 사실에 착안하여 아무 근거도 없는 것이 사상모략의 대상으로 적국에 전해졌다고 볼 수 있

---

[320] 기도 다카요시(木戸孝允, 1833~1877): 무사(長州藩士), 혁명가. 조슈번 출신으로 존왕양이운동에 가담하였다.
[321] '구보 사마(公方樣)'는 도쿠가와 이래 역대 쇼군을 의미한다.

는 확증이 있다.
▷ 식량 배급 문제를 둘러싸고 국민에게 불평불만을 일으켜서 민심불안을 기도한 사실. 이것은 분명히 적국의 지령에 의한 스파이 책동이었다고 인정할 수 있다.
▷ 금년 3월 하순에 나고야 역 근처의 모처에서 출정군인 가족을 초대하여 위안회를 개최했는데, 그 자리에서 도쿄에서 초대된 어느 여가수의 노래가 집에 있는 가족의 심리를 거스른 반전적(反戰的)인 노래였다. 이것은 관헌의 조사 결과 스파이의 조종이 있었다.
▷ 금년 2월, 도쿄 시내의 모처에서 우리 전몰자의 유가족들은 서로 함께 위로하고 격려하려는 동기에서 유가족만의 도나리구미가 만들어졌는데, 회합할 때마다 전쟁이 초래한 비참한 말만 할 뿐이고, 이야기가 떨어져서 유가족은 언제나 눈물을 흘리는 상황에 있었던 적이 많았다. 이 또한 조사한 결과 스파이의 손이 뻗어 있었다.
▷ 4월 18일, 미국 비행기의 일본 본토 공습을 미국은 교묘하게 선전에 이용하여 일본 본토가 온통 떨고 있는 것처럼 전 세계에 데마를 퍼뜨리는 한편, 스파이망을 동원해서 우리 국내에 종종 역선전을 해서 결과적으로는 군에 대한 반감을 자극하는 것 같은 많은 계략이 이루어졌다고 생각되는 점이 있었다.

이러한 종류의 데마가 유언 심리에 넘어가 유통되면 금세 국민을 낭패하게 해서 질서를 문란하게 하고 전쟁을 싫어하는 마음을 낳아 사기를 떨어뜨리는 일이 없다고도 할 수 없다. 이렇게 되어서는 아무리 병사의 정강(精强)과 무기의 우수함을 자랑해도 소용없다. 싸움에서 진 사람의 비참함은 더 말할 필요도 없을 것이다.

유언을 전하지 마라, 유언에 넘어가지 마라, 이 경고를 마음에 굳건히 품고 우리는 끝까지 싸워내야 한다.

Ⅲ

내선일체론 등
일제 여론·선전 지도의 기본 방향

해제

　일제 당국의 조선인에 대한 여론·선전의 기본 방향을 이해하는 가운데, 특히 전시체제기에 조선민중들 사이에서 가장 큰 불만 요인으로 작용한 '내선일체론(內鮮一體論)'을 일제 측이 어떤 방식으로 이해하고 있었고 조선인 여론지도의 방향을 어떻게 내걸고 있었는지를 파악함으로써, 유언비어 등 '불온언동' 현상이 만연되게 되는 하나의 주요한 배경과 이유를 이해할 필요가 있다는 점에서 본서의 3장을 구성하였다.

　1936년 8월 제7대 조선총독으로 부임한 미나미 지로(南次郞)는 1930년대 전반기 우가키 가즈시게(宇垣一成)의 '내선융화론'에서 한 걸음 더 나아가 '내선일체론'을 식민통치의 기본방침으로 구현하고자 했다. 이는 중일전쟁 직전부터 강조되었으나, 전쟁 이후 조선에 전시체제가 구축되어가면서 "조선에 대한 식민 정책의 필연적인 방향"으로 정착시켜가고자 했다. '내선일체론'은 동화주의를 바탕으로 한 식민통치 논리로서, 결국 '황민화 정책' 즉 '민족말살 정책'으로 구체화되었다. 하지만 이러한 논리가 있는데도 현실에서는 오히려 내선(內鮮) 간의 차별 논리와 정책이 강하게 유지되고 있었고, 따라서 조선인은 이 논리를 '내선 차별정책 철폐론'으로 활용하거나 '민족(성) 말살 정책론'으로 비난하고 공격하고 있다고 일제 당국은 파악하였다.[1]

　여기에서 알 수 있듯이 '내선일체'라는 문구가 유행하던 당시 상황에서 조선인 대다수는 이에 대해 큰 영향을 받고 있었고, 현실의 사안들을 이와 연결하여 해석하면서 내선 차별이 이루어지는 수많은 현실의 사안들에 대해 불평불만을 가졌다. 그리고 이는 곧바로 각종 조언비어(造言飛語), 유언비어가 되어 식민지 조선 사회 안에서 떠돌아다녔다. 따라서 본서에서는 먼저 유언비어 현상을 이해하기 위한 기초로서 당시 일제 당국이 선전하려 했던 내선일체

1　이러한 상황에 대해 일찍이 宮田節子는 '내선일체'론을 '同化의 논리'와 '차별로부터의 탈출 논리'로 구분하여 파악한 바 있다(「'內鮮一體'의 구조」, 최원규 엮음, 『日帝末期 파시즘과 韓國社會』, 청아, 1988, 345~374쪽).

의 내용, 조선인이 이를 이해하는 방식에 대해 일제 당국이 파악하여 정리한 내용 등을 알 수 있는 자료를 선정하였다. 국민총력조선연맹(國民總力朝鮮聯盟) 방위지도부(防衛指導部)에서 대외비로 발간한 내선일체 관련 자료 2종을 번역 수록하였다.

이외에 조선총독부 당국에서 구상하고 있는 여론·선전 지도를 위한 기본적인 방향을 보여주는 2종의 글을 포함하였다. 이는 모두 1943년 8월에 발간된 조선총독부 기관지《조선(朝鮮)》제339호에 실린 것으로서 총독부 관료가 직접 작성한 것이다.

    1.『내선일체의 이념 및 구현방책 요강』(1941)

      〈자료 07〉 國民總力朝鮮聯盟 防衛指導部,『內鮮一體ノ理念及其ノ具現方策要綱』(1941)

    2.『내선일체의 구현』(1941)

      〈자료 08〉 國民總力朝鮮聯盟 防衛指導部,『內鮮一體ノ具現』(1941, 古川兼秀 지음)

    3.「조선에서 정보 선전의 목표」(1943)

      〈자료 09〉 堂本敏雄,「朝鮮に於ける情報宣傳の目標」,『朝鮮』339호(朝鮮總督府, 1943.8)

    4.「결전 하 조선 사상정세의 한 단면」(1943)

      〈자료 10〉 小高五郞,「決戰下朝鮮の思想情勢の一斷面」,『朝鮮』339호(朝鮮總督府, 1943.8)

〈자료 07〉 및 〈자료 08〉에 따르면, 당시 일제 당국은 이른바 '그릇된 내선일체관'을 여러 가지로 분류하였다. '내선일체'라는 자구(字句)에 대한 오해나 '권리·의무 평등론(차별제도 즉시 철폐론)'부터 '조선민족 및 조선문화 멸망론', '민족동화 불가능론' 등에 이르기까지 다양하다고 보았다.[2] 전시체제기 조선민중은 '내선일체'에 입각한 여러 정책이 궁극적으로 조선 민족이나 조선 문화를 멸망시킬 것이라고 우려하는 경우가 많았으며, 이들은 이러한 입장에서 조선이 일제의 식민지 지배 아래 있다는 점에 심각한 위기의식을 가지고 있었다. 그리고 이러한 인식은 유언비어 등 '불온언동'을 통해 여러 형태와 내용으로 표출되고 있었다.

이러한 조선인의 인식에 대해 일제 당국은 "내선일체는 내선(內鮮) 양자의 전적 융합에 의한 발전 진화를 목표로 하는 것으로서 결코 조선 민족 또는 문화의 멸망에 있지 않음은 야마토(大和) 민족 또는 일본 문화의 멸망에 있지 않음과 같다."며 설득하기도 했다. 또 다른 나라의 사례에 비춰볼 때 민족 간의 동화는 원래 불가능하다는 주장 등에 대해서도, 양국의 역사적 전통이나 인종적·문화적 근사성(近似性) 등을 들어 해명하려 하기도 했다.[3] 하지만 당시 일본 정치인들 사이에서도 근본적인 '민족동화'나 '내선일체'에 대해 우려하는 사람이 많았으며, 심지어 "역으로 내지인(內地人)이 반도인(半島人)에게 동화될까 우려"하는[4] 목소리마저 있었다.

〈자료 09〉 및 〈자료 10〉은 각각 조선총독부 정보과장 도모토 도시오(堂本敏雄)와 총독부 사무관 고다카 고로(小高五郎)가 작성한 글이다. 도모토는 1930년대 이후 총독부 부사무관, 사무관, 서기관 등을 지냈는데, 특히 조선중앙정보위원회 간사, 총독관방 사무관, 총독부 서기관, 국민총력조선연맹 간사, 충청남도 경찰부장, 평안남도 경찰부장 등을 역임한 재조(在朝) 일본인 고위 관료이다. 고다카 역시 1930년대 이후 총독부 사무관 등을 지낸 고위 관료로서, 강원도경찰부 경부(警部), 경상남도 재무부장, 총독부 사무관 등을 역임한 인물이다. 이

---

2 〈자료 08〉, 1941, 12-39쪽; 〈자료 07〉, 1941, 30쪽.
3 〈자료 07〉, 30쪽.
4 제81회 제국의회 중의원, 「市制中改正法律案外四件委員會 - 朝鮮統治ノ方針ニ付テ」, 1943.3.3(수), 『帝國議會衆議院秘密會議事速記錄集』 3, 고려서림, 1997, 713·717쪽. 위원 森谷新一의 발언 중에서.

자료들은 모두 조선의 제반 사정에 기초한 사상·선전전의 방향과 전시하 민심 및 여론 지도에 대해 논한 글이다.

특히 도모토는 '대동아전쟁'하에서 민심의 지도 및 여론의 계발 선전과 관련하여 몇 가지 방침을 제시하고 있다. 첫째는 대동아전쟁의 성격을 되돌아보면서 각 기관의 협력을 강조하고 있고, 둘째는 안이한 전쟁관(戰爭觀)을 배제해야 한다는 것, 셋째는 필승의 신념 견지, 넷째는 미·영 사상의 배격, 다섯째는 유언비어의 방지, 다시 말해서 사상전·모략전(謀略戰)에 대한 조치, 여섯째는 공산주의와 민족주의에 대한 경계(警戒), 일곱째는 민족전(民族戰)·인종전(人種戰)의 선전에 대한 경계 등을 강조하였다. 특히 현재의 싸움은 사상전이자 문화전이므로 유언비어나 모략 활동에 대해서는 엄중하게 처단해야 한다고 주장하고 있다.

<자료 07>

『내선일체의 이념 및 구현방책 요강』[5]

(국민총력조선연맹 방위지도부, 1941.6)

[전재(轉載) 및 일반 배부를 금함]

1. 내선일체의 이념

   1) 국체의 본성과 내선일체
   2) 건국(肇國)의 정신과 내선일체
   3) 세계의 대세와 내선일체
   4) 내선일체의 근본 전제
   5) 내선 문화의 종합

2. 내선일체의 구현

   1) 내선일체 실현에 대한 장애의 배제
      (1) 그릇된 내선일체의 시정
      (2) 내선일체에 역행하는 사상의 근절
   2) 내선일체의 제도상의 실시(요지)
   3) 반도 관민의 결의와 실천

---

5 『內鮮一體ノ理念及其ノ具現方策要綱』, 國民總力朝鮮聯盟 防衛指導部, 1941.6.

내선일체의 이념 및 구현방책 요강

1. 내선일체의 이념

1) 국체의 본의와 내선일체

　내선일체(內鮮一體)는 국체(國體)의 본의(本義)를 구현하는 것이다. 만세일계(萬世一系)의 천황을 현인신(現御神)으로 우러러 받들어 만민보익(萬民輔翼)의 신절(臣節)[6]을 완성하기 위해 힘쓰는 자, 이와 동등하게 일시동인(一視同仁)의 황은(皇恩)을 입은 황민(皇民)으로서 그간 조금도 차이가 없었던 이치는, 황공하게도 1910년(明治 43) 9월 29일 한국병합(韓國併合)의 조서(詔書)와 1919년(大正 8) 8월 19일 관제개혁의 조서에서 제시한 성지(聖旨)로서, 실로 조선 통치를 일관하는 근본정신이었다. 이 정신을 실현하는 길은 2,300만 반도 민중이 명실공히 진정한 황국신민이 되는 데 있다. 진정한 황국신민이 되는 것은 다름 아니다. 사심(私心)을 버리고 공(公)의 대의(大義)에 살며, 황운부익(皇運扶翼)의 무한한 영광에 감격하여 대어심(大御心)으로 귀일(歸一)하여 받든다는 말이다. 아직 이 길을 걷지 않아서 분별없이 내선일체를 논해서는 안 된다. 이미 이 길을 걷고 있는 자로서 내선일체를 의심하는 것 또한 끊어내야 한다. 유구한 2,600년의 빛나는 역사를 전하고 있는 내지인[7]과 여러 차례 변천을 거듭한 운명을 감내하면서 대륙의 근거지를 지켜온 조선인이 서로 일치단결, 절차탁마(切磋琢磨)하여 혼연한 일심동체(一心同體)가 되어 흥아일본(興亞日本)의 신문화를 창조하려고 하는 것이 바로 내선일체의 본의(本義)이다. 대동아공영권(大東亞共榮圈)의 추진력 역시 이곳에서 당당하게 우뚝 일어나왔음을 볼 수 있다.

6 　신절(臣節): 신하가 지켜야 할 지조.
7 　내지인(內地人): 일본인. 당시 일본은 행정법상으로 일본 본토를 '내지', 그 외의 식민지 지역 등을 '외지(外地)'로 구분하여 사용하였으며, 이에 준하여 '내지인', '외지인'이라고 불렀다. 이는 공식적으로 또 법적으로 자신들은 서양의 '식민지'와는 다르다는 것을 표방하면서, 내부적으로 차별을 두는 것이라 할 수 있다.

2) 건국(肇國)의 정신과 내선일체

　내선일체는 건국 정신의 발로이다. 일본 건국 초에 진무(神武) 천황이 휴가(日向)[8]의 다카치호노미야(高千穗ノ宮)를 나오셔서 야마토(大和)의 가시하라 신궁(橿原宮)[9]에서 황국의 초석을 쌓으실 때, 변방지역에는 아직 황화(皇化)에 혜택을 입지 못한 백성이 적지 않다 할지라도 천하(八紘)[10]를 비호한다고 선포하신 숭고한 이념은 온 천하, 적어도 황국에서 자라나는 나무 한 그루 풀 한 포기의 마음에까지도 흠뻑 적시시어, 충용의열(忠勇義烈)의 세계에 으뜸가는 훌륭한 일본인을 부단히 창성(創成)해 왔도다. 따라서 황국의 역사는 끊임없는 황국신민 창성의 역사이다. 임금 안의 나라, 나라 안의 백성, 일군만민(一君萬民)의 절대관계가 이어져온바, 선임자도 외래자도 가리지 않고 그대로 일체의 차별이 없는 일본신민이 되어, 널리 황은 아래서 발랄한 대정익찬(大政翼贊)의 정성을 바치고 있다.

　지금의 반도 동포가 어찌 홀로 이 건국 정신의 위대한 현현(顯現)의 밖에 머무를 수 있겠는가. 그러므로 내선일체는 필연적이고 또 유일한 목표이다. 아니, 그것은 장래의 목표일 뿐만 아니라 과거 역사를 실증하는 엄연한 사실이다. 일찍이 지나(支那) 및 인도의 문화는 조선반도를 통로로 동점(東漸)하여 일본인의 수용력과 종합력에 따라 일본화되어서 굳건해졌고, 더욱더 우아한 일본문화를 형성하기에 이르렀다. 그런데 그 과정에서 다수의 조선인이 일본에 건너와 황실의 한없는 인덕(御仁德)하에서 비로소 동화되어 조금도 구별되지 않는 일본인이 된 것은 무수한 역사적 사실이 증명하는 바이다. 지금이야말로 일본문화는 다시 서양문화를 섭취 종합하여 더욱더 반짝반짝 빛나는 광채를 발휘하고 있으며, 도리어 서점(西漸)하여 동양문화를 재건해나감으로써 새로운 세계문화 창조의 근원이 되고자 한다. 이러한 때를 맞이하여 내선일체의 성과를 거둠으로써 날로 건국의 정신을 발양하고 일본이 짊어진 세계사적인 큰 사명의 일익을 분담한다면, 이것은 현대의 조선인에게 부여된 가장 영예로운 책무가 아니고 무엇이겠는가.

8　휴가(日向, ひゅうが): 지금의 미야자키현(宮崎縣).
9　가시하라 신궁(橿原神宮, かしはらじんぐう)을 말함.
10　팔굉(八紘): 천하, 전 세계.

3) 세계의 대세와 내선일체

　현대에 있어서 세계사의 대전환은 동으로는 신국(神國) 일본이 있고 서로는 일본과 뜻을 같이하고자 한 독일과 이탈리아가 있어서 차츰차츰 그 큰 걸음을 나아가고 있다. 삼국동맹을 기초로 하여 세계 신질서의 수립에 매진하려는 것은 확고부동한 대국시(大國是)로서, 이 목적을 달성하기 위해 한층 더 맹방(盟邦)과 이해를 깊게 하고 동서가 서로 호응하는 제휴를 긴밀히 할 필요가 있음은 말할 필요도 없다. 그렇지만 일본이 담당한 대동아공영권의 건설은 어디까지나 일본 독자적인 이념에 따라 동양 고유의 정신에 기초해 계획하고 실시해야 한다. 생각하건데, 서양의 사회구성은 대개 민족으로 그 본위를 삼는다. 따라서 여러 민족을 합해서 한 국가를 이루면 국내에서 서로 다투는 화근이 되어 각 민족이 독립을 요구할 때는 자기 생존 능력이 부족해져서 약소국가가 연달아 나오게 됨으로써, 국제관계를 교란시키기에 이르는 것을 피할 수 없다. 이에 반하여 동양에서 예로부터 내려오는 사회사상의 근본은 적게는 가(家), 크게는 국(國)으로서 바로 국가본위(國家本位)이다. 그중에서도 일본은 일대 가족국가로 천황과 신민의 관계는, 의(義)는 곧 군신이고 정(情)은 곧 부자를 겸함으로써 그 본질을 삼는다.

　그렇다면 일본 국내에서는 민족의 차별이 있어서는 안 된다. 황실을 종가(宗家)로 받들어 천황 중심의 대의(大義)에 몸을 바치는 일본신민은 모두가 점차 통합하고 융합하여 하나가 되는 일본민족을 형성한다. 일본을 제외한 동양의 여러 나라는 서양의 것을 받아들인 민족주의가 있고 동양의 정신에 기초한 민족협화(民族協和) 사상이 있기에 같을 수 없다 하더라도, 대동아공영권의 기본이념에 이르러서는 만방(萬邦)에서 각기 그 자리를 차지하고자 하는 국제 공존공영 사상이 존재한다. 이는 곧 동양의 도의(道義)이며, 세계를 빛내야 할 일본정신의 현현(顯現)이다. 안으로는 내선일체의 결실을 거두고 밖으로는 일본을 맹주(盟主)로 한 동양인의 동양을 건설한다면, 이는 진실로 세계평화 확립의 대거점을 건설하는 것이다. 세계의 대세를 지도해야 할 이 큰 목표에 대하여 명징한 이해와 불굴의 신념을 기르는 것은, 내선을 가리지 않는 전체 일본인의 가장 긴급한 요무(要務)라고 하지 않을 수 없다.

4) 내선일체의 근본 전제

내선일체는 필연적이다. 따라서 그것은 본래부터 가능하다. 이 가능성을 현실화하는 기초는 국체의 본의와 건국의 정신에 바탕을 둔 내선일체의 필연성을 확신하는 데에 있다. 대개는 확신이 없어서, 필연의 이념이 있는데도 저절로 어두움이 생긴다. 확신이 있다면 아무리 많은 장애가 있어도 필연의 법칙을 저지할 힘이 있겠는가. 하물며 내지인과 조선인 사이에는 계통상으로나 문화적으로나 고도의 근사성(近似性)이 있어서 일체화의 여러 조건을 구비하고 있을 뿐만 아니라, 과거와 현재에 걸쳐 내선일체가 가능함을 보여주는 수많은 실례가 존재함에 있어서랴. 그렇다 하더라도 과거 역사가 다르고 현재의 사정 또한 반드시 같을 수는 없어서, 내선 간에 혼연일체의 관계를 창조하기 위해서는, 설령 때를 두고 하더라도 방책을 택하지 않으면 안 된다. 조급하게 완성을 보려고 애태우는 사람은 다소 역행하는 것처럼 보이는 일들에도 실망하게 된다. 적정한 방책을 잘못 냈을 때는 도리어 그 요구하는 바와 반대의 효과가 생길 수밖에 없다. 세간에는 때때로 내선일체를 말하면 곧바로 권리와 의무의 완전한 동일화를 상기하면서 이를 요망하는 사람이 없지 않다. 하지만 내선일체의 근본 전제는 황국신민화(皇國臣民化)에 있다. 사심을 버리고 공을 받들어 진정으로 폐하의 어민(御民)이라는 자각을 철저히 하는 것이 모든 제도상의 일체화의 선결문제이다. 이러한 근본 전제를 궁행실천(躬行實踐)하지 않고 헛되이 제도상의 평등을 추구하면서 그 즉시 되지 않는 것을 보고 궁극의 이론을 비방하는 것은, 정확히 비황국신민적(非皇國臣民的)인 태도로서 순연한 내선일체운동을 저해하는 해독이 된다고 말하지 않을 수 없다. 더구나 내선일여(內鮮一如)의 황국신민을 연성(鍊成)함에 있어서는 민도(民度)의 향상, 교육의 보급, 인격의 도야를 필요로 함은 거론할 필요조차 없다. 고도의 교양을 쌓아 생활 태도를 쇄신하고 치열한 책임감으로 직무에 정진하는 기백이 있으면 누구라도 그 인재를 등용할 것이니, 여기에 인색한 자가 어디 있겠는가. 당국은 열심히 시설의 개선에 힘쓰고 민간 역시 보조를 맞춰서 누습(陋習)의 타파에 나선다면, 내선일체의 이념이 한 걸음씩 실현을 보게 됨을 기대할 수 있을 것이다.

5) 내선 문화의 종합

내선일체는 신문화의 창조이다. 생활 감정의 일체화는 문화의 동일성이 그 불가결한 모태가 된다. 따라서 내선일체의 실현 방책으로서 문화정책이 중요함은 많은 말이 필요하지 않다. 반도 문화정책의 근본은 일본문화가 반도로 이식 배양되는 데 있다. 일본국민의 도덕을 반도로 철저히 침투시키도록 한다. 충군애국(忠君愛國)의 숭고함으로부터 어느 정도의 의리인정(義理人情)에 이르기까지 조선민중에게 바르게 이해시켜서 그 성격을 도야하고, 그 정조(情操)를 순화(純化)함과 동시에 과학·언어·문예·취미·오락과 기타 생활양식의 전반에 걸쳐서 일본문화의 훌륭하고 아름다운 것을 반도에 우뚝하게 육성하여 번성하도록 해야 한다. 게다가 내선일체의 문화정책은 반도 문화생활의 단순한 내지화(內地化)에 그치는 것이 아니다. 조선 고래의 문화에서 고고한 멋스러움이 있으면 이를 일본문화권 내에 육성하고 조성하여 장구한 대륙적 정조(情調)를 섬세한 섬나라 문화(島國文化)에 보충한다면, 새로운 일본문화에 웅혼(雄渾)한 넓이와 강인한 탄력을 더할 수 있는 근본이 됨을 잃지 않아야 한다. 내선일체의 문화 창조를 실현하는 것은 대동아공영권의 문화공작 수행에서도 중대한 의의가 있다. 일본문화는 서점(西漸)하여 만주를 관통하여 지나에 보급됨으로써 전체 동양인 문화생활의 기조가 되어야 할 것이다. 그러므로 이렇게 대륙의 구석구석에까지 뿌리가 뻗고 꽃이 피어야 한다는 보편성과 지구성(持久性)을 부여하는 것은, 특히 오늘날에 요망되는 것이라고 할 수 있다. 경제적인 양식이 동양인의 생활을 안정시킬 수 있지만, 여기에 문화를 통해 정신의 양식을 공급하지 않는다면 진정한 낙토(樂土) 건설의 성과를 거두기는 어려울 것이다. 내선 문화의 종합은 결코 단순한 일본만의 문제가 아니다. 이것은 실로 동양 전체의 문화공작의 시금석이며 또 그 출발점이다.

2. 내선일체의 구현

1) 내선일체 구현[11]에 대한 장애의 배제

내선일체의 이념을 실현하기 위한 선결 문제는, 장애가 될 만한 오해와 그릇된 견해를 배제하는 데 있다.

(1) 그릇된 내선일체관의 시정

내선일체는 장래에 한 걸음씩 실현되어야 할 목표라 해도, 현재로서는 결코 이미 완성된 상태에 있지는 않다. 그런데 내선일체를 창도(唱導)하자마자 이로써 곧바로 완성을 보게 된 것처럼 잘못 믿고 움직인다면, 자칫 스스로 건방진 생각에 빠지게 된다. 그 잘못은 논하지 않는다. 하물며 내선일체라는 것은 아직 아무것도 이룬 게 없어서 현 상태에서 내선 간의 무차별한 평등으로 비약해야 한다고 해석하고 현존 제도상의 차이를 즉시 철폐할 것을 요구하며 이에 대해 불만을 토로한다면, 스스로가 황국신민이 아니라는 증거를 드러내는 것이라고 할 수 있다. 앞서 설명한 바와 같이 내선일체의 근본 전제는 진정한 황국신민화에 있다. 이 전제는 아직 갖추어지지 않았다. 신하로서 지켜야 할 지조를 다하지 않고 오로지 황민의 권리를 주장하는 것은 황은(皇恩)을 거스르고 도리에 어긋난 그릇된 것에 불과하다. 현존하는 제도상의 차이는 병합 후에도 여전히 천박한 상태인 반도 통치상의 특수사정에 비추어 설치한 것이기 때문에, 조선인의 황국신민화의 진전에 따라 철폐할 수 있는 것은 점차 근본부터 개정을 가해야 할 것이다. 이는 전적으로 충성으로 군국(君國)에 보답하려는 적심(赤心)의 앙양이 결정적인 요건인 이유를 깊이 명심해야 한다. 게다가 내선일체를 가리켜 조선인 고유의 진면목을 상실시켰다거나 혹은 야마토 민족의 순결을 오염시킨 것이라고 간주하는 것은 모두 부당한 곡해이다. 전자는 내선일체가 단순히 조선의 내지화가 아니라 내선 문화의 종합인 까닭을 인식하지 않은 것이며, 후자는 일본의 역사가 부단한 황국신민 창성의 역사로서 서양의

---

11 앞의 목차에는 '실현(實現)'으로 되어 있음.

민족주의와 비교해서는 안 된다는 사실의 오해에 근거한 것이다. 이러한 그릇된 내선일체관을 시정하여 사상의 통일을 도모하는 것이 오늘날의 긴급한 요무(要務)이다.

(2) 내선일체에 역행하는 사상의 근절

내선일체는 조선인이 나아가야 할 필연적이고 절대적인 대도(大道)이다. 이 대도가 눈앞에서 환하게 전개되고 있는 이때에 새삼스레 되돌아보면서 다른 말을 하는 것은, 자기가 나아가야 할 유일한 길을 자기 손으로 눌러버리는 어리석음이라 해도 좋다. 일본인으로서 살아가는 광영을 던져버리고 내심 여전히 반도의 독립을 몽상하는 것과 같은 것들은 더 말할 나위가 없다. 내선 간에 높은 장애를 세워 반도를 자치령(自治領)으로 만들려 하거나, 혹은 민족의 구별을 고집하여 내선 관계에 민족협화(民族協和) 이론을 적용하려는 것은 모두 국시(國是)에 배치되는 사상이다. 이와 같은 사상이 개입되어 무더기로 나타나는 것은 속히 근절해야만 한다.

2) 내선일체의 제도상의 구현[12](요지)

황국신민화의 진전과 민족교양의 향상은 조선인의 광명(光明)이다. 이 광명이 점차 번쩍이는 광휘(光輝)를 더함에 따라, 내선일체의 제도상의 실현 역시 당연히 차례차례 기획되고 실시되어야 한다.

3) 반도 관민의 결의와 실천

내선일체는 단순한 이론이 아니라 신념이다. 입으로만 떠들어대고 실행이 뒤따르지 않는 것이[13] 아니라 일상생활에 구현하는 것이다. 백 가지 논의는 하나의 실천보다 못하다. 그래서 일군만민(一君萬民)의 관계에 기초한 황국신민화는 국사(國史)를 뚫고 흐르는 필연의 법칙이라 할지라도, 2,300만의 대중을 일으켜서 이 넓고 큰 강의 흐름을 모아 종합하려는 것은 유사

---

12 앞의 목차에는 '실시(實施)'라고 되어 있음.
13 원문은 '구두선(口頭禪)'인데, 입으로만 떠들어대고 실행이 따르지 않음을 가리키는 불교 용어이다.

이래 일찍이 없었던 장관(壯觀)으로서 세계에 유례가 없는 위업이다. 이것을 완성시키기 위해서는 관민이 일치하여 온갖 어려움에 굴하지 않는 결의를 굳건히 할 필요가 있다. 우리는 어떤 가시밭길을 가로지르더라도 감히 한 걸음도 물러지는 않을 것이다. 길거리(路傍街頭)에서 한 순간 번뜩이는 일체감이 그대로 드러남을 접할 때도 가슴 속에서 타오르는 확신의 횃불에 점점 광휘가 더해지고 있음을 깨닫게 된다.

　이 사이에 내지인이 지도적 입장에 서는 것은 역사의 은택(恩澤)과 다름없기 때문에, 조금이라도 가볍게 여기는 태도가 있어서는 안 된다. 조선인의 황국신민화가 아직까지는 구도정진(求道情進)의 용맹심으로 한 걸음 한 걸음 시정해나가야 하므로, 결코 비굴퇴영(卑屈退嬰)의 원인으로 삼아서는 안 된다. 내선일여(內鮮一如), 형제동행(兄弟同行)의 위업을 수행하는 것으로써 성지(聖旨)에 응하여 받드는 길은 오로지 반도 관민의 결의와 실천에 있다.

<자료 08>

『내선일체의 구현』[14]

(국민총력조선연맹 방위지도부, 1941)

[전재(轉載) 및 일반 배부를 금함]

1. 내선일체의 이념 및 구현방책 요강 결정의 취지

2. 내선일체 실현에 대한 장애의 배제

   1) 그릇된 내선일체관의 일소

      (1) 내선일체라는 자구에 매달린 오해

      (2) 내선일체는 이미 실현되었다는 잘못된 믿음

      (3) 내선일체 즉 권리의무 평등론(차별제도 즉시철폐론)

         ① 대우상의 차별 문제

         ② 도항 제한 문제

         ③ 의무교육 문제

         ④ 참정권 문제

         ⑤ 징병제도

         ⑥ 조선 특수의 법령 및 정책 관계

      (4) 조선민족 및 조선문화의 멸망론

      (5) 피의 순결 오손론(汚損論)

      (6) 상조론(尙早論)

      (7) 형식적 내지화론

      (8) 동화 불가능론

---

14 『內鮮一體ノ具現』, 國民總力朝鮮聯盟 防衛指導部, 1941.

(9) 공리적·편승적 찬동론
　　　(10) 각종 소승적(小乘的) 일체론
　2) 내선일체에 역행하는 사상의 근절
　　　(1) 그릇된 민족협화론
　　　(2) 정치적 분리운동
　　　(3) 우월관 및 비굴관
　3) 이른바 '민족'이라는 개념에 관한 혼미의 불식

3. 내선일체의 제도상의 구현

4. 인구정책상의 구현

5. 내외 국책의 일관

6. 반도 관민의 결의와 실천

신국(神國) 일본의 진상 [미시마수련소(三島修鍊所) 부소장]

내선일체의 구현

경무국 보안과장 후루카와 가네히데(古川兼秀)[15] 지음

본고는 전선지도자강습회(全鮮指導者講習會) 석상에서 강연한 것의 속기록으로, 별책『내선일체의 이념 및 구현방책 요강』,『국체의 본의와 내선일체』,『세계의 대세와 내선일체』,『신국(神國) 일본의 진상』과 함께 사용하여 지도상의 자료로 삼기를 바란다.

1. 내선일체의 이념 및 구현방책 요강 결정의 취지

내선일체라는 말이 식자들 사이에서 나온 것은 몹시 옛날부터였고, 총독부가 통치상의 최고방침이라는 이름으로 강조한 지도 4년이나 지나서, 현재는 완전히 상식적인 말이 되었다. 이제 와서 새삼스럽게 이념이나 구현방침에 대해 강습회를 연다는 것에 대해, 아마도 여러분 가운데에는 의외라고 생각하고 계신 분도 결코 적지 않을 것이라고 믿는다. 말할 것도 없이 내선일체의 본의는, 새로이 따르게 된 조선동포로 하여금 완전하고 충량한 황국신민이 되도록 한다는 점에 있다. 말하자면 조선인이 모두 진짜 일본인이 된다는 점에 있다. 이것은 우리나라의 국체로 말해도, 혹은 팔굉일우(八紘一宇)[16]라는 건국(肇國)의 정신으로 말해도, 또는 내선 간의 역사적 사실로부터 살펴보아도 대단히 명료하다. 특히 한국병합의 어조서(御詔書) 및 관제개혁 때의 어조서에 따라 그 뜻을 명시하시게 된 것이다. 따라서 세계 여러 나라의 이

---

15 후루카와 가네히데(古川兼秀, 1901~1974): 후쿠시마현(福島縣) 출신, 도쿄제대 졸업. 1925년 4월 총독부 전매국 속(屬)으로 조선으로 건너왔고, 1928년 총독부 도사무관이 되어 강원도 지방과장, 평안남도 지방과장, 함경북도 재무과장, 경상북도 재무과장(1931) 등을 역임했다. 이후 황해도 경찰부장(1934), 평안북도 경찰부장(1935), 경무국 도서과장을 거쳐 보안과장에 이르렀다. 이후 1942년 함경북도지사를 거쳐 평안남도지사를 지냈다.
16 팔굉일우(八紘一宇): '천하를 한 집처럼 삼는 것', '전 세계를 한 집으로 삼는 것'을 뜻하는 어구.『일본서기(日本書紀)』의 "八紘(あめのした)を掩(おお)ひて宇(いえ)にせむ"에서 비롯되었다.

민족 정책이나 식민지 통치 등과는 본질적으로 완전히 달라서, 비교할 수 없는 숭고한 덕(德)과 사랑(愛)이 빛나는 것임은 말할 필요도 없다. 조선총독부로서도 시정(施政) 이래 이것을 최고의 지도정신으로 삼아 역대 총독은 이 정신의 현현(顯現)에 노력해왔다. 물론 시대에 따라 문화정치라든지, 상근일가(桑槿一家)의 친척이라든지, 혹은 내지연장주의(內地延長主義)[17]라든지, 또는 내선융화(內鮮融和) 등과 같이 여러 가지로 말은 바뀌었어도, 그 근본 정신은 과거·현재·미래에 걸쳐 확고부동하게 일관된 것이었다. 역대로 그 취지의 철저와 이에 기초한 조선인의 황국신민(皇國臣民)으로서의 실천에 대한 지도로 일관하여온 것은 의심할 바 없다. 특히 지나사변이 발발하고 나서는 이 점에 중점을 두고, 관민(官民)이 서로 솔선해서 이 신념의 철저에 따른 사상의 통일, 이를 통한 총후(銃後)[18] 체제의 확립에 노력해왔다는 점은 알고 계신 대로이다. 그 결과 대체로 조선인의 자각이 대단히 높아져서 대중의 가슴 깊이 애국정신이 용솟음치는 미담가화(美談佳話)도 수없이 드러났다. 그중에는 내지인에게도 신기할 정도로 일본정신, 일본주의에 철저한 사람들이 계속 배출되어 사상인(思想人), 문화인(文化人) 사이에도 동아공영권(東亞共榮圈) 의식이 상당히 강하고 활발하게 이루어져왔다. 따라서 일반의 황국신민 의식의 진화라고 할까, 혹은 그 실천이라고 할까 모두 내외의 커다란 놀랄 만한 대상이 되었다. 그 결과 이른바 애국 조선의 아름다운 자세를 드러내어 전 반도를 황도현현(皇道顯現)의 큰 길에 매진해온 것이어서, 이 성스럽고 거룩한 모습은 참으로 전에 없던 장관(偉觀)이라 해도 좋을 만하다.

그러나 나는 경찰에 몸을 담고 있기 때문에 평소에 치안 및 사상상으로 민심의 동향 내지 국민사상의 실제를 가리는 일에 노력하고 있다. 그런데 이러한 면에서 이것을 자세히 들여다보면, 세간에서 말하는 표면적으로 평정한 상태 또는 숫자적이고 형식적인 상황만으로는 결코 안심할 수 없는 점이 있음을 인식하여 심히 우려해왔다. 사상의 통일이 아직 이루어지지 않았다고 말하기보다는, 유감스럽게도 차라리 사상 경향에 크게 경계를 요할 점이 있다고 확인하지 않을 수 없다. 그 원인은 물론 하나이지만, 가장 근본적이고 절실한 원인은 대중이 정

---

[17] 내지연장주의(內地延長主義): 식민지를 본국(本國)의 연장으로 보아 같은 법령과 정책을 시행하는 정책 또는 그 이념. 3·1운동 뒤에 사이토(齊藤實) 총독이 부임하면서 '내지연장주의'를 표방하고 이른바 '문화정치'를 시행하면서 '내선융화'를 강화하였다.

[18] 총후(銃後): 전쟁터에서 후방 또는 후방의 국민.

말로 내선일체의 이념에 철저하지 않다는 점에 있다. 정말로 황국신민이라는 신념을 파악하고 있지 않기 때문에 개인적인 불평불만에 빠지기도 하고, 눈앞의 차별대우 등에 현혹되어 감정적으로 몽상에 빠지거나 하는 결과가 생긴다고 생각된다. 한편 이 점에 대해서 내지인의 사고방식에서도 한결같지는 않다. 지도자에게서조차 자못 불철저하다. 무엇이 내선일체의 본의인가를 몰라서 오히려 헤매고 있는 듯하다. 다시 말해서 관민 모두 입으로는 내선일체를 제창하지만 그것은 문자만을 말하는 것에 그쳐서, 그 본의와 실체에 대해서는 전혀 다루지 않는 경우가 대단히 많다. 안다고 생각하고 말하고는 있지만, 실제로는 모른다. 예를 들면 그 본의를 설명할 경우에도, 각자는 여러 가지 생각을 가지고 사람에 따라 각기 두루 다르게 말하기도 한다. 혹은 이러저러한 각도에서 보아 전문적으로 발표한다고 한 의미의 문헌도 많이 있는데, 그것들조차도 각자가 제멋대로의 주관에 따라 발표한 것이어서, 반드시 서로 보조가 맞춰져 있는 것은 아니라고 생각된다. 그래서 이것을 듣는 대중은 무엇인지 알지 못하게 되어 온 것은 아닐까. 이것은 참으로 곤란한 점이다. 나쁘게 말하면 사상의 통일이 불가능한 구조로 되어 있는 것은 아닐까 생각된다. 따라서 그 결과 당연한 오해가 생겨서 잘못된 불평을 말하게 되고, 그 가운데는 특히 내선일체의 이념을 곡해하여 비방하기에 이르게 되어, 내선인 양자의 마음을 정말로 사로잡고 있지는 않다고 말할 수 있는 게 아닐까. 다만 당국의 단속 등이 무서워서 입으로 노골적으로 말하지 못하고 그저 허무적으로 그 지도에 맹종하고 있는 것 같은 마음으로 겉으로만 좋은 것처럼 하고 있다. 대중은 이 확고부동한 정신에서 떨어져 있다. 심하게는 부정하고 있다. '또 내선일체냐'라며 조소하거나 혹은 가벼이 여겨 오로지 정세의 변화만 조용히 지켜보고 있다. 반대하는 사람이든 찬성하는 사람이든 이 방침을 이용하여 당국으로부터 가능한 한 이익을 얻으려고 차별대우나 차별취급 철폐 등 인정받을 수 있는 만큼 인정받자는 사고방식, 심하게는 이것을 공격하고 논란을 벌여 결국 조선인은 일본인이 될 수 없다는 생각, 또 통치의 정신을 의심하여 일본제국 그 자체가 의지할 만하지 않다는 생각, 그 결과 단순히 차별대우 혹은 일상생활에 대한 푸념이나 불평을 말할 뿐 아니라 더 나아가서 헛된 꿈-예를 들면 자치를 요구하거나 일본의 패전을 의심하고, 독립이라는 엉뚱한 생각을 하는 사람이 이따금 나오는 것이다. 결국 사상의 통일을 위한 내선일체의 운동이, 도리어 사상의 악화까지는 아니라 해도, 적어도 사상의 불통일, 사상의 혼란을 초래한 원인이 된 것은 아닌가 하고 우리는 보고 있다.

이러한 경향은 물론 전반적인 것은 아니다. 그렇지 않다면 이것은 실제로 일상의 공무상에서 보고 듣는 많은 사실에 기초하여 종합적으로 판단한 결과로서, 결코 일부의 경향만으로는 잘 관찰해낼 수도 없고 방임할 수도 없는 성질의 것이라고 생각한다. 솔직히 말해서 민족의식이라는 것의 특질, 예를 들어 항구성·민감성·앙양성 등에 비추어, 먹느냐 먹히느냐와 같은 우리나라 안팎의 객관적인 정세가 대단히 긴박하다는 현실의 문제, 또 그러한 점들을 넘어서 불온(不穩)한 의도로 대중을 선동하는 이가 있어서, 그것과 대중의 뇌동성(雷動性)이라는 점을 함께 생각해보면 앞으로의 추이는 결코 낙관적이지 않다고 결론지어도 잘못된 것은 아니라고 생각한다.

이와 같은 경향에 대해 내지인 가운데에는 대단히 분개하고 또 그 결과 통치의 장래를 대단히 위험시하는 사람이 없는 것은 아니다. 정말로 성실하게 조선통치의 근본방침을 변경할 필요가 있는 것은 아닐까 하는 사고방식이 점점 나오고 있는 것이다. 즉 그런 사람들은 현재까지 해온 것 같은 사랑으로 빛나는 통치방침은, 두 마음을 가지고 있는 사람들에게는 실제로 효과가 없다, 아니 헛되이 실력을 양성시키는 것만으로 전망이 없다, 도리어 기르던 개에게 손을 물릴 것이다, 오히려 그 이상의 커다란 돌이킬 수 없는 위험을 범하고 있는 것은 아닐까라고 생각하는 것이다. 따라서 그 결과 극단적으로 말하면, 교육 같은 것은 그만둬라, 나병도 폐결핵도 방치해둬라, 위생시설의 완비도 체위 향상도 성실하게 할 필요는 없는 게 아닌가, 혹은 산업 개발도 경제 진흥도 내지 본위로 하면 되지 않을까, 따라서 군사 교련이나 지원병 제도도 위험하기 때문에 그만두면 좋지 않을까와 같은 대단히 무책임한 것을 극단적으로 생각하는 사람, 바꿔 말해서 분개한 나머지 세계 여러 나라의 제국주의적인 식민지 제도나 착취정책 같은 것을 입 밖으로 내는 사람이 없지는 않은 것 같다. 적어도 무단정치(武斷政治)를 주장하는 사람도 있다. 나아가 최근 독일의 재건운동을 말하는데, 부흥의 상황을 보아 독일의 민족정책인 유대인에 대한 인종정책을 그대로 받아들여서, 그것을 그대로 일본에 가지고 와서 조선인에게 적용한다는 사고방식이 현재 내지의 일부 방면에서 일어나지 않는 것도 아니다. 어쨌든 독일에서는 비독일적인 인종과의 혼인을 금지하여 피의 순결을 보존함으로써 민족의 유지 발전을 도모한다는 게 언급되고 있는 것이다. 이와 같은 사고방식은 순전히 본의가 아닌 것으로서, 가미요(神代)[19] 이래 황도애(皇道愛)의 정치에 반함은 물론, 또 그런 짓을 해서는 도저히 일본의 동아신질서 건설 따위는 가능할 리가 없다. 내선일체의 이념을 철저히 하는 것은 내지인에게도 매우 필요한 일임을 통감하게 한다.

그리고 내선일체의 실현이 결코 불가능하다고는 할 수 없다. 반드시 가능하다고 생각한다. 단지 그것이 그렇게 간단하게 되지는 않는다는 것이다. 민족의 특이성이 현저하거나 또 사람 수가 2,300만이라는 다수에 이른다는 점, 기타 가미요 시대의 옛날에 비교해서 현재는 대단히 문화의식 내지 민도(民度)가 높아지고 있는 점에서 생각해볼 때 그렇게 간단히 이뤄지지는 않을 것이다. 이것을 조선통치 30년이나 50년에서 완성시키려고 생각하는 것에 문제가 있는 것이며, 더구나 아직 할 만큼 하고 있지는 않은 게 아닌가 생각된다. 정말로 진의(眞意)를 깨달을 수 있을 만큼은 아직 당국이 하고 있지 않다. 따라서 총력을 기울이고 있지는 않지 않은가, 총력을 기울여야 한다는 결론을 내리는 것이다. 이상과 같은 사고방식에서 출발하여 현재 혹은 장래에 대한 사상 대책으로서 한순간도 지체할 수 없는 긴급한 요무(要務)는, 결국 내선일체의 이념을 확립하고 이를 내선인(內鮮人)에게 철저히 확고부동한 국민적 신념으로 삼게 하는 데 있다고 확신한다. 이것이 없는 사상의 통일은 불가능하다. 사상의 통일, 사상의 일관성 없이 행동의 일관성은 일어나지 않는다. 행동의 일관성이 없는 곳에 일체의 구현은 없다. 때문에 서둘러 명확한 내선일체의 이념을 체계화하자. 이리하여 이를 총력운동으로 옮겨서 모든 기구를 통해 모든 기능을 향상시켜, 내외지(內外地)[20] 관민을 통해 그 사이에 조금도 모순이 없도록 철저를 도모하자. 이와 함께 종래의 그릇된 여러 일체관(一體觀)을 일소하고 근본이념의 통일을 도모할 필요를 인식하여, 결의를 확고하게 한 것이다. 그래서 상급 관청의 지시로 작년부터 동고동락한 사람들, 예를 들면 지금부터 말씀을 해주실 오다카(尾高) 선

---

[19] 가미요(神代, かみよ, じんだい): 일본 신화에서 신이 다스렸다고 전해진 시대. 일본 역사상 진무(神武) 천황 이전의 시대를 일컬음.

[20] 일제 당국은 식민지에서의 수탈에 '합법성'을 부여하기 위해 '식민지'라는 정치적·경제적 용어 대신 법적·행정적으로는 '외지(外地)'라는 용어를 사용했다. 외지란 "한 국가의 영토 중에서 그 나라 헌법에 규정된 전국적인 보통 통치방식의 주요한 부분에서 어느 정도 예외적 통치가 합법적으로 행해지는 지역"을 말하며, 이러한 예외적 통치 아래 있는 '인역(人域)', 즉 외지에 본적을 둔 일련의 신민(臣民)"을 '외지인'이라 규정했다. "외지인도 조선·대만 등 지역적 특수성에 따라 신분상의 취급"을 달리했는데, "법률상 '조선인'이란 조선에 본적을 둔 제국 신민"으로 규정했다(松岡修太郎, 『朝鮮行政法提要(總論)』, 東都書籍, 1944, 5-11쪽; 변은진, 『파시즘적 근대체험과 조선민중의 현실인식』, 선인, 2013, 44쪽).

생님 혹은 내일 말씀하실 쓰다(津田) 선생님, 기타 여러분과 상의하여 논의를 진행해왔는데, 금년 1월에 이르러 국민총력조선연맹 방위지도부의 사상계(思想係) 회의에서 그 요강을 제안하게 되었다. 또 그것이 통과되어 관민의 심의위원을 결정하고, 그들의 신중한 심의를 거쳐 이 이념이 생긴 것이다. 그 사상부의 회의에 따라 결정된 요강을 먼저 이념에 대해서 말씀드리면 다음과 같다.

첫째, 내선일체는 조선인으로 하여금 명실공히 완전한 황국신민이 되도록 하는 것이라는 점, 이것은 우리 국체의 주의와 건국 정신에 비추어 보아 필연이다. 조선인으로서는 숙명적이다. 결코 나중에 생각해내서 만들어낸 벼락치기 이론이 아님을 분명히 할 것.
둘째, 세계의 대세로 보아 특히 더욱더 필요성이 생긴 이유를 분명히 할 것.
셋째, 내선 간의 역사적 사실을 상세히 밝혀 이미 조선인은 과거에 일본인이었음을 보여줄 것.
넷째, 황국신민 연성의 역사적 구현을 명확히 하고, 결코 단순한 이상론이 아니라는 점을 명확히 할 것.
다섯째, 현재에 있어서 내선문화의 근사성을 명확히 하고, 나아가 내선일체화가 의식주(衣食住) 등 많은 부문에서 현재 이미 실현되고 있다는 엄연한 사실을 보이자. 이를 통해 내선일체는 가령 시일을 두고 하는 방법으로 하면 반드시 완성될 수 있다는 확신을 줄 것.
여섯째, 내선일체의 극치는 어떤 것인지를 명확히 할 것.
일곱째, 내선일체의 방침은 조선인에게는 희망으로 가득 찬 유일한 지도 원리이기 때문에 단순히 관념과 이론상의 문제에 그쳐서는 안 된다, 이것이 전체 생활과 가장 불가분한 관계를 가지고 있다는 점을 명확히 하여 황국신민 연성의 결과를 거둠에 따라 조선인의 사회적 지위는 필연적으로 향상할 것이다, 또 대동아공영권의 건설에 당면하여 동아의 다른 민족과는 다르게 일본인으로서 그 중핵체가 되어 지도자의 지위를 획득한다는 등 장래에 대한 광명을 부여해야만 한다, 그리하여 인심이 헤이해지지 않도록 함과 동시에 통치의 장래에 대한 기대를 깊게 하자, 그리하여 일본인이 되는 것 이외에 다른 길은 없다는 신념을 투철하게 해야 한다.

그리고 이 구현방책으로는,

첫째, 그릇된 내선일체관을 일소할 것

둘째, 단순히 이것은 조선총독부의 방침일 뿐만 아니라 내지·외지·만주·지나를 통해 일관된 제국의 부동의 방침이라는 점을 확실하게 하지 않으면 안 된다.

셋째, 현존하는 차별적인 제도와 정책은 내선일체의 관계에서 어떻게 개선되어야 할 것인가를 명확히 한다.

넷째, 내선 인구의 적정한 배분과 지대한 관계를 가지고 있으므로, 현재 계획하고 있는 고도국방국가 건설을 위한 국토계획에도 이 취지로 완성시켜, 다시 말해서 인구정책도 이와 같은 관점에서 현실과 이상을 신중하게 견주어 보면서 속히 입안하여 실시로 옮겨가도록 하여, 경우에 따라서는 그 요강도 보이자.

다섯째, 구현의 근본 전제는 진실로 황국신민이라는 자각을 철저히 하여, 내선인이 함께 그 확신을 가지고 일상생활의 실천에 노력하는 데 있음을 명확히 하자.

이상과 같은 점을 대체적인 요강으로 내걸고 심의를 진행하였다. 그 결과 금년 4월 상순에 이르러 대강(大綱)이 만들어져, 4월 21일에는 총독과 총감의 승인을 거쳐 23일에는 전 조선 각지의 도지사회의에 게시되었고, 이어서 5월 5일 각도 경찰부장회의에서 상세하게 협의하여 지시하게 된 것이다. 그 결과 각 도에서는 부윤·군수·경찰서장 회의에 제시된 것인데, 한편으로는 정책상의 점도 다소 고려하여 내용에 약간의 수정을 가하여 6월 3일의 총력연맹 지도위원회에 올려 통과됨으로써, 마침내 금년 이후 총력연맹의 중요한 실천사항으로서 활발히 전개되게 된 것이다. 화려하지는 않다 해도 실질을 노리는 효과적인 방법으로 운동을 전개하고자 한 것인데, 그 시작이 이번 강습회가 된 것이다. 순서대로 이것을 일단 낭독해보자.

[내선일체의 이념 및 그 구현방책 요강 참조]

대체로 이상과 같다. 앞서 기술한 바와 같이 상사(上司)의 의도도 있었고 지도위원회의 회견 등도 있어서 다소 수정하여 두세 개 항이 삭제되었다. 예를 들면 구현방책에 관한 항목은 대단히 형편없는 것처럼 보이는데, 실제로는 이 밖에도 여러 가지를 생각해낼 수 있다. 구현방책이라는 것은 당국에서 특히 상부에서 생각하시는 사항이라 총력운동으로는 그것을 다루지 않는 게 적당할 것이라는 견지에서, 예를 들면 인구정책상의 구현, 혹은 내선일체의 제도상의 구현, 혹은 내외 국책의 일관된 방책이라는 것은 특별히 여기서는 제외해두고, 강습회 석상에서는 지장이 없는 범위에서만 다루고자 한다.

그리고 앞으로 각 도에서 여러 가지 지도 강습을 맡아주시는 것입니다만, 여기서 한마디 해 둘 것은, 이 강습회는 특별한 역사적 의의를 갖는 강습회라는 것이다. 그것은 결코 장소가 성지인 부여(扶餘)라서가 아니라, 또 전선에서 유능한 대표적인 지도자가 참집(參集)했다고 해서가 아니라, 조선 통치에서 본 이 업무의 사명, 크게 보면 세계적인 의의를 생각해볼 때 참으로 의의 깊은 강습회라는 점을 잘 헤아려보아, 본 강습회가 진실로 효과를 거두고 싶은 것이다. 이 요강안(要綱案)은 결국 골자만이며 각론적인 것은 강사분들로부터 말씀이 있을 것이다. 의문이 있으면 개별로 질의응답 시간을 드릴 예정이므로, 어떻든 충분히 가슴에 담는 신념으로 체득하여 이를 보급하고 철저히 분기시키고 싶다.

2. 내선일체 실현에 대한 장애의 배제

내선일체 구현을 위한 첫 번째 요건은 민중으로 하여금 올바른 이념에 투철하게 하여 국민적 확신으로 일상생활에서 실천하도록 하는 데에 있다. 이 이념에 철저하기 위해서는 먼저 이 이념을 명확히 보여줌과 동시에 잘못된 일체관, 기타의 장해를 배제하여, 이에 흔들리는 일 없이 충분히 올바른 이념을 이해하도록 해야 한다. 따라서 나는 장애로 보이는 개개의 구체적인 문제에 대해 소견을 기술하여, 금후 지도에 임할 때 참고로 도움이 되었으면 하고 생각한다. 물론 나의 신념을 전하는 것만으로 감히 여러분께 강제하는 것은 아니다. 혹은 독선적인 폭론으로 보이는 바가 많을지도 모르겠지만, 어떻든 다양한 논의의 많은 문제들에 대한 채택 여하는 여러분의 자유에 맡긴다. 서로 충분히 연구하고 토론하여 잘 납득된 위에서 확신 있게 모순이 없는 지도로 분기해주시기 바란다.

1) 그릇된 일체관의 일소

내선일체라는 것은 너무나 당연한 것임에도 의외로 철저하지 않고, 도리어 왜곡된 일체관이 점차 우세해져서 그 때문에 이념이 혼돈되고 있다. 이러한 채로 옮겨간다면 끝내는 사상의 혼란을 가져올 우려가 있는 상태에 이른 것에 대해서는 강의 초반에 간단히 언급한 바가 있는데, 그렇다면 일반에 어떠한 오해가 있을까. 사상은 자유라고 해도 하여간 놀라울 정도로 잘못된 사고방식이 많이 있다. 그 주된 것 각각에 대해 얼마간 노골적으로 파고들어 분석하여 비판하고자 한다.

(1) 내선일체라는 자구에 매달린 오해

이것은 일만일체(日滿一體)나 관민일체(官民一體)를 말할 경우 사용된 일체와 같은 의미로 해석하는 견해이다. 결국 내지인과 조선인 혹은 내지와 조선이 함께 존재한다는 전제 아래 양자가 상호 간에 밀접한 제휴를 맺어가는 것이라고 설명하는 사고방식, 공존하고 공영하는 것이라는 사고방식이다. 이것을 굳이 분류해보면 두 가지로 나뉜다. 첫째는 내지와 조선의 지리적·경제적 관계를 강조하여 양자가 서로 협력해간다는 견해로서, 예를 들면 내선일체이므로 내지와 조선 간에 인사(人事)의 교류를 도모해야 한다든지, 내선일체 바로 전에 쌀을 조선에서 내지로 산더미같이 많이 들여와야 한다는 식의 생각이다. 현재 내지 방면에서는 이를 진면목으로 믿고 있는 사람이 적지 않으니, 정말로 웃음거리다. 일만(日滿) 간의 일들을 아무렇지 않게 말하고 있으므로 마치 조선을 외국 취급하는 이와 같은 사상은, 명백히 문제도 되지 않은 잘못된 견해라 할 것이다. 둘째는 내지인과 조선인이 서로 같은 황국신민으로서 마음으로부터 우정과 굳은 신뢰를 갖고 유기적인 단결을 맺어 상호 간에 충절(忠節)을 다하라는 것이다. 이것은 정신적인 관계에 착안하고 있고 또 조선인의 황국신민운동을 조장하는 위에서 보면, 앞의 사고방식에 비해 대단히 진보적인 견해라고 할 수 있다. 그렇기는 해도 내선인 모두가 하나가 되어 신절(臣節)을 다하는 것이 내선일체라 함은 명확히 잘못이다. 내지인은 물론 솔선해서 모범을 보이고 천황에 귀일하여 황도를 실천하지 않으면 안 된다. 하지만 그것은 결코 이른바 내선일체의 방침이라 할 수는 없어서 완전히 별개의 문제이다. 어떻든 이 두 가지 견해는 모두 내지와 조선 또는 내지인과 조선인이 영구히 별개의 존재로서 나아간다는 점에서 크게 잘못된 것이며, 이것을 사상적으로 파고들어 가보면 결국 다분히 민족협화의 사상이 될 우려가 있다. 엄격히 경계해야 할 사상이다.

(2) 내선일체는 이미 실현되었다는 잘못된 믿음

이것은 내선일체운동의 표면만을 보고, 예를 들면 창씨자(創氏者)가 80%를 넘었다든지, 지원병 응모자가 대단히 많아졌다든지, 혹은 내선공학(內鮮共學)이 되어 국어[21]를 이해하는 이가 많아졌다든지 하는 숫자적인 견해, 혹은 내선융화에 관한 여러 가지 미담가화(美談佳話) 등의 사실만을 보고 전체를 속단하는 단견(短見)이다. 이미 내선일체는 성취되었다고 믿어 수희갈앙(隨喜渴仰)[22]의 눈물을 흘린다. 이것은 사상적으로 단순히 감격성이 강한 사람, 혹은 옛날 조선을 알고 있어서 현재와 비교하여 감격해버린 사람, 혹은 조선을 전혀 몰라서 마치 호랑이가 엎드려 있는 들판 정도로 생각하며 조선에 건너간 사람이 매우 아름다운 실제의 상황을 직접 보고는 감동한 결과 빠진 오류는 아닐까 생각한다. 또 내선일체의 운동이나 시설에 노력하고 있는 위정자들도 이따금 자기도취로 인해 그러한 견해를 갖는 경우가 흔하다. 이러한 사람은 자칫하면 정책과 제도의 형식적 평등화에 대해 비교적 간단히 찬성하기도 하고 경솔한 의견을 뱉어내기도 하여, 자신의 공을 앞당기기 위해 정치의 운영상 무리를 할 위험성을 가지고 있다. 그러나 내선일체의 실현은 그렇게 용이한 과업이 아니다. 오랫동안의 전통이나 풍습, 정말로 다른 독특한 환경, 그 결과가 길러낸 상이한 생활감정의 소유, 의식수준도 높고 인구 수도 대단히 많은 것. 이러한 점들을 생각하면 양자는 마치 뜨거운 물속에 얼음을 넣는 것처럼 간단히 혼연 융합할 것이라고 생각할 수는 없다. 바로 천년을 요하는 계획이라는 것을 알아야 한다.

(3) 내선일체, 즉 권리의무 평등론(차별제도 즉시철폐론)

이것은 말씀드릴 필요도 없이, 내선일체는 내선 간의 일체의 평등이라는 것으로 이해하여

---

21 국어: 일본어.
22 수희갈앙(隨喜渴仰): 수희(隨喜)는 다른 사람의 좋은 일을 자신의 일처럼 기뻐한다는 뜻, 갈앙(渴仰)은 깊이 동경하고 사모한다는 뜻의 불교 용어.

즉시 내지와 동일한 제도하에 정치를 행하여 그 사이에 차이를 없게 하는 것이라고 논하고, 차별제도의 철폐를 내선일체 구현의 선결 조건이라고 하는, 순리를 거스르는 그릇된 사고방식이다. 이러한 것들은 조선인의 각계각층에서 대단히 많이 나타나는 사고이므로 조금은 상세하게 설명한 것이다. 어쨌든 감정적인 것이 아닐까 생각하지만, 이 사고방식을 선의로 접근해보면, 내선일체라는 자구에 현혹된 결과의 잘못인지, 혹은 또 총독 각하가 여러 차례 말씀하셨다시피 "내선일체의 극치는 무차별로 평등하게 되는 데에 있다"라는 것을 잘못 해석하여 "곧바로 무차별로 평등하게 하는 데에 있다"라고 오류를 말하기에 이른 것이다. 또 이것을 악의로 접근해보면, 새삼스레 그런 말을 곡해하여 제반 차별적인 제도와 정책, 여러 종류의 취급에 대한 반감을 강하게 하고, 소리 높여 그 개선을 주장하고, 그래서 그렇게 되지 않는 것을 보면 화풀이로 내선일체 자체를 모독하기에 이른 것으로 보인다. 이러한 죄의 태반은 내선일체라는 용어 자체에 있을지도 모른다. 그래서 차라리 황국신민운동이나 황국신민화라고 말하는 편이 좋았을 것이라고도 생각한다. 어떻든 내선일체의 방침이 선명했던 당시는 일반이 특별한 기대를 가지고 잠시 민심도 좋았었지만, 날이 갈수록 아무래도 그 결과는 주어지는 게 적고 빼앗기는 게 많다는 식으로 잘못 전해져서, 점차 이에 대한 관심이 얕아져 온 것 같다. 나는 이 점에서 내선일체라는 말은 아무래도 적당하지 않다고 생각해서, 이번 이념 및 구현방책 요강 결정을 맞아 다른 적당한 명칭으로 바꿔야 할 것은 아닐까 하고 생각한 것이다. 그러나 이제 와서 변경한다면 내선일체가 잘 안 되어서 방침을 변경한 것이라고 일반 사람들이 생각할 우려가 있어서, 그러면 큰일이라고 생각하여 '이른바 내선일체'라는 식으로 사용하기로 한 것이다. 여담은 생략하고 어떻든 이 논의는 완전히 본말이 전도되어 일의 순역(順逆)을 분별할 수 없게 된 것이라고 말하지 않을 수 없다. 현재 차별제도는 많이 있지만 그것은 모두 과도기적으로 차별을 둘 수밖에 없는 이유가 있는 것이어서, 이것은 황국신민 의식의 철저와 실천이 심화됨에 따라 당연히 개선될 것이라는 점을 알아야 한다. 예를 들면, 내지에서는 징병령이 시행되어 국민개병(國民皆兵)인데, 정말 군인이 되는 것은 적령(適齡)이 되기까지는 허용되지 못하는 것과 같은 이치이다. 입학한 지 얼마 되지 않은 저학년 생도 중에 한두 사람이 졸업 직전의 생도를 능가하는 학력이 있다고 해서, 그 전부가 졸업증서를 요구하는 것은 무리일 것이다. 이 점은 대중에게 잘 이해시킬 필요가 있다고 생각한다.

 이것을 자세하게 나누어 살펴보자.

① 대우상의 차별문제

　이것도 대우의 종류에 따라 매우 다르다. 먼저 가봉(加俸) 문제. 이것은 내지인과 조선인의 인적 관계에서 실시된 것은 아니라는 점을 많은 사람이 모른다. 재근지(在勤地)의 관계에서 내지인 상호 간에 만들어진 차별의 결과에 지나지 않은 것으로, 일종의 벽지수당의 성질을 갖는 것이다. 예를 들면 내지를 떠나 멀리 조선·타이완(臺灣)·사할린(樺太)·남양(南洋)과 같은 곳에서 우수한 분자를 유치해야 할 국가적 필요가 있기 때문에, 이러한 지방에 봉직하는 사람에 대해 이것을 장려하기 위해서 마련된 장려제도이며, 불편의 정도에 따라 우대의 정도를 가감하고 있다. 그것은 조선에서 가봉과 남양에서 가봉이 차이가 있는 점에서도 알 수 있다. 또 조선에서도 지방에 따라 다른 것으로서, 같은 함경남도에서도 편리한 함흥에 있는 사람과 홍원(洪原) 외 8개 군에 근무하는 사람 사이에는 차이가 있다. 더욱이 갑산군(甲山郡) 외 3개 군은 20% 이상 높다. 그런데 경상남도 부근의 조선인이 갑산군 근처에 가더라도 가봉을 받을 수 없는 것은, 내지에서 홋카이도(北海道) 사람이 오키나와현(沖繩縣)에서 근무해도 가봉을 받을 수 없는 것과 같은 이치이다. 이것은 마침 이 제도의 분계선에 해당하는 경우로서, 입법 기술상 어찌할 수 없는 것이다. 결코 내선인 간에 그 자체를 차별해서 마련한 특수한 문제는 아니다. 같은 외교관이라도 본성(本省)에 근무하면 아무것도 없지만 외국에 가면 재외수당이나 가족수당 등을 많이 받을 수 있다. 좀 더 이해하기 쉽게 말하자면, 조선에서 위험한 곳 또는 비용이 많이 드는 만주나 지나의 벽지에 직장을 구해 갈 경우, 조선 내와 같은 대우로는 희망자가 적기 때문에 보다 잘 대우하는 것이다. 조선에 있는 내지인의 수입과 비교하지 말고 내지에 있는 내지인의 수입과 비교해보면 불만이 생기지 않을 것이다. 사할린에서 태어난 사람이라도 사할린청(樺太廳)에서 근무한다면 가봉이 있고, 현역 군인은 내지인 장교 간에도 대우상 차이가 없지 않을까 하는 것을 말하는 사람이 있는데, 조선인이라도 내지인의 적(籍)에 들어가면 가봉을 받을 수 있을까 하는 극히 적은 예외의 경우를 들어서 전반적으로 제도 그 자체를 운위하는 것은 옳지 않다. 조선 안에서의 특별수당 같은 것은 특별히 내지인에게만 한정될 이유가 없기 때문에, 내선인 간에 차별을 두지 않고 있다. 예컨대 교통상 대단히 불편한 장소, 예를 들어 전남의 많은 섬들에 있는 등대지기, 표식사(標識士)[23], 통신사(通信士)에

23　표식사(標識士)가 정확히 어떤 직업인지는 알 수 없으나, 1910년 등대국을 개편하여 설치한 항로표식관리소(航

대해서는 내선인 모두 같은 비율로 수당이 지급되고 있다. 이 밖에 항공수당처럼 위험 근무에 대한 것, 실비변상(實費辨償)의 성격을 갖는 여비(旅費)나 경비(賄料), 경찰관의 비번수당, 학교의 사감수당, 기타 각종 근면수당 등은 업무의 성격상 내선인을 구별할 수 없고, 또 실제로도 구별되지 않는다. 결국 이러한 것은 모두 특수한 존재이유로 인한 것이어서, 그 존재이유를 상실하지 않는 한, 예컨대 특별히 교통이 개통되었다거나 재정상 어쩔 수 없게 되었다는 국가적 필요에 의해서라든가 하는 것 외에는 폐지될 수 없는 것이다. 따라서 가봉 같은 것도 조선이 특별히 바뀌어 교통상태나 생활상태가 규슈(九州)·시코쿠(四國)와 완전히 같게 된다면 당연히 폐지될 것이다. 이러한 특수한 사정이 생기지 않는 한 가봉은 없어지지 않는다. 내지인이 받고 있기 때문에 이에 부합하여 조선인에게도 가봉을 주라고 하는 것은 설득력이 없다. 또 반대로 조선 내의 민도가 대단히 높아져서 조선인 관리가 이것으로는 체면을 유지할 수 없고 직무 수행에도 지장을 초래하는 것이 사실로 인정될 경우에는, 봉급권(俸給權)의 본질에 기초하여 개별 사안으로 봉급 인상을 고려하여 대우 개선의 방도를 강구할 수 있다. 하지만 이것은 아무래도 내지와 조선을 통해, 더구나 재정상의 형편에 따라 결정되어야 할 것으로서, 이것은 당연히 가봉 문제와는 다르다. 이 점을 충분히 명확하게 해둘 필요가 있다.

다음으로 숙사료(宿舍料)도 관공리에 대해서는 내지인에게만 지급되고 있는데. 이 역시 가봉처럼 내지인 유치 장려책의 의미가 다분히 포함되어 있음은 당시의 주택 상황을 보면 수긍이 가는 것으로서, 내지와 비해 조선에는 관사(官舍)가 대단히 많다는 점에서도 살펴볼 수 있다. 그렇다고는 해도 이것을 특별수당처럼 해석하여 주택비를 참작하여 조선인에게도 약간의 금액을 지급하는 것은, 현재 주택난의 사정에서 보아 실정에 부합하는 것이 아닐까 생각한다. 현재 은행이나 회사 방면에서도 일부 실시하고 있는 경향도 있고, 관공서에서도 조선인 직원에게 기회만 있으면 관사를 주고 있는 상황이다. 단지 제도로서 숙사료의 지급을 인정할 것인가 아닌가는 본래의 목적, 재정상의 이유, 내지의 실상 등을 함께 고려하여 난색을 표하고 있다고 생각한다.

다음으로 대우상의 문제 가운데 관공리 등용상의 차별을 운운하는 사람이 있다. 그러나 이것은 단순히 지식이나 식견, 인격, 기술 등과 같은 점만 생각해서 결정할 것이 아니라, 황국

路標識管理所)에서 근무하는 항로표지관리인을 가리키는 것으로 보인다.

신민 의식의 철저 및 그 실천 상황이 어떠한가 하는 점을 가장 근본적인 조건으로 하여 그 깊이의 정도가 어떠한가에 따라 점차 개선되어야 할 것으로 믿는다. 현재는 조선인 등용의 여지가 상당히 넓어져서 당국도 그런 생각으로 나아가고 있다. 하지만 때로는 관공리나 직원 가운데 그릇된 민족의식이나 국민성의 결함으로 인해 친심(親心)[24]을 배반하는 듯한 언동을 하는 사람이 나오기 때문에, 짐짓 등용을 생각하고 있다가도 단념하게 되는 경우도 있다. 스스로 등용의 기회를 막아버리는 경향이 있다는 것은 전체를 위해서는 참으로 유감이다. 오히려 등용 문제에서 중요한 것은 관직의 종류 여하에 따라서는, 예를 들면 총독, 총감, 경무국장, 경찰부장과 같은 지위에 대해서는 현 단계에서는 유감스럽게도 아직은 조선인을 충원할 수 없는 실정에 있다는 점은 확실히 말할 수 있지 않을까 생각한다. 요컨대 이것은 개인적인 문제가 아니라 객관적으로 전체를 내다본 결과 그렇다는 것이다. 다시 말하면 한 개인으로 보면 말할 나위 없이 훌륭한 사람이 많이 있지만, 정말 훌륭한 사람이더라도 주위 사람들이 그 사람의 지위와 직권을 악용한다든지 그 사람의 활동에 악영향을 끼치는 것 등을 경계할 필요가 있다. 현재로서는 아직은 존재하고 있는 많은 실례들에 비추어 일반 상황을 판단하고 있는 것이다. 오히려 등용 문제를 논하는 경우에 생각하지 않으면 안 되는 것은, 한편으로는 1910년(明治 43)에 조선인 관리의 특별임용에 관한 칙령이라는 것이 있었고, 또 마찬가지로 판사 검사 특별 임용에 관한 칙령도 있었다. 그 외에 1923년(大正 12) 2월에 특별임용에 관한 칙령이 나왔고, 국가시험 자격이 없어도 칙임관(勅任官)이 될 수 있도록 주로 조선인에 대한 우대의 차별 규정도 있다는 것을 인식할 필요가 있다. 이상과 같이 대우상의 차이라는 것은 모두 특수한 이유가 있어서 마련된 것이다. 따라서 내선일체의 방침을 채택되면서 곧바로 모두 평등해져야 한다는 성질의 것은 아니라는 점을 잘 이해시킬 필요가 있다. 이것은 이치상으로는 한 점 의심도 없지만, 어떻든 사실 문제로서는 미묘한 감정 면에서 볼 때는 심각한 관심사라는 것 또한 의심할 여지가 없다. 이것의 해결은 오키나와현의 사례와 같이 결국 모든 사람이 실질적으로 황국신민이 되는 날을 기다리는 것 외에는 없을 것이다. 다시 말해서 오키나와현은 1879년(明治 12)에 처음으로 제국의 판도라는 것이 확실해졌는데, 그 당시에

---

[24] 친심(親心, おやごころ): 자식을 사랑하는 부모의 마음. 손윗사람이 손아랫사람을 어버이처럼 사랑하는 따뜻한 마음.

는 학교 선생, 경찰관, 기타 관리는 반드시 내지에서 건너간 사람들이 담당하였다. 그런데 현재는 현청의 지사, 부장과 소수의 과장 이외에는 전부 오키나와현 사람이 차지하고 있으며, 게다가 오히려 명실공히 훌륭한 황국신민으로서 도민 전체가 충성을 다하고 있다.

② 도항 제한 문제

이것도 마찬가지로 일본인인데도 자유롭게 내지로 여행을 할 수 없는 것은 부당하다는 생각으로서, 이것을 내선일체에 결부하여 논하기는 어렵다. 그래서 이 제도의 철폐를 요구하고 있고, 일단은 너무나 당연한 소리라고 생각할 수 있지만, 이러한 제한적 제도의 취지를 잘 이해할 필요가 있다. 말할 필요도 없이 현행 제도는 1934년(昭和 9) 10월 각의 결정에 따른 과도적인 것으로서, 그 이유는 세 가지로 나눌 수 있다. 첫째는 불령(不逞) 운동자의 단속을 위해 독립만세사건 발발 당시 조선 측에서 자발적으로 제한 방법을 마련한 뒤 폐지했다가, 1932년(昭和 7) 1월 사쿠라다몽(櫻田門)의 이봉창(李奉昌) 사건, 같은 해 4월에 일어난 상해(上海)의 윤봉길(尹奉吉) 사건을 거울 삼아 1933년(昭和 8) 이후 다시 강화되었다. 두 번째 이유는 내지에서 노동시장의 압박 완화로 인해 당연히 일어날 수 있는 조선인 노동자의 실업방지 및 보호무육(保護撫育)에서 나온 것이다. 세 번째 이유가 가장 중요하다. 내지에서 도항자 가운데 무위도식(無爲徒食)하는 사람이 증가한 결과 여러 가지 범죄, 차가분양(借家分讓), 사회문제 등이 속출하는 풍습으로 인해 특히 하층계급의 사람이 증가한 결과 다양한 마찰이 발생하여 내지의 협화사업을 저해하고 있다. 이러한 일부 사람들의 행동 때문에 조선인이 전부 그렇다고 생각하여 내지인의 조선인에 대한 혐오 감정이 모아지는 결과가 되었고, 나아가 내선 대립의 감정이 심화되어 다분히 내선일체에 큰 장애가 될 우려가 있어서, 만연해진 도항 노동자들만 잠시 제한할 현실적 필요가 있었던 것이다. 궤변 같지만 오히려 내선일체 실현을 위한 일시적 제한이라고 할 수 있는 것이다. 이 역시 가까운 장래에 내선 풍습의 융합, 민도의 향상, 황국신민화의 진전과 이에 수반되는 내지인의 조선인에 대한 인식의 시정 등에 따라 조만간 철폐되어야 할 것이다. 우리는 그 시기가 하루라도 빨라지기를 바라고 있다. 그래서 1919년(大正 8) 사건에 따른 제한도 치안이 회복됨과 동시에 철폐되고, 또 1923년의 대진재에 따른 도항 제한도 조선인 관계가 사실무근이라고 판명되자 곧바로 철폐된 사실에서 보더라도, 제한의 이유가 소멸되면 반드시 철폐될 것은 당연하다. 그때까지는 어쩔 수 없는 것이다.

오히려 내선일체 구현의 촉진을 위해 필요하지 않은지, 더 꼼꼼히 살펴보아 더욱더 계획적이고 철저한 제한제도가 조선인에게만이 아니라 내지인에게도 필요하다고 생각된다. 다시 말해서 조선인의 내지 여행은 자유로워서 문제가 없지만 그 내지 이주에 대해서는 예비 훈련된 사람을 보내도록 함과 동시에, 내지인의 조선·만주·지나로의 이주에 대해서도 국토계획, 개척계획에 기초하여 높은 수준에서 상당히 제한해야 할 것이라 생각한다.

도항 제한에 대해서는 이상과 같다. 다만 우리가 가장 유감으로 여기는 것은, 현행 제도를 운용할 때 도항자에 대한 관헌의 처우가 강하게 작동되어 선입관에 기초한 그릇된 편견을 가지고 가혹하게 취급하기도 하고, 노동자 이외의 사람에 대해서도 같은 취급을 행하고 있다는 점이다. 이러한 것들 때문에 감정이 자극되어 도리어 사상을 악화시키고 있는 경향이 있음은 심히 유감이다. 당국으로서도 기회가 있을 때마다 당사자의 반성을 요구하고 있는 상황이다.

③ 의무교육 문제

교학(敎學)의 보급 및 향상은 내선일체 실현과 지대한 관계를 갖고 있는 중요한 조건이므로 당국에서는 이전부터 교육의 확충 개선에 노력해왔다. 그 결과 숫자적으로 보면 내지에서 의무교육제도 실시 당시 상황과 비교할 수 있을 만큼 의무교육 제도를 구체적으로 심의하고 실현해야 할 시기에 도달했다고도 생각할 수 있을 만하다. 그렇기는 해도 문제는 교학의 목적은 어디까지나 황국신민의 연성에 있으므로 단순히 숫자상의 증가나 설비의 충실만으로 결정될 수 있는 게 아니라, 사실상 황국신민 연성의 아름다운 결실을 볼 수 있도록 해야 한다. 따라서 황국신민 교육의 철저를 위해서는 순수하게 교학상의 입장에서 하는 연구, 재정상의 관계, 민중의 부담력, 교육의 보충 대책 등 여러 가지를 참작하여 신중하게 결정되어야 함을 알아야 한다. 이 점에 대해서는 잘 아시는 대로 지금 학무국에서 여러 가지 각도로 연구 중에 있어서 실현을 보게 될 것이다.

④ 참정권 문제

황국신민의 대정익찬(大政翼贊)의 길은 본래 국민생활의 모든 전역(戰域)에 존재하며 참정권 하나에만 국한되는 것은 아니다. 하지만 황국신민화의 진행 정도에 따라 조선인에게도 참정권을 부여하는 게 적당할 경우에는, 가능한 한 빨리 반도의 여망(輿望)과 열의를 국가의 입법 및 중앙정부의 시정(施政)에 반영해야 하지 않을까 생각된다. 이 경우 대표자의 자격, 선거 방식 등에 대해서는 신중히 생각하여 점진적으로 협찬의 성과를 거둘 수 있도록 기획하고 실시해야 할 문제라고 생각한다. 어떻든 이 문제는 조선통치의 근본과 지대한 관계가 있고 국책상 매우 중대한 일에 속하므로 시세의 진운(進運), 민심의 추세에 비추어 만사를 고려한 위에서 잘 결정해야 하며, 그 선결조건은 어디까지나 조선인의 각오와 실천 여하에 달려있다고 생각한다. 덧붙여 말하자면, 조선 지방의회의 설치는 반도를 자치령화(自治領化)하는 것이라는 사상과 종합하여 내선일체의 대도(大道)에서 벗어날 우려가 있으므로, 이것은 절대로 인정할 수 없다는 것을 명확히 할 필요가 있다.

⑤ 징병제도

이것은 주로 군사상의 관점에 좌우되는 문제이다. 징병제 실시는 황군의 자질과 민심에 미치는 영향이 자못 미묘한 점이 있으므로, 치안상·정치상으로 여러 가지를 고려하여 신중한 연구와 적정한 방책하에 결정되어야 할 것이다. 반도 대중의 황민적 연성의 정도, 의무교육 및 참정권 제도와의 관계, 지원병 제도의 성과 등이 중요한 고려요소가 될 것이다.

⑥ 조선특수의 법령 및 정책 관계

행정소송, 소원(訴願), 집회 결사, 출판 등에 관한 여러 법령, 그 밖에 실제상의 여러 정책 등에 관한 문제이다. 잘 알고 계시는 대로 조선은 특수법역(特殊法域)에 속해 있기 때문에 법제는 반드시 내지와 동일하지는 않다. 이러한 차이가 많이 나타나는 것은 조선통치 및 조선 민정(民情)의 특수사정에서 유래한 것이다. 차별이라고 보는 것이 실은 조선인의 보호, 조선의 전통 풍습의 존중이라는 취지로 나온 것이어서, 도리어 좋은 점이 많이 있다. 그중에는 차별이 생기는 원인이 배제되지 않는 한, 차별을 만들 수밖에 없는 성질의 것도 있다. 이 모든 것은 과도기에서의 변태적 현상에 지나지 않는 것으로서, 최근에 공포된 법령들은 대개 내선 공통으로 시행되고 있다.

정책에 대해서도 마찬가지이다. 조선의 특수사정으로 인해 차이가 만들어진 것이 도리어 이익이 되는 경우도 결코 적지 않다. 예를 들면 물자의 배급 같은 것도 특수사정이 더해짐에 따라 내지에서보다 도리어 이익이라는 것을 충분히 인식시킬 필요가 있다.

(4) 조선민족 및 조선문화 멸망론

내선일체와 관련한 제도 내지 시설로 인정되는 것이 적지 않다. 그러나 일반에서는 그 제정의 취지를 철저히 몰라서, 혹은 당국자들도 그 제도의 운영이 졸렬하거나 공을 서두르다 보니, 애써 구하고 있는 조선인의 마음을 위축시키는 결과를 초래하거나 예상 외의 결과를 초래하기도 한다고 생각된다. 예를 들면, 국어의 보급 장려에 대해 조선어의 사용 금지라는 식으로 생각하여 도리어 반항적으로 되어 언문(諺文)의 연구를 시작하거나, 혹은 일부러 음지에서 조선어를 사용하거나 의식적으로 유지하려고 하는 풍조가 있는 게 사실이다. 언문신문의 통제에 대해서도 조선 문화의 부인이라고 맹목적으로 단정하여 당국의 처사를 압제라며 소리 높여 공격하거나, 혹은 또 창씨제도나 지원병 제도에 대해서는 우리의 마지막 것까지도 빼앗으려 한다고 생각한다. 조선인의 말을 빼앗고, 귀를 빼앗고, 눈을 빼앗고 끝내는 심장도 빼앗는 것이다, 조선민족은 멸망한다, 내선일체는 그러한 방침이다는 식으로 오해하거나 곡해한다.

이러한 사고방식은 지식계급에서 비교적 많이 나타나지만 일반에도 상당히 넓게 퍼져 있는 것 같으니, 진실로 어처구니없는 일이다. 국어의 보급은 단순히 내지의 언어를 보급한다는 게 아니라 올바른 표준어를 장려하는 것이어서, 이것은 굳이 조선만이 아니라 내지에서도 노력해오고 있는 것이다. 교육을 보급하지 않았던 도쿠가와 시대(德川時代)는 물론 현재에도 가고시마(鹿兒島)의 어민과 야마가타(山形)나 아키타(秋田)의 농민들 사이에 순수한 지방어로 회화를 하면 전혀 이해할 수 없다. 나는 전국의 민요를 좋아해서 흥에 겨우면 이따금 하는데, 아키타나 아오모리(青森) 주변의 민요는 통역을 붙이지 않으면 후쿠시마(福島) 주변 사람들도 이해하지 못할 정도이니 남쪽 사람은 더욱 이해할 수 없다. 조선의 경우도 마찬가지라고 생각한다. 내가 알고 있는 어느 참여관(參與官)이나 총독부 과장 등이 지방에 가서 조선어로 연설하면 결국 이해하지 못하기 때문에 국어로 하면서 부하에게 통역을 시킨다. 그러면 평판이 나빠지므로 연설하고 싶지 않다고 말하는 사람이 있다. 이런 식이라면 어떻게 의사소통을 도모하고 문화발전을 기할 수 있겠는가. 하물며 일본의 황도 정신, 일본의 국체를 어떻게 이해시킬 수 있겠는가. 결국 황국신민 교육상 올바른 국어의 보급은 당연한 것으로서, 자유방임으로 두는 것은 백년하청(百年河淸)을 기다리는 것과 같다고 할 수 있다. 다만 조선어를 인정하지 않는 것은 아니라는 점을 확실히 해둘 필요가 있다. 내지에서도 지방어(地方語)는 금지하고 있지 않다. 방언밖에 통하지 않는 내지의 지방민이나 조선어밖에 통하지 않는 조선인에게 올바른 표준어로 말해도 해결되지 않는다. 그러나 이해하고 있는 자만이라도 올바른 국어로 말하자, 올바른 국어를 아는 사람을 늘려야 한다는 방침인 것이다. 앞으로 더욱 진전되어간다면 내지도 조선도 바른 국어 하나로 통하는 때가 올 것이다. 그러한 시대가 가능한 빨리 오도록 하는 방침으로 해석해야 할 것이다. 결국 이것은 시대가 해결할 문제이다. 그때까지는 한편으로 지방어를 병존해 사용하는 것은 당연하다고 생각한다. 현재의 표준어도 옛날부터 있었던 것은 아니다. 만엽집(萬葉集)[25]이나 도연초(徒然草)[26] 등의 문장, 가깝게는 도쿠가와 시대의 상용어와 비교하면 대단한 차이가 있다. 지금의 국어가 되기까지 커다란 변화를 거쳐왔다. 요컨대 언어는 시대와 함께 변화해간다. 현행 국어도 각지 각 민족의 여러 가지 언어가 끊임없이 종합되고 통제되어 발전하고 진화함으로써 지금에 이른 것이다. 언어의 진화라는 것은 민족의 발전 내지 문화의 진보와 불가분의 관계를 유지해오고 있음은 언어학상의 자명한 이치이다.

　그리고 언문신문의 통제에 대해서인데, 일반적으로 통제된 신문은 사상이 나쁘기 때문에 무리하게 정리해왔다. 일본어신문(邦文新聞)은 많은데 겨우 세 종류의 언문지를 하나로 만든 것은 불공평하다고 생각하고 있는데, 이는 진상을 모르는 억측에 불과하다. 조선의 사정을 보면, 문화의 보급이 너무 더디기 때문에 언문신문을 크게 확장할 필요가 있다고 느껴서 세간의 칭찬과 비방(毁譽褒貶)을 초월하여 단행한 것이다. 다시 말해서 내지와 비교하면 조선의 신문 밀도는 내지의 20분의 1에 불과하기 때문에 이에 좋은 출판물을 확대할 필요가 있음을 통감하고 있을 때, 때마침 지나사변이 발발하여 시국인식의 철저에 노력할 필요가 생겼다. 예를 들면 지방의 농산어촌에서는 전쟁을 하고 있다는 것조차 모르는 상황이었다. 이렇게는 안 된다고 하여 우선 출판물을 만들어 배포하기로 했는데, 그것이 함북의 무산(茂山) 주변에까지 가려면 1개월이나 걸린다. 그렇다면 뉴스가 아닌 게 되어 버린다. 변화에 변화를 거듭

---

[25] 만엽집(萬葉集, まんようしゅう): 일본에서 가장 오래된 가요집이자 일본의 고대가요를 집대성한 책으로서, 장가(長歌)와 단가(短歌)를 합해 총 총 4,536수가 수록되어 있다.

[26] 도연초(徒然草, つれづれぐさ): 요시다 겐코(吉田兼好)의 수필집으로서 가마쿠라(鎌倉) 말기에 상·하 두 권으로 작성되었다.

하는 시국을 인식시키고 국책을 철저히 하여 총후의 체제를 정비하려면 신문을 이용해야 한다. 그것도 종래와 같은 빈약한 신문의 보급 상황으로는 적합하지 않다. 최대한 독자를 늘려감과 동시에 한 장의 종이로 여러 사람이 볼 수 있는 방법을 강구해야 한다. 하지만 사변으로 인해 신문용지는 절약, 절약해서 줄어들기만 할 뿐 뜻대로 되지 않는다. 그런데 한 쪽을 보면 같은 종류의 신문이 세 개나 있다. 통신 통제의 결과, 3종 모두 내용은 거의 다르지 않다. 더구나 신문을 읽고 있는 사람은 한 사람이 2종, 3종을 잡고 있다. 이러한 쓸데없는 경우를 생략하고 전혀 읽지 못하는 사람에게 값싸게 돌리려고 생각한 결과, 하나의 신문으로 통제·정리한 것이다. 일본어 신문은 종이의 사용 수량이 극히 소량이라서 도저히 요구를 충족할 수 없기 때문에 뒤로 미룬 것에 지나지 않는다. 통제 이후에는 독자도 세 종류의 신문을 합쳐서 배 이상으로 늘림으로써 소기의 목적을 달성할 수 있었다고 생각한다. 일본어 신문이라 할지라도 같은 목적하에 지속적으로 통제를 추진해가고 있는 상황이다.

창씨제도, 지원병 제도에 대해서는 충분히 취지를 이해했다고 생각되므로 설명을 생략하고자 한다.

요컨대 내선일체는 양자의 전적인 융합 발전을 목적으로 하는 것으로, 결코 조선인 내지 조선문화의 멸망을 의도한 것이 아니다. 반대로 야마토 민족의 문화 멸망이 아닌 것도 마찬가지이다. 바꿔 말하면, 양자가 서로 합세하여 고도의 신민족과 신문화를 만들겠다는 것이다. 그 가운데 어느 하나도 변형되는 것을 반대함은 스스로의 발전을 저지하는 어리석음에 지나지 않는다. 다만 이때 중요한 것은 생겨날 새로운 것이 현재보다 저하되어서는 안 된다는 조건이다. 이상에서 언급한 사안들을 마음속에 새겨둘 필요가 있지 않을까 생각한다.

(5) 피의 순결 오손론(汚損論)

이것은 조선으로서는 대단히 큰 문제이므로 잘 이해해주시기 바란다. 예컨대 동화책은 야마토 민족의 피의 순결을 오염시키므로 안 된다는 논리인데, 독일을 뒤흔든 국수론자들에게서 많이 나타났다고 생각된다. 상당한 지위에 있는 내지의 중견관리들 가운데도 이러한 사고방식을 가진 사람이 있는 것 같은데, 적어도 내선 관계에 대해서는 잘못된 논의라고 단정하고자 한다. 독일이 제1차 세계대전에 졌다. 이에 떨쳐 일어나 독일국 재건을 위해 여러 강행 방책을 채택하여 내외의 맹렬한 반대 소리를 누르고 철저한 사회정책을 수립했다. 그 가운데 인구정책이 있었다. 이것은 히틀러가 오스트리아를 합병할 때 '일 민족, 일 국가, 일 지도자'를 외쳤는데 이 사상에서 인구정책이 나온 것으로서, 결국 독일인의 양적 증가와 질적 향상에 따라 독일민족의 보존과 흥륭을 도모하였다. 이렇게 함으로써 비로소 독일국의 재건이 가능하다고 생각했는데, 그 가운데 이민족 정책이 활발하였다. 다시 말해서 타 민족의 증가에 따른 다른 인종의 혈액 혼합을 출산 수의 감퇴, 유전자 질의 악화와 함께 민족의 위기라고 보고, 민족 보전의 견지에서 필요한 일체의 국가적 노력을 다하기로 한 것이었다. 그 결과 유전적으로 보아 부적당한 자의 결혼을 방지하고 방종한 남녀관계를 제한하여 열등한 이민족과의 피의 교류를 금지하였다. 이를 통해 순결한 혈액과 여기에서 나오는 왕성한 생식력을 보호하고 건전한 체위를 유지하여 훌륭한 독일민족을 만들어내는 일을 목표로 하였다.

예를 들면, 1935년 5월 15일에 「독일의 혈액과 독일의 명예를 보호하기 위한 법률」을 만들었는데, 그 내용은 다음과 같이 규정하였다.

제1조 제1항 유대인과 독일 공민(公民)의 혼인을 금한다. 이에 위반하여 맺어진 혼인은 무효로 한다.
제2조 혼인 이외의 결혼도 양자 간에는 금한다.
제3조 유대인은 독일 공민인 부녀자에 대해서 40세 미만의 사람을 가정부로 사용해서는 안 된다.

내지에서 피의 순결 보존론자는 아마도 이 법률만을 보고, 그 외에 같은 날짜로 발포된 공민법(公民法)에 따라 인종적 특성을 제한하고 있다는 것을 잘 알지 못했거나 혹은 적어도 공민법의 법의(法意)를 잘못 이해하고 있는 게 아닐까 생각한다. 즉 공민법에는 다음과 같이 규정하고 있다.

제2조 제1항 독일인 혹은 **동종(同種)의 혈통**을 가진 **국가 소속원**으로서 **충실하게 독일국을 받들기를 바라고** 또 **받드는 데 적당한 일을 행동으로 증명**하는 자만을 독일 공민으로 한다.
제2조 제3항 독일 공민만이 법률에 정한 바에 따라 유일하게 완전한 참정권을 갖는 자로 한다.

결국 내지의 반대론자는 이 공민법의 조문을 모르는 것일까, 알고도 모른 체하는 것일까. 다시 말해서 내선인이 동종의 혈통이라는 것을 모르는 것일까, 또 황국신민이라는 것을 인정하지 않는 것일까. 생각건대 양자가 동일 혈통을 갖고 있는 것은 엄연한 사실로서, 이것을 부인하는 사람은 누구도 없을 것이다. 또한 한국 병합으로 조선인이 황국신민이 되었다는 것도 인정하지 않을 수 없다. 그렇다면 이것을 인정하면서, 그럼에도 피의 교류를 반대하는 것은 조선인을 유대인처럼 보는 것이라고 말할 수 있다. 이것이 잘못된 것임은 물론이다. 야마토 민족 자체가 아시아 여러 민족들 가운데 가장 복잡한 복합민족이라는 것, 병합 사실을 무시하는 것과 같은 유치한 견해에서 나왔음이 분명하다. 중요한 점은 오히려 앞서 제시한 제1항의 후반부에 있다고 생각한다. 시험 삼아 독일인과 어느 일본인을 바꾸어, 독일 공민을 황국신민으로 바꿔놓아 보면 분명해질 것이다. 다시 말해서 결국 조선인이 충실하게 일본제국에 따르기를 바란다면, 그래서 오히려 더 적절한 행동으로 이를 내보여서 그것이 인정된다면, 그 사람은 훌륭한 황국신민이 된다. 이와 반대될 경우에는 황국신민이 아니므로 피의 혼효(混淆)는 위험하다는 결론이 내려진다. 이 점이 중요한 경계가 되는 것으로서, 여기에서 황국신민으로서 실천의 필요성이 있는 것이다. 이상과 같은 견해가 아직은 내지의 중견관리들 가운데 일부에서만 논의되는 것이라 해도, 정부는 이를 채택하여 제도화하지 않으면 안 된다. 혼인 금지는 말할 것도 없고 황국신민이 아니게 되어 결국 무국적자(無國籍者)가 되므로, 물론 그런 바보 같은 일은 없다고 확신하지만, 어떻든 그 후반부에 제시된, 국가에 대한 충성을 보이고 이를 행동함에 따라 인정하는 것이 가장 필요하다고 생각한다. 이번 강습회도 내선일체의 이념을 명확하게 하고, 반도의 전체 대중에게 충성을 다하는 열의가 솟아오르게 하여, 실천으로 완전한 황국신민이라는 결과를 보이도록 해야 한다는 점에 주안점을 둔 것이다. 건국 이래 위의 인애(仁愛)의 화합이 아래에까지 미쳐서 끊임없이 황국신민 연성의 위업을 달성해온 일은 엄숙한 사실이며, 동시에 움직이지 않는 국민적 확신이다. 이 확신을 스스로가 버리고 뭐든지 독일, 독일에서라며 독일인의 형체만을 취하려고 하는 논자에 대해서는, 우리는 정말로 마음을 하나로 모아 실천 앞에 고개를 숙여야 하며, 반도 대중의 마지막 한 사람까지 이러한 결의를 다지도록 해야 한다.

(6) 상조론(尙早論)

이 문제는 선량한 그러나 사상적으로는 깊이 파고들어 생각하지 못한 논의로서 왜곡된 내선일체 운동의 폐해가 있다. 반면에 반도의 사상 경향이나 민족성 등만을 보아 장래를 위험하게 보는 것으로서, 진정한 일체론에 투철하지 않은 사고방식이다. 장엄하고도 심원(深遠)한 진정한 일체론은 과거와 현상에 얽매이지 않으면서 끊임없는 노력으로 발전을 계속해가는, 실로 높고 고귀한 사상이라는 것, 지금 당장 동일한 지위를 부여하자는 게 아닌 것, 이에 대한 정부의 결의라는 것을 잘 안다면, 이러한 논자라 할지라도 필시 석연해질 것이라고 믿는다.

(7) 형식적 내지화론

내선일체니까 당연히 모든 것을 현재의 내지 식으로 똑같이 해야 한다는 사고방식인데, 마구잡이로 이렇게 실시했다가는 큰일 난다. 이렇게 하면 쓸데없이 민심만 이반될 뿐이다. 어쨌든 일본인은 정직하고 자신에 너무나 충실하기 때문에 독선에 빠지기 쉽다. 외국인은 대체로 일본인이 자신의 생각을 억누르는 것을 좋아한다고 얘기하는 것 같다. 그런데 만약 지나의 점령지역에서 현지 민족의 특성을 인정하지 않고 성급하게 일본화를 도모한다고 하면서, 이것이 국가에 대한 충성이라는 생각으로 계속 그렇게 했다면, 이는 무서운 결과를 낳지 않을까 싶다. 지나의 점령지에 대해서 얘기해보자. 지나의 대중이 어느 쪽으로 가고 있는지 모르는 경우, 그것에 대해서 결벽성 있는 일본인적 도의심으로 임하면서 한편으로 적절한 선무(宣撫) 대책을 시행하지 않았다면, 지나인의 마음은 일본으로부터 떨어져 나갔을 것이다. 하나를 얻고 열을 잃었을 것이다. 남양으로 진출하는 경우에도 이른바 '여름에 명주옷, 겨울에 홑옷'[27]이라는 정신을 버리지 않고 의식주 등 하나부터 열까지 무엇이든 내지 식으로 끝까지 밀고 나가는 식으로 해서는 안 된다. 미국인은 파리 등에 가더라도 값비싼 비프스테이크나 로스트비프를 주문해 먹는다는 식으로서, 만사에 아메리카주의를 강요하여 도착하는 곳마다 마찰을 일으키고 있다는 이야기를 듣고 있다. 이와 마찬가지로 일본의 방식이 일방적이어서는 곤란하다. 몽골인을 무리하게 목욕탕에 넣으면 곧바로 감기가 걸리는데, 친절한 강매는

---

27 원문은 '夏の小袖, 冬の帷子'인데, 여름에는 두터운 명주옷, 겨울에는 삼베 홑옷을 입는다는 뜻으로서, 맞지 않음을 비유하는 말이다.

괜찮다고 하는 식이다. 대책을 실시할 때는 현지의 풍속과 습관을 잘 이해하고 존중할 필요가 있다. 조선으로 온 내지인도 이와 비슷한 일을 겪지 않았을까. 극단적인 예이지만, 만일 담백한 일본요리를 머리가 굳은 유생이나 승려들에게 억지로 권한다면 어떻게 될까. 조선 부인에게 후리소데(振袖)를[28] 입혀서 띠를 매어 놓고는 이것이 내선일체다, 혹은 조선에서 온돌을 사용하지 못하게 하면서 고타쓰(炬燵)[29]에 들어가도록 하는 것이 내선일체라고, 진심으로 그렇게 생각하는 사람은 설마 없겠지만, 이와 유사한 일이 득실거리고 있으며, 더구나 그것으로 성적이 오르고 있다고 생각하는 일체론자가 없다고는 절대 단언할 수 없지 않을까. 말할 필요도 없이 상호 간에 장점을 드러내고 단점을 버려서 혼연일체로 융합하여 독자적인 경지로 발전시킨다는 것은 장구한 역사로 본 우리 국민성의 뛰어난 특징이다. 동양에서 발생한 2대 문화 즉 유교와 불교의 정수도 본가(本家)인 지나와 인도에서는 죽은 시체만 남아있지만, 일본에서는 가장 좋은 행동원리로 파악되어 광채를 빛내고 있다. 서양문화를 섭취할 때도 반드시 이것을 세계 최고라는 꿈에 미혹되지 않고, 또 반대로 그 폐해의 일면만을 보고 전체를 부인하지 않고, 좋은 걸 좋다고 하고 나쁜 건 취하지 않으면서 언제나 일본혼, 일본정신을 통해 비판하고 종합하여 정화해온 것이다. 그 결과 국력이 충실해지고 국민생활의 수준도 높아져서, 오늘날에는 세계역사의 일대 전환의 시기에 커다란 추진력으로서 역할을 수행할 수 있는 힘을 쌓아올리는 게 가능해졌다. 지금이야말로 일본은 동아 문화의 부흥이라는 큰 깃발을 걸고 오랫동안 물질문명에 피해를 입어 동양의 도덕적인 것을 상실해온 지나의 4억 백성을 구출하려고 일어났다. 그 출발점에서 내선일체의 문화 창조를 위해 이루려고 하고 있는 것이다. 따라서 지금 말한 것처럼 편협한 국수주의나 진보성을 결여한 독선관(獨善觀)에 빠진 채 현재의 내지 의식을 파악하는 것이 내선일체의 나아갈 방향이라고 하는 것과 같은 소승적인 사고나 행동은 엄격히 경계해야 한다고 생각한다.

(8) 동화 불가능론

외국에서 이민족 동화 정책이 실패한 사례를 인용하여 내선일체는 불가능하다고 보는 논

---

28 후리소데(振袖, ふりそで): 겨드랑 밑을 꿰매지 않은 긴 소매의 일본 옷으로서 주로 미혼 여성의 예복으로 활용된다.
29 고타쓰(炬燵, こたつ): 숯불이나 전기 등의 열원(熱源) 위에 틀을 놓고 그 위로 이불을 덮는 일본식 난방기구.

의가 있다. 내선일체의 방침은 외국에서 말하는 식의 동화책과는 정말로 다르다. 이민족을 영원히 대립적이거나 노예적인 지위에 두면서 본국의 문화를 강제하는 여러 나라의 동화책은 처음부터 실패할 운명에 있었다고 단정할 수 있다. 내선일체의 본의는 신문화와 신민족의 창조라는 점에 있으므로, 이것은 다른 나라에는 유례가 없는 매우 장엄한 방침이자 확실히 세계에 있어 가장 경이로운 것이다. 더구나 이것은 반드시 가능하다. 일본에서는 고래(古來)로부터 경험해온 것이고, 현재도 이미 일부 실현되고 있다. 건국 이래 황국신민 연성의 역사가 가장 명확하게 보여주고 있는데, 극히 비근한 예로서 오키나와현에서 볼 수 있다. 오키나와는 약 6백 년 전에 시마즈번(島津藩)의 지배 아래 들어갔지만, 동시에 여러 번 명조(明朝), 청조(淸朝)의 속박을 받아 속령적(屬領的) 지위에 처하여, 이른바 양속(兩屬) 관계를 유지하다가 메이지(明治)에 이르렀다. 시마즈번은 밀무역 때문에 (오키나와를-역자) 이용하고 있었기 때문에 이러한 사실을 알면서도 국제문제로 삼지 않고 묵인하였다. 하지만 메이지유신의 신정부가 들어서자 단호하게 청국과의 관계를 단절하기로 방침을 결정하였다. 그런데 당시 류큐(琉球) 왕은 청국을 두려워하여 이에 대한 진공사(進貢使), 경하사(慶賀使)의 존속을 탄원하고 집요하게 책봉(冊封) 폐지 반대운동과 진정을 집요하게 계속하였다. 또 두어 차례 상경하여 "류큐번(琉球藩)은 스스로 개국하여 군주의 권한을 가지고 있어, 내지의 여러 번과는 다르기 때문에 폐번치현(廢藩置縣)[30]에는 반대"한다고 주장하였다. 그러나 정부는 강경한 태도로 이것을 강행하여 1875년(明治 8) 일본영토가 되었음을 세계에 공표하고 1879년(明治 12) 오키나와현청(沖繩縣廳)을 설치하였다.

그 당시 도민(島民)은 언어나 풍습부터 건축양식에 이르기까지 문화 일반은 물론 신념과 사상조차도 지나화되어 있었다. 따라서 오키나와현 사람이 도쿄에 유학할 때도 처음에는 고자(茣蓙)[31]를 가지고 맨발로 걸어 다녔고 다다미 위에 또 고자를 깔고 잤다고 한다. 정부에서도 도쿄와 오사카(大阪)에서 2만 명분의 일본옷(和服)을 조달하여 도민에게 착용시켰다는 이야기도 들었다. 또한 당연히 징병령도 실시되었는데, 징병 기피가 대단히 많았다. 일청전쟁(日

---

30 폐번치현(廢藩置縣): 메이지유신 과정에서 1871년 7월 14일 메이지정부가 번을 폐지하고 지방통치를 중앙 관하의 부(府)와 현으로 일원화한 행적개혁.
31 고자(茣蓙, ござ): 테두리를 댄 돗자리.

淸戰爭) 당시에조차 반전운동(反戰運動)이 일어났고, 반드시 지나가 승리할 것이다, 지나가 이기면 좋겠다고 하는 운동 등과 같은 여러 형태가 있었다. 그런데 오늘날에는 어떠한가 하면, (오키나와인 가운데-역자) 차관(次官)·지사(知事)·경시총감(警視總監) 같은 사람도 나오고 있으며, 대의사(代議士)도 다수 배출되었다. 또 충용의열(忠勇義烈)한 용사가 다수 호국(護國)의 신(神)이 되어, 명실공히 황국신민이 되었다. 옛날에는 오키나와현청 직원은 물론 경찰관이나 교원 등 관리는 전부 내지에서 보내졌지만, 현재는 현청의 과장 이상에 극소수의 내지 출신자가 있을 뿐이며 거의 전부는 도민 출신이 차지하고 있다고 한다. 물론 거기에 배타적인 분위기도 작용하고 있었을지 모르겠지만, 그렇다 하더라도 결코 비국가적이고 민족의식적인 배타적 감정에 기초한 결과는 아니다. 오로지 지방적 혹은 가정적인 사정이 집적되어 있는 것이지, 전체적으로는 일본 신민으로서 진심을 다하고 있다는 사실이 무엇보다도 명백히 얘기되고 있다. 20배의 인구를 가지고 있고 역사적 사정이 다르고 정치적으로 최근까지 독립국이었던 조선을 류큐와 같이 취급하는 것은 물론 타당하지 않다고 생각한다. 그러나 어떻든 크고 작은 차이가 있고 어렵고 쉬운 차이는 있을지언정 결코 본질적인 문제는 아닐 것이다. 동화라는 것은 수단 방법과 시일 여하에 따라서는 단순히 이상으로 끝나지 않아서 사실 일본에서는 가능하다는 점에서 하나의 참고 사례가 된다고 생각한다. 서양에 물든 민족동화 불가능론자는 이 엄연한 사실을 어떻게 생각하는지 반성할 필요가 있을 것이다. 한 가지 더, 현재까지 조선의 복잡한 사상적 추이만을 보고 비관적인 결론을 내리는 것 또한 옳지 않다. 일본에서도 메이지 초년까지는 국내에서 전쟁이 있었다. 조선 안에서도 동일하며, 내선 간에도 옛날에는 마찬가지로 싸운 적도 있었다. 내 집은 아이즈(會津)의 마쓰다이라번(松平藩)이며 내 아내의 집은 사가(佐賀)의 나베시마번(鍋島藩)인데, 메이지유신 당시에는 아이즈와 사가가 서로 싸웠다. 백호대(白虎隊)[32]의 순난(殉難)이나 낭자군(娘子軍)이 분투했는데도 성하(城下)의 맹세를 하기에 이르렀고, 내 집은 불에 타고 가재(家財)도 탈취당하였다. 그러나 지금은 결혼했다. 마쓰다이라번에서는 나베시마(鍋島) 집안에서 신부를 맞이하고 있다. 요컨대 상황실(上皇室)에 대한 충성의 마음을 신념으로 잃지 않았다면, 예를 들어 상극 갈등이 일시적으로 있었다 해도 그것은 별 문제가 되지 않는다. 하물며 언어와 풍속이 다르다는 것 역시 하찮고도 하

---

32 백호대(白虎隊): 1868년 아이즈전쟁(會津戰爭) 당시 아이즈번이 조직한 무가(武家)의 10대 청소년들로 구성된 부대.

찮은 문제이다.

예시가 맞을지는 모르겠지만, 이른바 내선 간의 관계는 팔굉일우의 천의(天意)라는 친동지(親同志)로 결정된 허혼자(許婚者)가 병합이라는 식전(式典)을 들어 천하가 맑게 개어 하나로 된 것과 같다. 부부는 출생도 취미도 성질도 다르지만 서로 믿고 격려하여 단점을 고치고 장점을 펼쳐서 진정한 노력을 계속해간다면, 반드시 훌륭한 가정을 만들고 훌륭한 자손을 낳아 일가를 번영시킬 수 있다. 따라서 내선일체는 이러한 신혼부부의 새로운 가정 건설에 대한 노력과 서로 비슷한 것이라고 할 수 있다. 그런데 서로 오이에류(お家流)[33]를 휘두르면서 일부러 돌아보며 다른 말을 하는 태도로는 곤란하다. 하물며 풍파가 끊이지 않는 타인의 가정이나 이혼한 어리석은 부부의 예를 가지고 나와서, 우리 가족도 사이좋게 지내지 않겠다고 처음부터 다짐하는 건 과연 무엇일까 하고 생각한다.

(9) 공리적·편승적 찬동론

이것은 일본의 국력과 일본의 결의에 영합하여 이익이므로 찬성한다, 지금은 형편이 그러하므로 어쩔 수 없다는 시대적인 체관(諦觀), 혹은 사상적으로 앞서간 생각으로는 지금까지와 같이 애매모호한 태도로 간다면 몇 년 안 되어 외면당하지 않을까 하는 타산적인 사고방식이다. 또 여기에는 아주 좋지 않은 시각도 있다. 그것은 일체론을 주창하고 당국을 부추겨서 무엇이든 받을 수 있는 만큼 받아내라, 교육제도 등 일체의 차별제도를 없애라고 하는 것과 같은 불굴의 표현, 혹은 이제 와서 생각해보면 욕심을 내서 독립하지 않길 잘했다, 만일 독립했더라면 지금쯤 조선은 전쟁터가 되어 호되게 경을 치고 있었을 것이다, 내선일체는 한때의 운명이다라고 체념하는 것 같은 사고방식이다. 어느 것이든 숭엄한 내선일체의 진정한 이념과는 거리가 먼 잘못된 논의임은 물론이다. 마치 후지산(富士山)의 높이를 측량하는 데 1척의 자로 재는 것과 같이 커다란 착각이다. 근본은 국체의 본의, 건국의 정신에 있다. 이것이 근본이다. 그것을 확실히 해둘 필요가 있다. 지금까지는 어떻든 작은 구멍에서 보았고 보는 사람에 따라 여러 가지 다른 경향이 있었으므로, 이것을 일관되게 체계화한다는 점에서 의미가 있다. 선만일여(鮮滿一如), 선만불가분(鮮滿不可分)이라는 시대적인 정책과는 전혀 다르

---

33 오이에류(お家流): 일본풍 서체의 하나로 에도시대 공문서에 쓰임.

다는 점을 분명히 해야 한다. 다만 문제는 지금 말씀드렸다시피, 공리적 또는 편승적인 찬성론이 통속적으로 일반인에게 이해하기 쉬운 방편이라는 점에서 일단 실제로는 부합하는 방법일지도 모르겠지만, 본래의 모습은 그렇지 않다는 걸 명확히 새겨둬야 한다.

(10) 각종 소승적(小乘的) 일체론

성실하게 내선일체의 본의를 설명하려고 하지도 않으면서, 시국 돌파의 회유책으로서 또는 현 총독이 고안해낸 민심 수습책으로서, 총독 각하가 경질되거나 사변이 끝나면 돌아볼 필요도 없는 간판에 불과한 피상적인 사고방식이다. 이러한 근시안적인 사상은 심원한 내선일체의 방침을 모독하는 것이어서, 마치 높이를 재는데 되(枡)를 사용하는 것과 같다고 하지 않을 수 없다.

2) 내선일체에 역행하는 사상의 근절

(1) 그릇된 민족협화론

이 협화론 내지 민족공동체론은, 제1차 구주대전 뒤에 여러 나라의 민족해방운동의 결과로 생겨난 수많은 소수민족국가의 출현, 혹은 만주국(滿洲國) 건국의 정신인 오족협화(五族協和) 사상, 그 밖에 이번 제2차 세계대전에서 영국 식민지의 독립운동 등에 자극을 받거나, 특히 동아연맹(東亞聯盟)에 따라 민족협화운동이 제창됨에 따라 조선민족도 만주민족·한민족(漢民族)·몽골족과 같은 지위에 서서 야마토 민족과 서로 나란히 자유와 긍지를 존중하면서 일본 중심으로 서로 협화해가야 한다는 그릇된 사고방식, 이와 같은 생각이 일부 지식인들 사이에 스며들어갔다. 그 결과 일본의 신체제가 주창되고 이어서 대동아공영권 문제가 주창되기에 이르렀고, 혹은 조선도 만주국처럼 독립시켜줄지도 모른다, 독립시켜야만 하는 동아의 다른 민족들과 마찬가지로 하나의 민족으로 해방된다는 것처럼, 완전히 뜬구름 잡는 터무니없는 기대를 갖기에 이른 것이다. 요컨대 일본이라는 국가를 단위로, 조선인도 일본민족 속에 들어가 하나의 단위가 되어, 이것이 일본·만주·지나(日滿支)와 서로 협화하게 된다면, 또한 사변의 해결을 위해서도 필요하다는 이야기는 이해가 된다. 나아가 인류 전체의 협화라는 점에서, 동아 신질서의 건설상 대단히 바람직하다고 생각한다. 민족협화 사상은 경제의 제휴와 정치의 독립을 강령으로 걸고 있다. 이것은 국가를 달리하는 민족 상호 간 즉 국가적 관계에 채택해보면 훌륭한 지도정신이다. 하지만 진실로 한 국가 안에서 민족의 대립을 시인하고 경제 및 정치의 단위로서 그 존재를 인정하여, 영구히 정치의 독립을 인정한다는 사상은, 단적으로 말해서 통치권의 변혁을 기도하는 불령(不逞) 사상으로서 일본에서는 도저히 허용될 수 없다.

생각건대, 동아연맹 사상은 본래 모습으로는 지극히 온건타당한 주의 주장이라고 할 수 있다. 하지만 특히 조선인에게 이것을 끌어들여 조선의 독립을 기도한다면 위법성이 생긴다. 조선 통치를 만족하지 않고 은밀히 불패(不覇)를 기도하는 무리가 합법적인 가면 아래에서 야망을 이루기 위해 협화운동을 이용하려 한다. 동시에 연맹 주창자 측에서는 세력 확장을 위해 조선인을 이용하려다가 도리어 이용당하고 있다. 이러한 것들에는 받아들일 수 없는 오류와 위험이 내재되어 있다고 단정되는데, 과연 잘못일까.

더욱이 내선일체의 이상에 대해서는 내심 찬동하면서도 급박한 세계 결전의 전쟁에 대처하기 위해 동아 여러 민족의 대동단결을 도모하려고 서두른 결과 흑백을 혼동하게 되고, 목적을 위해서는 수단을 가리지 않는 오류를 범한 것은 아닌가. 그리고 일부 인사에 의한 단편적인 중상론(中傷論)에만 귀를 기울여, 조선 내 민심 전체가 조선통치에 이반되어 내선일체 방침하에서는 유사시에 충성을 다하지 않는 것으로 망단(妄斷)함으로써 잘 알지 못하는 사이에 조선 대중에 대해 중대한 모욕을 가하게 되고, 나아가 통치의 운행을 저해하는 죄를 거듭하고 있는 것은 아닌가.

이상을 요약해보면, 조선에 관한 한 민족협화 사상은 크게 경계를 요한다. 앞서 살펴본 것과 같은 왜곡된 점들은 당연히 격멸되어야 한다. 일부 조선인의 감상(感傷)을 동정한 것으로 생각되는데, 영구히 피지도자의 지위에 서게 하여 자칫하다가는 외국식의 식민지 정치 아래 놓이게 할 우려도 있어서 조선인에게는 도리어 미혹한 지도이론이라고 말할 수 있다. 어떻게 해서든 완전히 일본인으로 만들어내는 내선일체로 나아가 내선이 지도자적 입장에서 서로 이끌어 다른 나라 민족과 협화해야 한다.

(2) 정치적 분리운동

조선의 독립은 말할 필요도 없이 통치권의 일부 변경이며 국체의 변혁으로 귀결되기 때문에 도저히 용서될 수 없다. 그러나 일본의 통치권하에서 자치를 인정하는 것은 지장이 없지 않을까 하는 생각에서 조선의 자치를 요구하는 사람이 아직도 상당히 있는 것 같다. 그러나 만약 조선인만으로 자치를 하게 된다면 결국 실질적으로는 독립과 아무런 차이가 없는 것이므로, 절대로 인정할 수 없는 사상임을 명심하지 않으면 안 된다.

(3) 우월관 및 비굴관

특별히 설명할 여지가 없는 문제라고 생각되므로 최근에 들었던 어떤 이야기를 소개해두고자 한다. 지난번에 총독부에서 전문학교장 회담이 있었는데, 거기에 출석한 모 선생이 어느 날 혼잡한 전차를 탔다고 한다. 마침 무거운 짐을 등에 진 한 사람의 조선 부인이 올라탔기에 어설픈 조선말로나마 "어머니, 앉으세요"라고 말하며 자리를 양보했다. 그러자 그 자리에서 지금까지 조선말로 활발하게 이야기하고 있던 조선의 지식계급으로 보이는 사람들이 갑자기 국어[34]로 말하기 시작했다고 생각되는데, 서로 자리를 좁혀서 자기를 위해 한 사람 분의 빈자리를 만들어주었다. 잠시 후 다른 전차로 환승했는데, 이번에는 내지 부인이 어린아이를 데리고 탔다. 반드시 자리를 양보하지 않아도 서서 걸을 수 있을 정도의 어린이였지만, 자기는 자리를 양보하려고 일어났다. 그러자 옆에 있던 조선 청년이 "여기 앉으세요." 라며 자신의 자리를 양보해주었다. 자신은 곧바로 내린다고 말하며 물러났는데, 아무리 해도 고개를 끄덕이지 않자 억지로 앉혔다. 내릴 때는 세 사람 사이에 따뜻한 분위기로 인사를 나누고 헤어졌다는 이야기였다. 이것은 자연스럽게 일체관을 실천한 것이며, 불순한 선입관이나 그릇된 우월관이 없는 비뚤어짐 없는 마음의 표현이다. 결국 진심 어린 접촉이 중요하다고 믿는다. 그리고 서로 간에 신뢰와 경애(敬愛)의 마음을 가지고 접할 경우에도, 결코 표면적으로 그때뿐인 겉치레로 하여 다른 곳에서 뭔가를 찾으려는 것이나 일시적인 것이어서는 안 된다. 또한 단순한 순정만으로도 부족하다. 순정은 어쨌든 너무나 달콤하다 해도 진정한 애정은 더욱 격렬한 선승(禪僧) 같은 엄함이 있어야 한다.

황국신민으로서 2,600년의 형뻘 되는 자격으로 갖는 애정, 그 애정이 있기에 잃는 것에 대해 분노하는 마음이 생기는 것은 당연하겠다. 하지만 문제는 그 애정의 표현 방법이 어떠한지에 달려 있다.

---

[34] 일본어를 말함.

3) 이른바 '민족'이라는 개념에 관한 혼미의 불식

　국가라는 말 외에 최근 특히 눈에 띄게 민족이라는 말이 사용되고 있고, 더구나 그것이 그릇되게 사용되는 경우가 많다. 이것이 남용된 결과 조선에서는 자칫하면 내선인의 대립의식이 격렬해져서 단일한 국민 사상의 함양과 확고한 국민적 단결의 결성을 저해하고 있다. 이른바 민족협화론이나 민족해방설이 창도되어 여러 가지 과오를 범하는 사람이 생겨나는 것은 진실로 유감이다.

　생각건대, 이른바 민족이라는 개념은 보통 혈족 내지 인종이라는 의미로 사용되고 있지만, 이것은 명확히 인류학적·생물학적 범주에 속하는 것으로서 큰 오류라고 생각한다. 민족 개념은 이러한 생리학적인 혈액 문제를 넘어서 동일한 세계관 아래서 협동생활 의식을 지니고 발전을 계속해가는 인간 집단이라고 해석하는 것이 옳다. 공통의 경제·정치·문화를 가지고 발전을 기하는 것이 중점으로서, 동일한 종족이냐 아니냐는 두 번째의 문제이다. 이와 같이 서로 절차탁마(切磋琢磨)하면서 끊임없는 발전을 향하여 진군하는 운명의 공동체라고 생각할 때, 바로 이것이 문화사적인 개념이며 역사적인 개념이다.

　게다가 민족이라는 사고방식은 의심할 것도 없이 서양식의 사상이다. 서양에서는 유래가 있는 국가의 흥망성쇠가 없었기 때문에 사회사상의 중심이 민족 문제에 있는 것 같다. 하지만 우리나라의 통념은 이와는 전혀 달라서 크게는 국가, 작게는 가(家)에 이르기까지 모두 국가 본위에서 일관되어왔기 때문에, 서양식의 말을 무비판적으로 받아들여 사용하는 것은 우리의 격에는 맞지 않다. 하물며 그 결과가 여러 가지 폐해를 일으킨다고 한다면 더욱더 고려해봐야 한다.

　이상과 같이 생각할 경우, 우리나라 안에서는 야마토 민족 이외에 조선민족의 존재를 강조하는 것은 피하고, 내지인과 조선인을 하나로 하여 일본국민이라고 칭하고, 굳이 민족이라는 말을 사용한다면 양자의 일체로서 일본민족이라고 칭하는 것이 적당하다. 내선일체가 미완성 상태로 과도기에 있는 현재로서는 조선인 사이에 혈연적인 민족의식이 아직은 비교적 농후하게 잔존해 있는 것만으로, 민족이라는 말을 사용하는 그 자체가 국민적 결합의 장애가 되고 불온성마저 생기게 할 위험성이 크기 때문에 충분한 주의를 기울일 필요가 있다고 생각한다.

3. 내선일체의 제도상의 구현

현행하는 이른바 차별적 제도는 내선일체의 관계에 볼 때 어떻게 개선되어야 할 것인가라는 문제는 각종 정치상의 고려가 있으므로 가볍게 다룰 수 없다. 자칫하다가는 내지의 정치가에게 역이용될 우려도 있다. 결국 이것은 반도 관민의 황국신민으로서의 실천 여하에 따라 위에서 결정해야 할 것이지, 우리가 횡설수설 논의할 것은 아니라고 생각한다.

그 대요(大要)는 권리의무 평등론에서 설명한 사안으로 양해되었다고 생각한다. 하지만 현행 제도상의 차이는 병합 후 반도의 실정에 비추어 통치상 특수한 취급을 할 만한 필연적인 이유에 기초하여 설치된 것이다. 그러므로 앞으로의 정세 변화, 그중에서도 특히 조선에서 황국신민화의 진전에 따라 점차 개선 또는 철폐되어야 하며 현재 이미 일부 개선되어가고 있음을 알게 할 필요가 있다.

4. 인구정책상의 구현

조선의 인구정책에서 우리나라의 국토계획 수립에 맞는 중요한 부분의 하나로서 신중히 결정해야 한다. 관계 당국인 기획부에서 내지의 기획원과 밀접한 연락 아래 연구 입안(立案) 중이라고 생각한다. 그 내용에 대해 지금 여기서 설명할 수는 없지만, 내선일체화의 노선에 따라 계획되어야 한다고 믿는다.

다시 말해서 세계에 대한 일본의 사명으로 보아 당연히 생각할 수 있는 기본적인 조건의 하나는, 세계 전 인류가 나아가야 할 길은 우리 황도 정신을 세계에 선포함으로써 세계의 항구적인 평화를 기하는 것 외에는 없다는 대확신에 기초하여 계획되어야 할 것. 둘째는 이와 같은 황국의 세계적 사명을 달성하기 위해서는 세계를 지도하기에 충분한 인구, 자세하게 말하면 고도국방국가체제(高度國防國家體制)에 필요한 병력 및 노동력을 확보할 것. 셋째는 이것을 위해 국내에서는 내외지(內外地)의 급속한 일체화에 따라 양적 및 질적으로 인구가 비약적으로 발전할 수 있도록 하고, 외적으로는 동아 여러 민족에 대한 지도력을 확실히 하기 위해 적정하게 인구를 배분해야 할 것 등이다.

이 경우 조선과의 관계에서는 어디까지나 내선 인구의 발전적 교류를 목표로 하여 가는 것처럼 인구 배분에 계획성과 조직성을 갖도록 하는 일이 긴요하다. 여하튼 생산력 확충에 따른 노무동원 계획, 그 밖의 문화적 원인에 따른 내선 인구의 교류는 필연적으로 빈번해질 것이다. 따라서 이것을 자연 그대로 방치했다가는 피해야만 하는 대립이나 상극 등을 거듭할 뿐만 아니라, 방종한 잡혼(雜婚)으로 인한 소질(素質)의 저하가 발생하는 등 생각하지도 못한 결과를 초래할 우려가 있기 때문이다. 이에 일정한 통제를 포함한 규정 방책에 기초할 필요가 있다. 예를 들면, 내지인의 조선 이주를 늘리고 또 정착시키는 철저한 방책을 강구하는 반면, 조선인의 내지 이주 방책을 규정한다. 다시 말해서 일본정신을 체득하여 지도력이 있는 다수의 우수한 내지인을 반도로 끌어들여 조선인과 접촉시킴으로써 감화시키도록 한다. 동시에 반도에서 우량분자를 선발하여 예비훈련을 실시한 뒤 도항하도록 하여 내지의 미풍양속에 접촉시킴으로써 양자가 서로 어울려서 황국신민화에 박차를 가하도록 한다. 기한별·직업별로 이를 상세히 규정하여 실시한다.

이렇게 함으로써 내선 문화의 동질화가 진행될 수 있도록 한다. 국어도 보급하고 황민교육도 철저히 하여 생활양식의 단일화나 생활감정의 유사성이 나타나고 또 국민의식이 심화 앙양될 것이다. 이에 이르러 비로소 내선통혼(內鮮通婚) 장려책을 강구하도록 한다.

내선일체의 인구정책상의 실현에 대해서는 이상과 현실을 조화시켜서 적절한 시기를 택하는 방법으로, 앞서 대강 설명했다시피 경과를 거치면서 점차 그 결실을 맺을 수 있지 않을까. 그런데 만약 조선인에 관해 다양한 민족성의 결함이나 국가의식의 결여를 과대시하여 그 향상 발전을 부정하고, 게다가 단순히 눈앞의 불온 사건이나 현실에서 발생하는 각종 사회적 마찰에만 현혹되어 국민 조직의 약체화를 우려한 나머지 유대인처럼 취급함으로써 영원히 우리나라 인구정책상에서 말살하는 것 같은 일이 있다면, 그것은 결코 우리나라의 진정한 발전을 바라는 방도가 아니다. 또한 당사자 스스로가 굉대무변(宏大無邊)한 황도정치를 부정하는 중대한 과오를 범하게 되는 일이라는 것을 깊이 명심해야만 한다.

5. 내외 국책의 일관

내선일체는 단순히 조선총독부의 시정방침일 뿐만 아니라, 내외지를 통해 모순이 없는 일관된 국책으로 삼아 내지·만주·지나에서 대(對) 조선인관(朝鮮人觀)을 시정하기 위해서도 필요하다. 그 방법은 본디 한 가지로는 충분히 설명할 수 없는데, 위 3장의 문제[35]와 마찬가지로 아래에서 논의해야 할 사안은 아니라고 생각되므로 여기서는 생략하고자 한다.

이상에서 살펴본 것 외에 내선일체 구현을 위한 방법과 수단으로는, 구미(歐米) 의존 관념을 일소하는 것, 공로(恐露) 관념을 배제하는 것, 일본의 국력을 신뢰하는 것, 조선통치의 고마움을 알리는 것 등 여러 가지가 있겠지만, 그 대책에 대해서는 여러분이 이미 숙지하고 있다고 생각하며, 자료도 많이 송부했으므로 생략한다.

6. 반도 관민의 결의와 실천

이미 누차 언급한 바와 같이 내선일체의 실현은 조선인이 나아가야 할 유일하고 절대적인 길이다. 유일한 활로가 지나인이 되는 것이 아니라면 미국인이나 러시아인이 되는 것도 아니다. 또 그 지배를 받는 것도 아니다. 진정한 일본인이 되는 것 외에는 길이 없다는 것을 확신해야만 한다. 단순히 말만 앞세우고 실천이 없는 것이 아니라 신념으로 지켜야만 한다. 내지인도 마찬가지이다. 그리고 내선인 서로 함께 실천하기를 요한다.

확신에 차서 이러한 결의를 견지하여 신절(臣節)의 봉행(奉行)에 실천하고 노력한다면, 독일의 공민법(公民法)이 암시하는 바와 같이 비로소 명실공히 진정한 황국신민이 될 수 있는 문은 열려질 것이다. 진지한 실천 없이 헛되이 정치적·법률적으로 일본인이라는 자랑만을 하면서 만주인이나 지나인에게 우월감을 가지고 접하거나, 또는 내지인에 대해 평등감을 가지고

---

[35] 3장인 '내선일체의 제도상의 구현'을 말함.

자부존대(自負尊大)하는 생각에서 실력을 뽐내는 것 같은 일이 있다면, 그것은 자발적으로 황국신민이 아님을 실증하는 것과 같다.

지식으로는 소학생 정도의 사람이라도 그것을 철저하게 실행에 옮길 때는 신으로 추앙받을 만큼 존귀하다. 일본은 예로부터 '신의 뜻에 따르며 말로 다스리지 않는 나라'[36]이다. 즉 실행의 나라이다. 수많은 난국을 헤치고 집요한 외국의 유혹과 협박을 물리치고 오직 황도를 널리 확대하는 데만 힘써 왔다. 불교에서 죽음의 초월을 설파하면 국민은 곧바로 이것을 행동으로 옮겨 국가를 위해 목숨을 바치고 후회하지 않는다. 유교에서 충효인의(忠孝仁義)를 설파하면 곧바로 그 참 정신을 체득하여 성의를 가지고 실행에 옮겨왔다. 팔굉위우(八紘爲宇)의 황도주의 운동이 모스크바나 런던에서 일어난 사례는 아직 듣지 못했지만, 여전히 그 진가는 점차 세계를 풍미(風靡)하고 있다. 히틀러는 일본정신에 따라 독일국 재건에 힘써왔고, 무솔리니는 우리의 무사도(武士道)를 받아들여 국민 훈련의 결실을 거두고 있다. 전 세계는 지금도 여전히 실행의 나라인 황도 일본을 중심으로 움직이고 있다. 이상이 없는 나라는 망한다고 하는데, 우리에게는 팔굉일우의 대이상이 있다. 입으로 그것을 자랑하는 데 그치지 않고, 일본국민다운 광영과 행복에 감격하여 철벽 같은 신념 아래 지성(至誠)과 지정(至情)으로 내선이 서로 도와 실천궁행(實踐躬行)함으로써 신흥 조선을 건설하도록 해야 한다. 여러분은 기꺼이 만민 지도의 책임을 다할 수 있도록 떨쳐 일어나기 바란다. 그렇게 한다면 내선일체는 구하지 않아도 실현될 것이라고 확신한다.

대체로 이상으로 나의 말을 마치겠다. 이번 기회에 앞으로의 지도상 주의사항에 대한 요점을 들어보면 다음과 같다.

① 올바른 이념의 철저와 그릇된 일체관의 일소(一掃)에 중점을 둘 것
② 지도자급의 획득 및 교양에 중점을 두고 신념대로 할 수 있도록 노력할 것
③ 내지인 측에서도 크게 반성의 여지가 있음을 인식시킬 것

---

36 원문은 "神維ら言擧げせぬ國"인데, '神ながらことあげせぬ国'는 『만엽집(萬葉集)』에 있는 구절이다. '고토아게(言擧げ, ごとあげ)'란 일본의 신도(神道)에서 종교적 교의나 해석을 말로 명확히 하는 것을 가리킨다. 여기서는 실행의 중요성을 그만큼 강조하기 위해서 인용한 것으로 보인다.

④ 강연회나 신문 발표 등 훌륭한 선전과 비교해가면서, 각 지도자가 이런 신념 아래 공공의 회의, 강습회, 좌담회, 개인 접촉 등 여러 기회를 통해 서로 모순이 없는 지도를 하는 등으로 오로지 실질적인 효과를 노릴 것
⑤ 요강 그대로를 인쇄 등사하는 등으로 발표하지는 말 것. 다만 요강의 내용을 각론으로 부연해서 출판 강연하는 것은 괜찮음
⑥ 이론투쟁에 따르지 말고 의연한 태도와 신념을 가지고 천리(天理)라는 것을 알리도록 할 것
⑦ 종래의 내선일체론자에 대해 고무와 격려의 손길을 뻗어 박해를 이겨낼 수 있도록 할 것
⑧ 조선 내 민심이 악화되는 경향이 있다는 느낌을 잘못 전달하지 않도록 주의할 것
⑨ 내지·만주·지나 등의 관민에 대해서도 여러 기회를 통해 계몽하도록 노력할 것

이상으로 강의를 마치겠습니다. 장시간 들어주신 청중 여러분께 감사드립니다.

신국(神國) 일본의 진상

미시마수련소(三島修錬所) 부소장

여러분은 계속 강의를 들으며 분명 큰일이라고 생각하실 겁니다. 지난밤에 시간도 없어서 저의 쓸모없는 말은 가능한 한 간략히 말씀드리고자 일사천리로 말씀드렸습니다만, 본인인 저로서도 무엇을 말씀드렸는지 거의 기억나지 않으므로, 그 대의(大意)는 여러분의 판단에 맡기도록 하겠습니다. 그런데 오늘 또 뭔가 얘기했으면 좋겠다는 보안과장의 말씀이 있으셔서, 아무리 시시한 것도 없는 것보다는 낫다는[37] 심정으로 시간의 일부를 할애받게 되었습니다. 약간의 준비를 한다면 상당히 정리도 되겠습니다만, 갑작스런 일이라 어떤 말이 될지 잘 모르겠습니다. 여러분께서 잘 헤아려주셔서, 제가 말씀드리는 진의가 어디에 있는지를 잘 이해해주시기 바랍니다.

지난 밤 이야기의 대체적인 의도는 세계 현상과 신체제의 관계, 그리고 세계에서 우리나라의 입장, 장래 일본국의 운명 등에 대한 것이었습니다. 요컨대 오늘날 세계의 상황을 하나로 정리해서 말씀드리자면, 세계가 전에 없는 대동란(動亂)의 시대라는 것입니다. 이를 또 다른 측면에서 말씀드리면, 세계의 환원시대(還元時代)라고 할 수 있겠습니다. 원래로 돌아간다, 하나로 돌아간다, 다시 말해서 하늘에서 '원래로 돌아가라'는 호령이 외쳐져서 그 소리에 따라 인류가 각각 원형으로 돌아가고 있는 시대라고 생각합니다. 원래부터 나라마다 각기 독자적인 사정이 있고 독자적인 입장이 있기 때문에, 각자의 입장으로 돌아가 그 특성을 발휘함으로써 완전한 통일하에 놓이는 것이 세계가 나아가야 할 바라고 저는 봅니다. 그리고 그 사이에 있는 우리 일본제국의 입장은 세계의 중심이다, 그리고 일본천황은 하늘이 정한 세계 군주라고 믿고 있습니다만, 우리의 이러한 관점이 문제가 없다는 것을 어젯밤에 대체로 말씀드렸습니다. 이러한 것이 우리의 단순한 나라 자랑은 아니며, 외국의 어느 방면의 목소리에 비춰 봐도 그러하다는 것을 말씀드렸습니다. 이어서 오늘은 신국(神國) 일본의 진상(眞相)에 대

---

37 원문은 "古木も山の賑ひ", 즉 '枯れ木も山の賑にぎわい'라는 속담으로, 시시한 것도 없는 것보다는 낫다는 뜻이다.

해 극히 대강만을 말씀드릴 예정입니다.

여기에 걸려 있는 액자는 보시는 바와 같이 미나미(南) 총독[38] 각하가 쓰신 것으로서 '봉신주지도(奉神洲之道)'라고 쓰여 있습니다. 이것은 우리가 주문해서 써주신 것이 아니라 각하 스스로 쓰셔서 우리에게 주신 것입니다. 요컨대 '신주(神洲)의 도(道)를 받든다'는 것이 우리의 큰 정신이자 큰 주장으로서, (이에 기초하여-역자) 우리는 활동하고 있는 것입니다. 또 본소(本所)[39]에 비치한 방명록의 첫째 장에 미나미 각하가 쓰신 것에도 '황도선포(皇道宣布)'라고 있습니다. 이것이 현재 우리의 큰 각오라고 생각합니다. 그렇다면 신주(神洲) 일본의 도는 무엇인가, 그리고 왜 신주라고 하는가 하면, 이것은 말할 필요도 없이 신의 나라인 일본이고, 즉 사람이 연 나라가 아니라 신이 열어주신 나라라는 것입니다. 그렇다면 그 신이란 무엇이냐 하면, 이것은 중대한 문제입니다. 아마도 인류의 문제에서 신이란 무엇인가 하는 문제는 정말로 중요한 문제입니다.

그 신이 어떠한 의미의 신인가, 종교상의 신인가, 혹은 철학상의 신인가 하는 점은 여러 가지 논의도 있습니다. 우리나라는 본래 '신의 뜻에 따르며 말로 다스리지 않는 나라'라고 해서, 일체의 논의를 떠나 사실상 첫 번째에 서 있는 것입니다. 말로 다스리지 않는다는 것은 엄연한 사실이기 때문에 논의고 뭐고 필요 없습니다. 사실 제일의 신국 일본인 것입니다. 우리는 천황 폐하를 현인신(現御神)으로 추앙하여 신앙 이상의 신앙으로 받들어 모시고 있는 것입니다. 그렇지만 단지 언어상의 신으로서 받드는 것은 아닙니다. 사실상의 신으로 받들어 모시는 것으로서, 외국에는 사례가 없는 것입니다. '신(神)인 천황'을 받드는 것에 우리나라의 근본과 기초가 있는데, 이는 단지 우리나라만이 아니라 외국 사람들에게도 부러움을 사고 있습니다. 금상폐하께서 즉위하신 당일 영국의 《런던타임스》 사설에는 "신인 천황을 우러러보는 일본 국민의 행복"이라고 썼는데, 영국 사람들도 신인 천황을 받드는 일본 신민의 행복에 대해 선망의 문자를 나열하고 있는 것입니다. 이것은 아마도 당시 영국의 정직한 고백일 테죠. 그리고 우리 신주 일본에서는 예로부터 천황을 신으로 받들어왔기 때문에, 신인 천황 폐

---

38 미나미 지로(南次郎, 1874~1955): 일본 육군으로서 조선군사령관(1929), 육군대신(1931), 관동군사령관(1934), 제8대 조선총독(1936~1941) 등 역임.
39 미시마수련소를 말함.

하 아래 모두를 바친다는 데에 우리나라의 전부가 있습니다. 그렇다면 신이란 것은 여실히 존재하는가라는 신의 현존 문제가 있습니다. 이것은 대단히 심원유현(深遠幽玄)한 문제로서, 짧은 시간에 논할 수는 없습니다. 다만 우리는 결론적으로 『고사기(古事記)』[40], 『일본서기(日本書紀)』[41]에 쓰여 있는 신들은 현존하셨다는 확신을 갖고 있습니다. 그리고 그 신들은 우리 야만시대의 선조(先祖)도 아니며 외국에서 건너온 신도 아닙니다. 원래부터 신주 일본에, 아니 우주 전반에 최초의 최초부터 실재하신 신들을 가리키는 것입니다. 이 신들이 엄연히 존재한다는 것에 정말로 신국 일본의 참모습이 있는 것입니다. 우리는 이를 여러 각도에서 인식하고 확신하였습니다. 또한 신의 현존이라는 것에 모든 것을 연결시켜서, 신국 일본의 일원으로서 생활을 실천한다는 방침하에 서있는 것입니다.

옛날부터 우리나라에는 현유일여(顯幽一如) 사상이 있습니다. 신인일체(神人一體)라고도 하고, 현유불이(顯幽不二)라고도 합니다. 우리의 고전이나 역사는 모두 현유불이, 신인일체관 아래 세워져 있습니다. 신과 사람은 구별이 있는 듯 없는 듯하여, 『일본서기』에서도 사람이라고 적고 신이라고 훈을 해두었습니다. 사람을 곧바로 대신(大神)이라고 칭하는 것이 아니어서 대신과 사람은 별개인데, 사람은 신의 아들로서 신이라는 것을 상대(上代)[42]에는 확실히 알고 있었던 것입니다. 그런데 다윈이 진화론을 제창하고부터는 원숭이의 자손이 되었는데, 과연 인간이 신의 자손인지 아니면 원숭이의 자손인지는 중요한 문제입니다. 다윈의 이론을 완전히 거짓이라고는 말할 수 없습니다만, 다시 말해서 부분적으로는 이치가 성립될 수도 있겠습니다만, 우리는 전체적으로는 이것을 받아들일 수 없습니다. 우리는 원숭이의 자손이 아니고 사람은 신의 자손입니다. 신 그 자체의 연장이라는 근본 이념에 서야 비로소 신국 일본을 인정하고 신주의 백성이라는 광영을 자각하게 됩니다. 그런데 원숭이의 자손이라는 논의는 오늘날의 인류학적 관점에서 보아도 대부분 이상한 것이 되어 왔습니다. 그 증거로는 다음과 같은 것들을 들 수 있습니다. 지금의 진화론에 대한 설명에서 인류의 선조라고도 말할 수

---

40 『고사기(古事記)』: 일본에서 가장 오래된 문헌으로 알려져 있으며, 덴무(天武) 천황이 기획하여 서기 712년에 완성했다고 한다. 천황을 중심으로 한 국가체제를 다지고 정당화하기 위하여 편찬한 책으로서, 나라를 세운 신부터 스이코(推古) 천황의 때까지의 신화와 전설을 총 3권으로 기록한 것이다.
41 『일본서기(日本書紀)』: 나라(奈良) 시대에 만들어진 일본 최초의 정사(正史). 총 30권으로 신대(神代)부터 지토(持統) 천황 때까지를 편년체로 기록하였다.
42 나라(奈良) 시대 이전을 가리킴.

있는 것은 인류학상 대체로 20만 년 전으로 보이는 하이델베르크인 주변에서 인류의 발생이 무대에 올랐다는 것입니다. 그로부터 거슬러 내려와 10만 년 내지 5만 년 전이 되는 시대에 필트다운인[43]이 대체로 오늘날 인류의 조상이 아닐까 추정되고 있습니다. 왜냐하면 이들에게는 인류의 언어 중추라는 것이 결여되어 있는 것입니다. 그런데 3만 년 내지 2만 5,000년 전에 이르러서는 크로마뇽인, 브리튼인, 그리말디인[44] 등 점차 인간다운 것으로 진화하여 일단 우리의 조상이라는 학설이 있습니다만, 이것 역시 아무래도 이상합니다. 왜 그러냐 하면, 이 무리들은 혼혈되지 않는다는 것입니다. 우리는 깊이 알지는 못합니다만, 동종끼리는 혼혈하지만 다른 종끼리는 혼혈하지 않는다는 것이 생물학상의 원리일 겁니다. 그러니까 이것 역시 아무래도 인간의 조상이라기에는 이상합니다. 그렇다면 지금까지의 진화론 만능의 시대는 학문의 진보에 따라 말살되고 있습니다. 이러한 것이 세계 각국의 수수께끼가 되어 아무래도 인간의 조상은 원숭이가 아니라는 것으로 되었는데, 우리는 당연히 그럴 것이라고 생각합니다. 논의는 어떻든 우리 일본인은 결코 원숭이의 자손이 아니라고 생각합니다. 만약 원숭이의 자손이라고 생각하는 사람이 있다면 그런 사람은 동물원에 가서 원숭이에게 절하면 좋겠지요. 우리는 원숭이에게 센베이나 감자를 던져주는데, 그것은 조상에 대한 예의가 아닐 겁니다. 인간은 본디 예의를 제일로 여기기 때문에, 그렇다면 우리 선조에 대해 예의가 없는 것이 되겠지요. 때문에 정말로 원숭이의 자손이라고 생각하고 계시는 분들은 동물원에 가서 원숭이에게 절을 하면 되겠지만, 우리는 원숭이의 자손이 아니고 신의 자손이기 때문에 신들에게 절을 합니다. 신이 현존하느냐 아니냐 하는 문제에 이르면, 고대 일본인은 결론적으로 현존하고 있다고 하는 확정 위에 서 있는 것입니다. 이것을 설명하려면 긴 시간이 필요하겠지만, 우리는 인간의 영성(靈性) 등 여러 사정으로 머지않아 우리가 신국의 진상임이 세계적으로 명확해질 것으로 믿고 있습니다. 따라서 우리는 오늘날 반드시 현유일여라는 입체사관(立體史觀)의 기초 위에 서 있는 신국 일본의 진상을 명확히 하는 것이 가장 급하고 중요한 문제라고 생각합니다.

---

43 필트다운인(Piltdown Man): 1911~1915년 영국 잉글랜드 서식스의 필트다운에서 발견된 두개골에 붙인 명칭인데, 뒤에 가공품으로 판명됨.

44 그리말디인(Grimaldi man): 1872~1901년 이탈리아 북부 멘토네 부근의 그리말디 동굴에서 발견된 현생 화석 인류로서, 오늘날에는 크로마뇽인의 화석으로 분류됨.

우리나라의 역사는 입체사관의 확립에 따라 확실해진 것입니다. 입체사관으로 설명해보면, 현계(顯界)에 사람이 있듯이 유계(幽界)에는 신이 존재해 계시므로 현유일체가 됩니다. 실은 오늘날에는 철학이나 과학에서도 이러한 방면에 눈을 뜨고 있습니다. 예를 들면, 아인슈타인 박사 등의 설에서는 제3차원의 세계나 제4차원의 세계를 인정하고 있습니다. 그리고 그 현유(顯幽)라는 것은 별개로 생각하였지만 동시에 일체이다, 그래서 지금이야말로 모두가 대근본인 일원(一元)으로 돌아가고 있다는 것입니다. 게다가 생과 사의 문제입니다만, 우리가 고대의 역사에서 판단해봐도 우리 일본국민은 죽음에 대한 관념이 그다지 강하지 않습니다. 죽음에 대해서는 인도불교 등이 가장 통절하게 다룬 문제입니다. 어쩐 일인지 우리 고대의 일본국민들 가운데는 생과 사에 대해 그 정도의 구분이나 대립은 받아들여지지 않은 듯합니다. 신은 죽지 않는다고 해도, 신이 사라져 버린다 해도, 역시 유계로 돌아간다는 사상이 받아들여져 있습니다. 생사가 대립하는 것이 아니라 어떤 것도 삶뿐이어서, 죽음은 삶의 변전(變轉)으로 보고 있습니다. 우선 삶이라는 것이 확실하게 인정받고, 다음에 오는 죽음이라는 것은 그 삶의 변전이라고 보는 것입니다. 마치 한 마리의 애벌레가 번데기가 되고 나비가 되는 것과 같이, 애벌레가 번데기가 되고 나비가 되는 것은 죽는 게 아니라 신변(神變)[45]입니다. 따라서 우리나라에서는 태고(太古) 이래 '죽음은 신변'이라는 사상이 확실하게 있습니다. 그리고 인간 생활의 영원성을 인정합니다. 이것은 오늘날의 발전한 철학이나 종교 이상으로 고대 우리나라에서 확실히 하고 있었던 것입니다. 이것은 논의할 것도 없이 사실 가장 첫째의 것으로 그렇게 되어 왔습니다. 인간에게 죽음이라는 것은 존재하지 않습니다. 우리의 50년, 70년의 생활은 우리의 영구한 생활의 한 부분으로서, 결코 이 한 시기[46]로 우리의 모든 생활이 끝나지 않는다는 것은 확실합니다. 만약 이러한 인생관이 정말로 확립되고 죽음이라는 문제가 분명해진다면, 결국 죽음에 대한 공포가 생기지 않는다면 세상의 중심은 그만큼 분명해질 것입니다. 그래서 우리나라에서는 낙천적이고 적극적인 사상이 강하며 퇴영적이고 비관적인 사상은 고대에는 없었습니다. 이것은 인간이 죽음으로 소멸하는 게 아니라 이전보다 더욱 번창하게 만물을 생육한다는 것을 알고 있기 때문입니다. 조금 다른 이야기입니다만, 추

---

45 신변(神變): 사람의 지혜로는 도저히 알 수 없는 신비로운 변화.
46 원문에는 '학기(學期)'로 되어 있음.

위와 더위도, 슬픔과 기쁨도, 밝고 어두운 것도 모두가 절대적으로 대립적인 것은 아닙니다. 예를 들어 명암(明暗)이라면, 명이 본질이고 암은 명의 한 변전입니다. 희비(喜悲)도 희가 주이고 비는 희의 한 변전입니다. 영육(靈肉)도 영이 주이고 육은 영의 한 변전입니다. 이렇게 하여 모두가 일원론(一元論)인 것입니다. 이것은 오늘날의 과학적인 증명에 의해서도, 물(物)과 심(心) 혹은 정신과 물질이란 것이 명확히 나뉘어져 있지 않아서, 즉 물심일여(物心一如)입니다. 이를 보여주는 과학상의 한 가지 증명이 있습니다. 그것은 물질에서 작동되는 방법과 규칙은 에너지에서도 같은 법칙이 작동된다는 것을 아인슈타인이 증명한 것입니다. 무슨 말인가 하면, 별빛이 태양면을 통과하여 지구에 도달할 때에 별빛은 태양면에서 구부러진다고 하는데, 어느 정도 구부러지는가 하면 별빛은 1.73초 고도로 구부러진다고 합니다. 광선이 굴절된다는 것은 종래의 물리학에서는 인정되지 않았으므로 '자, 큰일났다'고 하여, 영국의 천문학계가 이것을 시험하게 된 것입니다. 1919년(大正 8) 5월에 2개 조로 조사대(調査隊)를 조직하여, 한 조는 아프리카 서해안의 프린시페(Principe)섬에 모이고 다른 한 조는 북부 브라질의 소브라우(Sobral)라는 곳으로 가서, 태양의 개기일식을 이용하여 천체 사진을 촬영하여 시험을 했습니다. 세계 학자들의 눈은 모두 일제히 이 조사에 주목하였습니다. 이리하여 그 성적이 발표되었는데, 어떻게 되었는가 하면, 별빛은 과연 구부러져 프린시페섬 쪽에서는 1.60초 고도를 보이고, 그래서 소브라우 쪽에서는 1.98초 고도가 된 것입니다. 이것을 평균하면 대체로 아인슈타인이 예언한 1.73에 가깝게 됩니다. 이것은 물질에서 작동하는 법칙도 에너지에서 작동하는 법칙도 같다는 것이 됩니다. 물질과 에너지뿐만 아니라 모든 것이 일원적이라는 것입니다. 이러한 사실은 여러 방면에 어떤 의미를 던지는 것이라고 생각합니다. 그런데 일원이지만 모두가 평등한가를 말하면 그렇지 않습니다. 일원만화(一元萬化)로서, 이것이 진상입니다. 일원으로만 된다면 악평등이 되겠지만 그렇지 않아서, 평등 속에 차별이 있고, 차별 속에 평등이 있습니다. 그것은 분명한데 실제상으로 그 줄무늬(縞柄)를 밝히고 있는 중입니다. 각각의 줄무늬를 명확히 해야만 비로소 각각의 특이성이 있고, 그것이 또 일원으로 통일되어 아름다운 옷감을 이루는 것입니다. 만약 모든 세계가 하나로 짜여 있어도 거기에는 각국의 특색이 있고 특이성이 생겨납니다. 그것을 충분히 발휘하여, 그리고 그것이 하나의 중심에 묶여짐으로써 진정한 생명을 입증할 수 있는 것이라고 봅니다. 어제부터 여러 선생님의 말씀이나 프린트를 보고 마음으로부터 경복(敬服)하였습니다만, 특히 프린트를 보고는 정말로 잘될 거라는 생각이 들었습니다. 모두가 단순한 악평등이 아니고 또 단순한 악차별도 아니며, 각각의 특이점을 발휘하고 더구나 한 가지로 정리된다는 것은 정말로 사실이라고 생각합니다.

더구나 우리나라의 일원만화(一元萬化)는 어떻게 나타나고 있는가 하면, 우리나라에서는 최초로 아마노미나카 누시노카미(天御中主神)[47]라는 신이 현존하였는데, 이 신은 곧바로 만화(萬化)되어 8백만의 신이 되었습니다. 그러면 원래의 신은 없어졌는가 하면 그렇지 않습니다. 절대적인 신체(神體)와 신성(神性)은 아무리 세세하게 나뉘어도 절대성을 잃지 않습니다. 하나의 촛불을 몇 개로 나누어도 원래의 촛불은 없어지지 않는 것과 같은 이치로, 아마노미나카 누시노카미 스스로 8백만의 신으로 만화되었습니다. 이와 동시에 8백만 신들의 중심이 되어야 했습니다. 그래서 아마노미나카 누시노카미가 8백만 신의 중심으로 나타나주신 것이 바로 아마테라스 오미카미(天照大神)[48]입니다. 다시 말해서 8백만의 신으로 나타나 주셨지만 동시에 그 중심이 되어야 했으므로, 스스로 나타나주신 것이 아마테라스 오미카미입니다. 그래서 아마테라스 오미카미는 요즘 말로 하면 제4차원의 존재입니다. 동시에 우리에게 직접 배례할 수 있도록 황손인 니니기노 미코토(瓊瓊杵尊)를 내려주셔서 그로부터 현신신(現身神)인 천황으로 나타나주신 것입니다. 이것은 우리 고전인 『고사기』와 『일본서기』에서도 밝혀진 바입니다. 이 사실은 가까운 시일 내에 반드시 세계인류 앞에 승인될 것임을 확신합니다. 그렇지 않으면 신국 일본의 존귀함도 해결되지 않습니다. 아마테라스 오미카미의 지상의 출현이 천황이었으므로, 아마노미나카 누시노카미·아마테라스 오미카미·일본 천황, 이 세 신이 삼신(三神)이 되면서 일체가 되었습니다. 황실의 절대 존엄이 거기에 있습니다. 그리고 이것을 현유일체관(顯幽一體觀)이라고 합니다. 신인합일(神人合一)의 일체관입니다. 우리나라의 상고(上古)는 엄연한 현유일체관이었기 때문에 다윈의 진화론의 원숭이로부터 진화한 것이라는 우론(愚論)에서 벗어났고, 우리는 일본 고래의 대세계관으로 돌아가야 한다고 생각합니다. 그리고 유(幽)는 본원(本元)이고 현(顯)은 말(末)입니다. 신이 본원입니다. 우리 인간은 육체뿐만

---

[47] 아마노미나카 누시노카미(天御中主神, あめのみなかぬしのかみ/あまのみなかぬしのかみ): 일본 신화에서 천지개벽 당시 다카마가하라(高天原)에 처음 출현한 신으로서 천황 대제의 관념의 차용이며 번역이다.

[48] 아마테라스 오미카미(天照大神, あまてら-すおおみかみ): 일본신화에 등장하는 태양신(日神)으로서 천황의 조상신으로 알려져 있다. 일본 황실의 직계 조상으로서 이세신궁(伊勢神宮)에 모셔져 있는데, 초대 천황인 진무 천황이 아마테라스 오미카미의 자손이라는 점에서 천황을 현인신(現人神)으로 보고 있다.

아니라 하나의 유체(幽體)를 갖추고 있어서, 신도(神道)에서는 인간이 죽는 것을 귀유(歸幽)라고 씁니다. 그런데 세계의 중심이 무엇인가를 말해보면, 유계의 중심은 아마테라스 오미카미이며 현계의 중심은 일본 천황입니다. 그리고 세계 인류 신앙의 큰 중심입니다. 다시 말하면 신황일체(神皇一體)입니다. 이런 것이 현유일체관(顯幽一體觀)입니다. 세계 인류는 아무리 해도 원래로 돌아간다, 현유일체관으로 돌아간다고 믿고 있습니다. 내선일체의 문제도 이러한 방면에서 보면 한층 의미심장해진다고 생각합니다. 아마테라스 오미카미의 동생이신 스사노 노미코토(素盞嗚尊) 역시 천상에서 강림하시어 지상을 다스렸는데, 소시모리(曾戶茂梨)[49]의 땅으로 내려와 조선 및 전 세계적으로 활동하셨다고 적혀 있습니다. 우리는 이것도 고전인 『고사기』와 『일본서기』를 그대로 믿은 것입니다. 신화가 아니라 사실로서 믿은 것입니다. 그리고 지금의 신도학(神道學) 연구를 바탕으로 해, 이세(伊勢)의 외궁(外宮)에 모셔져 있는 도요케 오미카미(豊受大神)는 스사노 노미코토의 화혼(和魂)[50]이 출현하신 것이라는 게 유력합니다. 이것이 내선일체의 근본일 테죠.

신에게도 1령 4혼(一靈四魂)이 있고, 사람에게도 있습니다. 4혼은 기혼(奇魂), 행혼(幸魂), 화혼(和魂), 황혼(黃昏)입니다. 1령은 아마노미나카 누시노카미의 대원령(大元靈)이고, 4혼은 1령의 활동 상태라고도 할 수 있습니다. 우리 모두에게도 1령 4혼이 있어서 우리의 4혼이 각각 움직입니다. 이것이 일본의 진정한 신이 전하는 가르침으로서, 철학이나 종교와 같은 논의를 초월한 사실의 가장 첫 번째 문제입니다. 그리고 스사노 노미코토 신의 화혼이 모습을 드러낸 것이 도요케 히메(豊受姬)의 신이라는 것은 정말로 감사할 일입니다. 내선이 함께 매일 아침 이세대신궁(伊勢大神宮)을 요배합니다만, 내궁과 외궁을 모두 합쳐서 이세대신궁인 것입니다. 조선에 있는 우리로서는 정말로 감사한 일이라고 생각합니다. 물론 본말(本末)은 있습니다. 내궁이 주궁(主宮)이고 외궁은 종(從)입니다. 그럼에도 일체입니다. 한 집안에도 부모가 있고 형제가 있어서 각자의 구분이 있습니다. 그럼에도 동시에 한 집안의 자제로 누가 어떻다는 차별은 없습니다.

이에 세계의 대세를 보아도 또 우리나라 본래의 신도에서 보아도, 내선일체는 물론 세계일

---

49 소시모리(曾戶茂梨, ソシモリ): 소시모리는 '소의 머리'라는 뜻으로서 신라의 지명을 가리킨다고 함.
50 화혼(和魂, わこん): 일본 고유의 정신.

체도 그럭저럭 힌트가 주어진 것 같습니다. 여러분은 어떻게 생각하십니까.

노자(老子)는 "수레를 세면 수레가 없다"고 말했습니다. 수레는 하나입니다. 어디에 축이 있고 어디에 고리가 있다고 일일이 논의했더니 수레는 없어졌습니다. 수레를 곧 수레로 볼 때 수레가 존재합니다. 우리가 커다란 입장에 서서 보면 '신의 뜻에 따르며 말로 다스리지 않는 나라'의 큰 현실을 승인해주실 것입니다.

게다가 우리나라에 '일계의 천자, 후지산(一系の天子 富士の山)'이라는 말이 있습니다. 정말로 우리나라 국체의 모습이 명확해진 것 같습니다. 우리는 '일계의 천자, 후지산'이라는 말에서 언외(言外)의 말을 느낍니다. 또 야마오카 뎃슈(山岡鐵舟)[51] 거사의 노래였을까요? "개어도 좋고 흐려도 좋은 후지산, 본래의 모습은 변하지 않네"라는 것이 있습니다. 이론(理窟)이라는 것이 아무리 우리 국체상에서 논의되어도 원래의 모습은 변하지 않습니다. 우리나라도 맑은 때도 있고 흐린 때도 있었습니다. 그것을 후지산에 견주어본 바가 재미있는 것 같습니다. 후지산의 모습은 우리 국체의 모습이겠지요. 세계인에게 우리 국체가 어떻게 논의되더라도 우리 국체의 존엄, 세계 인류사회에서 일본제국의 위치, 일본 천황의 모습은 모두 하늘이 정한 것으로서 절대 변할 수 없다는 것이 우리의 움직일 수 없는 신앙입니다. 따라서 우리는 황실에 대해서는 절대 신앙, 신앙 이상의 신앙을 가지며, 이것이 세계 인류의 중심이 된다고 생각하고 있습니다. 전 세계가 바르게 천황을 우러러 봄으로써 진정한 세계의 안녕도 행복도 평화도 오는 것이지요. 그리고 그 모습이 드러나기 전에는 반드시 현상타파(現狀打破)가 이뤄지지요. 이 현상타파가 이뤄져서 일본제국의 진상이 세계에 드러난다고 생각합니다. 그 현상타파는 무엇을 통해 드러날지, 이것은 세계적인 사상전(思想戰)으로 되거나 철화(鐵火)의 세례로 될 것입니다. 그러나 우리는 근심할 것이 없습니다. 흐려도 맑아도 진정한 모습은 변하지 않는 황실과 국체입니다. 세계 인류가 수억 만 년 동안 가슴 속에 염원해온 참된 안녕, 행복, 평화가 일본 황실을 중심으로 현현될 것임은 의심하지 않습니다. 이런 방면으로 생각해가다 보면, 작은 말초적인 문제도 점차 해결된다는 생각입니다. 이러한 진정한 목표를 확립하여 일상생활을 고원(高遠)한 이상과 결부시킴으로써 인생 생활의 의미가 생기고 생명이 발견된다

---

51 야마오카 뎃슈(山岡鐵舟, 1836~1888): 막말(幕末)부터 메이지시대의 막신(幕臣), 정치가, 사상가.

고 생각합니다. 우리는 팔굉일우라는 천업(天業)⁵²의 익찬(翼贊)을 위해 태어났습니다. 우리가 각자 자신의 입장에 따라 움직임으로써 완성되는 것은 일본 천황을 중심으로 한 진정한 세계일체 신국의 출현일 것입니다. 그것이 언제일지는 신이 아닌 우리로서는 알 도리가 없습니다만, 반드시 멀지 않은 장래에 실현될 것으로 믿습니다. 이 점에서 우리 생활의 영원성과 인생의 진정한 의의를 인식합니다. 세계의 인류는 팔굉일우의 천업이 실현될 때까지는 삶을 이어가고 죽음을 이어가면서 움직인다는 하나의 큰 신념을 갖는다면, 모든 모습이 명확해질 것이라고 생각합니다. 국가를 위해, 세계 인류를 위해 여러분의 각별한 건승을 꼭 기도하겠습니다. 대단히 긴 시간 동안 실례했습니다. (끝)

---

52 천업(天業): 천자가 나라를 다스리는 일.

<자료 09>

「조선에서 정보 선전의 목표」[53]

(堂本敏雄,[54] 《朝鮮》 제339호, 1943.8)

본고는 어느 장소에서 1943년도(昭和 18) 정보 선전의 중점에 대하여 강연한 요지이다.(필자)

1. 서(序)
2. 대동아전쟁하에서 민심의 계발 선전
3. 조선 사정의 소개 선전
4. 조선 통리 이념의 철저
5. 징병제 및 해군특별지원병제도의 주지 철저
6. 식량 사정에 관한 민심 계발
7. 국민총력운동의 추진
8. 전쟁하 문화의 조성

---

53 堂本敏雄, 「朝鮮に於ける情報宣傳の目標」, 『朝鮮』 第339號, 1943.8, 朝鮮總督府, 4-16쪽.
54 도모토 도시오(堂本敏雄): 1930년대 이후 총독부 부사무관, 사무관, 서기관 등을 지냈다. 체신국 서기, 조선중앙정보위원회 간사, 철도국 부참사(副參事), 총독관방 사무관, 총독부 서기관, 국민총력조선연맹 간사, 충청남도 경찰부장, 평안남도 경찰부장 등을 역임하였다.

1. 서[55]

조선의 정보 선전은, 조선총독부 정보과(情報課)를 주무과(主務課)로 하여 본부 관계 국·과와 협력하고, 지방에서는 각도 국민총력과(國民總力課)를 중심으로 각각 시국하에 계발 선전을 실시하고 있다. 정보 계발 선전의 성질상 조선군(朝鮮軍), 해군무관부(海軍武官府) 등의 군부는 물론 국민총력조선연맹(國民總力朝鮮聯盟)의 기구와 밀접하게 연계하는 한편, 신문·방송·잡지의 조선 내 보도기관을 비롯하여 문학·미술·연극 등 각종 문화·예능 방면의 협력을 구하여 효과적인 계발 선전을 실시하고 있다. 지난 1942년(昭和 17) 행정기구를 대대적으로 개정함에 따라 종래 관방(官房)에 있던 정보과와 사정국(司政局)에 있던 국민총력과가 총무국 안에 들어가 정보과장이 국민총력과장을 겸하게 되었다. 그 이후 정보 계발 선전은 국민운동과 밀접하게 떨어질 수 없도록 연계하여 운행하고 있다. 대동아전쟁의 진전과 함께 시국하의 계발 선전은 더욱 중요해졌다. 이번 기회에 1943년도(昭和 18) 정보 선전의 주요한 목표에 대하여 기술하고자 한다.

본 연도에 정보 선전에 특히 힘을 쏟아야 할 목표는 대체로,

① 대동아전쟁하의 민심(民心) 지도
② 조선 통리(統理) 이념의 철저
③ 조선 사정의 인식 선전
④ 징병제도 및 해국특별지원병제도의 주지 선전
⑤ 식량 사정에 관한 민심 계발
⑥ 국민총력운동의 진전
⑦ 결전(決戰)하 문화의 조성

---

55 원문에는 번호만 매겨져 있고 위 목차의 제목은 생략되어 있지만, 여기서는 편의상 목차의 제목을 넣었다(이하 동일). 다만, 이하의 본론에서는 6항과 7항의 순서가 반대로 되어 있다.

의 각 항목이다. 물론 위에 언급한 것 이외에도 당연히 해야 할 계발 선전은 지난해와 같이 실시하고 있다. 또한 본고에서는 계발 선전의 주요한 방향만을 개략적으로 기술하고자 하며, 계발 선전의 수단 방법에 대해 상술하는 것을 피하고자 한다.

2. 대동아전쟁하에서 민심의 계발 선전

대동아전쟁하에서 민심의 지도, 여론(輿論)의 계발 선전은, 현 시점에서 가장 중요한 것이며, 정보과의 업무로서도 지극히 중대한 것이다. 이를 포함한 내용 및 방식은 매우 광범하다. 물론 전쟁하 민심의 지도는 정보과만 담당하는 것이 아니라 일반 행정기관, 경찰, 국민총력연맹 등 각종 기관 및 각종 단체 모두가 협력하여 실시 담당해야 한다. 그러나 무엇보다도 전쟁하의 민심 지도는 전쟁 수행의 최고목적에 합치하도록 일정한 통일적인 방침하에 끊임없이 모든 방법으로 계발 선전을 실시하지 않으면 안 된다. 이러한 의미에서 중앙에서 내각정보국(內閣情報局)이 주무청(主務廳)이 되고, 군의 보도 선전과 밀접한 연계 아래 대전(大戰)하 계발 선전을 실시해야 함은 주지하고 있는 대로이다. 본부 정보과는 내각정보국과 연락하여 정부의 일정한 방침 아래 대전하 민심에 따른 계발 선전을 실시하고 있다. 다시 말해서 조선 내 민심의 귀추를 돌아보고 전국(戰局)의 추이에 따라 중앙부의 방침을 이어받고, 또 조선의 특수사정을 받아들여 민심 지도 내지 여론의 지도방침을 만들어 도·군 총력연맹 및 각종 보도기관에 통달(通達)하고, 이에 기초하여 통일된 적시(適時)의 계몽 선전을 실시하고 있는 것이다. 이러한 지도방침은 1년간 충분히 많이 책정되어 있는데, 일일이 건명(件名)을 제시하지는 않겠다. 또 이러한 민심 지도 방침에 기초한 구체적인 계발 선전의 방법도 각종각양하기 때문에 여기서 설명하는 것은 생략한다. 대동아전쟁하 민심의 지도는 전쟁의 현 단계에서 가장 중요하다. 민심 지도의 요점이라고 하는 것만 약간 언급하기로 한다.

첫째는 대동아전쟁의 성격을 지금 한번 되돌아보자는 것이다. 다시 말해서 대동아전쟁의 성격을 재인식하자는 것이다. 이는 지나사변이 일어났을 때에도 지나사변의 성격을 정확히 인식 파악하자는 것이 주장되었고 또 대동아전쟁이 일어났던 때에도 당연히 언급되었던 것이다. 일단 서로 전쟁의 성격은 알 수 있게 되었지만, 실제 문제로서 혹은 국민생활의 측면에서 혹은 전국의 추이에 따른 미묘한 민심의 동향이라는 방면이나 그 밖의 여러 방면에서 살펴보는 것으로부터 상상해보면, 유감스럽지만 대동아전쟁에 대한 인식, 대동아전쟁의 진정한 성격과 의의가 충분히 철저하다고는 할 수 없는 상황이라고 생각한다. 이러한 의미에서 서로 솔선하여 이 점에 대한 인식을 더욱더 적확하게 하고, 다른 일반에 대한 정확한 인식을 기대하며 혹은 잘못된 인식을 가진 자가 있다면 이를 바르게 고치는 것이 필요하다. 대동아전쟁의 성격은 말할 나위도 없이 단지 표면상의 적인 미국 및 영국 등과 무력에 의한 전쟁이라는 것에만 있는 것은 아니다. 이른바 미국과 영국이 지니고 있는 세계관과 그들이 과거 수세기에 걸쳐 세계에서 자유자재로 제멋대로 저지른 영·미적 질서, 이를 단연코 파괴 격멸하고, 일본을 영도주(領導主)로 하여 우리의 황도(皇道)를 세계에 확산시키는, 즉 황어전(皇御戰)[56]을 세계에서 전개한다. 이와 같이 대단히 규모가 웅대한 성격을 지고 있다. 따라서 이에 기인하여 현재에 이러한 전쟁 개념으로 생각해볼 수 있는 모든 성격이 대체로 대동아전쟁에서 구비되어 있다는 식으로 보아도 좋다. 종래 역사상 몇 번이나 있었던 것 혹은 동서고금(古今東西)에 걸쳐 이루어진 전쟁과 달리, 그러한 전쟁이 갖고 있는 모든 성격과 근대에서 전쟁 성격 모두를 갖추고 있다고 해도 좋다. 다시 말해서 늘 얘기되고 있는 국가총력전(國家總力戰), 그 모든 의미에서 국가총력전의 전형적인 것이 대동아전쟁이라고 생각한다. 따라서 무력전 외에 외교전(外交戰)도 있으며, 또한 당연히 경제전(經濟戰)도 있고 사상전(思想戰)도 있다. 또 다양한 문화의 전쟁도 있으며, 서로의 국민생활을 통해서 하는 이른바 생활전(生活戰)이라는 면도 갖추고 있다. 게다가 언제나 얘기되는 장기전(長期戰)이라는 성격도 갖추고 있다. 한편으로는 단기 격멸의 성격도 지니고 있다. 이러한 장기전과 단기전이 복잡하게 결합되어 이른바 결전(決戰)의 연속, 그리고 결전의 연속이란 것이 그 어느 하나하나를 꺼내더라도 종래에 일찍이 볼 수 없었던 것 같은 매우 대규모의, 게다가 매우 처절하고 열렬한 전쟁이 계속되고 있다. 이러한 성격을 지니게 된 것이다. 따라서 이 대동아전쟁의 성격이란 것은 실로 복잡 다양하다. 종래의 역사상에서도 혹은 백년전쟁이라고 불리는 것도 있었고

---

56 황어전(皇御戰): 천황의 전쟁을 높여 부르는 말.

반대로 일거(一擧)에 전국(戰局)의 귀추가 결정된 전쟁도 있었다. 하지만 이와 달리 전쟁의 종결을 보기까지는 많은 노력과 힘을 집결하지 않으면 도저히 간단히 끝나지 않은 것이라고 여겨지는 것도 있었다. 더구나 종래의 여러 전쟁을 보아 참고해보면, 처음에서 승리했다가 나중에는 패배로 끝난 전쟁도 있었다. 그것은 나폴레옹 전쟁이다. 또 처음에는 경기가 좋지 않았지만 나중에는 점점 좋아져 마지막에는 이긴 전쟁도 있었다. 그런데 이 대동아전쟁을, 일단 우리 황국(皇國)이 은인(隱忍)하고 또 은인자중했던 숙적(宿敵) 미·영에 대해서 행동을 개시한 이상은, 이 전쟁의 발단과 결말에서 당연히 예상되듯이 처음에도 이기고 마지막에도 이기는, 즉 이기고 이겨 끝까지 이기는 것이 필요하다. 이러한 점으로 보면, 서양의 역사에서는 이기고 이겨 계속 이겼다는 사례는 없다. 그러나 진무(神武)의 용병이 된 황군은 진정 멈추려 해도 멈출 수 없는 황어전(皇御戰)을 하고 있다. 우리 황군으로서는 처음에도 이기고 마지막에도 이겨서, 이기고 이겨 끝까지 이기는 것이 종래의 역사이다. 이 대동아전쟁도 당연히 그렇게 되지 않으면 안 되는 것이다. 이러하기 때문에 쉽게는 간단히 이루어질 수는 없겠지만, 거기까지 가지 않으면 안 된다는 것을 우선 서로가 인식하고, 단순히 지식으로 아는 것이 아니라 생활 방면 혹은 여러 총후(銃後)에서 행동도 이러한 인식이 그대로 드러나도록 하는 것이 대동아전쟁 민심 지도에서 첫 번째 착안점이다. 이는 매우 어려운데, 그러한 점에 대해서 정보과를 비롯하여 모든 기관이 협력하지 않으면 안 된다는 것을 알게 될 것이라고 생각한다.

둘째는 안이한 전쟁관(戰爭觀)을 시정하여 배제하는 것이다. 지금의 첫 번째 대동아전쟁의 성격을 충분히 인식하였다면 당연히 도출되는 것이다. 전쟁이 극히 순조롭게 진행되고 있기 때문에 이것으로 전쟁은 80프로 이겼다, 혹은 남방에서도 적의 중요거점은 대체로 공략했기 때문에 무력전은 이제 끝난 것이 아닌가, 앞으로는 경제전이라고 생각하여 이제 전쟁은 끝났다고 생각하는 사람들이 약간 있는 듯하다. 이는 첫 번째 대동아전쟁 성격을 충분히 인식하고 있지 않은 것이며 오히려 잘못 인식하고 있는 것이다. 결코 그렇게 말할 수 없다. 만약 그러한 사람이 있다면 서남태평양에서 혹은 미얀마 전선에서 매우 격렬히 싸우며 분투하고 있는 황군 장병에 대해서, 또 진두지휘하다가 쓰러진 야마모토(山本)⁵⁷ 원수(元帥)나 앗츠 섬 옥쇄부대(玉碎部隊)의 충혼(忠魂)에 대해서 전혀 미안한 마음이 없는 것이다. 이와 같은 전쟁관은 절대 배격하지 않으면 안 된다고 생각한다.

셋째는 필승의 신념을 견지하는 것이다. 이는 전쟁 개시와 함께 누누이 말하였지만 어쩌면 이 글의 제목과 같이 우리가 소리치고 또 들어왔던 것이다. 게다가 그 의미는 실로 간단명료하다. 그런데 이것이 각 사람들의 뼛속까지 충분히 철저한가라고 하면, 유감스럽지만 그 점에서는 아직 현실에서 그렇지 않은 사례들이 들린다. 전쟁에서 이기기 위해서는 여러 요소가 있다. 직접 전력(戰力)을 구성하는 무력, 다음으로 생산력과 경제력과 같은 것이 일차적으로 필요하다. 이와 함께 이것을 움직이고 이것을 들고 싸우는 인간의 정신, 게다가 또 총후 국민의 정신력, 이러한 것들이 전투에서 매우 중대한 요소들이다. 특히 그 정신이 긴장을 늦추지 않고 절대로 이긴다는 필승의 신념이 필요하다. 우리가 이렇게 말하면 그런 것은 잘 알고 있는 것이라며 간단명료하게 치부해버린다. 하지만 실제로 우려하지 않으면 안 되는 사례가 일부지만 다양하게 있다. 예를 들어 서남대서양 방면의 전황(戰況)에 대해서 여러 가지를 예상하고 걱정한다. 또는 독·소(獨蘇) 전황에 대해서 여러 소문을 쑤군거리거나, 쓸데없는 자신의 견해 혹은 시시한 유언(流言) 등에 혹하여 여러 소문을 쑥덕거리는 자도 약간 있는 듯하다. 이러한 무리들은 입으로는 필승의 신념을 말하지만 아직 각오가 되어 있지 않은 것이다. 이러한 자가 조선에는 아직 약간 있는 것이 아닌가. 이러한 점에 대해서 한편으로는 정보 선전에 종사하는 우리에게 중대한 책임이 있음과 동시에 향후 기회가 있을 때마다 계몽을 도모할 필요가 있다고 생각한다. 또 반대로 필승의 신념이란 승리를 관념적으로 믿고 있으면 된다는 것이 아니다. 필승의 신념에 대한 근저(根底) 또는 그 배후에는 국민 자체의 생산전력(生産戰力) 증강을 위한 피나는 분투와 전시 생활을 철저히 하려는 노력이 필요하다. 이 점은 철

---

57 야마모토 이소로쿠(山本五十六, 1884~1943): 쇼와 시기 원수(元帥), 해군대장. 제2차 세계대전 당시 일본제국 해군 연합함대 사령장관이었다. 진주만 공격 시에 현장을 지휘하였으며, 1943년 남태평양에서 탑승한 항공기가 격추되어 추락함으로써 전사하였다. 일본군은 야마모토의 죽음을 한동안 비밀에 부치고 '해군갑사건(海軍甲事件)'이라고만 부르다가, 한 달 뒤에 죽음을 공표하고 도쿄에서 성대한 국장을 치렀다. 사후에 해군 원수 직위가 추서되었다.

저하게 실천의 문제임을 명심하지 않으면 안 된다. 요컨대 일본이 확실히 이기고 있다는 것은 틀림없는 사실이다. 이 필승의 신념을 견지하기 위해서는 말만이 아니라 모든 생활을 통해 전 조선 민중의 심중을 굳건히 하도록 특별히 부탁한다. 이러한 생각으로 우리는 나아가고자 하는 것이다.

넷째는 미·영(米英) 사상의 배격이다. 이것도 대동아전쟁의 성격을 생각해보면, 당연히 도출되는 것이다. 미·영 사상의 배격은 단지 사상의 배격뿐만이 아니라, 우리가 모르는 사이에 옥석(玉石)이 혼합되어 다년간에 걸쳐 수입되어온 미·영 색(色)의 일소를 국민운동으로 전개할 필요가 있다고 생각한다. 아시다시피 미·영 주의의 배척, 미·영 개인주의나 자유주의의 배척이라는 것을 누누이 말해왔다. 이렇게 하여 일단 미·영 사상은 전부 씻어내었다고 하지만, 앞서 언급하였듯이 우리 일상생활의 모든 행동이 대동아전쟁 완수라는 하나로 집결하고 있는지 어떤지를 서로 반성해보면 아직 부족한 점이 있지는 않은가라는 느낌이 든다. 이럴 때 부족한 것이 무엇인가 하면 역시 미·영적 사상의 계통 혹은 이와 관련된 것이 남아 있다는 것이다. 우리의 사상 혹은 모든 생활에서 이러한 것을 먼저 씻어내야 하는 것이지만, 실제로는 순수한 일본인으로 전부 복귀하지는 않아서, 말하자면 약간의 스프가 들어있다는 느낌이 든다. 모든 기회에 모든 방법으로 미·영 사상의 잔재를 청산하고 미·영적 냄새를 배격하기를 희망한다. 이 점에 대해서는 국민총력연맹의 운동에 따라, 혹은 미·영 레코드의 단속, 혹은 가두의 광고류 단속, 혹은 우리 생활에 들어온 여러 가지 미·영적 습관을 시정할 필요가 있다. 미·영 색채 일소에 대해서는 각 방면에서 운동 전개의 방도를 강구하고 있는데, 이를 더욱 촉진시키고자 한다.

다섯째는 유언비어(流言蜚語)의 방지, 더욱이 바꾸어 말하면 사상전(思想戰)·모략전(謀略戰)에 대한 조치이다. 현재의 싸움이 사상전이며 문화전(文化戰)이라는 것은 앞에서 언급한 대로인데, 이는 극히 중대한 일이다. 이것도 누누이 떠들었던 것으로서 이미 알고 있을 것이다. 하지만 실제 사상전의 수단이라는 것은, 이것이 사상전이라고 말하면서 사상전을 하는 사람은 한 사람도 없을 것이다. 우리가 모르는 사이에 적의 사상전의 마수(魔手), 모략, 선전, 더욱이 첩보(諜報) 같은 것에 관계된 사례는 지극히 많다. 저쪽에서 사상전이라고 말하고 나온다면 이쪽도 하면 되겠지만, 우리가 모르는 사이에 그것도 교묘하게 민심의 낌새를 이용하거나 서로의 생활에서 심리를 이용한다. 이와 같은 교묘한 사상·모략전은 가장 경계가 필요하다. 그래서 전쟁 개시와 동시에 혹은 전쟁 전에 우리가 사상전이라고도 하고 방첩(防諜)·방공(防共)이라고도 하면서 해왔듯이 그러한 때에도 필요한 일이지만, 그것보다도 중요한 것은 전쟁이 시작되고 1년, 2년, 3년이 지났을 때이다. 전국(戰局)의 추이에 대해서는 세계에서 비교할 수 없을 정도로 정확하게 발표하고 있다. 이는 적국인 영국에서조차 일찍이 일본 대본영(大本營)의 발표는 정확하다고 말하고 있는 것에서도 확실히 증명되고 있다. 반대로 미국의 발표는 거짓이 많다고들 한다. 그만큼 정확성을 증명하고 있는 대본영의 발표는 엄격하고 게다가 칙재(勅裁)를 받들어 발표한 것이다. 그런데도 대본영의 발표 이외에 무엇인가 있는 게 아닐까 하고 망상하거나, 혹은 아무런 근거도 없이 어디에서 왔는지도 모르는 것을 우리끼리의 이야기라고 하며 유언비어에 흥미를 갖거나 이를 매개하는 것은 당치도 않은 짓이다. 이 점에 대해서는 단지 계발 지도상의 문제뿐만 아니라 경찰이나 헌병 쪽에서 충분히 감시하고 있다. 정보 선전 담당자는 이러한 자들을 올바르게 하는 것은 물론, 처음부터 속아 넘어가지 않게 신념을 갖도록 하여 어디에서 이러한 유언비어가 오더라도 받아들이지 않도록 노력할 필요가 있다. 이 점에 대해서는 육군형법(陸軍刑法)·해군형법(海軍刑法) 혹은 보통의 형법에, 혹은 전시특별법령(戰時特別法令)이나 국방보호법(國防保護法)과 같은 여러 가지 많은 법령이 있다. 전시에 유언비어 등은 엄중히 처단하도록 되어 있다. 적국인 미·영 가운데 미국은 조선에 대해서 상당한 모략·선전을 하고 있다. 더욱이 중경(重慶)의 장개석(蔣介石)에게도 여러 가지 모략 사실이 있다. 물론 이에 대해서는 충분한 단속을 강구하고 있지만, 우리는 끊임없이 이 점을 유의할 필요가 있다.

여섯째는 공산주의·민족주의에 대한 경계(警戒)이다. 공산주의는 일찍이 전성시대가 있었지만 만주사변(滿洲事變)과 지나사변(支那事變)을 거치면서 일단 공산주의라는 것은 탄압을 받으면서 숨어 있게 되었다. 그렇지만 그 잠재된 세력은 더욱 뿌리 깊게 남아있다. 이 일당이 바로 전쟁 개시 후 2~3년경부터 대두하여 앞서 언급한 유언비어 등과 결합하여 여러 가지 모략을 꾸몄다. 예를 들어 전쟁을 위한 여러 가지 통제 혹은 통제의 강화 같은 것은 전쟁이 나면 당연히 각오해야 할 것들이다. 이는 일본뿐만 아니라 세계 어디에서나 발생하는 현상인데, 마치

전쟁을 위해 있는 것처럼 비방하면서 그러한 방면으로 책동하고 있다. 게다가 그 책동은 교묘한 가면을 쓰고서 그 가면 아래서 행동하고 있는 사례가 있다. 이 방면에서도 정보 선전 혹은 총력운동을 따라 이러한 바이러스에 걸리지 않도록 조치를 강구할 필요가 있다. 앞으로 조선의 특수한 경향인 민족독립주의, 혹은 주의라고 할 것까지도 없지만, 이것이 대동아전쟁하에 국민의 결집을 깨트리는 장애가 된다. 일종의 민족적 악감정 같은 것을 양성하여 교묘하게 선동하려는 것 같은 분위기가 없다고는 할 수 없는 정세이다. 따라서 이 점 또한 유의를 요한다.

일곱 번째는 민족전(民族戰)·인종전(人種戰)의 선전에 대한 경계(警戒)이다. 예를 들어 일본과 동맹국인 독일·이탈리아 사이의 이간책(離間策)을 강구하는 선전이다. 대동아전쟁은 결국 인종전이라는 것을 말씀드리면서, 더군다나 독일·이탈리아와 일본 사이를 갈라놓으려는 계략이다. 이 점 또한 유의를 요한다. 또 동맹국과 반추축국(反樞軸國)의 단독강화(單獨講和)의 우려가 있다고 한다. 이는 앞서 언급한 교묘한 선전·모략이다. 이에 대해 우리는 충분히 경계(警戒)할 필요가 있다.

이상에서 대체로 생각난 것을 민심 지도의 제1항목으로 언급하였다. 요컨대 이러한 점에 착안하여, 전국(戰局)의 추이에 발맞춰 사태의 변천에 따라 이러한 방도하에 여러 선전의 구체적인 방책 혹은 개개인의 문제에 대한 지도 방침을 만들어 관계기관을 통해서 이를 시행해 가고자 한다. 이들 지도 방침은 일련의 커다란 것 안에 있는 하나의 수단 방법이라는 것을 생각하여, 끊임없이 전체와 연관시켜 유효하고 적절하게 시행하기를 기대한다. 이상이 대동아전쟁의 민심 지도이다.

3. 조선 사정의 소개 선전

다음으로 정보과에서 특히 역점을 두어야 할 점은 조선 통치 이념의 철저이다. 잘 아시는 바와 같이 고이소(小磯) 총독의 조선 통리(統理) 이념은 국체본의(國體本義)의 투철과 도의조선

(道義朝鮮)의 확립에 있다. 이 점에 대해서는 지사회의(知事會議) 혹은 총력연맹 혹은 신문·잡지 등 여러 가지 방법을 강구하여 철저하게 모색하고 있다. 대체로 국체의본의 투철과 도의조선의 확립이 필요하다는 것에 대해서는 알고 있는 듯하다. 하지만 더욱 상세히 들여다보면 일반에는 '국체의 본의' 및 '도의조선'을 언급하는 진정한 의미를 이해하지 못하는 이도 많이 있다. 이는 말할 필요도 없이 지도자에 대한 방침이다. 지도자가 국체의 본의에 투철하고 도의조선 확립이 어떠한 것인지 잘 알고 그 관념하에서 여러 행정이나 시책, 행동이 잘 맞도록, 일반 대중 혹은 순박한 농민 또는 상공·광산 관계자 같은 사람들이 잘 알 수 있도록 인도하는 것이 필요하다. 문자도 모르고 국어(國語)[58]도 알지 못하는 사람에게 그런 것을 말해도 모를 것이기 때문에, 지도자가 잘 알고 그 방면에 잘 스며들어가도록 하는 것이 목표이다. 그런 의미에서 지도자의 연성(鍊成) 혹은 관공리(官公吏)의 연성이 외쳐지는 것이다. 아무튼 조선 통리 이념의 철저, 도의조선의 확립에 대해서는 한층 더 철저히 노력하기를 바란다.

다음은 통리의 세 가지 방침의 철저이다. 이는 금년 1월 4일의 업무가 개시되는 첫날에 고이소 총독이 발표한 통리의 세 가지 방침이다. 첫째는 수양과 연성의 철저한 실천, 둘째는 생산전력(生産戰力)의 결승적(決勝的) 증강, 셋째는 서정집무(庶政執務)의 획기적 쇄신이다. 이 세 가지 방침은 지금 말씀드린 국체본의의 투철함과 도의조선의 확립이라는 것이 대체로 알고 있으므로, 이번에는 이념에서 실천으로 나아간다는 것으로 총독이 제시한 세 가지 방침이다. 그리하여 여기에는 예산과 그 밖의 것을 수반하여 모두 구체적인 방도로 나타나는 것이 있다. 어쨌든 이 세 가지 방침을 철저히 하고, 이 방침에 따라 서로가 나아가야 함을 아는 것이 필요하다. 이 점에 대해서는 총력연맹과 그 외의 국민운동 기관을 통해 시행함과 동시에 정보과에서도 신문·잡지 등을 통해 그 철저함을 도모할 심산이다.

---

58 국어(國語): 일본어.

4. 조선 통리 이념의 철저

조선 사정의 인식 선전이라는 것은 정보과가 설치된 유력한 존재 이유이다. 아시다시피 조선은 조선총독부가 출범한 지 34년이 된다. 그동안 대단한 노력으로 현재 보는 바와 같이 물심(物心) 양 방면에 걸쳐 약진을 이루어왔다. 어떤 의미에서 팔굉일우(八紘一宇)라든가 혹은 대동아공영권(大東亞共榮圈) 확립과 같은 사상이 살아있는 실례이며, 도의적 규범이라고 할 만한 것이 조선통치 및 조선의 현상이라고 생각하는데, 안타깝게도 조선 밖에서는 아직 조선에 대한 인식이 매우 희박하다. 또 조선 통치의 진정한 의미에 대한 인식도 희박할 뿐만 아니라 반대로 조선에 대해 잘못된 인식을 갖거나 혹은 그다지 좋은 않은 느낌을 가진 자도 있다. 이러한 측면에서 종래 조선 자신을 소개 선전하는 방법이 충분하지 않았던 점도 있다. 아직 내지(內地)[59]의 일반 사람들에게 조선에 대한 인식을 촉진하지 않으면 안 되는 점도 상당히 있다. 이러한 의미에서 먼저 내지에서 조선의 실정을 잘 인식하여 조선에 대한 충분한 협력을 부탁한다. 게다가 단지 조선이라는 작은 관점에서 부탁드리는 것이 아니라, 일본 전체의 넓은 입장에서 조선을 이해해주기를 바란다. 이러한 의미에서 여러 가지 방도를 강구하고 있다. 다양한 팸플릿을 만들거나 내지에서 조선을 소개하는 강연회, 좌담회 등을 개최하거나 그 밖에 여러 가지 방법을 시도하고 있다.

그 다음은 외지(外地)에 대해 조선 사정을 소개하는 것이다. 이 또한 조선통치가 지극히 숭고한 도의적 의미를 지니고 있음을 알아줄 필요가 있다. 즉 만주·지나·몽강(蒙疆)[60]의 대륙 방면, 또 대동아 남방공영권의 프랑스령 인도차이나(佛印)·태국·버마 혹은 말레이시아 같은 방면까지 최대한 손을 뻗혀 조선 통치의 실상 및 조선의 실정을 소개할 필요가 있다. 이는 일

---

59 내지(內地): 일본 본토를 말함. 당시 일본은 행정법상으로 일본 본토를 '내지', 그 외의 식민지 지역 등을 '외지(外地)'로 구분하여 사용하였으며, 이에 준하여 '내지인', '외지인'이라고 불렀다. 이는 공식적·법적으로 자신들은 서양의 '식민지'와는 다르다는 것을 표방하면서, 내부적으로 차별을 두는 것이라 할 수 있다.
60 몽강(蒙疆): 몽골족의 강역. 내몽골의 대략 동쪽 절반인 구 찰합이성(察哈爾省) 및 수원성(綏遠省) 일대를 가리키는 호칭이다. 특히 중일전쟁기에 일본이 이 지역에 설치한 몽골족 괴뢰정부들을 가리키는 말로 종종 사용된다.

본의 황도정치(皇道政治)가 얼마나 숭고한지의 실례로서, 미·영과 같은 부류의 외지 통치와는 출발점부터 취지가 전혀 다르다는 점을 알리는 것이 필요하다. 이 점은 매우 중요한 안목으로서, 조선 통치의 실제를 모르기 때문에 여러 가지 오해를 하거나 싫어하는 것이다. 이 점을 충분히 유의했으면 한다.

5. 징병제 및 해군특별지원병제도의 주지 철저

그리고 징병제도의 취지 선전이다. 이것 또한 금년도의 중요 항목이다. 이것은 정보과의 선전 방침으로서 중요할 뿐만 아니라, 조선총독부 아니 일본 전체로서 지극히 중요하다. 1944년(昭和 19)부터 드디어 징병제가 실시되었다. 조선에서도 매년 다수의 군대를 보내고 있다. 이러한 병사는 훌륭한 황군(皇軍) 장병(將兵)으로서, 충성스럽고 용감무쌍한 황군의 일원으로서 어떤 것에도 지지 않는 진정한 정신으로 황군에 참가하는 것은 매우 중요한 일이다. 조선으로서는 이러한 식으로 하지 않으면 다소 미안한 사항이다. 따라서 총독부의 각 국(局)은 물론 군·관·민이 함께 호적(戶籍)의 정비, 특별연성의 실시, 국어의 보급, 기타 여러 가지 준비를 하고 있다. 정보과로서는 이러한 취지의 선전을 충분히 하지 않으면 안 된다. 취지의 선전이라는 것은 올해부터 징병제가 시작되기 때문에 금년 1년으로 충분하지 않은가 생각할지 모르겠지만, 결코 그렇지 않다. 이렇게 대사업이기 때문에 향후 수년에 걸쳐 우리 황군의 본질과 징병의 진의를 알고, 그것도 직접 징병으로 가는 사람만 알아야 하는 것이 아니라 징병으로 가지 않는 가족과 부인들도 그 의미를 확실히 알고서 훌륭한 군대에 보내는 것이 필요하기 때문에, 정보과는 국민총력연맹과 그 밖의 기관들과 협력하여 이 방면을 중점적으로 실시할 예정이다. 또 앞서 공표된 해군특별지원병제도의 취지를 철저히 주지시킬 필요가 있다. 이 방면의 계발 선전에 힘을 쏟으면서 현재 여러 가지 방도를 강구하고 있다.

6. 국민총력운동의 추진

다음은 국민총력운동의 추진인데, 이 또한 중요한 사항이다. 본 건에 대해서는 작년 국민총력연맹(國民總力聯盟)이 크게 개조된 뒤 앞서 개최된 이사회에서도 총력운동의 새로운 전개를 위한 기본 방침이 정해졌다.

이것이 착착 실행되게 되었는데, 정보과와 총력과(總力課), 특히 국민총력과(國民總力課)로서는 그 점에서 원활한 운행을 기대하고 있어서 그 추진을 도모하고자 생각하고 있다. 아시다시피 국민총력연맹에서 결정한 운동방침에 따르면, 국체본의(國體本義)의 투철함으로 도의조선(道義朝鮮)의 확립을 도모하고 2,500만 신민(臣民)의 총력을 결집 연마하여 대동아전쟁 목표의 완수에 매진해가야 한다. 이와 더불어 징병제 실시 준비에 유감이 없기를 기대한다. 이러한 방침하에 운동의 중요 목표로서는 도의조선의 확립, 황민의 연성, 결전 생활의 확립, 결승 생산력 확충, 징병 실시 준비, 이 다섯 항목을 내걸고 운동을 전개하게 되었다. 이러한 점은 앞서 언급한 정보과의 착안점과 일치하는 사항도 상당히 있는 것 같다. 요컨대 국민총력연맹의 건전한 발달을 도모하고, 이를 위해 계발 선전 방면에서 충분히 협력하여 이 운동을 추진하는 것이 요점이다.

7. 식량 사정에 관한 민심 계발

다음으로 정보과에서 힘써야 하는 것은 식량 사정에 관한 민심의 지도이다. 이는 조선의 금년 식량 사정 및 그 대책 등에 대해서는 제가 말할 필요도 없이 충분히 알고 있다시피 작년의 한해와 수해의 결과로 매우 어려운 상황에 있다. 우리 생활에서 의식주는 가장 중요한 문제이다. 특히 누구에게나 통하는 문제는 식량문제이기 때문에 이와 관련된 민심의 지도는 상당히 중대한 각오로 실시하지 않으면 안 된다고 생각한다. 정보과로서는 식량 증산, 공출(供出), 배급 및 소비 규정의 전 부문에 걸쳐 민심의 계발 선전을 꾀하고 싶다. 특히 그 의미에 대하여 거론한 것이다.

8. 전쟁하 문화의 조성

 그 다음은 결전하에서 문화의 지도 조성이 정보과의 금년도 목표 중 하나이다. 사람에 따라서는 이러한 대전쟁을 하고 있을 때 문화나 문예 같은 것이 필요하겠냐고 할지도 모르겠다. 이 문제는 일단 뒤로 돌리고 당면한 전쟁을 제일주의로 실시하는 것이 어떤가 생각하는 사람도 있을지 모르겠다. 하지만 실제로는 그렇지 않다. 이 결전하에서 이러한 문화, 게다가 문화의 개념은 종래 우리가 문화, 문화라고 쉽게 말하곤 했던 문화, 혹은 모르는 사이에 미·영적 색채가 물든 문화는 취지가 다르다. 전쟁하에서 국민 생활의 사기를 앙양하고 결속을 도모하기 위한 황국문화(皇國文化), 황어전(皇御戰)을 진행하기 위해 기능하는 문화이다. 이러한 의미에서 결전하의 문화 및 예능의 지도 조성이 중요한 의미를 지닌다는 것은 충분히 알 것이라고 생각한다. 이에 대하여 정보과는 총력연맹 및 그 밖의 문화 관계자와 연락하여 필요한 조성 지도를 실시한다. 이러한 견지에서 작년에도 실시한 바와 같이 문학·문예·미술·음악·연극·영화·가미시바이(紙芝居)[61] 등에 대해, 또는 상(賞)을 수여하거나 조성 지도하도록 하여, 올해도 다시 추진할 예정이다. 이상으로 1943년도(昭和 18)의 정보 계발 선전의 방침에 대해서 언급하였다. 이것이 원활하게 운영될 수 있도록 관계 방면의 협력을 부탁하는 바이다. (필자: 조선총독부 정보과장)

---

[61] 가미시바이(紙芝居): 종이연극, 그림연극. 하나의 이야기를 여러 장의 그림으로 구성하여 한 장씩 설명하면서 구경시킨다. 1931년경부터 어린이를 상대로 사탕 장사가 판매 수단으로 거리에서 공연하기 시작했다고 한다. 현재는 시청각 교재로도 사용되고 있다.

<자료 10>

「결전하 조선 사상정세의 한 단면」[62]

(小高五郞,[63] 《朝鮮》 제339호, 1943.8)

○ 일국의 사상 문화는 대내적인 여러 조건의 지반 위에서 진화 발전을 이루는 것은 물론이지만, 다른 한편으로 타국, 즉 다시 말하면 외적 조건에 따라 적지 않은 영향을 받는다는 것은 논의의 여지가 없다. 만일 그 나라의 사상 문화가 쓸데없이 거칠거나 수준이 낮은 경우에는 타국의 사상과 문화로 인해 고유한 모습을 상실하게 된다. 반대로 타국의 사상 문화를 받아들이는 소지를 갖추고 있는 경우에는 이를 잘 섭취하여 마치 자신의 약상자 속에 있는 것처럼 더욱더 자신의 사상 문화를 심화 향상시킨다는 사실(事實)은 수많은 사실(史實)들이 보여주는 바이다.

조선의 현재 사상 정세를 관찰하려면, 물론 과거부터 현재까지의 역사적 고찰과 함께 대내적·대외적인 여러 요소를 연구할 필요가 있다. 여기에서 이를 상세하게 논하지는 않겠지만, 필요한 범위 안에서 간단히 언급하고자 한다.

천년, 2천 년 전의 역사를 되풀이할 것까지 없이, 이조(李朝) 시대에 대내적 방면의 정치는 가렴주구(苛斂誅求)와 붕당(朋黨)으로 서로 물어뜯는 상황이었다. 종교 방면에서 불교는 극단적인 압박 정책으로 교세는 위축되고 약해져 매우 부진한 상태였다. 하지만 유교는 적극적인 장려 정책에도 함부로 공론(空論)을 확대 논의하는 풍조만을 조장하여 자신의 것으로 섭취하

---

62 小高五郞, 「決戰下朝鮮の思想情勢の一斷面」, 『朝鮮』 第339号, 1943.8, 朝鮮總督府, 17-22쪽.
63 고다카 고로(小高五郞): 1930년대 이후 총독부 속(屬), 사무관 등을 지냈다. 강원도 속, 강원도경찰부 경부(警部), 황해도 내무부 이사관, 경상남도 재무부장, 총독부 사무관 등을 역임하였다.

지 못하였다. 이에 더하여 그동안 서구 사상의 정신대(挺身隊)로서 기독교가 등장하여 다소의 곡절을 겪으면서 마침내 현재와 같이 튼튼하고 굳은 기반을 구축하게 되었다. 이는 말할 것까지도 없이 고유한 신앙 대조(對照)가 없는 것이며, 내외의 불안한 생활에 그 희망을 잃은 민심을 심하게 동요하게 한 것이었음에 틀림없다.

　게다가 서구의 야망은 해를 거듭할수록 점점 노골화되어 이른바 극동의 발칸으로서 반도(半島)의 지위는 자못 중차대하게 되어 정말로 누란(累卵)의 위기에 서게 되었다.

　이와 같이 내외의 위급한 국면에 직면하면서 당시의 주요 인물들은 백년의 대계를 수립하여 매진하는 식견과 용단이 부족했다. 헛되이 일시적으로 호도하는 데 급급해하는 모습이었다. 한국병합(韓國倂合)은 당시의 객관적 정세로 보아 귀착될 만한 대로 귀착된 것이었다고 말할 수밖에 없다.

　○ 한국병합에 의한 내정(內政)의 우환은 뿌리 밑부터 소멸되어 외세 침략의 위협은 제거되었다. 이렇게 내외의 불안한 생활이 종지부를 찍게 됨으로써 반도의 사상이 통일되었는가 하면, 결코 그렇지 않다. 일부 사람들은 내심 흔쾌해하지 않은 점이 있었던 것은 사실이다. 이것이 서구의 제1차 세계대전 직후 세계를 풍미한 민족자결(民族自決) 사상에 동요되어 1919년(大正 8) 사건[64]의 발발을 보게 되었다. 하지만 이 사건을 하나의 전환점으로 점차 반도 대중은 나아갈 방향을 깨닫게 되었고, 특히 일부 선각(先覺)한 인사들 사이에서는 더욱 신념적으로 내선일체화(內鮮一體化) 촉진을 위해 눈물겨운 노력과 정진을 이어갔던 것이다. 적어도 일지사변(日支事變) 발발 전까지의 정세는 대체적으로 이상과 같다고 해도 틀림없다고 생각한다. 더욱 솔직히 말하자면, 이러한 일반적인 대세 가운데 여전히 확신할 수 없는 심경에 빠져 과거의 꿈을 좇는 인사도 전혀 없다고는 할 수 없는 상태이다.

　○ 이상과 같은 추세에 하나의 전환점이 된 것은 지나사변(支那事變)의 발발이었다. 지나사변의 발발을 보면 역대 총독의 선정(善政)은 반도 2천 3백만 동포의 적성(赤誠)[65]이 되어 훌륭

64　1919년 사건: 3.1운동.
65　적성(赤誠): 단성(丹誠). 진실에서 우러나오는 정성.

하게 결실을 맺었다. 장개석(蔣介石) 및 장(蔣) 정권을 흔들어대는 미국·영국·러시아 등 일련의 대국(大國)들에서 돌아서서, 아시아인의 아시아 건설을 목표로 매진하는 일본의 국력 앞에 새삼스럽게 황국신민(皇國臣民)으로서의 삶을 누리며 영광스럽고 감격에 겨워했다. 이 지나사변은 마침내 오늘날의 대동아전쟁으로까지 진전을 보았는데, 일파만파(一波萬波)의 복잡하고 긴박한 국제 정세가 가져온 필연의 과정이었다. 이러한 파란이 거듭되는 동안 조선은 점차 명료하게 그 나아갈 길을 제시하였다. 이른바 학제(學制)의 개혁, 지원병 제도의 실시, 창씨제(創氏制)의 창설, 징병제 및 의무교육제의 실시 등이다. 게다가 대동아전쟁은 점차 결전의 양상을 띠어 처참하고 가열한 격전이 연일 전개되고 있다. 한편에서는 대동아건설의 성업(聖業)이 전쟁과 병행하여 순조롭게 운영되고 있다. 이러한 사항이 반도인에게 어떻게 받아들여지며 어떻게 비치고 있는가. 이하에서 좀 더 살펴보고자 한다.

이러한 여러 시책의 첫걸음은 학제의 개혁이었다. 이로써 교육에 관한 한 명실공히 내선(內鮮) 무차별이 되었으며, 현재 적령기에 있는 생도 아동은 물론, 부모 형제 모두가 절대로 감사하는 마음으로 받아들여서, 중·소등(中小等)학교를 통해 내선공학(內鮮共學)의 제도가 촉진되어 철저한 황국신민 교육을 기약하게 되었다. 다음으로 실시를 발표한 것은 지원병 제도에 대한 것으로서 이는 청소년의 마음을 크게 감동시켰다. 솔선하여 혈서지원(血書志願)을 하는 이도 그 수를 모를 정도이며, 그 취지를 철저하게 주지시킴으로써 지원자 수는 해가 갈수록 증가하는 상황이다. 지식계급은 하나같이 숭고한 국방의 중책을 짊어진 영광에 감격하여 하루라도 빨리 국민의 3대 의무 중 하나인 징병제 실시를 열망하였다. 또 징병제뿐만 아니라 의무교육제도 신속하게 실시하여 명실공히 황국신민의 자격을 부여받기를 하루라도 서둘러 바라는 자가 적지 않았다. 하지만 반면에 제도 실시의 진의에 대한 이해 부족으로 기피하는 행동을 하는 이가 없는 것도 아니다. 그 가운데는 부녀자 등에게 지원병에 응모하는 것은 곧 전쟁하러 가는 것이며, 전쟁하러 가면 반드시 전사한다고 기우(杞憂)하는 언동을 일삼는 자가 적지 않다. 이와 같은 상황 속에서 실시한 지원병 제도는 관계 당국의 절실한 시책과 일반의 이해, 적극적인 활동과 청소년의 애국심 앙양으로 예상하고 기대한 이상으로 성적을 올리고 있다. 내년부터 실시할 징병제는 적어도 이것이 큰 원인 중 하나가 되었다고 생각한다.

작년에 이어 발표된 징병제 및 의무교육제 실시가 매우 감격스럽게 받아들여졌다는 것은 말할 나위도 없다. 하지만 발표 당시 부녀자 계급에서는 기피적인 언동 내지 기우적(杞憂的)

언동이 있었지만, 당국의 계몽과 시국 인식으로 점차 이해가 깊어지고 있다. 또한 병력 부족에 의한 시책인 것처럼 부적절한 언사를 일삼는 자도 있었던 것 같은데, 나중엔 일본 국력이 꿋꿋하다는 것을 알고 이러한 비시국적인 언동은 거의 찾아볼 수 없게 되었다. 의무교육제에 대해서는 이미 학제 개혁이 이루어져서 근본적 이념으로서 황국신민 연성(鍊成)의 철저화, 내선일체화의 촉진이 순조롭게 진행되고 있어서, 일반인들에게는 이미 발표된 징병제와 서로 맞물려 황국신민화를 촉진하는 시책으로 되었다. 게다가 대동아전쟁 수행 과정에 있는 인적·물적 방면의 어려움을 극복하고 실시한 정책에 대해서 기쁨과 감격적인 말을 그치지 않았다. 이상은 일지사변 및 대동아전쟁 과정에서 중요 시정(施政)에 대한 반도 민심의 일반적 동향이다. 하지만 나쁜 부분의 일단을 피력해보면 이러한 제도 실시와 관련하여 반대급부(反對給付)를 요구하는 것도 절대 없다고는 할 수 없다. 필리핀, 버마 등에 대한 정부의 수차례의 성명은 뒤에 언급하겠지만 미묘하게 반도 민심에 작용하고 있음을 이번 기회에 명기해둘 필요가 있다고 생각한다.

전국(戰局)의 국지적 추이의 진전에 일희일우(一喜一憂)하는 것은 엄히 경계해야 할 점이다. 선악(善惡)은 어느 관점에서나 다소의 동요가 있는 것은 피할 수 없다. 강력한 선전 계몽은 향후 중요한 임무이다. 또 경제 정책의 강화 등에 대한 기우적 혹은 반시국적 언동이 절대로 없다고도 할 수 없다. 이는 필시 시국 인식의 정도에 따라 귀결되는 것이다. 요컨대 필승의 국민적 신념이 희박하면 옛날처럼 자유주의 경제시대의 달콤한 꿈을 망각할 수 없거나 또는 개인주의적 의욕을 벗어버릴 수 없는 분자이다. 이에 대한 적극적인 계몽시책은 당면한 급선무라고 생각한다. 또 최근의 식량 사정은 농민 대중, 노동자 계급의 일부에 미묘한 반대 영향을 주고 있지만, 유식(有識) 계급은 별도로 하더라도 순진하고 소박한 그들에 대한 시책은 명료하기 때문에 깊이 논하지 않기로 한다.

대동아전쟁은 싸우면서 건설하고, 건설하면서 싸우는 것이 상식적이라고 한다. 하지만 건설 사업은 간단한 것이 아니다. 팔굉위우(八紘爲宇)라는 건국의 넓고 원대한 사명, 다시 말해서 '만방(萬邦)으로 각기 원하는 바를 얻어 조민(兆民)[66]을 안도하게 한다'는 것은 널리 회자되고 있지만 과연 전 일본인이 그 진의를 이해하고 있는지 의심이 들지 않는 것은 아니다. 이 점

---

66 조민(兆民): 모든 백성, 만백성.

에 대해서는 여기서 깊이 논하지 않겠다. 이상(理想)과 역사적 사명에 따라서도 현실의 문제로서도, 반도는 대동아공영권 지도의 핵심적인 한 부분이다. 영광스런 사명과 지위를 부여받은 반면 그 책임은 중차대하다. 이 영광스런 책무 완수의 전제조건으로 2,300만 동포는 물심양면(物心兩面)으로 흔들리지 않는 수양과 연성이 필요하다는 것은 말할 필요도 없다. 현 총독이 강조하고 있는 국체본의의 투철, 도의조선의 확립, 철저한 수양연성 등은 모두 이러한 관점에서 나온 것이 틀림없다. 그래서 이러한 영광스런 책임을 이해하지 못하고 버마나 필리핀 등과 대비하여 몰래 위 3대 의무의 반대급부로 반도의 참정권(參政權) 문제의 즉시해결을 바라거나 혹은 민족적 언동으로 나오는 자가 만에 하나라도 있다면, 지리적·역사적 내지 국제정치사상의 관점에 따라 입증할 수 있는 많은 사실을 들어서 이러한 관념은 결코 반도인의 행복이 될 수 없다는 것을 명료하게 인식할 필요가 있다. 반도는 내지(內地)와 공동운명체로 존재하는 외에는 달리 나아갈 길이 없다. 과거의 역사를 잘 모르는 청년들이 자칫하면 빠지기 쉬운 이러한 경향에 대해서 우리는 충분히 마음을 쓰고 확고한 사명을 자각할 수 있도록 해야 한다고 생각한다.

청년 학도와 관련하여 주의를 요하는 것은 차별 대우의 철폐 문제이다. 내지인(內地人) 관리에 대한 가봉(加俸) 및 숙사료(宿舍料)의 지급, 내지 도항(渡航)의 제한, 취직난 등은 현재 조선 동포의 불평불만 중 가장 큰 원인이다. 특히 순진하고 감격하기 쉬운 학생은 현실문제로 이러한 문제에 직면하면, 종종 냉정한 태도를 잃고 그 원인과 필요성, 그리고 장래에 대한 전망을 이해하지 못한다. 한번 심하게 곡해하면 불만을 품고는 마침내 자포자기(自暴自棄)하다가 민족운동으로 치닫는 자들이 전혀 없다고는 할 수 없다. 깊이 논할 것까지도 없이 이는 모두 내선일체 완성 과정의 과도적인 시책 현상이다. 빠르든 늦든 개선 내지 근본적인 조정이 요구되는 사항이다. 당국에서 현재 노력 중이므로 당국에 대해 전폭적인 신뢰를 보낸다. 이미 언급한 바와 같이 반도가 나아갈 길과 나아가서는 안 될 길을 재인식하여 참으로 경거망동(輕擧妄動)을 엄히 경계해야 한다고 생각한다. 학제 개혁 당시 내세운 내선일체의 슬로건은 이러한 관점에서 신중하게 이해하고 철저히 할 필요가 있다. 내선일체는 현실의 사실로는 완성의 과정에 있는 데 불과하다. 과도적인 현상으로서, 조정 내지 개선이 필요한 여러 가지 현실 문제와 사항을 포장한다. 이는 역사적 공동운명체로 내선(內鮮)이 나아가야 할 유일한 길이다. 가능한 범위 안에서 신속히 내선일체화 촉진을 저해하는 사항을 제거하고 조정하여 명실공히 일체화의 경지에 도달하고자 한다. 현재는 그 과정에 있음을 이해하는 것이 무엇보다 중요하다. 이런 견지에서 반도인(半島人)에게는 심신(心身) 양면에서 보다 고도의 연성이 요구된다. 널리 일반 내지인은 물론, 특히 반도에 살고 있는 내지인은 팔굉위우의 지도자적 성격의 연성으로 대국민적(大國民的)인 도량을 깊이 이해 체득할 필요성이 요구되는 까닭이다. 내선일체의 교육 강령(綱領) 실현에 대해, 현재 밤낮으로 분투하고 있는 교육가에 대해, 이러한 점을 깊이 유의하고 경계심을 요망하는 바이다. 내선일체를 이야기하는 것은 상관없지만 헛되이 형식적으로 입에 담아서는 위에서 언급한 바와 같이 현실 문제에 직면하기도 하고 순진한 학도의 앞날을 그르치기도 한다. 이러한 죄의 일부는 교사의 몰이해와 무책임으로 귀결된다. 이와 동시에 무지한 일반 대중이 경박하고 잘못된 내선일체론을 일으켜 불평불만의 언사를 일삼는 죄는 내선일체의 진의를 이해 못 하는 내선 지도자의 책무로 귀결된다.

대동아전쟁이 가져온 새로운 문제는 구미(歐米) 숭배의 잔재를 불식시키는 것이다. 미·영 색깔을 청산하는 기운은 내·외지의 공통의 사안이다. 종래에 아무튼 확실하지 못했던 부분을 명확히 청산하고 반도가 나아갈 길을 인식하여 단호하게 진행하기를 강력하게 요청하고 있다. 이 점에서 문제가 되는 것은 기독교이다. 고유한 신앙 대조(對照)가 없는 반도 민심에 깊이 침식하여 들어간 기독교는 이러한 대세 앞에서 혁신과 합동의 기운이 촉진되고 있다. 기독교 혁신의 필요성은 열심인 일부 교인들을 통해 수년 전부터 제창되어왔던 것이다. 대동아전쟁의 발발은 이런 기운에 박차를 가하여 그 필요성을 인식시키고 이해시키게 되었다고 할 수 있다. 물론 내지에서의 실제 정세가 강하게 영향을 주고 있다는 것은 논할 필요도 없다. 아무튼 기독교는 본연의 모습으로 자각하고 진정하게 일본적으로 혁신하고 재출발하려는 노력을 하고 있다. 최종 목표에 도달하기에는 아직 약간의 우여곡절은 피할 수 없다고 생각하지만, 대세는 이미 어느 누구도 저항할 수 없다. 이것이 일본화(日本化)로 순화하여 재생을 이룬다면 반도 사상계의 명랑화(明朗化)는 일단 촉진되고 있다는 것은 의심할 여지가 없다.

사물에 대한 인간의 견해와 사고방식은 연령, 생활 정도, 교양의 깊고 얕음에 따라 다르다. 나이가 듦에 따라, 또 생활 안정과 함께 점차 온건하고 착실하게 된다. 교양의 심화와 함께 이지적이고 비판적으로 된다. 이리하여 개개인이 품고 있는 사상도 주관적 정황의 변화 및 주위의 객관적 정세의 추이에 따라 유동하는 것은 필연의 이치이다. 이렇기 때문에 객관적인 사상 정세의 판정은 하루아침 하루저녁에 좋아질 수는 없다. 자칫하면 주관적인 흐름, 독단에 빠질 위험이 다분히 있다. 개관적이고 종합적인 판단은 신중하고 냉정하게 제반 정세를 검토하고서 내려야 한다고 생각한다. 학문이 얕고 재주가 없어서 애초에 공정하고 객관적인 사상 정세를 판단할 수 있는 자격도 없고 그 기량도 없음을 자각한다. 또 지면으로는 모든 것을 언급할 수는 없다. 첫머리에 한 단면을 감히 제시한 것도 이러한 이유 때문이다.

   요컨대 지나사변 및 대동아전쟁을 계기로 조선 내의 사상 정세는 점차 밝고 명랑하게 개선되고 있다. 이것이 일반적인 추세이다. 그렇지만 사방 주위의 객관적인 정세의 변화는 민심에 미묘하게 작용하고 있음을 명심하지 않으면 안 된다. (필자: 조선총독부 사무관)

일본 각의의 여론·선전 정책 관련 주요 결정사항

해제

 전시체제기에는 기본적으로 '내외지(內外地) 행정일원화'의 방향을 가지고 있었고, 일본 각의에서 결정되는 방침은 식민지 조선에도 그대로 적용되는 것을 기본 원칙으로 삼고 있었다. 또한 여론·선전의 대상이 되는 '일본국민'에는 '외지인(外地人)'인 조선인과 대만인도 포함되어 취급되는 것 역시 기본 원칙이었다. 이러한 특성상 일차적으로 일본 안에서 결정된 전시하의 선전 및 여론지도 방침에 대해 이해하는 것이 필요하다. 조선 내의 구체적인 방침들을 살펴보기에 앞서 먼저 일본 각의(閣議)의 기본 결정사항들을 파악할 필요가 있다는 점에서 본서의 4장을 구성하였다. 시기순으로 제시된 아래의 자료들 가운데 〈자료 15〉[1]를 제외한 나머지 자료의 원문은 모두 『전전의 정보기구요람(戰前の情報機構要覽)』에 수록된 것을 참고하였다.[2]

  1. 「지나사변에 대한 선전 방책」(1937.7.9)

   〈자료 11〉「支那事變に對する宣傳方策」(1937.7.9)

  2. 「대 영·미 문제에 관한 여론지도 방침」(1941.12.4)

   〈자료 12〉「對英美問題に關する與論指導方針」(1941.12.4)

  3. 「일·영·미 전쟁에 대한 정보선전방책 대강」(1941.12.8)

   〈자료 13〉「日英美戰爭に對する情報宣傳方策大綱」(1941.12.8)

  4. 「대동아전쟁에 대한 정보선전방책 대강」(1941.12.15)

   〈자료 14〉「大東亞戰爭に對する情報宣傳方策大綱」(1941.12.15)

  5. 「전시 국민사상 확립에 관한 기본방책 요강」(1943.12.10)

---

1 大久保達正 外 編著, 『昭和社會經濟史料集成 第22卷(海軍省資料 22)』, 大東文化大學 東洋研究所, 1996, 112-115쪽.
2 『戰前の情報機構要覽: 情報委員會から情報局まで』, 1964(奧平康弘 監修), 75-84, 283-299쪽.

〈자료 15〉「戰時國民思想確立ニ關スル基本方策要綱」(1943.12.10)
6. 「결전 여론 지도방책 요강」(1944.10.6)
　　〈자료 16〉「決戰與論指導方策要綱」(1944.10.6)
7. 「대동아전쟁의 현 단계에 즉응하는 여론지도 방침」(1945.1.30)
　　〈자료 17〉「大東亞戰爭ノ現段階ニ卽應スル與論指導方針」(1945.1.30)

　〈자료 11〉은 중일전쟁이 일어난 직후인 1937년 7월 17일 사무국 회의에서 합의되었던 것인데, 전쟁의 원인을 중국 측으로 돌리는 것과 '사건 불확대'라는 기본 방침을 견지하는 입장을 반영하고 있다. 사건 보도나 논평 등에 외국의 여론을 고려하면서 일본 측의 정당성을 주장하는 내용을 담고 있는 것이었다. 미·일 관계가 악화되어 전쟁이 일어나려는 1941년 11월 상황에서는 〈자료 12〉를 통해 "대 영·미 국교 긴장에 관한 객관적 사실의 보도는 종래에 비해 억제를 완화한다"고 표방하면서 여론지도상 대중이 앞날에 희망을 가질 수 있도록 하라고 강조하고 있다.

　진주만 공격이 개시된 1941년 12월 정보국에서는 〈자료 13〉과 〈자료 14〉 등을 통해 국내 여론지도에서 만주, 중국전선, 추축국, 적국, 남방지역, 중립국 등으로 지역을 나누어 선전방책을 설명하였다. 여기서는 국내 여론지도의 요령으로 장기전에 대한 각오와 함께 "국민생활상의 핍박은 전쟁의 진전에 따라 증가한다 해도 황국(皇國)의 대사명을 수행하기 위해서는 당연히 감수해야 한다는 것을 자각시키고 1만 국민의 고통을 적개심의 자격(刺激)으로 이끌어 도리어 전의를 앙양시키도록 지도한다. 또 적국 측, 특히 영·소 및 중경(重慶)에서 국민 생활의 핍박 정황을 적시에 보도하고 생활의 핍박은 우리만이 아니라는 것을 깊이 이해시킨다"라고 하여, 민중의 생활상 압박을 전의(戰意)로 해소시켜야 한다는 방향을 제시하였다.

　일제의 여론 통제는 전쟁이 막바지 상황으로 치달으면서 더욱 확대 강화되어갔다. 일본 각의에서는 〈자료 15〉를 발표하여 전의의 앙양과 필승 신념의 강화를 도모하였다. 구체적으로 보면 국민의 전의 앙양과 필승 신념을 강화하기 위한 요령으로서, "① 전쟁의 목적과 의의에 대해 한층 더 철저한 보급을 도모할 것, ② 근대 전쟁의 성격과 이에 따른 국민생활 변화의 필연성에 관한 인식을 심화함과 동시에 이를 극복하기 위한 각오를 다질 것, ③ 무력전쟁의 국부적 파란에 대한 국민 정신력의 강인성을 함양할 것, ④ 전쟁의 실상에 기초하여 국난(國難)으로 오게 될 감각을 최대한 체득시켜 이에 대한 반발심과 적개심을 앙양시키고, 거국적으로 국난에 대처할 만반의 투지와 전의의 강화를 도모할 것"을 제시하였다. 아울러 사상을 단속하는 데 있어서는 '공산주의운동, 첩보 활동, 반군(反軍) 사상, 비합법 직접행동' 등의 방지와 압박을 강화함과 동시에, "① 강화(講和)의 초래를 희구하는 것 같은 사상과 외의 종전(終戰) 사상, ② 동맹국과 긴밀하게 소통하는 것 같은 사상, ③ 전시 계획경제를 부정하고 민심을 교란시키는 사상, ④ 동기 여하를 불문하고 국정(國政)의 변란(變亂)을 목적으로 행하는 직접행동을 시인하는 것 같은 사상, ⑤ 그 밖에 국민의 전쟁의지 내지 전력(戰力)의 분열과 약화를 초래하는 사상" 등에 대해서는 사전에 철저히 예방해야 한다고 강조하였다.

일제의 패망이 거의 기정사실화된 1944년 10월 6일 각의에서는 〈자료 16〉을 통해 "국체호지(國體護持)의 정신을 철저히 하여 적개심을 격성(激成)시킴으로써 투혼을 일으키는 것"만을 가지고 여론을 지도해야 한다고 했다. 일제의 패망이 목전에 다가온 1945년 1월 30일에는 〈자료 17〉을 통해 당면한 전쟁이 '정의의 전쟁'이라는 것을 강조하면서 구체적인 여러 여론지도 방법을 실행하도록 하였다. 이 방침들도 국민이 전승에 대한 신념을 잃지 않도록 하면서도 국민을 납득시킬 수 있을 정도로만 제한하여 정보를 공개해야 함을 지시하고 있는 등이 주목된다. 일제는 마지막 패전의 순간까지 여론·선전에 대해서만큼은 철저히 제한하고 통제했음을 알 수 있다.

<자료 11>

「지나사변에 대한 선전 방책」[3]

[1937년 7월 9일][4]

1937년(昭和12) 7월 7일 밤 북평(北平)[5] 교외 노구교(蘆溝橋)에서 있었던 일본군과 지나군(支那軍)의 충돌 사건[6]에 대해 정부는 7월 9일 오전 8시 30분 임시각의를 소집하여 사건의 처리 방침을 결정하고, 서기 장관으로부터 다음과 같은 발표를 하였다.

- 이번 사건의 원인은 전적으로 지나 측의 불법 행위에 기초한 것
- 우리 측으로서는 사건 불확대 방침을 견지할 것
- 지나 측의 반성에 따른 사태의 원만한 수습을 희망할 것
- 만약 지나 측이 반성 없이 우려할 만한 사태를 초래할 위기를 보인다면, 우리 측으로서는 적절하고 신속하게 시의적절한 조치를 강구할 것
- 각 각료는 언제라도 임시각의의 소집에 응할 수 있도록 대기할 것

---

3 「支那事變に對する宣傳方策」, 『戰前の情報機構要覽: 情報委員會から情報局まで』(奧平康弘 監修), 1964, 75-84쪽.
4 번역에 참고한 위의 책에는 이 문서의 생산연월일이 명기되어 있지 않지만, 「지나사변에 대한 선전 방책」은 중일전쟁이 일어난 직후인 1937년 7월 9일에 공표된 것이므로 표기하였다.
5 북평(北平): 오늘날의 중국 북경(北京). 1928년 중화민국 정부가 남경(南京)으로 천도하면서 북경의 행정구획인 경조지방(京兆地方)을 폐지하고 북평특별시(北平特別市)를 두었으며, 1930년 6월부터는 하북성(河北省)의 성할시(省轄市)가 되었다가 그해 12월부터 원할시(院轄市)로 승격되었다.
6 이를 '노구교(蘆溝橋) 사건' 또는 '7·7 사변'이라 한다. 1937년 7월 7일 노구교의 중·일군 간의 충돌 사건으로서, 중일전쟁의 발단이 되었다. 노구교는 북경의 서남쪽 15km에 위치한 다리이다.

사건이 발생한 다음 날인 8일 오전 9시 반, 중국 측의 간절한 정전(停戰) 요청으로 양군은 일단 정전 상태에 들어가서 사건은 일단락될 조짐을 보였으나, 10일 오후 5시경부터 정세는 다시 악화되었다. 지나군이 정전협정을 무시하고 돌연 우리 군을 포격해왔으므로 우리 군도 이에 응전하였다. 남경정부[7]가 비행대 및 중앙군 4개 사단을 북상시켰다는 정보가 있어서 사태는 점차 중대한 국면에 들어갔다. 간사장을 비롯한 사무관은 7월 11일인 일요일에 휴일임에도 새벽녘에는 이미 등청하고 있어서 차례차례로 들어오는 정보를 처리하였다.

일본 정부는 사건을 신속하게 해결하기 위해 거국일치하여 일을 처리할 필요가 있다고 생각하였다. 7월 11일 오전 9시에 가자미(風見)[8] 서기관장은 신문기자들과의 회견에서 "사태는 중대하다. 먼저 총리·육군·해군·대장성의 4대신과 회의한 뒤 임시각의를 열고 다시 정무관회의를 연 결과, 경우에 따라 언론계의 대표자를 비롯해 정계·재계의 주요 인물과 각각 간담회를 개최하여 거국일치의 결실을 거둘 것을 요망할 생각이다"라고 말하였다.

이를 위해 정보위원회에서는 곧바로 이 사태에 대처할 정부의 성명안(聲明案) 작성을 개시하였다. 성명안은 육군 및 외무성에서도 각각 준비했지만 결국 육군안을 기초로 성안(成案)을 마련하기로 하였다. 육군·해군·외무 3성 사이에 분주하게 연락하던 중 오후에 5대신회의[9]에서 육군안에 기초한 것을 채택하였고, 오후 2시 30분 임시회의에서 결정했다는 통지가 있었다. 고노에(近衛)[10] 수상이 (천황에게-역자) 상주하여 재가를 얻어 오후 6시 반에 국내외에 발표함으로써, 북지(北支) 파병은 중국 측의 계획적인 무력항일에 대한 일본의 자위권 발동에 기초한 것임을 분명히 했다.

또한 오후 9시 수상관저에서 열린 신문통신사 및 방송협회 간부들과의 간담회에서는 간사장이 참석하여 수상의 인사말을 대신하였다. 이날 정보위원회에서 외무·내무·육군·해군·

---

7   남경정부(南京政府): 1927년 장개석(蔣介石)을 수반으로 수립된 중국 국민당 정부를 말함.
8   가자미 아키라(風見章, 1886~1961): 정치가. 와세다대학 졸업 후 신문기자로 활동하다가 1930년 중의원 의원에 당선하여 정계로 진출하였다. 제1차 고노에 후미마로(近衛文麿) 내각의 내각 서기관장, 제2차 고노에 내각의 사법장관으로 등용되었다.
9   5대신회의(五大臣會議, 五相会議): 쇼와시대 전기 일본에서 내각총리대신·육군대신·해군대신·대장대신·외무대신의 5개 각료가 개최하던 회의를 말한다. 주로 육군·해군의 군사행동이 논의되었고, 이를 실현할 재정·외교정책을 위해 재무장관·외무장관도 참석하였다. 의안의 필요에 따라 기획원 총재 등이 참석하기도 했다.
10 고노에 후미마로(近衛文麿, 1891~1945): 공작 고노에 아쓰마로(近衛篤麿)의 아들로서 제34·38·39대 내각총리대신을 지냈다.

통신 등 5성에 신속하게 연락하기 위한 동보전화(同報電話)를 통신성에 의뢰하고, 동맹통신사[11]와의 직통전화를 사무국으로 이전하였다. 또한 구마모토(熊本) 통신국이 청취한 남경의 라디오 방송을 전보로 보낼 것, 도쿄 체신국에서 방수(傍受)한[12] 상해·지나의 무선방송 전보를 통보할 것 등을 결정하였다.

대지(對支) 관계의 중대화에 수반하여 국민에게 시국을 올바르게 인식시키고 거국일치의 여론을 환기하기 위해, 7월 21일 발행한 《주보(週報)》 제40호를 '북지사변(北支事變) 특집호'로 하여 50만 부를 발행하기로 결정하였다.

7월 12일(월) 오후 0시 30분 상임위원 간사회 석상에서 하타(秦) 간사(신문반장)로부터, 정전협정이 성립되었다 하더라도 양자가 조인한 것이 아니라 간단한 타증문(詑証文)에 지나지 않으므로 정부는 저들이 협정을 확인하기까지는 단호히 해야 한다는 의미의 성명을 들고 싶다는 희망이 있었다. 서기장도 이것에 동의하고 정보위원회에 그 기안을 의뢰하여 회담 후에 이것을 협의하여 기초하였지만, 반대 의견이 나와서 결국 이것은 중지되게 되었다. 같은 날 오후 4시에 각 성의 문서과장을 소집하였다. 간사장으로부터 이번 사건으로 시국은 지극히 중대해졌고, 오늘 모두를 소집한 의도는 거국일치의 성과를 거두기 위함이며, 각 성 관할하의 민간단체에 대하여 각 성 대신이 적당히 배려해주기 바란다는 등의 인사말이 있었다. 이어서 육군·해군·외무 3성으로부터 사건 발생 이래의 정황 설명이 있었고, 끝으로 각 성의 정보를 교환하였다.

7월 13일(화) 각의에서 앞으로의 거국일치 국민운동에 대한 계획은 서기과장에게 일임되었다. 또한 정보위원회와 관계 각 청 사이에 동보전화를 설비하는 것에 대해서 승인을 받았다. 오후 3시에 잡지사에서도 거국일치운동을 철저히 하도록 하기 위하여 《중앙공론(中央公論)》·《개조(改造)》·《일본평론(日本評論)》·《문예춘추(文藝春秋)》의 4개 사를 관저에 소집하여 간담을 나눴다.

---

11 동맹통신사(同盟通信社): 1936년 1월 창립되어 제2차 세계대전이 끝날 때까지 일본의 가장 유력한 통신사로 활약하였다. 민간의 사단법인으로 설립되었지만, 명확한 국책 통신사의 기능을 수행하였다. 1945년 9월 14일 GHQ에서 즉시 업무정지 명령을 내려 10월 31일 부로 해체되었으며, 이후 공동통신사(共同通信社)와 시사통신사(時事通信社)로 분리되었다.(원문은 '동맹'으로 되어 있는데, 동맹통신사를 가리키는 것임)

12 방수(傍受): 무선통신에서 통신을 직접 받는 사람이 아닌 다른 사람이 그 통신을 우연히 또는 고의적으로 수신하는 것을 말함.

또한 15일에 개최한 지방장관 회의에서 내각총리대신 훈시안(訓示案)에 대해서도 협의하여, 이를 기초하였다.

7월 14일(수)에는 다음 날 지방장관회의에서 내각총리대신 훈시안을 결정하였고, 또 오후 3시에는 뉴스영화 제작사 관계 대표자[도쿄아사히(東京朝日), 니치니치(日日), 요미우리(讀賣), 핫세이(發聲)뉴스, 렌메이(聯盟), 메트로, 파라마운트]와 간담을 하여 거국일치의 협력을 강화하였다.

오후 8시 30분부터 지나 관계 단체[동양협회(東洋協會), 동인회(同仁會), 일화학회(日華學會), 동아동문회(東亞同文會), 일화실업협회(日華實業協會), 일본외교협회(日本外交協會), 일본국제협회(日本國際協會), 일화구락부(日華俱樂部), 동아세아협회(東亞細亞協會), 도쿄상공회의소(東京商工會議所)]와 기타 지나 관계자 12명을 초청하여 시국에 대해 간담을 나눴다.

미쓰노부(光延) 사무관으로부터 사변에 대한 국민의 태도에 대하여 정신적 결합을 군건히 하고 대국민(大國民)으로서의 도량과 충만한 평정심을 가지고 시국에 대처하도록 계발 선전과 언론 보도의 지도를 해야 한다는 제안이 있어서, 이것을 심의하였다.

7월 15일(목) 오전 10시에 내각총리대신 관저에서 지방장관회의가 개최되었다. 총리대신으로부터 관민(官民)의 협력을 한층 촉진하여 진정한 거국일치의 결실을 거두기 위해 노력하고자 한다는 요망이 있었다. 정보위원회 간사장으로부터 시국에 대한 선전 방책 가운데 시국선전자료의 활용과 선전기구의 조정을 위하여 지방 정보위원회의 설비에 대한 설명이 있었다.

보도 검열에 대하여

7월 15일 육군성(陸軍省) 병무과(兵務課)에서 각 청 관계자를 육군성에 소집하여 보도 검열에 대하여 간담을 나눴다는 안내가 있어서 가와즈라(川面) 사무관이 오전 10시부터 가이코샤(偕行社)[13]에 갔다. 이 자리에서 가와즈라 사무관은 육군성안에 의하면 보도검열위원회라는 것을 특별히 설치하도록 되어 있는데 이는 정보위원회의 기능과 저촉될 우려가 있으며, 게다가 정보정책상으로도 부적절하다고 생각된다는 의견을 말하였다. 또한 보도검열위원회 설

---

13 가이코샤(偕行社): 구(舊) 일본 육군 장교의 친목 및 상호부조를 위한 단체. 종전 이후 한때 중단되었다가 뒤에 친목단체로 부활되었다.

치안에 대한 각 청의 의견을 종합하여 다음 날인 16일에 검열위원회라는 형식은 차라리 보류하는 편이 좋겠다고 하면서, "신문지법(新聞紙法) 제27조를 바탕으로 육군성령(陸軍省令)을 공포할 경우 검열 사무는 내무성에서 모두 취급하는 것으로 하고, 중앙에서 내무·육군의 쌍두적(雙頭的) 형태에 의한 단속(取締)상의 혼란을 피하도록 하길 바란다"라는 회답이 이루어졌다.

금후의 선전 방책

7월 17일에 북지사변에 관한 선전에 대해서는 대체로 다음과 같은 점을 고려해야 한다고 사무국 회의에서 협의하였다.

- 정확하고 상세한 뉴스를 신속히 널리 알리는 것에 특히 유의할 것. 대외적으로는 특히 그러함[출선(出先)[14] 관헌으로부터 간단한 일본 관련 뉴스를 보낸다는 보고가 있었음]
- 현지 및 각국 출장지에서 각 기관은 외국 측과 접촉하여 적극적으로 우리 측의 보도 자료를 공급함으로써 열국(列國)으로 하여금 지나 측에 서지 않도록 공작할 것
- 유력 신문사를 통해서 외국의 왜곡된 논리에 대해 당당하게 논진을 펼치도록 하고, 또 외국 신문의 논조는 우리 측에 유리한 것과 함께 적절하게 나쁜 것을 섞어서 국내에 소개하도록 고려할 것
- 지나 측의 불법적이고 비인도적 행위를 구체적으로 내외에 빠르게 보도할 것
- 이번 파병의 진정한 의의에 대해서는 금후 이미 정한 방침을 따라 현지 군대의 안전과 재류하는 우리나라 사람의 생명과 재산의 보호 외에 다른 의도가 없음을 철저히 선전할 것
- 위의 방침에 기초하여 재외의 제국 관헌은 한층 더 적극적으로 부임한 나라의 정부를 지도하며, 특히 외국의 관여는 오히려 사건을 확대하려는 데 지나지 않는다는 점을 적절한 방법으로 상대국에 전달할 것
- 동맹통신사(同盟通信社)의 보도는 위 방침에 기초하여 정보위원회에서 지도할 것

---

14 출선(出先, でさき): 출선기관(出先機關)의 줄임말로서, 외국에 파견된 정부의 기관이나 중앙 관청·회사 등이 지방이나 외국에 설치한 지부 기관을 말함.

라디오 방송 선전에 대하여

7월 17일 오후 3시에 아타고야마(愛宕山) 방송국에서 시국에 따르는 방송 프로그램 편성을 위한 준비 회합이 있었다. 기요미즈(清水) 사무관으로부터 선전 정책에 기초하여 편집한 위에서 주의가 있었다. 시사 해설은 1주에 2회로 증가하고, 내일의 역사 시간을 뉴스 해설 시간으로 하며, 통속적인 연예 방송을 가능한 한 하지 않도록 하고, 뉴스에 대한 검열과 검열 방침은 적확한 것을 내놓기로 했다.

각 청 정례 연락 회합

당분간 정보선전 사무의 연락을 긴밀하게 하기 위해서 매일 오후 1시 30분부터 15분간 각 청의 문서과장 또는 정보선전 사무에 관계가 있는 사무관이 출석하여, 각 청이 입수한 정보의 교환, 사변에 관계된 군사·외교·재정·경제 정보 및 각 청이 사변에 대해 채택한 조치를 연락하기로 했다.

7월 17일에 북지사변의 현지 해결에 대한 일본 정부의 최후의 방침은 5상 회의에서 결정하고, 이에 대한 중요 훈전(訓電)을 천진(天津)에 있는 가쓰키(香月) 군사령관 및 남경(南京)의 히타카(日高) 대사관 참사관에게 발신하고, 다음 날인 18일 오후 0시를 지날 즈음 지나 측에 대해 해결 조건을 빨리 이행하도록 독촉하고, 그 뒤에 우리 측의 태도를 단적으로 명확히 하기 위한 자료로 삼는다는 육군당국의 담화 발표가 있었다. 사무국에서는 19일(일)에 현지 교섭 성립과 불성립이라는 두 경우에 대처하는 정부의 성명안에 대한 협의를 기초하였다.

7월 19일(월) 상임위원회에서 하타 간사로부터 전날인 18일 오후 1시에 송철원(宋哲元)과 장자충(張自忠)[15]은 천진(天津) 가이코샤로 가쓰키 군사령관을 방문하여 유감의 뜻을 표하고, 장차 공산분자와 남의사(藍衣社)[16] 등 배일단체의 책동을 금지하고 단속하여 일단 일본과 지나 간의 친선에 노력하겠다는 취지로 약속하였다. 또한 대외 선전요강으로서 "1. 우리는 어

---

15 송철원(宋哲元, 1885~1940)과 장자충(張自忠, 1891~1940)은 모두 중화민국의 육군 장교이다. 원문에는 宗哲元으로 되어 있는데, 오기로 보여 宋哲元으로 바로잡았다.

16 남의사(藍衣社): 중국공산당과의 협력에 반대하는 황포군관학교(黃埔軍官學校) 출신의 국민당 우파가 모여 1931년에 결성한 국민당 산하의 비밀조직. 장개석의 지휘 아래 일종의 정보기관이자 준 군사 조직의 역할을 수행하였다. 정식 명칭은 부흥사(復興社)인데, 국민당 제복이 짙은 푸른색이어서 남의사로 불렸다.

쩔 수 없이 사건 불확대의 현지 해결을 위해 노력 중이지만 지나 측은 무성의하게 해결 조건의 실행을 지연시키고, 또 우리나라 사람의 생명과 재산에 위해를 가하고 있다. 2. 지나 측은 현지에서의 교섭과 무관하게 남방에 있는 병단(兵團)을 한창 북상시키고 있으며, 피아의 병력 관계는 시시각각으로 사태를 중대화시키고 있다. 그 일차적인 책임은 지나 측에 있다"라는 2개 항을 결정하여 동맹통신사 등에 배포했다는 보고가 있었다. 오쓰보(大坪) 간사장으로부터 9일부터 18일까지 사변 관계 신문 취체 상황에 대한 보고가 있었다. 금지 33건, 주의 101건, 차압(差留) 21건, 주의 85건이 있었으며, '사건과 관련을 갖고 있는 것 혹은 거국일치에 악영향을 끼치는 것'으로 금지 26건, 주의 16건이, 도쿄에서는 내보적(內報的)인 것으로 차압 5건, 일반차압 10건, 지방차압 다수가 있었다.

7월 20일 오후 6시부터 임시각의가 열렸다. 북지에서의 국지적인 해결 협정은 19일 오후 11시에 성립되었지만, 지나 병단 가운데는 이러한 협정을 이행하지 않고 불법 포격 등의 행동에 나서서 치안을 어지럽히는 사람이 있을 뿐만 아니라 협정을 이행하겠다는 성의를 인정하기 어려운 정세에 있었다. 따라서 정부는 이미 정한 방침에 따라 그 이행을 감시하는 데에 충분히 자위적인 적절한 조치를 강구하기로 결정하였다.

금후의 정보선전 방책에 대하여

7월 21일 북지에서 사변의 진전에 따른 향후 정보선전 방책에 대해서는 다음과 같이 협의하게 되었다.

-금후의 정보 처리 방법
1. 내외의 제반 정보에 대한 수집을 충분히 하려면 어떻게 해야 할까
2. 내외의 제반 정보에 대한 사핵(査覈)[17]을 충분히 하려면 어떻게 해야 할까
3. 내외의 제반 정보의 연락 조정을 충분히 하려면 어떻게 해야 할까
   1) 주임 사무관에게 구두로 소개 설명하는 것 외에도 속히 회람에 부칠 것
   2) 회람한 정보는 지체 없이 사열(査閱)하여 다음에 회부할 것

---

17 사핵(査覈): 실정을 자세히 조사하여 밝힘.

3) 정보의 취급에 신중을 기하고 적어도 방치하는 일이 없도록 할 것

　　　4) 연락을 필요로 하는 것은 신속히 연락할 것

4. 내외의 제반 정보를 각 청에 통보하려면 어떻게 해야 할까

　　　1) 정기적인 정보의 배부

　　　2) 정례적인 각 청의 연락 회합의 이용

　　　3) 전화를 이용한 회보(回報)

5. 내외의 제반 정보 중 특히 긴요한 것을 각 대신에게 통보할 것

-금후의 선전방책

1. 선전방침

　　일·지 문제에 관한 대외 선전방책 및 일·지 시국에 대한 대내·대지 선전방침은 소정의 선전방침에 준거할 것

2. 선전사항

　　　1) 북지 파병의 의의를 충분히 철저하게 할 것

　　　2) 우리 군의 공격의 정당성을 충분히 철저하게 할 것

3. 대상에 따른 선전방책

　　　1) 국내

　　　　① 제국 신민(臣民)에 대하여

　　　　② 재류 외국인에 대하여

　　　2) 국외

　　　　① 지나: 지나인, 재류 방인(邦人), 재류 외인(外人)

　　　　② 외국: 외국인, 재류 지나인, 재류 방인

-금후의 정보선전 실시에 관한 방책

1. 작전에 따른 정보선전의 관계를 어떻게 해야 할까

2. 관리(官吏)에 대한 지도

3. 동맹통신사 및 방송협회에 대한 지도

각 성(省) 및 각 부국(部局)의 독자적인 지도를 하지 말고 정보위원회 사무국을 통해 할 것
4. 신문 잡지에 대한 지도
5. 민간단체에 대한 지도
   1) 시국 선전자료 보급판
   2) 강연회, 좌담회의 강사 알선
6. 주보(週報)의 이용
7. 사진 수집 알선
8. 동맹통신사 사진부를 이용하도록 할 것

7월 22일에 북지사변에 대한 선전실시요령(宣戰實施要領)은 결국 다음과 같이 결정되어 실시되게 되었다.

1. 일반 방침
   1) 이번 사변은 제국의 은인(隱忍)에도 지나 측의 불법적인 폭려(暴戾)를 통해 바야흐로 확대되었다. 이에 진실로 중대한 결의를 채택하여 폭지(暴支)를 단호하게 응징하지 않을 수 없게 되었으므로, 국민의 각오를 깊이 다지게 함과 함께 세계 여론을 우리 측에 유리하도록 이끌어낼 것
   2) 선전의 중점은 국내 지도계급 및 영·미·독·이·지를 목표로 장차 사변 후의 시말(始末)에 대한 대처도 고려하고, 이번 사변의 진정한 의의를 널리 인식시키도록 노력함

2. 대내 선전
   1) 방침
      ① 국내를 통일하여 거국일치의 성과를 거두어 이번이야말로 어떠한 희생을 치르더라도 철저히 지나를 응징하여 각성하게 함으로써 일·지 분쟁의 근본원인을 제거하고, 동아의 영원한 평화를 확보하고자 하는 제국의 위로부터 아래에 이르기까지의 확고한 결의를 다져서 이를 대외적으로 특히 지나에 반영되도록 할 것
      ② 이번 사변을 초래한 근본원인을 충분히 철저하게 함과 함께 이번 기회에 지나 문

제의 중요성을 알게 하여 일반에 올바른 인식을 주도록 노력할 것

③ 이번 사변은 정세의 추이에 따라서는 제3국이 개입해오는 일이 생길 수도 있을 것이고 또 사변은 상당히 장기간 계속될 것으로 판단된다. 따라서 일본정신의 발양으로 국민의 정신적 단결을 한층 공고하게 하고, 진충보국(盡忠報國)을 반드시 이루고야 말겠다는 신념을 더욱 앙양하여, 상대국이 행하는 사상적 선전·모략에 편승하여 간극이 생기지 않도록 해야 한다. 금후의 재정·경제 내지는 자원이 각 방면에서 여러 가지의 곤란을 당하더라도 견인지구(堅引持久)하여 의연하게 움직이지 않는 국내 여론을 불러일으켜, 이를 일시적인 흥분으로 끝내지 않고 견실하고 부동한 것을 이루도록 할 것

2) 구체적인 선전요강

① 제국 외교 방침의 기조는 일·만·지 3국의 공존공영에 의한 동아의 평화 확보에 있음을 천명함

② 지나 측의 배일·항일·모일(侮日) 및 공산당의 책동은 일·만·지 3국의 공존공영을 저해하는 것으로서, 이번 사변의 근본원인 또한 실로 이에 존재하므로 제국으로서는 이것이 철저하게 근절되어야 한다는 결의를 가지고 있음을 분명히 함. 이를 위해 과거 국민정부[18] 및 국민당과 기타의 불신과 불법, 배일·항일·모일의 사실, 배일·항일 교육철저의 실상, 공산당 및 인민전선운동의 현황을 분명히 함

③ 일·지의 관계, 상호의존성의 천명

　가) 일·만·지 3국의 의존성을 이해시킬 것

　나) 북지는 일·만·지 3국이 제휴 공존하는 기지로서 그 안녕은 제국 및 만주의 존립을 위해서는 물론, 동아의 안정을 바라는 제국이 늘 지대한 관심을 가질 것

④ 파병의 확고한 목적 천명

　지나 중앙정부 및 폭려(暴戾)한 지나군을 응징하고 반일분자의 책동을 근절하고 종래의 그릇된 태도를 청산하도록 하여 진정한 일·지 제휴 실현의 기초를 쌓으려

---

18 국민정부: 중국 본토에서 1925~1949년까지, 본토가 공산화된 이후에는 대만(臺灣)에서 국민당이 집권한 정부. 중국 국민당이 1925년 광주(廣州)에 수립하였다.

는 데에 있음

⑤ 제국의 북지 공작의 목적과 한도

제국의 북지 공작의 목적은 북지의 안정과 적화 방지에 있다는 것, 그 실현에 대해 제국은 영토적 야심을 갖지 않음은 물론, 북지를 제2의 만주국으로 만들거나 혹은 북지를 점령하고 다음으로 중남지(中南支)를 영유하려는 것과 같은 의도는 없어서, 이와 같은 소문은 전혀 있을 수 없는 무언(誣言)임을 인식시킬 것

⑥ 중남지에서 제국의 권익은 수십 년 이래 쌓아온 온갖 고생의 결정체로서 제국의 경제적 발전상 중요한 지위를 차지하고 있는바, 지금이야말로 지나 측의 불법에 의하여 그 존속을 위협당하기에 이르렀으므로 제국으로서는 이를 보전하기 위해 가장 엄중하고 공정한 조치를 취하는 것임

⑦ 지나의 민족성, 군대의 자질, 중앙 및 지방 정부의 특성 등이 이번 사변의 장래성에 관계가 있음을 충분히 인식시킬 것

⑧ 사상전·선전전·경제전 등에 대응할 수 있도록 전 국민의 실천적 운동을 촉진할 것

3. 대외 선전

1) 방침

① 제국은 동아의 영원한 평화를 실현하기 위한 필요로서 또 가장 신속히 사태를 수습할 수 있는 조치를 취함으로써, 열국의 관여는 사태를 분규로 확대시키고 또 열국의 이권이 도리어 위협당하게 될 수 있는 이유를 설명하고, 우리 측의 행동에 대해 방해를 도모하는 것에 대해서는 국가적으로 이를 배제하며 제국의 공정한 태도에 대해 올바른 인식을 갖는 열국과는 어디든 협력할 것임을 알게 할 것

② 어쩔 수 없이 사태가 확대되기에 이른 진상을 천명함

③ 동아에서의 제국의 현 지위와 정책을 역사적으로 설명하고, 제국이 침략적·호전적으로 된다는 오해를 일소하는 데에 노력함

④ 제국은 어떠한 영토적인 야심을 가지고 있지 않음은 물론, 열국의 이권은 이를 존중 보호하고 또 무고한 지나 민중을 결코 적으로 보지 않는다는 것을 알게 함

⑤ 지나의 배외적인 정책의 저지 및 용공(容共) 정책을 막아내는 것은 동아의 평화와 열

국의 이권 확보를 위해 불가결한 요건임을 천명할 것

⑥ 지나의 본질과 일·지의 특수한 관계를 천명하여 지나의 안정과 열국의 이권 확보를 위해서는 일본과 제휴하는 것이 유리하다는 것을 알게 할 것

⑦ 열국의 지나에 대한 무기 수출은 사태를 속히 수습하고 질서를 회복하는 데에 도움이 되지 않음을 천명함

⑧ 지나의 불법·불신의 행위 및 지나인의 잔인성을 구체적이고 인상적으로 선전할 것

⑨ 거국일치의 국내 여론을 해외에 반영하도록 할 것

⑩ 사변이 오래 걸리더라도 우리의 재정은 충분히 견딜 수 있다는 점을 열국에 선전할 것

4. 대지(對支) 선전

　1) 방침

　　① 우리의 거국일치의 국론과 정부의 확고한 결의를 충분히 반영하게 할 것

　　② 제국의 진의를 충분히 이해시킴과 동시에 일본을 제쳐놓고 지나의 안녕과 번영은 바랄 수 없다는 사실을 천명할 것

　　③ 배일·항일을 지나 통일의 도구로 삼으려는 남경정부의 의도는 그릇된 것이며 일·지의 장래에 중대한 화근을 남길 것임을 명확히 함

　　④ 지나 국력의 충실을 과신하여 일본의 실력을 경시하고 있음을 지나 측에서 깨닫게 할 것

　　⑤ 지나 민중에 대해서는, 본 분쟁의 중대화는 지나의 재흥(再興)을 중도에 좌절시킬 것, 배일·항일은 장개석의 지나 통일의 도구임과 동시에 공산당의 지나 적화의 방편으로서, 이러한 책동에 동요하는 것이 얼마나 불행한 결과를 초래하게 될 것인지를 충분히 인식시켜 일본은 무고한 지나 민중을 적대시하지 않음을 스스로 알게 할 것

　　⑥ 이이제이(以夷制夷) 정책은 지나를 국제관리로 들어가게 할 우려가 있다는 것을 인식시킴

<자료 12>

「대 영·미 문제에 관한 여론지도 방침」[19]

[1941년(昭和 16) 11월 4일, 각의 양해]

1. 대 영·미 국교 긴장에 관한 객관적인 사실의 보도는 종래에 비하여 그 억제를 완화함

2. 여론은 애써 이것을 자연적으로 앙양시키고 또 앞날에 희망을 가지고 있는 것처럼 지도하여 획기적인 형식에 빠지지 않도록 유의함

3. 다음과 같은 보도 및 언론을 배제함
   1) 이 사이 우리의 전비(戰備) 또는 전략 행위를 알아챌 수 있을 것 같은 보도 및 언론
   2) 대국민(大國民)의 긍지를 잊어버리고 재류하는 제3국인에 대한 직접행동 등을 사주하는 것과 같은 선정적인 언동

---

19 「對英米問題に關する與論指導方針」, 『戰前の情報機構要覽: 情報委員會から情報局まで』(奧平康弘 監修), 1964, 283쪽.

<자료 13>

「일·영·미 전쟁에 대한 정보선전방책 대강」[20]

[1941년(昭和 16) 12월 8일]

목차[21]

제1. 목적

제2. 기본 요강

제3. 국내 여론의 지도

제4. 만주·지나에 대한 선전(이하는 별책으로 하되 필요 시에만 후송함)

제5. 추축국에 대한 선전

제6. 적국에 대한 선전

제7. 남방 국가들에 대한 선전

제8. 중립국에 대한 선전

---

20 「日英米戰爭ニ對スル情報宣傳方策大綱」, 『戰前の情報機構要覽: 情報委員會から情報局まで』(奧平康弘 監修), 1964, 288-292쪽.
21 원문에는 '目的'으로 되어 있는데, 오기로 보여 '목차'로 수정하였다. 이 목차의 제1~3장은 이번 자료인 「일·영·미 전쟁에 대한 정보선전방책 대강」(1941.12.8)이며, 제4~8장은 이어서 수록되는 「대동아전쟁에 대한 정보선전방책 대강」(1941.12.15)임을 밝혀둔다.

제1. 목적

전쟁 목적의 완수를 확보함을 요점으로 하여, 군의 작전과 서로 호응하여 내외의 정세를 다음과 같이 유도함에 있다.

1) 국내의 결속을 확고히 하여 온 나라가 어려움으로 치닫고 있음에 대해 기개(氣慨)를 진작시킴과 동시에 필승의 신념을 가지고 장기적으로 오랫동안 대처할 수 있는 각오를 함양한다.
2) 만·화(滿華) 양국과의 불가분 관계 및 추축국과의 협력을 확보한다.
3) 적국의 전의를 상실케 하고 적국 간의 합작을 저지하여 서로 사이가 벌어지도록 한다.
4) 남방 여러 민족으로 하여금 우리에게 동조하여 협력하게 한다.
5) 중립국의 적국 연횡(連衡)을 방어하고 나아가 우리 측에 동조하게 한다.

제2. 기본 요강

기본 방침

1. 선전의 조칙에 기초하여 개전의 대의명분을 천명한다.

2. 다음의 취지에 따라 우리 필승의 도의적 근거를 밝힌다.
    1) 황국의 권위와 대동아의 생존을 확보하기 위해 어쩔 수 없는 전쟁이라는 점
    2) 적국의 이기적인 세계 제패의 요구가 이번 전쟁의 원인이라는 점
    3) 황국이 세계 신질서를 건설하려 하는 것은 팔굉위우(八紘爲宇)의 대훈(大訓)에 기초하여 만방(萬邦)으로 하여금 각기 그 자리를 얻게 하고 조민(兆民)이[22] 모두 그 울타리에서 편안해지도록 하는 것에 있다는 점

---

22 조민(兆民): 만민, 만백성.

3. 앞의 2항에 따라 국민으로 하여금 필승의 신념을 견지하도록 함과 동시에 국력에 대한 자신감을 강화하여 전쟁 목적 달성에 대한 거국적 결의를 굳건히 하고 언제나 양양(洋洋)한 희망으로 총후(銃後) 국력의 강화를 위한 실천에 매진하게 한다.

4. '인류의 공정한 생존의 옹호와 세계의 항구적인 평화의 확립'을 큰 기치로 하여 세계적인 사상전을 전개한다.
적국에 대한 사상 모략 및 추축국과의 협력 확보를 위해 민족전(民族戰), 특히 유색·백색 인종 간의 전쟁이라는 것을 시사하는 것과 같은 언동은 배제한다.

요령(要領)
전 항의 방침에 기초하여 국내 국외를 통해 강조하여 선전해야 할 사항은 다음과 같다.

1. 적국의 우리 생존 억압의 역사
메이지(明治) 개국 이래 인구가 포화 상태가 된 우리 국민은 생존의 방도를 해외에 구하였다. 이러한 자연적이고 평화적인 해외 발전조차 일러전쟁 이후, 특히 1922년(大正 11) 화북회의(華北會議) 이후 언제나 적국의 방해를 받아 마침내 어쩔 수 없이 동아 대륙으로 발전의 방향을 제한하지 않을 수 없기에 이르렀던 역사적 사실을 들어서, 30년에 걸친 분쟁회피를 위해 우리가 지불한 희생과 대조적으로 이기적인 세계 제패를 목적으로 하는 영·미 양국의 부당하고 집요한 착취와 압박이 전쟁의 원인이 되었다는 것을 지적하고 그들의 책임을 규탄한다.

2. 만주·지나사변의 원인 및 사변 확대의 경위
사변의 원인은 황국에 남겨진 유일한 최후의 발전 방향에 대해서 적국이 장·장(張蔣)[23]의 무리를 사주하여 우리를 압박 배제하려고 한 것에서 나왔다는 점을 지적하고, 더구나 신속하게 소규모로 사태를 수습하려 한 우리 측의 평화적 노력에 대한 적국의 부당한 간섭과 압박

---

23 장장(張蔣)은 장학량(張學良)과 장개석(蔣介石)을 가리키는 것으로 보인다.

이 장기적이고 대규모의 전쟁으로 전개되었다는 점을 강조한다.

3. 대동아공영권 건설의 필연성

1) 대동아공영권 건설의 국책은 원래 팔굉위우의 대훈에 기초한 거국의 이상에서 나온 것으로서 인류의 생존을 옹호하고 세계의 항구적인 평화를 건설하려는 것에 다름 아니다. 더구나 이 건설을 촉진하는 도인(導人)이 된 것은 사변 과정에서 적국의 압박으로서, 이에 대항하여 황국의 생존과 대동아 여러 나라의 안정을 확보할 필요로 강요되었다는 점을 지적하고 강조한다.

2) 위 국책의 대외 선전에 직면해서는 황국과 여러 외국의 역사와 국민성의 차이에 비추어 도의적 이념의 제창에만 그치지 말고 대만과 조선의 개발, 만주국과 중화민국 국민정부의 육성 및 전쟁터에서의 선무(宣撫) 등의 실적으로 이를 예증(例證)한다.

또한 침략국으로서 우리에 비견하는 적국의 선전에 대해서는, 저들의 침략 사실을 들어서 이를 반격하고 비교함으로써 간접적으로 우리의 도의성을 알린다.

4. 일·미 교섭의 경과

황국은 태평양의 평화를 유지하고 전 인류에게 전화(戰禍)가 파급되는 것을 방지하기 위해 황국의 존립과 동아의 안정에 대한 위협이 절실했는데도 은인자중해왔다. 8개월이라는 오랜 기간에 걸쳐 황국의 생존과 권위가 허락하는 한도에서 호호적(互護的) 정신으로 미국 등과의 국교 조정에 노력했음에도 불구하고, 우리의 권위와 생존을 무시한 성의 없는 주장을 고집하여 조금도 양보하지 않는 한편, 경제 봉쇄와 도전적인 전비(戰備)로 우리를 압박하고 위협하면서 시간을 끌며 허송세월을 보내려[24] 했다. 그래서 황국의 존립과 동아의 안정은 이러한 상태를 계속할 수 없는 위기에 도달한 것이 곧 전쟁의 발단이 되었다는 사실을 밝혀서 전쟁을 유발한 저들의 책임을 규탄한다.

---

24 원문은 '임연일광(荏苒日曠)'이다.

5. 우리의 필승의 신념과 실력

우리나라 군·관·민(軍官民)의 필승의 신념과 실력이 우리에 대한 열국(列國) 신뢰의 근원임에 비추어, 특히 죽음 속에서 살길을 찾는 금강심(金剛心)[25]을 굳건히 하는 한편, 총력전에 대한 전역봉공(戰域奉公)의 실천을 요청한다.

이를 위해 대본영(大本營)에서의 착실하고 활발한 전황 보도에 호응하여 우리 육해군의 정강(精强)과 전략적 지위의 우월을 연속적으로 보도하는 한편, 무력 이외의 국력, 그중에서도 특히 사변 이후 경제적 실력을 현저히 증강시켜 생산력 확충 계획이 착실히 진척되어 설령 전쟁이 장기화될 경우에도 전쟁 수행을 견딜 수 있음은 물론, 전쟁의 장기화는 더욱더 자급자족 경제체제의 완성을 촉진하여 전후의 경영에서나 열강의 경제전에서 우월한 지위를 확보할 수 있는 근거가 됨을 천명한다. 한편 경제력 향상의 경향을 보면, 기회를 잃지 않고 이를 내외에 발표함으로써 우리 국력에 대한 국민의 자신감을 높이고, 동시에 이를 해외로 반영하여 우리의 경제력을 낮게 보는 적국의 자신감을 동요시킴과 함께 세력이 왕성한 나라(興國)와 중립국(中立國), 작전지에서 여러 민족의 신뢰를 얻을 수 있도록 노력한다.

6. 적국의 약점과 비위(非違)

적국의 전략상의 약점을 지적함과 동시에 적국 내부의 정치경제상의 약점을 집요하게 끊임없이 선전하여, 우리 국민의 자신감에 도움이 되게 하고 또 적국민의 자신감 동요를 일으키도록 한다. 한편 적의 정전양략(政戰兩略)의 실시상의 과오와 비위에 직면하면 지체 없이 이를 논평하거나 규탄하여 그들에 대한 제3국의 신뢰감을 멸살(滅殺)하는 데 노력한다.

그중에서도 특히 적국이 과도하게 맹신하고 있는 적국 자신의 경제상의 위약성에 대해 선전 공세를 전개하여, 한편으로는 우리 국민의 사기를 앙양하여 전쟁 수행에 대한 자신과 각오를 굳건히 하며, 다른 한편으로는 적국 국민의 경제적 자신감에 동요를 줄 수 있게 된다면 더욱이 적국의 국론 분열과 중남미 국가들의 범미주의(汎美主義) 진영 이탈을 초래하게 한다.
(자세한 내용은 제6장인 대 적국 선전 참조)

---

[25] 금강심(金剛心): 다이아몬드같이 견고하여 어떠한 것에도 흔들리지 않는 마음.

제3. 국내 여론의 지도

방침

이번 전쟁은 적국의 폭려한 압박에 대항하고, 황국이 은인(隱忍)과 장기간에 걸친 평화적 노력 뒤에 부득이하게 황국의 권위와 대동아의 생존을 옹호하기 위하여, 유구한 2,600여 년의 빛나는 역사를 걸고 흥폐존망(興廢存亡)의 기로에 서서 파사현정(破邪顯正)의 전쟁을 일으킨 유사 이래의 대전(大戰)이라는 것을 골수에 사무치게 하여 국민의 전 노력을 전쟁 목적의 달성에 경주하도록 지도한다.

요령

1. 기본 요강 및 위의 방침에 기초하여, 특히 이번 전쟁이 적국에게 강요당한 '어쩔 수 없는 전쟁'으로서 이 전쟁을 이기지 않으면 황국의 생존, 대동아의 자주 안정은 영원히 기대할 수 없다는 것을 가슴 깊이 명심하고, 진무(神武) 건국의 대 이상을 받들어 인류 생존의 옹호와 세계의 항구적 평화의 확립에 정신(挺身)하는 황국신민(皇國臣民)의 사명과 긍지를 적확하게 파악하고, 천지신명에게 부끄럽지 않은 신념 아래서 사중구활(死中求活)[26]의 금강심(金剛心)을 굳게 함으로써 성전(聖戰) 완수에 대한 국민적 용맹심을 진작시킨다.

2. 황군의 정강(精强) 및 전략적 지위의 우월에 직면하여 무력전에서 절대 필승의 신념을 견지하게 하고, 나아가 기본 요강 중 제5 및 제6의 요령에 기초하여 무력 이외의 국력전 특히 경제전에서 불패의 지위에 대한 자신감을 굳건히 한다. 한편, 적국의 실력을 낮게 보아 전쟁 수행을 용이하게 보는 것을 경계하며, 결국 총력전의 승패는 견인지구(堅引持久), 각고정려(刻苦精勵), 물심양면(物心兩面)의 노력 여하에 달려있다는 자각을 환기하고, 특히 일억일심(一億一心)으로 국민개로(國民皆勞)의 중요성을 강조한다.

---

[26] 사중구활(死中求活): 죽을 고비에서도 살길을 찾는다는 뜻으로서, 난국을 타개하기 위해 과감하게 위험한 상태에 뛰어듦을 이르는 말. 사중구생(死中求生)이라고도 함.

3. 근대전의 특징에 비추어, 국민의 정신력 및 경제력도 직접적인 전쟁 행위의 대상이 되며 국토 또한 전장(戰場)이 되어야 한다는 점을 이해시키고, 특히 다음과 같은 여러 가지 점들에 유의하여 우리의 손해를 과대시하지 않도록 지적한다.

   1) 적이 기도할 수 있는 국토의 공습은 그 실제적 효과보다 오히려 국민의 정신적 동요를 목적으로 하는 것임을 명기시켜서, 이에 대한 공포심을 방지함과 동시에 침착하게 진화에 몸을 바침으로써 실질적인 손해가 최소한도가 되도록 해야 한다는 것을 철저히 이해시키도록 노력한다.

   특히 공습 시에 유언비어의 유포를 미연에 방지하도록 유의하고, 적의 내습(來襲) 정황 내지 방위 전투의 전황 등은 방첩상 그만둘 수 없는 경우 외에는 별도로 정한 바에 따라 기회를 잃지 말고 적확하게 통일하여 발표한다. 동시에 우리의 손해에 대한 발표를 할 때에는 국민을 공포에 빠뜨리는 일이 없도록 도리어 적개심의 발양으로 이끌어낼 수 있도록 고려해야 한다.

   2) 잠수함, 비행기 등의 발달에 따른 전시 통상(通商)의 실상을 파악하도록 하고, 어느 정도의 선박 피해는 미리 각오하도록 하며 아울러 저들의 선박 피해에 대한 보도를 활발하게 한다. 특히 기본 요강 제6의 요령에 기초하여 선박 피해가 전체 전쟁 국면에 미치는 영향이 우리보다도 저들에게 훨씬 더 크다는 사실을 알려서, 우리의 손해를 과대시하여 인심의 불안과 혼란을 야기하는 일이 없도록 유의한다.

4. 이번 전쟁이 장기간이 되리라는 것은 정해진 사실임을 각오하도록 하고, 다음과 같은 점을 강조하여 지도한다.

   1) 국내 자급자족 경제의 긴요성을 철저하게 하여 물자 절약에 힘쓰는 한편, 생산계획의 확립에 추호의 어긋남이 없도록 국민 각 계층의 실천적 노력의 필요성을 역설하고, 공습하에서도 오히려 산업이 위축되거나 정체되지 않을 각오를 견지하도록 한다.

   2) 황국은 4개년을 넘어선 지나사변 뒤에 본 전쟁에 임했음에도 불구하고 대 영·미 전쟁에서는 당연히 대지(對支) 작전을 동반해야 한다는 필연성에 비추어, 이번 개전(開

戰) 전에 미리 중경(重慶) 정권[27]을 각개로 격파하여 전략상의 요소를 확보할 수 있었을 뿐만 아니라, 이미 정치·경제상의 건설로 나아가고 있는 현상은 정전양략(政戰兩略)상의 일대 강점이 된다는 것을 지적하고 천우(天佑)가 이미 이곳에서 발하고 있음을 믿을 수 있도록 지도한다.

3) 국민 생활의 핍박은 전쟁의 진전에 따라 더욱 증가할 테지만 황국의 대 사명을 수행하기 위해서는 당연히 감수해야 한다는 것을 자각시키는 한편, 이러한 국민의 고통을 적개심의 자극으로 이끌어내어 도리어 전의(戰意)를 앙양시킬 수 있도록 지도한다.

또한 적국 측 특히 영국과 소련 및 중경에서 국민생활의 핍박 정황을 적시에 보도하여 생활의 핍박은 우리만이 아니라는 점에 대한 이해를 심화시킨다.

5. 남방에서의 물자 취득에 관해서는, 기본 요강 제6의 요령에서 보여준 바와 같이 전쟁의 장기화가 결코 우리에게 불리하지 않다는 것을 입증하고 나아가 앞날에 양양한 희망을 품도록 하는 한편, 지나치게 빠르고 경박한(過早浮薄) 낙관을 엄격히 경계하면서 적국의 해상 게릴라전을 돌파하여 견실한 개발을 감행하고자 하는 기개를 고취시킨다.

6. 적국의 작전 및 모략에 대해 방첩 및 사상 방위의 관념을 환기하여 항간에 유포되고 있는 풍문이나 데마의 해독을 알게 하며, 냉정하고 침착한 태도로 즉단(卽斷)하거나 과신(過信)하지 않음은 물론, 이것을 입 밖에 내서 퍼뜨리는 등의 행위는 적국의 사상 모략에 가담하는 비국민적(非國民的) 행동이라는 것을 철저히 자각하도록 한다.

특히 정부를 신뢰하고 나아가 그 시책에 충심으로 협력하는 미풍을 조성하는 것에 힘쓴다. 황국의 관민이나 군민(軍民) 상호 간을 이간하여 염전(厭戰)·패전(敗戰) 사상을 양성시켜서 우리 전의의 패퇴(敗頹)와 상실을 도모하거나, 또는 우호국과의 추축 관계를 이간시켜서 우리 정전양략(政戰兩略)의 실시를 방해하는 것과 같이 적국의 사상 모략에 대한 책동의 여지가 없도록 할 것을 요한다.

---

[27] 중일전쟁 이후 수도를 중경으로 이전한 장개석의 중국국민당 정부를 가리킴.

7. 이 전쟁에 대한 동맹과 추축과 협력의 형이상하(形而上下)의 결과를 강조하고, 그 관계를 한층 긴밀하게 할 필요가 있음에 비추어 지나치게 아첨하는 태도로 흐르거나 혹은 자주 독립의 의기를 상실하고 소멸하여 타력본원(他力本願)[28]의 태도에 빠지지 않도록 특히 유의한다.

---

[28] 타력본원(他力本願): 아미타불의 기원(祈願)에 따라 성불하는 일을 카리키는 불교용어. 남의 힘을 빌려 일을 이루려고 하는 태도를 가리킴.

<자료 14>

「대동아전쟁에 대한 정보선전방책 대강」[29]

[1941년(昭和 16) 12월 15일]

대외 선전의 부

목차[30]

제4. 만주·지나에 대한 선전

제5. 추축국에 대한 선전

제6. 적국에 대한 선전

제7. 남방 국가들에 대한 선전

제8. 중립국에 대한 선전

---

[29] 「大東亞戰爭ニ對スル情報宣傳方策大綱」, 『戰前の情報機構要覽: 情報委員會から情報局まで』(奥平康弘 監修), 1964, 292-299쪽.

[30] 앞의 「일·영·미 전쟁에 대한 정보선전방책 대강」(1941.12.8)에 이어서 대외 선전 부분을 설명한 제4~8장이다.

제4. 만주·지나에 대한 선전

방침

계속된 항일 의지는 완전히 무산되어버린 과거라는 현실 파악 아래 황국의 융체(隆替)는 곧 대동아의 흥망이라는 것을 자각하도록 하고, 황국 필승의 신념과 실력을 신뢰하게 함으로써 황국에 대한 동조 협력의 태도를 한층 확고하게 한다. 특히 장개석 정권하 민중의 항일 의식을 반 미·영 사상으로 유도하여 이 정권이 항일의 방기(放棄)를 종용하는 것과 같은 기운을 양성시킨다.

요령

1. 이 전쟁은 결국에는 미·영의 이기적인 세계 제패의 야심에 기초한 동아의 착취를 배제하고 대동아의 공존을 옹호하며 미래의 공영을 확보하려고 하는 것으로서, 황국이 만주와 지나에서 구하고자 하는 것은 이러한 대 사명 완수를 위해 그 실무를 적극적으로 분담한 것이라는 이유를 천명한다. 동아의 중심세력인 황국의 성쇠는 곧 대동아 흥망의 기로가 되는 것임을 강조하고, 만·지 양국은 황국과 일체가 되어 불가분의 운명에 있다는 자각을 환기하도록 노력한다.

2. 국내 여론의 반영에 따라 황국 필승의 신념이 굳건해지고 경제 건설의 진전에 따라 황국 경제력이 끊임없이 풍부해지고 있음을 보도하여 황국에 대한 신뢰감을 공고하게 하며, 더욱이 기본 요강 및 제6장 대적(對敵) 선전의 요령에 준하여 적국의 무력과 경제력 등에 대한 맹신을 타파한다.
특히 대본영의 발표에 호응하여 황군 작전의 전과를 신속 활발히 보도하고 미·영 양 군은 믿을 만하지 않다는 것을 느낄 수 있도록 한다.

3. 대동아 건설의 미래에 대한 광명을 가질 수 있도록 하기 위해 만·화 양국의 육성 강화에 대한 우리의 열의를 부단히 강조함과 동시에, 황군 점령지역 외의 지나 민중에 대하여 일·지 합작의 건설 및 국민정부의 건전한 발전의 정황을 보도한다.

4. 장개석 정권의 항일 지속은 미·영의 완전한 주구가 되어 동아의 착취를 방취(幇取)하고 동아의 고갈 정책에 가담하는 것으로서, 단지 중국(中國) 민중을 아무런 쓸모없는 도탄에 허덕이게 하는 것일 뿐만 아니라 대동아 전반에 대한 반역 행위라는 것을 지적하고 강조하여 만·지, 그중에서도 특히 중국 민중의 반감을 조장한다.

5. 이 전쟁의 진전에 따라 장개석 정권을 지원하는 길(援蔣路)을 철저히 차단하여 그 명맥을 양단(兩斷)하려는 불퇴전의 결의와 실력을 명확히 한다. 또한 내선(內線)의 이익을 차지하고 있는 우리 전략적 지위의 우월성을 강조하고, 만약 미국과 영국이 결전을 피하여 전쟁을 장기화할 경우는 서전전승(緖戰戰勝)의 여세로 주공격을 장개석 군으로 돌려서 타격하여 섬멸할 수도 있음을 시사한다.

6. 유럽의 전황, 특히 독일과 이탈리아 측에 유리한 정전(政戰)의 제반 정보를 민활하게 보도하고, 적국 측의 장개석에 대한 원조가 점차 퇴화하여 장 정권이 만회하기 어려울 것임을 시사한다.

제5. 추축국에 대한 선전

방침

세계 신질서 건설에 대한 공통의 이상과 신념, 정전양략(政戰兩略)상의 공동 이해에 대한 인식을 더욱 철저히 함으로써 상호 신뢰를 한층 더 공고히 하고 황국의 정책 및 군사행동에 대한 대접(饗應)을 촉진함과 동시에 제3국의 이간과 모략을 봉쇄한다.

선전 실시상 항상 의연한 태도를 견지함에 유의한다.

요령

1. 황국의 흥망을 걸고 궐기한 황국의 결의를 가슴 깊이 새기게 하고 삼국동맹(三國同盟) 및 이번에 체결한 삼국협정(三國協定)에 기초하여 추축국이 서로 호응해서 어디까지나 협력

하는 것처럼 시책한다.

특히 단독불강화(單獨不講和)에 대해 저들의 주의를 환기하고 서로 호응하여 신질서의 이념을 철저히 하도록 노력한다.

2. 기본 요강의 요령 제5에 기초하여 우리 필승의 신념과 실력에 관한 보도를 중단하지 않도록 유의하는 한편, 우리에게 유리한 정전(政戰)에 관한 제반 정보를 활발하고 신속하게 보도하여 우리에 대한 신뢰감을 깊이 새기도록 한다.

3. 유럽에서 저들의 분투를 상찬(賞讚)하고 격려함과 함께 만일 추축국 중의 한 나라가 전황이 불리하게 되거나 진척되지 않은 경우는 보도를 피하는 동시에 필요하다면 동정하고 격려해주는 언론을 함으로써, 우리의 사도적(士道的) 신의를 보여주고 진정으로 우방에 의존하는 생각을 품을 수 있도록 하는 데에 유의한다.

4. 기본 요강 제6에 기초한 영·미의 약점 및 비위의 폭로 선전은 특별히 피아가 서로 호응하여 그 실효를 거둘 수 있도록 노력한다.

5. 동아에서 황국의 자원 획득에 관한 보도에서는 이것이 간접적으로 추축국 측의 이익을 증진한다는 점을 언급하여 저들의 질시(嫉視)를 불러일으킬 것 같은 인상을 주지 않도록 유의한다.

제6. 적국에 대한 선전

방침

1. 장기전의 이익을 맹신하는 저들의 미망(迷妄)을 타파하여 전승에 대한 희망을 동요하게 한다. 동시에 우리의 전쟁 목적과 명분을 적시에 반복 천명하여 저들의 전쟁 목적에 의혹이 생기게 함으로써 적국 국내의 사상 분열을 도모한다. 특히 우리의 전쟁 목표는 적

국의 정부가 민중에게 비난받는 것을 널리 알리고 루스벨트 및 처칠 정권의 실정을 들어 그 실각을 도모한다.

2. 미·영 양국이 서로 상대를 희생하여 세계 정패(征霸)의 실현을 기하려고 하는 정책의 근본을 폭로 비판한다. 또 기회를 틈타 정전양략(政戰兩略)의 실시에서 착오가 있거나 불일치한 점을 보충해 논평하고 혹은 양국 가운데 한 나라의 열약함을 일부러 지적하여 냉정하게 평가하는 등 수단을 가리지 말고 적국 상호 간에 불신감을 조성하도록 시책한다.

3. 미·영의 강제로 부득이하게 참전을 하게 된 군소 국가들에 대해서는 절대적으로 우월한 우리 측의 지위를 강조하여 인상 깊게 하고, 미·영에 의존하면 결과적으로 자국의 파탄을 초래할 우려가 큰 이유를 이해시켜서 미·영 측으로부터의 이탈 내지는 실질적인 배반을 하도록 공작한다.

요령[31]

1. 기본 요강 제5 및 국내 여론 지도의 장에서 제시한 요령에 따라 장기전에 대한 우리의 필승의 신념과 실력을 적국에 반영하고 우리의 국력 그중에서도 특히 경제력에 대한 과소평가가 큰 과오가 된다는 것을 자각시키도록 노력한다.

2. 대본영의 전황 보도에 서로 호응하여 우리 육해군의 정강(精强) 및 전략상의 우월함을 활발하게 연속적으로 보도함과 동시에 적국의 전략상의 약점을 지적하여 우리 작전 수행에 기여하도록 하며, 더욱이 적국이 민심에 초조감을 야기하도록 한다.

3. 적이 믿고 의지하는 미국의 경제력은 다음과 같이 위약한 면이 있으며, 특히 중남미 국가들의 이탈로 인해 범미주의(汎米主義) 진영은 반드시 붕괴하기에 이를 것이라는 점에 대해 선전 공세를 집중하여, 적국의 자신감에 동요를 일으킨다. (이를 위해 특히 저들의 이른

---

[31] 아래의 1항과 2항은 원본에는 번호가 누락되어 있는데 넣은 것임.

바 '모럴 엠바고' 이래 미국의 국내 논쟁에 착안하여 인용한다)

1) 미주의 생산 과잉은 세계무역 특히 대 극동 및 대 유럽 무역을 지속할 수 있다는 점을 전제로 해서만 비로소 강점이 될 수 있는 것임을 지적하고, 저들이 속전속결을 피해 장기전을 기도할 경우 피아의 통상파괴전(通商破壞戰)의 타격은 도리어 저들에게 더 커서 무역의 두절은 미국은 물론 미주 전체의 경제에 치명적인 타격을 준다는 것

　① 미주의 과다한 농산 자원은 미주 자체에서 소화할 수가 없어서 미주 인구의 상당 부분을 차지하고 있는 농업자들은 현재 우리나라의 어떠한 희생산업보다도 더 큰 희생을 치를 수밖에 없다는 것

　② 농산물 이외의 과잉 물자는 군수(軍需) 전용으로서 어느 정도까지는 미주 자체에서도 소화가 가능하다고 생각하지만, 우리나라 이상의 수송력 특히 선박이 부족하여 계획대로 소화하는 것은 상당히 곤란을 면하기 어렵다. 특히 우리의 통상파괴전에 의한 선박의 손해를 고려하면 장대한 항로에서 수송력 유지의 곤란함은 우리나라와 동일한 이야기에 지나지 않으므로, 이 방법으로만 관찰해보아도 장기전의 수행은 저들에게 불리하다는 것

2) 미주에서 경제상의 약점은 주로 물자 생산의 과잉이라는 점에 있지만, 군수 자재의 원료 면에서의 종류야말로 다르고 우리나라와 마찬가지로 부족하다. 다시 말해서 고무·주석·망간·크롬·수은·운모(雲母) 등 십여 종의 품목에 대해서는 우리의 철·석유 이상으로 심각하게 고민하고 있다는 점

　특히 금후 작전의 진척에 따라 저들은 군수 자재의 원료 취득 곤란이 배가될 것임에 반하여 우리는 점차 부족한 물자의 취득이 용이해져서 피아의 형세는 역전될 것이라는 점

3) 금화나 금괴의 집중은 무역 두절로 조금도 미국의 강점이 되지 않을 뿐만 아니라 전쟁의 장기화로 인한 추축국 자급자족 경제체제 강화의 진척은 전후 미국의 금본위제를 붕괴로 이끌 우려를 한층 더 크게 할 것이라는 점

4) 미국 경제의 자유주의적 모순은 최근 들어 군비 확장의 강행과 함께 더욱더 심해져서 반드시 악성 인플레이션의 폭발에 이르게 될 뿐만 아니라 앞으로 증산 계획의 착오가 갈 데까지 가는 것은 불가피하다는 점

5) 전쟁 경제의 수행은 국민생활의 긴장 및 긴축을 절대의 요건으로 하여 미국 국민의 일상생활은 저들이 일찍이 경험한 적이 없을 정도로 이상한 핍박을 맞게 될 것

4. 기본 요강 제1 내지 제4의 요령에 따라 황국의 대의명분과 적국의 전쟁 유발 책임을 적시에 반복하여 천명한다.
　　다만, 어디까지나 정연한 이론으로 저들의 이성을 각성시킬 수 있도록 하며 선정적으로 빠지지 않도록 하는 데에 유의하도록 한다.

5. 중경 정권의 전의 상실, 결속의 이완, 재정 경제 궁핍의 실정을 집요하게 끊임없이 보도하여 장개석 지원(援蔣)의 계속도 이제는 효과가 없다는 것을 자각할 수 있도록 하는 데에 노력한다.

6. 민주주의 국가의 조병창(造兵廠)이라는 이름으로 세계의 전화(戰禍)를 만들어내며 군수 공업의 확대에 의한 사리사익(私利私益)을 추구하여 세계 전쟁을 유발하고 미·영을 포함한 교전 각국의 희생으로 세계 정패(征霸)의 야심을 달성하려고 하는 유대인 자본가의 음모를 지적하고 반전(反戰) 사상을 양성하도록 한다.

7. 자국의 궁지를 타개하기 위해 미국의 참전을 유발한 영국과 장개석의 교묘한 선전 모략을 지적하고, 제1차 세계대전 뒤에 '토끼를 다 잡으면 사냥개를 삶는다.'[32]는 영국의 책모 사실(史實)을 떠올리게 함으로써 미국으로 하여금 타인을 위해 불구덩이 속의 밤을 줍는[33] 위험에 깊숙이 들어간 어리석음을 깨닫도록 한다.

8. 근거지의 조차(租借) 내지 공동 사용, 협동 군대의 지휘권 획득, 기타 이권의 양도 요구

32　토끼를 다 잡으면 토끼를 잡는 데 힘쓰던 사냥개를 잡아먹는다는 뜻으로서, 필요할 때는 소중하게 여기다가도 필요 없게 되면 없애 버린다는 토사구팽(兎死狗烹)과 같은 뜻의 속담이다.
33　원문은 '火中の栗を拾う'인데, 남의 이익을 위해서 위험을 무릅쓴다는 뜻이다.

등에 따라 점차 영국이나 기타 흥국(興國)을 자국의 지도 아래 두고 전후의 세계 제패를 기도하는 미국의 정치 모략을 지적함으로써, 영국으로 하여금 미국에 대해 시기하는 마음을 품도록 한다.

9. 적국 국내의 이민족을 대상으로 하는 선전에 관해서는 제7. 남방 국가들에 대한 선전에 준한다.

10. 방침 제2항 후단의 실시는 전적으로 정황에 따른다.

제7. 남방 국가들에 대한 선전

방침

황국의 적은 미·영뿐으로서, 남방 국가들의 주민에 대해 어떠한 적의를 가질 것이 아니라 도리어 이들 주민과 서로 제휴하여 명랑한 본연의 대동아의 모습에서 공영의 즐거움을 나누고자 하는 간절한 마음이 있는 황국의 진의를 헤아리고 황국과 동조 협력하여 새롭게 대동아의 신천지를 발족할 수 있도록 지도한다.

일반적으로 적국, 그중에서도 특히 영국의 악랄한 식민지 정책을 폭로하여 미·영 세력은 믿을 수 없다는 것을 강조하여 지적하고 반미·반영 사상을 고취시킨다. 다만,

1. 미·영 세력 아래에 있는 주민에 대해서는 현 지배세력에 대한 적극적 반항과 궐기를 촉구하도록 시책한다.

2. 기타 각국에 대해서는 관민을 통해 지금의 미·영에 대한 반감과 황국에 대한 신뢰감을 양성하도록 선전함에만 그쳐서 현 지배세력에 대한 반항을 부추기지 않도록 한다.

공통요령

1. 기본 요령, 특히 이 방침의 제4 및 요령 제5와 제6에 의한 것 외에 황군의 진주 지역에 대해 다음과 같은 점을 강조한다.

   1) 황군의 작전에 협력하는 사람은 우대하여 포상한다. 이에 반해 황군에게 반항한 자는 군율(軍律)에 따라 엄중 조치한다.
   2) 현지에 주재하고 있는 황국 관민에게 위해를 가한 자에 대해서는 철저히 보복한다.
   3) 자원을 애호하고 시설의 파괴 방지에 협력을 요구한다.

2. 남방의 화교(華僑)에 대해 황군의 전과와 국제 정세, 특히 그들 고국에서 우리의 국민정부 육성의 열의 및 실정을 주지시키고, 우리에게 동조한다면 국민정부 치하의 민중과 그 혜택을 고르게 해야 할 것이며, 우리에게 반항한다면 중경 정권과 마찬가지로 이를 끝까지 쫓아가 분쇄할 것임을 강조한다. 본래의 상인에게는 복귀해야 한다는 것을 종용하고, 특히 중경 정권과의 신속한 절연을 요구한다.

3. 유색 및 백색 인종 사이의 인종전(人種戰)을 부추기는 것은 피하되 미·영 양국의 아시아인에 대한 폭정은 철저히 폭로하고 규탄하며, 아시아 인종 상호 간의 단결을 확보해야 함을 강조하고, 상호 간의 질시와 배척은 아시아인 자신의 불행이라는 점을 지적한다.

지역별 선전요령

1. 대(對) 말레이

주민, 특히 인도 병사의 반영 반란 및 화교의 반영 소요를 선동함과 동시에 호주 병사와 뉴질랜드 병사, 영국 병사 간의 상극 마찰을 양성하는 등으로 그 전의를 깨부순다.

2. 대(對) 네덜란드령 인도네시아

우선 미·영은 믿을 수 없다는 점을 지적하여 이들과 이간시키고, 염전(厭戰) 사조를 널리 퍼뜨릴 수 있는 만반의 모략 선전을 실시함과 동시에, 신속하게 종래의 불손하고 불신한 태도를 청산하여 황국과 공영의 관계로 들어가야 한다는 것을 강조하고, 이를 받아들이지 않을 경우에는 우려할 만한 결과가 초래될 것이라는 점을 시사한다.

특히 미·영과 통모하여 중요한 자원 시설을 파괴하는 것의 어리석음과 이에 대해서는 천벌이 내려질 것임을 강조한다.

3. 대(對) 필리핀

필리핀인에게 미국과의 대일(對日) 작전 협력을 회피시켜 우리의 작전에 협력하도록 함과 동시에 미국인 군대의 전의를 깨부순다.

유식자층 및 원주민(土人)의 군대를 가리켜서 즉시 독립을 궐행(蹶行)해야 한다는 것을 종용함과 동시에, 필리핀에서 생활 자원의 빈약함을 지적하여 속히 미국의 영향력 아래서 벗어나 필리핀 전국(戰局)의 신속한 수습에 협력해야 한다는 점을 강조한다.

4. 대(對) 태국

만주와 지나에 대한 선전에 준하여 실시한다. 대동아에서 일본과 태국 양국의 역사·문화·종교 등의 친선 관계를 강조하는 것 외에도 특히 이번 개전을 맞이하여 대동아 신질서 건설을 위해 단호하게 일어나 우리에게 협동 동조하기로 결정한 대승적인 태도를 칭찬하고 거듭 그 결속을 강화한다.

5. 대(對) 버마

버마(緬甸, 미얀마)의 반영 독립을 선동하여 격화시킴과 동시에 그 지역의 인도 병사와 미얀마 원주민 병사가 궐기하도록 선동한다.

6. 대(對) 인도

대 말레이 작전 및 대 버마 모략에 즉응(卽應)하여 영국의 후방기지인 인도 주민에 대해 독립운동을 선동하고 또 우리 측의 방침에 반하지 않는 범위에서 독일 및 이탈리아와의 협력을 긴밀하게 한다.

특히 일본과 인도의 상호 문화·종교·경제 등의 의존 관계를 강조한다.

7. 대(對) 호주 및 뉴질랜드

호주에 대해서는 영국의 속박에서 벗어나고 미국과의 공동 작전을 피하도록 하여 전화(戰禍)에서 이탈하도록 선전한다.

8. 대(對) 홍콩

지나인 및 인도인의 반영 소요를 선동함과 동시에 영국인의 고립과 공포감을 격성(激成)한다. 중점을 지나인에게 향하도록 한다.

9. 대(對) 프랑스령 인도차이나

위대한 결의하에 큰 발걸음을 내딛고 있는 황국의 동아 신질서 건설 정황을 정당하게 인식하도록 하여 우리와의 동조를 촉진하고 대일 의존을 강화한다.

프랑스인에 대해서는 아울러 유럽 방면에서 추축국 측에 유리한 정천(政闡) 제반 정보를 부단히 선전하고 미·영 양국에 대한 의존심의 발흥을 억제한다.

제8. 중립국에 대한 선전

방침

기본 요강을 따라 황국 개전의 대의(大義)와 물심양면에서 황국 필승의 신념 및 실력을 인식시키고 이해시켜서, 적국 측은 믿을 수 없다는 점을 커다란 전과(戰果)의 사실과 함께 선전하고, 황국에 대한 중립국의 외경(畏敬) 아래 그 지지를 획득하도록 노력한다.

남미 국가들의 범미주의 진영으로부터의 이탈을 중점으로 한다.

요령

1. 대(對) 남미 국가들

   1) 범미(汎米) 정책으로 포장된 미국의 제국주의적 야심을 폭로하여 그것을 신뢰할 수 없는 이유를 강조한다. 특히 기본 요강 요령 제6 및 적국에 대한 선전 요령 제3에 기

초하여, 전쟁의 장기화는 남미 국가들이 전화에 말려들어가 미국의 이익을 위해 남미 자신을 고갈시키고 피폐해지도록 하는 것이 된다는 점에 주의를 환기시키고, 범미주의 진영으로부터의 이탈을 종용한다.

2) 남미가 민족·언어·문화·종교 및 그 정치적 역사와 사상에서 북미와 완전히 다르다는 점에 유의하여 저들의 자주와 자존심의 발양을 도모하고, 남미 라틴 블록의 결성을 시사한다.

3) 우리 쪽은 남미 국가들에게 위협을 가하는 것이 아니라는 점을 집요하게 끊임없이 천명한다. 단, 남미 국가들과 미·영의 해상 교통을 지속할 수 있느냐 없느냐는 황국의 태도 여하에 달려 있다는 점을 명확히 하여 저들의 미·영에 대한 태도를 견제한다.

4) 남미 국가들의 정부에게 강제된 미·영에 대한 우호적인 태도와 민중의 반미 감정의 간극을 이용하여, 힘을 다하여 민론(民論)을 부추기기 위해서라면 진정으로 민론을 대표할 수 있는 정부의 수립으로 유도한다.

5) 남미 국가들이 단일한 가톨릭교 신봉 국가라는 점에 비추어 교도들의 동감을 얻을 수 있도록 선전 시책을 실시하고, 또 미·영에서 고립적 종교인이었던 가톨릭교 교도들에 대해 남미의 교도로부터 반전사상 및 반루스벨트·처칠 사상을 고취시켜서 미·영의 민론 분열을 도모한다.

2. 대(對) 소비에트연방

1) 일소중립조약은 저들의 배신 행위가 없는 한 여전히 존속되어야 한다는 것을 적당한 기회를 선택하여 천명하되, 우리 측이 저들의 태도를 과도하게 염려하는 것 같은 인상을 주지 않도록 유의한다.

2) 이 전쟁의 목적 완수에 대한 우리의 결의와 실력을 반영하여 다음과 같은 점에 관해서 저들의 주의를 환기한다.
   ① 장개석을 돕는 행위의 금절(禁絶)은 우리 국민적 요망이라는 점
   ② 미국과의 연횡통첩(連衡通牒)은 우리가 절대로 용인할 수 없다는 점

3. 기타 중립국

독일과 이탈리아 측의 선전과 연계하고 방침의 취지에 기초하여 실시한다. (끝)

<자료 15>

「전시 국민사상 확립에 관한 기본방책 요강」[34]

[1943년 12월 10일, 각의 결정]

제1. 방침

1. 세계 어느 나라와도 비교할 수 없는 황국(皇國) 국체(國體)의 본의(本義)에 철저한 정교(正教) 일치의 성스러운 뜻을 받들어 깊이 학문·사상·문화의 근원을 바로잡아 각자 충성봉공(忠誠奉公)의 정신을 앙양 진작시킨다.

2. 대동아전쟁의 진의를 터득하여 필승의 신념을 강화하고 각기 직역봉공(職役奉公)에 매진함과 동시에 전쟁 수행의 앞길에 가로놓인 모든 장애와 곤란을 각오한 뒤 물심양면에 걸쳐 국정(國情)에 임하는 성실하고 진지한 생활을 영위한다.

3. 대동아 건설의 중책을 짊어진 국민으로서 식견을 함양하고 실천력을 체득한다.

4. 정부는 말할 것도 없이 사회 각층의 지도자는 앞서 서술한 점에 관하여 확고부동한 신념을 견지하고 솔선수범하여 결실을 거두기 위해 노력한다.

---

[34] 「戰時國民思想確立ニ關スル基本方策要綱」, 大久保達正 外 編著, 『昭和社会経済史料集成』 第22巻, 大東文化大學 東洋研究所, 1996, 112-115쪽.

제2. 요령

1. 국체의 본의의 투철과 교학(敎學)의 쇄신 진흥

    1) 국가 만반의 시책은 진충(盡忠)의 지성(至誠)을 최고도로 발양하는 것을 첫째의 의(義)로 삼을 것

    2) 학자와 사상가를 동원하여 황국의 도(道)의 천명을 도모할 것

    3) 학문·사상으로부터 자유주의, 개인주의 또는 사회주의적 사상을 불식하고, 진정한 일본정신에 기초하여 여러 학문을 확립과 철저를 도모하고, 이를 교육과 교화(敎化)의 실제에 침투시킬 것

    4) 종교 및 종교 활동의 순화와 앙양을 도모할 것

2. 전의(戰意)의 앙양과 필승 신념의 강화

   국민 사상의 계발 지도, 그 외의 여러 시책에서 다음과 같은 방도의 강화와 철저를 기할 것

    1) 전쟁의 목적과 의의에 대하여 한층 더 철저한 보급을 도모할 것

    2) 근대 전쟁의 성격과 이에 따른 국민생활 변화의 필연성에 관한 인식을 심화함과 동시에 이를 극복하기 위한 각오를 다질 것

    3) 무력전쟁의 국부적 파란에 대한 국민 정신력의 강인성을 함양할 것

    4) 전쟁의 실상에 기초하여 국난(國難)으로 오게 될 감각을 최대한 체득시켜 이에 대한 반발심과 적개심을 앙양시키고, 거국적으로 국난에 대처할 만반의 투지와 전의(戰意)의 강화를 도모할 것

3. 전쟁 생활의 확립

    1) 국내가 곧 전장(戰場)이고 국민이 곧 전사(戰士)라는 자각 아래 국민 생활에 관한 관념을 순전히 전시적(戰時的) 인식으로 하고, 이에 기초하여 물심(物心) 양 방면에 걸친 간소하고 강건하면서 정직한 전쟁 생활 태세를 확립할 것

    2) 제반의 시책을 실시함에 있어서는 극력 국정(國情)과 민풍(民風)에 즉응(卽應)하여 민

심의 기미를 살피고 이를 행하여 달성을 기할 것

   3) 전력증강, 식량자급, 전시생활의 확립 및 국민도덕 특히 경제도의의 앙양 등에 관하여 국민의 자발적 협력과 실천을 도모하기 위하여 익찬운동(翼贊運動)을 강화하고, 각종 국민 조직을 총동원하여 강력하고 철저한 범국민운동을 전개할 것

4. 대동아 건설의 중책을 짊어진 국민이라는 식견의 함양

   1) 팔굉위우(八紘爲宇)의 대의(大義)에 기초한 대동아 공동선언의 취지에 따라 대동아 건설 이념이 투철하도록 도모할 것

   2) 대동아 건설의 중책을 짊어진 국민이라는 자각을 지니도록 함과 동시에 그에 관한 교양의 향상과 실천력의 체득에 노력할 것

   3) 미·영 숭배 사상의 잔재를 불식시킴과 동시에 대동아 제 민족에 대한 모멸과 착취의 사상을 없애도록 노력할 것

5. 지도자층의 솔선수범

   1) 사회 각계의 지도자층에 대해서는 특히 전시 의식의 강화를 도모함과 동시에 전시 생활의 엄격한 실천에 매진하도록 할 것

   2) 관공리의 전시 직책이 특히 중대함에 비추어 그 기강을 바로잡도록 하고 솔선수범의 결실을 거둘 수 있도록 필요한 조치를 강구할 것

   3) 생산의 책임을 담당하는 이의 의무 수행을 철저히 도모함과 동시에 그에 따른 포상의 적절한 조치를 강구할 것

6. 사상 단속(取締)

   1) 공산주의운동, 첩보 활동, 반군(反軍) 사상·비합법 직접행동 등의 방지와 압박을 강화할 것

   2) 다음의 여러 사상은 엄히 관찰하여 신속하고 철저한 예방 취체를 할 것

     ① 강화(講和)의 초래를 희구하는 것 같은 사상과 그 외의 종전(終戰) 사상

     ② 동맹국과 긴밀하게 소통하는 것과 같은 사상

③ 전시 계획경제를 부정하고 민심을 교란시키는 사상
④ 동기 여하를 불문하고 국정(國政)의 변란(變亂)을 목적으로 행하는 직접행동을 시인하는 것 같은 사상
⑤ 그 밖에 국민의 전쟁 의지 내지 전력(戰力)의 분열과 약화를 초래하는 사상

7. 조선인 및 대만인의 사상 지도

조선인 및 대만인에 대해서는 각기 제반의 시책을 강구하고 이에 대한 지도 강화에 힘써 황민(皇民) 의식의 철저를 도모할 것.

<자료 16>

「결전 여론 지도방책 요강」[35]

[1944년(昭和 19) 10월 6일, 각의 결정]

방침

여론 지도는 국체 보호의 정신을 철저하게 하고 적개심을 격성(激成)시켜서 투혼(鬪魂)을 진작시키는 것을 목적으로 하여 국민에게 알게 하며, 엄수해야 할 방침에 대해서는 특히 여론이 일어나는 근원을 드러내어 적정성을 기한다.

요령

1) 여론 지도의 내용에 대해서는 다음 각 항을 중심으로 그 대상에 따라 적절하게 취사하여 안배하는 것으로 한다.
　① 국체에 대한 신앙의 환기 앙양
　　가. 선조로부터 이어온 국체에 대한 신앙을 환기 앙양하여 군민일체(君民一體)의 정화(精華)를 발양한다.
　　나. 황토(皇土) 방위를 위한 국체 보호상 절대적으로 절박하고 긴요한 이유를 강조한다.
　② 선전(宣戰)의 대조(大詔)의 취지 철저
　　전쟁 목적을 선양하고 전쟁 완수가 황국의 자존자위(自存自衛)를 위해 절대로 필요한 것임을 철저히 한다.

---

[35] 「決戰輿論指導方策要綱」, 『戰前の情報機構要覽: 情報委員會から情報局まで』(奧平康弘 監修), 1964, 283-285쪽.

③ 결전적 전국(戰局) 인식의 철저

전쟁 국면이 위급하여 황국의 흥폐(興廢)를 가를 수 있는 일대 결전에 직면한 것을 한층 강하게 알리고 이에 대처하여, 국민의 총 전투 결의를 다질 수 있도록 활발히 실천하게 한다.

④ 궁국(窮局)에 있어서 필승 확신의 구체적 기초의 명시

가. 필승의 확신 및 방도에 관하여 구체적 사실을 가르친다.

나. 최후까지 국민 각자가 직분을 충실히 봉행(奉行)하여 계속 굳건히 싸우는 나라가 종이 한 장 차이로 승리하는 이유를 해명한다.

다. 우리에게 천우신조(天佑神助)이며 우리에게 대비와 지리의 이점이 있으므로, 모든 인적·물적 국력을 전력화(戰力化)하고 1억이 협력하여 야마토 다마시(大和魂)로써 싸울 때는 반드시 적을 물리칠 수 있는 이유를 해명한다.

라. 외구(外寇)에 대해 거국적으로 총궐기하여 싸워낸 결과는, 가령 일시적으로 위험한 국면에 직면한다 하더라도 반드시 돌파했던 역사적 사실을 보여주어 국민적 확신을 강화한다.

⑤ 적에 대한 적개심의 격성

미·영 지도자의 야망이 이번 전쟁을 유발한 사실임을 밝히고, 또 미·영인의 잔인성을 실례로 들어 보여주고, 특히 이번 전쟁에서 저들의 포학(暴虐)한 행위를 폭로한다.

⑥ 적국 내정(內情)의 고경(苦境)에 대한 폭로

적국의 정치 정세 및 사상의 악화, 국민 생활의 저하, 경제의 핍박, 도의(道義)의 퇴폐 등을 폭로하여 보도한다.

⑦ 결전적 전시 생활하에서 기분의 명랑화(明朗化)

국민 생활의 저하에 따라 이를 견뎌낼 수 있는 마음의 자세를 굳건히 함과 동시에 국민이 서로 신뢰와 우애로 협력함으로써 도의를 앙양시킬 수 있는 분위기를 조성한다.

2) 여론 지도의 방법에 대해서는 대상을 적확하게 파악하고, 특히 지도자층에 중점을 지향하여 철저를 기하는 것으로 하고, 다음의 여러 항에 유의한다.

① 보도 선전은 국민의 충성심을 신뢰하여 사실을 솔직하게 알게 하며, 특히 전황(戰況,

공습을 포함)의 발표는 솔직하고 또 신속하게 한다.

② 보도 선전 행사 등에 대해서는 기회를 잡는 것 및 국민의 감정에 얽매이는 것에 특단의 생각을 짜낸다.

③ 민간에서 자발적으로 일어나는, 전쟁 완수상 유익하다고 인정되는 국민운동적 행동은 활발히 하도록 한다.

④ 대정익찬회(大政翼贊會),[36] 기타 외곽단체의 상호 조정 및 활용을 도모함과 동시에 종교단체를 한층 활용한다.

⑤ 필요에 따라 정부의 발언자도 국민에게 호소한다.

⑥ 국민의 목소리가 활발히 위로 통할 수 있도록 조치를 강구한다.

3) 여론 지도를 활발히 할 수 있도록 하기 위한 방첩 및 언론·집회의 취체 방침 등에 대해 필요한 재검토를 하여 이를 쇄신한다.

4) 여론 지도를 효과적으로 하기 위해 특히 다음과 같은 여러 점에 유의한다.

① 그릇된 평등관을 국민에게 부식시킴으로써 공산주의 사상의 온상을 만드는 일이 없도록 함과 함께 특정한 직역(職域)에 종사하는 사람의 욕심을 채우는 것과 같은 일은 피하도록 한다.

② 국민 생활을 불필요하게 압박하지 않도록 지도가 필요하지 않은 것은 발의하지 않도록 한다.

③ 사회 각계의 지도자층은 스스로 깊이 반성하고, 대중으로 하여금 필승의 신념에 의혹이 생길 만한 것 등에 대해서는 일상의 언동에서도 깊이 경계함과 동시에 군·관·민의 일치단결을 저해하는 것 같은 여러 사상(事象)은 신속히 배제한다.

---

36 대정익찬회(大政翼贊會): 1940년 제2차 고노에 후미마로(近衛文麿) 내각 당시 신체제운동의 추진을 목표로 결성된 전체주의적 국민 통합 조직. 기성 정당과 군인뿐만 아니라 광범위한 국민 통합을 목표로 하였으나, 실제로는 전쟁에 국민을 동원하는 핵심 기구로 기능하다가 1945년 3월에 해산되었다.

비고

전쟁 수행상 억제해야 할 언론, 특히 국체에 대한 신앙을 동요시키고 군사·외교상의 기밀 유지에 지장을 생기게 하거나 혹은 국내 분열을 초래하거나 염전적(厭戰的)·평화적인 것 등에 대해서는 엄중한 취체를 한다.

<자료 17>

「대동아전쟁의 현 단계에 즉응하는 여론지도 방침」[37]

[1945년(昭和 20) 1월 30일, 각의 양해]

적의 루손섬 상륙으로 대동아전쟁은 더욱더 중대한 단계에 도달하였다. 그러므로 국내 여론 지도 및 대외 선전은 이미 정한 방침에 따르는 것 외에 이제 다음과 같이 행하도록 한다.

1. 국내에 대해서는
   1) 우리의 전쟁 목적을 천명하고 정의로운 싸움이라는 것을 강조함과 동시에 적의 야망이 일본 민족의 정복과 세계 제패에 있다는 것을 척결하도록 한다. 본 전쟁의 귀결은 승리가 아니면 멸망이라는 것을 각오함과 함께 정의의 전쟁인 이상, 1억의 감투(敢鬪)에 따라 승리는 반드시 우리에게 있다는 것을 확신시킬 것
   2) 무릇 전쟁은 교전국민의 전쟁 의지의 싸움으로서, 내가 괴로울 때는 적도 괴로울 것이다. 그렇다면 이를 극복하여 끝까지 완강히 진력하여 적의 전의를 깨부수는 것이 곧 승리를 얻는 것임을 강조하여 전쟁 국면의 일진일퇴(一進一退)에 기뻐하거나 걱정하지 않도록 한다. 최후의 승리를 기약하면서 격화된 공습에서 생활상의 모든 곤란을 극복하여 명랑하게 과감히 싸워야 한다는 것을 철저히 할 것
   3) 이 사이 정부가 실시하고자 하는 강력한 시책에 호응하여, 국민은 1억의 특공체(特功

---

37 「大東亞戰爭ノ現段階ニ卽應スル輿論指導方針」, 『戰前の情報機構要覽: 情報委員會から情報局まで』(奧平康弘 監修), 1964, 285-287쪽.

體)에 해당한다는 정신으로 각자 직역(職役)에서 과감히 싸우고, 모든 부문에서 창의적인 공부에 몰두하여 모든 것을 다 바쳐서 전략의 증강을 도모하는 것이야말로 승리의 길이라는 것을 강조할 것

4) 여론 지도의 방법으로 다음을 실시할 것

① 보도를 할 때 단지 국부적인 전과(戰果) 및 낙관적인 자료 등을 강조한 나머지 국민에게 전쟁 국면의 실상과 국내 정세에 대해 그릇된 인식을 주지 않도록 발표 방법 및 보도기관의 보도 방법 등에 대해 적절한 방도를 강구할 것

② 이번 전쟁이 우리의 자존 자위를 위해 어쩔 수 없이 개시된 것이라는 점을 국민에게 한층 더 철저하게 하기 위하여 대동아전쟁 발발 이전의 외교의 진상을 명확히 할 것. 이를 위해 미발표된 외교문서 가운데 적당한 것을 공시하는 등의 방도를 강구할 것

③ 적개심의 앙양을 도모하기 위하여 적의 일본 처분안(處分案), 무조건 항복의 주장 및 이번 전쟁에서 일어난 포학한 행위 등을 주지시킬 것

④ 우리가 괴로울 때는 적도 역시 괴롭다는 것을 알게 함으로써 필승의 신념을 더욱더 굳건히 하고, 이를 위해 적국 내정의 곤란과 적의 인적 손해를 주지시킬 것

⑤ 국민에게 시국의 진상을 오해하게 하여 안이한 느낌을 주거나 우리의 전의를 저해할 것 같은 결과가 되지 않도록 한다. 이를 위해 적국 또는 중립국 측의 보도를 국내에서 보도할 때는 충분히 유의할 것

2. 대동아의 여러 지역에 대해서는

1) 대동아의 해방과 부흥은 대동아전쟁의 완수에 의해서만 달성되는 것임을 철저히 한다. 일시적으로 어떠한 어려움이 있고 적의 선전이 있다 하더라도 중도에 좌절하게 된다면 다시금 미·영의 침략 아래서 영구히 신음하게 될 것이라는 점을 주지시킴으로써, 최후까지 일본과 함께 과감히 싸워야 한다는 것을 강조할 것

2) 적의 전쟁 목적이 대동아의 재침략에 있다는 것을 주지시킬 것

3) 적이 대동아 여러 지역에 대해 '해방'이라고 호소하는 것은, 이미 제국에게 독립을 인정받은 여러 나라에 대해 도리어 이를 '해방'이라 칭함으로써 그 재침략·야망을 미

려한 문자로 기만하려는 것에 지나지 않음을 들춰낸다. 동시에 적의 이른바 '해방 지역'에 대한 실례를 보여주어 '해방'의 구체적인 내용이 얼마나 기만에 가득한 것인지를 가르칠 것

3. 적국 및 중립국에 대해서는
   1) 적의 전쟁 목적이 부정확하고 모호하다는 것을 폭로하고, 적국이 무명의 군사로 인해 손해를 거듭해가고 있으며 국내 정세가 점차 곤란해지고 있는 실정을 지적할 것
   2) 적의 무모한 반항이 우리 특공대의 정신에 격퇴당하여 인적 손해가 더욱 증대하고 있음을 적시할 것

자료목록

연번	편저자	문건명(호수, 일자 등)	자료(책)명	발행처	발행일
01	朝鮮總督府	日支事變に對する海外論評 제4집	日支事變に對する海外論評 제4집	朝鮮總督府	1937.08
02	刑事局 第5課	支那事變に於ける支那軍の謀略宣傳文書	支那事變に於ける支那軍の謀略宣傳文書	刑事局 第5課	1938.07
03	小松孝彰	제5편: 支那事變と宣傳戰	戰爭と思想宣傳戰	春秋社	1939.09.20
04	朝鮮總督府 警務局	最近に於ける外國新聞雜紙に現はわたる'對日論調'	最近に於ける外國新聞雜紙に現はわたる'對日論調'	朝鮮總督府 警務局	1941
05	水野正次	大東亞戰爭の思想戰略 – 思想戰要綱	大東亞戰爭の思想戰略 – 思想戰要綱	霞ケ關書房	1942.04.25
06	中村古峽	流言の解剖	流言の解剖	愛之事業社	1942.12.10
07	國民總力朝鮮聯盟 防衛指導部	內鮮一體ノ理念及其ノ實現方策要綱	內鮮一體ノ理念及其ノ實現方策要綱	國民總力朝鮮聯盟 防衛指導部	1941
08	古川兼秀	內鮮一體ノ具現	內鮮一體ノ具現	國民總力朝鮮聯盟 防衛指導部	1941
09	堂本敏雄	朝鮮に於ける情報宣傳の目標	朝鮮 339호	朝鮮總督府	1943.8
10	小高五郎	決戰下朝鮮の思想情勢の一斷面	朝鮮 339호	朝鮮總督府	1943.8
11	奧平康弘 監修	支那事變に對する宣傳方策(1937.7.9)	戰前の情報機構要覽: 情報委員會から情報局まで	不明	1964
12	奧平康弘 監修	對英米問題に關する輿論指導方針(1941.12.4)	戰前の情報機構要覽: 情報委員會から情報局まで	不明	1964

연번	편저자	문건명(호수, 일자 등)	자료(책)명	발행처	발행일
13	奧平康弘 監修	日英米戰爭に對する情報宣傳方策大綱(1941.12.8)	戰前の情報機構要覽:情報委員會から情報局まで	不明	1964
14	奧平康弘 監修	大東亞戰爭に對する情報宣傳方策大綱(1941.12.15)	戰前の情報機構要覽:情報委員會から情報局まで	不明	1964
15	大久保達正 外	戰時國民思想確立ニ關スル基本方策要綱(1943.12.10)	昭和社会経済史料集成 第22卷(海軍省資料 22)	大東文化大學 東洋研究所	1996
16	奧平康弘 監修	決戰輿論指導方策要綱(1944.10.6)	戰前の情報機構要覽:情報委員會から情報局まで	不明	1964
17	奧平康弘 監修	大東亞戰爭ノ現段階ニ卽應スル輿論指導方針(1945.1.30)	戰前の情報機構要覽:情報委員會から情報局まで	不明	1964

참고문헌

1. 수록 자료

閣議, 1943.12,「戰時国民思想確立 ニ 関 ス ル 基本方策要綱」, 大久保達正 外 編著,『昭和社会経済史料集成』第22巻, 大東文化大學 東洋研究所(1996).

古川兼秀, 1941,『內鮮一體 ノ 具現』, 國民總力朝鮮聯盟 防衛指導部』.

國民總力朝鮮聯盟 防衛指導部, 1941.6,『內鮮一體 ノ 理念及其 ノ 具現方策要綱』.

堂本敏雄, 1943.8,「朝鮮に於ける情報宣傳の目標」,『朝鮮』第339号.

小高五郎, 1943.8,「決戰下朝鮮の思想情勢の一斷面」,『朝鮮』第339号.

小松孝彰, 1939,『戰爭 と 思想宣傳戰』, 春秋社.

水野正次, 1942,『大東亞戰爭の思想戰略 – 思想戰要綱』, 霞ケ關書房.

奧平康弘 監修, 1964,『戰前の情報機構要覽: 情報委員會から情報局まで』.

朝鮮總督府, 1937.8,『日支事變に對する海外論評』第4輯.

朝鮮總督府 警務局, 1941,『(高等警察檢閱資料)最近に於ける外國新聞雜誌に現はれたる對日論調』.

中村古峽, 1942,『流言の解剖』, 愛之事業社.

刑事局 第5課, 1938.7,『支那事變に於ける支那軍の謀略宣傳文書』,『昭和十三年六月思想實務家會同議事錄(社會問題資料叢書 第1輯)』, 東洋文化社(1977).

2. 참고 자료

大久保達正 外 編著, 1996,『昭和社会経済史料集成』第22巻(海軍省資料22), 大東文化大學 東洋研究所.

변은진, 2013,『파시즘적 근대체험과 조선민중의 현실인식』, 선인.

寺崎昌男·戰時下敎育硏究會 編, 1987,『總力戰體制と敎育 - 皇國民'鍊成'の理念と實踐』, 東京大出版會.

司法省 刑事局, 1938.7,『思想研究資料』특집 제44호.

松岡修太郎, 1944,『朝鮮行政法提要(總論)』, 東都書籍.

升味準之輔, 1980,『日本政黨史論』제6권, 東京大出版會.

日本帝國議會 編, 1997,『帝國議會衆議院秘密會議事速記錄集』3, 고려서림.

朝鮮總督府, 1940,『施政30年史』.

최원규 엮음, 1988, 『日帝末期 파시즘과 韓國社會』, 청아.
홍수경, 2006, 「'총력전체제'론의 이해를 위하여 – 야마노우치 야스시의 논의에 대한 검토를 중심으로」, 『學林』 제 27집, 연세대 사학연구회.

3. 기타 자료

네이버, 야후재팬 등의 각종 온라인 사전류

찾아보기

ㄱ

가네코 나오키치 340
가쓰타 에이키치 172
가와무라 미키오 179, 224, 236
가이코샤 544, 546
가자미 아키라 542
가지 와타루 97, 118, 132
가타오카 나오하루 340
간사이 정보위원회 304, 442
간토 대지진/관동진재 302, 310, 382, 385, 388
거흥지 156
건륭 황제 38
게페우 368
고가 모리토 209
고노에 후미마로 155, 249, 382, 542, 581
고다카 고로 456, 529
고마쓰 다카아키 25, 26, 105
고아브스 오찬회 442
고토쵸에몽 327
고트프리드 페더 269
공상희 36, 37
공인구국연합회 108
곽말약 119
관숙 306
괴벨스 170, 186, 195, 197, 198, 263
구기누키 부자 333
구루메 사단 101
구보 209, 451
구하라 후사노스케 155

국립선전학교 163, 287~289, 291
국민당 중앙집행위원회 중앙선전부 108
국민정부 36, 39, 43, 63, 65, 66, 96, 136, 139, 163, 197, 242, 243, 288, 291, 292, 295, 550, 557, 564, 571
국민총력과 167, 516, 527
국민총력조선연맹/총력연맹 475, 517, 521, 524, 526~528
국민총력조선연맹 방위지도부 458, 467, 474
국민평의회 435
국민혁명군 43, 44, 56, 57, 68, 73, 77, 85~88, 135
국민혁명군 제8로군/제8로군/팔로군 43, 45, 47, 57, 68, 72, 73, 77, 100, 117
국부환도수계국경기념대회 297
국제공산당 32
국제문화진흥회 231, 235, 237
국제연맹 354, 416
귀스타브 르봉 365
귓속말회 304, 442
그리스도교 학생회의 447
근로당 91, 154
금등 306
기도 다카요시 451
기자사문회 203
기쓰네모치 371, 372, 387, 388

ㄴ

나가오카 한타로 316, 362
나리타 요리타케 252
나이토 이와키치 326
나쓰카와 시즈에 276

나쓰토센 408
나치/나치스 35, 36, 159, 164, 170, 174, 177, 179~182, 186, 187, 198, 202, 203, 210, 213, 215, 217, 249, 257, 263, 269, 274, 278, 286, 366, 405, 406, 561, 562
나카무라 고쿄 159, 300
나폴레옹 80, 193, 340, 374, 414, 415, 519
난공 212, 285
남경 공략 109
남의사 108, 546
내각정보국 517
내각정보위원회 134
네덜란드령 동인도 군사령부 424
넬슨 415, 416
노가미 도요이치로 318
노구교 사건/노구교 사변 95, 541
노만 마마 436
노먼 엔젤 227
노몬한 사건 274, 368
노무라 마시이치 449
노산회의 37
노스쿠스 395~397, 417, 425, 427
노스클리프 185, 186, 191, 192, 195
노자 513
녹스 408, 430
농업의원단 401
니노미야 시나에몽 326
니니기노 미코토 511
니시타니 야헤 247
니케르 442
니콜라이 2세 351
니토 베이나조 354
닌토쿠 천황 205

ㄷ

다나카 기이치 342
다누마 오키쓰구 381
다도코로 히로야스 253, 260
다루모토 즈치 209
다이라 데이조 258
다이쇼 천황 254
다카야마 요키치 269
다카하시 고래키요 342
당고협정 96
당통 347
대동수비대 100
대본영 245, 424, 425, 522, 558, 564, 567
대정익찬회 155, 242, 243, 249, 264~266, 277, 279, 280, 382, 451, 581
대중화민국군 43, 62
더프 쿠퍼 409
데라다 야키치 239
도고 헤이하치로 416
도메오카 유키오 307
도모토 도시오 456, 515
도미 나카지로 444, 445
도요케 오미카미 512
도요케 히메 512
도요토미 히데요리 381
도요토미 히데요시 205, 381, 437
도이텔모제 192
도조 히데키 172, 246, 252, 379
도쿄상공회의소 544
도쿄 우먼스클럽 442
도쿄 정보위원회 304, 442
도쿄 클럽 442
독일-폴란드 전쟁 444
동맹통신사 543, 545, 547~549
동아동문회 544
동아세아협회 544
동아연맹 252, 255, 496, 497
동아전지위원회 화북분회 133
동양협회 544
동인회 544

드래크 415, 416
드레이크 367, 414
드 로이테르 414

ㄹ

라이샤워 35
라이언즈 391, 392
라 팔라틴 348
랄 비엔 하이닝 405
랄프 바이저스 406
랄프 타운센드 406
랑시만 30
러시아 혁명 302, 351
런던조약 227
런던회의 416
레닌 240~242, 247, 250~253, 255, 261, 352
레온 도데 345
레이몬드 크래퍼 408
로버트 노블 405
로버트 맥코믹 406, 407
로베스피에르 347
로이드 조지 220
로이스 224
루나 카터 447
루덴도르프 191, 193~196, 211, 212
루돌프 피셔 37
루돌프 후알 406
루스벨트 30, 31, 162, 218, 219, 222~225, 235, 303, 375, 394, 395, 400, 401, 567
루이 14세 193
루이 16세 346~349, 374, 377
루이즈 시소그 403
리다라 234
리델 하트 207
리빙스턴 로 슈이라 406
린드버그 224, 369, 370

링컨 224

ㅁ

마다가스카르 공격 417
마르베 345
마르크스 169, 177, 186, 188, 239, 241, 242, 247, 250~253, 255, 261, 267, 274, 299
마르틴 휘셔 415, 446
마쓰다이라 가와치노카미 333
마점산 75
마지테오츠티 사건 202
마쓰우라 세이잔 334
마카사르 대해전 424, 425
마코 마크 418
마크메롱 440
마크스 345
마크 아트니 38
마크 애치슨 영 220, 229
마테를링크 354
만주사변 10, 40, 49, 65, 81, 92, 96, 100, 106, 136, 155, 522
맥아더 402~405, 407, 429~431
맹자 371
메이지유신 245, 294, 381, 451, 493, 494
메이지 천황 170, 245, 253, 267, 270
모리타 마사타케 383
모미이 기요시 209
모택동 39, 47, 117
무왕 306
문화계 구국회 107
미국그리스도교진흥회 405
미국만을 위해서 동원하는 어머니의 모임 405
미국모성연합회 406
미국 육군성 397
미국 적십자협회 121
미국제일위원회 405

미나모토 요시쓰네 381
미나미 지로 14, 454, 506
미노다 무네키 159, 168, 176, 179, 183, 214, 253, 265, 267, 270
미노베 다쓰키치 171
미도리가와 에이코 148
미시마수련소 468, 505, 506
미야모토 다케노스케 161, 164, 176
미즈노 마사지 158, 161, 164, 299
미즈노 에치젠노카미 381
미쓰나가 아키라 209
미쓰바시 도라조 333
미쓰이 고시 284
민정당 154, 155
민정청년부 53
민족해방선봉대 108

ㅂ

바바 고쵸 311
바울 롤바츠하 162, 191~195
바이츠컴 스테이드 186
백호대 494
베르됭 공격 211
벤자민 베럴 405
보도검열위원회 544
보로실로프 420
부녀구국회 108
부의 87
부전조약 31, 40
북지사변 32, 37, 100, 543, 545, 546, 549
북청사변 382
북평부녀구국회 108
북평학생구국연합회 107
브레스트리토프스크 조약 253
브레이너드 234
블류헤르 39

비버브룩 413, 431
비브아브르츠크 191
비시지세프 411
빌헬름 2세 189
빌헬름 폰 슈바이니츠 162, 191~195

ㅅ

사게하시 쇼조 44, 100
사와야나기 마사타로 315
사이고 다카모리 381
사이토 다카오 154
사이토 쇼 189
사이토 하루토 209
사카모토 히데오 152
사카이 사단 101
사토 구니오 290, 291
사토 나오타케 430
사회대중당 69, 154, 155
산업조합 53
산호해 해전 408, 417
살라자르 228
삼국동맹 38, 461, 565
삼국협정 565
상해사변 30, 100
상해 우먼스클럽 442
샌프란시스코 사건 303, 391
샤파 408
샤흐트 36, 37
서주회전/서주전 109, 114, 115, 141
설악고 83
성왕 306
세계정세연구강연회 405
세계평화협회 중화지부 43, 50
세실 브라운 412
세키베 세키히로 326
셰익스피어 410

소네 긴자부로 333
소병문 75
소에다 기이치로 343
소타사건 389
손과 39, 196, 233
송경령 37, 39, 119
송철원 546
쇼치쿠 가극단 380
쇼토쿠 태자 268
스사노 노미코토 512
스즈키 도쿠에몽 326
스즈키 히로시 209
스칼라 408
스타크 393
스탈린 158, 161, 367, 368, 380, 394, 420, 422
스탠리 혼베크 31
스팀슨 31, 399
시겔 라지아 436
시드니 습격 417
시마다 시게타로 426
시모카와 헤코텐 141
시민보호연맹 406
시킨 229
신문기사사문회 200
신파치로 소주쓰 333
신푸렌의 난 338, 451
싱가포르 함락 159, 245, 246, 409, 412, 414, 433
쌀 소동 372, 385, 389

ㅇ

아그네스 원더스 406
아라토 호토리 233, 234
아마노미나카 누시노카미 511, 512
아마테라스 오미카미 244, 245, 511, 512
아베 이소오 154
아소 유타카 141

아인슈타인 509, 510
아일랜드의 독립 폭동 302, 344
아카고 란코 276
아코 기시 381
아타고야마 방송국 546
알메레다 345
알프레드 제이 피스크 233
애국정치연구소 406
야마구치 오사토시 327, 328
야마다 이스즈 276
야마모토 곤베에 312
야마모토 이소로쿠 520
야마무라 고하치 209
야마오카 뎃슈 513
에구치 하지메 209
에도 대지진 319
에르츠베르거 192
에리스 존스 405
에마뉘엘 모라베츠 285
에머슨 224
에베르 347
에비하라 하치로 208
에이먼 데 발레라 406
에이지 282, 286, 335
에티오피아 전쟁 416
엘리너 패터슨 407
엘리자베스 딜링 406
엥겔스 251
연합국 대표위원회 304, 442
영국문화연구소 304, 442
영국 정보부 304, 440~444
영국참전반대위원회(시민위원회) 406
예수 그리스도 403
오노 릿쇼 336
오다무라 도라지로 243, 260
오바코 221
오시로 시로가네 209

오시오 헤이하치로 381
오오카 다다스케/오오카에치젠노 가미 384
오쓰보 기세이 265
오쓰키 겐지 227, 261, 272, 285
오카게마이리 302, 328, 329
오카 이와오 447
오타니 세이치로 333
오타 덴쿄 135, 141
오히라 히데오 152, 245, 246
왕극민 156
왕소정 122
왕읍당 156
왕정위 151, 156
왕조명 151, 288, 291
왕총혜 121
요시다 겐코 487
요시다 쇼인 173
요시우에 쇼이치로 340
요시카와 에이지 282
요코야마 마사하루 135
요코하마 우먼스클럽 442
요코하마 정보위원회 304
우메자와 신지 195
우치다 로안 321, 322
워싱턴·런던조약 170
워싱턴조약 227
워싱턴회의 40, 416
원동반제동맹회 화북지부 132
윈드 호스트 405
윌리엄 글래스 406
윌리엄 란돌프 허스트 407
윌리엄스 제임스 419
윌리엄 조이스 219
윌리엄 캠벨 35
윌슨 192, 194
윌키 401
유격총부 조훈단 83

유이 쇼세쓰 332, 381
유틀란트 해전 415
육군성 병무과 544
윤봉길 483
의화단 32, 382
이나가키 모리카쓰 237
이누가미모치 387
이도바타카이기 359
이두 75
이든 431~434
이리에 다카코 276
이마무라 아키츠네 316
이마에다 시로 199
이반고트 반란사건 415
이봉창 483
이소야 사단 97
이시와라 간지 27, 105, 252
이타가키 사단 97, 101
이폴리트 텐 349
인민자위군 정치부 44, 103, 104
인왕 323
일독방공협정 38
일러전쟁 353, 375, 382, 389, 433, 556
일본공산당 43, 69~71, 118
일본국제협회 544
일본무선협회 53
일본반전연맹 150, 152
일본사회사업대학 53
일본선전문화협회 187
일본신문연맹 200
일본신문회 200, 208, 210
일본외교협회 544
일본평화동맹 43, 48, 49, 52
일소어업잠정조약 430
일소중립조약 574
일영런치구락부 442
일영부인구락부 442

일영협회 442
일지사변 8, 24, 28, 35, 37, 40, 180, 240, 530, 532
일청전쟁 353, 493
일화구락부 544
일화실업협회 544
일화학회 544

ㅈ

자경단 311, 314, 317, 342, 378, 389
장개석 32, 36, 37, 39, 41, 97, 106~108, 112, 117, 118, 120, 122, 135, 154, 241, 522, 531, 542, 546, 552, 556, 561, 564, 565, 569, 574
장자충 546
재 오사카 신문인 전승기원단 205
재 오사카 신문인 전승기원제 207
전국만화작가협회 123
전국신문광고청부회사 207
전국학생구국연합회 107
전미모성부인단 405
전발 83
전선지도자강습회 469
전시국민방첩강화운동 438
전시선전본부 109
전영노동회의 410
정보국 174, 179, 186~188, 191, 196, 197, 213~215, 264, 277, 280, 432, 440, 517, 539
정보위원회 134, 304, 442, 447, 456, 515, 542~545, 549
정신대 530
정우회 155, 340, 383
정조성 444
제1차 세계대전 36, 185, 189, 191, 220, 253, 344, 345, 351, 367, 414~416, 422, 423, 431, 432, 488, 530, 569
제2차 세계대전 36, 219, 224, 229, 266, 295, 352, 405, 414, 449, 496, 520, 543
제5부대/제5열 210, 393, 399, 413, 437, 438, 443, 444
제럴드 윈로드 407

제리코 415
제인 앤더슨 405
제임스 알 로렌스 402
조선총독부 정보과 456, 516, 528
조세프 패터슨 407
조지 엘리어트 424
조지 크리스찬 406
존 불 431
존 브랜드 440
주경란 75
주공 306, 446, 565
주덕 47, 73, 117
중국공산당 33, 43, 66, 68, 546
중국국민당 임시전국대표대회 97
중국문예협회 107
중국인민홍군 정치부 44, 88
중국항일구국군 총사령부 82
중앙선전강습소 159, 163, 288, 291, 292
중일인민반침략대동맹 44, 95
중화민국 국민외교협회 44, 91, 92
중화민국 국민정부 군사위원회 정훈처 63, 66
중화민국 국민혁명군 18집단군/제18집단군 58, 86, 88
중화민국 농민협회 44, 92, 93
중화민국 총공회 44, 94, 95
중화민국 총상회 44, 89, 90
지나사변 8, 9, 24, 26, 42, 105, 107~109, 120, 131, 134, 162, 174, 180, 187, 239, 244, 247~249, 251, 254, 255, 259, 262, 272, 277, 361, 446, 450, 470, 487, 517, 522, 530, 531, 535, 538, 541, 556, 560
지멘스 사건 382
지치부미야 55
진과부 39
진무 천황 241, 243, 244, 511
진제이하치로 다메토모 381
진주만 사건 395
진찰기군구 44, 83, 99, 101~103
진찰기 제1군분구 47, 83

질렉스 37

ㅊ

차렌 229
차트 휠 415
찰스 코글린 407
처칠 162, 218, 225, 304, 367, 394, 409, 410, 413, 415, 417, 428, 431, 567, 574
초보쿠레 302, 329~332
촉진전면화평선전대회 297
총후의 사기고무대 438
칭기즈 칸 381

ㅋ

카메론 442
카친 429
캐리 그레이슨 121
캠벨 스튜어트 186
커닝햄 230, 231
케이스먼트 344
크루드 멜딩그 406
크루이로프 351, 352
크루 하우스 186
크리시프스 413
클라우제비츠 250~252, 285
클레망소 345
클레어 호프만 406
클리프스 431
키스 414

ㅌ

탈의파 325
태평양방위회의 413
톨스토이 419

톰슨상회 445
튀르고 350
트로츠키 101
틴컴 30

ㅍ

파리베르 419
파바르 409
파우날 409
판콜 229
패트릭 헨리 406
팽덕회 47, 73, 119
페리 329
평진문화계구국회 108
평진학생전지복무단 108
포팜 409
폰 노이라트 36
폰다 루푸라스 435
폰 마켄젠 36
폰 블롬베르크 36
풀러 165
풍옥상 39, 117~119
프라몬드 442
프랑스 혁명 302, 346, 347, 374
프랜시스 드레이크 414
프레스만 436
프레스톤마츠 타스웰 121
프레이저 431
프리드리히 대왕 193

피쉬 33
필립스 409

ㅎ

하북농민구국연합회 108

하야가와 지로 209
하야미 히로시 315, 317
하야시 사부로 209
하와이 해전 424, 426
하트 207, 409
한구전 109, 114, 131, 135, 141
한국병합 459, 469, 490, 530
한스 짐머 195
항일구국회 107
햄피슈 408
향군유지단 43, 53
허버트 후버 31, 223, 224
헤르 31, 39
헤체스 32
헤프반 427
헤프텐 192
호레스 하스 407
호아 베리샤 413
호타이코 205
호호 경 219
홀 414, 431
화북각계국구연합회 108
화북분회 133
화평교섭촉진단체 406
황현성 75
후루카와 가네히데 469
후지타 도코 244, 245
후쿠다 마사타로 312, 313
휘트먼 224
흥아원 134
히고의 폭동 451
히라노 에이지 286
히라이데 히데오 246
히라이와 지로다유 333
히로사와 긴지로 381
히틀러 36, 177, 187, 188, 192, 194, 198, 201, 204, 210, 211, 218, 263, 284, 287, 366, 444, 445, 489, 503

히틀러 유겐트 210, 211

기타

C·C단 108, 116
J.D. 데니스 435
P.K 304, 444
V.H 444, 445
W.H 440
W. 위르비 121
YMCA 447

2·26 사건 91, 94
5·15 사건 49, 91
7·7 금령 274~276
9개국 조약 40
1919년 사건 530

동북아역사재단 일제침탈사 자료총서 57
사회·문화편

전시체제기 여론통제(1)
기본 구상과 방향

초판 1쇄 인쇄 2021년 12월 20일
초판 1쇄 발행 2021년 12월 31일

기획 | 동북아역사재단 일제침탈사 편찬위원회
편역 | 변은진·장순순
펴낸이 | 이영호
펴낸곳 | 동북아역사재단

등록 | 제312-2004-050호(2004년 10월 18일)
주소 | 서울시 서대문구 통일로 81 NH농협생명빌딩
전화 | 02-2012-6065
팩스 | 02-2012-6189
홈페이지 | www.nahf.or.kr
제작·인쇄 | (주) 몽작

ISBN 978-89-6187-703-9 94910
      978-89-6187-702-2 (세트)

- 이 책은 저작권법으로 보호를 받는 저작물이므로 어떤 형태나 어떤 방법으로도 무단전재와 무단복제를 금합니다.
- 책값은 뒤표지에 있습니다. 잘못된 책은 바꾸어 드립니다.